L'EAU ET LES HOMMES AU MAGHREB

Collection « Hommes et Sociétés »

Conseil scientifique : Jean-François BAYART (CERI-CNRS),
Jean-Pierre CHRÉTIEN (CRA-CNRS), Jean COPANS (EHESS),
Georges COURADE (MSA, ORSTOM),
Henry TOURNEUX (LACITO-CNRS, ORSTOM)

Couverture : La vallée du Draa, Maroc. Photo M. RENAUDEAU/HOA-QUI.

© Éditions KARTHALA, 1993
ISBN : 2-86537-357-6

Jean-Jacques Pérennès

L'eau et les hommes au Maghreb

Contribution à une politique de l'eau en Méditerranée

Préface de Jacques Bethemont

Éditions KARTHALA
22-24, boulevard Arago
75013 Paris

Cet ouvrage a été publié avec le concours de la Sous-direction des Sciences sociales et humaines du ministère français des Affaires étrangères

*A la mémoire de
Lito-Alvaro Lobato,
jeune économiste angolais.
Il était un espoir pour son pays,
et pour nous, ses amis, une joie.
J'espère pour lui la promesse de
Jérémie :*

*« Ils auront l'âme comme un
jardin bien irrigué ; en eux
désormais plus de langueur »
(XXXI, 12).*

Préface

Donner une clé de lecture constitue le privilège du préfacier. Qu'il me soit donc permis de dire que j'ai, depuis longtemps — sans que nous nous en soyons pour autant entretenus — placé en exergue aux recherches de Jean-Jacques Pérennès deux versets empruntés à Ésaïe. Ce n'est peut-être pas la référence souhaitable pour un travail réalisé en terre d'Islam et je laisse au lecteur musulman le soin de faire référence aux sourates II-164 et XXI-30. Mais je suis homme du Livre et il me plaît de voir une relation étroite et riche de tension dans l'approche choisie pour L'eau et les hommes au Maghreb *et Ésaïe, XLI, 17-20, puis XLII, 15.*

Dans un premier temps, l'Éternel dit (És., XLI, 18) : « Je ferai jaillir les fleuves sur les coteaux pelés et des sources au milieu des ravines, je transformerai le désert en étang et la terre aride en fontaines ; je mettrai dans le désert le cèdre, l'acacia, le myrte et l'olivier. » L'eau apparaît ici comme la source de toute vie et le signe de la bénédiction de Dieu sur la terre. Mais, dans l'instant qui suit, le courroux de l'Éternel passe par la malédiction de l'eau (És., XLII, 15) : « Je vais dévaster montagnes et collines, et, toute leur verdure, je la dessécherai ; je transformerai les fleuves en terre ferme et je mettrai les étangs à sec. »

En deçà de toute transcendance, le fait est que l'ambivalence de l'eau, au Maghreb plus qu'ailleurs, reste la donnée fondamentale de toute politique de développement. L'eau, nous rappelle Jean-Jacques Pérennès, n'est pas seulement cet élément miraculeux qui est censé faire refleurir le désert, mais aussi et surtout une ressource rare, répartie de façon irrégulière dans l'espace et de façon capricieuse dans le temps. Une ressource dont la maîtrise reste difficile et la gestion délicate, pour ne pas dire impossible dans certains cas. Un élément dangereux aussi, avec l'alternance de crues et d'étiages prolongés, également calamiteux, le déchaînement de l'érosion et le risque latent de la salinisation des terres.

Potentiellement, donc, le meilleur et le pire, mais certainement pas cette panacée qui effacerait tous les maux qui vont de pair avec la croissance des nations, comme nous l'avons parfois cru en ces époques encore naïves où les grands travaux hydrauliques prônés par Keynes étaient supposés répondre à tous les besoins. Et c'est précisément comme une mise en garde contre d'illusoires facilités que cet ouvrage doit être lu, trois hypothèses développées dans l'ouvrage méritant tout particulièrement de retenir l'attention des experts et des décideurs économiques ou politiques, ici ou là, touchant aux hommes, à la tradition et à la recherche d'équité.

Étant entendu que, dans l'ensemble des pays maghrébins, le fait majeur est la croissance exponentielle de la population et des besoins alimentaires qui l'accompagnent, il est tout d'abord vain d'escompter que l'eau suffira à tous les besoins. C'est pour éclairer ce point fondamental, que cet ouvrage s'ouvre sur la mise en perspective des problèmes démographiques et de leurs incidences trophiques. Face à ce constat liminaire, les ressources mobilisables s'élèvent à environ 30 km³ par an pour les eaux de surface et à près de 40 km³ si on table sur les réserves souterraines profondes non renouvelables. C'est peu, d'autant que le taux de prélèvement global dépasse déjà le seuil critique des 50 %. Sur ce total, la part des prélèvements correspondant à la satisfaction des besoins urbains est déjà de l'ordre de 15 %, et il faudra à tout le moins doubler cette dotation dans les dix années à venir. Même si la part est faite à la relative abondance dont bénéficie le Maroc, les perspectives ainsi ouvertes sont accablantes, et la simple logique de survie voudra que l'on réduise la part des dotations à l'agriculture dans un futur proche.

Est-il permis, dans cette conjoncture dramatique, de faire appel à une tradition de l'eau dont la richesse n'est pas à démontrer ? Sans nier cette richesse et tout en convenant de l'intérêt des théories du type « Small is beautiful », Jean-Jacques Pérennès n'en rame pas moins à contre-courant et dénonce certaines idées reçues qui courent dans les milieux tiers-mondistes les mieux intentionnés : la tradition, telle que nous l'interprétons, montre très vite ses limites dans le contexte socio-économique actuel. S'y accrocher reviendrait pour le Maghreb à s'engager dans la voie dramatique d'une inversion croissante entre la demande sociale et la capacité des techniques ancestrales à la satisfaire. Si tradition il y a, il faudra la chercher ailleurs, non point dans les techniques, mais dans la familiarité de l'eau, dans cette connaissance de la relation entre la plante et l'eau qui reste la caractéristique majeure de groupes essaimés entre le cap Bon et la vallée du Draa. Le fait est malheureusement que, dans le contexte technologique actuel, ce potentiel est le plus souvent inconnu ou méprisé par les techniciens en charge de la gestion de l'eau.

Reste, et sans doute n'est-ce pas le moindre sujet d'inquiétude, le problème du contexte social dans lequel se développent actuellement les grands périmètres irrigués. Il est, à lire Jean-Jacques Pérennès, rarement satisfaisant, et le fait marquant est la progressive dépossession des paysans par les techniciens : les premiers font apport de leurs terres, et, parce que celles-ci reçoivent l'eau, ils sont menés en lisière par les détenteurs du savoir-faire, jusqu'à être réduits à de sim-

ples tâches d'exécution pour lesquelles ils sont jugés trop nombreux. Le relais des colonisateurs par des gens de leur sang ne change rien à l'affaire, et l'eau reste plus que jamais — est-ce là la tradition ? — « l'amie du puissant ».

On n'en est pas à parler d'échec. Du moins existe-t-il un état de crise dans lequel l'eau apparaît comme un révélateur plus que comme une solution qu'il serait vain de croire définitive. Mais, et je remercie Jean-Jacques Pérennès de l'avoir rappelé, les crises ont ceci de particulier qu'elles contraignent les groupes affectés à l'innovation. En ira-t-il ainsi au Maghreb ? L'hydraulique agricole ayant montré ses limites, nous ne voyons pas encore sur quels vecteurs l'innovation pourra s'appuyer, d'autant que les sociétés rurales ont été déstabilisées et ont quelque mal à rechercher leur voie à partir de leurs traditions, non pas hydrauliques, mais socioculturelles. Dans l'immédiat, le Maghreb vit d'espoir, d'illusions perdues quant aux bienfaits du pétrole, de solutions partielles, comme le tourisme, et d'expédients, essentiellement l'émigration.

Il y aurait beaucoup à dire sur ce phénomène, son ampleur et ses limites en tant que solution à la crise actuelle, et sans doute ce thème de l'émigration se situe-t-il en dehors du champ balayé par cet ouvrage. Il n'empêche que la présence parmi eux des immigrés rappelle aux peuples nantis qu'il n'existe qu'une seule planète, que nous en partageons les richesses sur des bases sans cesse remises en cause, mais profondément inégalitaires, et que — volens nolens — nous sommes tous impliqués dans la remise en cause de ce partage en vue d'une meilleure répartition de richesses naturelles qu'il nous faut également ménager. Ce qui se passe au Maghreb nous touche donc de plus près que nous ne le pensons et sans doute ne le voudrions. Les problèmes du Maghreb sont aussi les nôtres, et c'est finalement dans cette perspective d'ouverture et de solidarité qu'il convient de lire un ouvrage dont le sous-titre pourrait être : contribution à une géopolitique de l'eau en Méditerranée.

Jacques Bethemont

Avant-propos

Cet ouvrage est le fruit d'une dizaine d'années de travail de terrain et de recherches menées dans les trois pays du Maghreb. Je ne puis préjuger de l'usage que les principaux intéressés en feront. Mais je dois avouer, en fin de parcours, que ce fut pour moi une belle aventure, malgré l'aridité d'une telle traversée au long cours.

Ma gratitude va d'abord aux nombreux amis algériens, marocains et tunisiens qu'il est impossible de nommer ici, mais qui, étudiants, enseignants, fonctionnaires, ont su m'aider de multiples manières : en me donnant des autorisations administratives d'enquête, en m'accompagnant sur le terrain, en me fournissant les documents nécessaires, en me faisant aimer leur pays.

J'ai beaucoup appris aussi des spécialistes en irrigation ainsi que des experts rencontrés à la Compagnie du bas Rhône-Languedoc, à la Société du canal de Provence, ainsi qu'à la FAO, à Rome, et à la Banque mondiale, à Washington. Pierre Judet et Jacques Bethemont ont joué un rôle irremplaçable dans la maturation de ma réflexion comme directeurs de ma thèse de doctorat. Je les en remercie, ainsi que Slimane Bedrani, Pierre Dockès et Gilbert Étienne, qui ont bien voulu me faire part de leur remarques.

Mais le tout n'aurait pas abouti sans le soutien constant de mes frères dominicains d'Alger, de mes collègues chercheurs, de la Maison de l'Orient méditerranéen qui m'a accueilli, à Lyon, dans ses murs et ses programmes, de l'université catholique qui m'a permis de consacrer un an à la rédaction finale. Regrettant de ne pouvoir nommer chacun, je mentionnerai seulement Jean Métral et Paul Sanlaville ; Françoise Rivet et Véronique Vassiliou ont relu le manuscrit ; Yves Auda m'a guidé dans les traitements informatiques ; Jean-Pierre Voreux et Charles Danière ont réalisé les graphes et les cartes. A eux et à tous les autres, j'exprime ici ma profonde gratitude.

Avant-propos

Cet ouvrage est le fruit d'une dizaine d'années de travail de terrain et de recherches menées dans les trois pays du Maghreb. Je ne puis préjuger de l'usage que les principaux intéressés en feront. Mais je dois avouer, en fin de parcours, que ce fut pour moi une belle aventure, malgré l'aridité d'une telle traversée au long cours.

Ma gratitude va d'abord aux nombreux amis algériens, marocains et tunisiens qu'il est impossible de nommer ici, mais qui, étudiants, enseignants, fonctionnaires, ont su m'aider de multiples manières : en me donnant des autorisations administratives d'enquête, en m'accompagnant sur le terrain, en me fournissant les documents nécessaires, en me faisant aimer leur pays.

J'ai beaucoup appris aussi des spécialistes en irrigation ainsi que des experts rencontrés à la Compagnie du bas Rhône-Languedoc, à la Société du canal de Provence, ainsi qu'à la FAO, à Rome, et à la Banque mondiale, à Washington. Pierre Judet et Jacques Bethemont ont joué un rôle irremplaçable dans la maturation de ma réflexion comme directeurs de ma thèse de doctorat. Je les en remercie, ainsi que Slimane Bedrani, Pierre Dockès et Gilbert Étienne, qui ont bien voulu me faire part de leur remarques.

Mais le tout n'aurait pas abouti sans le soutien constant de mes frères dominicains d'Alger, de mes collègues chercheurs, de la Maison de l'Orient méditerranéen qui m'a accueilli, à Lyon, dans ses murs et ses programmes, de l'université catholique qui m'a permis de consacrer un an à la rédaction finale. Regrettant de ne pouvoir nommer chacun, je mentionnerai seulement Jean Métral et Paul Sanlaville ; Françoise Rivet et Véronique Vassiliou ont relu le manuscrit ; Yves Auda m'a guidé dans les traitements informatiques ; Jean-Pierre Voreux et Charles Danière ont réalisé les graphes et les cartes. A eux et à tous les autres, j'exprime ici ma profonde gratitude.

Introduction

> *Comme l'Europe, au Nord, s'est constituée ou du moins agrandie au détriment de ses marches forestières, la Méditerranée a trouvé dans les plaines ses pays neufs, ses Amériques intérieures. Un des drames de la Méditerranée, une des raisons de son traditionalisme et de son ankylose est que les pays neufs y restent sous le contrôle des riches.*
>
> *En Méditerranée, il faut que le riche et le puissant s'en mêlent. Le but ne saurait être atteint que par un coude à coude, une discipline qui implique un ordre social strict. La plaine appartient au seigneur. Le paysan, ici, doit souvent vivre de peu.*
>
> F. Braudel, *La Méditerranée*, t. I.

Le Maghreb est aujourd'hui une des zones au monde où le défi alimentaire se pose dans les termes les plus aigus : alors que les populations et les besoins alimentaires y doublent en vingt ans, l'intensification agricole paraît bloquée. En Algérie, les rendements céréaliers n'ont pas évolué depuis 1910 en moyenne décennale ; au Maroc, les progrès récents en maraîchage et cultures industrielles n'ont guère entamé la dépendance du pays pour les denrées de première nécessité, comme les huiles et les céréales. La Tunisie connaît un défi du même type et se ruine à subventionner des denrées importées. Comment se fait-il que la pression de la demande n'ait pas suscité dans ces pays une révolution agricole du type de celle que l'Europe ou l'Asie ont connu depuis des siècles ? Telle est la question que cette recherche voudrait contribuer à éclairer, à partir du cas précis de l'agriculture irriguée.

La question hydraulique, révélateur d'une révolution agricole inachevée

On parle ici de révolution agricole, au sens défini par M. Augé-Laribé (1). Il ne s'agit nullement d'un bouleversement brutal, mais d'une lente transformation de l'ensemble des conditions de la production agricole : modes d'appropriation de la terre, techniques et façons culturales, outillage, organisation sociale des campagnes. C'est la globalité des transformations en jeu qui autorise à parler de révolution. En Europe, le passage des communaux aux *enclosures* avec son complément, le droit cadastral, la substitution de la jachère pâturée par des assolements, l'introduction de la machine à vapeur et l'application des découvertes de la science (biologie, chimie, etc.) au potentiel biologique sont autant de facteurs d'une transformation profonde qui a pris des siècles, mais qui a préparé les performances de l'agriculture productiviste d'aujourd'hui (2). Les travaux de Gilbert Étienne et de Pierre Gourou ont montré que l'Asie avait connu des évolutions du même type, et ce depuis plusieurs millénaires (3). La pression démographique, des réformes sociales audacieuses (4), une appropriation sélective des progrès techniques extérieurs, sont quelques-unes des explications avancées pour comprendre les performances de certaines régions agricoles d'Asie, aujourd'hui autosuffisantes malgré le nombre de bouches à nourrir.

Au Maghreb, il n'en est rien, ou presque (5). Ces pays sont affrontés à un défi sans précédent dans leur histoire : comment nourrir une population qui sera passée de 25 à 110 millions d'habitants entre les années de l'indépendance et l'an 2025 ? Il faut, certes, faire la part du milieu : aridité, irrégularité des précipitations, terre agricole limitée et non extensible, sont des contraintes réelles. Mais comment comprendre le faible impact des investissements considérables réalisés pour intensifier la production ? Les programmes hydro-agricoles sont un bon révélateur de cette échec : alors qu'ils absorbent plus de la moitié des investissements agricoles publics, au point d'entraîner un certain délaissement des zones d'agriculture en sec, barrages

---

(1) AUGÉ-LARIBÉ (M.), *La révolution agricole*, Paris, Albin Michel, 1955, 435 p.

(2) Ceci est admirablement décrit par DUBY (G.), WALLON (A.), *Histoire de la France rurale*, Paris, Le Seuil, 1975 et 1976, 4 volumes. On a des descriptions analogues pour l'Angleterre et la Hollande.

(3) ÉTIENNE (G.), GOUROU (P.), *Des labours de Cluny à la révolution verte*, Paris, PUF, 1985, 258 p.

(4) Une réforme agraire vigoureuse imposée par les Japonais, supprimant les grandes propriétés et répartissant la terre en petits lopins, constitue pour René Dumont une des explications de la réussite agricole taiwanaise ; cf. *Taiwan, le prix de la réussite*, Paris, La Découverte, 1986, 175 p.

(5) Il ne sera question dans cette recherche que du Maghreb central (Maroc, Algérie, Tunisie), moins large que la récente Union du Maghreb arabe (UMA), qui inclut Libye et Mauritanie, deux pays très différents sur le plan de leur agriculture.

et périmètres irrigables n'ont pas entamé la dépendance alimentaire de façon décisive (6). Ils auraient même, selon certains, favorisé une dépendance nouvelle, technologique et financière (7). Certes, des barrages ont été construits dans les trois pays, les quantités d'eau mobilisées et les superficies irriguées ont parfois augmenté de façon importante. C'est le cas en particulier au Maroc, où l'on s'approche de l'objectif du million d'hectares irrigués fixé par le roi pour l'horizon 2000. L'Algérie, en revanche, a pris un retard dramatique et la Tunisie a bien du mal à dominer une répartition spatiale très inégale de ses ressources hydrauliques. Mais, dans tous les cas, la révolution agricole qu'implique la diffusion de l'agriculture irriguée ne s'est faite que de façon marginale ou très localisée. L'extensif continue à occuper des superficies importantes, y compris sur les périmètres, et la « très prudente expectative de la société rurale » (Pascon) continue à prévaloir.

D'où l'intérêt de centrer la réflexion sur les politiques hydro-agricoles, qui condensent les problèmes auxquels l'agriculture maghrébine est aujourd'hui confrontée (8). Comme Kautsky, en son temps, et les théoriciens marxistes parlaient de « question agraire », la « question hydraulique » constituera ici notre angle d'attaque spécifique des réalités rurales maghrébines (9).

Une question disputée pour les géographes, les aménageurs et les sociologues

Le décalage entre les efforts consentis et les résultats atteints a suscité bien des analyses. Il semble possible d'en dégager trois grands types d'explication au blocage de la révolution agricole maghrébine : les géographes et les historiens se sont employés à faire la part du milieu et du choc colonial ; les aménageurs et les experts ont surtout mis en évidence le poids des choix techniques ; les sociologues, enfin, ont fait valoir les ruptures sociétales qui résultent de l'adop-

(6) Un bilan critique sur le Maroc, qui a pourtant une réelle avance sur ses voisins, est fait par POPP (H.), *Effets socio-géographiques de la politique des barrages au Maroc*, Rabat, 1984, 266 p.

(7) AKESBI (N.), « De la dépendance alimentaire à la dépendance financière, l'engrenage », *Afrique et développement*, 1985/3, pp. 39-61.

(8) L'échec de l'intensification a fait par ailleurs l'objet d'analyses nombreuses, sur la céréaliculture en particulier. *Cf.*, pour l'Algérie, CODRON (J.-M.), « Autogestion et intensification céréalière en Algérie », thèse de sciences économiques, Montpellier I, 1979, 502 p.

(9) *Cf.* BOUDERBALA (N.), CHICHE (J.), HERZENNI (A.), PASCON (P.), *La question hydraulique*, Rabat, Institut agro-vétérinaire Hassan II, 1984, 2 tomes.

tion de l'irrigation dans des zones à tradition extensive dominante. Trois approches qui méritent d'être rappelées.

La part du milieu et du choc colonial
L'éclairage des géographes et des historiens

L'eau et le développement rural au Maghreb, ce n'est pas un sujet nouveau : nous disposons d'une synthèse géographique magistrale sur la question, due à un précurseur de Braudel, Jean Brunhes, dont l'ouvrage, daté de 1902, reste un maître livre, par l'étendue de son enquête et son intuition vive des implications sociales de l'irrigation (10). Anticipant sur des recherches plus ponctuelles, comme celles de Capot-Rey sur le Sahara, Despois sur le Hodna et Dresch sur le haut Atlas marocain, Brunhes a fait découvrir les spécificités de la question hydraulique au Maghreb (11). Un milieu aride, où l'agriculture est souvent aléatoire, mais aussi un milieu doté d'un potentiel d'une étonnante diversité : plaines côtières, sahels, piémonts, fonds de vallée, hautes plaines, steppes et oasis sont autant d'écosystèmes où la problématique de l'intensification et de l'irrigation se pose de façon spécifique. En le lisant, on en vient à penser qu'il n'y a pas ici une, mais plusieurs manières d'intensifier la production, et que le succès tient pour une part au respect de cette adéquation des efforts de l'homme à son milieu : ici, l'épandage de crue ; ailleurs, l'irrigation par *foggara* ; plus loin, la construction de *séguias* ou de petits barrages. A l'aube du XXᵉ siècle, un bilan plutôt prometteur nous était donc présenté, soulignant combien milieu physique, choix technique et organisation sociale sont intimement liés. Cette impression se dégage aussi d'un ouvrage de synthèse paru il y a peu d'années, mais ce dernier y ajoute le poids récent du facteur démographique (12).

Est-ce donc que les hommes n'ont pas su en tirer parti ? Les travaux de Watson ont tenté de montrer que la civilisation islamique avait pourtant légué un héritage prestigieux dans le domaine des techniques agricoles (13). Étudiant la période 700-1100, Watson fait revivre

(10) BRUNHES (J.), *L'irrigation, ses conditions géographiques, ses modes et son organisation dans la péninsule ibérique et dans l'Afrique du Nord*, Paris, C. Naud, 1902, 580 p.
(11) Le Maroc est hélas exclu de son analyse, car il n'était pas encore « pacifié » au moment de la rédaction. En revanche, les parallèles avec l'Andalousie et ses *huertas* sont précieux.
(12) TROIN (J.-F.) (sous la direction de), *Le Maghreb, hommes et espaces*, Paris, A. Colin, 1985, 360 p.
(13) WATSON (A.), *Agriculture Innovation in the Early Islamic World : the Diffusion of Crops and Farming Techniques (700-1100)*, Cambridge, Cambridge University Press, 1983, 260 p.

les débuts d'une véritable révolution agricole : acclimatant de nombreuses plantes nouvelles venues pour une part d'Asie par le commerce lointain, mettant au point des techniques essentielles comme la *noria,* en Mésopotamie, sur les rives du Nil et de l'Oronte, la civilisation islamique à son apogée aurait été un foyer étonnant de diffusion de techniques agricoles. Des spécialistes éminents comme Maurice Lombard ou André Miquel ont accepté de telles conclusions. On s'est opposé sur les modalités de la diffusion ultérieure de ces techniques, et singulièrement sur les influences réciproques de l'Andalousie et du Maghreb (14), mais on est loin ici de la vision prédatrice et destructrice que de Planhol et quelques autres ont donnée de l'influence hilalienne (15). On peut, en somme, conclure que l'agriculture du Maghreb précolonial n'était pas dépourvue d'un héritage prestigieux.

Les historiens divergent ensuite sur les causes de l'effondrement ultérieur de la civilisation islamique sur les plans culturel et technique. En revanche, on trouve un réel consensus dans leurs analyses des perturbations engendrées par le choc colonial, qui a marqué chacun des pays maghrébins à sa manière. Poncet pour la Tunisie (16), Arrus pour l'Algérie (17) et Swearingen pour le Maroc (18) ont montré à quel point la colonisation avait brisé la cohérence des sociétés rurales maghrébines, pour les assujettir à des intérêts nouveaux et contradictoires : ceux des colons, de l'État et des *lobbies* métropolitains (comme celui des travaux publics, qui a tant poussé à la construction de grands barrages). Ce type d'analyse est communément repris pour expliquer le blocage actuel de l'intensification par l'emprise toujours réelle de l'impérialisme : polarisées sur les intérêts dominants de la métropole, les agricultures maghrébines pourraient au mieux jouer la carte de la complémentarité, en tirant parti de leurs avantages comparatifs (précocité climatique et main-d'œuvre bon marché). Voilà qui permet de réussir les agrumes et le maraîchage primeur, cultures de circuit court qui enrichissent une minorité, mais non d'amorcer une révolution agricole qui, portant sur les grandes cultures (céréales, surtout), ferait mieux vivre les masses rurales.

Tout en montrant les potentialités et les limites du milieu physique, géographes et historiens soulignent donc le contraste entre un héritage ancien brillant et une histoire récente déstructurante.

(14) *Cf.* les travaux de GLICK (Th.), *Irrigation and Society in Medieval Valencia,* Cambridge, Harvard University Press, 1970, 386 p.

(15) PLANHOL (X. DE), *Les fondements géographiques de l'histoire de l'Islam,* Paris, Flammarion, 1968, 442 p.

(16) PONCET (J.), *La colonisation et l'agriculture européenne en Tunisie depuis 1881,* Paris, Imprimerie nationale, 1961, 700 p.

(17) ARRUS (R.), *L'eau en Algérie, de l'impérialisme au développement,* Grenoble-Alger, PUG-OPU, 1985, 388 p.

(18) SWEARINGEN (W.-D.), *Moroccan Mirages : Agrarian Dreams and Deceptions, 1912-1980,* Princeton, Princeton University Press, 1987, 218 p.

L'impact des choix techniques
L'approche des aménageurs et des experts

A l'intérieur de ces analyses, on trouve une approche plus focalisée de la question hydraulique, celle des experts et des aménageurs. Celle-ci offre, elle aussi, une lecture des déboires présents. L'époque coloniale, on l'a dit, avait largement privilégié la grande hydraulique : à partir des années 1920, l'Algérie, puis le Maroc et la Tunisie se lancent dans la construction de grands barrages du type de ceux que l'on construisait alors en Espagne et aux États-Unis. Ces barrages devaient permettre d'irriguer de vastes périmètres, qui ne verront le jour que très lentement à partir de 1945 : le Tadla au Maroc, le Chelif en Algérie et la Medjerdah en Tunisie seront les premiers champs d'expérimentation de cette agriculture irriguée moderne, où l'on tente les cultures industrielles (coton, betterave sucrière, etc.), l'élevage intensif, les agrumes. Concentrant son effort sur des zones potentiellement riches (le fameux « Maroc utile » de Lyautey), l'État colonial optait pour des techniques avancées, quitte à déplorer que les populations indigènes soient un frein à la réussite de cette entreprise modernisatrice (19). Cette préférence pour les grands ouvrages survivra à la colonisation et marquera les choix techniques de l'après-indépendance, qui maintiendra la priorité à la grande hydraulique (20).

Il revient pour une large part à l'agronome tunisien Slaheddine El Amami d'avoir montré à quel point cette préférence coloniale pour les grands aménagements a constitué un rouleau compresseur pour l'héritage technique et sociétal antérieur. El Amami s'est livré à une enquête très fine des savoir-faire locaux en matière d'aménagement et de gestion de l'eau en Tunisie : *meskats, jessour,* citernes, épandages, constituent pour lui autant de techniques ancestrales, souvent reléguées par les solutions modernes, bien qu'à ses yeux plus adaptées à des écosystèmes fragiles, moins centralisatrices et donc plus respectueuses des dynamiques sociales (21). A l'autre extrême du Ma-

---

(19) C'est l'analyse de PREFOL (P.), *Prodige de l'irrigation au Maroc, le développement exemplaire du Tadla 1936-1985,* Paris, Nouvelles éditions latines, 1986, 266 p.

(20) Point de méthode : on a retenu pour cette étude les définitions du Génie rural, qui distingue trois types d'irrigation :
— la grande hydraulique : grands ensembles irrigables officiellement structurés en périmètres et dominés par de grands barrages ;
— la moyenne hydraulique : ensembles hors périmètres supérieurs à 50 ha, regroupant soit des zones d'irrigation collective (aires d'irrigation, retenues collinaires), soit des groupes d'irrigants privés (syndicats d'irrigation) ;
— la petite hydraulique : irrigations individuelles, à partir de pompages d'oueds, d'épandages de crues.

(21) EL AMAMI (Sl.), *Les aménagements hydrauliques traditionnels en Tunisie, Tunis,* CRGR, Imprimerie officielle, 1984, 68 p.

ghreb, les travaux de Jacques Berque, de Jean Dresch et de Paul Pascon sur le haut Atlas marocain conduisaient à un bilan analogue. Ce courant de pensée a fait école, conduisant beaucoup de chercheurs, surtout maghrébins, à voir dans l'abandon des techniques hydrauliques traditionnelles une des causes des difficultés présentes (22). De là à préconiser un retour sur ce patrimoine, il n'y a qu'un pas, que beaucoup franchissent. Bien entendu, il ne s'agit pas que de choix techniques. Bernard Rosier a montré de façon très suggestive comment cela interfère avec la structuration sociale : le choix technique est d'abord un produit social, et le choix de la grande hydraulique « se justifie parfaitement par son côté centralisateur et par sa capacité à créer, pour la société paysanne, des liens de dépendance sécrétés par la nécessité de gérer ces grands équipements (23) ».

Ce débat sur les choix techniques et leurs implications sociales a dominé les analyses de la question hydraulique au Maghreb depuis vingt ans. Il continue à opposer sociologues et aménageurs. Les bureaux d'études spécialisés n'ont pas été sans entendre ce débat, qu'ils tentent aujourd'hui d'intégrer à leurs analyses (24). Cela a même produit un certain infléchissement des politiques nationales, qui font davantage place aujourd'hui aux aménagements de petite et moyenne hydraulique (lacs collinaires, etc.).

La fonction sociale de l'irrigation
Contribution des sociologues et des anthropologues

« L'hydraulique traditionnelle assure bien d'autres fonctions que la seule fourniture d'eau », écrit Paul Pascon au début d'un ouvrage consacré aux traditions hydrauliques marocaines (25) : dans des zones semi-arides, où l'eau est un bien rare et disputé, elle cristallise le fonctionnement complexe de la société. Il en donne une démonstration éclatante dans sa thèse, consacrée au Haouz de Marrakech (26) : observant les réticences paysannes face aux aménagements hydrauliques modernes, Pascon montre que cette attitude relève de straté-

---

(22) *Cf.* BENZINA (N.), « Changement technique et développement agricole : une étude comparative de la grande et de la petite hydraulique traditionnelle et recherche de voies alternatives », thèse, Aix-Marseille, 1985, 275 p.

(23) *Cf.* ROSIER (B.), *Alternatives techniques, les avatars de l'hydraulique en Tunisie ; petite et grande hydraulique dans l'espace social kairouanais*, Aix-en-Provence, CEDEC, 1983, 152 p.

(24) FREDERICQ (A.), RABES (J.), « Comment sont ressenties par un bureau d'études les notions de "participation paysanne" et de politique de l'eau », *Les politiques de l'eau en Afrique*, Paris, Economica, 1985, pp. 222-232.

(25) PASCON (P.), *La question hydraulique*, t. I, p. 3.

(26) PASCON (P.), « Le Haouz de Marrakech », Rabat, CNRS-INAV, 1983, 2 t., 693 p.

gies multiples, imbriquées, tributaires d'ordres sociaux superposés, chaque force sociale nouvelle composant avec les anciennes. G. Bedoucha-Albergoni fait une observation analogue à partir des oasis du Jerid tunisien. Analysant les conflits suscités par l'appropriation de l'eau, elle conclut : « l'eau raconte la société » et montre comment on est loin ici d'un ordre social paisible et égalitaire (27).

Cette lecture a l'intérêt de faire apparaître l'eau comme un enjeu, autour duquel se structurent les rapports sociaux. Du même coup, elle met en scène des acteurs pour lesquels l'appropriation de l'eau n'est qu'un prétexte à affrontement afin d'asseoir leur pouvoir. C'est ainsi que Pascon et Bedoucha-Albergoni s'accordent à conclure que les chefferies traditionnelles (le *makhzen*) et les confréries religieuses (les *zaouias*) ont assis leur pouvoir à partir d'un contrôle des ressources hydrauliques. La masse des fellahs se trouve alors assujettie, réduite à l'état de main-d'œuvre dans des grandes propriétés à logique extensive, ou reléguée sur des micro-exploitations. Dans la lecture qu'il fait de l'histoire de l'irrigation en Andalousie, Braudel confirme largement une telle approche. Pour lui aussi, la conquête et l'aménagement des grandes plaines irriguées est une puissante machine à inégalités sociales : lancée par les villes pour faire face à leurs besoins alimentaires, financée par les puissants, qui, seuls, peuvent mobiliser les capitaux nécessaires à de telles entreprises, la mise en valeur des grandes plaines aboutit inévitablement au *latifundium* et à l'asservissement des masses paysannes. Celles-ci déploient dès lors des stratégies de résistance et de passivité, qui peuvent expliquer que le Maghreb n'ait pas poursuivi une révolution agricole qu'un héritage islamique prestigieux paraissait pourtant préparer. Le fellah, « homme de l'aléa », recherchera dès lors plutôt la sécurité que la maximisation de son produit.

Voilà, à gros traits, trois types de lecture qui s'offrent pour tenter d'expliquer le blocage de l'intensification agricole et les médiocres performances de l'agriculture irriguée. Ils ont largement dominé l'approche de l'aménagement hydro-agricole au cours des dernières décennies : le débat sur les choix techniques et les implications centralisatrices de la grande hydraulique a ainsi marqué la réflexion sur des zones comme l'Euphrate, où les grands aménagements ont été un puissant levier de restructuration des campagnes (28), de même que l'analyse des mutations sociologiques sur les périmètres d'Afrique noire a suscité des travaux nombreux sur la participation paysanne (29). Ces trois approches constituent donc une base de départ pour notre propre recherche.

---

(27) BEDOUCHA-ALBERGONI (G.), *L'eau, l'amie du puissant, une communauté oasienne du Sud tunisien*, Paris, Édition des archives contemporaines, 1987, 427 p.

(28) HANNOYER (J.), « Grands projets hydrauliques en Syrie, la tentation orientale », *Maghreb-Machrek*, n° 109, sept. 1985, pp. 24-42.

(29) BELLONCLE (G.), *Participation paysanne et aménagements hydro-agricoles*, Paris, Karthala, 1985, 336 p.

L'eau raconte la société
Retour sur les acteurs : les paysans et l'État

Pour expliquer cette stagnation relative de l'agriculture irriguée
et son incapacité à mieux couvrir la demande, nous formulons l'hypothèse qu'elle constitue le champ d'affrontement de deux catégories
principales d'acteurs, l'État et les paysans, qui déploient des stratégies antagonistes autour de cette ressource rare qu'est l'eau.

L'État et ses ingénieurs : une rationalité au-dessus de tout soupçon ?

Quelles que soient les politiques économiques mises en œuvre,
et elles ont notablement divergé d'un pays à l'autre, l'État au Maghreb est planificateur et aménageur. C'est de lui que dépend l'allocation sectorielle des ressources financières, et c'est lui qui préside
au lancement et à la réalisation des grands aménagements hydro-
agricoles, barrages et périmètres. Par son action, l'État contribue ainsi
à remodeler et à restructurer l'espace. Le quadrillage et la trame
hydraulique, le remembrement des parcelles, l'affectation culturale
des terres, la destination des productions, sont autant de façons par
lesquelles l'État inscrit son emprise sur l'espace agricole et la société
rurale. A côté des zones d'agriculture extensive, souvent délaissées,
les zones irrigables sont, de ce point de vue, sa cible privilégiée. D'inspiration prométhéenne, son action vise officiellement des gains de
productivité dans l'agriculture. Mais il semble bien qu'elle ait des
objectifs plus essentiels pour lui : asseoir son pouvoir sur les masses
rurales. La gestion technocratique de l'espace rural par le biais de
l'irrigation ne serait qu'une modalité du contrôle politique et social,
qui constitue la finalité principale d'une intervention étatique fort
coûteuse, jamais rentable en termes de strict calcul économique. En
fait, l'État est ici représenté par des acteurs variés : les cadres centraux qui définissent les orientations de la politique économique, ses
agents locaux d'exécution, et une catégorie qui nous intéressera particulièrement, les ingénieurs. Situés à l'interface de la décision étatique et des paysans, les ingénieurs et techniciens sont, à nos yeux,
les médiateurs principaux de cette transformation volontariste des campagnes que l'État tente de réaliser au travers de ses programmes
hydro-agricoles.

Les paysans et un milieu aléatoire : de vieilles connaissances

Les paysans constituent encore une bonne moitié de la population au Maghreb. Méprisés par l'idéologie modernisatrice des amé-

nageurs (Boumediene parlait d'« esprit de gourbi »), ou exaltés à l'excès et invités à entrer dans des schémas productifs que l'idéologie technocratique pare des qualités de la modernité (la trame « rationnelle » des périmètres), les paysans maghrébins constituent une réalité sociale très diversifiée, à l'image des écosystèmes sur lesquels ils vivent. Le contraste classique entre latifundiaires et micro-exploitations n'épuise pas la typologie des irrigants maghrébins : maraîchers de la côte tunisienne héritiers du savoir-faire des Andalous, jardiniers des oasis et des fonds de vallée du Tell, agriculteurs capitalistes des périphéries urbaines, grands propriétaires absentéistes, sont autant de visages de l'irrigant maghrébin. Ils ont en commun une réticence à entrer dans la logique productiviste que leur propose l'État, à quelques exceptions près. Cette réticence se traduit de multiples manières allant du refus des cultures nouvelles à la dégradation des équipements hydrauliques. Dans ces refus, que les aménageurs considèrent volontiers comme de l'inaptitude, il nous semble qu'il faut d'abord lire des stratégies de résistance. Habitués par une longue histoire à l'aléa climatique (c'est une donnée de base sur la rive sud de la Méditerranée) et à l'aléa politique (la mémoire paysanne sait que les chefferies sont prédatrices), les paysans maghrébins déploient des stratégies complexes de prudence, que l'on trouve par exemple dans leur souci de diversification des cultures. L'échec relatif de l'intensification en irrigué témoigne donc non pas de l'incapacité des ruraux à moderniser la production agricole, mais plutôt de leur aptitude sociale à déployer des stratégies de résistance au contrôle croissant que l'État entend exercer par le biais des aménagements hydrauliques (30).

Nous centrerons donc l'analyse sur le jeu complexe de ces deux catégories d'acteurs, et tenterons de préciser l'interaction de leurs stratégies mutuelles. Si cette hypothèse se vérifiait, cela signifierait qu'un progrès de l'intensification en irrigué passe, au Maghreb, par un renforcement des structures de pouvoir des sociétés paysannes, et pas seulement par un retrait de l'État, comme l'idéologie libérale aujourd'hui dominante le prétend.

Points de méthode

Réflexions préalables sur les sociétés hydrauliques

L'hypothèse présentée ne peut guère s'appuyer, dans le cas étudié, sur la théorie du despotisme oriental formulée par Karl Wittfo-

---

(30) On verra dans le corps de l'analyse que cette capacité de résistance passe, entre autres, par des stratégies familiales et lignagères très subtiles, telles qu'analysées par Claudine CHAULET, *La terre, les frères et l'argent*, Alger, 1987, 1198 p.

gel (31). Contrairement aux sociétés hydrauliques antiques, nous ne sommes pas ici en présence de grands ensembles agricoles sur lesquels un État central fort étend son pouvoir. Au Maghreb, la restructuration de l'espace porte tout au plus sur une région, jamais sur l'ensemble du territoire. Nous sommes dans des sociétés segmentaires, où l'émergence effective d'un État nation est parfois encore discutée. Il est par ailleurs admis que la source principale d'accumulation dans ces sociétés a été pendant des siècles d'origine marchande, l'agriculture ne dégageant de surplus notable que de façon exceptionnelle (32).

Dans son étude sur les origines de l'agriculture hydraulique, Jacques Bethemont nous propose, en revanche, des catégories d'analyse plus directement applicables au Maghreb (33). A ses yeux, l'association de trois variables est requise pour que l'hydraulique agricole se développe :

— une incitation au changement qui consiste en une crise de l'état antérieur (provoquée, le plus souvent, par la pression démographique) ;

— l'existence de vecteurs comme les plantes ou les manières d'irriguer (les cultures de civilisation, comme le palmier, ou les techniques ancestrales, comme la séguia) ;

— un milieu culturel réceptif et favorable (le rôle des traditions).

Nous tenterons de voir comment jouent au Maghreb ces trois ordres de causes. Enfin, les théories de la question agraire telles que formulées depuis Marx nous aideront à penser l'évolution des rapports de production dans l'agriculture. Ici comme en Europe, la disparition annoncée de la petite agriculture ne s'est pas produite ; malgré une tendance de fond à la concentration foncière, on observe un maintien et même une étonnante capacité de survie des petits et moyens paysans. A côté et à l'intérieur même des grands périmètres d'irrigation, une petite production subsiste dont il faudra analyser le régime et la finalité. Les apports théoriques de Tepicht et de Chayanov sur l'auto-exploitation paysanne pourraient ici se révéler pertinents.

Appréhender le Maghreb dans sa diversité spatiale

Il est habituel de voir attribuer les déboires de l'agriculture irriguée aux politiques économiques menées par les États. C'est ainsi

(31) WITTFOGEL (K.-A.), *Le despotisme oriental : étude comparative du pouvoir total*, Paris, Éditions de Minuit, 1974, 672 p.

(32) Le seul cas où l'approche de Wittfogel répond bien à la réalité maghrébine nous semble être la période des Saadiens au Maroc, avec l'essor de l'agro-industrie du sucre dans le Souss.

(33) BETHEMONT (J.), « Sur les origines de l'agriculture hydraulique », *TMO*, n° 3, 1982, pp. 7-30.

que l'on incrimine volontiers le caractère centralisateur et bureaucratique de la politique agricole algérienne depuis l'indépendance. Pour le Maroc, en revanche, on dénonce les excès d'un capitalisme qui privilégie l'enrichissement de l'oligarchie au détriment d'une amélioration d'ensemble de la productivité de l'agriculture. Sans nier l'impact de ces politiques, il paraît nécessaire de se situer à un niveau plus fondamental. En parcourant le Maghreb en tous sens pendant plus de dix ans, nous avons été frappés par l'étonnante diversité des situations : à côté du fellah qui renâcle devant l'extension des cultures sucrières dans le Gharb, il y a le petit paysan des Doukkala qui en redemande. Ici, l'irrigation est une machine à concentration foncière ; ailleurs, son développement favorise le morcellement. En Tunisie, le maraîchage côtier prospère, alors que l'extension de l'irrigation sur la Medjerdah est difficile. Pourtant, les uns et les autres se situent dans le même contexte global.

Disposant de nombreuses monographies sur ces diverses situations, nous avons donc pris le parti méthodologique d'appréhender le Maghreb dans sa globalité spatiale, pour tenter de saisir un niveau d'explication plus fondamental que les politiques économiques du moment, qui changent sans toujours affecter de manière décisive l'attitude des producteurs face à l'irrigation. Ayant déjà réalisé une étude très localisée de la question de l'irrigation (34), nous souhaitions élargir le champ de notre observation tout en choisissant quelques lieux significatifs de la variété du rapport à l'eau (35).

Lire les mutations sur fond d'histoire longue

Ce choix d'appréhender un espace assez large nous a conduit à ne pas nous limiter à la période récente, mais à tenter de saisir la dynamique d'ensemble depuis que le colonisateur a lancé les grands travaux hydro-agricoles dans les années 1920. D'où une dimension historique assez prononcée dans cette recherche, qui se veut fondamentalement pluridisciplinaire.

Nous avons voulu, en effet, éviter le piège d'une analyse des évolutions de l'hydraulique dans un cadre disciplinaire trop restreint. A

---

(34) PÉRENNÈS (J.-J.), *Structures agraires et décolonisation, les oasis de l'oued R'hir (Algérie)*, Paris-Alger, L'Harmattan-OPU, 1979, 362 p.

(35) L'enquête directe a concerné :
— des grands périmètres : le haut Chelif, le Bou Namoussa, Abadla en Algérie, le Gharb et le Loukkos au Maroc ;
— des aires d'irrigation : *meskats* du sahel de Sousse (Tunisie), zones maraîchères de Staoueli (Algérie) et Mahdia (Tunisie), oasis du Sud algérien (Ouargla) et marocain (Draa) ;
— des situations originales : irrigation par pivot à Gassi Touil, production de bananes sous serre à Tipasa, et de fleurs à Safi (Maroc).

titre d'exemple, la lecture que font les aménageurs des difficultés présentes des grands périmètres nous paraît utile, mais non suffisante. Il est exact qu'il se pose des questions de dimensionnement des réseaux, de choix de matériels, d'organisation technique de la distribution de l'eau, etc. Mais comment comprendre les réticences paysannes sans prendre en compte la dimension du calcul économique, du rapport culturel à l'eau, des implications sociales que signifie l'entrée dans un maillage hydraulique contraignant ? Aussi, après avoir pris la dimension proprement économique du défi alimentaire présent, nous tenterons d'articuler les approches suivantes :

— une prise en compte des racines culturelles de l'irrigation au Maghreb, par un rappel du patrimoine technique et sociétal en ce domaine. Ici, quelques sondages dans l'histoire longue seront précieux ;

— une présentation des politiques agricoles menées par les États et de la place dévolue à l'irrigation. Sur le registre de l'économie, on sera également attentif au calcul économique qui préside à la sélection des projets par les bureaux d'études spécialisés, comme par les organisations internationales ;

— il faudra également tenter d'entrer dans la logique des aménageurs : pour cela, on a multiplié les enquêtes auprès des bureaux et entreprises qui réalisent les réseaux d'irrigation ;

— enfin, tout choix technique ayant une dimension politique, on a veillé à entendre le point de vue des décideurs au plus haut niveau, comme les réactions que cela suscite chez le fellah.

C'est dire combien cette recherche a signifié d'enquêtes directes, auprès d'acteurs aussi variés que les petits maraîchers de Sousse, les ministres de l'Hydraulique, les économistes de la Compagnie du bas Rhône-Languedoc, de la Société du canal de Provence, les experts de la Banque mondiale et de la FAO à Washington et à Rome. Aussi est-ce à dessein que les conclusions que nous avons tirées débouchent sur une série de propositions.

Index des principales revues citées en abrégé

AAG :	*Annales algériennes de géographie*
AAN :	*Annuaire de l'Afrique du Nord*
Annales ESC :	*Annales Économies, Sociétés, Civilisations*
BESM :	*Bulletin économique et social du Maroc*
IBLA :	*Institut des belles-lettres arabes*
HTE :	*Hommes, terres et eaux*
RASJEP :	*Revue algérienne des sciences juridiques, économiques et politiques*

RGL :   *Revue de géographie de Lyon*
RGM :   *Revue de géographie du Maroc*
RJPEM :   *Revue juridique, politique et économique du Maroc*
ROMM :   *Revue de l'Occident musulman et de la Méditerranée*
RTE :   *Revue tunisienne de l'équipement*
RTEG :   *Revue tunisienne d'économie et de gestion*
RTG :   *Revue tunisienne de géographie*
RTSS :   *Revue tunisienne des sciences sociales*
TIRS :   *Travaux de l'Institut de recherches sahariennes*
TMO :   *Travaux de la Maison de l'Orient*

Principaux sigles utilisés

CMV :   *Centre de mise en valeur*
CNABRL :   *Compagnie nationale d'aménagement du bas Rhône-Languedoc*
GERSAR :   *Groupement d'études et de réalisations des sociétés d'aménagement régional*
MARA :   *Ministère de l'Agriculture et de la Réforme agraire*
ONI :   *Office national de l'irrigation*
ORMVA :   *Office régional de mise en valeur agricole*
SCP :   *Société du canal de Provence*

Unités de mesure, parité des monnaies

hm³ :   million de mètres cubes
km³ :   milliard de mètres cubes
1 DH :   1 dirham marocain (0,70 FF en 1990)
1 DA :   1 dinar algérien (0,70 FF en 1990)
1 DT :   1 dinar tunisien (7,00 FF en 1990)

1

Le Maghreb face au défi alimentaire

La question de l'intensification agricole

« Le Maghreb aura faim en l'an 2000 », écrivait il y a peu un auteur tunisien (1). Il est probable que non, ne fût-ce qu'en raison de l'intérêt de la CEE à maintenir la paix dans cette zone et à y écouler ses excédents (2). En revanche, le problème de l'alimentation en eau potable prend des allures plus inquiétantes : alors que la population double en moyenne en vingt ans, la superficie agricole utile disponible par habitant passera de 0,40 ha en 1978 à 0,22 ha en l'an 2000. L'augmentation exponentielle des besoins alimentaires inquiète dans des pays où les contraintes du milieu sont grandes : d'un côté, l'explosion démographique et urbaine, de l'autre, l'érosion, l'avancée du désert. Le potentiel agricole, loin de s'accroître, est menacé. Le résultat est une dépendance alimentaire coûteuse, qui porte de plus en plus sur des denrées de base comme les céréales, le sucre, les huiles, les produits laitiers.

Les dirigeants s'en inquiètent, comme le montre le discours des politiques, où le thème de l'autosuffisance revient sans cesse, non sans démagogie (l'Afrique du Nord, « grenier à blé de Rome »). Les chercheurs préfèrent parler de sécurité alimentaire, signe que la notion est à préciser. Pour faire face à ce défi, les planificateurs ont opté pour l'irrigation, jugée seule capable d'accroître vraiment la production agricole. L'irrigation et tout ce qu'elle implique (barrages, matériels, études de périmètres) se sont taillé la part du lion dans l'investissement public. Au point de faire passer au second plan les amé-

---

(1) BENMABROUK (H.), *Grand Maghreb*, n° 49, 9 juin 1986, p. 241.
(2) *Cf.* LABONNE (M.), HIBON (A.), *Futur agricole et alimentaire de la Méditerranée arabe*, Montpellier, INRA, 1978, 145 p. ; CIHEAM-IAM, *Alimentation et agriculture en Méditerranée, autosuffisance ou dépendance ?* Paris, Publisud, 1984, 214 p.

liorations possibles dans l'agriculture en sec, qui continuera à représenter plus des trois quarts des superficies cultivées. Le bien-fondé d'un tel choix est à examiner.

1. La montée vertigineuse des besoins alimentaires

Depuis les années 1970, on assiste à une explosion des besoins alimentaires.

Tableau n° 1

ÉVOLUTION DU DÉFICIT ALIMENTAIRE MAGHRÉBIN
(Moyenne annuelle en millions de dollars)

	MAROC		ALGÉRIE		TUNISIE	
	1961-65	1981-85	1961-65	1981-85	1961-65	1981-85
Importations	149,5	783	153,0	2 245	47,5	457
Exportations	212,0	534	191,3	88	74,0	179
Solde	62,5	− 249	38,3	− 2 157	26,5	− 278

Source : Médistat.

Une précision s'impose : la notion de besoin paraît ici plus appropriée que celle de demande, pourtant souvent utilisée. En effet, la demande solvable, celle qui s'exprime sur un marché, est loin de représenter la réalité des besoins. S'il n'y a plus guère de malnutrition au Maghreb, les enquêtes de consommation des ménages menées sous l'égide de la FAO ont montré de fortes disparités entre couches socioprofessionnelles et entre strates, et assez souvent encore des déséquilibres protéiques (3). La dégradation de l'autosuffisance a conduit les États à multiplier les études de stratégie alimentaire (4). Trois facteurs au moins permettent d'expliquer cette explosion : l'accroissement démographique, l'urbanisation et l'évolution des modèles de consommation.

---

(3) C'est dire que l'évaluation des besoins devra tenir compte non seulement de la demande exprimée, mais de celle qui est susceptible de l'être. L'inadéquation de la notion de demande alimentaire pour effectuer des projections à long terme a été analysée par D. BADILLO, *Stratégies agro-alimentaires pour l'Algérie, perspective 2000*, Aix-en-Provence, Édisud, 1980, pp. 145 et sv.

(4) *Cf.* GROUPE D'ÉTUDE DE LA STRATÉGIE ALIMENTAIRE, *Étude de la stratégie alimentaire marocaine : analyse de la situation actuelle et projection*, Rabat, 1984 ; INSTITUT NATIONAL D'ÉTUDE DES STRATÉGIES GLOBALES, *La dépendance alimentaire*, Alger, 1988, 183 p.

L'accroissement démographique

C'est la donnée de base pour tout planificateur, qui doit orienter les choix sur au moins vingt ans (5) : le Maghreb, qui avait 12,7 millions d'habitants en 1921, a franchi le seuil des 50 millions en 1984 et atteindra les 75 millions en l'an 2000. Mais, déjà, l'on se préoccupe de l'horizon 2025, où Algérie, Tunisie et Maroc totaliseront de 120 à 130 millions d'habitants, soit une multiplication par dix en un siècle. Cette explosion démographique est une des plus fortes du monde, avec des taux proches de 3 %.

Tableau n° 2

ÉVOLUTION DU TAUX ANNUEL MOYEN
D'ACCROISSEMENT DÉMOGRAPHIQUE

(% par an)

	1965-1973	1973-1984	1980-2000
MAROC	2,9	2,8	2,7
ALGÉRIE	3,0	3,1	2,7
TUNISIE	2,5	2,4	2,4

Sources : Banque mondiale (6) et recensements.

Cela signifie un doublement de la population des pays maghrébins entre vingt (à 3,5 % par an) et vingt-huit ans (2,5 % par an), soit sur l'espace d'une génération. Un ralentissement réel est observé depuis 1988, sous l'effet de la crise économique, mais ses effets positifs sur l'économie ne se feront guère sentir avant l'an 2000.

Tableau n° 3

ÉVOLUTION DE LA POPULATION AU MAGHREB

(En milliers d'habitants)

Années	ALGÉRIE	MAROC	TUNISIE	TOTAL
1950	8 753	8 953	3 529	21 235
1960	10 800	11 626	4 220	26 646
1970	13 746	15 310	5 127	34 183
1980	18 667	20 050	6 393	45 110
1987	22 971	23 376	7 465	53 812

Source : Recensements.

---

(5) R. AMBROGGI a même fait des hypothèses sur l'évolution démographique au Maroc, qui devrait connaître en 2070 une population stabilisée entre 70 et 80 millions d'habitants. *Cf. Eau et développement, Conférence à l'Académie du royaume du Maroc,* Rabat, 1985, p. 19.

Néanmoins, un examen plus fin fait apparaître que les trois pays n'en sont pas au même stade de la transition démographique : alors que la Tunisie arrive au stade de la stabilisation du croît naturel, le Maroc et l'Algérie sortent à peine du stade dit d'exubérance. Les taux de natalité sont respectivement de 31,1 ‰. pour la Tunisie, 34,7 pour l'Algérie et 35 pour le Maroc. Les écarts étaient plus forts il y a peu, en raison des politiques démographiques menées, Bourguiba ayant, dès 1964, élevé l'âge du mariage et officialisé le planning familial. La mortalité a baissé et se situe entre 6,4 ‰ pour la Tunisie et 7,5 pour l'Algérie et le Maroc.

D'où un croît naturel qui reste important ; s'y ajoute un ralentissement de l'émigration à destination des pays industrialisés de la rive nord méditerranéenne, qui tentent, non sans peine, de contrôler le « fossé démographique » qui les sépare du Maghreb (7). Même si des incertitudes demeurent, on peut donc tabler sur un doublement des besoins alimentaires dans les vingt ans à venir. Ainsi, le ministère algérien de l'Agriculture estime qu'il faudra disposer de 82 millions de quintaux pour l'alimentation humaine en 2010, au lieu de 40 millions en 1986 (8).

L'urbanisation et l'élévation des niveaux de vie

C'est le second indicateur de l'évolution future des besoins : les enquêtes de consommation alimentaire des ménages ont mis en évidence de nettes différences nutritionnelles entre le rural et l'urbain (les strates) et entre catégories socioprofessionnelles (CSP). En Tunisie, par exemple, pays qui a le plus homogénéisé ses modèles de consommation, le citadin consomme deux fois plus de viande que le rural et nettement moins de céréales. L'essor récent des villes moyennes en Algérie se traduit par un net accroissement de la consommation de produits laitiers, de fruits, de viande blanche. En somme, l'urbanisation est un puissant facteur d'évolution de la consommation alimentaire sur les plans quantitatif et qualitatif. Il faut donc intégrer cette donnée dans le calcul des projections. Plus un pays s'urbanise, et plus le niveau de vie s'y élève, plus la ration tend à se diversifier. Or tout indique que l'on va vers un « Maghreb des villes » (9) : au

---

(6) BANQUE MONDIALE, *Rapport sur le développement dans le monde*, 1986, p. 246, à compléter par FARGUES (Ph.), « Algérie, Maroc, Tunisie : vers la famille restreinte ? », *Population et sociétés*, n° 248, août 1990, 4 p.

(7) *Cf.* CHESNAIS (J.-C.), « Démographie : la France et l'enjeu méditerranéen », *Esprit*, mars-avril 1988, pp. 102-111.

(8) *Cf.* RÉPUBLIQUE ALGÉRIENNE DÉMOCRATIQUE ET POPULAIRE, MINISTÈRE DE L'AGRICULTURE ET DE LA PÊCHE, *Proposition d'utilisation des superficies irriguées à l'horizon 2010*, Alger, août 1987 : le document table sur 48 000 000 d'habitants.

(9) TROIN (J.-F.), « Vers un Maghreb des villes en l'an 2000 », *Maghreb-Machrek*, n° 96, avril-juin 1982, pp. 5-18.

cours des trente dernières années, l'effectif urbain total a quadruplé, passant de 6,5 millions en 1956 à 25 millions en 1984.

Tableau n° 4

ÉVOLUTION DE LA POPULATION URBAINE

(En milliers d'habitants)

Années	ALGÉRIE	MAROC	TUNISIE	TOTAL
1950	1 948	2 345	1 102	5 395
1960	3 288	3 409	1 521	8 218
1970	6 264	5 300	2 229	13 793
1980	*8 500* (a)	*8 130*	*3 345*	*19 975*
1987	*10 500*	*10 544*	*4 500*	*25 544*
2002	*18 000*	*17 300*	*6 000*	*41 300*
(a) En italiques = estimations et projections.				

Les trois pays ont dépassé le seuil des 50 % de population urbaine au cours de la décennie 1980, la Tunisie étant le pays le plus urbanisé, et ce depuis longtemps. C'est le pays où le rythme de croissance urbaine est le plus modéré : environ 3,5 % par an de 1975 à 1980, contre 4,7 % pour le Maroc, où le rural est resté marquant, et 5,75 % par an pour l'Algérie pendant la décennie 1967-77, qui fut la décennie d'euphorie pétrolière et industrielle. Il faut s'attendre à des taux de population urbaine situés entre 60 et 65 % en l'an 2000. Ces villes sont réparties de façon très inégale dans l'espace, avec une forte concentration sur la zone côtière, ce qui pose des problèmes spécifiques quant à l'alimentation des populations : disponibilité des produits, infrastructure (chaîne du froid, grands magasins...), adductions d'eau.

L'impact de cette urbanisation sur la consommation alimentaire peut être étudié de deux points de vue qui se complètent : celui du sociologue et celui du planificateur.

La sociologie de la consommation alimentaire au Maghreb en est à ses débuts, mais nous invite déjà à nuancer l'opinion souvent admise d'une diffusion homogène du modèle de consommation occidental. Aït-Amara a montré, pour l'Algérie, que la fonction symbolique de l'alimentation — affirmer une identité culturelle — a favorisé l'émergence de modèles de consommation diversifiés : consommation à prédominance céréalière dans les campagnes, variété plus grande dans les villes ouvertes aux échanges, et grands raffinements du goût dans les couches favorisées (10).

_____

(10) AïT-AMARA (H.), « Système alimentaire et identité culturelle », *Revue du Ceneap*, n° 3, Alger, sept. 1985, pp. 51-73.

Les statisticiens s'emploient de leur côté à mieux cerner le phénomène (11). L'utilisation des outils classiques de la planification (élaboration de fonctions de consommation, calcul des élasticités prix de la demande) ne va pas sans difficultés, en raison de l'ampleur des pénuries, du poids de la spéculation dans la fixation des prix, et du coefficient culturel évoqué plus haut. En théorie, l'élévation du niveau de vie conduit à une diminution de la part relative des dépenses alimentaires (loi d'Engel). A l'aide de fonctions de consommation, on tente de prévoir le coefficient budgétaire d'un produit (c'est-à-dire sa part dans la dépense totale). Or, selon les enquêtes, cela ne se vérifie pas, en raison de l'importance des couches de la population qui n'ont pas atteint un seuil acceptable de satisfaction de leurs besoins alimentaires. Le coefficient budgétaire de l'alimentation reste fort, et les produits de base (céréales, produits laitiers, corps gras...) continuent à être très demandés en milieu rural comme en milieu urbain défavorisé. Néanmoins, l'accroissement de la demande de produits riches (viandes, œufs...) est rapide. Les prévisions des planificateurs sont parfois prises en défaut.

L'évolution des modèles de consommation

Pour avoir une idée plus précise de la situation nutritionnelle et en déduire l'évolution des besoins, les États maghrébins ont réalisé plusieurs enquêtes sur la consommation et le budget des ménages. Auparavant, on se contentait de bilans des disponibilités alimentaires (BDA), dérivés des comptes production-emploi de l'agriculture, mais, comme l'a montré Marcel Autret, directeur de la division Nutrition de la FAO, on obtenait ainsi pour le Maghreb des estimations très erronées. D'où la pratique des enquêtes qui, à partir d'un échantillonnage raisonné de la population, prennent en compte la diversité des strates et des CSP (une vingtaine). La méthode consiste à pratiquer une enquête directe qui associe l'interview pour évaluer les dépenses budgétaires et la pesée des denrées pour connaître les quantités consommées, ce pendant une semaine. Des enquêtes de ce type ont été réalisées dans les trois pays.

Les différentes enquêtes consommation alimentaire

MAROC	ALGÉRIE	TUNISIE	
1970-71 (Plan)	1967-68 (AARDES)	1965-68 (INS)	1980 (INS)
1984-85 (Plan)	1979-80 (MPAT)	1975 (INS)	1985 (INS)

---

(11) Cf. FAO-IAM, *Séminaire international sur les modèles de consommation et les politiques alimentaires dans les pays du Maghreb*, 17-19 déc. 1984, Alger, et FAO-IAM, *Les consommations et les politiques alimentaires au Maghreb*, Rome, juin 1986, CIHEAM, Montpellier, s.d., 241 p.

Dans la plupart des cas, l'enquête dépouillée a fait l'objet d'une analyse par des nutritionnistes de la FAO. Le cas de l'Algérie est significatif de l'évolution en cours. M. Autret résumait ainsi la situation nutritionnelle lors de l'enquête de 1968 :

— une ration très satisfaisante et même élevée du point de vue énergétique, en raison de la forte consommation de céréales : pour l'Algérie entière (sans le grand Alger), 2 817 calories totales/jour, soit 17 % de plus que la norme conseillée par la FAO (2 450). Mais les communes rurales étaient très au-dessus (3 104), le Sud et le grand Alger étant en dessous (2 190 et 2 105). Il y avait également de fortes disparités entre CSP. Il reste que, globalement, le modèle traditionnel à base de blé dur (couscous, pâtes) assurait un apport calorique satisfaisant ;

— en revanche, la ration était de qualité médiocre sur le plan protéique : 7,7 g/j de protéines animales au lieu de 17,5 préconisés par la FAO, et 74,5 g/j de protéines végétales au lieu de 52,5 g.

Il y avait donc un important déséquilibre protéique, dû à l'insuffisance du lait, des œufs, de la viande et du poisson dans la ration. L'apport protéique reste élevé en raison de la forte quantité de céréales (le blé dur a une valeur protéique particulièrement élevée : 13 %), mais le rapport protéines animales sur protéines totales n'est que de 8,6 % en moyenne, alors qu'il devrait atteindre 25 à 30 % pour fournir un niveau suffisant d'acides aminés. L'enquête réalisée par le ministère du Plan (MPAT) dix ans plus tard, sur un échantillon plus restreint (8 308 ménages), fait apparaître les évolutions suivantes :

Tableau n° 5

ÉVOLUTION DE LA CONSOMMATION ALIMENTAIRE EN ALGÉRIE
(En kg/habitant/an)

Produits	Enquête 1979	Enquête 1968	Norme FAO
Céréales	185,33	262,44	216
Pommes de terre	34,40	21,70	36
Légumes secs	3,26	3,40	7,80
Légumes frais	55,79	34,80	48
Fruits frais et secs	32,79	28	54
Sucre et sucreries	15	14,25	25
Viande	15,68	8,67	18
Produits laitiers	61,35	34	96
Poisson	2,20	1,35	4,80
Matières grasses	15,29	8,83	18

Source : MPAT.

La ration serait donc plus équilibrée, parce que moins fondée sur les céréales, plus riche en produits animaux et en légumes frais. Elle correspondrait à 2 425 calories totales, 68,44 g de protéines (dont 13,4 de protéines animales) et 56 g de lipides (dont 10,28 d'origine animale). Même si l'enquête de 1979 ne permet pas d'établir avec la même finesse les variations entre strates et entre CSP, on peut conclure à une réduction des écarts entre les extrêmes, qui se traduit par une forte montée de la demande en produits laitiers, viande, pommes de terre et légumes. Malgré la crise économique, la tendance de fond est à l'augmentation de produits riches.

Cette évolution de la consommation en Algérie se retrouve avec des nuances dans les deux autres pays : la consommation moyenne de céréales est de 194 kg en Tunisie, mais de 210 encore au Maroc (avec une forte disparité rural/urbain : 242 kg/158 kg) selon les enquêtes les plus récentes. Les écarts rural/urbain tendent à être plus importants pour les produits riches, en particulier au Maroc : selon l'enquête de 1984-85, le coefficient budgétaire des produits laitiers et de la viande est de 8,5 et 16,5 en strate rurale peu élevée, alors qu'il est de 14,9 et 25,8 en strate urbaine élevée. Il reste que la tendance à la substitution par des produits riches se confirme partout et que l'évolution des rations est largement influencée par les politiques de subvention des produits de première nécessité. Cela profite d'ailleurs surtout aux couches aisées, comme l'a montré K. Laraki, et n'est pas sans effets pervers (12).

Hypothèses sur l'évolution des besoins

En croisant les projections démographiques et l'évolution tendancielle des modèles de consommation, le planificateur peut tenter d'évaluer les besoins alimentaires à moyen terme. Le choix des cultures sur les périmètres irrigués se fonde sur ce genre d'hypothèses à l'horizon 2000 et 2020. Ce souci de prévision est d'autant plus important que des inflexions sont possibles, l'État disposant d'un certain nombre de moyens pour orienter la consommation : politique des prix et de la distribution, contingentement des importations... Ainsi, définissant une politique nutritionnelle pour l'Algérie, Autret préconisait une consommation accrue de légumes secs, « la viande du pauvre » : plus faciles à produire que la viande, ils apportent aux rations céréalières la lysine qui leur manque.

---

(12) LARAKI (K.), *Les programmes de subventions alimentaires ; étude de cas de la réforme des prix au Maroc*, Washington, Banque mondiale, 1989, 81 p. Voir pour le cas tunisien DIMASSI (H.), « Changement de normes de consommation et dépendance alimentaire : le cas tunisien », *RTEG*, 1986, n° 3, pp. 59-95.

D. Badillo a calculé deux rations types possibles pour l'Algérie à l'horizon 2000.

Ou l'on admet une évolution vers un mode de consommation de type occidental, déjà répandu dans les villes et accessible seulement aux couches les plus favorisées : c'est une ration où interviendraient de plus en plus de produits animaux, au détriment des céréales et des légumineuses. Cet objectif paraît être l'idéal admis par nombre de planificateurs maghrébins, bien que ce soit une ration coûteuse en terres agricoles riches, en eau, en intrants ou... en importations.

Ou l'on infléchit notablement l'évolution actuelle des modes de consommation, dans le sens du maintien d'un niveau élevé de consommation de céréales, dont le blé dur et l'orge, qui avaient une place de choix dans la nourriture maghrébine traditionnelle, en l'équilibrant par un accroissement important des légumes secs (lentilles, pois chiches, fèves), précieux pour leurs acides aminés ; les autres éléments de la ration étant soit maintenus, soit améliorés, en particulier les produits laitiers. C'est l'option que Claudine Chaulet préconise dans son « éloge du couscous », option où l'intérêt financier du pays n'est pas compromis par une amélioration de la consommation alimentaire.

Cela donne deux rations types en l'an 2000, la ration 1, qu'on pourrait appeler la « ration riche », prolongeant l'évolution actuelle, et la ration 2, ou « ration améliorée », constituant une inflexion raisonnable conforme aux spécificités alimentaires maghrébines.

Tableau n° 6

PRINCIPAUX ÉLÉMENTS DE DEUX RATIONS TYPES POUR L'ALGÉRIE EN L'AN 2000

(En kg)

	Ration 1	Ration 2		Ration 1	Ration 2
Céréales	176	180	Viandes et abats	22	15
dont blé dur	57	90	dont viande bovine	5,2	4
dont blé tendre	116	80	Volaille	9	6
dont orge	3	10	Œufs	8	5
Légumes secs	9	12	Lait et dérivés	85	70
Légumes frais	90	90	Poisson	5	5
Fruits	73	80	Matière grasse	14,5	14,5
Sucre	22	22			

Ces deux rations types, qui apportent chacune environ 2 605 calories/jour, se distinguent sur les points suivants. Pour les céréales, le choix concerne moins le niveau de consommation (176 et 187 kg) que la composition : la ration 1 renforce le blé tendre (116 kg = pain à la française), alors que la ration 2 privilégie le blé dur (90 kg) et l'orge. Les légumes secs sont augmentés dans les deux rations, mais beaucoup plus dans la ration 2 (12 kg) que dans la ration 1 (9 kg). Quant aux produits animaux, la ration 1 semble prolonger les tendances passées. Ainsi, la consommation de viande en Algérie est déjà passée de 8,6 kg/hab./an à 15,6 kg ; elle irait jusqu'à 22 kg. De même pour le lait : de 34, puis 61,3, on passerait à 85 kg. Ce qui représente des accroissements totaux très importants.

Ces deux rations sont défendables sur le plan calorique, on l'a dit, mais aussi protéique. Simplement, sur les 75 g/j de protéines, 20 % (au lieu de 15) sont d'origine animale dans le second cas. A partir de deux options possibles, on peut mesurer les approvisionnements nécessaires à l'horizon 2000 et surtout les accroissements à prévoir entre 1977 et l'an 2000, selon l'option retenue. L'option 1 accroît nettement les approvisionnements pour des produits déjà largement importés : elle se traduit en particulier par un quadruplement de la demande en blé tendre et en viande. En revanche, l'option 2 se traduit par une montée des besoins dans des productions correspondant davantage aux potentialités actuelles de l'agriculture maghrébine et aux contraintes agronomiques : le développement des légumes secs, par exemple, est l'une des meilleures solutions pour résorber la jachère. Malheureusement, comme l'écrit Badillo à propos de l'Algérie (mais c'est vrai pour tout le Maghreb), « la ration 2 est en complète contradiction avec les tendances actuelles ». Il reste qu'elle indique des choix éventuels pour le planificateur (13).

Sur ces bases, il est possible d'établir des projections de l'évolution des besoins à moyen et long terme. Les chiffres admis (14) actuellement nous mettent devant des accroissements considérables. Comment faire face à une demande de céréales qui passerait, en Algérie, de 4,4 millions de t en 1985 à 7,1 millions en l'an 2000 et 11,5 millions en 2025, à une demande de lait qui, au Maroc, passerait de 769 000 à 1 184 000, puis 1 951 000 t ? Comment la Tunisie répondra-t-elle à une demande en sucre qui passerait de 186 000 à 251 000 et 351 000 t ?

---

(13) On se doute que ces projections ne sont que des ordres de grandeur, et des différences importantes existent entre diverses études. Ainsi, le plan Valore, élaboré par Hydrotechnic pour le gouvernement algérien, donnait une fourchette de 4,8 à 5,3 millions de t de demande en céréales pour l'an 2000. Ces chiffres étaient déjà atteints au cours des années 1980 (ministère de l'Hydraulique, *Programme Valore*, septembre 1979, p. II-8).

(14) OPTIONS MÉDITERRANÉENNES, *Les échanges agro-alimentaires méditerranéens : enjeu mondial*, Montpellier, IAM, 1988, pp. 202, 210 et 214.

2. Des pays qui ont « le dos au mur »
Le poids des contraintes naturelles

La montée exponentielle des besoins alimentaires que l'on vient de présenter revêt une particulière gravité si l'on prend la mesure des contraintes qui pèsent sur l'agriculture au Maghreb : la terre cultivable est limitée, de plus en plus grignotée par les extensions urbaines et industrielles ; l'aridité du climat rend les cultures aléatoires, même dans des zones potentiellement riches, où l'on n'est jamais à l'abri d'une sécheresse persistante, d'un coup de sirocco ou au contraire de précipitations excessives. L'aléa est une des données majeures de l'agriculture maghrébine. Les discours sur l'autosuffisance n'en tiennent pas suffisamment compte. Face aux fortes contraintes du présent, les politiques se projettent volontiers dans le passé ou dans l'avenir : tantôt ils rappellent que l'Afrique du Nord fut le « grenier à blé de Rome », ce qui ne prouve pas qu'elle puisse nourrir aujourd'hui une population qui a décuplé, ou alors on fantasme sur les abondantes ressources du Sahara, oubliant qu'il s'agit d'eaux profondes, coûteuses à mobiliser, et pour une part non renouvelables. Un inventaire des potentialités du milieu naturel amène à conclure qu'ici aussi « on a le dos au mur », selon l'expression de Gilbert Étienne pour l'Asie (15). L'intensification agricole s'impose.

L'exiguïté des terres agricoles

Tableau n° 7

RÉPARTITIONS DES SUPERFICIES AGRICOLES EN 1980
(En milliers d'ha)

	MAROC	ALGÉRIE	TUNISIE
Superficie totale	44 630	238 174	15 536
Terres arables (1)	7 318	6 871	3 336
Cultures permanentes (2)	450	645	1 515
Superficies cultivables (1)+(2)	7 768	7 516	4 851
Pâturages permanents	12 500	36 315	2 550
Superficies irriguées	846	280	206

Source : Annuaires statistiques.

---

(15) ÉTIENNE (G.), *in Asie-Afrique, greniers vides, greniers pleins*, Paris, Economica, 1986, p. 28. Le parallèle avec l'Asie serait à approfondir, car on y trouve des données communes : démographie élevée, exiguïté de la SAU. D'où vient donc le succès de la révolution agricole dans des pays comme Taiwan ? Eléments de réponse dans ÉTIENNE (G.), *Développement rural en Asie*, Paris, PUF, 1982, et GOUROU (P.), *Terres de bonne espérance, le monde tropical*, Paris, Plon, 1982, 456 p.

La SAU représente une petite part de la superficie totale : 31 % en Tunisie, 18 % au Maroc et 3 % en Algérie, où la steppe et le désert occupent une part importante du territoire. Rapportés à une population en croissance rapide, ces chiffres signifient que la terre est un bien de plus en plus rare : environ 0,22 ha par habitant au Maroc et en Algérie, et 0,46 ha en Tunisie. En trente ans (1970-2000), la terre agricole disponible par habitant a diminué de moitié. Qu'adviendra-t-il en 2020 et au-delà lorsque les populations auront encore doublé ? Contrairement à d'autres régions du monde, il n'y a pas ici des terres vierges que l'on pourrait conquérir et mettre en valeur. Certes, les États investissent beaucoup dans la mise en valeur de zones steppiques et sahariennes comme Gassi Touil (2 000 ha), dans le Sahara algérien, ou Regim Maatouk (2 500 ha), dans le Sud tunisien. Aléatoires et coûteux, ces programmes ne représentent pas des superficies additionnelles importantes.

Des sols de qualité inégale et des substrats fragiles

On en a un indice en observant le recours régulier à la jachère, abondamment pratiquée sur les hautes plaines à vocation céréalière, où elle intervient comme un élément constitutif du système cultural, associée à l'élevage extensif du mouton (16).

L'intensification agricole doit donc commencer par la réduction de la jachère dans des zones d'agriculture extensive. D'importantes superficies peuvent ainsi être gagnées, mais cela implique toute une évolution des systèmes culturaux, et une plus grande intégration de l'élevage, seul capable de fournir la fumure organique indispensable.

Le facteur pente

Il intervient également pour limiter l'intérêt agricole des terres. Domaine de hautes terres, le Maghreb a une altitude moyenne assez élevée : 800 m au Maroc, 900 m en Algérie ; les montagnes y occupent le tiers de l'espace. Les vallées qui entaillent ce relief font qu'en Algérie, par exemple, un tiers de la SAU a une pente supérieure à 12,5 %. Combinés à une occupation humaine dense, ces facteurs entraînent un risque érosif élevé (17). D'où l'intérêt des découpages du territoire en zones de potentialité. A titre d'exemple, le zonage réalisé en Algérie par le Bneder (Bureau national d'études pour le

---

(16) DESPOIS (J.), RAYNAL (R.), *Géographie de l'Afrique du Nord-Ouest*, Paris, Payot, 1967, 570 p.
(17) NEBOIT (R.), *L'homme et l'érosion*, Clermont-Ferrand, Publications de l'université, 1983, 183 p.

développement rural) pour le compte du ministère de l'Agriculture fait apparaître le poids des différentes zones de potentialités, identifiées à partir de trois critères qui permettent de définir des zones physiques homogènes (ZPH) (18) : la distinction cultures irriguées/cultures en sec, le relief (et donc le facteur pente), enfin, la pluviométrie.

LES ZONES DE POTENTIALITÉS EN ALGÉRIE

1. Les zones irriguées

Terres offrant le niveau de potentialité le plus élevé, situées soit sur le littoral, soit dans les zones de grande, petite ou moyenne hydraulique. La superficie est estimée par le Bneder à 350 000 ha environ. Ce chiffre est un peu excessif : 300 000 ha est plus près de la réalité.
Vocation culturale : seulement des cultures riches impossibles à pratiquer en sec (primeurs, cultures industrielles, agrumes).

2. Les zones d'intensification en sec

— *Zone A* : plaines des zones littorales ou sublittorales
Pentes inférieures à 12 % ; pluviométrie supérieure à 600 mm.
(Exemples : Mitidja, plaines de Collo et Annaba.)
Superficie : 410 000 ha.
Vocation culturale : possibilités en sec les plus élevées. La céréaliculture ne doit intervenir qu'en assolement.

— *Zone B* : entre 450 et 500 mm de pluie et moins de 12 % de pente
La zone B supérieure est proche de la zone A quand les sols sont de bonne qualité, mais les cultures riches qu'on peut y pratiquer sont déjà moins nombreuses.
(Exemples : plaines de Guelma, Mascara.)
Vocation culturale : le B inférieur est une zone d'intensification céréalière où l'on peut réduire en grande partie la jachère.
(Exemples : hautes plaines constantinoises et sétifiennes, région de Sidi bel Abbès, nord Sersou, Béni Slimane.)
Superficie : 1 400 000 ha.

— *Zone C* : zone de plaine (moins de 12 % de pente), recevant entre 350 et 400 mm de pluie
Vocation culturale : céréaliculture, mais sans intensification possible (zone typique du biennal céréale-jachère, avec, dans le meilleur des cas, une jachère cultivée, en vesce-avoine, par exemple).
Superficie : 2 960 000 ha.

---

(18) MARA-BNEDER, *Analyse des potentialités agricoles et des perspectives de développement de l'irrigation*, Alger, 1975.

— *Zone D* : zone steppique, à trois niveaux
D1 (300-350 mm) : biennal céréale-jachère possible, en concurrence avec des parcours.
D2 (200-300 mm) : essentiel de la steppe ; céréaliculture aléatoire et donc occasionnelle.
D3 : zone de déficit fourrager nécessitant l'*achaba* (transhumance vers le Tell).
Superficie : 22 000 000 ha, si l'on inclut la steppe.
         1 500 000 ha, dont 900 000 en céréaliculture occasionnelle, en SAU.

3. Les zones de montagne

Il s'agit de zones où la pente est supérieure à 12 % et où l'on rencontre donc de gros problèmes d'érosion. On distingue 3 sous-zones à vocation culturale :
— forêt avec reboisement nécessaire ;
— zones de parcours pour bovins et caprins ;
— zones de céréaliculture avec surexploitation des sols.
(Exemples : atlas blidéen, Ouarsenis, Kabylie.)
Superficie : environ 850 000 ha.

4. Les oasis

Ici, tout est lié à la présence de l'eau : la pluviométrie est inférieure à 100 mm. Les oasis représentent environ 45 000 ha.

Ce zonage du potentiel agricole met en évidence la faiblesse des superficies où une intensification maximale est possible (19). Partout ailleurs, pour accroître le potentiel productif, il faut des aménagements coûteux dont les effets sont à long terme : reboisement, défense et restauration des sols (DRS). Monjauze, qui estimait que 50 000 ha sont emportés chaque année par l'érosion, a attaché son nom à la restauration des sols par la mise en place de banquettes (20).

Le grignotage des terres agricoles

Il constitue un troisième facteur limitant. Bien que rares, des zones importantes de terres riches sont régulièrement enlevées à l'agriculture du fait de l'extension urbaine et industrielle : zones de vergers

---

(19) M. Côte a prolongé la réflexion sur le potentiel agricole en s'inspirant de la démarche anglo-saxonne, qui prend non des critères géographiques, mais le produit agricole brut : CÔTE (M.), « Une carte du potentiel agricole », *Rhumel, revue des sciences de la Terre*, n° 1, 1982, Constantine, pp. 34 et suiv.
(20) Une étude régionale détaillée des problèmes d'érosion a été réalisée par Dj. SARI, *L'homme et l'érosion dans l'Ouarsenis*, Alger, SNED, 1977, 624 p.

absorbées par la construction de complexes touristiques à Hammamet ou dans le cap Bon en Tunisie ; plaines fertiles mitées par l'implantation de grands complexes industriels en Algérie (600 ha pour la sidérurgie à El Hadjar ; 1 540 ha pour la pétrochimie d'Arzew) ; au Maroc, les villes côtières s'étendent aussi sur des zones maraîchères (21). « Le problème est grave », écrit Marc Côte. « Certes, les agglomérations ont besoin de terrain pour leur croissance, mais il apparaît essentiel de redonner à la terre agricole sa valeur de facteur rare ; de réaliser une cartographie systématique des aptitudes des terrains, de planifier les extensions urbano-industrielles ; de reporter plus vers le sud peu agricole le développement à venir à chaque fois que cela est possible » (22). Les États ont beaucoup de difficultés à endiguer la spéculation foncière sur les zones proches des villes et du littoral. Pourtant, des mesures draconiennes s'imposent si l'on veut préserver le potentiel en terre agricole, véritable « peau de chagrin ». Le climat, de surcroît, ne facilite pas la tâche.

Un climat à dominante aride

On a parfois présenté le Maghreb comme une île située entre l'espace méditerranéen et l'espace saharien. Heureuse façon de souligner qu'il subit deux influences climatiques contrastées : la rudesse du climat saharien et continental, prolongement de la diagonale aride, venant altérer les atouts que lui vaut le voisinage de la Méditerranée. En un mot, l'aridité est la caractéristique dominante du climat, et « même les quelques régions humides où la moyenne annuelle des précipitations paraît élevée n'échappent pas à son emprise, ne serait-ce que pendant quelques mois de l'année », écrit Maurer (23).

L'aridité est un phénomène assez complexe, sur lequel géographes et climatologues se sont beaucoup penchés. Il ne s'agit pas seulement, en effet, de faiblesse des précipitations ; interviennent aussi les intervalles entre celles-ci, l'intensité de l'évaporation et les températures élevées. Et c'est la conjonction de ces différents facteurs qui fait que, souvent, le phénomène s'auto-entretient. Parmi les principales caractéristiques du climat maghrébin, on relèvera les suivantes.

---

(21) Diverses études du phénomène existent : TAIEB (M.), « Les incidences spatiales de l'industrialisation en Algérie », *Cahiers de l'aménagement de l'espace,* n° 3, 1978, pp. 3-43.

(22) CÔTE (M.), *L'espace algérien,* Alger, OPU, 1983, p. 139.

(23) Contribution à TROIN, *Le Maghreb...,* p. 21.

Des précipitations insuffisantes et irrégulières

La carte des domaines bioclimatiques souligne le faible pourcentage de terres situées au-delà de l'isohyète 400 mm, considéré comme stratégique parce que représentant la limite au-dessous de laquelle les cultures pluviales et une intensification deviennent aléatoires.

Hormis la frange côtière et les reliefs qui reçoivent plus de 600 mm et constituent les domaines climatiques subhumide et humide, une grande part du Maghreb est située dans le semi-aride, voire dans le subaride ou steppique.

Une irrégularité intersaisonnière très marquée

L'essentiel des pluies tombe pendant les cinq mois d'hiver, et il est fréquent qu'il n'y ait pas une goutte d'eau d'avril à septembre. Le nombre de jours de précipitations est de 60 à 70 en moyenne et n'excède pas 120 pour les zones les plus arrosées. Les conséquences sur le débit des oueds, et donc sur la mobilisation de l'eau, sont importantes. Cela est également très contraignant pour les travaux agricoles, dont le début doit attendre l'arrivée des pluies d'automne, alors qu'ils doivent s'achever avant les fortes chaleurs de juin, cause d'échaudage (24).

Une fréquente irrégularité interannuelle

Il semble bien que la zone soit affectée par des cycles d'années sèches dont des chercheurs américains ont tenté d'établir récemment la périodicité (25). C'est ainsi que le Maroc a connu cinq années sèches consécutives entre 1980 et 1985, phénomène assez exceptionnel ; en revanche, deux années successives, voire trois, sont chose fréquente. De façon générale, les années sèches sont une fois et demie plus fréquentes que les années humides. Qui dit irrégularité dit aussi risque

---

(24) Parler du Maghreb dans son ensemble conduit à quelque imprécision. En effet, le mécanisme qui règle la distribution des précipitations fait qu'à l'abondance de pluies sur le Maroc correspond souvent la sécheresse en Tunisie et en Algérie. A titre de références sur les trois pays, on peut signaler : LE GOFF (Y.), BEN ARAFA (S.), « Variabilité interannuelle des précipitations au Maroc (1913-1985) », *Sécheresse, gestion des eaux et production alimentaire, Conférence d'Agadir*, 1988, pp. 37-53 ; SELTZER, *Le climat de l'Algérie*, Alger, Typo-Litho, 1946, 220 p. ; HENIA (L.), *Les précipitations pluvieuses de la Tunisie tellienne*, Tunis, Publications de l'université, 1980, 262 p.

(25) STOCKTON (Ch.-W.), « Current research progress toward understanding drought », *Conférence d'Agadir, op. cit.*, pp. 21 et suiv.

Figure n° 1

LES DOMAINES BIOCLIMATIQUES

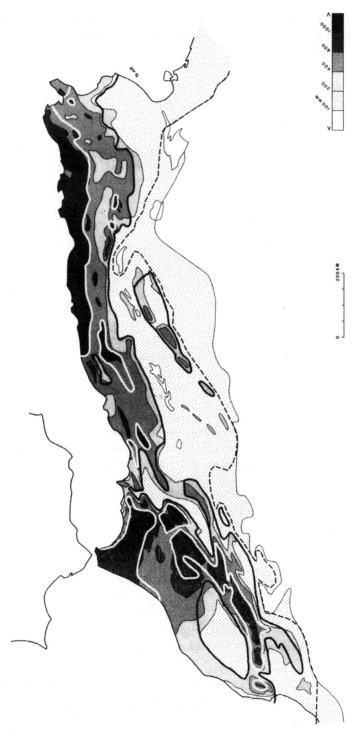

Source : *Le Maghreb, hommes et espace*, p. 28.

de précipitations excessives, et donc d'inondations : la largeur du lit majeur des lits d'oueds maghrebins le montre (26).

Une évaporation intense et des températures élevées

On sait que le Tanezrouft constitue une des zones les plus chaudes du globe. Ce fait a des incidences sur les zones telliennes et côtières, qui, outre un bon ensoleillement, subissent régulièrement les vents chauds du désert, pouvant dépasser 40 °C (sirocco, chergui, rharbi, selon les régions). La méthode du quotient pluviométrique d'Emberger a l'intérêt de mesurer cette conjonction des températures et des précipitations. Diverses méthodes, dont celle de Thornthwaite, ont également été mises au point pour mesurer l'évapotranspiration potentielle (ETP), mesure qui joue un rôle important dans la définition des normes d'irrigation.

Ce climat à dominante aride ne signifie pas qu'une agriculture intensive soit impossible. D'ailleurs, le Maghreb est caractérisé par une gamme très diversifiée de types de mise en valeur : maraîchage côtier, agrumiculture dans les plaines, arboriculture dans les vallées et sur les piémonts, céréaliculture extensive ou semi-intensive sur les hautes plaines, élevage du mouton sur la steppe, agriculture d'oasis. Mais toutes ces zones ont en commun d'être sous la menace constante de l'aléa climatique. Partout, enfin, la maîtrise de l'eau joue un rôle décisif.

Essai de bilan des ressources en eau

Comme la terre, mais avec plus de gravité encore, l'eau au Maghreb est placée sous le signe de la rareté : plusieurs années sèches au cours de la décennie 1980 ont compromis des récoltes ; partout, c'est la course aux captages pour alimenter les villes. Pourtant, parler de rareté peut paraître paradoxal en certains lieux et en certaines saisons : les débordements du Sebou au Maroc ou les inondations de Sfax, en Tunisie, sont dans toutes les mémoires. Et puis, il y a ces fameuses réserves souterraines. Des études suffisamment précises nous permettent aujourd'hui de nous faire un point de vue (27).

---

(26) On trouve des précipitations exceptionnelles même au Sahara, comme le montrent les travaux de J. DUBIEF (*Le climat du Sahara*, Alger, TIRS, 1963) et R. CAPOT-REY, *Le Sahara français*, Paris, PUF, 1953, 564 p.

(27) Il existe des statistiques de synthèse comme VAN DER LEEDEN (F.), *Water Resources of the World, Selected Statistics*, New York, 1975, 568 p., et MARGAT (J.), FORKASIEWICZ (J.), « Les ressources en eau du bassin méditerranéen », *Perspectives méditerranéennes*, n° 8, nov. 1981, pp. 1-13, mais les données nationales sont souvent plus fines. On se basera donc sur les statistiques élaborées respectivement par la DRE (Direction des ressources en eau) de Tunisie, l'INRH (Institut national des ressources hydrauliques), devenu ANRH, pour l'Algérie et l'Administration de l'hydraulique du Maroc. A noter, les efforts actuels du Pnud pour mettre en place une banque maghrébine de données hydrologiques.

Figure n° 2

LE CYCLE DE L'EAU AU MAROC

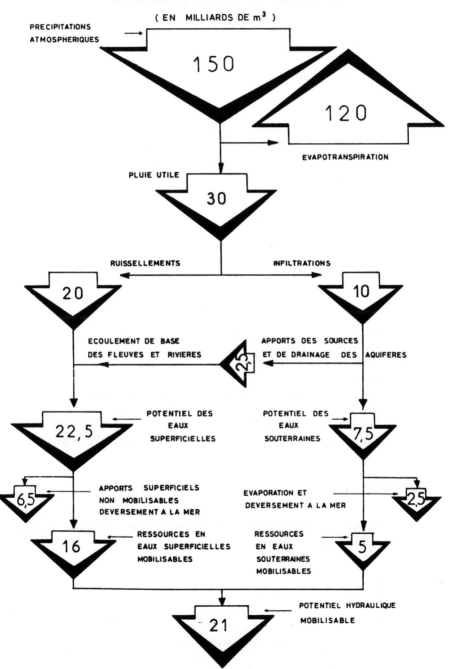

A. LES RESSOURCES RENOUVELABLES

Les eaux de surface

Les ressources en eaux superficielles (détail chiffré par pays en annexe 1) relèvent d'un même mécanisme, le cycle de l'eau, dont la présentation souligne que la « pluie utile » ne représente qu'une faible part des précipitations totales. La situation géographique propre à chaque pays fait qu'ils ne disposent pas des mêmes atouts :

Tableau n° 8

RÉPARTITION DES APPORTS PLUVIOMÉTRIQUES

(En km³)

	MAROC	ALGÉRIE	TUNISIE
Total des précipitations	150	65	33
– évapotranspiration	120	47	ND
– pluie utile	30	18	ND
– ruissellements	20	15	2,6
– infiltration	10	3	ND

A titre de comparaison, il tombe sur la France 400 km³ de pluie, dont 32 sont mobilisés (28). Les débits moyens des oueds maghrébins sont très inférieurs aux débits observés dans bien d'autres régions du monde. De surcroît, la possibilité de mobiliser ces volumes globaux d'eaux superficielles dépend du profil des oueds, de leur dynamique d'écoulement et du niveau des techniques mises en œuvre. Le schéma suivant, qui présente le cas marocain, met en évidence que la « pluie utile » représente seulement le cinquième des précipitations. Sur ces 30 milliards de m³ (30 km³), 21 sont réellement mobilisables, soit à partir du ruissellement, soit à partir des infiltrations dans les nappes superficielles (29).

Les ressources souterraines

Le dispositif des aquifères en Afrique du Nord est assez complexe dans la mesure où il comporte trois niveaux principaux dont les deux premiers seulement sont des ressources renouvelables : les nappes

---

(28) Répartition : 17 km³ pour l'électricité, 6 pour l'industrie, 5 pour l'eau potable et 4 pour l'irrigation.

(29) Il s'agit ici des « ressources en eaux naturelles renouvelables totales » , qui sont « assimilées à la sommes des apports d'eau naturels par les précipitations efficaces ou ''utiles'' sur l'ensemble du territoire considéré, accrue des éventuelles importations d'eau (superficielles ou souterraines) de l'extérieur de ce territoire) » selon la définition proposée par FORKASIEWICZ (J.), MARGAT (J.), *Les ressources en eau du bassin méditerranéen*, Cefigre, série Documents, 1981, p. 9.

phréatiques, les nappes du complexe terminal et les nappes profondes, fossiles. L'exemple tunisien illustre bien ce dispositif.

a) *Les nappes phréatiques*, situées à faible profondeur (moins de 50 m), sont exploitées à partir de puits dont le nombre augmente rapidement (60 415 en 1980 ; 78 877 en 1985). Le potentiel exploitable est de 586 hm³/an, sur lesquels 563 hm³, soit 96 % du potentiel, sont déjà exploités. C'est dire la forte sollicitation des nappes superficielles en Tunisie. Cela est dû, pour une large part, à la généralisation du motopompage. Cette moyenne cache des situations de surexploitation, dans des régions comme Sidi Bouzid, le sahel de Sousse, Monastir, le cap Bon, régions de maraîchage et d'agrumiculture. En un mot, ces nappes sont d'un accès facile et assez peu coûteux.

b) *Les nappes profondes*, situées à plus de 50 m, se trouvent à des profondeurs variables selon la structure géologique. On les trouve tantôt dans des structures calcaires de l'éocène inférieur ou du sénonien, tantôt dans les grès du miocène. Dans les deux cas, ces nappes sont exploitées par des forages qui peuvent descendre entre 200 et 400 m. Le Sud tunisien représente un cas particulier en raison de l'interconnexion d'aquifères relevant de plusieurs couches géologiques. D'où le nom de complexe terminal, également appliqué au Sud algérien, où l'on retrouve cette nappe d'une très grande étendue (350 000 km²). En Tunisie, on la trouve à des profondeurs variables : de 100 à 300 m dans le Nefzaoua, de 200 à 600 dans le Jerid. Elle est exploitée par des forages artésiens, ou pompée selon l'endroit. Il faut ajouter des nappes plus localisées, comme la nappe de la Jeffara, limitée à la plaine côtière entre Gabès et Zarzis. Ici aussi, on assiste à un fort accroissement du nombre de forages.

A l'aide de modèles mathématiques, on a évalué l'importance respective de ces deux types de ressources : environ 586 hm³, dont 67 dans le Sud, pour les nappes phréatiques ; 1 140 hm³ pour les nappes profondes, y compris celle du terminal intercalaire, non renouvelable.

B. LES RESSOURCES NON RENOUVELABLES

C'est en 1954, à l'occasion des travaux de recherche pétrolière, que fut découverte dans le Sahara algérien la nappe du continental intercalaire, encore appelée nappe albienne, du nom de la couche géologique dans laquelle on l'a trouvée, à 1 357 m de profondeur. En fait, cette nappe est atteignable à des profondeurs variables qui peuvent aller jusqu'à 1 800 ou 2 000 m au pied des Aurès. Il s'agit d'un système aquifère contenu dans les grès et sables du secondaire qui affleure dans la région du Tadémaït et s'enfonce ensuite, constituant une sorte d'entonnoir, dont le point le plus profond se trouve dans la région de Biskra (30). On reviendra dans le dernier chapitre sur les caractéristiques et limites de cette ressource. Un inventaire très poussé en a été fait entre 1968 et 1978 par une étude de l'Unesco : le projet Eress (Étude des ressources en eaux du Sahara septentrional). Cet inventaire a fait évoluer la notion de ressource à propos de ces eaux souterraines : il s'agit moins ici du débit qui transite vers un exutoire que de « l'aptitude d'une nappe à fournir un certain débit sur une longue période sans entraîner des changements irréversibles au niveau des caractéristiques géologiques et hydrochimiques de la nappe (31) ». Aussi des hypothèses d'exploitation furent-elles élaborées par les hydrogéologues, qui servirent de base à l'élaboration de schémas directeurs pour la mise en valeur des régions concernées (32). Pour le Sahara algérien, on projetait de disposer de près de 2 800 hm³/an à partir du seul albien, soit environ 88 m³/sec. Des projets ambitieux portant sur des milliers d'hectares furent étudiés.

Très vite, pourtant, les experts incitèrent à la prudence, l'utilisation des nappes étant très différente de ce qui était escompté : la mise en valeur par l'albien ne se fit guère ; en revanche, l'essor touristique et industriel absorbait des quantités beaucoup plus fortes que prévu dans les nappes superficielles, rendant nécessaires des prélèvements dans les nappes profondes. De plus, on observa des variations de réaction que les modèles initiaux n'avaient pas envisagées. D'où une actualisation récente de l'étude Eress dans le cadre d'un projet Pnud (le projet RAB 80/011). La modélisation mathématique a permis de simuler les effets prévisibles de prélèvements croissants, en particulier les rabattements de la nappe (33). En Algérie, les prélèvements sur l'albien devraient passer de 8 059 à 44 249 l/sec, si les prévisions de développement de l'agriculture irriguée sont respectées (passage de 33 169 ha en 1981 à 76 865 ha en 2000). En Tunisie, le prélèvement sur cette même nappe passerait de 452 à 4 741 l/sec. Le résultat en sera un rabattement de 100 à 200 m et des chutes de débit dans les nappes superficielles (34).

---

(30) PALLAS (Ph.), « Les ressources en eau du Sahara septentrional », *Nature et ressources,* n° 3, 1970, Paris, Unesco.

(31) MAMOU (A.), « Ressources hydrogéologiques et développement agricole dans le Sud tunisien », *Enjeux sahariens,* Paris, Éditions du CNRS, 1984, p. 269.

(32) SOGREAH-SOTUETEC, « Étude d'un schéma directeur pour l'exploitation des ressources en eau et en sols du Sud tunisien », février 1976, et HYDRO-TECHNIC CORPORATION, « Mise en valeur hydro-agricole des régions sahariennes », janvier 1977.

(33) PNUD, projet RAB 80/011, « Actualisation de l'étude ERESS, rapport final », juillet 1983, 490 p.

(34) *Cf.* MAMOU (A.), PALLAS (Ph.), « Actualisation des ressources en eau du Sahara septentrional », *L'eau et le Maghreb,* Rome, Pnud, 1988, pp. 43-49.

C. LE POTENTIEL MOBILISABLE ET RÉGULARISABLE (35)

Sur ce potentiel global de ressources superficielles et souterraines, seule une part est mobilisable, compte tenu des contraintes techniques (sites de barrage, recharge des nappes...) et économiques (coûts de mobilisation ou d'exhaure). Il est clair que le coût marginal du mètre cube mobilisé augmente de plus en plus. Mais les bureaux d'études ont des prix références : ainsi, au Maroc, on estime à 3 DH environ l'investissement nécessaire pour mobiliser un mètre cube d'eau de surface dans les conditions actuelles. A titre d'information, le prix de revient d'un mètre cube dessalé serait de l'ordre de 50 DH. Mais ce coût d'opportunité est aussi fonction de l'utilisation prévue de l'eau : en utilisation touristique, des prix élevés sont jugés recevables ; ce n'est pas le cas en agriculture.

Tableau n° 9

ESTIMATION DU POTENTIEL MOBILISABLE ET RÉGULARISABLE

(En hm³)

	Potentiel			Mobilisable			Régularisable		
	Surface	Souterrain	Total	Surface	Souterrain	Total	Surface	Souterrain	Total
MAROC	25 000	7 500	30 000	16 000	5 000	21 000	12 000	4 500	16 500
ALGÉRIE	12 410	6 710	19 120	6 000	3 500[a]	9 500	5 000	3 500[a]	8 500
TUNISIE	2 630	1 725	4 355	2 102	1 725	3 827	1 697	1 725	3 422

(a) Selon certaines estimations, 4 950 hm³ dont 2 767 hm³ à l'albien.

Sources : DRE, INRH, direction de l'Hydraulique.

On voit d'après ces chiffres le net avantage du Maroc, qui pourrait compter sur plus de 16 km³, alors que l'Algérie et la Tunisie ne disposeraient respectivement que de 8,5 et 3,4 km³. Cette indication des disponibilités totales doit être précisée en tenant compte des spécificités géographiques de chaque pays. Ici l'impétuosité des oueds, ailleurs l'éloignement des centres d'utilisation, corrigent notablement l'intérêt réel du potentiel théorique. On pressent l'effort nécessaire si l'on compare les quantités actuellement régularisées aux besoins tels qu'on les évalue à l'horizon 2000 et 2010.

---

(35) On s'en tient ici aux définitions classiques :
— ressources potentielles : apports mesurés au niveau des stations hydrométriques ou calculés par des formules hydrologiques ;
— ressources mobilisables : part des ressources potentielles maîtrisable par des ouvrages hydrauliques (barrages, lacs collinaires, stations de pompage) ;
— ressources régularisables : partie des ressources mobilisables garantie à l'utilisation quelles que soient les conditions hydrologiques neuf années sur dix pour l'AEP, huit sur dix pour les autres usages.

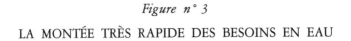

Figure n° 3

LA MONTÉE TRÈS RAPIDE DES BESOINS EN EAU

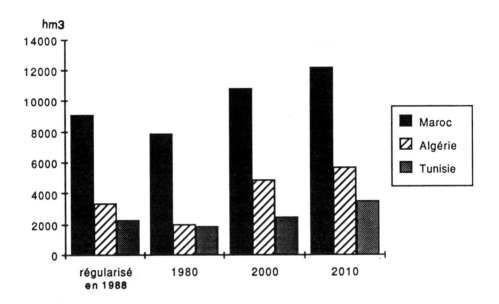

D. CONFIGURATION GÉOGRAPHIQUE DES RESSOURCES EN EAU

La carte globale des oueds donnée plus loin permet de montrer les spécificités de chaque pays quant à l'accessibilité de la ressource. En présentant la particularité de chaque pays, nous attirerons l'attention sur un problème particulier qui peut se retrouver, moins nettement, dans les deux autres pays.

Au Maroc, des ressources abondantes, mais impétueuses

Avec 16,5 km³ théoriquement régularisables, c'est de loin le pays le mieux doté du Maghreb, en raison de l'importance des précipitations qu'il reçoit de l'Atlantique, mais aussi des reliefs élevés, qui favorisent la condensation des vents marins et une lente infiltration par la fonte des neiges de l'Atlas. Ce pays jouit d'un dispositif californien.

La disposition régulière des oueds, du nord au sud du pays, est évidente. S'y ajoute le fait qu'avant de se jeter à la mer ceux-ci traversent de vastes plaines comme le Haouz, le Tadla, les Doukkala ou le Gharb, plaines propices à des aménagements hydrauliques.

Revers de cette situation : des cours d'eau au débit fort irrégulier, trop faibles à l'étiage et impétueux, voire dévastateurs en hiver.

Figure n° 4

UNE PRÉSENTATION DU POTENTIEL EN EAU DU MAROC

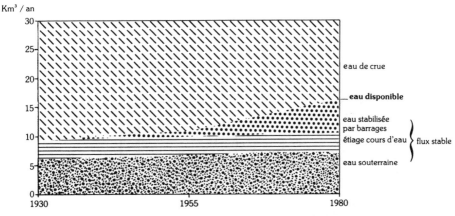

Source : R. Ambroggi.

C'est ainsi que le Sebou et le Loukkos connaissent des crues régulières, dues aux abondantes précipitations hivernales qu'ils reçoivent du Rif directement ou par leurs affluents. Un débit maximum de 6 530 m³/sec a été relevé sur l'Ouerrha, affluent du Sebou, en janvier 1970. La Moulouya a atteint 7 200 m³/sec en mai 1963. Ces mêmes oueds connaissent aussi des étiages très sévères.

Un graphe de Robert Ambroggi met bien en évidence la marge de ressources en eaux de crue, même s'il n'indique guère le pourcentage récupérable, ni le coût marginal, et peut du coup induire un optimisme excessif (36) :

La limite de cette présentation est qu'elle fait abstraction du facteur prix dans la définition de la marge disponible.

En Algérie, des ressources mal réparties dans l'espace

Le pays peut espérer régulariser 9,5 km³, voire un peu plus si l'on table sur 4,9 km³ d'eau souterraine admis par le bilan de l'INRH (Institut national des ressources hydrauliques) de décembre 1986 (37). L'essentiel des eaux superficielles vient des bassins versants tributaires de la Méditerranée, les bassins endoréiques et les bassins saha-

(36) AMBROGGI (R.), *Eau et développement,* Rabat, 1985, p. 16.
(37) INRH, *Ressources en eau et en sols de l'Algérie,* Alger, décembre 1986, 23 p. Ce document est plus exact que d'autres évaluations antérieures, en particulier SECRÉTARIAT D'ÉTAT AU PLAN, SOUS-DIRECTION DU DÉVELOPPEMENT RURAL, *Bilan des ressources hydro-agricoles de l'Algérie du Nord et perspectives (horizon 1990),* Alger, septembre 1978, 45 p. + annexes ; MINISTÈRE DE L'HYDRAULIQUE, DEMRH, *Ressources en eau et en sols de l'Algérie, bilan des études au 31/07/1979,* Alger, 1979, 16 p.

Figure n° 5

LES OUEDS ET LES GRANDS PÉRIMÈTRES DU MAGHREB

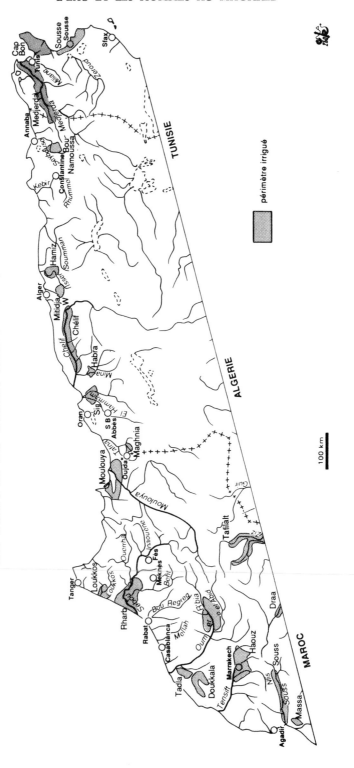

périmètre irrigué

100 km

riens n'ayant que de faibles apports : 6 km³ environ seraient régularisables. Le potentiel souterrain, loin d'être négligeable (6 710 hm³), se trouve pour une part importante au Sahara, dans des nappes profondes dont l'exhaure est coûteuse (38).

Autre problème du réseau algérien : la forte disparité entre l'Ouest du pays, région riche en plaines, mais peu arrosée, et l'Est, région montagneuse où s'écoulent les principaux oueds du pays, comme le Kebir Rhummel (910 hm³), la Soummam (700 hm³), les côtiers constantinois (3 250 hm³) ou l'Isser (520 hm³). Seul le Chelif (1 540 hm³) représente un potentiel d'importance dans l'Ouest. On notera le changement d'échelle par rapport au pays précédent. En Algérie, autant l'eau manque dans l'Ouest, autant elle est souvent perdue pour toute utilisation à l'Est.

En Tunisie, un potentiel déjà très entamé

Le bilan de 1985 (39) évalue les ressources globales à 4 355 hm³, ainsi répartis :

	Eaux de surface	Eaux souterraines			Total	%
		phréatiques	profondes	Total		
Nord	2 120	325	148	473	2 593	60
Centre	370	194	267	461	831	19
Sud	140	67	724	791	931	21
Total	2 630	586	1 139	1 725	4 355	100

De loin inférieur à celui des deux autres pays, le potentiel tunisien est, de surcroît, affecté d'une répartition spatiale très tranchée.

80 % du potentiel en eaux de surface se trouve dans le Nord du pays, alors que les besoins sont aussi importants dans le Centre du pays que dans le Nord. Les principaux oueds comme la Medjerdah (1 000 hm³), les oueds côtiers de l'extrême Nord (550 hm³) ou l'Ichkeul (265 hm³) sont fort loin des centres d'utilisation que sont Tunis, Sousse ou Sfax. Des transferts importants ont déjà été réalisés pour conjurer cette situation.

Le potentiel de la Tunisie centrale est grevé par de fortes irrégularités et les inconvénients qui lui sont attachés : débit solide important, crues fréquentes.

Quant aux réserves en eaux profondes, 65 % sont dans le Sud,

---

(38) L'étude prospective sur la question de l'eau réalisée en 1989 par l'Institut national d'études de stratégie globale parle de « coût prohibitif » et invite à ne pas rêver.

(39) MINISTÈRE DE L'AGRICULTURE, DIRECTION DES RESSOURCES EN EAU, *Bilan des ressources en eau 1985*, Tunis, décembre 1985, 10 p. + annexes. Des documents complémentaires permettent de connaître le détail, en particulier DRE, *Situation de l'exploitation des nappes*, 1985, 114 et 81 p.

ce qui pose problème si l'on sait que 96 % des ressources des nappes phréatiques sont déjà exploitées en Tunisie (563 hm³ sur 586), et ce dans le Nord ou le Centre pour l'essentiel. Au total, le pays ne peut régulariser que 3,4 km³, dont 1,3 km³ seulement en surface.

En d'autres termes, les trois pays étudiés disposent de ressources en eau d'inégale importance, et surtout à des niveaux d'accessibilité très variables : irrégularité intersaisonnière ou interannuelle, mauvaise répartition régionale, coûts élevés de l'exhaure des eaux profondes, tels sont les principaux handicaps que doivent surmonter ces pays pour disposer de cette eau sans laquelle il n'y aura pas d'intensification agricole véritable. Bien qu'ayant le niveau le plus élevé de mobilisation, le Maroc reste celui qui dispose de la marge la plus importante. La Tunisie a devant elle de gros problèmes de répartition et l'Algérie un retard considérable de mobilisation.

3. De la dépendance à la sécurité alimentaire
Des options encore floues

La montée exponentielle des besoins et le poids très lourd des contraintes naturelles entraînent le Maghreb dans un processus de dépendance alimentaire croissante, et ce depuis le début des années 1970. Jusque-là, les niveaux d'importation de produits agricoles étaient restés supportables pour les économies. L'explosion des tonnages importés, jointe au renchérissement des denrées sur le marché mondial à partir de 1973, a rendu la facture alimentaire très lourde pour les économies maghrébines. Le poids en est augmenté pour le budget de l'État par la nécessité de contenir les prix des denrées de première nécessité pour les couches les plus défavorisées de la population. Il en résulte des charges de compensation exorbitantes, difficiles à atténuer sans prendre le risque d'une explosion sociale (*cf.* les émeutes de Tunisie et du Maroc) (40).

A titre d'illustration de cette double dégradation :

— la facture des importations alimentaires de l'Algérie est passée de 1 milliard de DA environ à 12,5 milliards de DA courants entre 1970 et 1985, soit entre le quart et le tiers des recettes extérieures, selon le cours des hydrocarbures et du dollar.

---

(40) Le système tunisien de compensation est présenté par Kh. BELHAOUANE, « Compensation, prix et revenus en Tunisie », FAO-IAM, *op. cit.*, pp. 183-199 ; dans le même document, M.-E. BOURENANE présente la question du soutien des prix en Algérie et démontre que, si les plus défavorisés en bénéficient effectivement, ce sont pourtant des couches déjà aisées qui en tirent le plus grand parti (possibilité d'accès aux grands magasins...).

— les charges de compensation supportées par le budget tunisien sont passées de 59,2 millions à 262,2 millions de DT entre 1975 et 1985, les céréales représentant 60 % de la facture de 1985.

Une telle évolution paraît inacceptable : écrasante pour les budgets dont les possibilités d'investissement sont rognées d'autant, elle limite sérieusement l'autonomie d'États dont la stabilité est soumise à l'arrivage régulier des bateaux de blé et qui se sentent ainsi sous la menace d'un éventuel chantage alimentaire. D'où l'insistance quasi unanime chez les responsables politiques comme chez certains experts sur le thème de l'autosuffisance alimentaire (41).

L'aggravation de la dépendance alimentaire : approche par pays (42)

Relativement autonomes, voire exportateurs, pour les denrées de consommation courante, les pays du Maghreb ont connu une forte dégradation du taux de couverture de leurs besoins alimentaires.

Tableau n° 10

ÉVOLUTION DES PRINCIPAUX TONNAGES DE DENRÉES IMPORTÉES

(En milliers de t)

	MAROC			ALGÉRIE			TUNISIE		
	1961-1965	1971-1975	1981-1985	1961-1965	1971-1975	1981-1985	1961-1965	1971-1975	1981-1985
Céréales	368	942	2 351	451	1 280	3 984	267	326	980
Sucre	382	258	258	201	303	608	81	121	175
Huiles	51	70	140	18	41	121	16	48	71
Viandes	0	0,5	4,2	15	0	30	0,1	0,7	12,6
Lait en poudre	3,2	3	7,3	5,3	15	81	2	6,1	18,6

Source : Médistat.

Ce tableau montre la forte montée des importations en produits de première nécessité. Le taux global de dépendance devient élevé, avec des formes variables d'un pays à l'autre.

---

(41) Le thème de l'autosuffisance est dans la plupart des discours ministériels, mais on le retrouve aussi sous la plume de M. GUERNIER, animateur du Club de Rome : « L'impératif de l'autosuffisance alimentaire dans le Tiers-Monde », *in* BOURRINET (J.), FLORY (M.), *L'ordre alimentaire mondial,* Paris, Economica, 1982, pp. 233.

(42) Une bibliographie assez copieuse a été éditée sur le sujet par Marion KRINGS, *Notes bibliographiques sur les stratégies alimentaires en Méditerranée,* CIHEAM-Publisud, 1985, 89 p., que complète utilement celle, plus récente, d'OPTIONS MÉDITERRANÉENNES, *Les échanges agro-alimentaires...,* 1988, pp. 271-307.

A. L'ALGÉRIE

C'est le pays où la situation s'est le plus nettement dégradée, comme le montrent de nombreuses études (43). La figure suivante souligne l'explosion des importations céréalières :

Figure n° 6

L'EXPLOSION DES IMPORTATIONS CÉRÉALIÈRES

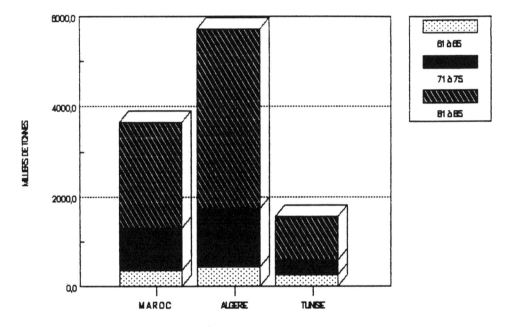

On peut résumer l'évolution agricole depuis l'indépendance par quatre observations.

Stagnation de la production agricole (44)

Si l'on examine l'évolution des productions par produits depuis trente ans, on observe :

---

(43) BENCHARIF (A.), « Évolution de la politique alimentaire et nutritionnelle en Algérie », thèse, Montpellier, 1981, 487 p., et PERTHUIS (Ch. DE), « L'Algérie face au déséquilibre agro-alimentaire », thèse, Montpellier, 1984, 575 p.

(44) BEDRANI (Sl.), *L'agriculture algérienne depuis 1966, étatisation ou privatisation ?,* Alger-Paris, OPU-Economica, 1981, 414 p. ; BELAID (Dj.), « L'agriculture européenne », *Afrique-Agriculture,* n° 142, mai 1987, pp. 12-27.

— un très léger accroissement de la production céréalière, qui reste extrêmement sujette aux aléas climatiques, et oscille entre 15 et 30 millions de q. Les rendements moyens restent faibles, de l'ordre de 7 q/ha. D'où des importations massives, qui sont passées de 17,3 millions de q en 1974-77 à 44 millions de q en 1984-87 ;
— un déclin très net du taux de couverture de la demande en légumes secs ;
— une stagnation de la production en cultures industrielles et en oléagineux ;
— en revanche, on observe un net accroissement des productions commerciales comme le maraîchage, les fruits (sauf les agrumes, qui ont régressé), les viandes (surtout blanches). En somme, la faiblesse de la production atteint surtout les produits de base, fondamentaux dans la ration alimentaire (45).

Un net déclin de la capacité exportatrice du pays

Part des exportations agricoles dans les exportations totales

	1963-66	1967-69	1970-73	1974-77	1978-83
Exportations agricoles (a)	1 153	726	707	611	416
% des exportations totales	34	17,6	12,5	2,9	0,7

(a) = Millions de DA courants.

Ce déclin est dû à la conjonction de plusieurs phénomènes : une nette augmentation de la consommation intérieure, consécutive à l'élévation du niveau de vie ; la forte montée des exportations d'hydrocarbures dans les années 1980. Et, bien entendu, la stagnation, voire la régression de certaines productions traditionnellement exportées comme le vin, les agrumes et les dattes.

Le poids négatif de la rente pétrolière

L'économie algérienne est structurée depuis 1967 autour de la valorisation des hydrocarbures et des produits miniers. L' industrialisation a accaparé une part importante des investissements publics et de la force de travail qualifiée, au-delà même des prévisions du planificateur. Pendant une décennie d'euphorie financière, l'État a pu importer massivement des denrées et subventionner le prix des produits de consommation courante. Mais l'effondrement, en 1986, des cours et du marché pétrolier (la valeur des exportations a diminué de plus de 40 %) a contraint à un revirement sévère, qui s'est traduit :
— tout d'abord, par une sérieuse compression des importations, y compris alimentaires ;

(45) BESSAOUD (O.), « Évolution de l'ensemble productif agricole et besoins alimentaires en Algérie », *Revue du Ceneap*, 1985/3, pp. 83-127.

— ensuite, par l'adoption d'un programme d'exportations hors hydrocarbures.

Les effets de ce dernier restent très limités, vu la faible productivité de l'agriculture et eu égard à la montée de la demande intérieure. De plus, l'Algérie, à la différence du Maroc, n'a guère d'expérience ni de structures adéquates (services bancaires, par exemple) en matière d'exportation de produits agricoles. Les exportations agricoles couvrent moins de 5 % de la valeur des importations agricoles.

Les effets controversés de la privatisation

Les terres du secteur socialiste (plus de 2 millions d'ha), anciennes terres coloniales, constituent le meilleur du potentiel agricole. Gérées de façon bureaucratique, elles font aujourd'hui l'objet de redistributions sous forme d'exploitations plus petites, quasi privées, les EAC. Les circuits de commercialisation sont libéralisés. Deux mesures qui visent à relancer l'activité agricole. Pour le moment, les effets se font surtout sentir sur les productions spéculatives très rémunératrices (maraîchage primeur, fruits) et fort peu sur les productions de base, malgré un relèvement du prix au producteur.

Au total, l'Algérie connaît une crise agricole profonde que confirme son retard par rapport à ses voisins en matière d'irrigation. Des trois pays maghrébins, c'est le pays où l'avenir de l'agriculture est le plus inquiétant.

B. LE MAROC

Il connaît aussi une dégradation de son autonomie alimentaire, mais son agriculture donne des signes de réel dynamisme (46).

Le front de la dépendance alimentaire est entamé

Ce tableau fait apparaître :
— un accroissement important des importations de céréales, surtout de blé tendre ;
— mais une stabilisation des importations en sucre et en produits laitiers.

Il n'en reste pas moins que le renchérissement des denrées sur le marché mondial pèse lourdement sur la balance commerciale.

---

(46) De nombreux travaux ont été consacrés à la question : BEKKALI (A.), « Le système agro-alimentaire marocain et les exigences du développement », thèse, Rabat, 510 p. ; ALAMI SIDI (A.), *Le déficit agricole au Maroc,* Rabat, 1982, 138 p. ; BELLOUT (A.), « Marché mondial, sécurité alimentaire et la politique des grands aménagements hydro-agricoles », *RJPEM,* 1981/1, p. 144.

Tableau n° 11
ÉVOLUTION DES TONNAGES IMPORTÉS PAR LE MAROC
(En milliers de t)

	1970	1975	1980	1984
Total importations agricoles	1 126	2 431	3 013	3 960
Céréales	363	1 478	1 799	2 723
dont blé tendre	358	304	1 651	2 471
dont maïs	–	32	115	128
Sucre	273	267	328	283
Huiles	54	161	150	170
Produits laitiers	41	31	40	22
Total produits alimentaires	731	1 937	2 297	3 198
% import. aliment./import. agric.	65 %	79,6 %	76,2 %	80,7 %

Source : MARA DPAE.

Figure n° 7
LA CROISSANCE DE LA FACTURE ALIMENTAIRE

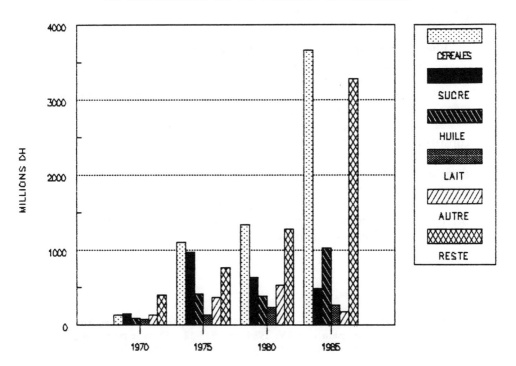

L'élargissement de la CEE menace les exportations

Le Maroc, on le verra plus loin, a misé depuis longtemps sur les avantages comparatifs que lui procurent son climat et le bas prix de sa main-d'œuvre pour développer un secteur agro-exportateur avec, en particulier, les agrumes et le maraîchage primeur : la production d'agrumes a dépassé le million de tonnes dans les années 1980, dont 500 000 à 600 000 tonnes sont exportées. Or l'élargissement récent de la CEE à l'Espagne et au Portugal (30 mars 1985) constitue à terme une menace directe pour les productions marocaines, dont l'exportation était régie jusqu'à présent par les accords de 1969. La CEE a offert quelques garanties au Maroc : un débouché assuré de 340 000 t d'agrumes et 77 000 t de tomates, ainsi qu'un appui financier. Le Maroc a repoussé cette offre, et fait pression dans le même temps en demandant d'adhérer à la CEE. L'enjeu est majeur pour lui, car il réalise 57 % de ses exportations et 45 % de ses importations avec la Communauté européenne.

Au total, le modèle agro-exportateur dominant a permis de couvrir partiellement et à grands frais la demande de produits comme le sucre et le lait, mais n'a guère favorisé les accroissements de productivité dans les productions comme les céréales et les légumineuses, qui restent la base de l'alimentation (47).

C. LA TUNISIE

Elle connaît une situation proche de ses voisins :
— focalisation de l'investissement sur les zones d'irrigation, et donc faibles gains de productivité dans l'agriculture extensive ;
— dynamisme spectaculaire des cultures spéculatives, liées au tourisme et à l'essor urbain (maraîchage primeur) ;
— menaces sur les débouchés traditionnels de l'huile d'olive, qui constitue sa principale exportation agricole ;
— enfin, la charge de la compensation des produits de base devient écrasante pour l'État, comme le montrent les chiffres suivants.

Les trois pays maghrébins voient donc croître, pour des raisons diverses, leur dépendance alimentaire. Les États considèrent que celle-ci a atteint un niveau dangereux.

---

(47) AKESBI (N.), « L'État marocain pris entre les impératifs de la régulation et les exigences de l'extraversion », *AAN*, 1984, pp. 543-586. Dans le même numéro, deux articles développent une analyse analogue pour l'Algérie et la Tunisie.

Tableau n° 12

ÉVOLUTION DES CHARGES DE COMPENSATION EN TUNISIE

(En millions de DT)

	1970	1975	1981	1985
Céréales et dérivés	–	20,0	81,5	157,6
Huiles	–	15,3	5,8	50,0
Sucre	–	13,7	19,1	15,7
Lait	–	–	4,4	7,9
Engrais	4,9	10,3	16,5	
Autres	1,3	5,3	18,4	14,5
Total	1,3	59,2	140,0	262,2

Source : Caisse générale de compensation.

A propos de l'autosuffisance alimentaire

Malgré l'écart croissant entre l'offre de produits agricoles et les besoins alimentaires, le thème de l'autosuffisance reste inscrit comme un des objectifs prioritaires des politiques agricoles et dans les plans de développement des trois pays étudiés. Pour s'en expliquer, on insiste volontiers sur le « chantage alimentaire » exercé par les pays du Nord, en particulier les pays de la CEE et l'Amérique du Nord, qui, bien qu'excédentaires, pourraient pourtant user de l'« arme du blé » (48). Des travaux récents ont montré que ce risque n'est pas illusoire et que la capacité de pouvoir fournir des denrées en abondance est un facteur de puissance au niveau mondial (49). D'autres insistent sur le risque d'une spécialisation internationale trop tranchée qui, au nom des avantages comparatifs, condamnerait les uns à produire le blé et les autres à l'importer.

Des principes flous

Curieusement, l'accord quasi général sur l'urgence de rechercher l'autosuffisance n'a d'égal que le flou de la notion, comme le montrent les divers vocables employés : tantôt on parle d'indépendance, tantôt d'autosuffisance, tantôt de sécurité, ce qui est loin d'être la

(48) *Cf.* BENCHICOU (M.), « Le chantage alimentaire : l'arme du blé », *El Moudjahid,* octobre 1980. BOURRINET (J.), FLORY (M.), *op. cit.,* présentent une analyse approfondie de l'insécurité alimentaire mondiale et étudient en particulier le cas des pays arabes (pp. 53-65). PROVENT (A.), RAVIGNAN (F. DE), *Le nouvel ordre de la faim,* Paris, Le Seuil, 1977, 150 p., soulignent l'urgence d'intégrer cette question dans la recherche d'un nouvel ordre économique mondial.

(49) *Cf.* BESSIS (S.), *L'arme alimentaire,* Paris, Maspero, 1979, et CHARVET (J.-P.), *La guerre du blé,* Paris, Economica, 1988.

même chose : de grands pays industrialisés comme le Japon sont loin d'être autosuffisants, mais ont fait des choix délibérés quant à leurs stratégies d'importation. Ces pays ne se considèrent pas comme foncièrement dépendants. Il ne s'agit pas que d'un débat d'école, dans la mesure où des conséquences considérables en sont tirées en matière de choix technologiques et de politiques alimentaires (50) : plus d'un considère que les choix faits pour réduire la dépendance alimentaire ont entraîné les pays dans une dépendance financière et technologique (51). Plusieurs conceptions sous-jacentes peuvent être distinguées (52).

Une conception étroite de la sécurité alimentaire associe celle-ci à l'existence d'un stock de produits jugés stratégiques (53). La sécurité consiste à avoir une marge de manœuvre suffisante grâce à un réseau de silos permettant de « tenir » *n* jours. « Conception étroite, écrit Bellout, car elle se situe dans une optique de stock et non pas dans une optique de production. A la limite, peu importe l'origine de ces stocks ; peu importe qu'on les constitue à partir de ressources internes ou du marché extérieur par l'importation. L'objectif visé est purement conjoncturel, c'est-à-dire une pénurie subite du fait d'un événement extraordinaire. » Cette sécurité paraît illusoire dans des pays structurellement déficitaires.

D'où le glissement vers une conception beaucoup plus large qui assimile sécurité alimentaire et autosuffisance : pour être réelle, la sécurité impliquerait que la production nationale couvre l'ensemble des besoins. Perspective assez irréaliste au Maghreb, vu le poids particulièrement lourd des contraintes du milieu et la montée vertigineuse des besoins. Néanmoins, on peut se demander si cela n'est pas implicite dans certaines projections qui donnent des accroissements importants tous azimuts. Pour entretenir l'illusion, on fait appel à toutes sortes de mythes allant des biotechnologies à d'inépuisables réserves d'eau fossile du Sud : « En exploitant rationnellement les conditions agro-climatiques, il n'y a pas de doute que nous renverserons la vapeur pour arriver à ce résultat surprenant : alimenter les régions du Nord grâce au surplus de production des régions sahariennes (54). »

Une troisième conception consiste à privilégier la sécurité d'approvisionnement en denrées alimentaires essentielles, parce que entrant

---

(50) *Cf.* TAJ (K.), *Choix technologiques et système alimentaire, le cas du Maroc,* Paris, L'Harmattan, 1987, 172 p.

(51) *Cf.* AKESBI (N.), « De la dépendance alimentaire à la dépendance financière, l'engrenage », *Afrique et développement,* Codesria, 1985/3, p. 396.

(52) Une clarification est tentée par BELLOUT, art. cit., p. 127.

(53) La notion de sécurité semble privilégiée en Tunisie, où les possibilités financières et agricoles empêchent de trop rêver. *Cf.* KRIMI (K.), « Quelle sécurité alimentaire pour la Tunisie ? », *Conjoncture,* mars 1986, pp. 48-49.

(54) Interview accordée par Kasdi MERBAH, ministre algérien de l'Agriculture, à *El Moudjahid.*

pour une part importante dans la ration. C'est une des raisons pour lesquelles le Maroc, très gros consommateur de sucre, s'est lancé dans son programme sucrier. Les céréales et les produits laitiers sont également considérés par tous comme des productions stratégiques. Dans cette optique, les potentialités n'en constituent pas moins un facteur limitant : aussi privilégie-t-on les spéculations pour lesquelles le pays dispose d'avantages comparatifs (température clémente en hiver, bas coûts de main-d'œuvre, etc.), productions pour lesquelles il peut espérer bien se situer sur le marché mondial. Pendant plus de dix ans, l'Algérie a fait un autre choix : privilégier la production de... pétrole et de produits manufacturés lui permettant d'acheter son blé sur le marché mondial.

En fait, une telle réflexion sur le contenu d'une politique de sécurité alimentaire est rarement menée au fond, et, trop souvent, les objectifs de production retenus ne sont que le prolongement optimiste, pour ne pas dire irréaliste, de ce qui se fait déjà (55). A. Bencharif a tenté de préciser ce que seraient les principaux éléments d'une politique alimentaire et nutritionnelle en Algérie : l'infléchissement des modèles de consommation par une politique des prix ; une affectation culturale des zones agricoles en fonction de critères mieux définis (valorisation du m³ d'eau, création d'emplois, minimisation des importations, etc.) ; recours à des grands complexes agro-industriels pour couvrir les besoins prioritaires (œufs, viande de volaille, viande bovine, lait). Cela peut se discuter, mais souligne la nécessité de faire de vrais choix dans ce domaine.

Il faudrait ajouter à ces propositions une politique commerciale contractuelle : est-il inconcevable d'imaginer des accords à moyen terme avec des pays producteurs de céréales, de produits laitiers, d'oléagineux, en échange de produits pétroliers par exemple ? Pourquoi la sécurité alimentaire du Maghreb ne passerait-elle pas par une politique commerciale méditerranéenne ?

Le rôle majeur, voire abusif, dévolu à l'irrigation

C'est ici que l'irrigation intervient en force : dans l'esprit des planificateurs et des décideurs, il semble que le développement de l'irrigation soit le principal, voire le seul moyen pour faire face au défi alimentaire. Étudiant la situation algérienne dans les années 1960, Marcel Mazoyer soulignait que l'irrigation est « un puissant moyen de multiplication du potentiel foncier » et il estimait que « l'irriga-

---

(55) AÏT-AMARA (H.) défend un point de vue assez réaliste sur cette question et montre que l'Algérie peut au mieux espérer stabiliser son taux de dépendance en doublant la productivité du sol dans les vingt ans à venir (« Objectifs et moyens de la politique alimentaire », *Revue du Ceneap*, 1985/3, pp. 28-29).

tion multiplie par six en moyenne la capacité de production du sol, c'est-à-dire qu'un hectare de terre irriguée "crée" l'équivalent de cinq hectares supplémentaires de terre cultivable » (56). Il ajoutait cependant que c'est là « un moyen coûteux, limité, difficile à gérer ». Il semble que le développement hydro-agricole soit vite devenu la panacée, le remède miracle des planificateurs, qui ont concentré là l'essentiel de l'investissement agricole, au détriment des améliorations possibles en sec. On peut prendre deux exemples : les perspectives marocaines et algériennes pour l'irrigation à l'horizon 2000 et 2010.

Les perspectives marocaines : le million d'hectares irrigués (57)

Dès 1974, au lendemain de la flambée des prix internationaux, le roi annonça dans son fameux discours d'Erfoud l'objectif du million d'hectares irrigués en l'an 2000. En clair, l'irrigation devenait une priorité pour Sa Majesté et pour le pays tout entier. On reviendra sur le caractère récurrent de cet objectif déjà présent à l'époque coloniale. Sans nier l'intérêt de telles perspectives, il s'agit seulement de souligner pour le moment que la focalisation sur l'irrigué a conduit à laisser dans l'ombre les actions nécessaires dans le domaine de l'agriculture en sec, qui regroupe encore la majeure partie des terres et de la paysannerie marocaine. Les perspectives de 1975 étaient ambitieuses.

Tableau n° 13
ÉVOLUTION ESCOMPTÉE DES SUPERFICIES AMÉNAGÉES
(En ha)

	1967	1977	Fin du projet
Offices	140 000	422 700	790 000
PMH	60 000	91 000	280 000
Total	200 000	513 700	1 070 000

On imagine que la multiplication par cinq des superficies irriguées représente des coûts considérables. Du même coup, des choix de production étaient proposés, privilégiant les agrumes et la betterave sucrière. Les choix de cultures seront discutés en détail ultérieurement : on notera seulement l'importance accordée aux agrumes (on prévoyait presque le doublement du verger), ce à des fins d'exporta-

---

(56) DUMONT (R.), MAZOYER (M.), *Développement et socialismes*, Paris, Le Seuil, 1969, p. 261.
(57) MARA, *L'irrigation au Maroc ; situations de l'équipement et de la mise en valeur. Perspectives de développement*, Rabat, avril 1975, 114 p.

tion (les marchés d'Europe de l'Est sont évoqués), et l'accroissement des cultures sucrières (betterave et canne à sucre), qui devraient passer de 12 700 ha à 180 000 ha. Le document prévoit d'atteindre l'autosuffisance en sucre en 1984, date à partir de laquelle il y aurait des excédents de sucre exportables. Pourquoi le choix du sucre ? En raison de l'importance de la consommation marocaine, certainement, mais aussi de la capacité intégratrice de cette culture, qui nécessite une industrialisation au niveau de la production comme de la transformation.

Tableau n° 14

PERSPECTIVES D'ÉVOLUTION DES CULTURES
ET DES PRODUCTIONS IRRIGUÉES

(En ha et en t)

	1968		1977		Fin	
	Superficie	Production	Superficie	Production	Superficie	Production
Agrumes	60 000	726 000	86 000	1 150 000	115 000	2 500 000
Coton	13 200	18 800	34 000	59 000	94 000	193 000
Betterave irriguée	12 700	67 000	35 000	170 000	68 000	345 000
Canne à sucre	–	–	11 600	31 7000	112 000	646 300
Riz	7 200	43 000	10 000	50 000	37 000	180 000
Céréales irriguées	–	–	465 000	590 000	300 000	630 000
Fourrages irrigués	–	–	115 000	–	366 000	–
Maraîchage	–	–	140 000	–	190 000	–
Oliviers irrigués	–	–	82 000	190 000	132 000	–

Source : Mara.

Face à un tel programme, que deviennent les immenses zones en sec ? La question ne sera posée que vers la fin des années 1980.

Les perspectives algériennes de 1987 (58)

L'Algérie a beaucoup tardé à adopter un programme d'intensification en irrigué (59). Ce n'est vraiment qu'à partir des années 1980

(58) MAP, *Proposition d'utilisation des superficies irriguées à l'horizon 2010*, Alger, août 1987, 28 p.
(59) *Cf.* PÉRENNÈS (J.-J.), « La politique hydro-agricole de l'Algérie... », pp. 57-76.

qu'elle s'est lancée dans la réalisation de barrages et la préparation de l'après-pétrole. Un document récent du ministère de l'Agriculture montre le type de visée des planificateurs : « la couverture totale des besoins en maraîchage, fruits et lait à l'horizon 2010 » :

Tableau n° 15

ÉVOLUTION ESCOMPTÉE DE LA SAU EN ALGÉRIE

(En milliers d'ha)

	1986			2010			Accroissements		
	Sec	Irrigué	Total	Sec	Irrigué	Total	Sec	Irrigué	Total
Céréales	3 293	8	3 300	3 293	110	3 403	/	103	103
Légumes secs	152	/	152	360	/	360	208	/	208
Fourrages	725	25	750	1 132	268	1 400	407	243	650
Maraîchage	163	95	258	212	198	410	49	103	152
Cultures Industrielles	18	8	26	18	43	61	/	35	35
Arboriculture	337	81	418	730	94	824	393	13	406
Vigne	211	2	213	135	12	147	–76	10	–66
Palmiers	/	62	62	/	82	82	/	20	20
Autres	2 319	2	2 321	792	21	813	1 527	19	–
TOTAL	7 218	282	7 500	6 673	827	7 500	– 393	545	1 508

Source : MAP, doc. cité, p. 22.

De telles projections posent question pour plusieurs raisons.

Compte tenu du rythme actuel d'accroissement des superficies irriguées, on peut se demander s'il est plausible d'augmenter en vingt ans les superficies irriguées de 545 000 ha, pour les faire passer de 282 000 à 827 000 ha. Cela implique en effet des capacités financières et techniques dont on connaît les limites actuelles.

Cet accroissement suppose d'énormes quantités additionnelles en eau d'irrigation. Pour y parvenir, le document prévoit la réalisation de 65 barrages dans le Nord, soit la réception de trois ouvrages par an et la réalisation de 50 000 mètres linéaires de forage par an dans le Sud.

Répartition de la SAU irriguée :	1986	2010	Accroissement (en ha)
Nord du pays	222 000	527 100	305 000
Sud du pays	60 000	300 000	240 000
Total	282 000	827 100	545 000

Enfin, que devient l'agriculture en sec dans un programme qui focalise à ce point l'investissement sur l'irrigué ? Pourtant, il existe d'importantes réserves de productivité, en particulier dans les zones où le système de production céréales-jachère prédomine : 2 millions d'ha environ peuvent être récupérés au niveau des différentes zones agroclimatiques, par résorption de la jachère et développement des cultures fourragères et des légumineuses (60). A titre d'illustration des gains de productivité possibles en sec, voici les prévisions du plan quinquennal 1980-84 :

— steppe (1 110 000 ha). On peut y réduire de moitié la céréaliculture, trop aléatoire, ainsi que la jachère, et améliorer 600 000 ha de parcours pour la production ovine ;

— agriculture de montagne (828 000 ha). On peut y réduire la jachère et les céréales au profit de l'arboriculture (+ 45 000 ha) et des prairies permanentes (+ 22 000 ha) ;

— céréaliculture en sec (4 534 000 ha). Il est envisageable de réduire la jachère de 500 000 ha sur cette zone et de la remplacer par des légumes secs (+ 47 000 ha) et des cultures fourragères (+ 275 000 ha), et même un peu d'oléagineux ;

— en zone de polyculture en sec (428 000 ha), des plantes plus adaptées comme le médicago peuvent être développées (+ 66 000 ha) ; les légumes secs sont également conseillés dans l'assolement ;

— l'arboriculture en sec peut être notablement augmentée, passant de 126 000 à 198 000 ha.

Des gains de productivité importants sont réalisables dans l'agriculture en sec. En Algérie, l'IDGC (Institut pour le développement des grandes cultures) a démontré dans ses stations expérimentales qu'il est possible de doubler les rendements par seule amélioration de l'itinéraire technique. L'Inra du Maroc participe à un programme de recherche en aridoculture avec des centres internationaux de recherche agronomique (GCRAI) et des universités du Middle West, programme qui pourrait déboucher sur la mise au point de plantes qui « collent » au calendrier de pluies (61).

Cela nous conduit donc à nous interroger sur une option trop unilatérale pour les grands programmes hydro-agricoles. Il n'est pas sûr que ces programmes conduisent à plus de sécurité alimentaire. Concernant le Maroc, pourtant audacieux dans ce domaine, A. Bellout donne des chiffres montrant qu'une faible part des besoins en denrées de base sera couverte à l'horizon 2000 par le programme irrigué : « Loin d'orienter son potentiel productif vers la réalisation de

(60) Ce point de vue est défendu par BELAID (Dj.), « L'agriculture algérienne », *Afrique-Agriculture*, n° 142, mai 1987, p. 12.

(61) *Cf.* GHOUIBI (A.), « Recherche : le Maroc sur la voie de la Révolution verte des zones arides ? », SYFIA, *Bulletin de presse*, n° 3, avril 1989, pp. 1-2.

l'objectif de sécurité alimentaire qui lui a été assigné par le décideur public, un tel schéma risque en fait de renforcer l'intégration au marché international (62). »

Dénoncer un choix trop unilatéral ne doit rien enlever à l'intérêt et même à l'urgence de l'intensification en irrigué. Simplement, cela invite le décideur à mieux répartir son effort dans la mesure du possible. Il semble d'ailleurs qu'un pays comme le Maroc, qui a beaucoup fait depuis vingt ans pour l'irrigué, soit en train de préparer un plan ambitieux d'intensification des céréales. Il reste que l'ampleur prise par le déficit alimentaire maghrébin fait que tout est placé désormais sous le signe de l'urgence.

On pressent l'ampleur du problème alimentaire maghrébin lorsqu'on prend la mesure de quelques chiffres : une population qui va passer, d'ici à l'an 2025, de 55 à 100 ou 110 millions d'habitants, des villes submergées par un afflux incontrôlable de ruraux. Ces faits, conjugués à l'élévation des niveaux de vie, entraînent un accroissement rapide de la consommation de produits riches et contribuent à gonfler dangereusement les importations. Les potentialités agricoles, elles, sont limitées : peu de terre en regard des besoins : 0,40 ha par habitant aujourd'hui, mais seulement 0,20 ha dans quinze ans. Point de terres vierges à défricher ici, malgré les illusions que se font d'aucuns sur les immensités sahariennes ou steppiques. Pis : la terre, peau de chagrin, est sans cesse grignotée par l'industrialisation et la spéculation foncière. Les pays du Maghreb, comme la Hollande ou Taiwan, ont « le dos au mur ». La marge est plus réelle pour les ressources en eau, le potentiel régularisé étant de 56 % du potentiel exploitable pour le Maroc, 40 % pour l'Algérie, 67 % pour la Tunisie. Des quantités additionnelles sont mobilisables, mais à des coûts qui deviennent très élevés. Enfin, le climat à dominante aride introduit l'aléa comme une donnée de base de l'agriculture. Une rupture écologique n'est pas à exclure, si l'on en juge par la désertification de certaines zones.

Que signifie dans ces conditions le discours récurrent des planificateurs et des politiques sur l'autosuffisance alimentaire, toujours promise pour un horizon qui recule de Plan en Plan ? Le contenu du concept est encore bien flou. Pourtant, on pressent les points à partir desquels on pourrait tirer une politique de sécurité alimentaire : action sur les modèles de consommation, utilisation plus rigoureuse

---

(62) BELLOUT, art. cité, p. 144. On discutera son point de vue plus loin, mais les chiffres qu'il donne méritent attention : les périmètres de grande hydraulique ne couvriraient que 5,9 % de la demande en céréales, 13,9 % pour les viandes, 28,4 % pour le lait et les légumes, 50 % à peine pour le sucre et les corps gras, 85 % de la demande en fruits. Ces performances seront à vérifier et à relier à un calcul économique.

des avantages comparatifs, intensification culturale, adoption de politiques commerciales contractuelles qui permettent de gérer avec plus de sécurité les dépendances inévitables. De toutes les mesures préconisées, l'essor de l'irrigation paraît ce sur quoi on fonde le plus d'espoirs. Au risque, peut-être, de sous-évaluer les possibilités d'accroissement de la production en sec. Pourtant, l'histoire agricole du Maghreb est là pour nous rappeler que le savoir-faire des hommes a déjà permis de répondre à bien des défis du milieu.

PREMIÈRE PARTIE

Le Maghreb face au défi alimentaire
Atouts, contraintes et résultats
de l'agriculture irriguée

2

Diversité du milieu, richesse des savoir-faire

Les apports de l'histoire

Pour pouvoir vivre dans un milieu naturel difficile, les habitants du Maghreb ont été contraints de déployer un réel savoir-faire en matière agricole, surtout pour gérer des ressources en eau si aléatoires. En parcourant ces régions, on est frappé par la diversité des aménagements hydrauliques. Ici, les vestiges d'un vieux barrage en pierre attribué aux Romains (c'est le cas dans l'oasis de Gabès), ailleurs des norias du même type que celles que l'on retrouve en Égypte ou en Orient ; ce sont aussi les *foggaras ou khettaras,* ces galeries drainantes souterraines répandues dans le Sud algérien et le Haouz de Marrakech, ou encore des bassins et des systèmes de récolte de l'eau de pluie dans le Kairouanais. Il y a enfin les adductions urbaines, comme les aqueducs de Carthage ou de Cherchell.

Ces vestiges sont suffisamment nombreux pour que l'on puisse croire à une splendeur passée dans le domaine hydraulique. Certains auteurs maghrébins contemporains vont jusqu'à faire de ces siècles passés un âge d'or, alors que les historiens de l'époque coloniale, au contraire, pour minimiser l'apport arabe, reportaient volontiers l'essentiel des inventions sur la période romaine. Bref, l'inventaire du passé hydraulique maghrébin se fait sous le signe de la controverse (1). Sans prétendre trancher, on rappellera quelques grandes lignes de l'héritage hydraulique, essentiellement l'apport romain, l'apport arabe et l'apport andalou.

A l'image d'un milieu naturel divers et contrasté, les techniques de gestion de l'eau sont aussi très diverses et parviennent souvent

---

(1) C'est ainsi que Brent D. Shaw laisse le débat ouvert, après un examen très minutieux et documenté : SHAW (B.-D.), « Water and society in the ancient Maghrib : technology, property and development », *Antiquités africaines,* vol. XX, 1984, pp. 121-174. Il reste qu'on peut difficilement admettre la position extrême et au bout du compte trop peu informée de X. DE PLANHOL, *Les fondements géographiques de l'histoire de l'Islam,* Paris, Flammarion, 1968, 442 p. L'auteur n'avait guère lu les agronomes andalous.

à tirer parti d'un milieu hostile, compte tenu du niveau des techniques. Trois exemples nous permettront de montrer le caractère approprié des aménagements hydrauliques anciens : les *meskats* en Tunisie, les épandages de crue en Algérie, les *khettaras* au Maroc. Il reste que ces techniques étaient souvent sommaires et que le plus subtil résidait dans la répartition de l'eau et la gestion sociale de la rareté. Là aussi, le regard contemporain a parfois idéalisé le passé : l'eau a souvent été « l'amie du puissant » (2).

1. Les traditions hydrauliques au Maghreb : un patrimoine prestigieux

Des origines controversées (3)

Les géographes et les historiens de l'époque coloniale ont souvent fait la part belle à l'époque romaine, condamnant la période arabe à n'être que « siècles obscurs » (l'expression est d'Émile-Félix Gautier, chef de file de l'école historique d'Alger). Dans son panorama de l'irrigation en Afrique du Nord et dans la péninsule Ibérique, Brunhes propose dès 1902 un inventaire très passionnant et assez exhaustif (hormis le Maroc, qui n'était pas encore « pacifié »). Pourtant il accepte, sans beaucoup vérifier, certaines idées reçues des historiens coloniaux. Ainsi, à propos des aménagements hydrauliques d'Andalousie, il écrit : « Les Arabes ont-ils été vraiment les créateurs de la *huerta* de Valence ? ou bien se sont-ils trouvés en présence d'essais antérieurs et imparfaits qu'ils se sont contentés de développer et de perfectionner ? Je suis convaincu que les Arabes n'ont pas été là plus qu'ailleurs des créateurs, mais je ne peux traiter ici de problème historique (4). » Dans des travaux plus récents, Planhol va dans le même sens, minimisant l'apport arabe : « Dans le domaine de l'irrigation, la presque totalité des techniques (dont le vocabulaire est berbère) leur sont antérieures. Seule la noria, la roue à manège actionnée par un animal, leur est certainement due », et il ajoute à propos des aménagements en zone saharienne : « Au total, tous les éléments essentiels de la civilisation sédentaire, rurale et urbaine du Sahara semblent bien antérieurs à l'Islam qui n'est res-

---

(2) La formule est de G. BEDOUCHA-ALBERGONI, *L'eau, l'amie du puissant, une communauté oasienne du Sud tunisien,* Paris, Éditions des archives contemporaines, 1987, 427 p.
(3) JAUBERT DE PASSA, *Recherches sur les arrosages chez les peuples anciens,* Paris, Bouchard-Huzard, 1846, t. IV, pp. 197-266, propose un inventaire des arrosages antiques en Afrique du Nord.
(4) BRUNHES (J.), *L'irrigation..., op. cit.,* p. 67.

ponsable que de détails (5). » Conclusion excessive, qui contraste beaucoup avec une littérature maghrébine récente, qui, elle, au contraire,
s'est efforcée de retrouver et de réhabiliter les apports arabes dans
le domaine des sciences et des techniques.

Le Tunisien Sl. El Amami a beaucoup fait pour la réhabilitation
du passé maghrébin dans le domaine des techniques d'irrigation :
« Quant aux cultures irriguées, écrit-il, elles envahirent le Maghreb
à grande échelle, avec la conquête arabe qui a entraîné dans son sillage l'introduction de nouvelles techniques d'utilisation et de maîtrise des eaux d'irrigation et une grande diversification des cultures,
allant des cultures industrielles du type coton et canne à sucre aux
cultures tinctoriales en passant par les différents types de citrus. La
Tunisie, en Ifrikya, a joué un rôle de relais pour tester et expérimenter toutes sortes de cultures, avant leur extension à grande échelle
dans le reste du Maghreb, Andalousie comprise (6). » Et l'auteur cite
à l'appui de sa thèse de nombreux exemples de bassins, d'aqueducs
et de captages construits en particulier à Kairouan entre 859 et 863
sous le règne d'Ibrahim el Aghlab, à qui le calife de Bagdad avait
confié le gouvernement de l'Ifrikya (7). Est-il possible de se faire un
point de vue ?

La redécouverte de l'héritage arabe et andalou

Il semble aujourd'hui admis par les historiens que les Arabes ont
transmis un nombre impressionnant de techniques agricoles, de plantes, d'espèces animales, venant d'ailleurs de beaucoup plus loin, Mésopotamie et Iran en particulier, mais qui furent capitalisées à la faveur
de l'intense activité économique, technique et culturelle qui caractérise les trois premiers siècles de l'époque abasside (750-1050), cette
« ère des rencontres », selon le mot d'André Miquel (8). Les travaux
archéologiques sur le croissant fertile confirment la splendeur ancienne
de ces empires, sur les plans agricole, urbain et culturel. Outre les
mathématiques, l'astronomie, la géographie, l'hydraulique semble
avoir été une discipline évoluée (9). Maurice Lombard a recensé dans

---

(5) PLANHOL (X. DE), *Les fondements géographiques...*, *op. cit.*, p. 187. R.
CAPOT-REY tranche dans le même sens : *Le Sahara français*, Paris, PUF, 1953,
p. 195.

(6) EL AMAMI (Sl.), *Les aménagements hydrauliques traditionnels en Tunisie*,
Tunis, CRGR, Imprimerie officielle, 1984, p. 1.

(7) Pour plus de détails, voir HAMZA (M.), « Approvisionnement en eau de Kairouan à l'époque aghlabide », *Bulletin des ressources en eau de Tunisie*, n° 6, 1982,
pp. 29-34.

(8) MIQUEL (A.), *L'Islam et sa civilisation, VIIᵉ-XXᵉ siècle*, Paris, A. Colin, 1977,
p. 98.

(9) Ce type de démonstration est donné par Ahmad AL HASSAN, « L'Islam et
la science », *La recherche*, n° 134, juin 1982, pp. 720-728.

ses travaux les nouvelles cultures qui viennent s'ajouter aux cultures méditerranéennes traditionnelles (céréales, vigne, olivier), et fait observer que leur introduction est liée à l'extension des zones irriguées : le riz, le sorgho, la canne à sucre, le palmier-dattier, le coton, l'oranger, de nombreux légumes. « Ainsi se constitue le jardin méditerranéen, jardin-oasis, avec ses rigoles, ses légumes et ses arbres fruitiers typiques (10). »

Il revient pourtant à A.-D. Watson d'avoir étudié la question à fond et pour elle-même, et ses résultats confortent, mais nuancent, les conclusions de M. Lombard (11) : alors que la thèse dominante est que l'essor de l'Islam est lié à une prospérité urbaine basée sur le contrôle du commerce lointain, Watson tente d'établir que l'expansion de l'Islam s'est également appuyée sur une véritable révolution agricole, faite de changements techniques et sociaux dans l'agriculture, changements d'une telle ampleur que ses conséquences dépassent largement le monde agricole. S'appuyant sur une riche documentation, l'auteur dégage quelques traits de cette révolution agricole arabe.

Tout d'abord, elle est faite d'emprunts de plantes nouvelles d'Asie, particulièrement en Inde et dans l'Empire sassanide (226-651), empire qui, au temps de sa splendeur, s'étendait du Khorassan à la Mésopotamie. Le riz, le sorgho, le blé dur, la canne à sucre, le coton, le melon, les épinards, les artichauts, les oranges, les citrons, pour ne citer que les plus importantes, vont être acclimatés, puis largement diffusés par les dynasties arabes entre les VIIIᵉ et XIIᵉ siècles (précisions dans Bertin, *Atlas des cultures vivrières*, Paris, Mouton, 1971, 41 p.).

L'introduction de ces plantes nouvelles, en particulier en cultures d'été, a contraint à inventer des assolements, qui ont pris le relais de la jachère bisannuelle largement pratiquée auparavant : les légumineuses, par exemple, sont associées aux céréales ; le maraîchage et l'arboriculture se complètent. Bref, l'agriculture s'intensifie.

Des progrès dans les techniques d'irrigation devinrent donc nécessaires : passage de la submersion traditionnelle à des systèmes plus sophistiqués comme les norias, qui étaient soit tombés en désuétude, soit très peu répandus (12). Selon Watson, le monde arabe aurait véritablement innové dans le domaine des techniques d'irrigation à par-

---

(10) LOMBARD (M.), *L'Islam dans sa première grandeur*, Paris, Flammarion, 1971, p. 180.

(11) WATSON (A.-D.), *Agricultural Innovation...*, 1983, 260 p., et « The Arab agricultural revolution and its diffusion, 700-1100 », *The Journal of Economic History*, mars 1974, pp. 8-35.

(12) Watson prétend que des systèmes préexistaient, mais que leur décadence date du milieu du VIIᵉ siècle environ. On dispose d'inventaires assez complets de techniques anciennes, en particulier Th. SCHIQLER, *Roman and Islamic Water Lifting Wheels*, Copenhague, Odense University Press, 1973.

tir du VIIIe siècle : nouveaux types de barrages, *qanats,* roues éléva-
trices à traction animale... Le résultat fut « la création sur l'ensemble du monde islamique d'un véritable *patchwork* de zones intensément irriguées » (13).

Cette dernière notation est d'importance, car elle suggère que
l'essor de l'irrigation dans le monde de l'Islam ne relève pas de l'initiative d'un État fort, despotique et centralisé, selon le schéma que
Karl Wittfogel a développé à propos des sociétés hydrauliques asiatiques, qu'il qualifie de despotisme oriental (14). Pour ce qui est du
Maghreb, il semble qu'il n'y ait jamais eu de grands travaux comme
dans l'Égypte pharaonique, ni d'utilisation de main-d'œuvre servile
à grande échelle (15).

Cette conclusion est confirmée par les travaux de Th. Glick consacrés à l'agriculture irriguée en Andalousie : à propos de la *huerta*
de Valencia, Glick récuse une assimilation du califat ommeyyade de
Cordoue à un despotisme du type décrit par Wittfogel : l'Espagne
musulmane a connu autant de phases de pouvoir décentralisé (l'époque des Taifas). Plutôt que d'en rester aux débats sur les antériori-
tés chronologiques — l'apport arabe semble indiscutable —, cette
approche a l'intérêt de placer l'accent sur les rapports entre l'irrigation et le système sociopolitique (16). Au terme d'une étude minutieuse, Bazzana et Guichard concluent : « Notre hypothèse de recherche irait dans le sens suivant : l'époque pré-romaine et l'époque
romaine auraient surtout développé les techniques de rétention, de
drainage et d'adduction d'eau. Il semble que ce soit principalement
à l'époque musulmane qu'apparaît un véritable système d'irrigation
des terres cultivables ; la technologie mise en place et pour une part
les modalités juridiques de fonctionnement des réseaux passent, sans
modifications fondamentales, aux conquérants chrétiens. »

Cela laisse entier le débat sur les chaînons de transmission, comme
on le verra à propos des *qanats,* qui viennent d'Iran, mais dont les

(13) WATSON, art. cité, p. 13.

(14) WITTFOGEL (K.-A.), *Le despotisme oriental,* Paris, Éditions de Minuit, 1964,
671 p.

(15) C'est aussi l'avis de Berthier, qui a pourtant étudié un des rares cas où
une mise en valeur impliquant de grands travaux requérait le servage, les sucreries
de l'époque saadienne au Maroc : BERTHIER (P.), « Les anciennes sucreries au Maroc
et leurs réseaux hydrauliques », thèse, Rabat, 1969, 2 tomes, 348 p.

(16) Bazzana et Guichard ont fait une étude détaillée des réseaux de la région
de Valencia, étude qui fait apparaître deux conceptions de l'irrigation : « celle qui
relève du "réseau" appartiendrait davantage à l'époque chrétienne, concluent-ils ;
la conception d'époque musulmane semble en revanche devoir être mise en rapport
avec l'existence de petites communautés rurales libres de leurs aménagements comme
de leur sécurité. » *Cf.* BAZZANA (A.), GUICHARD (P.), « Irrigation et société dans
l'Espagne orientale au Moyen Age », *TMO,* n° 2, 1981, Lyon, p. 139. Voir aussi
BAZZANA (A.), GUICHARD (P.), MONTMESSIN (Y.), « L'hydraulique agricole dans Al-
Andalus : données textuelles et archéologiques », *TMO,* n° 14, 1987, pp. 57-76.

modalités de passage vers le Maghreb restent discutées (17). Goblot, éminent spécialiste des *qanats*, auxquels il a consacré des ouvrages qui font autorité, avait d'abord soutenu qu'elles avaient été introduites en Afrique du Nord par les Romains (18). Puis il est revenu sur sa position pour les attribuer aux Andalous : « Je suis aujourd'hui certain que c'est vers le nord qu'il faut rechercher l'origine des constructeurs de *qanats* de Marrakech, vers cette Espagne islamisée qui fut si brillante à l'époque des califes de Cordoue et jusqu'au XIIᵉ siècle, et qui avait amplement développé la technique des *qanats* pour l'extension de la ville de Madrid... Leur origine espagnole paraît assurée en même temps qu'un transfert volontaire, opéré à bon escient, par décision politique, ce qui est essentiellement différent d'une diffusion par tache d'huile réalisée de proche en proche (19). »

Quoi qu'il en soit des querelles historiques, il est donc clair que le Maghreb a bénéficié d'apports successifs qu'il est intéressant de détailler un peu.

Rome et le génie de l'hydraulique urbaine

Le génie romain semble avoir davantage porté sur les adductions d'eau pour les villes. Les vestiges de l'époque romaine ont fait l'objet de recherches abondantes, surtout à l'époque coloniale (20), mais aussi depuis (21). De l'est à l'ouest du Maghreb, on trouve encore de nombreux vestiges hydrauliques datant des Romains : ainsi l'aqueduc qui reliait les sources de Zaghouan, vieux sanctuaire des eaux, à Carthage, par un ouvrage de plus de 70 km, édifié vers 130 et qui permit la réalisation des thermes d'Antonin. Il faut mentionner aussi l'aqueduc de Cherchell, qui pouvait apporter jusqu'à 40 000 m³/jour à Cae-

---

(17) Le terme varie d'un pays à l'autre, mais désigne la même réalité : *qanat* en Iran, *foggara* en Algérie, *khettara* au Maroc. On peut garder *qanat* comme terme usuel.

(18) GOBLOT (H.), « Dans l'ancien Iran, les techniques de l'eau et la grande histoire », *Annales ESC*, 1963/1, p. 514.

(19) GOBLOT (H.), *Les qanats : une technique d'acquisition de l'eau*, Paris, Mouton, 1979, p. 152.

(20) BARADEZ (J.), *Fossatum Africae*, Paris, 1949 ; CARTON (L.), *Essai sur les travaux hydrauliques des Romains en Tunisie*, Tunis, 1897, 134 p. ; GAUKLER (P.), *Enquête sur les installations hydrauliques romaines en Tunisie*, 2 volumes, 1901, 1904 ; GSELL (S.), *Atlas archéologique de l'Algérie*, Alger, 1902-1911 ; PIGNAUVIN (G.), *L'hydraulique en Tunisie d'après les Romains*, Tunis, 1932 ; SOLIGNAC (M.), « Recherches sur les installations hydrauliques du Kairouanais et des steppes tunisiennes du VIIIᵉ au XIᵉ siècle », *Annales historiques études orientales*, Alger, 1952-53, pp. 60-170.

(21) BIREBENT (J.), « Aquae Romanae, recherches d'hydraulique romaine dans l'est algérien », Alger, 1964, 523 p. ; PERROT (Cl.), « Les réseaux d'irrigation romaine dans l'Est algérien, thèse d'histoire », Paris IV, 1977, 178 p. ; BONNIN (J.), *L'eau dans l'Antiquité ; l'hydraulique avant nore ère*, Paris, Eyrolles, 1984, 488 p.

sarea de Maurétanie, selon les estimations de Leveau et Paillet (22).
A Djemila, Timgad, Tipasa, en Algérie, à Volubilis, au Maroc, on
retrouve des ouvrages imposants et variés qui manifestent le savoir-
faire des ingénieurs de la Rome antique. Leur construction impliquait
de réelles connaissances : calcul de la pente du réseau, étanchéité,
portée des voûtes..., ce qui a fait écrire à J. Bonnin : « Nous pou-
vons dire que la maçonnerie avait atteint il y a 20 siècles un degré
de perfection lui permettant difficilement d'améliorer beaucoup ses
performances, alors qu'il n'en était pas de même pour la métallur-
gie, qui devra faire de longs progrès avant de pouvoir livrer des tuyaux
en fonte, puis en tôle laminée, seuls concurrents valables des aqueducs aériens (23). » Ces réussites techniques s'appuient sur des travaux théoriques particulièrement importants, dont on a gardé la trace
chez Vitruve, Strabon, Pline et Frontin (24).

Beaucoup de ces aménagements visaient donc à approvisionner des
centres urbains ou de riches villas. Cette prédominance urbaine ne
signifie pas que les Romains délaissaient l'irrigation. On retrouve un
peu partout des citernes, des traces de petits barrages destinés à cet
usage (25). Il semble que l'agriculture irriguée était localisée dans les
zones périurbaines ou dans de petits ensembles, vergers et jardins,
correspondant au *minifundium*, alors que les grandes cultures, les
céréales en particulier, se pratiquaient sur les plaines comme la Kroumirie ou le Constantinois dans de vastes domaines, les *salti*, « domaines impériaux ou appartenant à de puissants notables sur lesquels
étaient fixés la masse des petits paysans vivificateurs, les *coloni* » (26).

---

(22) LEVEAU (Ph.), PAILLET (J.-C.), *L'alimentation en eau de Caesarea de Maurétanie et l'aqueduc de Cherchell*, Paris, L'Harmattan, 1976, 185 p. ; LEVEAU (Ph.),
« Aménagements hydrauliques et utilisation de l'eau dans l'agriculture autour de
Caesarea de Maurétanie (Cherchell, Algérie) », *TMO*, n° 14, 1987, Lyon, pp. 45-56.
Pour ces deux auteurs, ces aménagements sont une manifestation de luxe urbain,
et « une expression de la domination de la ville sur les campagnes », *op. cit.*, p. 167.
(23) BONNIN, *L'eau dans l'Antiquité...*, *op. cit.*, p. 214.
(24) *Cf.* FRONTIN, *Les aqueducs de la ville de Rome*, Paris, Les Belles-Lettres,
1961, 114 p. ; FRONTIN, *The Stratagemes and the Aqueducts of Roma*, Cambridge,
Harvard University Press, 1961, 492 p. ; HODGE (A.-T.), « How did Frontinus measure the Quinaria ? », *American Journal of Archeology*, n° 88, 1984, pp. 205-216.
(25) *Cf.* PERROT (Cl.), « Les réseaux d'irrigation... », *op. cit.* S'il y a peu de
documents sur la géographie rurale elle-même, les traités d'agriculture de Varron
et de Columelle montrent que le maraîchage périurbain était tout à fait développé.
H. Pavis d'Escurac a tenté de compléter les données de l'archéologie par l'analyse
de quelques textes de l'époque pour donner une meilleure idée de l'irrigation et
de la vie paysanne dans l'Afrique antique : Pline l'Ancien décrit l'irrigation dans
la palmeraie de Tacape (Gabès) ; les Tables des eaux de Lamasba montrent comment se faisait la répartition de l'eau pour l'irrigation des céréales dans la plaine
de Belezma, près de Batna ; les tablettes Albertini renseignent sur la taille des propriétés. *Cf.* PAVIS D'ESCURAC (H.), « Irrigation et vie paysanne dans l'Afrique du
Nord antique », *Ktema*, n° 5, 1980, pp. 177-191.
(26) SAIDI (O.), *Les grandes plaines de la haute vallée de la Medjerda et la
Kroumirie*, Tunis, 1980, p. 50.

Néanmoins, on peut dire que le génie hydraulique romain s'est surtout focalisé sur la construction de grands ouvrages d'adduction.

L'eau et la civilisation arabe : médinas et jardins andalous

Il serait très inexact de penser que les invasions hilaliennes ne firent que détruire les aménagements hydrauliques urbains des Romains. Si les destructions furent nombreuses, les reconstructions le furent aussi, comme en témoigne la riche organisation de plusieurs grandes villes du Maghreb, telles Fès ou Tunis (27). A Fès, le réseau traditionnel, long de quelque 70 km, était géré par une corporation de spécialistes (les *qanawiyyum* ou *kuadsia*) et faisait l'objet d'une législation précise dans laquelle les conflits autour de l'eau étaient particulièrement codifiés. Tunis, accédant au rôle de capitale de l'Ifrikya à l'époque hafside, vit augmenter fortement ses besoins en eau : 100 000 habitants au moins, de nombreux palais, de riches maisons de marchand, les bains, les fontaines publiques et les mosquées étaient autant de lieux demandant beaucoup d'eau (28). Dans les deux cas, l'eau fut très bien intégrée à l'aménagement urbain : rien ne dit mieux l'atmosphère d'une médina que le gargouillis d'une fontaine publique, procurant de la fraîcheur en pleine agitation marchande d'un souk.

Le cas de Kairouan montre comment les dynasties arabes reprirent les aménagements anciens avec des finalités nouvelles : ainsi la réfection de l'aqueduc romain sous les Aghlabides (800-909) rendit possible la construction de deux immenses bassins qui existent toujours et fournissaient l'eau à cette ville, qui devint en peu de temps un des foyers les plus importants de rayonnement de la civilisation arabo-musulmane (29). Cela n'excluait pas des techniques d'hydraulique agricole comme la roue élévatrice, surtout dans les régions de plaine, où l'irrigation gravitaire par *séguia* était difficile (30).

Pourtant, c'est avec les Andalous que l'utilisation de l'irrigation va connaître son apogée. C'est en Andalousie que les Hispano-Arabes semblent avoir le plus repris les dispositifs romains préexistants, mais en les poussant à un niveau élevé de perfection sur le plan agronomique. Plus tard, en émigrant vers le Maghreb, ils ont apporté avec

---

(27) EL HAJJAMI (A.), « Fès, labyrinthes souterrains des voies d'eau », *L'eau et le Maghreb*, PNUD, pp. 115-121. DAOULATLI (A.), « L'eau à Tunis au temps des Hafsides (XIIᵉ-XVIᵉ siècle) », *ibidem*, pp. 123-129.

(28) *Cf.* SOLIGNAC (H.), « Travaux hydrauliques hafsides à Tunis », *Congrès des sociétés savantes*, Tlemcen, 1936, p. 517.

(29) HAMZA (M.), « Les bassins aghlabides à Kairouan, une leçon d'ingénierie », *L'eau et le Maghreb*, p. 145.

(30) *Cf.* COLIN (G.-S.), « Les origines de la noria de Fès », *Hespéris*, 1933-34.

eux ce savoir-faire (31). Après les Romains, les Andalous firent de l'hydraulique urbaine et de prestige, comme Abderrahmane III, calife de Cordoue, qui fit construire en 941 un *qanat* pour amener l'eau de la sierra Morena vers la Mesquita bien connue. Leur génie propre fut toutefois celui de l'agronomie, comme en témoignent les divers traités qui nous sont parvenus et qui furent écrits pour l'essentiel aux XIᵉ-XIIᵉ siècles, par des auteurs comme Ibn Bassal, Ibn Wafid, Abu-al-Khayr, Ibn el Awwam (32). Ces traités ont fait l'objet de recherches récentes, en particulier par Lucie Bolens (33). Ils s'inspirent pour l'essentiel de l'Hispano-Romain Columelle (écrivain latin du Iᵉʳ siècle, originaire de Cadix et auteur d'un *De re rustica* en 12 livres), et de *L'agriculture nabatéenne* d'Ibn Wassiya, ouvrage qui fait le lien avec la riche et fort ancienne agriculture mésopotamienne (34).

Quels sont les apports marquants des Andalous ?

a) Une primauté très nette accordée à l'agriculture pluviale, plus courante et moins fragile que l'agriculture irriguée, qui, elle, est artificielle. D'où une accumulation de connaissances très subtiles concernant la pluie et ses caractéristiques : selon qu'elle est douce et légère, tombant au long des vingt-quatre heures, ou bien violente et apte à dissoudre la salure du sol, ou encore bourbeuse et nourricière pour la terre, l'on établit des distinctions dont les agriculteurs savent l'importance et qui témoignent d'une grande finesse d'observation. On retrouve la même finesse dans la science des vents, dont témoigne le calendrier de Cordoue (35).

b) Cette eau rare, on sait la mobiliser, mais avec des techniques hydrauliques peu spectaculaires. L'effort porte plus sur l'aménagement des dispositifs hérités des Romains et des Nabatéens : considérations sur la taille et la profondeur des puits (les Andalous suggèrent, par exemple, de creuser côte à côte plusieurs puits, à des pro-

---

(31) *Cf.* EL BEKRI, *Description de l'Afrique septentrionale,* Paris, trad. de Slane, p. 162.

(32) IBN EL AWWAM, *Kitab el filaha,* trad. Clément-Mullet, Paris, 1864, 3 volumes ; réédité à Tunis, en 1977, chez Bouslama, avec une préface d'El Amami.

(33) BOLENS (L.), « Les méthodes culturales au Moyen Âge d'après les traités d'agronomie andalous : traditions et techniques », thèse, Genève, 1974, 266 p. ; « L'eau et l'irrigation d'après les traités d'agronomie andalous au Moyen Âge (XIᵉ-XIIᵉ s.) », *Options méditerranéennes,* n° 16, 1972, pp. 65-77.

(34) IBN WASSIYYA, *Al Falaha al Nabatiyya.* Curieusement, ces traités d'agronomie andalous ne disent rien des adductions d'eau urbaine, « cloisonnement qui surprend d'autant plus, écrit L. Bolens, que les niveaux atteints par l'un et l'autre monde, l'urbain et le rural, sont indissociables » (p. 67).

(35) Il s'agit d'un calendrier liturgique en version médiévale arabe et latine, rempli de fines observations : *Calendrier de Cordoue,* trad. Ch. Pellat, Leiden, Brill, 1961.

fondeurs variables, pour utiliser au mieux les nappes phréatiques) ;
rationalisation du fonctionnement des roues hydrauliques, qui viennent d'Orient ; les travaux d'irrigation ne sont pas dissociés des aménagements de sol à prévoir (diguettes, labours superficiels, pour empêcher la remontée de l'eau par capillarité...). Contrairement à la science
d'ingénieur des Romains, les Andalous ont une approche pragmati-
que, qui insiste plus sur le détail que sur l'innovation technique (36).

c) L'irrigation, telle que la décrivent ces agronomes, est très proche du jardinage, portant sur des superficies restreintes, mais donnant de bons résultats grâce à une science consommée du détail :
connaissance du cycle des plantes, sens très aigu des risques d'une
irrigation mal dosée (salinité), considérations sur l'équilibre fumure-
irrigation. Il faut y ajouter quelques trouvailles techniques comme
la pelote de laine dans une boule de cuivre pour tester la qualité
de l'eau. Techniques peu complexes, mais minutieuses.

C'est tout cet héritage que les émigrants andalous et les Morisques
allaient apporter au Maghreb, sur plusieurs siècles, héritage dont on
retrouve des traces très nettes en Tunisie (37). Particulièrement diver-
sifié, le patrimoine hydraulique maghrébin va se révéler très adapté à
la diversité du milieu naturel et des conditions de mise en valeur.

2. Une gestion sociale très subtile de la rareté

Les zones de potentialité agricole sont d'une grande diversité, on
l'a noté plus haut. Cela a des conséquences sur le type de techniques agricoles qu'il a fallu mettre en œuvre pour développer l'agriculture : techniques de culture, mais aussi de préservation des sols,
de gestion de l'eau superficielle et souterraine. Le regain d'intérêt
récent pour les traditions maghrébines en matière hydraulique a conduit à faire des inventaires, tel celui qu'ont entrepris Bouderbala,
Chiche et Herzenni pour le Maroc, sous l'inspiration de Paul Pascon (38). Il en ressort que la diversité très grande des ouvrages et

---

(36) Bazzana et Guichard ont étudié les emprunts arabes du vocabulaire castil-
lan de l'irrigation : *alberc* (bassin), de *al-birka* ; *azud* (barrage), de *as-sudd* ; *noria*
(roue élévatrice), de *naora*, etc. On retrouve également des modes de répartition
de l'eau dont l'origine est claire : les parts d'eau *(fila)*, les tours d'eau *(dula*, de
l'arabe *dawla*).

(37) *Cf.* LATHAM (J.-D.), « Towards a study of Andalusian immigration and its
place in Tunisia history », *Cahiers de Tunisie*, 1957, n° 5, pp. 203-252 ; MARIN
(M.), « Ifrikya et Al Andalus ; à propos de la transmission des sciences islamiques
aux premiers siècles de l'Islam », *ROMM*, n° 40, 1985, pp. 45-53.

(38) BOUDERBALA (N.), CHICHE (J.), HERZENNI (A.), PASCON (P.), *La question
hydraulique ; t. I : Petite et moyenne hydraulique au Maroc*, Rabat, 1984, 397 p.
Sur l'inventaire des techniques, voir le long chapitre de Chiche, pp. 119-319. Les
travaux déjà signalés d'El Amami sont de la même veine.

la subtilité de leur mode d'utilisation sont à l'image de la diversité du milieu et asssurent une bonne adaptation des techniques.

Outre les ouvrages destinés aux usages domestiques et à l'abreuvement du bétail, J. Chiche, dans son inventaire minutieux, recense la gamme suivante d'ouvrages traditionnels d'irrigation :

— irrigation à partir des eaux superficielles
• points d'eau de faible dimension,
• dérivation des eaux de crue,
• lacs collinaires ;
— exploitation des nappes souterraines
• puits avec diverses techniques d'exhaure (norias, puits à balancier, puits à poulie...),
• galerie drainante *(khettara)* ;
— réseaux de transport de l'eau
• *séguias* et techniques d'amenée à la parcelle,
• systèmes de répartition sur la parcelle,
• techniques d'irrigation des champs étagés ;
— aménagements liés au ruissellement
• banquettes et murs, avec cultures étagées,
• parcelles dans les oueds,
• protection des *séguias*.

On est donc en présence d'une grande diversité d'aménagements, qui est en rapport avec la variété du milieu, mais aussi la plus ou moins grande rareté de l'eau. Dans son inventaire passionnant de 1902, Brunhes avait déjà fait observer que la sophistication des aménagements augmente avec l'aridité, au point que l'on trouve des traces fort anciennes de ce qu'on appelle aujourd'hui l'irrigation localisée : le système de jarres enterrées, très répandu jadis dans le Sud tunisien (39). Il reste que les techniques traditionnelles, hormis le cas des *qanats,* étaient peu sophistiquées sur le plan technique ; en revanche, elles supposaient une gestion sociale très subtile de la rareté de l'eau. Le grand art était dans la répartition : c'est du moins l'hypothèse que nous voudrions défendre.

Des techniques très variées, comme le milieu

El Amami souligne combien « les différents types d'ouvrages et d'aménagements se hiérarchisent selon une logique climatique (40). » C'est ainsi que l'on retrouve pour chaque zone bioclimatique (selon la classification d'Emberger) des aménagements qui répondent aux contraintes spécifiques de la zone :

---

(39) L'inventaire le plus détaillé des techniques sahariennes se trouve dans CAPOT-REY, *Le Sahara français..., op. cit.*

(40) EL AMAMI (Sl.), *Les aménagements hydrauliques traditionnels en Tunisie,* CRGR, 1984, p. 5.

Tableau n° 16

CARACTÉRISTIQUES DES ZONES DE POTENTIALITÉS

ZONE	CONTRAINTES DOMINANTES	AMÉNAGEMENTS
1. Sub-humide (500 mm et +)	Excédent de pluie en hiver, stockage d'eau nécessaire l'été	Stockage de l'eau
2. Semi-aride (300 - 500 mm)	Léger déficit hydrique pour les cultures hivernales et l'arboriculture ; érosion et ruissellement	Limitation du ruissellement
3. Aride (100 - 300 mm)	Pluviométrie insuffisante pour toutes cultures	Récolte de l'eau
4. Plaines	Forte irrégularité des écoulements	Stockage et régulation
5. Zones sahariennes	Pas d'agriculture sans irrigation	Captage de l'eau souterraine

Figure n° 8

SCHÉMA DES AMÉNAGEMENTS ÉTAGÉS EN TUNISIE

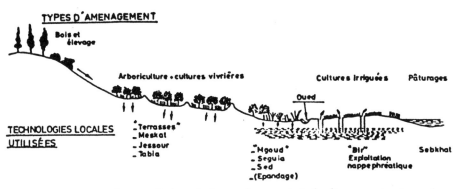

Source : El Amami, *Les aménagements hydrauliques..., op. cit.,* p. 4.

Mais, outre cette adaptation de chaque type d'aménagement aux contraintes dominantes de la zone où il est mis en œuvre, chacun contribue à l'équilibre écologique global par ses effets annexes :

— le stockage de l'eau et l'aménagement de terrasses favorisent la recharge des nappes ;

— les aménagements à mi-pente limitent l'érosion et favorisent la restauration des sols.

Sans faire un tableau idéal d'aménagements qui restaient rudimentaires, on peut en souligner les effets positifs.

Figure n° 9

SCHÉMA DE CLASSIFICATION
DES SYSTÈMES HYDRAULIQUES TRADITIONNELS

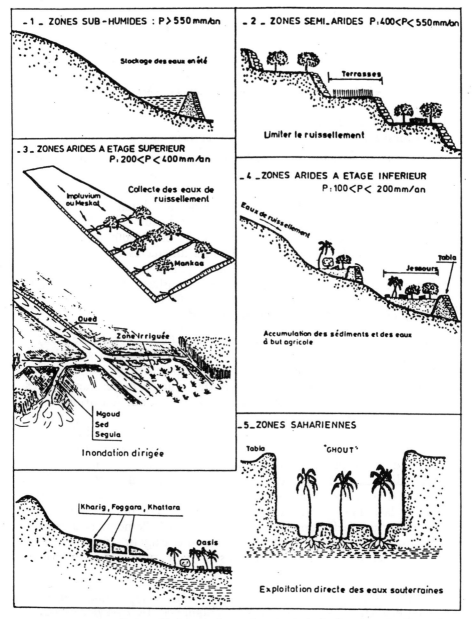

Source : El Amami, *Les aménagements hydrauliques...*, op. cit., p. 6.

Des systèmes simples mais adaptés
Trois exemples d'aménagements traditionnels

Pour mieux mesurer l'intérêt de ces systèmes, en voici trois, originaux, souvent négligés par les aménageurs contemporains, et pourtant bien spécifiques de l'écosystème maghrébin. Chacun est présent dans les trois pays, mais on a choisi de les présenter là où ils sont le plus répandus, à savoir :
— les *meskats* et les *jessour* de Tunisie ;
— les épandages de crues du Hodna (Algérie) ;
— les *khettaras* du Haouz de Marrakech (Maroc).

Une technique ancestrale de récolte de l'eau
Les « meskats » et les « jessour » de Tunisie

Ce que les Américains appellent *water harvesting* est une pratique fort ancienne en Tunisie, où on l'observe dès l'époque romaine (41). L'ampleur prise par l'olivette tunisienne (plus de 5 millions d'oliviers aujourd'hui) dans des zones au climat si aléatoire ne s'explique que par cette capacité à récolter l'eau. Selon El Amami, il existerait encore en Tunisie entre 200 000 et 300 000 ha aménagés en *meskats,* et de 300 000 à 400 000 ha aménagés en *jessour,* souvent à l'état dégradé. Ces chiffres nous paraissent assez surestimés. Surtout, il est peu pensable de réactiver ces surfaces. C'est à ces interrogations que les chercheurs tunisiens du CRGR (Centre de recherche en génie rural) ont tenté de répondre.

a) Les « meskats » de la région de Sousse (Tunisie centrale) (42)
Le principe du *meskat* consiste à créer un impluvium artificiel en utilisant les superficies non plantées sur le haut des pentes, et à conduire ces eaux de ruissellement vers des régions basses, aménagées en cuvettes ou en casiers aptes à retenir cette eau, à l'utiliser et à favoriser l'infiltration de l'excédent. Ce système convient pour des zones vallonnées, mais pas trop escarpées, comme le Sahel.
L'impluvium (c'est cette zone que l'on appelle *meskat* en Tunisie) est délimité par des ados ou bourrelets, qui constituent des bords longitudinaux, de 0,45 m environ. La dimension du *meskat* est fonction de deux paramètres essentiels : la pluviométrie (autour de 300 mm) et la pente (de 3,4 à 6 %). Ces deux éléments permettent de déterminer un coefficient annuel moyen de ruissellement. Néanmoins, l'intensité et l'irrégularité des précipitations exigent des précautions de construction : pour briser le ruissellement tout en laissant passer

---

(41) DESPOIS (J.), *La Tunisie orientale, sahel et basse steppe*, Paris, PUF, 1955.
(42) BEN KHELIL (K.), « Technique de construction des *meskats* du sahel de Sousse », *Séminaire sur les ouvrages hydrauliques traditionnels*, Tunis, CRGR, octobre 1983, 13 p. + annexes. On retrouve ce type d'aménagement en Espagne du Sud.

l'eau par des seuils déversoirs, on y adjoint des banquettes, ou *tabia,* qui suivent les courbes de niveau. La distance entre ces banquettes varie de 35 à 75 m, en fonction de l'importance de la pente.

A l'aval, la zone de réception de l'eau récoltée, ou *manka,* est organisée en terrasses façonnées, bassins rectangulaires ou carrés, délimités eux aussi par des *tabias.* L'eau descend de l'une à l'autre par gravitation lente, ce qui permet d'assurer à la fois l'irrigation et la recharge des nappes par infiltration. Le plus souvent, ces *manka* sont plantées d'oliviers.

La construction traditionnelle de ce dispositif est loin d'être empirique, comme l'ont montré les études faites par le CRGR : en effet, le bon fonctionnement des *meskats* dépend du rapport entre la superficie de la zone de récolte de l'eau et la superficie de la zone utilisatrice. L'optimum est de deux tiers pour le *meskat* et un tiers pour le *manka* (43). A ces conditions, les chercheurs tunisiens estiment que « le système hydrologique traditionnel des *meskats* est parfaitement adapté au climat, au sol et au relief du sahel de Sousse » (44). Le volume d'eau supplémentaire qu'il assure équivaudrait à une irrigation de complément de 2 000 m³/ha environ pendant la saison pluvieuse. Cela conviendrait tout à fait à l'olivier, qui a la faculté de rentabiliser l'eau à tout moment. De surcroît, le pâturage des zones amont par les ovins est possible.

Selon El Amami, cet équilibre est compromis depuis le début du siècle, au point de compromettre l'efficacité du système :

— sous l'effet de la pression démographique, les oliviers ont envahi une part de l'impluvium, faisant tomber le rapport à 1,5, voire 1, comme dans l'exemple ci-dessus, où la superficie plantée (0,78 ha) équivaut presque à la superficie *meskat* (0,88 ha) ;

— l'exode rural lié à l'appauvrissement général de ces régions a par ailleurs compromis l'entretien régulier de ces aménagements fragiles, au point de provoquer un effet contraire : la récolte de l'eau devient un facteur d'érosion quand les banquettes ne sont pas entretenues et ne jouent plus leur rôle.

---

(43) A partir de ses travaux à Chott Mariem, près de Sousse, le CRGR a élaboré une formule pour calculer le rapport optimal :

$$K = \frac{ETR - P}{C \times P}$$

où K = rapport entre impluvium et zone plantée
ETR = évapotranspiration réelle (besoins en eau des plantes)
P = pluviométrie (moyenne annuelle)
C = coefficient annuel de ruissellement.
Ce qui donne, pour la région de Sousse :

$$K = \frac{500 \text{ mm (pour l'olivier)} - 320 \text{ mm (précipitations)}}{0,3 \text{ (ruissellement)} \times 320 \text{ mm}} = 1,9$$

(44) BEN KHELIL, art. cité, p. 12.

Figure n° 10

PLAN D'UNE PARCELLE AMÉNAGÉE EN « MESKAT »
A CHOTT MARIEM

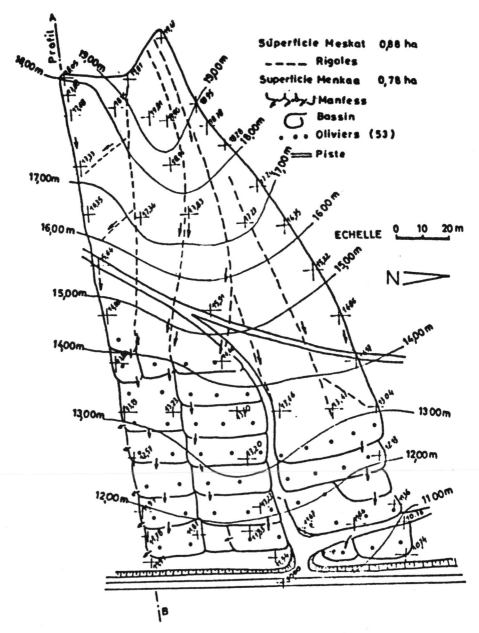

Source : El Amami, Les aménagements hydrauliques..., op. cit., p. 48.

C'est pour cette raison que le CRGR de Tunis a élaboré avec l'Institut de génie rural de Lausanne un projet de recherche visant à optimiser le fonctionnement des *meskats* en rétablissant l'équilibre *meskat / manka*. Le second volet du projet était d'étendre ce type d'aménagement sur 200 000 ha supplémentaires en Tunisie centrale. Une station expérimentale a été créée à Chott Mariem, près de Sousse, mais l'investissement travail requis est considérable. De plus, ce type d'ouvrage traditionnel n'a guère la faveur des aménageurs d'aujourd'hui, qui lui préfèrent le béton.

b) Les « jessour » de Matmata

Le *jesser* (ou *jisr'* selon une autre transcription ; pluriel : *jessour*) est un aménagement du même type, mais adapté aux zones du Sud tunisien, où la pente est plus marquée, le climat plus aride (entre 100 et 200 mm de précipitations, avec en outre de fortes irrégularités). La technique du *jesser* consiste à construire le long des pentes de petits barrages en pierre pour conjurer le ravinement, retenir les sédiments, et créer un sol tout en retenant momentanément l'eau. A l'aval, on trouve une *tabia* plus importante, consolidée par un muret de pierre, mais laissant s'écouler l'eau en excédent par des déversoirs latéraux. A.-F. Baduel, qui a étudié les *jessour* dans la région de Djebel Matmata, fait remarquer que la raison de ce déversoir est double : « Une raison technique d'abord : il permet d'éviter la rupture du barrage par suite d'une trop forte pression des eaux dans les cas de pluies trop fortes ; une raison socio-juridique ensuite : le droit coutumier oblige chaque jessourien à construire ce déversoir, car il est interdit à un fellah d'accaparer à son seul profit les eaux pluviales, l'existence d'une succession de barrages en courbes de niveaux fait que tout *jesser* en aval doit avoir accès aux eaux de pluie qui dévalent les pentes (45). »

Sur cette superficie plus importante, il est possible de pratiquer de l'arboriculture (surtout oliviers, palmiers, voire figuiers), mais aussi des cultures annuelles (céréales, en particulier l'orge) et des légumineuses (fèves, lentilles, pois chiches). Ces *jessour* sont très nombreux dans la chaîne des Matmata, où ils couvriraient 300 000 ha selon El Amami. On les trouve aussi dans la région montagneuse de Naffousa, en Libye.

Le rapport impluvium / zone plantée est beaucoup plus élevé que dans les *meskats,* de l'ordre de 4 à 6. Il faut donc en moyenne 5 ha d'impluvium aménagé pour 1 ha cultivé. Le coefficient moyen de ruissellement étant élevé (0,4 environ), la densité des *tabias* à réaliser est grande : d'après des photos aériennes prises à Matmata, il faut 30 *tabias* pour créer 1,7 ha, soit 1 tabia pour 600 m². L'investisse-

---

(45) BADUEL (A. et P.-R.), « Le pouvoir de l'eau dans le Sud tunisien », *ROMM*, n° 30, 1980, p. 105.

ment travail est donc encore plus élevé ici, et la mécanisation est difficile.

Figure n° 11

SCHÉMA ET PROFIL D'UN « JESSER » A MATMATA

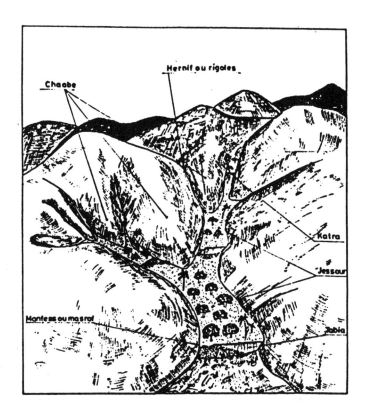

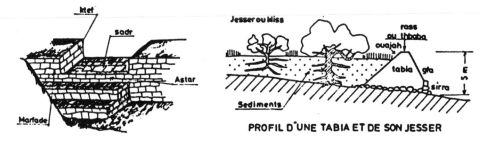

PROFIL D'UNE TABIA ET DE SON JESSER

Source : El Amami, *Les aménagements hydrauliques...*, *op. cit.*, p. 55.

Cela explique peut-être que le niveau de dégradation soit plus avancé que dans la région des *meskats,* selon les recherches du CRGR. L'enquête d'A.-F. Baduel dans un village du nord des Matmata confirme qu'il y a déjà longtemps que ce système ne se renouvelle plus (46). Les inondations de 1969 et 1979 n'ont fait qu'accélérer un processus commencé il y a longtemps : dès le XVIIIᵉ siècle, la région a connu un exode démographique important, et donc une pénurie de main-d'œuvre qui explique l'absence d'entretien. De plus, le potentiel productif sur une exploitation de ce type est faible : 17 % des cas disposent de moins de 1 ha, et 72 % de moins de 3 ha, ce qui est peu vu la faible productivité de la terre. Le maintien de la population sur ces zones ne s'explique, selon A.-F. Baduel, que par « une ingéniosité d'abord ethno-politique » : l'envie de survivre dans sa région. Les revenus possibles aujourd'hui sur une exploitation de ce type sont si faibles qu'il est impensable qu'une population jeune s'y investisse. Au cours d'une tournée sur la zone en juillet 1987, nous avons nous-même constaté que seule subsistait vraiment la culture du palmier et un peu de céréaliculture extensive. Certes, un programme de réhabilitation des *jessour* a été élaboré (projet Ababsa), mais le coût de l'opération (15 millions de dollars en 1977 pour 100 000 ha) a fait reculer l'État, et 3 000 ha seulement ont été remis en état entre 1973 et 1983.

Dans les deux cas, on est donc en présence d'aménagements d'origine fort ancienne, qui semblent bien répondre aux contraintes de l'environnement, mais fort peu correspondre aux données socio-économiques d'aujourd'hui : la pénibilité des travaux qu'ils impliquent, l'importance de l'investissement travail requis et la faiblesse des revenus qu'on peut en attendre expliquent largement le déclin des *meskats* et des *jessour.* Ce processus est bien connu pour des régions comme l'Ardèche (47). On peut dès lors s'interroger sur les conclusions d'auteurs comme Rosier et Benzina, qui, au vu des médiocres résultats de la grande hydraulique et du projet Nebhana en Tunisie centrale, préconisent, ayant lu El Amami, un retour massif aux aménagements décentralisés traditionnels, dont ils soulignent les qualités écologiques et même économiques (48). Cette option très tran-

---

(46) Sur 100 chefs d'exploitation interrogés par l'auteur, « il n'y en avait aucun qui ait construit durant sa vie un seul jesser lui appartenant, 20 % seulement des jessour recensés ont été construits par le père de l'actuel exploitant, tous les autres étant quasiment sans date », BADUEL (A.-F.), « Les conséquences sociales de l'émigration temporaire en Europe sur la vie de la région d'origine : le cas de la délégation de Kébili (Sud tunisien) », thèse de 3ᵉ cycle en sociologie, Paris III, 1977, 344 p.

(47) BLANC (J.-F.), *Paysages et paysans des terrasses de l'Ardèche,* Annonay, 1984, 321 p.

(48) ROSIER (B.), *Les avatars de l'hydraulique agricole en Tunisie : petite et grande hydraulique dans l'espace social kairouanais,* Aix-en-Provence, Cedec, 1983, pp. 40-65 ; et BENZINA (N.), « Changement technique et développement agricole : une étude comparative de la grande hydraulique et de la petite hydraulique traditionnelle et recherche de voies alternatives », thèse, Aix-Marseille, 1985, pp. 210 et suiv.

chée dans le débat grande hydraulique/petite et moyenne hydraulique ne fait pas droit à toute la complexité de la question : on y
reviendra ultérieurement.

L'épandage de crue et l'inondation dirigée
La région du Hodna (Algérie)

Penet, contrôleur civil à Kairouan, a minutieusement décrit dès
les années 1910 un autre système d'irrigation qu'il qualifie d'« inondation dirigée » : « A Kairouan, les oueds sont la grosse préoccupation ; on dit : les oueds sont arrivés, ou les oueds ne sont pas arrivés. La propriété dans les zones syndicales (il s'agit des syndicats
d'inondation) est très morcelée et toutes les familles kairouanaises,
ou à peu près, y possèdent quelque terrain. Partout l'eau couvre les
labours, efface routes et fossés, déferle avec force dans les dépressions, submerge les chaussées... Les ouvrages de dérivation souffrent
beaucoup quand la crue est trop violente. Que la crue soit moyenne
ou abondante, la façon dont se dispersent les eaux est toujours la
même. Elles s'étalent en nappe immense, à peine un peu plus profonde dans les dépressions. Elles passent ainsi d'une propriété dans
l'autre, sans canal de distribution, sans aucune digue, ni fossé, et
naturellement sans réglementation. Il existe bien de temps à autre
de petites élévations de terre barrant les dépressions, mais leur but
est de disperser les eaux des faibles crues et aussi d'empêcher les
n'fidas (dépressions) de se creuser et de devenir des oueds profonds (49). » Ce que Penet décrit là constitue la réalité habituelle des
hautes plaines tunisiennes et algériennes, régions dont la dominante
culturale est la céréaliculture extensive. On la retrouve aussi, mais
avec des nuances, dans les zones *bour* du Maroc, ainsi appelées par
opposition aux zones d'irrigation permanente (50).

L'irrégularité pluviométrique et le caractère très érodé des reliefs
font que ces régions passent constamment de la sécheresse à l'excès
d'eau : un orage en amont et voilà que les flots, que rien ne retient,
dévalent dans la plaine. Les oueds coulent rarement, si ce n'est de
façon impétueuse et destructrice. A défaut d'être présent lorsque se
produit la crue de l'oued, il suffit d'observer la configuration de son
lit : très large, divagant, laissant sur ses berges des débris de bois
et de pierre charriés depuis l'amont. Habituellement rare, l'eau arrive
ici sous le signe de l'excès.

Face à ces contraintes, « il semble, estime Despois, qu'il se soit
toujours conservé un peu partout sur la bordure septentrionale du
désert et de la steppe d'Afrique du Nord, en particulier dans la plaine

---

(49) PENET (P.), « Les syndicats d'inondation de la plaine de Kairouan, Zeroud
et Marguellil », *Bulletin de la Direction de l'agriculture et du commerce*, n° 46,
Tunis, 1908.
(50) *Cf.* CHICHE (J.), *op. cit.*, pp. 151-157.

du Hodna, une technique simple mais adaptée aux conditions naturelles de construction de barrages de dérivation (51) ». Le principe de ces barrages est de ne rien laisser perdre du mince filet d'eau quand elle est rare, et d'être submersibles au moment des crues. En effet, tout ouvrage important risque d'être emporté et surtout de provoquer des dégâts, car l'oued contrarié se détourne de son cours et creuse un lit imprévu. En somme, le type de climat et de relief impose dans ces régions intermédiaires des ouvrages fusibles assez rudimentaires pour freiner l'écoulement sans le retenir tout à fait. C'est le principe de l'épandage de crue, encore appelé inondation dirigée.

Ce type d'aménagement est très répandu sur la plaine du Hodna, même de nos jours (52). On le retrouve dans des régions du même type, comme le pays Nememcha, où Côte en a encore observé le fonctionnement en 1987 (53). La région du Hodna est typique : à la jonction du Tell, dont elle reçoit l'essentiel de son eau, et du Sahara, qui en marque le climat, la plaine du Hodna est habitée par des pasteurs qui nomadisent et pratiquent ici et là une céréaliculture extensive. Elle reçoit entre 200 et 300 mm : l'apport total en eau n'est pas négligeable et permettrait, selon Despois, de cultiver 5 000 ha de jardins et 60 000 ha de céréales dans de bonnes conditions, au prix d'un aménagement. La technique mise au point au fil des siècles est simple.

Figure n° 12

TYPES DE BARRAGES EN FASCINES DANS LE HODNA

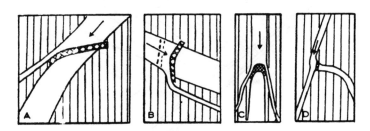

— TYPES DE BARRAGES.

A. Sur l'oued Bitham (Sahari) ; B. Sedd el Djir sur l'oued el Leham (en pointillé, les vestiges de l'ancien barrage) ; C. Sedd el Adjabi, sur l'oued bou Hamadou (Souamâ) ; D. Dérivation d'un petit affluent de l'oued Sbisseb (Sidi Aïssa).

Source : Despois, *Le Hodna, op. cit.,* p. 160.

(51) DESPOIS (J.), *Le Hodna (Algérie),* Paris, PUF, 1953, p. 159.

(52) S. SEBHI estime à 110 000 ou 120 000 ha la superficie d'épandage de crue sur cette zone, *Mutations du monde rural algérien ; le Hodna,* Alger, OPU, 1987, p. 129.

(53) CÔTE (M.), *L'Algérie ou l'espace retourné,* Paris, Flammarion, 1988, p. 76.

Figure n° 13

PARCELLES IRRIGUÉES PAR LES CRUES DANS LE HODNA

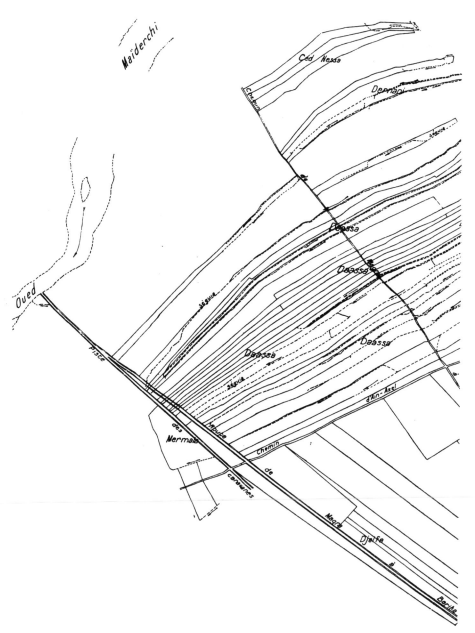

Source : Despois, Le Hodna, op. cit., p. 236.

On construit d'abord des barrages de dérivation très rudimentaires : on commence par creuser un canal oblique par rapport au lit de l'oued, souvent dans la concavité d'une courbe. Sa profondeur n'atteint le fond de l'oued que s'il est peu encaissé. Puis on érige un barrage de dérivation submersible, faisant un angle obtus avec le sens du courant, pour éviter une trop grande poussée.

Ce barrage est fait de levées de galets ou de pierres retenus par des branchages ou, le plus souvent, de lits alternés de branchages (tamaris, jujubier, atriplex) mêlés à de la terre tassée. La difficulté est plus grande quand le lit de l'oued est encaissé : il faut alors construire une digue qui peut avoir 3 ou 4 m de haut et risque d'être emportée. On ne trouve pas de barrages maçonnés, sauf de rares vestiges romains ; toutes les tentatives coloniales pour bâtir en dur ont échoué (par exemple, le barrage en pierre de l'oued Mazouz, construit en 1907 et emporté en 1926). En somme, c'est la technique la plus rudimentaire qui est ici la plus appropriée, même si des améliorations techniques sont possibles, comme le gabionnage.

Ensuite, un canal de dérivation conduit l'eau aux parcelles par l'intermédiaire d'un réseau de *séguias* en terre. Le résultat est un parcellaire très laniéré, comme le montre le relevé suivant de parcelles d'inondation dirigée dans le Hodna.

Cela permet une première irrigation au moment des semailles, et une seconde en hiver, s'il n'a pas assez plu. Surtout, la moindre pluie de printemps est ainsi utilisée pour une troisième irrigation, décisive celle-là. Pratiquée en mars, elle suffit, si les semailles sont précoces, particulièrement pour l'orge. Une dernière irrigation a lieu, le cas échéant, en avril pour les blés et les orges tardives. Ces terres arrosées irrégulièrement peuvent donner de bons résultats, car elles ne sont pas surexploitées.

Si la technique est simple, la répartition de l'eau pose des problèmes. L'irrégularité des apports, mais aussi la position des riverains par rapport au cours d'eau se répercutent sur le bénéfice qu'ils peuvent en tirer. Les riverains d'amont ne sont favorisés que par les petites crues, car leurs barrages sont vite emportés dès que le flot est plus fort ; dans ce cas, l'aval en bénéficie davantage. Comment dès lors se répartir les terres régulièrement arrosées (on les appelle terres *haï* dans le Hodna) et celles qui le sont rarement (terres *djelf*) ? On trouve mêlées des règles de répartition de l'eau qui proviennent des deux régions voisines : tantôt c'est la propriété du sol qui prédomine, comme dans le Tell, tantôt c'est la propriété de l'eau, comme au Sahara. Par ailleurs, il semble que, traditionnellement, on palliait l'irrégularité des débits disponibles par des rotations dans l'attribution des terres : « Dans chaque groupe, le partage annuel favorisait tour à tour les uns et les autres ; les terres d'amont les plus fréquemment inondées par les petits oueds et les terres d'aval passaient successivement entre toutes les mains (54). » Mais ce système s'est peu à peu dégradé : les partages se sont espacés, puis n'ont plus eu lieu ; les gens influents ont gardé les parcelles d'amont, la terre est devenue *melk*. Hormis quelques communautés rurales, il semble que ce déclin des mécanismes sociaux de répartition soit assez général (55).

Dernière caractéristique, c'est une technique coûteuse en main-d'œuvre, en particulier pour la fréquente réfection des barrages de dérivation et des *séguias* en terre.

Cette technique a été remarquée par les responsables de l'agriculture à l'époque coloniale : en Tunisie centrale, comme sur les hautes plaines algériennes, l'inondation dirigée semblait donner de bons résultats en céréaliculture (56). Cela fit conclure à Montchicourt, un ingénieur de l'époque coloniale en Tunisie : « Sur ces oueds, il ne faut ni travaux d'art, ni beaux travaux, mais des installations pratiques et surtout économiques, en terre et fascines, installations que les indigènes sont parfaitement capables de faire eux-mêmes sans interventions coûteuses des ingénieurs (57). » Ce point de vue n'a guère été entendu ni des ingénieurs coloniaux, ni de ceux qui ont défini les choix techniques après les indépendances. La préférence pour le béton a relégué au second plan les améliorations possibles de l'épandage de crue, qui n'ont reçu le plus souvent que des crédits résiduels.

Les « khettaras » dans le Haouz de Marrakech (Maroc)

Les *khettaras* constituent un troisième exemple du patrimoine maghrébin en matière hydraulique. Il en existe peu en Tunisie, où on les dénomme *kriga* ou *ngoula* (le seul réseau important et entretenu se trouve dans l'oasis d'El Guettar), davantage en Algérie dans les oasis du Touat, du Gourara et du Tidikelt, où on les appelle *fog-*

---

(54) DESPOIS, *op. cit.*, p. 159.

(55) CÔTE décrit pour le pays Nememcha des mécanismes de régulation un peu différents : « Ce système, aux résultats par définition aléatoires, comporte une série d'éléments régulateurs destinés à égaliser au maximum les chances de tous les membres du groupe : parcelles étirées sur tout le front de la crue (répartition des chances suivant le tracé de la crue) ; division des droits sur chacun des 5 blocs (répartition des chances en fonction de la force de la crue) ; redistribution périodique (répartition des chances dans le temps). Suivant les groupes — ici les fractions — les redistributions ont lieu tous les 3, 4, 5 ou 6 ans ; la collectivité reprend l'ensemble des terres, comptabilise les ayants droit et attribue à chacun de nouvelles parcelles. Courant 1987, ce système fonctionne comme il fonctionnait à l'époque coloniale » (*op. cit.*, p. 76). J. CHICHE a observé un système encore différent au Maroc : « Dans certains cas, la surface semée chaque année est proportionnelle à la quantité d'eau dérivée lors de la première crue de l'année » (*op. cit.*, p. 152).

(56) PENET, déjà cité, a également étudié l'épandage de crue dans la plaine de Gamouda : « Les irrigations dans la plaine de Gamouda », *Bulletin de la Direction de l'agriculture, du commerce et de la colonisation*, 1er trim. 1910, Tunis, 11 p.

(57) MONTCHICOURT (Ch.), « Règlements d'irrigation dans le haut Tell », *Bulletin de la Direction de l'agriculture...*, 1911.

gara ; le réseau le plus spectaculaire au Maghreb est celui du Haouz de Marrakech, où Pascon en a recensé 500 en activité sur un total existant de 600, il y a une quinzaine d'années (58). Il en existerait aussi 140 dans le Tafilalet (59) et une cinquantaine dans le Souss (60). La longueur totale des *khettaras* du Haouz, qui drainent les piémonts du haut Atlas, atteindrait 900 km ; c'est dire que ce n'est pas quelque chose de marginal. Leur débit total est évalué par Pascon à 5 059 l/sec, soit une moyenne de 10 l/sec par *khettara*, ce qui n'est pas négligeable quand on sait qu'une *khettara* ne cesse jamais de couler.

Le principe de la *khettara* a été élucidé pour de bon par Goblot, qui en donne cette définition : « C'est une technique de caractère minier qui consiste à exploiter des nappes d'eau souterraine au moyen de galeries drainantes (61). » Ce spécialiste insiste sur le fait que, plus qu'une technique d'irrigation, le *qanat* — nom original de ce système, qui vient du plateau iranien — est une technique minière de recherche de l'eau souterraine. Goblot emploie même à propos des inventeurs iraniens des *qanats* l'expression « mineurs d'eau (62) ». La technique de construction permet d'en mieux comprendre le fonctionnement : tout commence par le forage d'un puits mère (dans l'Ahaggar, on parle de *ras-el-foggara* : tête de la *foggara*) jusqu'à une couche de terrain humide. Le niveau de profondeur de la nappe étant évalué, l'opération consiste alors à creuser de l'aval vers l'amont et en pente douce (de 0,3 à 0,5 %) une galerie de la taille d'un homme qui vient rejoindre la zone humide initialement découverte. Le creusement et l'aération exigent qu'à intervalles réguliers on creuse des puits pour évacuer les déblais. Ces regards, espacés de 5 à 30 m selon les situations, peuvent être très nombreux, comme ce cas observé par J. Chiche où il y a 360 puits espacés de 1 à 16 m (63). Cette galerie devient drainante dès qu'elle rejoint la couche aquifère ; si l'on veut en augmenter le débit, il suffit d'allonger la galerie, ou alors de creuser des galeries annexes, sortes de branches qui constituent un réseau spectaculaire en vue aérienne. A l'aval, l'eau est recueillie dans un bassin, puis répartie entre les utilisateurs qui ont contribué à finan-

---

(58) PASCON (P.), *Le Haouz...*, 693 p. Il reste que leur patrie est l'Iran, où cette technique est née.

(59) Voir les travaux récents de BOUBEKRAOUI (M.-H.), « La crise des palmeraies dans la plaine du Tafilalet (Sud-Est marocain) », thèse, Toulouse, 1983, et « Le Tafilalet aujourd'hui ; régression écologique et sociale d'une palmeraie sud-marocaine », *Revue géographique des Pyrénées et du Sud-Ouest*, 1986/3, pp. 449-463.

(60) Pour une présentation de l'irrigation par *khettara* dans le Souss, *cf.* POPP (H.), « L'agriculture irriguée dans la vallée du Souss (Maroc) ; formes et conflits d'utilisation de l'eau », *Méditerranée*, 1986/4, pp. 33-47.

(61) GOBLOT (H.), *Les qanats, une technique d'acquisition de l'eau*, Paris, Mouton, 1979, 236 p.

(62) GOBLOT, *op. cit*, pp. 64-65.

(63) CHICHE, *op. cit.*, p. 180.

cer l'entreprise. En zone aride, cette technique est un moyen tout
à fait performant, qui présente l'avantage de fournir des débits con-
tinus sans aucun travail d'exhaure et sans évaporation. La contrepartie est un certain gaspillage de l'eau en période de faible utilisation.

On imagine le travail gigantesque qu'a pu représenter le creusement de ces galeries. Grandguillaume, dans son étude sur le Touat,
avance le chiffre de 48 000 journées de travail pour creuser une *foggara* de 4 km à une profondeur moyenne de 12 m ; il faut environ
2 000 m de galerie dans cette région pour obtenir un débit d'un
litre / seconde, soit un temps de travail énorme, que Pascon a tenté
de chiffrer pour le Haouz (64).

Le réseau de « khettaras » du Haouz

Le Haouz de Marrakech constitue une vaste dépression alluviale
de 6 000 km² environ, entre le haut Atlas au sud et les Jbilet au
nord. Son altitude est comprise entre 250 et 900 m. Cette plaine est
caractérisée par une succession de cônes entaillés par les oueds qui
dévalent de l'Atlas (oueds N'fis, Rhirhaïa, Issil, Ourika, Mellah, Zat)
pour se jeter dans l'oued Tensift. Le caractère impétueux des écoulements rendait la région peu hospitalière jusqu'à la fondation de
Marrakech par les Almoravides en 1060 (65). Désormais, la ville allait
devenir un centre économique et culturel prestigieux, capitale des
Almoravides, puis des Almohades et des Saadiens.

Ce destin brillant est lié pour une part à la création des *khettaras,* qui auraient été amenées ici d'Espagne par des savants et des
ingénieurs rescapés de la riche période ommeyade. La technique de
la *khettara* allait permettre de capter l'eau plus en amont à la sortie
de l'Atlas et de l'amener par des galeries souterraines jusqu'aux palais,
aux jardins et aux bains de la ville. El Idrisi raconte que ce fut l'ingénieur Abdallah ben Yunus qui, appelé à la cour du souverain almoravide Yusuf ben Tachfine, y implanta la technique persane des
qanats (66). L'intervention de ce converti originaire d'Espagne confirme le rôle des Andalous dans la transmission d'une technique qui
serait ensuite passée au Touat, au Gourara et au Tidikelt (67). La
carte des *khettaras* montre qu'il y en a dans l'ensemble de la plaine
et à des profondeurs variées :

---

(64) GRANDGUILLAUME (G.), « Régime économique et structure de pouvoir : le
système des *foggaras* du Touat », *ROMM*, n° 13-14, 1973. Paul Pascon estime le
travail nécessaire pour obtenir une unité de débit à 300 journées par l/sec pour une
khettara de débit inférieur à 10 l/sec et 1 000 journées de travail par l/sec pour un
débit supérieur à 20 l/sec. *Cf. op. cit.*, p. 110.

(65) La technique des *qanats* a joué également un rôle décisif dans l'émergence
de Téhéran, voire de Madrid, selon BRAUN (C.), *Teheran, Marrakesch und Madrid ;
Ihre Wasserversorgung mit Hilfe von Qanaten*, Bonn, F.-O. Verlag, 1974, 133 p.

(66) EL IDRISI, *Description de l'Afrique*, p. 78.

(67) G.-S. COLIN tente d'élucider le détail de cette transmission dans « La noria
marocaine et les machines hydrauliques dans le monde arabe », *Hespéris*, t. XIV,
1932, Paris, Larose, pp. 22-49.

Figure n° 14

SCHÉMA EN COUPE D'UNE « FOGGARA »

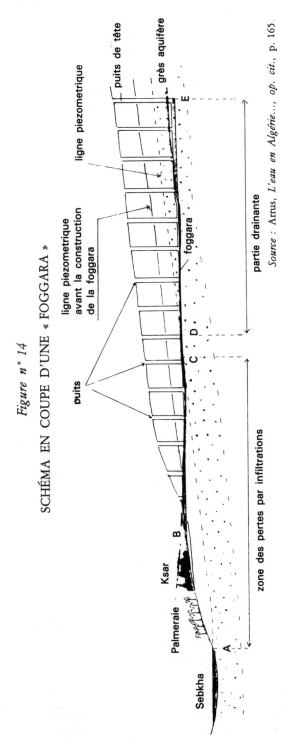

Source : Arrus, *L'eau en Algérie...*, op. cit., p. 165.

Figure n° 15

LES « KHETTARAS » DU HAOUZ

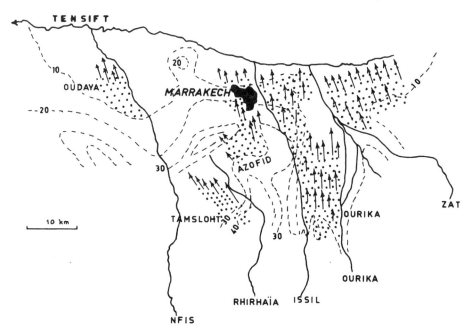

Source : Pascon, *Le Haouz, op. cit.,* p. 112.

Selon les recherches de Pascon, les Anciens donnaient la préférence au système des *séguias* quand un débit pérenne était garanti ; dans le cas contraire, des *khettaras* étaient creusées, parfois à de grandes profondeurs. Ainsi, la première (Agdal III), creusée vers 1071, a ses puits de tête à 45 et 50 m de profondeur, deux bras captants de 1 455 m et 2 015 m et un bras de transport de 4 080 m. Revivifiée en 1934, elle produit 45 l/sec. D'autres, moins importantes, existent, et à des profondeurs moins grandes, en particulier dans les régions d'Oudaïa et d'Ourika. Comme on le voit sur la carte, elles composent plusieurs ensembles. Les plus importantes sont depuis toujours propriétés d'État. Ce sont les *khettaras* privées de moyenne importance qui ont été les moins entretenues, contrairement aux plus petites, privées, ou aux grosses, que l'État finance. Dans le meilleur des cas, le motopompage les remplace. Sinon, par défaut d'entretien, elles s'assèchent et s'effondrent (68). Comme ce travail exigeait

(68) Pour donner une idée de la main-d'œuvre requise, on peut rappeler que l'almohade El Mansour, après avoir vaincu le roi de Castille, avait envoyé à Marrakech 20 000 prisonniers chrétiens pour le travail et l'entretien des *qanats.*

une réelle technicité (calcul de la pente, étayage...), ce fut très vite l'affaire d'une corporation spécialisée, les *khatatiriya*, souvent originaires du versant sud de l'Atlas (le Draa ou le Tafilalet), et ce jusqu'à notre époque. Ils habitent d'ailleurs un quartier particulier de la ville, d'origine almoravide, le *djher* Todgha (69). Aujourd'hui encore, la ville de Marrakech bénéficie de cette technique de recherche de l'eau.

Appelées *foggaras* dans le Sahara algérien, ces galeries drainantes sont également nombreuses dans le Touat, le Gourara et le Tidikelt, régions qui les auraient reçues de Marrakech, *via* les Juifs de Tamentit. Vers 1950, on relevait encore 2 000 km de *foggaras* dans le Touat, pour une population totale de 40 000 habitants (70). Des archéologues japonais ont récemment revisité celles du Tidikelt (71). Toutefois, dans ces trois régions, elles sont moins entretenues et donc moins actives que dans le Haouz.

Ces trois types d'irrigation traditionnelle sont bien loin de constituer l'ensemble du patrimoine hydraulique maghrébin. Néanmoins, on n'est nullement en présence d'une société hydraulique. Les zones d'irrigation sont souvent des îlots, tout au plus des microrégions, dans un ensemble où prévaut un agropastoralisme extensif. Cette précision est majeure, car elle influe sur la nature du système social.

3. Répartition de l'eau et cohérence sociale dans le Maghreb précolonial

Ce parcours des techniques hydrauliques traditionnelles conduit à deux impressions contrastées : d'une part, leur relative adéquation au milieu physique, grâce à leur diversité ; d'autre part, le caractère rudimentaire des techniques utilisées, aussi bien pour la collecte de l'eau (hormis peut-être les *khettaras*) que pour l'irrigation elle-même (partout, la pratique sommaire de la submersion prévaut). En revanche, la gestion sociale de la ressource, la répartition, donne lieu à des élaborations sociales poussées. Cela est d'autant plus net que l'aridité est grande. J. Berque l'avait magistralement montré dans son analyse des structures sociales du haut Atlas : « Entre la collecte et l'irrigation, une phase purement sociale, celle de la répartition. Le

---

(69) MASSIGNON estimait leur nombre à 146 personnes, dont 48 patrons, en 1924 : « Enquête sur les corporations musulmanes d'artisans et de commerçants au Maroc », *Revue du monde musulman*, n° 58, 1924.

(70) GRANDGUILLAUME (G.), « Régime économique et structure de pouvoir : le système des *foggaras* du Touat », *ROMM*, n° 13-14, 1973, pp. 437-457. Sur celles du Gourara, *cf.* l'étude récente de GRANIER (J.-C.), « Rente foncière et régulation économique dans le Gourara algérien », *Revue Tiers-Monde*, n° 83, sept. 1980, pp. 649-663.

(71) KOBORI (I.), « Notes on *foggaras* in the Algerien Sahara, Tidikelt », *Bulletin of Department of Geography*, université de Tokyo, 1976/1, pp. 41-55.

milieu révèle à cette occasion une éblouissante, une exorbitante virtuosité... Ce qui frappe dans l'Atlas, c'est une prodigieuse organisation. Une discordance est même manifeste entre les rythmes sociaux quasi parfaits, ou postulant la perfection, qui président au partage, et la médiocrité de la matière comme de l'outil. Le bel équilibre, la science consommée de la répartition tranchent sur la précarité de toute cette hydraulique (72). » Affirmations étayées par une enquête des plus minutieuses qui l'amenait à conclure : « Dans le matériel comme dans le spirituel, les gens d'ici vont loin. Mais leur réussite ne porte pas sur la mise en œuvre du milieu. Elle porte sur des constructions sociales dont celui-ci n'est que le prétexte. Avec la médiocrité relative des techniques, contraste la supériorité de l'appareil social (73). »

Pourtant, cet art consommé de la répartition que Berque décèle chez les Seksawa ne signifie pas répartition égalitaire, comme beaucoup de travaux sur le Maghreb précolonial l'ont trop souvent dit ou sous-entendu (74). A force de souligner les effets destructurants de la colonisation, on a parfois idéalisé la société précapitaliste.

Les pages qui suivent visent à développer une approche d'écologie culturelle, en examinant les liens intimes entre système social, milieu naturel et techniques de gestion et d'exploitation de ce milieu. En effet, système technique et système social évoluent ensemble, avec des conflits et des résolutions qui les modifient tous deux. Quelques études de cas nous permettront de le montrer, laissant quasi entière la difficulté d'extrapoler les conclusions à l'ensemble du Maghreb, dont on a assez dit la diversité.

« Théorie générale de la distribution des eaux »
Le système de la « séguia » dans le Haouz

Le Haouz est un cas intéressant : 150 000 ha irrigués à partir d'un réseau de 140 km de *séguias* et de 1 000 km de rigoles de distribution *(mesref)*, pour apporter un cubage annuel moyen de 410 hm³ sur un total de 567 hm³ charrié par les oueds. Région d'intense irrigation, cette zone est également très riche sur le plan de son histoire sociale et politique, et les documents ne manquent pas pour la connaître.

_____

(72) BERQUE (J.), *Les structures sociales du Haut-Atlas*, Paris, PUF, 1955, p. 158.
· (73) BERQUE, *op. cit.*, p. 440. L. VALENSI tire la même conclusion sur l'agriculture tunisienne précoloniale : « Plus que le raffinement des techniques, c'est donc ici la part du social dans le fonctionnement de cette agriculture qu'il faut remarquer... En l'absence d'un pouvoir politique fort, d'une administration puissante, l'organisation de l'irrigation requiert un haut degré de cohésion sociale », *Fellahs tunisiens ; l'économie rurale et la vie des campagnes aux XVIIIᵉ-XIXᵉ siècles*, Paris/La Haye, Mouton, 1977, p. 172-173.
(74) Une bibliographie de ce type de recherches est donnée par MERAD-BOUDIA (A.), *La formation sociale algérienne précoloniale*, Alger, OPU, 1981, 390 p.

Pascon a réalisé un inventaire minutieux des systèmes hydrauliques de cette région, au point de proposer une « théorie générale de la distribution des eaux », sorte de modèle explicatif permettant de voir plus clair dans des situations très enchevêtrées (75).

La « séguia », unité de base du système hydraulique

Tout part de la *séguia*, principal système de collecte, de transfert et de distribution de l'eau. Au départ, c'est une prise d'eau rudimentaire dans l'oued, puis un canal en terre qui chemine le long de l'oued, faisant un parcours parfois acrobatique, pour enfin dominer et féconder des superficies pouvant atteindre des milliers d'hectares. Creusées à la main, ces *séguias* ne s'affranchissent guère des courbes de niveau : tout au plus parviennent-elles, par un cheminement en baïonnette, à franchir les terrasses d'amont, avant de se diversifier à l'aval en un chevelu de canaux répartiteurs.

La pente, calculée en laissant couler un filet d'eau, est en générale trop forte (de l'ordre de 3 % en moyenne), ce qui limite considérablement la superficie dominée par chaque *séguia*. D'où la nécessité de les multiplier, et ce dispositif en « arêtes de poisson » que l'on rencontre dans les cônes d'oueds débouchant dans la plaine.

L'efficience de ce système est réelle au niveau du prélèvement (72 % des débits d'oueds sur le Haouz), mais faible au niveau du transport en raison des pertes importantes dans un réseau peu étanche. De la tête morte aux *mesref* d'aval, le taux de perte pourrait atteindre 50 %. Malgré ces limites dues à une technologie rudimentaire, le système de la *séguia* s'est imposé comme celui qui impliquait le plus complètement des communautés d'irrigants dont c'était là l'outil de survie. Ce qui ne se maintiendrait pas avec un encadrement administratif a bien fonctionné des siècles durant sur base de solidarités lignagères. C'est dire que la *séguia*, unité technique et géographique, est aussi une unité humaine.

La priorité de l'amont sur l'aval

En débouchant de la montagne, l'oued construit un cône sur les bords duquel s'inscrivent ces réseaux de *séguias*. Mais ces cônes sont rarement symétriques : souvent, la prise d'eau est assez éloignée de la zone à irriguer. D'où un allongement de la tête morte, qui ne permet pas toujours de respecter un bon rapport tête morte/superficie dominée et favorise les pertes (un tiers de perte dans la tête

---

(75) PASCON (P.), « Théorie générale de la distribution des eaux et de l'occupation des terres dans le Haouz de Marrakech », *RGM*, n° 18, 1970, pp. 3-19, et *Le Haouz de Marrakech*, t. I, pp. 82 et suiv. Ce schéma explicatif est repris dans des travaux qu'il a inspirés, comme HERZENNI (A.), « L'aménagement hydro-agricole de la moyenne Tessaout ; disparités sociales et spatiales », thèse, Paris V, 1985, 405 p.

Figure n° 16

LE CHEVELU DES « SÉGUIAS » DU FINAGE DES OUDAYA (HAOUZ)

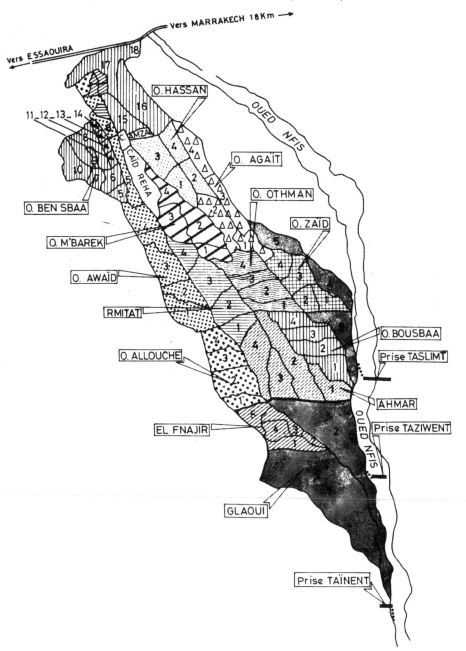

Source : Pascon, *Le Haouz*, *op. cit.*, p. 246.

Figure n° 17

LA STRUCTURE EN ARÊTES DE POISSON
DES « SÉGUIAS » DE L'ATLAS

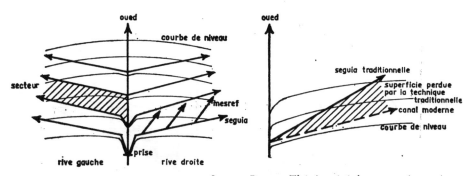

Source : Pascon, *Théorie générale...*, op. cit., p. 4.

morte). Cela a d'autant plus de conséquences qu'en période d'étiage les petits barrages d'amont prennent presque toute l'eau, ne laissant à l'aval que les résurgences. Le système technique de la *séguia* favorise donc des rivalités entre groupes humains pour contrôler les prises sur l'oued et s'implanter le plus possible en amont. Pour tempérer les conflits, les prises de rive gauche et de rive droite tendent à alterner : il n'en reste pas moins que les *séguias* d'amont dominent moins de terre et ont plus d'eau que les *séguias* d'aval, et sont les seules à avoir de l'eau en été (76). Au bout du compte, il y a tout au long de l'oued un gradient de prélèvement de plus en plus faible de l'amont vers l'aval, à peine tempéré par des pratiques de revente ou de restitution d'eau excédentaire des *séguias* d'amont vers les *séguias* d'aval. La limite technique débouche sur des inégalités d'accès à l'eau.

Le même gradient peut être observé dans chaque secteur : au fur et à mesure que l'on s'éloigne de la vanne, la déperdition est forte.

Les tribus et le « makhzen »
le conflit pour l'eau, une réalité permanente

Pour irriguer des zones importantes à l'aval dans la plaine, le creusement de *séguias* plus importantes, traversant les finages déjà irrigués, est nécessaire. Travail coûteux, nécessitant une abondante main-d'œuvre et une « entente » entre tribus que le système tribal classi-

---

(76) PASCON a fait le relevé des *séguias* de la rive gauche de l'oued N'fis : les *séguias* d'amont, qui ne dominent que quelques dizaines d'ha, prélèvent de 20 à 45 m³/ha/an, alors que les *séguias* d'aval récupèrent moins de 5 m³/ha/an tout en dominant entre 1 500 et 4 000 ha. *Cf. op. cit.*, p. 89.

Figure n° 18

LE GRADIENT D'IRRIGATION DANS UNE « SÉGUIA »

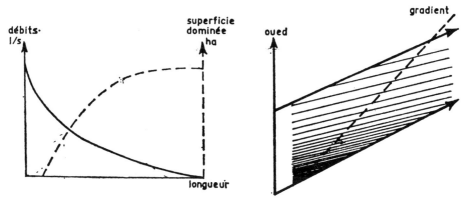

Source : Pascon, *Théorie générale...*, *op. cit.*, p. 6.

que ne pouvait produire. Seuls les pouvoirs seigneuriaux et makhzé-niens ont pu, au cours de l'histoire du Haouz, imposer cette surim-position d'un nouveau réseau de *séguias* sur le maillage tradition-nel. Confisquant des eaux en amont, quitte à en restituer un peu au passage (droit de passage : *mlou*), réquisitionnant de la main-d'œu-vre pour les grands travaux de creusement et de curage, la puissance politique est ainsi parvenue à créer de nouveaux espaces irrigués pour y installer notables et tribus alliées (*azib* et *guich*, par exemple). La *séguia* Tassoulant-Ourika, qui irrigue 6 700 ha, est l'exemple le plus poussé en ce sens. L'irrigation moderne coloniale amplifiera cette pra-tique de surimposition, qui, comme la précédente, souligne que, dans la *séguia,* système technique et système social sont étroitement imbriqués.

Ce schéma de fonctionnement peut être appliqué pour lire des espaces hydrauliques du même type, Herzenni l'a montré en appli-quant la grille à l'Ounein, sur le versant sud du haut Atlas. Néan-moins, pour une véritable compréhension de son fonctionnement, il faut regarder non seulement du côté technique, mais aussi du côté de la stratification sociale qui se met en œuvre à cette occasion.

Droit musulman, droits coutumiers et répartition de l'eau

S'il est un domaine où le droit a pénétré l'organisation sociale, c'est bien celui de la répartition des eaux, surtout en zone aride. « Droits savants et précis », estime Bouderbala, qui récuse la conno-tation méprisante accompagnant parfois la notion de coutume locale (77). Le droit des eaux est fait d'apports successifs, où il est souvent difficile de démêler ce qui relève du droit musulman et des droits coutumiers (78). Sans entrer dans le détail, on peut en rappeler les grands traits (79).

Le droit canonique, ou *fiqh,* a ses racines dans le Coran, la Sunna (les *hadith,* ou paroles du Prophète), l'*ijmaa* (le consensus de la communauté) et le *qiyas* (jurisprudence) (80). Ce droit a connu différentes codifications et est parvenu pour les sunnites du Maghreb à travers quatre écoles juridiques (malékite, hanéfite, shafiite et hanbalite), dont l'une, la codification malékite, a prévalu.

Le droit coutumier, en revanche, est un mélange de coutumes préislamiques et d'élaborations postérieures au droit musulman. Le *fiqh* ayant été définitivement établi à la fin du VIIIᵉ siècle, il a fallu y adjoindre une réglementation coutumière qui tienne compte de la diversité des situations et des rapports sociaux. « Chaque nation, au fur et à mesure qu'elle s'incorporait dans l'empire musulman, a adapté la partie des principes islamiques qui cadrait le mieux avec ses habitudes et ses tendances », écrit Bruno, qui ajoute : « Partout le droit des eaux s'est développé indépendamment de la *charia* » (81).

La visée égalitaire du droit musulman

Il semble que le prophète Mohammed ait d'abord cherché, en la matière, à lutter contre les habitudes de conflits tribaux concernant l'usage des points d'eau dans la péninsule arabique à l'époque préislamique. D'où l'énonciation d'un principe fondamental de libre disposition de l'eau. « Au moyen de l'eau nous avons donné vie à toute chose », écrit le Coran (sourate XXI, 30). L'eau étant un principe de vie accordé par Dieu à ses créatures, on conçoit que le droit ait cherché à garantir l'accès de l'eau à tous, dans une aire géographique où elle est si rare. Foncièrement, l'eau est commune *(mubah)*.

Le *fiqh* a codifié ce principe en deux droits essentiels :

— le droit de la soif (ou droit de *chafa*), qui appartient à tous et ménage à chacun la possibilité de se désaltérer et de faire boire ses animaux. Chez les malékites, cela vaut sur les grandes masses d'eau

---

(77) BOUDERBALA (N.), *La question hydraulique,* t. I, pp. 49-50.

(78) Il n'y a pas eu au Maghreb de réforme fondamentale de ce droit ancien, à la manière du code civil ottoman de 1869. *Cf.* METRAL (F.), « Le droit de l'eau dans le code civil ottoman de 1869 et la notion de domaine public », *TMO,* n° 3, 1982, pp. 125-142.

(79) On a repris pour l'essentiel la synthèse de CAPONERA (D.), *Le droit des eaux dans les pays musulmans,* Rome, FAO, 1956, 182 p. Rééditée et refondue en 1973 en deux volumes, 223 et 312 p.

(80) *Cf.* BENSIDOUN (S.), « Contrôle de l'eau et communautés agraires en Islam », *Cahiers de l'ISEA,* série V, n° 6, 1963, pp. 125-145.

(81) BRUNO (H.), *Contribution à l'étude du régime des eaux en droit musulman,* Paris A. Rousseau, 1913, p. 80.

(lacs, fleuves, mers), qui sont dites res *nullius,* mais aussi sur les eaux
appropriées, moyennant certaines compensations, si le bénéficiaire en
a les moyens ;

— le droit d'irrigation (ou droit de *chirb*) permet à tous
d'employer l'eau à l'arrosage de la terre, des arbres et des plantes,
sans restrictions chez les sunnites sur les grandes masses d'eau. Ce
droit peut toutefois faire l'objet d'une appropriation individuelle :
sur les oueds, le riverain établi le plus en amont a le droit de capter
les eaux au détriment de ceux qui sont à l'aval, mais il lui est interdit de l'accaparer pour ses besoins. Le critère proposé est que l'eau
retenue ne dépasse pas la hauteur de ses chevilles. Diverses modalités d'appropriation de l'eau sont ainsi définies : celui qui creuse un
puits dans sa propriété devient propriétaire de l'eau qu'il a fait jaill-
lir ; cela est également vrai dans le cas d'une terre morte, c'est-à-
dire non vivifiée : la propriété revient à celui qui la vivifie. En fait,
il s'agit souvent de propriété d'un droit d'usage de l'eau, plus que
d'une appropriation de l'eau elle-même. Ces droits sont, de surcroît,
tempérés par des limites d'application : nécessité de donner le super-
flu, d'éviter le gaspillage...

Enfin, les transferts de propriété de l'eau sont également codifiés par le *fiqh,* qui, pour l'essentiel, s'en tient à des dispositions
très générales.

Les particularismes du droit coutumier

Il n'en va pas de même pour les dispositions du droit coutumier,
qui varie selon les régions, mais constitue un ensemble de codes que
Caponera qualifie de « compliqués, prudents, méticuleux ». Ce droit
tient davantage compte de la diversité des situations et varie, en particulier, avec le niveau de rareté de l'eau (82). Aussi les coutumes
peuvent-elles être très diverses d'une région à l'autre, allant de
l'appropriation inconditionnée de l'eau cessible à volonté par son titulaire à un simple droit d'usage dans un régime de pur collectivisme.

On peut dès lors observer une grande diversité de pratiques en
fonction de la région où l'on se trouve. Un des points essentiels de
clivage est le lien établi entre propriété de l'eau et propriété de la
terre. Dans les régions côtières et telliennes, bien arrosées, l'eau n'est
que l'accessoire de la terre, qu'elle suit dans les transactions foncières. Décrivant l'irrigation en Kabylie, Brunhes souligne : « Si l'on tient
compte des conditions géographiques, l'on se rappelle que les eaux
sont ici presque surabondantes et que le ruissellement se fait de
manière si naturelle sur les versants rapides qu'il équivaut à une sorte
de distribution normale entre tous les propriétaires individuels de la

---

(82) AMEUR (M.), « Le statut juridique de l'eau d'irrigation au Maroc », DES
de droit, 1982, Rabat, 203 p.

terre ; très souvent, les *kanouns* ne font pas mention de l'eau (83). »
L'absence de non-réglementation est signe d'abondance. Cette faible organisation de la répartition de l'eau peut aller jusqu'à la vente aux enchères de parts d'eau, dans une Bourse des eaux, comme cela se pratiquait à Oujda, selon A. Bernard (84), à la manière dont Brunhes l'avait observé à Elche, dans l'Espagne du Sud (85).

En revanche, au Sahara et dans les zones steppiques, l'eau acquiert une valeur qui croît avec l'aridité, et la propriété de l'eau devient décisive, au point d'être dissociée de celle de la terre et de donner lieu à de savantes répartitions (86).

Un exemple complexe de répartition : la vallée du Draa (87)

Chapelet de six oasis se succédant sur près de 200 km entre Ouarzazate et M'hamid, la vallée du Draa est un immense réseau hydraulique, puisqu'on dénombre 89 grandes *séguias,* assez bien réparties entre rive droite et rive gauche. On y retrouve une organisation technique proche de celle décrite par Pascon pour le Haouz, avec les mêmes atouts et les mêmes limites, en particulier le décalage des potentialités entre l'amont et l'aval. Au sein d'une organisation très complexe de la répartition de l'eau, deux formules types se dégagent.

a) Le statut privé dans les « séguias melk »

Dans 56 *séguias* sur 89, l'appropriation privée de l'eau, indépendamment du sol, prévaut. A l'origine, les parts d'eau d'un propriétaire sont fonction de sa contribution à la construction de la *séguia ;* mais, peu à peu, par le jeu des achats, des ventes, des locations, les parts d'eau sont devenues objet de transaction, et c'est souvent par elles que la propriété se transmet à la terre. Selon le débit de la *séguia,* et le nombre d'ayants droit, des tours d'eau sont organisés, d'une durée variable. Appelés *noubas,* ou journées d'eau, ces temps d'irrigation sont divisés en sous-multiples dont la longueur et l'appellation changent d'une région à l'autre. A titre d'exemple, une *nouba* de 24 h sera divisée en 2 *ferdias :* une *ferdia* blanche pour le jour et une *ferdia* noire pour la nuit, chacune étant ensuite fractionnée en 16 *kharroubas,* chaque *kharrouba* correspondant donc à 45 min d'écoulement de la *séguia* environ. Il est fréquent que chaque type de subdivision porte un nom spécifique, le tout étant ins-

---

(83) BRUNHES, *op. cit.*, p. 164.
(84) BERNARD (A.), *Les confins algéro-marocains*, Paris, 1911, p. 371.
(85) BRUNHES, *op. cit.*, p. 98.
(86) Plusieurs cas sont étudiés par FELIU (E.), *Le régime des eaux dans le Sahara constantinois*, Blida, Mauguin, 1896, 104 p.
(87) On dispose de plusieurs études sérieuses sur cette zone, en particulier la thèse de OUHAJOU (L.), excellente enquête directe qui apporte des informations de première main : « Espace hydraulique et société ; les systèmes d'irrigation dans la vallée du Draa moyen (Maroc) », thèse de géographie, Montpellier, sd, 331 p.

crit dans la mémoire populaire, et rarement consigné par écrit. Cette mesure de l'eau en temps d'écoulement est la plus fréquente, même s'il est des endroits où la mesure des quantités écoulées se fait aussi (88). Les règles de répartition prolifèrent en raison du statut privé de l'eau.

b) Le statut collectif dans les « séguias allam »

Vingt-sept *séguias* sur 89 dans le Draa sont propriété collective : ici, l'eau n'est pas divisée en parts d'eau. Elle est étroitement liée à la terre qu'elle irrigue, et toute transaction portant sur le sol porte également sur l'eau, qui est « mariée » avec lui, dit le vocabulaire local. Chaque ayant droit d'une *séguia* reçoit l'eau à son tour, dans un ordre de succession topographique, souvent dénommé vanne par vanne. L'eau irrigue les parcelles d'une communauté en passant d'un finage à l'autre de façon continue, alors que, dans le système *melk,* l'irrigation pouvait être discontinue, au gré des parts d'eau. Il ne faut pas forcément en conclure que l'eau abonde. Le système *allam* tient souvent à la taille du réseau et à la cohérence du groupe social qui le gère.

c) Le contrôle social de la répartition

Pour assurer le bon fonctionnement de ces deux types de répartition (auxquels s'ajoute un troisième, qui n'est qu'un mixte de deux), la société draouie délègue à un aiguadier, l'*amazzal*, le soin d'arbitrer les conflits et de veiller à l'équité, en particulier dans les *séguias melk*. Traquant les fraudeurs, percevant s'il le faut des amendes, l'aiguadier, secondé par des aides occasionnels, se charge aussi d'organiser les travaux d'entretien et de réfection du réseau.

A travers ces modalités juridiques complexes de répartition de l'eau, on perçoit à quel point, comme l'avait souligné Berque, « le système de répartition de l'eau est une véritable machine à légitimité (89) » : même là où les vicissitudes historiques ont profondément bouleversé les structures foncières, le tour d'eau est d'abord révélateur de l'appartenance à un groupe social. N'y entre pas qui veut, et le bénéfice qu'on en tire en dit long sur son rang dans l'ordre social.

---

(88) GRANDGUILLAUME en donne un exemple à propos des *foggaras* du Touat, art. cité, pp. 441 et suiv. GRANIER (J.-C.), « Rente foncière en eau et régulation économique dans le Gourara algérien », *Revue Tiers-Monde,* n° 83, sept. 1980, p. 651, donne un exemple analogue au Gourara.

(89) BERQUE, *op. cit.*, p. 158. Repris dans « Hydraulique et historicité », *De l'Euphrate à l'Atlas,* Paris, Sindbad, 1978, pp. 243-273.

Distribution de l'eau et stratification sociale

Que chacun ait une place ne signifie pas, en effet, égalitarisme. Au contraire : la société draouie est une société très hiérarchisée et très stratifée : système technique et système social vont de pair pour faire de cet état de fait un ordre social, c'est-à-dire une possibilité de gérer les conflits qu'engendre l'inégal accès à l'eau. L'appropriation des facteurs de production dans le Draa (eau, terre, palmiers) met aux prises trois grandes catégories d'acteurs sociaux :

— les religieux (*chorfa* et *m'rabtine*) ;
— les *hrar* (Arabes et Berbères) ;
— les *haratine* (anciens esclaves).

Il s'agit là, on le devine, d'un ordre social ancien, qui peut paraître caduc. Bien que masqué aujourd'hui par l'organisation de la communauté draouie en groupements d'irrigants, cet ordre social continue à être opérant : c'est ce que montre l'analyse de l'appropriation des parts d'eau sur deux branches d'une *séguia melk*, la *séguia Ben Ali* (90). Ces deux branches, Aghla-ou-Mrade et Tiguelt, totalisent à elles deux 70 *noubas* et 1 100 *kharroubas*, réparties entre 258 propriétaires selon la structure suivante.

Tableau n° 17

RÉPARTITION DE L'EAU ENTRE LES PROPRIÉTAIRES DANS LE DRAA

Catégorie	Propriétaires	Nombre de droits d'eau retenus	« Kharrouba » par propriétaire
Sans eau	37	--	--
1/3 à 1 « kharrouba »	32	29,8	0,9
1,3 à 2,3 « kharroubas »	56	109,2	1,9
2,5 à 4,0 « kharroubas »	52	178,3	3,4
4,5 à 6,0 « kharroubas »	28	155,7	5,5
6,3 à 9,0 « kharroubas »	24	190,0	7,9
10,0 à 16,0 « kharroubas »	23	280,0	12,2
Plus de 16,0 « kharroubas »	6	177,0	29,5
	258	1 120,0	4,4

Source : Ouhajou, « Espace hydraulique et société… », *op. cit.*, p. 275.

(90) Étude difficile à réaliser, chacun étant discret et sur sa propriété et sur son appartenance sociale. Ouhajou l'a néanmoins menée en s'en tenant à 5 branches d'une *séguia,* la *séguia* Ben Ali, l'enquête directe sur place permettant de corriger les imprécisions des documents fiscaux.

Si la moyenne est de 4,5 *kharroubas* par propriétaire, il existe de fortes disparités :

— 37 familles sur 258, soit 14,3 %, n'ont pas de parts d'eau ;

— 54,3 % des propriétaires, ceux qui disposent de moins de 4 *kharroubas*, détiennent au total 28,3 % des droits d'eau ;

— en revanche, la catégorie supérieure (plus de 10 *kharroubas*), tout en ne représentant que 11,2 % des propriétaires, totalise 40,8 % des droits d'eau.

Il y a donc une forte concentration des droits d'eau aux mains d'une minorité qui accapare ainsi le principal facteur de production de la région. L'enquête directe permet d'identifier les groupes sociaux qui se cachent derrière cette disparité :

— les non-propriétaires (exclus de ce tableau) sont majoritairement des familles de *haratine*, descendants d'esclaves amenés du Soudan il y plusieurs siècles ;

— en revanche, chez les propriétaires, les *chorfa* et *m'rabtine* accaparent 25 % des droits d'eau, la plupart de leurs parts venant de donations pieuses anciennes, et peu d'achats récents. Si l'on ajoute les parts d'eau des *zaouias* dont ils bénéficient aussi, plus de 33,3 % des parts d'eau leur reviennent, du seul fait de la « sainteté » de leur origine ;

— le groupe le plus important par ses droits d'eau reste pourtant celui des Berbères aït hassou, qui se sont implantés anciennement dans la région comme conquérants et protecteurs du groupement Ben Ali. Avec les Arabes roha, qui étaient là avant eux, ils forment la strate des hommes libres et représentent, à côté du prestige religieux, la force de l'épée. D'où les 47,8 % des parts d'eau qui leur reviennent.

Tableau n° 18

HIÉRARCHISATION SOCIALE D'ACCÈS A L'EAU DANS LE DRAA

Statut social	Propriétaires		Eau		Kh / propriétaire
	Nombre	%	Nombre	%	
Chorfa	10	4,5	46	4,1	4,6
M'rabtine	53	24,0	240	21,4	4,5
H'rar (berbère)	43	19,4	303,5	27,1	7,1
H'rar (arabe)	39	17,6	231,5	20,7	5,9
Haratine (Draa)	71	32,1	203	18,1	2,8
Habous	1	0,5	23	2,1	23,0
Zaouia Naciria	1	0,5	64	5,7	64,0
Hors secteur	3	1,4	9	5,7	3,0
Total	221	100	1 120	100	5,0

Source : Ouhajou, « Espace hydraulique et société… », *op. cit.*, p. 277.

— les *haratine*, quant à eux, ne détiennent que 18 % des droits d'eau, bien que constituant 32 % des propriétaires. C'est dans ce groupe que l'on trouve les dotations en eau les plus faibles, jusqu'à un tiers de *kharrouba*.

On ne retrouve pas une inégalité aussi forte pour les autres facteurs de production que sont la terre et les palmiers. En revanche, cette stratification se retrouve aussi nettement au niveau des prestations en travail pour l'entretien du réseau : les *haratine* doivent participer personnellement aux travaux de curage, de terrassement, alors que les religieux délèguent leurs *khammès,* qui sont pour la plupart des *haratine*. Quant à *l'amazzal,* il est recruté parmi les grandes familles, qui voient ainsi accroître leur avantage, puisqu'il est rémunéré en parts d'eau.

De cet aperçu de la répartition dans la vallée du Draa, on peut donc conclure que les limites techniques du système de répartition, loin d'être corrigées par l'ordre social, sont au contraire amplifiées par lui. Si, dans une société oasienne, « l'eau est ce qui raconte le mieux la société », comme l'écrit G. Bedoucha-Albergoni (91), l'étude de sa répartition nous renseigne sur le poids respectif des groupes sociaux.

L'eau, l'amie du puissant : « makhzen » et « zaouias »

Ces sondages dans deux ou trois espaces hydrauliques semblent orienter vers un modèle, dans la mesure où on retrouve une structuration analogue dans des régions comme le Touat, le Gourara ou le Tidikelt. Partout, le pouvoir de l'épée (les tribus conquérantes) et celui de la sainteté (*chorfas* et *m'rabtine*) sont aux prises pour contrôler l'accès à l'eau. Le *makhzen* et la *zaouia* semblent bien être les deux principaux pôles de la structuration sociale des espaces hydrauliques. L'analyse des rapports de pouvoir suscités par l'appropriation de l'eau en zone semi-aride le souligne fortement.

Sans entrer ici dans une présentation des structures de pouvoir des trois pays du Maghreb à la veille de la colonisation (92), on peut, par un sondage, mesurer la dynamique de structuration de ces sociétés autour de ces deux pôles de pouvoir. C'est tout l'intérêt de l'entreprise de Hammoudi dans son étude sur la vallée du Draa (93). Alors

---

(91) BEDOUCHA-ALBERGONI, *op. cit.*, p. 16.

(92) Cette question, très travaillée pour le Maroc (*cf.* la bibliographie de Rachida CHERIFI, *Le Makhzen politique au Maroc*, Casablanca, 1988), est abordée pour l'Algérie par BONTEMS (Cl.), *Manuel des institutions algériennes de la domination turque à l'indépendance*, Paris, Cujas, 1976, 564 p., et, pour la Tunisie, par MAHJOUB (A.), « Économie et société : la formation du sous-développement, l'évolution socio-économique de la Tunisie précoloniale et coloniale », *Tunisie au présent*, sous la dir. de M. CAMAU, Paris, Éditions du CNRS, 1987, pp. 97-117.

(93) HAMMOUDI (A.), « Sainteté, pouvoir et société : Tamgrout aux XVIIᵉ et XVIIIᵉ siècles », *Annales ESC*, août 1980, pp. 615-641.

que l'interprétation coloniale classique s'en tenait à l'opposition entre *bled makhzen* et *bled siba,* la théorie de la segmentarité élaborée par Evans-Pritchard, et reprise par Gellner, permet de mieux comprendre comment l'ordre civil pouvait être maintenu en l'absence d'un État qui marque son emprise en permanence sur l'ensemble de la société (94). Comme le résume Hammoudi, « la société segmentaire évite le conflit généralisé grâce aux rapports structurants d'opposition entre lignages tribaux de niveau identique et de force comparable d'une part et grâce aux lignages sacrés d'autre part : tenus de par leur statut même d'être pacifistes, ceux-ci, étant du coup situés en dehors de tout conflit, peuvent exercer un arbitrage qui limite la violence segmentaire » (95).

L'étude d'une importante fondation pieuse du Draa, la *zaouia* de Tamgrout, fait apparaître comment le type de pouvoir qu'exerce la « sainteté » régule le fonctionnement politique et économique d'une société. Le fondateur de l'ordre de Nasiriyine est né en 1603, année de la mort du dernier grand saadien et début d'une période de crise qui va ravager le pays pendant tout le siècle : guerres de succession, famines, peste. La *zaouia* de Tamgrout émerge donc à un moment où différents royaumes prétendent contrôler le Draa. Ce que l'hagiographie a retenu, c'est que le fondateur de Tamgrout s'est imposé à ses contemporains non par son ambition politique, mais par ses connaissances religieuses, l'austérité et la sainteté de sa vie et son don de faire couler les sources.

Il n'en reste pas moins vrai que son ascendant personnel et une pratique très politique des alliances familiales ont peu à peu permis à la *zaouia* de devenir un centre d'accumulation économique et de redistribution, fréquenté sur la route du Soudan par les pèlerins et les négociants. La *zaouia* acquiert peu à peu d'immenses propriétés dans la vallée du Draa, puis dans le Souss et le haut Atlas, enfin dans les plaines atlantiques, par le biais de fondations pieuses. Parts d'eau, palmiers et *haratine* seront les signes de sa puissance, et lui permettront d'essaimer dans tout le pays, plaçant de nombreux groupes paysans sous son contrôle. Aussi la *zaouia* s'est-elle souvent trouvée en conflit avec le *makhzen* comme avec les nomades, à qui elle retire une bonne part de leur emprise sur les paysanneries.

Pascon concluait de l'observation des rapports de pouvoir dans le Haouz « qu'il y a une géographie du sacré ». Les pôles de la sainteté ne sont pas distribués au hasard : ils balisent les frontières, occupent les espaces intermédiaires où rivalisent les tribus, comblent les vides du temporel. De ce point de vue, leur emprise sur l'eau ne

---

(94) GELLNER (E.), *Saints of the Atlas,* Londres, Nicolson, 1969.
(95) HAMMOUDI, art. cité, p. 616.

fait que révéler leur fonction de contre-pouvoir face aux abus du prince (96).

Il serait possible d'établir des parallèles entre ce Sud marocain que nous avons privilégié en raison de la profusion et de la qualité des études qu'il a suscitées, et des régions du même type comme le Touat ou les oasis de Gafsa, pour lesquelles Grandguillaume, Kilani et d'autres parviennent à des conclusions voisines (97). Ce serait pourtant une grave erreur de perspective que d'assimiler le Maghreb entier à ces îlots privilégiés d'intensification agricole. Partout ailleurs, l'extensif prévaut, et, si l'eau est moins rare, elle est toujours placée sous le signe de l'aléa. Bien que ses règles de répartition nous soient moins connues, on peut penser, et on tentera de l'établir plus loin, que cela a fortement influé sur les stratégies productives des paysans maghrébins. Face à l'aléa politique et à l'aléa climatique, minimiser le risque sera désormais une attitude foncière.

Pour affronter le défi alimentaire, le Maghreb dispose donc d'un héritage technique et sociétal très réel, héritage volontiers minimisé à l'époque coloniale, et parfois surestimé depuis. Surtout, ces savoir-faire sont, pour une large part, tombés en désuétude. En le revisitant, on découvre l'apport exceptionnel des agronomes andalous, qui ont joué un rôle majeur dans la première révolution agricole : empruntant à l'Orient — du croissant fertile au plateau iranien — plantes, techniques de culture et d'irrigation, ils ont créé dans le sud de l'Espagne et dans le nord de l'Afrique ces îlots d'intensification que remarquèrent les voyageurs arabes du Moyen Age. Rome avait aussi laissé sa marque, mais plutôt dans le domaine des grands travaux d'adduction urbaine. Le fruit de cette double influence, ce sont ces médinas, agrémentées de fontaines et de bassins, qu'entourent jardins et vergers et dont le charme nous séduit encore.

Dans ce riche patrimoine, plusieurs éléments sont parvenus jusqu'à nous : étudiant les *meskats* de Tunisie centrale et les *jessour* du Sud tunisien, systèmes de récolte de l'eau pluviale, déchiffrant les procédures de l'épandage de crue sur les hautes plaines et le tracé des *qanats* qui baignent les palmiers de Marrakech, on se surprend à admirer l'adaptation de ces techniques au milieu physique. Le fonctionnalisme n'est pas loin. La diversité des techniques hydrauliques est étonnante, à l'image de la variété des terroirs.

Plus étonnantes pourtant sont les constructions sociales auxquelles ces systèmes hydrauliques ont donné lieu. Au point, écrit Ber-

---

(96) BEDOUCHA-ALBERGONI, *L'eau, l'amie du puissant,* décrit des exactions du même type dans le Nefzaoua tunisien, pp. 189 et suiv.

(97) KILANI (M.), « L'influence de l'État dans la transformation du système hydraulique du groupe d'oasis de Gafsa (Tunisie) », *Genève-Afrique,* 1986/2, pp. 7-46, et « Lignages et identité ethnique dans l'oasis de Gafsa », *IBLA,* 1987/2, pp. 299-318.

que, que la mise en œuvre du milieu n'apparaît que « comme un prétexte à cette éblouissante virtuosité ». Plus la zone est aride et plus les règles de répartition des tours d'eau sont subtiles. Cet art consommé de gérer la rareté ne signifie pas pour autant société égalitaire ; l'eau est le plus souvent « l'amie du puissant », et, pour se protéger des abus du prince, le fellah est contraint de se placer à l'ombre de la *zaouia*. C'est bien pourquoi, en ces régions, « l'eau raconte la société » (G. Bedoucha-Albergoni), et ses modes de répartition sont aujourd'hui encore un véritable document sur l'ordre social.

Tel est l'héritage. Héritage largement fracturé, à l'image de ces *foggaras* effondrées du Touat et de ces *jessour* de Matmata que l'on n'entretient plus par défaut de bras. Comment comprendre alors la séduction qu'il exerce, si ce n'est par la cohésion sociale passée qu'il fait revivre et qui est peut-être ce dont le Maghreb aura le plus besoin pour affronter son avenir ?

3

Options et contradictions
de la politique coloniale

« Lorsque l'Afrique du Nord se sera organisée pour ne laisser perdre aucune goutte de l'eau que déversent sur son sol les pluies hivernales et que roulent ses torrents, elle deviendra un des pays les plus riches du monde », écrivait Demontès vers 1930, dans un ouvrage de bilan du centenaire de la colonisation de l'Algérie (1). Ce fantasme de l'Afrique du Nord fertile, nouvelle Californie, est une constante de l'époque, on va le voir. Pourtant, dans les faits, on hésite entre une priorité à la petite et moyenne hydraulique et la construction de grands barrages réservoirs ; controverse qui agite aussi les spécialistes aux États-Unis depuis plus de quarante ans. Finalement, aux États-Unis comme en Afrique du Nord, l'option pour les grands réservoirs sera retenue. La mise en valeur des périmètres, en revanche, ne progressera guère (2).

Ce décalage entre discours et pratique est diversement interprété. Les artisans de l'hydraulique coloniale imputent volontiers ces hésitations et ces retards à des problèmes d'ordre technique ou humain (3). En revanche, pour certains auteurs contemporains, l'histoire de l'hydraulique montre que « le but du colonialisme n'était

---

(1) DEMONTÈS (V.), *L'Algérie économique*, Alger, Imprimerie algérienne, 1930, t. IV, p. 232.

(2) A titre d'exemple, il y a en Algérie, au terme de 130 ans de colonisation, 165 000 ha irrigués, y compris les oasis traditionnelles, selon GELIS (B. DE), « La mise en valeur hydraulique de l'Algérie », *Le développement africain*, 1961, pp. 112-128.

(3) PRÉFOL écrit dans ce sens des pages peu banales : « L'eau était donc à pied d'œuvre en 1936 ; l'arme du développement était disponible, il s'agissait maintenant de l'utiliser, c'est là que commenceront les difficultés... Au plan agricole, les fellahs, habitués à limiter leur activité à quatre périodes brèves, à savoir, les semailles et le labour en automne, la moisson et le dépiquage dès la fin du printemps, ne pouvaient pas souscrire de gaieté de cœur à ce qui leur était proposé : des travaux fréquents sinon quotidiens, tout au long de l'année », *Prodige de l'irrigation au Maroc*, Paris, Nouvelles éditions latines, 1986, pp. 34-35.

pas de développer les ressources du pays, mais d'organiser leur pillage sur la base d'une agriculture spéculative » (4). Après la terre, l'eau entre à son tour dans le circuit de la valeur, mais les colons en feront un usage minier. On ne comprend pas la question hydraulique au Maghreb sans revenir sur ce passé colonial.

1. Les grandes étapes de la politique hydraulique coloniale

Le parcours des grandes options prises dans les trois pays fait apparaître les mêmes étapes, avec quelques décalages dans le temps : un premier temps d'offensive juridique pour s'assurer le contrôle de cette ressource décisive pour la colonisation qu'est l'eau ; puis une première tentative pour la mobiliser afin de fournir de l'eau potable aux villages de colonisation ou de l'électricité aux villes naissantes ; enfin, la politique de grands barrages réservoirs et de création de périmètres irrigués.

L'emprise juridique sur l'eau

La mise en œuvre de la politique hydraulique coloniale a requis non seulement des capitaux, mais un certain nombre d'évolutions juridiques destinées à établir le pouvoir du colonisateur sur cette ressource décisive. Tout un arsenal juridique a été ainsi mis au point, d'abord en Algérie et en Tunisie, puis au Maroc, où a été capitalisée en quelque sorte l'expérience juridique coloniale.

En Algérie

Tout commence avec la loi du 16 juin 1851, qui intègre les eaux dans le domaine public. On notera que la mesure est antérieure aux grandes lois foncières coloniales, en particulier le sénatus-consulte de 1863 et la loi Warnier de 1873, qui ont fortement contribué à désagréger les modes précapitalistes d'appropriation de la terre (5). L'article 2 de cette loi sur la constitution de la propriété est le suivant :

> Le domaine public se compose :
> 1) des biens de toute nature que le code civil et les lois générales de la France déclarent non susceptibles de propriété privée ;

---

(4) ARRUS (R.), *L'eau en Algérie ; de l'impérialisme au développement (1830-1962)*, Grenoble-Alger, PUG-OPU, 1985, p. 236.

(5) BENACHENHOU (A.), *Régime des terres et structures agraires au Maghreb*, Alger, Éditions populaires de l'armée, 1970, 198 p.

2) des canaux d'irrigation, de navigation et de dessèchement exécutés par l'État, ou, pour son compte, dans un but d'utilité publique, et des dépendances de ces canaux, des aqueducs et des puits à l'usage du public ;

3) des lacs salés, des cours·d'eau de toutes sortes et des sources.

Néanmoins, sont reconnus et maintenus tels qu'ils existent les droits privés de la propriété, d'usufruit ou d'usage légalement acquis antérieurement à la promulgation de la présente loi...

Les juristes font observer que ces dispositions outrepassent largement le droit français en vigueur en métropole, où le domaine public n'inclut pas les canaux d'irrigation, mais seulement les cours d'eau navigables et flottables (6). Brunhes le perçoit dès 1902, cette extension du domaine public relève directement des impératifs de la colonisation : « Si la loi de 1851 a modifié le régime des eaux en Algérie, ce n'est pas en effet qu'on ait une conception très profonde du rôle de l'eau, mais l'autorité militaire a pourtant senti et compris que l'eau était tout : elle tenait à se réserver la libre disposition de cette richesse, tantôt en faveur des colons, tantôt en faveur des indigènes, toujours comme moyen de domination et de gouvernement (7). » Si l'autorité coloniale était encore divisée en 1872 sur la possibilité d'accaparer ces terres, c'est que la loi de 1851 ne valait que pour le Tell. Dans les territoires du Sud, l'État ne possédait pas l'eau, sauf quand il y avait eu séquestre. De plus, ce sont des régions où le droit musulman et le droit coutumier ont ménagé depuis des siècles des formes d'appropriation de l'eau indépendamment de la terre qu'elle contribue à vivifier. D'où l'extension de la législation sur l'eau.

Un arrêté du 18 mars 1926 pris par le gouvernement général réglemente les forages artésiens. Ils sont nombreux dans la région de l'oued R'hir, où leur exploitation désordonnée par les gros colons et les sociétés coloniales a engendré des perturbations graves : assèchement des palmeraies, saturation des bas-fonds par excès d'irrigation et défaut de drainage, salure des sols, et toutes les conséquences socio-économiques (8). La jurisprudence admettait que les puits artésiens appartenaient à ceux qui les avaient forés. Les gros colons ne s'en privèrent pas et se pourvurent même en Conseil d'État quand le gou-

---

(6) MEYER (M.), *Le régime des eaux dans la métropole et en Algérie*, Blida, Mauguin, 1953, 131 p., donne le détail des controverses juridiques sur cette question.

(7) BRUNHES, *op. cit.*, p. 177. Quelques pages plus haut, l'auteur justifie cette décision par l'argument de non-appropriation effective : « A l'arrivée des Français en Algérie, les eaux des plaines côtières étaient très médiocrement utilisées : l'eau qui était la condition de la colonisation agricole ne paraissait pas être l'objet d'appropriation ; cela tend à expliquer et même à rendre très légitimes les mesures qui furent prises alors. »

(8) PÉRENNÈS (J.-J.), *Structures agraires et décolonisation, les oasis de l'oued Rh'ir...*, pp. 80 et suiv.

vernement général imposa son autorisation préalable par l'arrêté de 1926. Un arrêté du 21 mars 1931 vint confirmer l'autorité publique sur les puits artésiens.

Les eaux souterraines firent l'objet d'âpres controverses, car la loi de 1851 ne concernait que les eaux venant naturellement à la surface. Les performances croissantes des techniques de forage ravivèrent le problème. Un projet de loi tenta en 1929 d'intégrer au domaine public les eaux souterraines, et le Conseil d'État se prononça en ce sens en 1930. Mais la pression des intérêts coloniaux fut telle que le Parlement adopta la loi du 6 juillet 1933, dite loi Roux-Fressineng, pour compléter celle de 1851 dans un sens restrictif :

> ARTICLE 1. — Le paragraphe 3 de l'article 2 de la loi du 16 juillet 1851 est complété comme suit : Les eaux souterraines amenées à la surface du sol par le fait de l'homme appartiennent sous réserve des droits des tiers à l'auteur des travaux.

Les colons avaient donc réussi à faire modifier la loi dans le sens de leurs intérêts.

Enfin, une série de décrets-lois du 30 octobre 1935 vint couronner l'édifice juridique en précisant l'autorité de l'État sur les eaux mobilisées par les barrages réservoirs (décret d'application du 24 février 1938), sur l'énergie hydraulique...

Tout ce travail juridique porte la marque de l'administration spécialisée mise en place au gouvernement général dès 1898, le Service de l'hydraulique agricole, dont les travaux vont inspirer les pays voisins (9).

En Tunisie

L'évolution du droit tient compte de l'expérience algérienne (10).

Un décret beylical du 24 septembre 1885 (révisé en 1920 et le 31 mars 1975) intègre au domaine public les cours d'eau, sources, aqueducs, puits, canaux d'irrigation ainsi que les canaux exécutés par l'État dans un but d'utilité publique. On retrouve en fait les dispositions de la loi de 1851 pour l'Algérie (texte dans Brunhes, pp. 453-454). Ce domaine public déclaré inaliénable et imprescriptible reconnaît toutefois « les droits privés de propriété, d'usufruit ou d'usage, légalement acquis sur les cours d'eau, les sources, abreuvoirs ou puits antérieurement à la promulgation du présent décret ».

---

(9) Le premier titulaire du service fut l'ingénieur des Ponts et Chaussées Flamant, à qui l'on doit le premier inventaire sérieux des ressources en eau.

(10) Une analyse détaillée des textes est donnée par BADUEL (P.-R.), « Politique tunisienne de développement hydro-agricole (1881-1983) », *TMO*, n° 14, 1987, Lyon, pp. 147-174.

Un décret du 15 septembre 1897 reconnaissant les syndicats d'irrigants montre plus nettement que l'on cherche à tirer parti des leçons acquises en Algérie. Dans un premier temps, l'État avait cherché à répartir les coûts des travaux hydrauliques pour des raisons financières et pour impliquer les colons. Le montage initial était de faire prendre en charge par l'État les grands travaux (barrages, canaux, adductions) et de laisser les charges d'entretien aux utilisateurs. On observa qu'il existait çà et là des associations syndicales d'irrigants, parfois très structurées, et l'idée se fit jour qu'une organisation de colons en syndicats d'usagers était la meilleure garantie de leur implication dans les programmes d'irrigation. Aussi, par le texte de 1897, l'État s'engage-t-il à payer les premiers frais d'établissement de propriétaires intéressés « sous la condition que ces propriétaires auront été préalablement réunis en associations syndicales approuvées, après avis du Directeur de l'Agriculture et que le syndicat aura souscrit l'engagement cautionné de rembourser le montant des avances par annuités égales dans un délai maximum de 25 ans » (texte complet dans Brunhes, p. 455).

L'État colonial cherche des astuces pour obliger les colons à entrer dans sa logique. En fait, il n'y parviendra pas.

Un décret du 24 mai 1920, refondu le 5 avril 1933, reprend l'ensemble de la législation hydraulique en un véritable code des eaux. Ces textes marquent une étape supplémentaire dans l'autorité de l'État sur le domaine hydraulique. Les syndicats d'arrosage, désormais appelés associations spéciales d'intérêt hydraulique, sont rattachés à des groupements d'intérêts hydrauliques, auxquels les paysans sont quasi obligés d'adhérer. Ces GIH sont toujours en vigueur. Ils sont rattachés à un Comité supérieur de l'hydraulique agricole, qui devient ainsi l'échelon suprême d'un système pyramidal visant à intégrer les paysans dans la politique hydraulique de l'État.

Au Maroc (11)

C'est là que la négociation avec les droits préexistants est la plus complexe, mais c'est là aussi que l'expérience accumulée en Algérie et en Tunisie sera capitalisée.

Les eaux sont intégrées dans le domaine public par le *dahir* du 1er juillet 1914, modifié par le *dahir* du 8 novembre 1919. Ces deux textes reprennent les dispositions prises ailleurs sur les cours d'eau et les canaux, mais de façon moins hésitante, puisque la législation intègre d'emblée les lits d'oued et les eaux souterraines. Bouderbala, qui a étudié de près l'évolution du régime juridique des eaux au Maroc, conclut de ce travail des juristes :

(11) La législation et la réglementation des eaux en vigueur au Maroc a été récemment publiée dans *HTE*, n° 55, juin 1984.

Au Maroc, le juridisme français a pu réaliser ce qu'il avait rêvé d'appliquer en Métropole sans y parvenir en raison des multiples résistances de la société française. Le caractère tardif du Protectorat, l'expérience acquise en Algérie et en Tunisie, la faiblesse relative du peuplement colonial, le modernisme « californien » des entreprises françaises au Maroc, et bien sûr les pouvoirs découlant de la domination politique ont permis de mettre en place, dans une ambiance de « nouvelles frontières », des constructions juridiques rationnelles allant jusqu'au bout de leur logique : domanialité des eaux, livre foncier, remembrement (12)...

Toutefois, le Maroc est le pays maghrébin où les règles coutumières concernant l'eau étaient les plus diverses et les plus vivaces. La persistance de ces usages a contraint le pouvoir colonial à envisager de multiples exceptions, qu'officialise un *dahir* du 1er août 1925 (articles 10 et 11). La tradition juridique française s'accommodait mal de cette diversité de pratiques non unifiées, décrites plus haut à propos des droits musulman et coutumier. Les juristes, en particulier A. Sonnier, qui publie à Rabat un code des eaux en 1935, avaient tenté de justifier le principe de domanialité publique sur la base du droit musulman :

> En droit musulman, avant la conquête, l'eau était en principe un bien affecté à l'utilité générale (droits de *chirb* et de *chafa*), un bien par suite à la disposition du souverain dont il fallait obtenir concession pour en jouir privativement : la conquête elle-même n'avait pas pu faire tomber cette sorte de principe qui était à l'état latent dans les doctrines, les traditions et les coutumes de l'Islam et qui équivaut à notre notion de la domanialité des eaux publiques (13).

En réalité, commente Pascon à partir du cas intéressant que constitue le Haouz, cette réglementation coloniale reflète par son hétérogénéité même la complexité des intérêts en jeu. Pour s'implanter, le capitalisme colonial cherchait des garanties. Les ayant obtenues pour la terre par l'immatriculation foncière, il s'efforce de les obtenir aussi pour l'eau, qui est une condition essentielle de la mise en valeur. L'affirmation de la domanialité publique, tempérée par la reconnaissance des droits traditionnels antérieurs à 1914, est une manière d'immobiliser les droits acquis, et donc de les empêcher d'évoluer, « en se donnant la vertu de respecter le droit des gens à peu de frais » (*Le Haouz*, p. 494). En mettant les acquisitions nouvelles sous le contrôle de l'État, la politique lyautéenne montrait une fois de plus sa manière de se protéger à la fois des visées des chefferies locales et des appétits du « parti colonial ». En mettant les eaux domanialisées à la disposition des « usagers » et non des « propriétaires », dans un

---

(12) BOUDERBALA, *La question hydraulique*, t. I, p. 52.
(13) SONNIER (A.), *Code des eaux annoté*, Rabat, 1935, p. 48.

cadre réglementaire, l'Administration confirmait son souci de maintenir la paix sociale en évitant tout ce qui menacerait la coexistence des intérêts marocains et des intérêts coloniaux. La colonisation sera largement bénéficiaire de l'opération, pourtant elle n'accepta guère ce frein mis à ses appétits. Le confinement des exploitations indigènes révéla en peu d'années la spoliation d'eau dont elles avaient été l'objet.

Telle fut la première phase de l'emprise coloniale sur les ressources en eau. Ayant pris le contrôle de cette ressource vitale, la colonie était en mesure de mener une politique conforme à ses ambitions, au premier rang desquelles il y eut — surtout en Algérie — l'établissement d'une population.

L'eau au service de la colonisation de peuplement

Jusqu'à la Première Guerre mondiale, l'objectif premier est d'implanter en Algérie une population européenne. Pourtant, les débuts de la colonisation de peuplement furent difficiles, les colons hésitant à s'implanter dans des régions au climat si ingrat. Yacono a décrit dans le détail cette véritable aventure, prenant l'exemple du Cheliff : longs mois de sécheresse, insalubrité de régions marécageuses, insécurité, isolement, tout concourt à décourager très vite les premiers colons, à qui l'on a promis l'Eldorado (14). Tous ne sont pas de riches capitalistes : « L'histoire a moins bien retenu le nom et l'aventure de la masse des petits colons attirés en Afrique par le désir de devenir propriétaires, suprême consécration, en obtenant des terres sans bourse délier. Le système des concessions les a séduits et ils arrivent, sans gros capitaux, sans connaissances techniques. Soumis aux tracasseries bureaucratiques, aux retards paperassiers, ils se voient contraints d'emprunter à 40 ou 50 % dans le meilleur des cas. Une mauvaise récolte et c'est la ruine (15). » Ils étaient si nombreux à repartir qu'il fallut faire appel aux grands investisseurs capitalistes, comme la Société genevoise. Pour réaliser malgré tout le peuplement, l'Administration se lança donc dans la construction de centres puis de villages de colonisation, dont le tracé « à la française » est encore repérable ici ou là en Mitidja : mairie, église, kiosque à musique sous les platanes de la place du village.

Environ 230 villages étaient créés en Algérie en 1870, permettant d'implanter quelque 210 000 immigrants européens sur 700 000 ha. Mais il fallait assurer entre 100 et 150 litres d'eau par habitant et par jour. « L'abondance et la bonne qualité des eaux constituent pour

(14) YACONO (X.), *La colonisation des plaines du Chelif*, Alger, Imbert, 1955, t. I.

(15) REY-GOLZEIGUER (A.), *Le royaume arabe*, Alger, SNED, 1977, p. 63.

un centre une chance très favorable de succès », écrit de Peyerhimoff (16). La période 1870-1900 constitue une seconde vague de peuplement, plus importante : grâce au séquestre de 500 000 ha, consécutif à l'insurrection de 1871, près de 700 000 ha sont ajoutés à la colonie, permettant d'installer 365 000 immigrants nouveaux. En 1900, on recense 610 000 Européens installés en 600 villes ou villages, occupant 1 662 000 ha. La population n'augmentera que légèrement entre 1900 et 1910, passant à près de 800 000, soit 80 % de la population européenne présente à la fin de la colonisation. Toutes ces implantations requéraient d'importantes quantités d'eau potable, encore que celle-ci leur fût assurée de façon très inégale (3 % des colons situés dans les centres favorisés disposaient de 47 % du volume distribué). La concentration de la population européenne, vivant aux deux tiers dans de petites villes autour des garnisons, tenait en grande partie à des soucis de sécurité, mais, du coup, c'est le projet même de colonisation rurale qui était mis en échec. Une première génération de barrages fut donc réalisée entre 1850 et 1894 pour répondre aux besoins croissants d'eau potable.

Tableau n° 19

LES BARRAGES ALGÉRIENS DE LA PREMIÈRE GÉNÉRATION

Nom	Oued	Construction	Volume initial (en hm³)
Cheurfas 1	O. Sig	1849	–
Cheurfas 2	O. Sig	1880-82	3
Cheurfas 3	O. Sig	1886-92	18
Djidiouia	O. Djidiouia	1857-77	0,7
Tlelat 1	O. Tlelat	1860	–
Tlelat 2	O. Tlelat	1869-70	0,7
Fergoug 1	O. Habra	1865-71	–
Fergoug 2	O. Habra	1882	30,0
Hamiz	O. Hamiz	1869-94	14,0
Magoum	O. Magoum	1879-87	1,0
Meurad	O. Djabroun	1852-59	0,8
Total arrondi			65,0

Source : Flamant (17).

---

(16) DE PEYERHIMOFF (H.), *Enquête sur les résultats de la colonisation officielle de 1871 à 1895*, Alger, 1900, p. 133.

(17) FLAMANT, *Tableau des entreprises d'irrigation fonctionnant en Algérie*, Alger, 1900.

A la lecture de ce tableau, on voit que certains ont été reconstruits plusieurs fois. C'est dire combien cette première tentative fut mouvementée et onéreuse, certains barrages comme le Cheurfa, sur l'oued Sig, ou le Fergoug, sur le Habra, étant emportés à deux reprises.

Au moins trois raisons à cela :

— la technologie des barrages n'est pas encore bien maîtrisée (le béton en est à ses débuts), et le type de barrages à construire au Maghreb fait l'objet d'âpres controverses entre les ingénieurs, controverses parfois avivées par des querelles d'école. C'est le cas lorsque les conseils donnés par l'ingénieur des Ponts et Chaussées Thénard, consulté au cours d'une mission demandée par Bugeaud en 1845, sont purement et simplement boudés par les ingénieurs du Génie, en particulier Charon (18). Partisans des barrages de dérivation (technique dite romaine) et des barrages réservoirs s'opposent déjà ; cela va durer des années ;

— le régime des oueds est mal connu, ce qui amène à sous-estimer la violence des crues. Ce n'est qu'en 1882 que le gouverneur général Tirman fait faire un bilan précis des disponibilités en terre et en eau : il en ressort que 365 hm³ mobilisés dans l'Algérie du Nord permettraient d'irriguer 193 000 ha ;

— enfin, les moyens techniques mis en œuvre pour construire ces barrages ont souvent été insuffisants, ce qui fait traîner exagérément ces chantiers : la construction du barrage de Djidiouia (700 000 m³), par exemple, s'est étalée sur vingt ans (1857-1877). Comme les colons rechignent à payer l'eau, l'État restreint les crédits dès les années 1880, au point de contraindre le secteur des BTP à arrêter quasiment ses activités vers 1890. Aussi, quand Flamant établit en 1900 le premier bilan des irrigations, il n'y a guère que 20 000 ha irrigués à partir des barrages. C'est dire que les premiers efforts de l'État dans ce domaine ont surtout servi à la colonisation de peuplement et fort peu à l'agriculture.

En Tunisie et au Maroc, où le protectorat fut établi plus tard (1882 et 1912), cette première étape de la politique hydraulique est différée. De plus, le type de colonisation est très différent : au lieu d'une colonisation de peuplement avec constitution massive de villages de colonisation, le pouvoir colonial cherche à intéresser les grands investisseurs. La colonisation privée ne viendra que comme relais de la colonisation officielle.

Au Maroc, où la population européenne croît « en coups d'accordéon » (Rivet), une première vague arrive avant 1914, dans laquelle il y a près de 50 % de départs, puis une seconde autour de 1920,

---

(18) YACONO (X.), « Les débuts d'une politique française des barrages en Algérie, la mission Thénard (1845) », *Mélanges Despois, Maghreb et Sahara,* Paris, Société de géographie, 1973, pp. 415-429.

permettant d'établir quelque 21 000 colons. Dès le début, la conurbation atlantique Casablanca-Rabat-Kénitra attire beaucoup, et la ruralisation ne sera que progressive. Elle se fait par avancées vers les villes de l'intérieur et les régions potentiellement riches comme le Rharb, les plaines de la Chaouïa, d'Oujda, du Saïs entre Meknès et Fès, et le Haouz de Marrakech. Mais ici la préférence lyautéenne est claire, comme l'écrit une note de la résidence générale : « En somme, la définition du colon idéal est assez exactement fournie par l'expression anglaise de ''gentleman-farmer'' (19). » Point de petits colons besogneux comme en Algérie ; on leur préfère les grandes compagnies capitalistes, comme la Compagnie du Sebou ou la Compagnie marocaine. En fait, le point de vue de la résidence va évoluer en faveur d'une *middle class* plus dynamique que les latifundiaires absentéistes : ceux qui exploitent de 100 à 300 ha vont constituer 42 % des exploitants, selon les statistiques du *tartib* en 1922.

> Ceux-là résident sur place et tendent de plus en plus à cultiver en faire-valoir direct. Ils n'ont ni la surface foncière ni la manière d'être qui caractérise une *gentry*. Mais ils disposent de plus de biens et de savoir-faire que les gros laboureurs où culmine la paysannerie en France. Ce sont des *farmers*, au sens revêtu par ce mot au Kansas et dans l'Illinois (20).

Dans l'imaginaire colonial, l'Afrique du Nord devenait « notre » Amérique et le Maroc utile, « notre » Middle West, « notre » grenier à blé.

Ce visage spécifique de la colonisation marocaine explique que la priorité de l'équipement soit allée aux villes, dont l'aménagement passionnait Lyautey. Le premier barrage, Sidi Saïd Maachou, sur l'Oum er Rbia, est construit à partir de 1926 pour approvisionner Casablanca en eau, puis en électricité. L'administration de l'Agriculture et celle des Travaux publics vont vite s'opposer sur les priorités, mais la pression des gros colons, avec à leur tête Gaston Lebault, président de la chambre d'agriculture de Casablanca, va hâter la réalisation d'un ouvrage destiné à l'irrigation sur l'oued Beht, le barrage d'El Kansera. Et le rythme va changer avec l'arrivée, en 1925, du gouverneur général Steeg, de retour d'Algérie, où on le surnommait le « gouverneur de l'eau » (21).

En Tunisie, on est également loin de la colonisation de peuplement à l'algérienne. En effet, l'agriculture coloniale qui s'y déve-

---

(19) Cité par SWEARINGEN (W.-D.), *Moroccan Mirages : Agrarian Dream and Deceptions 1912-1980*, Princeton, Princeton University Press, 1987, p. 17.

(20) RIVET (D.), *Lyautey et l'institution du protectorat français au Maroc (1912-1925)*, Paris, L'Harmattan, 1988, t. III, p. 17.

(21) Pour élargir le cadre d'analyse, *cf.* AYACHE (A.), *Le Maroc, bilan d'une colonisation*, Paris, Éditions sociales, 1956, 368 p.

loppe relève de la grande colonisation agraire. « L'agriculture européenne va rêver, en Tunisie, exploitation, machines à blé et silos à l'américaine. Grâce au *boom* céréalier, elle va au moins en partie réaliser ce rêve, durant quelques décennies », écrit Poncet, qui décrit dans le détail cet engouement des colons pour la vigne et les grandes cultures (22). Pour s'approvisionner en eau, les colons vont commencer par s'intéresser aux sources dont l'appropriation est possible depuis les lois de 1886 et 1897. Le premier barrage construit est celui du Kebir en 1925, pour l'alimentation en eau de Tunis.

Au total, entre 1830, date de la colonisation de l'Algérie, et les années 1920, seuls les besoins d'établissement des populations européennes ont conduit à quelques travaux hydrauliques importants. Les échecs techniques et les hésitations sur l'hydraulique agricole font qu'on n'est guère allé plus loin. Mais les choses vont changer.

Le tournant des années 1920
L'option pour les barrages réservoirs et la grande hydraulique

Alors que la construction de grands ouvrages était arrêtée en Algérie depuis les années 1890, consécutivement aux échecs que l'on a dits, les techniciens du gouvernement général vont opter pour la grande hydraulique au début des années 1920, entraînant les deux pays voisins dans leur option pour les grands barrages.

Entre techniciens, d'âpres controverses

Opter pour les grands barrages, c'était trancher dans un débat passionné qui divisait les spécialistes depuis de nombreuses années, opposant les ingénieurs des Travaux publics, favorables aux grands ouvrages, et les géographes ou agronomes de la colonisation, plus sensibles aux impacts d'un tel choix sur le milieu physique et les populations. Dans son ouvrage magistral de 1902, qui permet des comparaisons entre le Maghreb (à l'exclusion du Maroc, non encore « pacifié ») et le sud de l'Espagne, Brunhes place le débat des techniciens sur la place publique. Son opposition aux grands barrages est nette : « On a construit en Algérie de nombreux barrages. Il existe à l'heure qu'il est, sept grands barrages-réservoirs, tous construits depuis la conquête... On sait que ces barrages-réservoirs n'ont pas donné les résultats qu'on attendait. Même du point de vue technique, plusieurs ne paraissent pas avoir été construits conformément aux exigences spéciales du climat de l'Algérie. Presque tous ont eu à souffrir des crues très brusques, de ces véritables "coups d'eau" qui exigent des fon-

---

(22) PONCET (J.), *La colonisation et l'agriculture européennes en Tunisie depuis 1881*, Paris, Imprimerie nationale, 1961, p. 252.

dations sur des roches très dures comme celles sur lesquelles reposent en général les barrages d'Espagne. Les accidents survenus aux barrages algériens et les déboires qu'ils ont causés seraient longs à énumérer », conclut Brunhes, qui trouve bien avisée la défiance que cette option suscite aussi en Tunisie (23).

La force de l'argumentation de Brunhes, c'est sa capacité à dépasser le seul niveau technique du débat. Au-delà de l'aspect technique (il faudra attendre l'invention américaine des barrages en terre pour trancher la question), Brunhes, en géographe comparatiste, voit plus loin et souligne les profondes perturbations écologiques et socio-économiques qu'entraîne un grand ouvrage.

> La vallée du Chelif nous montre bien les difficultés presque insur-
> montables qui résultent de la construction d'un barrage mal placé :
> il y a plus de vingt ans que les travaux sont terminés ; il existe des
> syndicats sur les deux rives du Chelif. Mais on a oublié de travailler
> à établir la liaison entre l'œuvre technique et l'organisation socio-
> économique (24).

Ses observations nombreuses dans le sud de l'Espagne lui permettent d'étayer son point de vue, car on y trouve différents types d'irrigation : dans la *vega* d'Alicante et de Lorca, de grands barrages réservoirs ; dans la *huerta* de Valencia, une irrigation basée sur un réseau de canaux et une organisation collective très poussée datant des Andalous (tours d'eau, tribunal des eaux...). Frappé par l'ampleur de la spéculation sur l'eau et la terre, Bruhnes constate que « dans tous les *végas* où l'irrigation était déjà pratiquée avant la contruction du barrage, il en résulte après la construction une superposition d'intérêts nouveaux aux intérêts anciens » (25).

D'où son option pour les petits aménagements :

> Peu de grands travaux, mais une ingénieuse organisation collec-
> tive : telles sont les causes de la prospérité de ces *huertas*. Mieux vaut
> multiplier les petits barrages de dérivation que de tenter l'effort dis-
> pendieux et souvent imprudent que nécessitent les grands travaux...
> Loin de dispenser d'une forte organisation collective, ces grands tra-
> vaux imposent une plus rigoureuse répartition et une implacable sur-
> veillance. Voilà pourquoi les barrages de type hispanique n'ont causé
> que surprises et déceptions à ceux qui les ont construits comme à ceux
> qui espéraient en tirer profit (26).

---

(23) BRUNHES, *op. cit.*, pp. 180-181.
(24) *Ibid.*, p. 204. Le propos est prophétique !
(25) *Ibid.*, p. 95.
(26) *Ibid.*, p. 428.

Ce point de vue n'était pas sans rencontrer des échos en Tunisie, où des administrateurs coloniaux proches du terrain, comme Montchicourt et Penet, étudiaient avec curiosité et admiration les systèmes traditionnels d'irrigation du Kairouanais et de Gammouda que nous avons décrits au chapitre précédent.

Mais le camp des ingénieurs des Travaux publics avait des partisans tout aussi passionnés, dont certains luttèrent pendant vingt ou trente ans pour faire admettre les grands barrages. C'est le cas de l'ingénieur Jean Coignet, qui mérite d'être évoqué, tant son histoire est étonnante. Arrivé en Tunisie en 1906 pour le compte d'une société coloniale, Coignet, qui est ingénieur des Travaux publics, commence par établir le projet du grand barrage de Hammam-Zriba, projet qui est adopté par la conférence consultative de Tunis en 1912 (27). En 1913 se tient dans la capitale tunisienne un congrès de l'hydraulique agricole où le débat petite et moyenne hydraulique/grande hydraulique est omniprésent. Les ingénieurs ont déjà fait l'inventaire des sites : le rapport Decker-David de 1912 donne la liste de la plupart des projets qui seront repris quarante ans plus tard ; Coignet lui-même publie en 1917 un ouvrage où il énumère les endroits propices, qui sont ceux-là mêmes que l'on réalise aujourd'hui : Aïn Draham, Mellegue, Mateur, Nebhana (28)... Cet homme fut donc, selon le jugement même de Poncet, « le premier initiateur d'une véritable politique d'hydraulique agricole » (29). Pourtant, il ne fut guère écouté, du fait de l'inertie de l'Administration et de la résistance de la grande colonisation.

Ce serait pourtant une erreur de trop personnaliser les points de vue. Les recherches menées par Arrus sur le poids des entreprises de travaux publics dans ce choix de la grande hydraulique apportent un éclairage complémentaire :

> Entre 1865 et 1960, une soixantaine de sociétés, où dominent une dizaine de grandes entreprises, parmi lesquelles la Société des grands travaux de Marseille, la Société des ponts et travaux en fer, Hersent, Fives-Lille, Schneider, la Régie générale, Chagnaud, la Société des tuyaux Bonna, s'ouvrent sur un marché extérieur d'environ 300 réalisations où l'on peut noter 80 ports, 75 lignes de chemin de fer, une quarantaine de gros barrages et trois canaux importants (Suez, Panama, Corinthe). Dans la période de l'impérialisme ascendant (expansion coloniale, travaux à l'étranger consécutifs aux exportations de capitaux), l'industrie des travaux publics est à la pointe du pro-

---

(27) COIGNET (J.), « Notice sur la création d'un barrage-réservoir à Hammam-Zriba », *Revue tunisienne*, Tunis, 1912, pp. 112-164. Ce projet sera finalement abandonné au profit du Kebir, destiné à alimenter Tunis en eau potable.

(28) COIGNET (J.), *L'hydraulique en Tunisie et les grands barrages-réservoirs*, Tunis, Guinle et Cie, 1917, 146 p.

(29) PONCET, *op. cit.*, p. 365.

grès technique ; les noms d'ingénieurs français sont souvent accolés aux progrès de la résistance des matériaux, du béton armé (30)...

Selon Arrus, ces entreprises métropolitaines et les grands groupes bancaires qui les soutiennent ont trouvé là « un champ d'expérience privilégié » : d'abord pour tester de nouvelles techniques (des barrages comme le Ghrib ou Oued Fodda sur le Chelif feront figure de prouesse technique), puis pour vendre des matériels. Selon Arrus, l'option barragiste est à relier à une pression de ce lobby BTP métropolitain. Cette offensive correspondrait, en outre, à la tentative de relance de l'accumulation que Benachenhou diagnostique dans l'Algérie des années 1920 (31). Ce sont les mêmes groupes financiers (comme la Banque de Paris et des Pays-Bas ou Suez) que l'on retrouve finançant le BTP dans le Chelif et achetant des lots de colonisation dans le Haouz.

Dans le programme d'investissement exceptionnel décidé par le gouvernement général de l'Algérie en 1920, les chemins de fer et les travaux hydrauliques se taillent une part considérable. Le discours que prononce le gouverneur général Steeg en posant la première pierre du barrage de Oued Fodda en 1921 est suffisamment explicite sur le sens de cette relance :

> La science et l'expérience nous permettent d'avoir une politique de l'eau qui prenne dans la politique économique générale la place qui lui revient. Aujourd'hui la France fait appel à ses colonies pour lui fournir les céréales, les denrées, les matières premières qu'elle est obligée d'acheter à prix d'or à l'étranger... Que l'Algérie accroisse ou régularise sa production de blé, et c'est la soudure qui s'effectue sans crise sociale et monétaire entre deux récoltes. Dans la vallée du Chelif, d'heureuses initiatives ont développé la culture du coton. Elle vient de doubler. Elle quintuplera, décuplera dès que l'eau féconde tenue en réserve se répandra en saison propice. Bientôt la quantité d'eau disponible permettra d'irriguer des dizaines de milliers d'hectares (32).

La part du rêve : le mythe californien

Une évolution du même type se produira au Maroc à partir de 1927. La politique marocaine du protectorat était marquée jusque-là

---

(30) ARRUS, *op. cit.*, p. 261.

(31) Selon Benachenhou, la période 1870-1910 a correspondu à une phase assez prospère d'accumulation primitive, basée sur l'accaparement des facteurs de production ; puis l'exploitation minière de la colonie connaît ses limites (surexploitation des sols, baisse des rendements), d'autant plus que la faiblesse du marché intérieur ne contribue guère à relancer des activités de transformation. Le lancement de l'agriculture irriguée interviendrait comme une tentative de relance de l'accumulation dépendante. *Cf.* BENACHENHOU (A.), *La formation du sous-développement en Algérie,* Alger, OPU, 1976, p. 262.

(32) Cité par ARRUS, *op. cit.*, p. 121.

par l'option céréalière prise pendant la Première Guerre mondiale, quand la métropole manquait de grains. La mission Cosnier de 1917 avait préconisé l'établissement de grandes fermes céréalières de 400 ha, et largement ancré le mythe du « grenier à blé de Rome », comme l'a établi W.-D. Swearingen (33). Fort de cette confiance et de quelques illusions sur la fécondité des terrains (on avait pris la couleur noire des *tirs* pour un signe d'humus), la céréaliculture se développe, passant de 1,9 à 3 millions d'ha entre 1918 et 1929, grâce à l'encouragement tarifaire et douanier de la métropole. Tout se gâte à la fin des années 1920 : en bonne année climatique, le blé marocain subventionné crée des surplus sur le marché métropolitain ; en outre, cette agriculture coûte cher, car la productivité de la terre reste faible. C'est dans ce contexte de crise que le « rêve californien » (34) prend le relais du mythe du « grenier à blé de Rome ».

Une série de facteurs y concourent :

— l'arrivée en 1925 du résident général Steeg, dont on a déjà mentionné la passion pour les travaux hydrauliques. Contrairement à Lyautey, il est favorable à la colonisation de peuplement et, pour la favoriser, crée en 1927 la Caisse de l'hydraulique agricole et de la colonisation, qui va drainer des crédits ;

— l'activisme des milieux professionnels, qui envoient une demi-douzaine de missions en Californie entre 1929 et 1933 : le président de la chambre d'agriculture de Casablanca, Paul Guillemet, une mission de la compagnie PLM, une mission d'horticulteurs et d'autres encore se succèdent ; la résidence générale envoie également ses observateurs. *La terre marocaine,* journal professionnel créé à l'époque, publie les conclusions dans un long reportage intitulé « De Los Angeles à Rabat » : l'accent est mis sur le climat, les cultures nouvelles, mais surtout sur la commercialisation. Tous ont été frappés par la normalisation de la production en Californie : l'idée d'un label se fait jour. Et finalement, naît en 1932 l'Office chérifien de contrôle et d'exportation — le fameux OCE —, créé à l'image du California Fruit Growers Exchange, dont une des premières décisions est de créer le label Maroc pour les agrumes marocains, à l'instar du Sunkist californien.

Cette option pour l'agrumiculture et le maraîchage impliquait un essor rapide de l'irrigation. Aussi reprend-on à cette époque la recommandation de Paul Penet, venu de Tunis en 1917 évaluer les ressources en eau : « Pas une seule goutte d'eau à la mer. » Cette formule, qui serait de Napoléon devant le Nil, connaîtra une fortune

---

(33) SWEARINGEN (W.-D.), *op. cit.,* pp. 15 et suiv.

(34) Selon SWEARINGEN, l'idée est entrée au Maroc par l'intermédiaire de l'attaché commercial français à San Francisco, M. Laguerre, qui, lors d'une tournée au Maroc en 1928, souligne les similitudes écologiques entre le Maroc et la Californie et préconise l'agrumiculture et le maraîchage primeur, soulignant que le Maroc a un atout supplémentaire : la proximité du marché français, *op. cit.,* p. 62.

particulière lors de la relance barragiste de Hassan II (35). L'idée fait son chemin, soutenue par le puissant Gaston Lebault, président de la chambre d'agriculture de Casablanca. Et c'est la décision de lancement d'une série de barrages comme Mellah, Kasba Tadla, après El Kansera et Lalla Takerkoust, et l'émergence du thème du « million d'hectares irrigués en l'an 2000 » (36).

En Tunisie, l'option barragiste sera plus tardive, car l'agriculture coloniale hypermécanisée va continuer à prévaloir.

> Tout se passait [commente Poncet] comme si au lieu de porter leurs efforts sur la création et le soutien d'une agriculture intensive, sur le progrès des techniques et des rendements obtenus par voie d'équipement hydraulique et d'améliorations radicales apportées au régime des eaux, du ruissellement et de l'évaporation, l'agriculture européenne, et, à son instigation, les services officiels de la colonisation avaient visé à l'extension en surface, au développement de la motoculture dans des conditions de milieu très mal connues (37).

Ici, l'influence américaine s'est traduite par l'adoption de labours très mécanisés.

Le mythe californien a donc joué à plein : comme ceux du Maroc, les colons d'Algérie y envoient eux aussi une mission, la mission Martin, et les barrages deviennent pour un temps le signe de la relance de l'agriculture coloniale et de la prospérité (38).

Bilan des barrages de l'époque coloniale

Les politiques ayant tranché, les investisseurs et les entreprises vont se précipiter.

En Algérie

Le programme de construction de 20 barrages date de 1920, et les candidats se bousculent dès 1923 pour obtenir des concessions.

---

(35) SWEARINGEN (W.-D.), « Not a drop of water to the sea : the colonial origins of Morocco's present irrigation programme », *The Maghreb Review*, 1984/1-2, pp. 26-38.

(36) Ici aussi, un thème contemporain qui a des racines anciennes. Selon Swearingen, ce chiffre apparaît pour la première fois sous la plume de deux Anglais : HOOKER (J.-D.) et BALL (J.), *Journey of a Tour in Morocco and Great Atlas*, Londres, 1878, pp. 348-349. Leur estimation deviendra un chiffre symbole, repris par la littérature coloniale sur le Maroc, puis par les responsables du Maroc indépendant.

(37) PONCET, *op. cit.*, p. 367.

(38) Un journal d'Alger écrit le 7 janvier 1925 : « Il faut songer à ce que la mise en valeur intégrale par l'irrigation de la plaine du Chelif, dont il est permis de dire sans exagération qu'elle peut devenir une nouvelle Californie, pourra représenter comme un élément de richesse française échappant à la tyrannie du change.

Le gouvernement général veut aller vite. Une douzaine de projets sur 50 sont retenus. Finalement, 9 barrages réservoirs seront construits entre 1926 et 1945.

Tableau n° 20

CARACTÉRISTIQUES DES BARRAGES DE 1920

(En m, hm³ et ha)

Barrages	Oueds	Type	Hauteur (en m)	Capacité (en hm³)	Débit régularisé	Superficie irriguée
O. Fodda	Fodda	Poids	100	228	75	18 440
Ghrib	Chelif	Poids	65	280	140	30 000
Boughzoul	Chelif	Régulation	13,5	55,8		
Bakhadda	Mina		45	37	50	12 000
Bou Hanifia	Hammam	Poids	54	73	100	29 510
Zardezas	Saf Saf	Voûte	37	14,9		5 000
Beni Bahdel	Tafna	Voûte	55	61	50	12 500
Ksob	Ksob	Poids	32	11,6		10 000
F. el Gueiss	Gueiss	Poids	23	2,5		5 000
Hamiz surélevé	Gueiss		45	21,5		18 470
Cheurfas surélevé	Mekerra		27,5	14,4	5	5 600
Hardy dérivation	Nahr Ouassel					
Total				800		146 520

Source : Archives d'Aix-en-Provence, citées par Arrus, *L'eau en Algérie, op. cit.,* p. 123.

Ce tableau montre que les barrages ne sont pas de très grande taille, hormis Ghrib et Oued Fodda (280 et 228 hm³). Quant au volume régularisé, il est nettement plus faible : 140 et 75 hm³, de quoi irriguer à peine 50 000 ha. Les autres barrages régularisent des volumes très inférieurs, sauf Bou Hanifia. On est loin de certains projets grandioses, comme le barrage sur l'oued Rhiou, de 500 hm³. Dans la même tranche de travaux, on procède à la surélévation de deux barrages du XIXe siècle : Hamiz et Cheurfas.

Autre surprise, les délais de réalisation : douze ans en moyenne, parfois plus (Zardezas s'étalera entre 1930 et 1945). Si on rapproche les durées de construction des cubages mobilisés, on obtient moins de 20 j/m³ mobilisés pour les grands barrages, mais 75 j/m³ pour Bou Hanifia et Bakhadda, 188 j/m³ pour le Ksob et 392 j/m³ pour Zardezas.

Figure n° 19

L'ÉTALEMENT DES TRAVAUX DE CONSTRUCTION

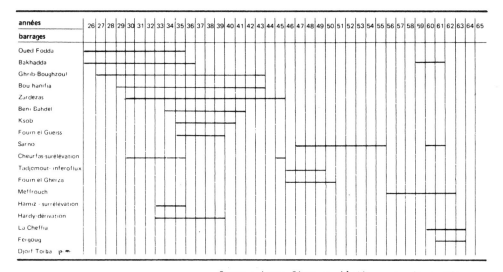

Source : Arrus, *L'eau en Algérie...*, *op. cit.*, p. 360.

Ce délai se traduit par des renchérissements importants. Ainsi le barrage de Oued Fodda est revenu à plus de 150 millions de F en 1935, alors que le devis signé avec l'entreprise Dufour Construction générale Paris était de 47 millions de F, soit moins d'un tiers. Le surcoût est encore plus fort pour l'ensemble Ghrib-Boughzoul (le second étant un barrage de régularisation en amont du Chelif) : 358 millions de F, soit 7 fois le coût initial. Ce qui fait écrire à René Arrus, dont l'étude sur la question est une mine de renseignements :

> Pour l'ensemble des barrages de la génération de 1920, la dotation financière prévue de 105 M FF sur 5 ans est quelque peu dépassée, puisqu'à l'achèvement des travaux en 1945 il aura été dépensé plus de deux milliards de francs pour la seule construction. La grande hydraulique coloniale coûte cher, ou bien elle rapporte beaucoup ; tout dépend du point de vue auquel on se place (p. 209).

La construction de barrages, interrompue par la Seconde Guerre mondiale, reprendra après 1945 et verra la mise en chantier de cinq barrages nouveaux, en plus de la surélévation de Bakhadda. En fait, seuls Foum el Gherza, Tajemout et Sarno seront achevés avant l'indépendance. Au total, l'Algérie hérite, en 1962, d'une série de barrages qui ne mobilisent qu'une faible part du potentiel en eaux de surface du pays, malgré des investissements considérables.

Au Maroc

Ici aussi, la construction des barrages a connu plusieurs époques qui correspondent à des évolutions du protectorat :
— la première période voit la construction d'ouvrages pour l'alimentation des villes en eau et en électricité. Il s'agit de Sidi Saïd Maachou, sur l'Oum er Rbia, en 1929, de Oued Mellah, sur le fleuve du même nom, en 1931 et de Ali Thelat, sur l'oued Laou, en 1934. Ces barrages desservent les villes de Casablanca, Tetouan, Ceuta et Tanger ;
— la deuxième période s'ouvre au milieu des années 1930 : l'eau mobilisée est dévolue en partie à l'hydroélectricité pour les activités industrielles naissantes dans les villes et en partie à l'irrigation. Il s'agit d'El Kansera, sur l'oued Beht, achevé en 1935, Lalla Takerkoust, sur l'oued N'fis, la même année, ainsi que Kasba Tadla, sur

Tableau n° 21

LES BARRAGES CONSTRUITS AU MAROC
PENDANT LE PROTECTORAT

Barrage	Année de contruction	Oued	Capacité de mobilisation (en hm³)	Surface irrigable (en ha)
Sidi Saïd Maachou	1929	Oum er Rbia	2	
Oued Mellah	1931	Mellah	18	2 000
Kasba Tadla	1933	Oum er Rbia	1	28 000
Ali Thelat	1934	Laou	25	1 400
El Kansera	1935	Beht	220	30 500
Lalla Takerkoust	1935	N'fis	52	5 000
Ouezzane	1937	Bou Droua	.	
Imfout	1946	Oum er Rbia	83	55 000
Zemrane	1950	Mellah		
Daourat	1950	Oum er Rbia	24	
Bin el Ouidane	1953	El Abid	1 500	85 000
Aït Ouarda	1954	El Abid	4	
Mechra Homadi	1955	Moulouya	42	
Taghdout	1956	Taghdout	3	5 000

Source : Popp, *Effets socio-géographiques...*, p. 34.

l'Oum er Rbia, le seul à l'époque à être destiné uniquement à l'agriculture ;

— la période d'après 1945 voit la construction de plus grands barrages : Imfout, sur l'Oum er Rbia, en 1946, mais surtout Bin el Ouidane, sur l'oued Abid en 1953 (1,5 km³) ; puis Mechra Klila, sur l'oued Moulouya, en 1955. Ces barrages annonçaient la naissance des grands périmètres des Doukkala, du Tadla et de la basse Moulouya.

Les deux dernières périodes marquent le passage, analysé plus haut, de la colonisation officielle, axée sur la céréaliculture, à une mise en valeur plus intensive, menée par de nouveaux colons qui s'installaient dans le cadre de la colonisation privée et optaient pour des cultures intensives, en particulier les agrumes, qui démarrent dans la région de Sidi Slimane. Cinq périmètres allaient naître : Sidi Slimane, Beni Amir-Beni Moussa, Abda-Doukkala, Triffa et Haouz. Mais leur mise en valeur ne fut pas simple.

En Tunisie

Le choix de construire des barrages réservoirs est ici beaucoup plus tardif, pour différentes raisons, dont la principale, la dominante extensive de la colonisation européenne, a déjà été mentionnée. S'y ajoutent :

— un intérêt de spécialistes, comme Penet, pour les techniques anciennes de recueil de l'eau en Tunisie centrale et en Tunisie du Sud. L'artésianisme des nappes souterraines du Sud va également susciter l'intérêt : des études, puis des forages sont réalisés dans la région de Zarzis, dès la fin du XIXᵉ siècle (les premiers puits artésiens de Zarzis datent de 1890-91, suivis de puits à Djerba, Gabès, Kebili, Douz). En 1912, une nouvelle série de forages est réalisée, confirmant l'installation de maraîchers dans cette zone du sud ;

— une évidente prudence des hydrogéologues, qui ont multiplié les études, frappés par le déséquilibre régional de la ressource en eau et la fragilité des nappes phréatiques (39). Occasion de souligner que, si la dominante de la colonisation était bien prédatrice, beaucoup des pionniers qui la firent avaient de la compétence et la passion de ces pays.

Il reste que le bilan des réalisations hydrauliques du protectorat est mince, puisque le seul ouvrage important réalisé à cette époque est le Kebir (1925), pour alimenter Tunis. La véritable impulsion viendra de l'ingénieur Tixeront dans les années 1950 (40). Sont réalisés

---

(39) GOSSELIN (M.), « Les eaux souterraines en Tunisie. Méthodes de recherche », *Congrès agronomique du cinquantenaire*, Tunis, 1931, II, pp. 584-608. *L'inventaire des ressources hydrauliques de la Tunisie*, Paris, Imprimerie nationale, 1952, 141 p.

(40) TIXERONT (J.), *L'équipement hydraulique de la Tunisie*, Tunis, Imprimerie officielle, 1957, 55 p.

entre 1954 et 1957 les barrages de Nebeur, sur l'oued Mellegue, Ben M'tir, sur l'oued El Lil, et El Aroussia, sur l'oued Medjerdah. La mise en valeur de la Medjerdah est évoquée depuis longtemps, la Commission de mise en valeur de la vallée de la Medjerdah (CMVVM) datant des années 1930. Mais il faudra attendre les années 1965 pour que d'autres projets importants de barrages et de périmètres voient le jour.

Au total, la période coloniale lègue au Maghreb un certain nombre d'ouvrages, qui n'ont pas que des qualités — il faudra parler de l'envasement —, mais qui n'ont surtout guère répondu à leur finalité déclarée : développer une agriculture riche. Introuvable « prodige de l'irrigation ». En revanche, de sérieuses rentes de situation s'étaient constituées, qui survivront aux indépendances politiques.

2. L'introuvable « eldorado nord-africain »
Lenteurs et contradictions de la mise en valeur en irrigué

Ayant vaille que vaille installé une population et suscité des sociétés capitalistes, la colonie va s'attaquer à la mise en valeur. Les tâtonnements vont durer longtemps, et la première période sera surtout celle de la « mise en valeur par décret » : on crée les conditions juridiques. Des retards dans les équipements et dans la mise en eau vont différer la transformation des systèmes de production. Celle-ci restera très partielle, car l'intérêt de l'État colonial est loin de recouper les intérêts des colons...

La mise en valeur par décret

C'est au milieu des années 1930 que les premiers grands barrages, hormis le Kebir (1925), sont mis en eau : Oued Fodda et El Kansera en 1935, Bakhadda, Lalla Takerkoust et Kasba Tadla en 1936. En 1940-41, c'est au tour de Ksob et Beni Bahdel. Il y a déjà longtemps que l'on réfléchit à son utilisation agricole, avec beaucoup de confusion parfois. En effet, on s'est longtemps mépris, dans les milieux coloniaux, sur les caractéristiques climatiques et agronomiques du Maghreb, que l'on a assimilé abusivement à une région tropicale. On a rêvé d'y faire pousser toutes sortes d'espèces, que l'on a tenté d'acclimater dans des « jardins d'essai », comme celui qui est créé à Alger dans le quartier du Hamma en 1832. D'une superficie de 40 ha, ce jardin abritera jusqu'à 3 000 essences différentes, ainsi qu'une école d'horticulture à partir de 1913. Les perspectives les plus étonnantes furent évoquées, comme la culture de la banane, témoignant d'une ignorance des caractéristiques climatiques et pédologiques. Au vu de multiples échecs, on en viendra à des perspectives plus réalistes. L'École nationale d'agriculture de Maison-Carrée participera à la clarification de la vocation agricole du pays (41). L'administration coloniale procède à partir des années 1930 à la création des conditions juridiques de la mise en valeur.

En Algérie, les décrets-lois du 30 octobre 1935 instituent 7 périmètres de grande hydraulique :
- Périmètre du moyen Chelif (Oued Fodda)   25 386 ha
- Périmètre du Hamiz (Hamiz)   18 470 ha
- Périmètre du bas Chelif (Charon)   27 700 ha
- Périmètre du haut Chelif (Ghrib)   20 260 ha
- Périmètre de la Mina (Bakhadda)   13 467 ha
- Périmètre du Sig (Sarno-Cheurfas)   8 666 ha

Soit 7 zones contrôlées où 151 099 ha sont dits « classés ». Sont parallèlement instituées des zones de moyenne hydraulique (45 000 ha au total), qui comprennent essentiellement des aires d'irrigation (Ksob, Zardezas, Maghnia, Foum el Gueiss, Foum el Guerza). L'administration coloniale entend ainsi « contrôler qu'il est fait de l'eau bon usage pour les intérêts du pays ». Dans un esprit de rentabilisation, les services du gouvernement général définissent en 1941-42 la répartition des dépenses :
— l'État prend à sa charge le coût des réseaux d'adduction principaux et secondaires, se chargeant en somme d'amener l'eau à la parcelle ;
— les colons, quant à eux, devront payer une redevance minimale par hectare desservi, et ensuite l'eau consommée sera facturée de façon modulée.

Au Maroc, compte tenu du poids des tribus et de l'organisation traditionnelle du monde rural, on hésite sur la voie à suivre : du côté de la Direction de l'intérieur, on penche pour une administration étatique, une sorte d'office central des irrigations ou d'offices régionaux chargés aussi bien des tâches techniques que de l'encadrement des fellahs ; alors qu'à la Direction de l'agriculture on se montre très opposé à une structure centralisée et plus favorable à la promotion d'associations paysannes établissant des contrats avec l'État. C'est l'expérience acquise sur le Tadla qui fera évoluer vers une décision et la création ultérieure d'offices de mise en valeur (42).

---

(41) *Cf.* l'apport de LAUMONT (P.), « Culture et production de céréales en Algérie », *Bulletin de renseignements agricoles*, Alger, 1955.
(42) Après l'indépendance, une solution centralisée l'emportera pour un temps avec la création de l'Office national des irrigations, puis viendront les ORMVA, offices régionaux de mise en valeur agricole.

La colonisation agraire du Maroc a une autre spécificité, c'est la coexistence d'une colonisation officielle, à base de lots distribués par l'État, et d'une colonisation privée où les sociétés capitalistes jouent un rôle important. L'essentiel de la colonisation officielle étant achevé dans les années 1930 (au total 288 754 ha, à la fin du protectorat, répartis entre 1 634 exploitations), la colonisation va s'intéresser vraiment aux zones irrigables. Bauzil, directeur adjoint des Travaux publics, puis René Dumont, appelé en consultation, avanceront le chiffre de 1 300 000 ha irrigables (43).

La Tunisie attendra plus tard pour créer ses premiers périmètres. La résidence générale avait prévu l'irrigation de 173 500 ha, mais les barrages requis ne verront le jour que dans les années 1950. Les seules créations importantes de zones irriguées se trouvent dans le Sud, autour des forages profonds que l'on a réalisés à Zarzis, Gabès, Kebili, dans le cadre des associations syndicales d'irrigants évoquées plus haut.

Des délais dans l'équipement et la mise en eau

Le rythme d'équipement des périmètres sera très inférieur aux prévisions, différant ainsi la mise en eau. Le résultat est que la livraison des périmètres, prévue sur six ou sept ans, va s'étaler sur vingt ans et compromettre le démarrage des cultures irriguées.

En Algérie, des réseaux bien tardifs

Tableau n° 22

RYTHMES D'ÉQUIPEMENT PRÉVUS ET RÉALISÉS
SUR LES PÉRIMÈTRES ALGÉRIENS

(En ha)

Périmètre	Durée prévue des travaux	Rythme moyen annuel	Durée réelle	Rythme d'équipement	Taux de réalisation 1960
Hamiz	6 ans	3 000	20 ans	900	97,5 %
Moyen Chelif	7 ans	3 600	22 ans	820	70,9 %
Bas Chelif	8 ans	3 500	11 ans	1 800	71,5 %
Haut Chelif	20 ans	1 850	11 ans	1 200	35,2 %
Habra	7 ans	2 900	6 ans	3 400	97,6 %
Mina	6 ans	2 300	7 ans	1 400	64,2 %

Source : Arrus, *L'eau en Algérie..., op. cit.,* p. 140.

---

(43) BAUZIL (R.), « L'hydraulique agricole au Maroc », BESM, n° 30, juillet 1946 ; DUMONT (R.), « Étude des modalités d'action du paysannat », *Cahiers de la modernisation rurale*, n° 3, sept. 1947.

Les superficies nouvellement équipées chaque année sont parfois très faibles. De façon générale, à l'échéance initiale de livraison, une part seulement des équipements est réalisée : de 32 % pour le Hamiz à 85 % pour le Habra. Le haut Chelif atteindra les records de retard, puisque les travaux ne débuteront qu'en 1950. Plusieurs raisons à cela : un classement trop rapide des superficies, des raisons financières et d'inertie administrative, un manque d'expérience technologique dans la mise en place de grands réseaux. A la fin de la période coloniale en Algérie, sur 151 099 ha classés en grande hydraulique, 105 561 ha seulement sont équipés, soit 70 % d'un programme conçu quarante ans plus tôt. La Californie n'est donc pas pour tout de suite.

Le retard des équipements est amplifié par des retards dans la mise en eau des installations existantes : les superficies irriguées ont stagné autour de 45 000 ha entre 1946 et 1960. Les bilans détaillés réalisés par les services techniques vers les années 1960 soulignent deux raisons :

— une régression du débit disponible dès les années 1950 (de 812 hm³ on tombe à 530 hm³), imputable à un envasement des barrages et aux prélèvements d'eau urbaine ;

— un gaspillage à la parcelle, dû à une déperdition dans des réseaux peu étanches.

Au total, le volume d'eau à l'hectare est faible : de l'ordre de 1 000 m³/an pour le haut Chelif et le Hamiz ; 2 180 au Sig et entre 3 000 et 4 000 m³/ha/an au bas Chelif, à la Mina et au Habra. Tous ne bénéficient donc pas des normes d'eau prévues. Aussi est-ce un bilan peu reluisant que l'administration coloniale de l'Algérie est contrainte de dresser au moment du plan de Constantine (44).

Au Maroc, on est loin du million d'hectares irrigués

Un document de la fin du protectorat donne des résultats analogues pour le Maroc (45).

Les superficies équipées et irriguées au Maroc à la fin du protectorat sont proches de celles relevées en Algérie : de l'ordre de 40 000 ha irrigués. On est loin du « million d'hectares » ! Le protectorat, qui avait perçu la richesse potentielle de ce « Maroc utile », est loin d'être parvenu, pour des raisons que l'on va expliciter, à

---

(44) *Cf.* GELIS (B. DE), « La mise en valeur hydraulique de l'Algérie », *Le développement africain*, oct. 1961, p. 111 : « Cette sous-exploitation des équipements résulte de facteurs techniques : envasement des barrages, fuites d'adduction et de distribution... Elle s'explique aussi par le fait que l'on a parfois recherché le bénéfice net le plus élevé au profit du propriétaire plutôt que le produit brut maximum à l'ha ou au m³. »

(45) « L'équipement hydraulique du Maroc, 1954 », numéro spécial du *BESM*, 15 septembre 1954.

Figure n° 20

ÉVOLUTION DE LA SUPERFICIE ÉQUIPÉE ET IRRIGUÉE SUR LES PÉRIMÈTRES ALGÉRIENS

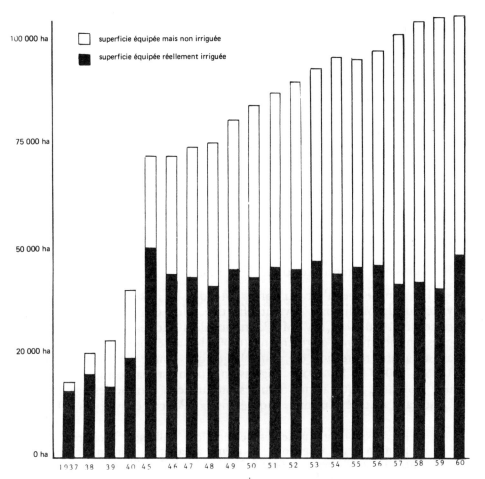

Source : Arrus, *L'eau en Algérie..., op. cit.,* p. 144.

---

(46) BEN EL KADI (M.), « L'évolution de l'exploitation des ressources hydrauliques », mémoire, INAV, Rabat, 1975-76, p. 20. SWEARINGEN donne des chiffres un peu différents dans la répartition, mais voisins dans le total : 35 800 ha effectivement irrigués, *op. cit.,* p. 141.

Tableau n° 23

ÉVOLUTION DES SUPERFICIES SUR LES GRANDS PÉRIMÈTRES
MAROCAINS A LA FIN DU PROTECTORAT

(En ha)

Périmètres	Classé	Dominé	Équipé	Irrigué
Sidi Slimane	30 000	28 000	22 500	13 000
Beni Amir	36 000	28 000	27 400	19 000
Beni Moussa	86 000	30 000	16 000	5 000
Doukkala	148 000	30 000	4 700	1 100
Triffa	70 000	16 000	8 000	0
Haouz	127 000	0	0	0
Total	497 000	132 000	78 600	38 100
Pourcentage	100	26,6	15,8	7,6

Source : Ben el Kadi (46).

réaliser sa mise en valeur. En revanche, on met volontiers à son crédit un travail d'étude considérable (47).

En Tunisie, l'extensif continue à prévaloir

En Tunisie, ce n'est qu'après 1945 que la mise en valeur de la vallée de la Medjerdah devient effective. Une commission avait été créée dès 1930 : la CMVVM. Pourtant, alors que les superficies équipées en périmètres augmentent (6 000 ha aménagés en 1946), on assiste à une régression du maraîchage, qui tombe de 13 000 ha en 1946 à 9 000 ha en 1953. Régression qui n'est pas compensée par une croissance équivalente d'autres productions comme les agrumes. Observant cette évolution « inquiétante », Poncet écrivait en 1958 :

> Les exploitants modernes ne semblent nullement avoir tendance à accroître leurs irrigations, ni même à varier et à intensifier fortement leurs cultures : on peut même se demander s'ils songent à abandonner les méthodes de culture sèche qui constituent la solution traditionnelle, mais aussi la plus facile et de beaucoup la plus avantageuse et la plus sûre pécuniairement (48).

---

(47) Un auteur marocain contemporain commente ainsi ce bilan de 1954 : « Malgré l'optimisme de commande et l'autosatisfaction qui inspirent cette présentation, on doit reconnaître que, au plan des études techniques, l'œuvre accomplie n'est pas négligeable : le recensement des ressources en eau, la localisation des sites de barrages et des périmètres d'irrigation sont à peu de choses près ce que nous savons aujourd'hui », BENHADI (A.), « La politique marocaine des barrages », *Problèmes agraires au Maghreb*, Paris, Éditions du CNRS, 1977, p. 276.

(48) PONCET, *op. cit.*, p. 374.

En somme, l'État colonial a créé les conditions techniques et juridiques de l'intensification, mais son projet ne rencontre guère l'assentiment des colons, dont les intérêts divergent trop d'avec le sien.

La difficile transformation des systèmes de production

Une doctrine hésitante

La doctrine de la mise en valeur en irrigué s'est cherchée pendant plusieurs décennies, pendant lesquelles deux thèses s'opposent :
— les traditionalistes, d'influence espagnole, pensent qu'il faut surtout améliorer les rendements céréaliers par des irrigations de complément et se préserver de la sécheresse au moyen des barrages ;
— les novateurs, d'influence américaine, optent plutôt pour une économie agricole riche basée sur la polyculture et en particulier les cultures fourragères, le coton, l'arboriculture fruitière. En fourrage, on préconise la betterave, le bersim, la vesce-avoine, pour développer un élevage à potentiel élevé (on importe déjà des laitières tarentaises) ; on s'enthousiasme pour le coton et l'arboriculture, mais sans une connaissance exacte des contraintes climatiques (problème des gelées) et économiques.

L'histoire de la colonisation des plaines du Chelif telle que l'écrit Yacono illustre bien les tergiversations coloniales et l'hétérogénéité des intérêts en présence. Dès le début des périmètres, les services agricoles du gouvernement général cherchent à développer des cultures nouvelles qui valorisent mieux cette eau coûteusement mobilisée.

> Sous l'impulsion des Bureaux Arabes, on songe alors à développer les cultures industrielles car « la main-d'œuvre arabe est à trop bon marché pour que nous luttions avec elle pour les céréales » écrit le colonel Borel de Bretizel (p. 34).

On va hésiter longtemps sur le choix des cultures : des essais de coton sont faits sur la plaine d'Orléansville dès 1859, mais la viticulture attire beaucoup aussi. Par ailleurs, la révolution agricole fait son chemin outre-Méditerranée : introduction de la jachère travaillée (le fameux *dry farming,* dont on fait une première démonstration à Charon en 1899), utilisation des premiers engrais chimiques (un champ expérimental est créé à Affreville en 1905) et de la moissonneuse-batteuse américaine. On tente aussi la betterave sucrière, les fourrages artificiels (luzerne, maïs, sorgho en irrigué) et certaines variétés d'agrumes (la Thomson et la Valencia). Le coton semble un temps s'imposer, au point qu'en 1913 un journal local annonçait une

« complète révolution de l'agriculture du Chelif » (49). Mais, dès l'année suivante, la sécheresse, le coût élevé de la mécanisation, remettent tout en cause, manifestant le caractère éphémère de ces tentatives (50). Au gré de la conjoncture économique, on va ainsi d'engouements en déceptions pendant plusieurs décennies.

Les débuts timides de l'intensification irriguée

Au Chelif, mais aussi dans le Tadla, jusqu'aux années 1930 — peu de réseaux sont encore en eau —, de tels essais attirent des colons dynamiques ou spéculateurs (51). Les choix de production dans les colonies sont surtout fonction des besoins du marché métropolitain. Avec le mythe californien, décrit plus haut, le type de mise en valeur connaîtra toutefois des évolutions notables à partir des années 1940. Bien entendu, le détail prend une coloration spécifique dans chaque pays.

En Algérie, les cultures traditionnelles vont continuer à prévaloir largement même sur les périmètres. Le tableau suivant fait apparaître quelques évolutions dans le choix des cultures, sur un total irrigué qui stagne autour de 44 000 ha entre 1937 et 1960 :
— jusqu'en 1945, prédominance des céréales (40,5 % de la SAU) ;
— en 1953, c'est l'arboriculture qui vient en tête, en raison de la montée des agrumes. Les cultures maraîchères occupent la troisième position après les céréales ;
— en 1960, ces tendances se confirment. L'arboriculture occupe 44 % de la superficie irriguée (les agrumes occupent 30 % des terres). Le maraîchage a pris la deuxième place avec 29 % et les céréales n'ont plus que 17,5 % ;
— enfin, les cultures industrielles et fourragères ne se sont guère imposées, représentant moins de 5 % de la superficie.

Il semble donc que les colons ont d'abord privilégié les céréales, malgré les rendements moyens obtenus, puis des cultures qui s'inscrivaient en complémentarité de la production métropolitaine. En revanche, ils ont boudé l'intégration de systèmes de production intensifs, avec assolements complexes et association de l'agriculture et de

---

(49) *Le Progrès* du 9 janvier 1913 écrit : « A Orléansville, la culture du coton a pris le caractère d'une véritable grande production agricole. On peut même dire qu'elle a complètement révolutionné l'agriculture de cette partie de la vallée du Chelif. Jusqu'alors on n'avait pas de grande culture irrigable rémunératrice. »

(50) Le *boom* du coton dans le Chelif culmine en 1920-23, mais les cours dépendent de la production égyptienne et américaine. Leur baisse en 1927-29 conduira à la disparition du coton dans le Chelif en 1932.

(51) Les intérêts des groupes économiques métropolitains interviennent aussi. Ainsi, le groupe Beghin projette une sucrerie dans le Chelif dès 1941.

l'élevage. L'époque coloniale finissant, ils seront encore perplexes (52).
De plus, hors périmètre, les cultures traditionnelles en sec (vigne et
céréales) restent prépondérantes.

Tableau n° 24

ÉVOLUTION DE LA STRUCTURE DES PRODUCTIONS
DU SECTEUR COLON EN ALGÉRIE

(% en valeur)

1934-38		1955-59		1960	
1. Vigne	59,1	1. Vigne	44,4	1. Vigne	40,4
2. Céréales	26,3	2. Céréales	29,3	2. Céréales	30,0
3. Fruits	6,8	3. Fruits	12,4	3. Légumes frais	14,7
4. Cultures industrielles	4,4	4. Légumes frais	10,0	4. Fruits	11,3
5. Légumes frais	2,7	5. Cultures industrielles	2,9	5. Cultures industrielles	2,9
6. Légumes secs	0,7	6. Légumes secs	1,0	6. Légumes secs	0,7
	100		100		100

Source : Arrus, *L'eau en Algérie...*, *op. cit.,* p. 193.

On est donc amené à deux conclusions :

— bien que mobilisée à grands frais, l'eau n'intéresse les colons
que relativement, car les spéculations coloniales traditionnelles restent dominantes : vigne et céréales continuent à représenter plus de
70 % de la valeur de la production ;

— même sur les périmètres irrigables, les céréales ne s'effacent
que très lentement devant les agrumes, les cultures maraîchères et
a fortiori les cultures industrielles.

Au Maroc, l'évolution paraît plus nette : l'engouement de la colonie pour la céréaliculture a duré jusqu'à ce que la métropole mette
fin aux avantages douaniers qui lui permettaient d'être rentable malgré
des rendements faibles. A partir du milieu des années 1930, l'agrumiculture connaît un essor assez spectaculaire. C'est sur le périmètre
du Beht, irrigué à partir du barrage d'El Kansera, que démarrent
les agrumes. Ce périmètre, il faut le dire, est quasi entièrement aux
mains des colons.

---

(52) Une revue professionnelle écrit en 1952 à propos des producteurs du Chelif : « Faut-il s'étonner d'une certaine lenteur d'adaptation aux possibilités nouvelles d'exploitation qu'offre l'eau du barrage ? C'est toute la géographie humaine qui
doit évoluer pour assurer un jour l'efficacité du bel instrument du Ghrib. Mais évoluer
dans quel sens ? Les agriculteurs s'interrogent, entreprennent des essais, se préoccu-
pent des débouchés possibles... On conçoit leur indécision. On ne transforme pas
d'une année à l'autre une région céréalière en vergers, en cultures industrielles et
fourragères. Mais l'heure est venue de prendre un parti », *Culture et élevage en
Afrique du Nord,* n° 39, mars 1952, p. 9.

Tableau n° 25

EXPANSION DES AGRUMES ET
DÉCLIN DES EXPORTATIONS DE CÉRÉALES

Années	Plantations d'agrumes (en ha)		Tonnages exportés (en milliers de t)		
	Européens	Marocains	Total	Agrumes	Céréales
1912-28	265	1 205	1 470	–	N. D.
1929-33	2 020	400	3 890	–	N. D.
1934-38	5 745	1 215	10 850	5,5	117,8
1939-43	5 240	1 420	17 510	11,3	99,9
1944-48	4 335	1 940	23 785	27,8	10,1
1949-53	11 216	2 774	37 775	104,8	41,3
1954-56	7 069	1 436	46 280	127,5	207,7

Source : Swearingen, *Moroccan Mirages...*, *op. cit.*, p. 75.

En revanche, l'implantation des cultures industrielles se révélera difficile, comme le montre l'expérience du Tadla, où le *melk* marocain prédomine. La création de ce périmètre date de 1941, sous le nom d'Office du Tadla. Dès 1932, le barrage de Kasba Tadla avait été mis en chantier dans la perspective d'irriguer 40 000 ha dans cette magnifique plaine. En 1936, l'eau est là : « L'arme du développement était disponible, il s'agissait maintenant de l'utiliser ; c'est là que commenceront les difficultés », écrit Préfol, qui fut contrôleur civil à Fqih ben Salah (p. 34). L'Administration avait conduit au bord de la révolte les tribus des Beni Amir-Beni Moussa en lançant de façon autoritaire un remembrement des terres des tribus. Mais l'administrateur Corentin Tallec, qui arrive en 1941, est d'une envergure peu commune : avec un mélange de fermeté (il dépose le *caïd*) et de sens politique, il impose une formule tendant à intégrer peu à peu l'agriculture marocaine dans le processus d'intensification irriguée (53) :

— le 13 juillet 1938, un *dahir* avait déjà interdit « les transactions immobilières au profit d'étrangers à la tribu et celles qui auraient un caractère d'accaparement ou de dépossession entre membres de la tribu ». Avec l'arrivée de l'eau, on se méfie des spéculateurs, qui dépouilleraient vite les fellahs ;

---

(53) SWEARINGEN montre que le souci de limiter l'insécurité a joué un rôle majeur dans son action : tout d'abord, on avait essayé de calmer les tribus en leur creusant des puits. Finalement, le contrôleur civil Corentin Tallec obtint des aménagements plus importants, *op. cit.*, pp. 80 et suiv.

— par un *dahir* du 5 décembre 1941 est officiellement créé
l'Office du Tadla, « établissement public ayant pour objet l'équipement et la mise en valeur des terres irriguées des Beni Amir et Beni
Moussa », soit 20 000 ha au total, pour une première tranche. Une
seconde tranche beaucoup plus importante (85 000 ha) était envisagée, supposant la construction du grand barrage de Bin el Ouidane.

L'Office du Tadla se structure en 1942, dispose de son premier
budget ; l'article 2 prévoit : « Cet organisme est habilité à organiser
la production tout en laissant à chaque fellah libre usage de sa propriété. » En fait, deux obstacles de taille allaient surgir : la difficulté
d'un remembrement et la résistance aux cultures nouvelles. La remembrement fut appliqué en 1950-51, au prix d'une pression sur les populations, qui voyaient ainsi leurs terres intégrées à une trame
hydraulique.

Figure n° 21

UNE ZONE DES BENI AMIR AVANT ET APRÈS REMEMBREMENT

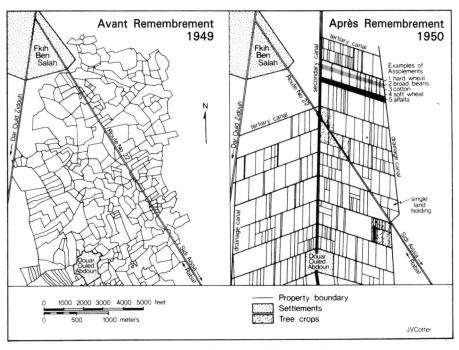

Source : Swearingen, *Moroccan Mirages...*, *op. cit.*, p. 117.

Au total, 25 000 ha environ seront irrigués sur la zone, dont plus
de 19 000 sont propriété privée marocaine. Mais ici aussi les nouvel-

les cultures s'implantent difficilement. Préfol explique « qu'en 1942-43, les deux tiers du périmètre irrigué étaient occupés par le blé, l'orge et la jachère, ce qui était une concession au conservatisme et à l'économie de subsistance, tandis que les cultures nouvelles, coton, maïs, luzerne, légumineuses et maraîchage occupaient une superficie très insuffisante au plan de la rentabilité de l'effort, ainsi qu'au plan agro-écologique » (p. 45). En 1953, sur les 19 000 ha exploités par les Marocains, le coton n'occupe que 3 800 ha, les cultures fruitières 350 ha ; le reste se répartit entre les céréales, les légumineuses et la jachère. La mise en valeur irriguée aboutit au bout du compte à creuser l'écart entre une minorité qui dispose d'importants moyens d'intensification et la masse rurale, pour laquelle on tentera quelque chose *in extremis*, mais sans succès, à la veille de l'indépendance : les secteurs de modernisation du paysannat.

De cette période resteront les superbes vergers du périmètre du Beht et cette expérience du Tadla qui allait avoir un impact considérable, à cause de la spectaculaire restructuration de l'espace qu'elle avait réalisée. La trame marocaine d'irrigation allait en sortir.

En Tunisie, où les superficies irrigables sont passées de 14 500 ha en 1930 à 25 500 ha en 1946, ce sont aussi les cultures maraîchères et les agrumes, des productions rapidement rentables, qui s'implantent le mieux, dans des régions comme le cap Bon et le littoral de Bizerte et Tunis. Le Conseil supérieur de l'hydraulique agricole est créé en 1945 pour financer la mise en valeur de la vallée de la Medjerdah, mais le marché intérieur est insuffisant et les prix à l'exportation trop faibles pour dynamiser une transformation en profondeur des systèmes de production. Poncet conclut :

> L'hydraulique agricole en Tunisie a fait des progrès réels, si l'on considère les crédits engagés par le gouvernement, mais une tendance inquiétante n'en apparaît pas moins au sein de l'agriculture européenne, lorsqu'on regarde le chiffre des irrigations : les exploitations modernes ne semblent nullement avoir tendance à accroître leurs irrigations (p. 374).

Au total, dans les trois pays, les cultures spéculatives comme le maraîchage et les agrumes s'implantent bien ; en revanche, les cultures fourragères et industrielles restent marginales, alors qu'elles sont destinées à avoir une part essentielle dans l'assolement.

A défaut d'irriguer, le colon spécule sur le foncier

Parallèlement à cet échec relatif de l'intensification en irrigué se déroulait de façon continue et généralisée un processus de concentration foncière. Le calcul économique fait par les colons et gros agriculteurs locaux est qu'il valait mieux accroître son profit en élargissant sa base foncière plutôt que d'investir dans des équipements coûteux et acheter une eau que l'État avait prévu de faire payer par les utilisateurs. Ce risque que les colons se détournent de l'eau des barrages n'avait pas échappé à l'Administration, qui tenta de prendre des mesures comme la loi Martin de 1942 en Algérie pour éviter la concentration foncière sur les périmètres. Rien n'y fit, les intérêts en jeu étaient trop puissants.

En Algérie, la concentration de la terre aux mains d'une minorité (colons et gros propriétaires algériens) est un processus général.

Tableau n° 26

CONCENTRATION DE LA PROPRIÉTÉ FONCIÈRE EN ALGÉRIE ENTRE 1930 ET 1954

(En ha)

	1930	1940	1954
Superficie totale coloniale	2 345 666	2 720 000	2 726 000
Nombre d'exploitations	26 153	25 337	22 037
Superficie moyenne par exploitation	90	107	124
Superficie totale algérienne	7 562 977	7 671 000	7 349 100
Nombre d'exploitations	619 544	531 600	630 732
Superficie moyenne par exploitation	12,2	14,4	11,5

Source : Tableaux de l'économie algérienne.

Le rapport de la superficie moyenne par exploitation est donc passé en vingt-cinq ans de 7,3 en faveur des colons à plus de 10. L'analyse de la structure détaillée de la propriété soulignerait encore davantage le poids des grosses exploitations. Le phénomène est plus fort encore sur les périmètres, puisque, sur les 105 561 ha équipés en 1960, les exploitants européens détiennent 70 % de la superficie irriguée et un pourcentage équivalent de terres non irriguées. Autre différence : le morcellement des propriétés est beaucoup plus fort chez les Algériens. Certes, on n'a pas ici d'exploitations coloniales de très grande taille comme dans les plaines céréalières, mais la propriété européenne prédomine là où la terre est irrigable. En fait, la terre n'est pas ici le facteur de production essentiel. Arrus a montré que 5,5 % des exploitations réalisent 51 % de la valeur. Les colons jouent sur deux tableaux : tantôt ils misent sur des *latifundia* extensifs qui leur permettent de dégager un profit suffisant avec un investissement minimum ; tantôt ils spéculent sur la production irriguée, au coup par coup, mais sans s'engager vraiment dans une transformation des systèmes de production. De plus, ils refusent de payer l'eau, soulignant ainsi la contradiction entre leurs intérêts immédiats et ceux de l'État colonial qui a engagé ces coûteux travaux hydrauliques. Bien que vécu sur un laps de temps plus restreint, le processus de concentration foncière apparaît également en Tunisie et au Maroc comme un frein à l'intensification en irrigué. Poncet parle à ce propos d'« hydraulique minière, qui se borne à épuiser les réserves existantes, dans un but de profit à court terme, sans se soucier de leur renouvellement, ni même de leur meilleure utilisation » (p. 377).

Un révélateur de la logique minière : l'envasement

L'envasement très rapide des barrages est un des signes de cette logique minière. Certes, les caractéristiques du milieu en font un problème difficile à résoudre, mais il reste que les responsables de l'hydraulique coloniale, plus préoccupés du court terme, ne l'ont guère affronté. L'importance de l'érosion et des débits solides dans les écoulements superficiels était tout à fait connue au début du siècle, même si les mesures étaient encore approximatives. Les partisans des grands barrages réservoirs en avaient tiré argument, soulignant que cela permettrait de différer (entre soixante et cent ans selon les sites) le moment où l'envasement de la retenue compromettrait sa fonction de régulation interannuelle. Pourtant, le taux d'envasement a très vite été élevé, contraignant à surélever certains barrages algériens, comme le Hamiz ou Zardezas.

Les mécanismes de l'érosion au Maghreb étaient partiellement connus. Dans les années 1940, en tout cas, un parallèle pouvait aisément être fait avec les ravages du *dry farming* aux États-Unis (54). Les nombreux travaux consacrés à l'érosion et l'étude du comportement des retenues nous permettent aujourd'hui de mieux apprécier les paramètres en cause (55). Il en est qui sont d'ordre physique : la violence et l'irrégularité des précipitations (56), l'importance des pentes, la fragilité des sols. Mais d'autres facteurs sont liés à l'homme (57) : un taux de population élevé dans des zones écologi-

---

(54) NEBOIT (R.), *L'homme et l'érosion*, p. 76.

(55) BENCHETRIT (M.), *L'érosion actuelle et ses conséquences sur l'aménagement en Algérie*, Paris, PUF, 1972, 216 p. ; HEUSCH (B.), *L'érosion et l'homme au Maroc, son calcul et son contrôle*, Rabat, 1970 ; PONCET (J.), « L'érosion des sols en Tunisie, en relation avec le mode d'exploitation », thèse complémentaire, Tunis, 1961.

(56) MEBARKI (A.), *Ressources en eau et aménagement en Algérie, le bassin du Kebir Rhumel*, Alger, OPU, 1984, donne un exemple de l'impact des crues sur la turbidité des eaux du Rhumel : alors que l'oued charie en moyenne 4,6 g/l, on peut atteindre les 20 g/l au mois de septembre, plus pluvieux, voire 34 g/l un jour de forte crue (p. 182).

(57) SARI (Dj.), *L'homme et l'érosion dans l'Ouarsenis*, Alger, SNED, 1977, 624 p.

quement fragiles (d'où un déboisement important), une fragilisation des sols due à la suppression de la jachère et à la pratique du *dry farming* (58), l'abandon de systèmes traditionnels de lutte antiérosive comme les banquettes, les *meskats* et leurs plantations de piémont qui limitaient le ruissellement.

Le type de mise en valeur colonial a contribué à amplifier l'érosion : le refoulement des fellahs vers les zones montagneuses a provoqué déboisement et surpâturage ; le travail mécanisé de la jachère a fragilisé les sols de plaine ; la préférence donnée aux grands ouvrages sur les petits aménagements à mi-pente a amplifié un phénomène dont on ne s'est guère préoccupé d'ailleurs à l'époque coloniale : les services de défense et restauration des sols (DRS) n'ont vu le jour que tardivement (1945 en Algérie, 1949 au Maroc) et n'ont reçu que peu de crédits publics (59). Quelque 54 000 ha seulement seront reboisés en Algérie, soit 0,9 % de la superficie à traiter (60). Quant aux banquettes, que le plan de Constantine tentera de développer *in extremis* devant la gravité de la situation (61), elles seront trop tardives. Résultat : « Pendant que les colons ne rêvaient que de ver-

Tableau n° 27

EXEMPLES D'ENVASEMENT DES BARRAGES ALGÉRIENS
DE L'ÉPOQUE COLONIALE (ÉTAT 1967)

Barrage	Oued	Mise en eau	Capacité (en hm³)		Taux d'envasement	Age
			Initiale	en 1967		
O. Fodda	O. Fodda	1932	228	135	40,8 %	35
Ghrib	Chelif	1935	280	179	34	32
Cheurfa	Mekerra	1935	14,4	5,4	62,2	32
Hamiz	Hamiz	1935	21,5	11	49,1	32
Ksob	Ksob	1940	11,6	1,6	86,1	27
Zardezas	Saf Saf	1945	14,9	9,4	36,9	22

Source : Arrus, *L'eau en Algérie..., op. cit.*, p. 131 (données simplifiées).

---

(58) HENNI (A.), *La colonisation agraire et le sous-développement en Algérie*, Alger, SNED, 1981, donne p. 173 une description très suggestive de cette dégradation des sols consécutive au labour intensif.

(59) De nombreux spécialistes avaient pourtant alerté les responsables : Despois rapporte qu'en 1938 un ingénieur américain de la Soil Conservation Service des États-Unis avait attiré l'attention des autorités algériennes sur la gravité de l'érosion. En 1941, Peyerhimoff établit une carte forestière de l'Algérie, qui délimite les zones à préserver dans le cadre des périmètres de DRS créés en 1942.

(60) GRECO (J.), *L'érosion, la DRS et le reboisement*, Alger, 1966.

(61) Le taux de boisement des bassins versants algériens en 1964 n'est que de 6,9 %, avec pour extrêmes 3,7 % dans la zone d'Alger et 14 % dans le Constantinois. *Cf.* carte dans MARA, *L'Algérie agricole*, 1966, p. 40.

doyantes plaines (vallée du Chelif = Californie) grâce aux barrages, la montagne mise à nu par les effets de leur propre politique se vengeait implacablement », écrit Arrus (p. 130).

Ce tableau souligne à quel point le potentiel des barrages était diminué au lendemain de l'indépendance, avant même que les superficies classées soient irriguées. Selon Arrus, la capacité des barrages de l'époque coloniale a été amputée de 43 %, tombant de 1 079 à 616 km³ en 1960. Comme la tendance est difficile à renverser en un tel domaine, où les résultats sont à long terme, on a aujourd'hui une situation très dégradée. Monjauze parlait de 50 000 ha perdus chaque année en Algérie. Des mesures plus précises sont possibles

Tableau n° 28

L'ENVASEMENT ANNUEL DES RETENUES AU MAROC

Barrage	Surface du bassin versant (en km²)	Dégradation spécifique moyenne (en m³/km²/an)	Envasement (en 10⁶ m³)
El Kansera	4 540	296	1,35
Lalla Takerkoust	1 707	332	0,50
Bin el Ouidane	6 400	240	1,50
Nakhla	107	3 300	0,35
Mohammed V	51 500	200	10,00
Moulay Youssef	1 441	970	1,40
Hassan Addakhil	4 400	340	1,50
Mansour Eddahbi	15 000	660	10,00
Y. ben Tachfine	3 784	294	1,10
Idriss I\[er\]	3 300	760	2,00
Si Med b. Abdellah	9 800	410	4,00
Imfout	20 000	113	2,30
Mellah	1 800	395	0,70
El Makhazine	1 830	1 000	1,80
El Massira	28 500	420	12,00
Nekor	780	3 500	2,70
Tamzaourt	1300	450	0,60
Tleta	178	2 200	0,39
Ensemble BV : 156 367 km²		Envasement total annuel : 54 hm³	

Source : HTE, n° 30, p. 35.

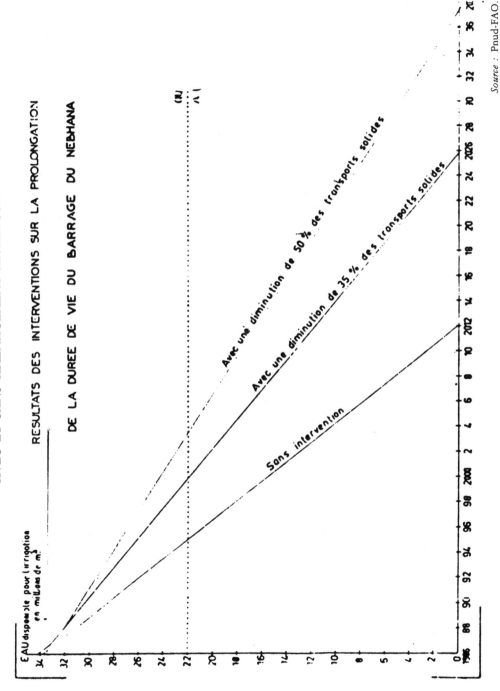

ÉVOLUTION DE LA DURÉE DE VIE DU NEBHANA
AVEC ET SANS AMÉNAGEMENT ANTIÉROSIF

RESULTATS DES INTERVENTIONS SUR LA PROLONGATION

DE LA DURÉE DE VIE DU BARRAGE DU NEBHANA

Source : Pnud-FAO.

aujourd'hui, conjuguant l'analyse de la dégradation spécifique (62) dans les oueds et les dépôts au fond des retenues.

On estimait, il y a dix ans, à 54 hm³ le volume d'envasement annuel des retenues au Maroc. On notera les valeurs très élevées des apports solides au barrage Mohammed V (10 hm³). Les hydrologues admettent un débit solide moyen de 10 g/l.

En Tunisie, c'est le barrage de Nebhana, construit en 1965 pour mobiliser 86 hm³ et en régulariser 25, qui inquiète le plus. La capacité de la retenue ne serait plus que de 42,2 hm³ en l'an 2000 si l'on projette l'évolution actuelle : le bassin versant de 855 km² laisse partir de l'ordre de 2 220 t/km²/an (63). La construction d'un barrage comme Sidi Saad est à peine achevée que l'on se préoccupe de son dévasement, compte tenu du débit solide très élevé de l'oued Zeroud, que rien n'arrête en Tunisie centrale (64). L'aménagement antiérosif fait de plus en plus partie des études préalables, mais c'est une entreprise coûteuse et de longue haleine. Cela n'était pas la préoccupation dominante à l'époque coloniale.

La prospérité de l'industrie du BTP et des sociétés financières
Le rôle des financiers et des ingénieurs

Selon les auteurs qui ont étudié cette période, tout le monde n'a pas été perdant dans la mise en valeur coloniale : les groupes financiers et les entreprises de réalisation, particulièrement le secteur des bâtiments et travaux publics, en ont tiré des profits importants. Ces intérêts sont intervenus très tôt, comme le montre Pascon à propos du Haouz : avant même l'occupation militaire de la région (1912), les intérêts financiers avaient pris appui sur l'acte d'Algésiras (1906) pour acquérir des terres. Il le firent d'ailleurs avec l'appui des *zaouia* et des *caïds* déchus. C'est ainsi qu'une grande société comme la Compagnie marocaine allait s'approprier 2 500 ha, avec le soutien du groupe Schneider, qui est à l'époque un des principaux investisseurs au Maroc avec Paribas. Après la Première Guerre mondiale, les étrangers vont consolider leur position, et leurs possessions atteindront 33 400 ha sur le Haouz, dont 10 000 ha environ détenus par des sociétés capitalistes. Certaines d'entre elles, comme la Compagnie fermière, seront en conflit ouvert avec l'Administration Lyautey, qui cherche à ménager les intérêts locaux.

---

(62) Formule :

$$\frac{\text{turbidité (g/l)} \times \text{volume total écoulé (m³)}}{\text{superficie du bassin versant (km²)}}$$

(63) CLAUDE (J.), CHARTIER (R.), *Mesure de l'envasement dans les retenues de 6 barrages en Tunisie*, Dres/Orstom, 1975, 43 p.

(64) *Cf.* le séminaire international d'experts sur le dévasement des retenues, Tunis, 1-4 juillet 1980, *RTE*, n° 33, sept. 1980, p. 55.

En Tunisie, la grande propriété coloniale est aussi le fait de grands groupes qui ont des arrières financiers importants. C'est ainsi que quatre sociétés financières anonymes détenaient, en 1949, 131 000 ha, soit un cinquième des terres exploitées par des Français en Tunisie : la Société franco-africaine du domaine d'Enfidaville (51 000 ha), le Sfax-Gafsa au Chahal (24 000 ha), la Société des fermes françaises (27 300 ha) et l'Omnium immobilier tunisien (28 500 ha). Certains, comme la Société de l'Enfida, allaient encore accroître considérablement leurs possessions. Les sociétés financières qui soutiennent ces compagnies interviennent à d'autres étapes de la filière agricole comme la transformation et la commercialisation. Parmi tous ces groupes impliqués dans la mise en valeur coloniale, le secteur du BTP a une place de choix, car il est omniprésent tout au long de l'aventure coloniale : construction de villages, de routes, de ponts, de ports et de voies ferrées, la construction des barrages représentant un des fleurons de son intervention outre-mer.

Le « lobby » du BTP

Arrus a analysé cette emprise du secteur du BTP sur la colonisation de l'Algérie. Le programme nord-africain de barrages semble être arrivé à un moment où les activités BTP classiques (routes, voies ferrées, ports) s'essoufflaient en métropole. D'où le poids que vont prendre dans la construction de barrages en Afrique du Nord des entreprises comme Campenon-Bernard, Grands travaux de Marseille (GTM) ou l'Entreprise Léon Chagnaud.

Tableau n° 29

CONSTRUCTEURS ET CHANTIERS DE BARRAGES AU MAGHREB AVANT L'INDÉPENDANCE

Dates	Campenon-Bernard	G T M	Léon Chagnaud
1879	Hamiz (A.)		
1925		Kebir (T.)	
1932	Oued Fodda (A.)		
1935		Cavaignac (M.)	Fergoug (A.)
1936		Bakhadda (A.)	
1939			Ghrib (A.)
1944	Beni Bahdel (A.)		
1948			Bou Hanifa (A.)
1954	Ben Metir (T.)		
1955	Mechra Homadi (M.)		

Il ne s'agit là que des chantiers des trois principales sociétés. Derrière chacun de ces opérateurs, il y a de grands groupes financiers, en particulier la Banque de l'Union parisienne, la Lyonnaise des eaux, Paribas, Indosuez, etc. Ce qui amène Arrus à conclure :

> Le but des entreprises de travaux publics n'est pas de faire de beaux et bons barrages — encore que le prestige et l'image de marque comptent dans la profession —, leur but, c'est d'accumuler au mieux, et la localisation des chantiers leur est à un certain degré assez indifférente. Si la politique hydraulique coloniale a pu être comprise comme une tentative de satisfaire des valeurs d'usage, à partir d'une ressource rare, dans une nature hostile, cette vision des choses doit être abandonnée sinon réduite à un rôle de base historique, car, au fur et à mesure de son développement, le problème de l'eau en Algérie est devenu inséparable des acteurs en jeu (entreprises de travaux publics et administration coloniale) ainsi que de leurs contraintes propres (65).

Selon lui, la politique hydraulique coloniale avait surtout pour but d'intégrer l'eau dans le circuit de la valeur et de faire en sorte qu'elle contribue ainsi à l'accroissement du profit capitaliste. La constitution d'un *lobby* BTP serait donc au service de cet objectif.

L'emprise naissante des ingénieurs

Cet apport est très utile pour comprendre les contradictions de l'épopée hydraulique coloniale et rejoint, dans ses conclusions du moins, les travaux de Poncet sur la Tunisie et ceux de Swearingen sur le Maroc (66). Il est toutefois un point que cette analyse un peu « économiciste » laisse dans l'ombre, c'est le rôle de ce groupe social que sont les ingénieurs, dont des travaux récents affinent la connaissance (67). L'aventure hydraulique coloniale semble avoir préparé le rôle déterminant que les ingénieurs allaient jouer au lendemain de l'indépendance : parés d'un prestige que leur confère la rationalité technicienne, ils vont jouer un rôle majeur dans la définition comme dans la réalisation des politiques de développement.

Les ingénieurs ont été des acteurs éminents de l'épopée coloniale,

---

(65) ARRUS, *op. cit.*, p. 265.

(66) PONCET écrit : « Qu'il s'agisse de la vigne, des céréales, des huiles, des fruits, des primeurs, de l'élevage, aucune de ces productions qui ne soit commandée autant et plus que par des impératifs naturels à proprement parler, par des considérations typiquement commerciales et financières. L'intérêt spéculatif l'emporte sur l'intérêt vivrier, le débouché étranger parfois sur la consommation locale », *op. cit.*, p. 579.

(67) *Cf.* LONGUENESSE (E.) (sous la direction de), *Bâtisseurs et bureaucrates. Ingénieurs et sociétés au Maghreb et au Moyen-Orient*, Lyon, Maison de l'Orient, 1991 ; sur le Maroc, contribution de J.-J. PÉRENNÈS, « Les ingénieurs et la politique hydro-agricole au Maroc », pp. 215-230.

ne fût-ce que parce que les premiers d'entre eux étaient des militaires. L'École polytechnique avait été fondée en 1794 pour fournir des officiers aux armées révolutionnaires. La campagne d'Égypte donna l'occasion aux plus imaginatifs d'entre eux, les saint-simoniens, de réaliser leurs rêves. La mise en valeur des déserts est un de ces rêves, et ce n'est pas un hasard si l'on retrouve dans l'Algérie de 1870 des ingénieurs saint-simoniens comme Leroy-Beaulieu venus « faire verdir le désert » (68). Des ingénieurs civils leur succéderont, le champ colonial leur ouvrant des dimensions inconnues en métropole : l'ampleur des espaces hydrauliques à aménager fut de ce point de vue une école de formation privilégiée. On a évoqué Coignet en Tunisie ; on retrouvera Bauzil, un de ces hommes qui ont « fait » l'hydraulique marocaine. Les ingénieurs maghrébins prendront le relais après les indépendances (69) : issus des grandes écoles françaises pour les premiers (École centrale, École de travaux publics, École des mines, École des ponts et chaussées), puis des écoles locales d'ingénieurs (instituts agronomiques d'Alger, Tunis et Rabat, écoles polytechniques), les ingénieurs vont représenter un groupe influent, en interface entre l'État et les acteurs sociaux. Comment comprendre une aventure comme la mise en valeur du Gharb, dont on fera l'analyse au chapitre 6, sans prendre en compte cette catégorie sociale qui, à l'image des ingénieurs de l'époque coloniale, a l'immense privilège de pouvoir inscrire dans l'espace un programme de transformation de la société ? Promouvoir une trame hydraulique, ce n'est pas seulement rationaliser la distribution de l'eau, c'est aussi prendre position dans son usage et sa répartition. Et c'est bien à l'époque coloniale qu'un tel rôle a émergé.

Pour expliquer le décalage considérable entre les espoirs placés dans l'irrigation à l'époque coloniale et les piètres résultats atteints au jour des indépendances (seulement de 40 000 à 50 000 ha irrigués en Algérie et au Maroc à l'indépendance), nous avons cherché du côté de la mise en œuvre de la politique hydraulique coloniale elle-même. Après avoir accaparé les bonnes terres, la puissance colonisatrice a affirmé son emprise juridique sur l'eau, avec comme premier souci l'implantation d'une population européenne. Après d'âpres débats, les partisans des grands barrages l'emportent dans les années 1920, qui voient naître en Algérie les premiers barrages réservoirs. Tout cela traîna en longueur : l'industrie métropolitaine des travaux publics avait

---

(68) EMERIT (M.), *Les saint-simoniens en Algérie*, Paris, Les Belles-Lettres, 1941, 345 p.
(69) Les anciens ingénieurs de l'époque coloniale garderont néanmoins une influence sur les bureaux d'études français et maghrébins contemporains, et donc sur les options hydrauliques.

trouvé là un marché de rêve, qu'elle exploita à fond, avec l'appui des pouvoirs publics.

Cela n'explique pas qu'au lendemain de la Seconde Guerre mondiale les céréales continuent à prévaloir là où les techniciens avaient prévu du coton, de la betterave sucrière ou des fourrages irrigués. L'émergence des agrumes dans le Maroc des années 1930 et de zones maraîchères est la seule véritable exception. Les colons ont souvent boudé l'eau. Lancée sans une connaissance suffisante des potentialités, avec une part importante de rêve (le « mythe californien »), l'intensification en irrigué a achoppé sur les contradictions mêmes de l'économie coloniale : bâtie sur des avantages comparatifs, la production d'outre-mer est en péril dès que la métropole se sent menacée et protège ses producteurs. Lancée et voulue par l'État colonial, elle ne suscite guère l'assentiment des colons, qui ont des alternatives foncières pour maintenir leur profit.

Cette hydraulique coloniale fut donc une hydraulique minière, écrémant les ressources en eau dans des ouvrages coûteux que l'on n'a pas protégés de l'envasement, le court terme imposant sa loi. Il en est resté, pourtant, un réel héritage : le lancement de cultures nouvelles comme les agrumes, une première expérience de la trame hydraulique et des réformes foncières qu'elle implique, des assolements complexes, un capital impressionnant d'études. Témoin de l'approche coloniale, cette aventure porte aussi la marque du taylorisme triomphant, lequel a sévi dans bien d'autres domaines. Enfin, *last, but not the least,* une couche sociale nouvelle est née de cette entreprise : les ingénieurs. Ceux-ci allaient, au lendemain de l'indépendance, tirer parti de cet héritage mêlé.

4

Les politiques hydrauliques
depuis l'indépendance

Les indépendances politiques expliquent que peu d'initiatives aient lieu dans le domaine hydraulique entre 1955 et 1965. Avant, l'attentisme prévaut, de la part des colons comme de l'État colonial ; après, la mise en place d'un État et le manque de cadres expliquent un certain assoupissement de la question hydraulique. En fait, les États maghrébins ont largement reconduit les politiques de l'eau engagées dès l'époque coloniale. On en jugera sur trois critères au moins :

— le choix des techniques : l'option coloniale a assez peu sollicité les savoir-faire traditionnels et a concentré l'investissement sur des zones d'irrigation moderne, quadrillées dans la trame hydraulique des périmètres. On aboutit ainsi à une juxtaposition de deux types d'irrigation que tout sépare, de la conduite technique au choix des cultures. Après les indépendances, la priorité restera massive dans les trois pays pour les grands barrages et les grands périmètres, et ce n'est que tardivement que l'on redécouvrira les vertus de la petite et moyenne hydraulique ;

— la finalité des irrigations va aussi dans le sens tracé à l'époque coloniale : priorité aux cultures industrielles et fourragères, piliers d'intensification ; quand c'est possible aussi, accent sur les cultures d'exportation. Rien de bien neuf, en somme, par rapport à ce que l'on a tenté et assez mal réussi dans les décennies précédentes ;

— la continuité l'emporte aussi sur la rupture dans la structuration sociale que provoque la mise en place d'une politique hydraulique. Le pouvoir des ingénieurs, l'emprise des bureaux d'études et des sociétés de réalisation, vont grandir au détriment des paysans, souvent condamnés à subir des choix faits pour eux, mais sans eux.

La continuité l'emporte dans les politiques hydrauliques des trois pays.

1. Le Maroc à portée du million d'hectares irrigués

Des trois pays maghrébins, le Maroc, indépendant en 1956, est celui qui a conduit la politique hydraulique la plus dynamique, lui permettant d'espérer atteindre le million d'hectares irrigués en l'an 2000. Ce au prix d'un gigantesque effort financier et technique, engagé en particulier dans la construction de grands barrages et l'équipement des périmètres les plus grands du Maghreb. Cela lui permet de régulariser de 6 000 à 9 000 hm³ (selon les années), sur les 16 500 hm³ régularisables. Pourtant, les objectifs d'autosuffisance alimentaire sont loin d'être atteints, malgré un accroissement de certaines productions, comme le sucre ou le lait. A quoi cela tient-il ?

Les options de la politique hydraulique marocaine
La modernisation sans redistribution des terres

Au cours des années 1960, les choix à faire en matière de développement rural au Maroc ont fait l'objet de débats passionnés, donnant lieu à des projets parfois audacieux que l'évolution ultérieure a fait oublier (1). En effet, le rapport des forces sociales en présence va progressivement clore ce débat au profit de l'ambitieuse politique barragiste qui s'épanouit depuis le Plan quinquennal 1968-72. On ne peut donc dissocier les choix techniques de l'évolution du rapport de forces entre la monarchie, la bourgeoisie commerciale urbaine, l'oligarchie foncière et les masses rurales (2). Cela n'apparaît pas dans les premières années, au cours desquelles sera menée une sorte de politique d'attente : poursuite des projets en cours, mais à un rythme ralenti (3). Seul le barrage de Mechra Klila, prévu pour 1961, est achevé en 1967. On centre l'effort sur l'achèvement de l'équipement des périmètres existants, en particulier aux Doukkala, dont la superficie équipée va passer de 4 700 ha à 14 000 ha en 1964, et dans le périmètre du Beht, qui avait pris son essor grâce aux agrumes. En revanche, il n'y a guère de remise en cause des caractéristiques fondamentales datant du protectorat : la propriété foncière des étrangers, en particulier, n'est pas remise en cause.

---

(1) *Cf.* BOUDERBALA (N.), CHRAIBI (M.), PASCON (P.), *La question agraire au Maroc*, t. I et II, *BESM*, nᵒˢ 123-124-125 et 133-134, 423 et 222 p., qui restituent des textes et prises de position bien mis à mal par les options ultérieures.

(2) Cette question est abordée par HERMASSI (E.), *État et société au Maghreb*, Paris, Anthropos, 1975, et LEVEAU (R.), *Le fellah marocain, défenseur du trône*, Paris, Presses de la Fondation nationale des sciences politiques, 1976, 279 p.

(3) Le pourcentage d'investissement consacré à l'hydraulique tombe de 20 % dans le Plan 1954-57 à 16,5 % dans le Plan biennal 1958-59, selon BELAL (A.), *L'investissement au Maroc (1912-1964) et ses enseignements en matière de développement*, Casablanca, Éditions maghrébines, 1976, p. 250.

A partir de 1960, la politique hydraulique change ; elle connaîtra deux périodes :
— 1960-68 : l'ère de l'Office national des irrigations (ONI) ;
— après 1968 : le grand programme du million d'hectares irrigués.

L'ère de l'Office national des irrigations (1960-1968)

L'ONI est créé le 3 septembre 1960, pour administrer, de manière centralisée, les cinq périmètres irrigués nés sous le protectorat (basse Moulouya — périmètre des Triffas —, Gharb, Abda-Doukkala, Tadla et Haouz), avec quelques légères modifications de superficies (ainsi le Gharb est plus étendu que la plaine du Beht et inclut désormais la plaine du Sebou). La compétence de cet Office devait ultérieurement s'étendre à onze autres périmètres moins grands. D'emblée, l'ONI se donne une mission ambitieuse, qui articule modernisation et réforme agraire (4). Selon H. Popp, « les principaux aspects de la nouvelle politique agricole en matière hydraulique ne sont plus considérés sous le seul angle technologique, mais sont formulés sous forme d'un programme en même temps d'économie agricole et de politique sociale qui devaient être prioritaires » (5). On peut penser que c'est cette volonté de l'ONI de ne pas dissocier les deux qui va provoquer sa disparition.

La question de la réforme agraire

La période 1960-64 est marquée par une intense mobilisation sur cette question, aussi bien de la part des partis politiques que des intellectuels (6). Sous le protectorat déjà, la question de la modernisation de l'agriculture traditionnelle avait été posée : J. Berque et J. Couleau avaient lancé en 1945-46 les secteurs de modernisation du paysannat, à partir de la cellule communautaire traditionnelle que constituait la J'maa (7). En fait, les colons avaient fait capoter le projet, si bien que l'on se retrouve au lendemain de l'indépendance dans une situation fortement marquée par le fait foncier colonial. Les terres de colonisation représentent 1 017 000 ha, dont 289 000 ha de colonisation privée. Pour l'essentiel, ces exploitations détenues par des étrangers sont des exploitations de grande taille, situées sur des zones fertiles, mécanisées et pratiquant des spéculations tournées vers l'exportation (agrumes, primeurs...).

---

(4) Cf. AUBRAC (R.), « L'Office national des irrigations », Les hommes, la terre et l'eau, n° 1, 1961, p. 6.

(5) POPP (H.), Effets socio-géographiques..., op. cit., p. 38.

(6) Cf. les textes de l'USFP, de l'Istiqlal... dans l'ouvrage de BOUDERBALA, CHRAIBI, PASCON, La question agraire.

(7) BERQUE (J.), COULEAU (J.), « Vers la modernisation du fellah marocain », BESM, n° 26, 1945, pp. 18-25.

Tableau n° 30

LA PROPRIÉTÉ EUROPÉENNE AU MAROC EN 1956

Catégorie	Nombre d'exploitations	Superficie en ha	% des terres
0-10 ha	1 800	11 000	1,0
10-50 ha	1 500	51 000	4,9
50-300 ha	1 700	352 000	34,7
300-500 ha	500	202 000	19,8
Plus de 500 ha	400	401 000	39,6
Total	5 900	1 017 000	100,0

Source : P. Pascon, *La question agraire, op. cit.*

On le voit, le poids des exploitations de grande taille est considérable. Ce type d'exploitation est particulièrement présent sur les périmètres d'irrigation, comme le montrèrent les recherches statistiques faites sous l'égide de l'ONI (8). Les distributions symboliques de terres qui eurent lieu après l'indépendance n'avaient pas corrigé réellement cette caractéristique héritée. Le *melk* marocain, lui, restait très morcelé. Aussi le Plan quinquennal 1960-64 fait-il de cette inégale répartition de la terre une des causes principales de stagnation de la production agricole : lorsque 75 % des familles rurales disposent de moins de 2 ha, il est vain d'espérer une intensification. L'ONI et le Plan vont aller plus loin que la seule dénonciation de l'accaparement de la terre. Ils mettent aussi en cause la persistance de statuts fonciers traditionnels *(guich, habous),* et de modes de faire-valoir *(khamessat, khobza, azzaba)* qui ne favorisent pas l'intensification. L'idée se fait jour de distribuer des terres, mais aussi de regrouper les agriculteurs dans des formes collectives d'exploitation. L'ONI élabore aussi le projet de la récupération d'une partie de la plus-value créée par l'irrigation sur les terres de périmètres, de façon à mieux répartir le potentiel productif.

Le projet technique de réforme agraire présenté par l'ONI en 1963 fut suffisamment appuyé par les partis politiques pour que le pouvoir soit contraint de promulguer un texte annonçant une réforme. C'est l'objet des directives royales du 20 avril 1965 : « Il est décidé une réforme agraire profonde assurant une production agricole plus large et permettant au monde rural une participation plus directe au

(8) *Cf.* LAZAREV (G.), PASCON (P.), « Les caractéristiques des exploitations agricoles », *Bulletin de l'ONI*, n° 2, mars 1962. Voir également GADILLE (J.), « Exploitations européennes », *Atlas du Maroc*, Rabat, 1958.

Tableau n° 31

RÉPARTITION DES TERRES SUR LE « MELK » MAROCAIN EN 1961-1963

Classe de superficies	Nombre d'exploitation		Superficie en hectares		Quotient
	Nombre	%	Nombre	%	
Non-cultivateur	543 284	33	–	–	–
Moins de 1 ha	446 412	27	236 120	7	0,53
De 1 à 2 ha	233 627	14	314 838	9	1,35
De 2 à 4 ha	205 486	12	627 218	19	3,06
De 4 à 6 ha	95 301	6	512 481	15	5,4
De 6 à 8 ha	41 289	3	306 487	9	7,4
De 8 à 10 ha	28 874	2	268 723	8	9,3
De 10 à 15 ha	31 663	2	414 647	12	13,2
De 15 à 20 ha	9 253	PM	172 241	5	18,5
De 20 ha et plus	14 860	PM	537 756	16	36,2
Total	1 650 049	100	3 390 511	100	2,06

Source : P. Pascon, *La question agraire, op. cit.,* t. I, p. 390.

décollage du pays (9). » Semblant pourtant bien engagé, le processus de réforme agraire va traîner en longueur pour finalement échouer.

L'expropriation des terres de colonisation se fait très lentement. En 1959, une loi supprime l'aliénation de jouissance perpétuelle acquise sur les terres collectives, mais cela ne concerne que 35 000 ha. En 1963 sort une loi d'expropriation de la colonisation officielle (250 000 ha), qui sera appliquée jusqu'en 1966. Il faudra attendre 1973 pour que soient touchées les terres de colonisation privée. A la faveur de cette lenteur, plus de 300 000 ha de terres coloniales vont être rachetées par des propriétaires marocains, citadins ou grands propriétaires.

L'État marocain récupère une autre partie de ces terres (365 000 ha), si bien que les terres à distribuer ne représentent plus grand-chose. L'attribution des terres récupérées est également très lente, ce qui fait dire à H. Popp :

> Plusieurs indices indiquent l'utilisation de la « réforme agraire » comme « soupape » politique, c'est-à-dire une sorte de vanne qu'on ouvre ou ferme selon la situation politique intérieure (p. 63).

---

(9) Chapitre concernant l'agriculture dans les directives royales du 20 avril 1965 *in* PASCON, *La question agraire,* t. I, pp. 101-103.

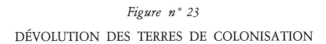

Figure n° 23

DÉVOLUTION DES TERRES DE COLONISATION

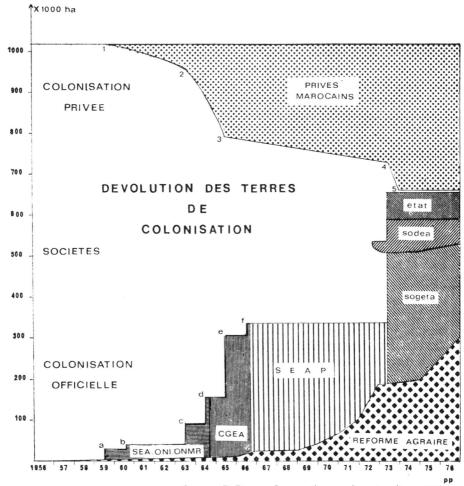

Source : P. Pascon, *La question agraire, op. cit.,* p. 212.

Cette lenteur dans la distribution des terres est claire sur les zones de périmètres.

Le reste des terres est géré par l'État dans le cadre de structures créées à cet effet :

— en 1972 sera créée la Sodea (Société de développement agricole), pour gérer les plantations d'agrumes situées en zones riches (70 000 ha environ, situés dans le Gharb, les plaines de Fès, Meknès...). Le souci de rentabilité commence à l'emporter sur celui de la redistribution. L'actionnariat est d'ailleurs partagé entre l'État et quelques grands propriétaires, dont la famille royale. Les bénéfices sont importants ;

Tableau n° 32
EXPROPRIATION ET ATTRIBUTION DES TERRES SUR LES PÉRIMÈTRES

Région	Expropriation (en ha)		Distribution (en ha)	
ORMVA	1963	1973	jusqu'en 1966	après 1966
Basse Moulouya	–	26 062	2 876	2 406
Tadla	2 506	8 550	3 186	3 022
Doukkala	15 715	5 879	501	12 442
Haouz	17 818	7 110	4 963	12 960
Gharb	37 404	58 953	6 289	38 681
Loukkos	853	20 545	665	–
Souss-Massa	–	13 234	–	–
Tafilalet	–	–	–	–
Ouarzazate	–	–	–	–
Hors ORMVA	217 307	224 855	4 114	182 146
Total	291 603	365 188	22 594	251 657

Source : Popp, *Effets socio-géographiques...*, *op. cit.*, p. 63.

— en 1973 est créée une autre société d'État, la Sogeta (Société de gestion des terres agricoles), pour administrer quelque 325 000 ha de terres en *bour* (non irrigué) venant de la colonisation privée. Le dynamisme économique est moindre, aussi quelque 110 000 ha en seront-ils redistribués à des fellahs.

Finalement, sur 100 ha de terre coloniale, 35 sont passés aux mains de propriétaires marocains déjà bien dotés, 35 sont gérés par l'État, et 30 seulement sont attribués à des petits agriculteurs dans le cadre de la réforme agraire. Le rapport des forces sociales et la préoccupation de rentabilité ont donc eu raison, en quelques années, d'un projet ambitieux que l'ONI avait contribué à faire mûrir. A défaut de réforme de fond, on fait quelques investissements agricoles à caractère social, pour éviter les troubles et limiter l'exode rural : barrages sur le Ziz et le Draa, chantiers de plein emploi, allégements fiscaux pour les petites exploitations.

L'inégalité foncière subsiste donc, surtout sur les périmètres d'irrigation, où les équipements existants amplifient la différence de potentiel agricole.

Peu à peu, cependant, on observera des évolutions différenciées : ici, la grosse propriété s'amplifiera ; ailleurs, la micro-exploitation se développera beaucoup. Entre le Gharb et les Doukkala, par exem-

---

(10) BENHADI (A.), « La politique marocaine des barrages », *Les problèmes agraires au Maghreb*, Paris, Éditions du CNRS, 1977.

Tableau n° 33

RÉPARTITION DE LA PROPRIÉTÉ DANS QUELQUES PÉRIMÈTRES MAROCAINS EN 1971

Catégorie	Nombre	%	Surface	%	Superficie moyenne
Moins de 5 ha	53 630	77,5	110 624	28,4	2,06
5-20 ha	13 070	18,9	102 600	26,2	7,8
Plus de 20 ha	2 482	3,6	177 524	45,5	71,5
Total	69 182	100	390 748	100	5,6

Source : Benhadi (10), p. 288.

ple, il y a un grand contraste dans la structure de la propriété. On en trouvera le détail en annexe 4.

La question de la modernisation des périmètres

C'est le second volet de l'action de l'ONI, celui qui lui survivra le mieux. Trois axes principaux sont définis par l'Office pour sortir d'une sous-intensification des zones irriguées : réorienter dans le choix des cultures, adopter des contraintes plus nettes de rentabilité, imaginer une trame d'irrigation.

a) Le choix des cultures

A l'époque coloniale, les cultures spéculatives, surtout agrumes et maraîchage, se sont bien implantées. Il n'en va pas de même pour les assolements intensifs, qui intègrent des cultures industrielles destinées au marché intérieur (cultures sucrières, coton), ou pour les cultures fourragères. Cela ne signifie pas que l'État marocain veuille abandonner son secteur exportateur ; souvent, d'ailleurs, ce ne sont pas les mêmes zones. D'ailleurs, le 9 juillet 1965, L'Office chérifien d'exportation est maintenu sous le nom d'Office de commercialisation et d'exportation (OCE).

Pour lancer ces cultures nouvelles, l'ONI propose aux agriculteurs des contrats de culture avec garanties de prix et indemnisations en cas de pertes de récolte. C'est le système dit des « cultures intégrées », qui concernera essentiellement les cultures sucrières (betterave et canne), et d'autres cultures industrielles comme le coton ou la tomate industrielle. Outre la garantie de prix, l'intégration signifie fourniture des intrants et réalisation d'une partie de travaux de récolte. Le plus souvent, l'Office se paie lui-même, pour ces prestations, sur la valeur de la récolte. Ce système démarre dès la campagne 1960-61, au cours de laquelle la betterave sucrière est expérimentée sur quatre périmètres (Gharb, basse Moulouya, Abda-Doukkala et Tadla), et, en 1962, on a déjà plusieurs milliers de contrats de culture passés avec les agriculteurs. Les rendements s'élèvent progressivement, allant de 27 t/ha dans le Gharb à 45 t/ha dans le Tadla (11). Il est vrai que l'on veille de près à la rentabilité.

b) Le souci de rentabilité

Les périmètres étant des gouffres financiers, l'État marocain prend des précautions en promulguant en 1969 un code des investissements, qui concerne surtout le secteur irrigué. L'État s'engage à prendre en charge l'équipement externe (adduction d'eau, remembrement...) et une partie de l'équipement interne (drainage, nivellement des parcelles...), à charge pour l'agriculteur de rembourser à l'État la plus-value qui résulte de cet équipement et qui est évaluée à 1 500 DH/ha, sauf pour les exploitants qui ont moins de 5 ha. Ce prix de l'eau, en revanche, est légèrement majoré pour couvrir non seulement le coût de l'énergie, mais aussi une part des coûts d'équipement. En échange de son apport, l'État se réserve un droit de regard sur la conduite des cultures et même le droit d'imposer jusqu'à 40 % du coût de l'équipement. Cela est applicable sur l'ensemble des zones définies comme grands périmètres d'irrigation.

c) Les choix techniques de l'ONI

Ils consistent pour l'essentiel dans une option prioritaire pour le gravitaire, et l'adoption d'une trame d'irrigation, qui implique au départ un remembrement général.

L'option pour l'irrigation gravitaire s'explique par différentes raisons : elle permet d'utiliser beaucoup de main-d'œuvre, d'économiser des devises en minimisant les importations de matériels d'aspersion, d'utiliser le savoir-faire traditionnel des irrigants ; de plus, au Maroc, la contrainte d'économie de l'eau n'est pas très grande. Toutefois, on améliore le système traditionnel en bétonnant les *séguias,* voire en développant les réseaux portés en précontraint.

L'autre innovation technique de l'ONI, la plus révolutionnaire, est la trame B (12), ou trame rationnelle.

PRINCIPE DE LA TRAME B :

— le bloc d'irrigation est découpé en bandes parallèles au canal secondaire et en nombre égal aux cultures entrant dans l'assolement ;

— chaque bande est dominée par un fossé arroseur quaternaire ;

— les exploitations remembrées forment des bandes perpendiculaires à celles des soles.

Cette disposition permet de retrouver les mêmes cultures, quelle que soit la taille des propriétés, sur des alignements de 400 m, et autorise ainsi une rationalisation des travaux agricoles (par exemple,

(11) SRZEDNICKI (M.), « Les essais de culture de betterave au cours de la campagne 1961-62 », *Bulletin de l'ONI,* n° 7, mars 1964, p. 376.

(12) *Cf.* DUCROCQ (M.), « Un aspect original de l'aménagement hydro-agricole au Maroc : la trame d'irrigation », *Cahiers du Ceneca,* Paris, 1976 ; CHRAIBI (M.), « Techniques d'irrigation et structures agraires », *BESM,* n° 120-121, janv.-fév. 1971, pp. 63-80.

Figure n° 24

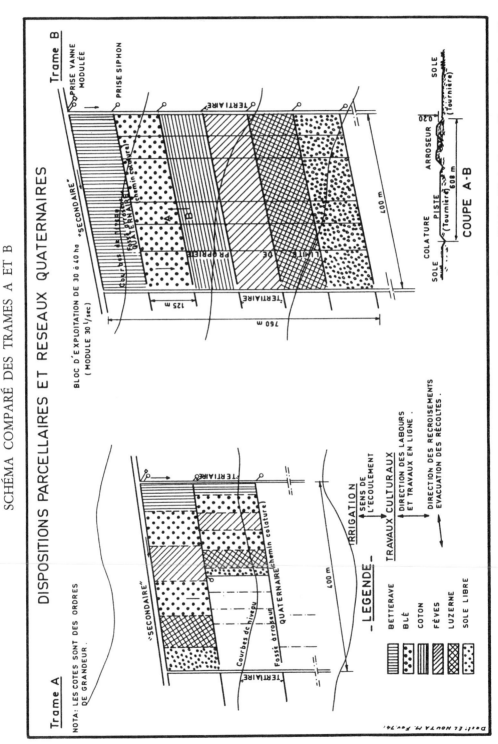

SCHÉMA COMPARÉ DES TRAMES A ET B

DISPOSITIONS PARCELLAIRES ET RESEAUX QUATERNAIRES

Source : MARA, L'irrigation au Maroc, op. cit., p. 24.

épandage de produits par avion, irrigation synchronisée des cultures, planification des temps de travaux, regroupement des agriculteurs...). Cependant, les bandes correspondant aux exploitations doivent avoir une largeur minimale de 25 m, ce qui conduit à opter pour une autre trame, dite trame A, pour les exploitations de moins de 5 ha.

PRINCIPE DE LA TRAME A :
— les propriétés sont disposées en bandes parallèles aux canaux secondaires ;
— chaque bande contient plusieurs soles, en fonction des options culturales de l'agriculteur.

C'est un système plus classique, qui n'autorise guère de mécanisation poussée des travaux, mais n'est pas évitable en relief accidenté et avec des exploitations morcelées. Dans les deux cas, les paysans doivent irriguer à la raie ou au calant en utilisant des siphons adducteurs qui puisent dans les canaux quaternaires.

Des deux actions de l'ONI, c'est cette impulsion de changements techniques qui aura la plus grande postérité. Quel fut le destin de l'ONI ?

Ce fut une structure considérable, partiellement victime des inconvénients d'une administration centralisée et budgétivore (7 000 agents) ; le manque de cadres marocains n'a rien arrangé (13).

Les pressions politiques s'ajoutant à ces limites techniques, l'ONI voit d'abord réduire ses compétences, le 7 mai 1965, avec la création de l'OMVA (Office de mise en valeur agricole), qui est une fusion de l'ONI et de l'ONMR (Office national de modernisation rurale), qui s'occupait du secteur traditionnel. La dissolution pure et simple sera prononcée le 22 octobre 1966, au profit d'offices régionaux de mise en valeur agricole (ORMVA), organes décentralisés ayant des ressources budgétaires propres et, en principe, une autonomie de gestion. Aux cinq offices existants, on en ajoute alors deux : les offices de Ouarzazate et du Tafilalet ; seront créés ultérieurement celui du Souss-Massa (en 1970) et celui du Loukkos (en 1975). Les fonctions de l'ONI non récupérées par les offices sont confiées à la direction de la Mise en valeur du ministère de l'Agriculture.

Selon le mot de Benhadi, l'ONI laisse un « héritage ambigu », contenant à la fois des aspects très positifs (un énorme travail d'étude, qui servira beaucoup ultérieurement), des options techniques fécondes (comme les contrats de culture ou la trame rationnelle), mais aussi un échec cuisant dans la tentative d'associer l'ensemble de la paysannerie marocaine à cette entreprise de modernisation. Benhardi conclut (14) :

(13) Voir le bilan très intéressant fait par BRUNET (J.), « l'Office National des Irrigations au Maroc, deux ans d'expérience », *AAN*, 1962, pp. 249-267.
(14) BENHADI (A.), art. cité, p. 280. C'est également l'objet de l'ouvrage collectif de DRESCH, DUMONT, BERQUE, MARTHELOT, GOUSSAULT, BEN BARKA, *Réforme*

L'Office a doublement échoué dans la réalisation de ce qui apparaît comme la tâche fondamentale qu'il s'était assignée : introduire le progrès dans les petites et moyennes exploitations. D'une part, l'Office n'a pas pu procéder aux mesures de réforme foncière permettant d'élargir cette catégorie d'exploitations. D'autre part, malgré quelques efforts au moment du lancement des premières campagnes betteravières, il n'a même pas pu faire des petits exploitants existants des partenaires privilégiés. Le grand dessein de promouvoir une large participation de la paysannerie à la modernisation de l'agriculture avait été conçu sur une lourde erreur d'appréciation du rapport des forces politiques.

Le programme du million d'hectares irrigués

Les travaux de Swearingen ont montré l'ancienneté de ce projet : irriguer un million d'hectares. Vers la fin des années 1960, le pouvoir marocain va s'engager avec toute son énergie pour réaliser ce vieux rêve. A défaut de réaliser la réforme agraire, on se lance dans la modernisation d'une partie de l'agriculture, et Sa Majesté le roi Hassan II en fait un grand dessein pour la nation tout entière pour l'an 2000 : « Nous avons lancé un défi au temps et à nous-mêmes et avons décidé de réaliser le million d'hectares irrigués », déclare-t-il en inaugurant le barrage d'Oued el Makhazine le 14 mars 1974.

Dès le Plan quinquennal 1968-72, la priorité à l'agriculture et à

Tableau n° 34

LES INVESTISSEMENTS PUBLICS POUR L'IRRIGATION
(En millions de DH)

	1965-67	1968-72	1973-77	1978-80	1981-85
Investissement total prévu	2 933	5 100	21 845	13 220	70 620
Investissement total réalisé	2 477	6 343	33 463	25 291	55 291
Agriculture	847	1 622	4 105	2 504	8 062
Hydraulique	447	1 667	4 378	2 809	3 971
dont : équipement	355	671	2 143	1 628	1 071
barrages	92	996	2 235	1 181	2 900
Investissement hydraulique/an	149	333	875	936	794
% Hydraulique/Investissement total	18 %	26 %	13 %	11 %	7 %
% Hydraulique/Agriculture	53 %	103 %	106 %	112 %	49 %

Sources : Plans de développements, lois de finances (15).

agraire au Maghreb. Colloque sur les conditions d'une véritable réforme agraire au Maroc, Paris, Maspero, 1965.

(15) Beaucoup de travaux universitaires tablent uniquement sur les prévisions des Plans, qui sont souvent loin de la réalité : d'où l'intérêt de se baser sur les lois de finances, qui donnent les crédits de paiements réels.

l'hydraulique dans les investissements publics devient écrasante, puisque le secteur de l'irrigation récupère à lui tout seul 2 088 millions de DH, soit 41 % de l'enveloppe globale des prévisions budgétaires du Plan. Les investissements planifiés pour l'irrigation ont augmenté de façon constante. Il faut souligner :

a) L'effort exceptionnel de l'État marocain pour le secteur hydraulique à partir du Plan 1968-72, en particulier pour la construction des barrages, qui aura donc mobilisé jusqu'à 400 millions de DH/an. Le niveau de dépenses que cela impliquait est souligné par la comparaison avec les crédits alloués au reste de l'agriculture.

Tableau n° 35

LES BARRAGES CONSTRUITS AU MAROC DE 1956 A 1980

Barrages [a]	Oued	Année	Mobilisé	Cumul	Destination principale [b]
Nakhla	Nakhla	1961	7,1	1 971,3	AEP Tetouan
Safi	Sahim	1965	2,0	1 973,3	AEPI Safi
Mohammed V	Moulouya	1967	595,8	2 569,1	
Ajras	Ajras	1969	2,8	2 571,9	
Aït Aadel	Tessaout	1970	191,0	2 762,9	I 30 000 ha
Hassan Addakhil	Ziz	1971	362,0	3 124,9	Régularisation crues
Mansour Eddahbi	Draa	1972	567,0	3 691,9	Régularisation crues
Y. ben Tachfine	Massa	1973	310,0	4 001,9	I 20 000 ha
Idriss Ier	Inaouène	1973	1 207,0	5 208,0	Protection crues
S.M. Ben Abdelah	B. Regreg	1974	493,0	5 701,9	AEP Rabat-Casa
O. el Makhazine	Loukkos	1978	789,0	6 490,9	AEPI 40 000 ha
Timi N'Outine	Tessaout	1978	4,0	6 494,9	
Ibn Batouta	Mharhar	1978	41,5	6 536,4	I AEP Tanger
Garde du Loukkos	Loukkos	1978	4,0	6 540,4	I
Nekor	Nekor	1978	43,0	6 583,4	
Nador	Nador	1978	2,2	6 585,6	
El Massira	Oum er Rbia	1979	2 724,0	9 309,6	AEPI 100 000 ha
Tamzaourt	Issem	1979	216,0	9 525,6	
Sidi Driss	Lakhdar	1980	7,0	9 532,6	
Total des apports nouveaux				7 568,4	

Source : HTE, n° 65-66, p. 107 (18).

(a) Certains sont connus sous un nom illustre : *cf.* Moulay Youssef pour Aït Aadel.
(b) La plupart des barrages ont des finalités multiples. On a relevé celle qui prédomine :
I = irrigation ; AEPI = eau potable et industrielle ; E = hydroélectricité.

Le secteur irrigué, qui représente moins de 10 % de la SAU, a donc mobilisé autant de crédits, et parfois plus, que tout le reste de l'agriculture marocaine. Très tôt, cette option a été controversée (16), mais la sécheresse des années 1980-85 a donné de sérieux arguments aux tenants de l'option barragiste.

b) A l'intérieur des crédits accordés à l'irrigation, la grande hydraulique mobilise elle-même une part majeure des crédits. C'est dire le peu de soutien accordé à la petite et moyenne hydraulique.

c) Pour financer des dépenses aussi importantes, l'État a été conduit à recourir à d'importants financements extérieurs, sources d'endettement. Oualalou estime qu'au cours de la période quinquennale 1968-72 la part du financement extérieur dans l'exécution du Plan est passée de 35 % à 60 % (17).

La mise en œuvre conséquente d'un programme ambitieux

Sur les 19 barrages (18) construits, plusieurs sont de très grande taille, en particulier : El Massira, Mohammed V, Oued el Makhazine.

On peut considérer que les valeurs ainsi données sont les capacités théoriquement régularisables. Dans ce cas, le chiffre de 9,5 km³ représente 59 % du potentiel mobilisable (16 km³) et près de 80 % du potentiel régularisable (12 km³).

En fait, les volumes effectivement régularisés sont plus faibles, de l'ordre de 6,3 km³, si l'on en croit les planificateurs de l'Hydraulique ou les experts (19) :

Bassin de l'Oum er Rbia :	3 140 hm³	Bassin du Tensift :	85 hm³
Bassin de Sebou :	1 180 hm³	Bassin du Loukkos :	330 hm³
Bassin de Bou Regreg :	200 hm³	Bassin de la Moulouya :	690 hm³
Bassin du Souss-Massa :	180 hm³	Bassin de Ziz-Rheris :	130 hm³
Bassin de Draa :	250 hm³		

Ce qui signifie que les barrages actuels régularisent environ la moitié du potentiel.

Pendant la sécheresse des années 1980-85, les apports se sont situés entre 3 023 et 3 967 hm³, soit, la plus mauvaise année, le tiers de la capacité de régularisation. Ce qui fait conclure aux spécialistes que le surdimensionnement des retenues ne joue en faveur de la régularisation interannuelle que la première année. Malgré ces réserves, il est clair que l'effort public a donné au Maroc une avance notable dans la mobilisation de ses ressources en eau de surface.

---

(16) BENHADI (A.), art. cité, pp. 275-294.

(17) OUALALOU (F.), « L'apport étranger et l'agriculture marocaine », *BESM,* n° 122, p. 285.

(18) Il est regrettable de trouver dans de nombreux travaux universitaires des listes non vérifiées, où sont considérés comme réalisés des barrages non construits (ex. : ZOUITEN indique M'jara construit en 1982 [*op. cit.,* p. 214], alors que le chantier n'avait pas encore démarré faute de financements en 1990).

(19) AMBROGGI, art. cité, retient 6 km³ pour 1985.

Tableau n° 36

BARRAGES EN COURS DE CONSTRUCTION

Barrage	Oued	Volume (en hm³)	Destination
Aït Chouarit	Lakhdar	200,0	I, E, AEPI
Aït Youb + galerie de Matmata	Inaouène	80,0	I, E, AEPI
Aoulouz	Souss	110	
Hachef		185	
Smir	Sair	39	AEPI
Garde du Sebou	Sebou	40	I

Des progrès sont aussi faits au niveau des techniques de réalisation des barrages : ainsi, le BCR (béton compacté au rouleau), béton de terre et de ciment, est de plus en plus utilisé par les Marocains,

Figure n° 25
CARTE DES BARRAGES MAROCAINS

Source : *Le Maghreb, hommes et espaces, op. cit.*, complété par Ch. Danière.

à l'instar des firmes étrangères comme Campenon-Bernard. Cela permet de diminuer les cubages à mettre en place, et donc les coûts. L'effort devrait se poursuivre, puisque le roi a donné comme mot d'ordre « Un barrage par d'ici l'an 2000 », et que son ministre d'État, M. Moulay Alaoui, reprend volontiers le thème : « Plus une goutte d'eau à la mer », mais cela dépendra largement des capacités de financement.

Plusieurs autres grands projets déjà étudiés pourraient être lancés dès que les financements seront acquis. C'est le cas de M'jara, prévu depuis bien longtemps pour régulariser le cours impétueux de l'Ouerrha, affluent du Sebou. D'une capacité de mobilisation de 3 800 hm³ environ, il pourrait régulariser 1 740 hm³ et permettrait d'irriguer 100 000 ha de plus dans le Gharb, de produire de l'électricité (240 MW) et de réaliser à la fin du siècle un transfert vers la zone Bou Regreg-Oum er Rbia. Le coût des travaux serait estimé à 1 000 milliards de centimes, et sa réalisation suppose des financements extérieurs importants. Le 5 juillet 1989, un pas a été franchi avec la signature d'un accord Maroc-CEE-organismes financiers internationaux.

L'évolution des superficies irriguées

Un document programme de 1975 émanant du ministère de l'Agriculture donne une idée des ambitions du Maroc en matière d'irrigation (20).

Tableau n° 37

ÉVOLUTION PRÉVUE DES IRRIGATIONS

	Fin 1967	Fin 1972	Fin 1977	Fin d'aménagement
Irrigation moderne				
ORMVA	140 000	258 000	422 700	790 000
PMH	60 000	70 000	91 000	280 000
Total	200 000	328 000	513 700	1 070 000
Irrigation traditionnelle				
Irrigation pérenne	275 000	232 000	187 000	
Irrigation d'hiver [a]	100 000	100 000	100 000	100 000
Irrigation de crues [a]	190 000	190 000	190 000	190 000
(a) Estimations.				

---

(20) ROYAUME DU MAROC, MINISTÈRE DE L'AGRICULTURE ET DE LA RÉFORME AGRAIRE, *L'irrigation au Maroc, situations de l'équipement et de la mise en valeur. Perspectives de développement*, avril 1975, 114 p.

Les offices régionaux doivent à terme représenter 75 % du total irrigué, et absorber peu à peu les zones traditionnelles d'irrigation pérenne.

Tableau n° 38

SITUATION DES SUPERFICIES IRRIGUÉES SUR LES PÉRIMÈTRES EN 1989

Offices	Équipé			Irrigué
	GH	PMH	Total	
Moulouya	64 500	4 150	69 550	69 500
Gharb	76 750	15 000	91 750	91 750
Doukkala	59 700	3 000	62 700	62 700
Haouz	30 050	4 600	34 650	269 050[a]
Tadla	97 050	12 000	109 050	114 050
Tafilalet	27 900	13 500	41 400	50 000
Draa	26 000	27 600	53 600	66 150
Souss-Massa	32 750	37 600	70 350	104 450
Loukkos	16 000	2 800	18 800	18 800
Total	431 600	120 250	551 850	846 000
(a) Le Haouz englobe des irrigations traditionnelles de l'Atlas.				

Source : DER, 1984.

Avec plus de 550 000 ha irrigués en périmètres, le Maroc a donc atteint, en 1989, la moitié de l'objectif fixé en superficie. Le million d'hectares pourrait être atteint en l'an 2000, si l'on inclut les zones d'irrigation traditionnelle, bien que le rythme d'équipement se soit ralenti en fin de période, pour des raisons financières. Aujourd'hui encore, la PMH constitue un apport essentiel :

Tableau n° 39

L'APPORT DE LA PMH AUX IRRIGATIONS EN 1989

(En ha)

	Grande hydraulique	PMH	Total
Eaux pérennes	431 600	180 500	612 100
Eaux saisonnières[a]	–	175 000	175 000
Eaux de crue[a]	–	59 400	59 400
Total	431 600	414 900	846 500
(a) En fonction de l'hydraulicité de l'année.			

Source : DER, 1989.

Le programme marocain d'irrigation, cible centrale des politiques d'ajustement structurel en agriculture

L'effondrement du prix des phosphates à partir de 1975-76, la montée des dépenses militaires, puis la sécheresse des années 1980-85 ont plongé le Maroc dans une crise financière grave. Déséquilibre de la balance des paiements, déficit budgétaire, ralentissement de la croissance, ont contraint le pays à ralentir ses investissements (c'est très net entre 1981 et 1985 en termes de superficies nouvelles équipées, par exemple), puis à mettre en œuvre, à partir de 1983, des politiques sectorielles d'ajustement, parmi lesquelles une réforme de la grande irrigation. C'est l'objet du Pagi (Programme d'amélioration de la grande irrigation), lancé en 1985. Parmi les réformes préconisées par le Pagi, beaucoup aboutissent à une diminution importante des fonctions des ORMVA, dont la mission serait à terme la gestion du réseau et de la ressource, les missions annexes comme la fourniture des intrants, la réalisation de certains travaux de récolte, etc., étant désormais dévolues à des organismes privés. En 1990, un second Pagi est en cours. Il y a là une évolution majeure sur laquelle on reviendra dans le chapitre douze.

Avant de discuter plus loin les fruits réels de cette politique hydraulique, il convient de souligner que le Maroc a acquis dans ce domaine une expérience et un renom qui expliquent que Casablanca ait accueilli, en 1987, le XIIIᵉ Congrès de la prestigieuse Commission internationale des irrigations et du drainage (ICID). Sur ce point, le contraste est saisissant avec le pays voisin.

2. Le réveil tardif de l'hydraulique algérienne

Mai 1990 : en cette fin de printemps, la route qui longe les plaines du Chelif offre un spectacle désolant ; orangers desséchés à Mohammadia, herbe déjà jaunie alors que les chaleurs de l'été n'ont guère commencé, sols blanchis par le sel dans le Habra. On est pourtant le long du plus important oued d'Algérie, dans des plaines qui constituent une part importante du potentiel en grands périmètres du pays. Impression superficielle ? Les statistiques du moment renforcent le constat de gravité.

Ce tableau exige un seul commentaire : les périmètres irrigués manquent d'eau, et le peu disponible ne suffit même plus à sauver les agrumes. Pourtant, le Plan quadriennal 1985-89 marquait un certain revirement de la politique algérienne : pour préparer l'« après-

Tableau n° 40

ÉVOLUTION RÉCENTE DES SUPERFICIES IRRIGUÉES
SUR LES GRANDS PÉRIMÈTRES ALGÉRIENS

(En ha)

Périmètres	Équipé	Superficie irriguée			Prévisions	
		1987	1988	1989	1990	%
Habra	19 610	6 700	3 699	5 800	5 800	29
Sig	8 200	3 587	3 989	3 620	3 500	43
Mina	8 200	3 568	3 539	2 942	3 000	36
Bas Chelif	15 000	4 596	4 484	1 473	2 100	14
Moyen Chelif	18 000	8 330	7 264	6 000	6 500	36
Haut Chelif	20 300	9 358	5 116	2 977	2 400	12
Hamiz	17 000	10 000	4 000	4 216	2 000	12
Mitidja Ouest	2 300	–	–	1 590	2 000	87
Bou Namoussa	16 500	10 000	8 700	1 200	–	0
Total OPI	125 110	56 139	40 791	29 818	27 300	22
Maghnia	5 138	1 230	112	45	–	0
Abadla	5 400	768	1 500	1 500	4 000	74
Aïn Skhouna	2 850	1 031	1 014	1 418	1 400	49
Ksob	6 622	7 000	5 000	3 400	3 800	57
Total OPI wilaya	20 010	10 029	7 626	6 363	9 200	46
Total général	145 120	66 168	48 417	36 181	36 500	25

Source : Ministère de l'Agriculture, 1990.

pétrole », il entendait faire de l'hydraulique la « priorité des priorités » et réserver à ce secteur une part croissante des investissements planifiés : 23 milliards de DA au cours du premier Plan quinquennal (1980-84), 41 au cours du second, soit nettement plus que l'agriculture, qui recevait aux mêmes périodes 20 et 30 milliards de DA. La crise financière a remis tout cela en cause.

Le retard dramatique accumulé par l'Algérie en matière d'hydraulique entre 1962 et 1980 avait été mis en évidence par le bilan économique et social de la décennie 1967-78, établi en 1980 par le ministère du Plan et de l'Aménagement du territoire : seulement trois barrages construits, une régression des superficies irriguées, une forte dégradation de la satisfaction de la demande urbaine en eau potable. On peut proposer au moins deux hypothèses pour expliquer ce revirement de la politique hydraulique en 1980 :

— le niveau trop élevé de la dépendance alimentaire et un niveau critique de pénurie d'eau dans les villes (21) ;

— une stagnation excessive du secteur agricole constitue une limite au développement industriel, pilier de la stratégie algérienne de développement. A partir de la fin des années 1970, plusieurs auteurs ont relevé que les limites rencontrées par le développement industriel pouvaient être en rapport avec les faibles capacités d'absorption du marché intérieur (machines, engrais, produits chimiques...) (22).

D'autres facteurs ont contribué à l'émergence d'une politique hydraulique à la fin des années 1970, en particulier une réforme des organismes de tutelle : pendant longtemps, en effet, s'était prolongée la situation héritée de l'époque coloniale, où les barrages relevaient d'une direction de l'Équipement au ministère des Travaux publics, alors que la mise en valeur était du ressort d'une direction du Génie rural au ministère de l'Agriculture. La création d'un secrétariat d'État à l'Hydraulique en 1970 ne régla pas vraiment le problème, dans la mesure où ce fut davantage une opération d'autonomisation de l'équipe Génie rural du Mara (dirigée par M. Arbaoui) qu'une vraie réorganisation du secteur de l'hydraulique. Les relations avec le Mara ne s'en trouvèrent guère améliorées. Il faudra attendre la création, en 1977, d'un ministère de l'Hydraulique et de la Mise en valeur des terres pour qu'on sente naître une politique hydraulique en Algérie. Il reste que les querelles de tutelle ne sont pas apaisées : en 1990, une direction du Génie rural revoit le jour au ministère de l'Agriculture et les répartitions de compétence entre elle et l'Hydraulique (rattachée entre-temps à un superministère de l'Équipement) ne sont pas claires. Ce manque de continuité administrative et la politisation excessive du secteur constituent à l'évidence une des causes du désastre auquel on assiste. Mais comment s'expliquer que le pays ait laissé se dégrader à ce point un secteur stratégique où des atouts réels existaient (23) ? Un peu d'histoire de la politique hydraulique algérienne s'impose.

---

(21) *Cf.* RAHMANI (C.), *La croissance urbaine en Algérie*, Alger, OPU, 1982, p. 193.

(22) C'est le cas par exemple des analyses de THIERRY (S.-P.), « La crise du système productif algérien », thèse, Grenoble-IREP, 1982, 470 p.

(23) On ne peut pas ne pas mentionner le potentiel d'études accumulé au moment et au lendemain de l'indépendance par le SES (Service d'études scientifiques), d'où allait naître l'INRH. Le secrétaire d'État à l'Hydraulique s'est employé à casser cet héritage, trop colonial à ses yeux, pour faire place aux Soviétiques. On ne s'en est pas remis.

L'absence de politique hydraulique de 1962 à 1980

Elle tient à plusieurs facteurs : un héritage lourd à gérer, une stratégie de développement qui accorde la priorité à l'industrialisation, des carences importantes en matière de planification.

Un héritage lourd à gérer

L'Algérie indépendante se trouve d'abord dans la situation de devoir gérer l'héritage de l'époque coloniale, dont on a analysé les grandes caractéristiques au chapitre précédent :
— une faible mobilisation de l'eau : les 14 barrages construits entre 1830 et 1962 ne retiennent plus qu'une partie de la capacité initiale (487 hm³) en raison de l'envasement des retenues ;
— la priorité quasi exclusive donnée à la grande hydraulique, qui a eu pour contrepartie un manque de soutien aux autres possibilités d'irrigation : stagnation des techniques traditionnelles de petite hydraulique, concentration de l'effort de l'État sur les plaines riches... Aussi le chiffre de 320 000 ha d'irrigations intensives retenu par les statistiques agricoles (série B) à l'indépendance inclut-il d'importantes superficies de petite et moyenne hydraulique très peu modernisées (plus de 250 000 ha) ;
— enfin, le décalage très important entre superficies dominées ou classées et superficies réellement irriguées, évalué en 1967 à 51 099 ha dominés, 109 024 ha équipés, 51 767 ha irrigués.
Face à tous ces handicaps de départ, la politique menée au cours des premières années a privilégié la récupération des terres de colonisation, et largement reconduit les actions du plan de Constantine en matière hydraulique, comme la construction du barrage de la Cheffia, achevé en 1965, le barrage Si Mohamed ben Aouda (*wilaya* de Relizane), et la surélévation des barrages de Ksob et Zardezas. Le plan triennal n'opère pas de sélection nette entre les objectifs multiples du plan de Constantine, qui retenait entre autres un accroissement des superficies irriguées de 20 000 ha/an. Les années suivant l'indépendance n'ont pas donné lieu à une clarification pourtant nécessaire.
En revanche, une série d'études fort utiles a été réalisée à la demande du gouvernement algérien par des bureaux d'études étrangers (24), sous les orientations du très dynamique SES : Sogreah (1962) sur les sites possibles de lacs collinaires, Energoprojekt (1965) sur l'extension des superficies irriguées, Sogreah (1969) sur les aires d'irrigation.

---

(24) SOGREAH, *Aménagements hydro-agricoles en collines ; reconnaissance générale de l'Algérie*, septembre 1962, 70 p. ; ENERGOPROJEKT, *Étude de l'irrigation des grands périmètres algériens*, Belgrade, 1967, 1 volume par périmètre ; SOGETHA-SOGREAH, *Étude générale des aires d'irrigation et d'assainissement agricole en Algérie*, dossier de synthèse, avril 1969, 164 p.

Ces études constitueront des éléments précieux pour les décisions futures, mais l'ensemble de la période est marqué par une nette décapitalisation, comme le montrent tous les travaux sur l'évolution du secteur colon, devenu secteur socialiste (25). Les périmètres resteront tels que décrits par Mazoyer au début des années 1970 : inefficaces et coûteux (26).

Une politique hydraulique pensée à partir d'une stratégie d'industrialisation

Dans la stratégie de développement élaborée par l'Algérie en 1967, qui trace un schéma de croissance à l'horizon 1980, la nette priorité accordée à l'industrialisation ne signifie pas un abandon par le planificateur des objectifs agricoles (27). Au contraire, dans le modèle de G. de Bernis, qui s'inspire du modèle de Feldmann, « l'industrialisation se justifie moins par ce qu'elle produit que par ce qu'elle est susceptible de promouvoir », comme l'écrit la Charte nationale de 1976 (28). C'est ainsi que le développement agricole est censé découler de la fourniture par l'industrie nationale d'un certain nombre d'intrants susceptibles d'accroître la productivité de l'agriculture (machines, engrais, plastiques). La politique hydraulique fut conçue dans cette optique. Il est d'ailleurs significatif que ce soit le ministère de l'Industrie qui ait, en 1969, commandé une étude à l'IEJE (Grenoble) pour tenter de chiffrer les différents besoins de l'agriculture en produits industriels, entre autres dans le secteur de l'irrigation (29). Les experts proposent un accroissement annuel moyen des superficies irriguées de 9 000 ha/an, passant à 13 000 ha/an à partir de 1976, chiffres plus réalistes que les 20 000 ha/an du plan de Constantine et du Plan triennal 1967-69. Les 154 000 ha nouveaux à réaliser entre 1969 et 1980 se répartiraient ainsi :

(25) L'évolution globale a été décrite par DUPRAT (G.), *Révolution et autogestion rurale en Algérie*, Paris, Presses de la Fondation nationale des sciences politiques, 1973, 486 p., et KOULYTCHISKY (S.), *L'autogestion, l'homme et l'État, l'expérience algérienne*, Paris, Mouton, 1974, 482 p. La décapitalisation du secteur agricole socialiste est démontrée par BEDRANI (Sl.), *L'agriculture algérienne depuis 1966*, Alger, OPU, 1981, pp. 25 et suiv., et KARSENTY (J.-C.), *L'évolution de l'appareil de production et les investissements du secteur autogéré en Algérie*, DES de sciences économiques, Alger, 1976.

(26) DUMONT (R.), MAZOYER (M.), *Développement et socialismes*, Paris, Seuil, 1969, p. 260.

(27) *Cf.* TEMMAR (H.), *Structure et modèle de développement de l'Algérie*, Alger, SNED, 1974, pp. 216-239.

(28) Clairement explicité par DE BERNIS, « L'industrialisation en Algérie », *Problèmes de l'Algérie indépendante*, Paris, PUF, 1963, pp. 125-137.

(29) IEJE, *Développement industriel et production agricole*, Alger, décembre 1969, 2 tomes. Pour l'hydraulique, t. I, pp. 36-74.

Tableau n° 41

PRÉVISIONS DE RÉPARTITION DES SUPERFICIES IRRIGUÉES
A L'HORIZON 1980

	Surfaces irriguées	Prévisions 1980	Total
Grande hydraulique	57 000	+ 97 500	154 500 ha
Moyenne hydraulique	140 000	+ 32 500	172 500 ha
Petite hydraulique	100 000	+ 24 000	124 500 ha
	297 000	+ 154 000	451 000 ha

Source : IEJE, 1969.

On peut souligner la précision et la mesure des chiffres avancés par l'étude IEJE, qui rompt ainsi avec les chiffres assez fantaisistes proposés en la matière par le plan de Constantine (30). Néanmoins, sont nettement sous-estimés les phénomènes de concurrence pour l'eau, déjà prévisibles vu les projets industriels et urbains envisagés. Et surtout, le dérapage industrialiste est alors très sous-estimé : l'agriculture ne bénéficiera pas de façon automatique des « produits porteurs de progrès ».

Les moyens mis en œuvre pendant la période 1962-1980

Malgré les objectifs raisonnables proposés par l'étude IEJE de 1969, le secrétariat à l'Hydraulique créé en 1970 fait inscrire au Plan quadriennal 1970-74 des objectifs exagérément ambitieux, bien que la dotation financière du secteur reste modeste : on reparle des 20 000 ha d'accroissement annuel des superficies irriguées. Le Ier Plan quadriennal accorde la priorité en matière hydraulique à l'agriculture, censée bénéficier de la quasi-totalité de l'eau supplémentaire mobilisée par les nouveaux barrages programmés : Sidi Abdelli, Cheurfas, Ouizert, Deurdeur, Bou Roumi, SMBA. Néanmoins, ce sont les programmes de grande hydraulique qui sont ainsi privilégiés. Sur le 1,9 milliard alloué par le planificateur, l'hydraulique ne consomme en fait que 1,34 pendant la période.

Au lieu de s'interroger sur les causes de ce retard, le IIe Plan quadriennal 1974-77 reprend et amplifie les programmes précédents, en en modifiant toutefois la finalité : la satisfaction des besoins en eau des villes et de l'industrie naissante « constitue la priorité » dans le rapport général du IIe Plan quadriennal (p. 120). En effet, l'ampleur

_____

(30) C'est ainsi qu'on avançait le chiffre de 1,3 million d'ha irrigables, sur la base de 6 km³ mobilisés, ce qui était complètement déconnecté des réalités.

que prend le phénomène urbain, mal dominé, et les besoins impératifs des nouveaux complexes industriels relèguent l'agriculture au second plan. Curieusement, on maintient des objectifs élevés en matière d'irrigation : achever l'équipement de 110 000 ha, dont 70 000 ha à livrer en 1974-75, achever 4 barrages en cours (SMBA, Ouizert, Guenitra, Zardézas), lancer 9 nouveaux barrages, déjà prévus pour la plupart par le Ier Plan quadriennal... On le voit, ce IIe Plan consacre la dérive d'une planification de plus en plus déconnectée des réalités. D'où le bilan sévère dressé par le Mpat en 1980, qui souligne en particulier l'ampleur des dérapages financiers dans le secteur de l'hydraulique.

Tableau n° 42

LES DÉRAPAGES FINANCIERS EN HYDRAULIQUE

(En milliards de DA)

	1967-69	1970-73	1974-77	1974-78	1967-78
Prévisions	355	1 900	4 600		
Coût des programmes[a]	(1 000)	3 640	14 600	16 370	18 200
Réalisation	491	1 344	2 975	4 675	6 479
RAR[b]	(509)	2 296	11 625	11 725	11 721
Réalisation/coût des programmes	49 %	37 %	20 %	29 %	36 %
(a) Coûts actualisés à la fin de chaque période.					
(b) Restes à réaliser					

Source : Bilan Mpat 1967-78, p. 33.

Le niveau de consommation des crédits n'a donc pas dépassé 70 % pour les trois Plans, soit 4,8 milliards de DA pour la période 1967-78, sur une autorisation de dépenses de 6,8 milliards de DA (31). L'incapacité à consommer les crédits alloués conduit à des retards considérables sur les chantiers, qui engendrent des réévaluations des coûts, croissants d'un Plan à l'autre : au total, les coûts des programmes passent de 6,8 milliards de DA à 18,2 milliards de DA sur la période. Le processus s'est amplifié au cours des années, comme le montre le rapport réalisations/coûts des programmes, rapport qui tombe de 49 % à 37, puis 20 %. L'augmentation substantielle des crédits lors

---

(31) Cela ruine l'argument souvent employé qui impute les retards du secteur agricole au manque de crédits. *Cf.* NADIR (M.T.), *L'agriculture dans la planification en Algérie de 1967 à 1977*, Alger, OPU, 1982, 598 p.

du IIe Plan quadriennal est allé de pair, en fait, avec une efficience décroissante de l'investissement.

Le niveau de réalisation physique a finalement été très faible, puisque seuls trois barrages sont construits : La Cheffia (Bou Namoussa), en 1965 (90 hm³ régularisés), Djorf Torba (Abadla) en 1969 (100 hm³) et Si Mohamed ben Aouda (SMBA) en 1978 (120 hm³), ce qui fait passer le volume régularisé total de 250 à 560 hm³. Plusieurs barrages en chantier seront mis en eau au milieu des années 1980.

Quant à l'évolution des superficies irriguées, le ministère du Plan propose également un chiffre plus rigoureux que celui donné par les statistiques agricoles courantes (32) : 55 000 ha seulement ont été équipés pour l'irrigation entre 1967 et 1978, sur les 166 000 ha prévus. Les superficies réellement irriguées en grande hydraulique auraient plutôt diminué, passant de 51 767 ha en 1967 à 49 300 ha en 1980, en raison de dégradations diverses : vieillissement des équipements datant de l'époque coloniale (haut Chelif), défaut de drainage entraînant un excès de sel (périmètres du Habra et de la Mina). Les périmètres de moyenne hydraulique, comme celui du Hodna, se sont également dégradés et ont fait l'objet de peu de soins. La petite hydraulique, elle, échappe aux statistiques, mais n'a guère reçu d'aide financière, ni d'apport en petits matériels (motopompes...).

Le bilan de la période est donc particulièrement accablant. Au niveau des études, cependant, un travail de collecte des données a été continué, de façon parfois surprenante, comme cette étude des ressources en eau demandée au consortium américain Bechtel par le tout-puissant ministère de l'Industrie, du temps de Belaïd Abdesselam, et ce sans concertation avec l'Agriculture ni l'Hydraulique. C'est là l'origine du plan Valore (Valorisation des ressources en eau) établi en 1979 par le bureau d'études américain Hydrotechnic Corporation, qui réalise aussi un projet pilote pour la mise en valeur du Sahara, on y reviendra (33). Ces documents vont être repris dans la relance qui intervient au cours des années 1980.

---

(32) Selon les statistiques agricoles (série B) du Mara, on serait passé de 273 620 ha de cultures irriguées en 1964 à 341 990 ha en 1982. Ce qui n'est pas clair, c'est la notion de culture irriguée, qui inclut aussi bien les épandages de crues que les irrigations pérennes.

(33) HYDROTECHNIC CORPORATION, *Études sur les ressources en eau et leur utilisation pour l'autosuffisance alimentaire*, juin 1969-décembre 1977. Il s'agit de plusieurs études menées conformément aux contrats des 21 juin 1969 (inventaire des ressources en eau de surface), 20 novembre 1972 (projet de développement des ressources hydrauliques) et 4 avril 1975 (développement des ressources hydrauliques en vue de l'autosuffisance alimentaire). Cette commande du ministère de l'Industrie, sur un reliquat de crédits, en dit long sur le poids des industrialistes à cette époque. Le secrétariat d'État au Plan faisait de son côté des prévisions : SEP, SOUS-DIRECTION DU DÉVELOPPEMENT RURAL, *Bilan des ressources en eau de l'Algérie du Nord et perspectives (horizon 1990)*, septembre 1978, 45 p.

La relance de la politique hydraulique depuis 1980

En 1977, le secrétariat d'État à l'Hydraulique est érigé en ministère à part entière avec des compétences qui vont peu à peu s'élargir : d'abord à la mise en valeur des terres et à l'environnement, puis aux forêts, par le biais d'un vice-ministre chargé des forêts, mais rattaché au ministère de l'Hydraulique (34). Le crédits planifiés augmentent rapidement, passant de 1,15 milliard de DA/an pendant le IIe Plan quadriennal à 8 milliards de DA/an pendant le IIe Plan quinquennal (en réalité, il s'agit plutôt de 6 milliards de DA au niveau des réalisations). On assiste très vite à la mise en eau d'une série de barrages, au lancement d'un grand nombre d'autres ; cependant, le plus important se situe au-delà de ces aspects spectaculaires : la naissance d'une véritable politique hydraulique, qui apparaît au grand jour à la fin des années 1980, avec le Plan hydraulique national.

Plusieurs éléments caractérisent cette relance : une définition plus précise des objectifs à atteindre ; la mobilisation de moyens matériels et humains ; enfin, une planification de la gestion de cette ressource rare qu'est l'eau.

Une définition plus précise des objectifs (35)

Les évaluations récentes s'appuient sur une série de travaux :
— le programme Valore de 1979, élaboré par Hydrotechnic Corporation (36) ;
— les études de ressources en eau et en sols faites par la direction des Études de milieu et de la Recherche hydraulique, ancien SES, qui allait devenir l'INRH, puis l'ANRH (37) ;
— le Plan hydraulique national et les schémas directeurs élaborés pour les grandes régions hydrauliques (Alger-Sebaou, Chelif, Annaba, Oranie, Medjerda-Mellegue). Tout cela permet d'avoir aujourd'hui des bilans ressources-emplois régionalisés à l'horizon 2000 et 2010 pour l'eau potable et l'eau d'irrigation.

---

(34) Dans le remaniement ministériel de 1989, il ne constitue plus un ministère à part entière.

(35) Le document de synthèse le plus récent est celui de l'Inesg (Institut national d'étude de stratégie globale), *Étude prospective du problème de l'eau, Premières conclusions,* décembre 1988. Reproduit dans *Algérie-Actualité,* 17 janvier 1990.

(36) MINISTÈRE DE L'HYDRAULIQUE, *Programme de valorisation des ressources en eau (VALORE), 1. Grands aménagements hydrauliques ; 2. Alimentation en eau et autosuffisance alimentaire,* septembre 1979, 7 dossiers.

(37) MINISTÈRE DE L'HYDRAULIQUE, DE LA MISE EN VALEUR DES TERRES ET DE L'ENVIRONNEMENT, DEMRH, SOUS-DIRECTION DES RESSOURCES EN EAU, *Ressources en eau et en sols de l'Algérie ; bilan des études au 31-07-1979,* Alger, août 1979, 16 p.

a) L'évolution de la demande en eau

La demande en eau potable et industrielle est fonction de l'évolution de la population urbaine et de la dotation journalière (38).

Évolution prévisible de la population urbaine

	Population totale	Population urbaine	%
1987	21 300 000	10 500 000	49,3
2000	30 600 000	17 800 000	58,2
2010	40 200 000	24 400 000	60,7

Le taux de desserte se situant entre 80 et 90 % pour les 48 *wilayate* du pays, il est prévu d'assurer une dotation de :
— 150 l/j pour les agglomérations de moins de 50 000 habitants ;
— 150 à 200 l/j pour les agglomérations de 50 000 à 500 000 habitants ;
— 250 l/j pour les agglomérations de plus de 500 000 habitants.
Les calculs effectués sur ces bases donnent la consommation suivante en eau potable :

1990 : 873 hm³	2000 : 1 368 hm³
1995 : 1 096 hm³	2010 : 2 220 hm³

Il faut donc prévoir plus de 2 milliards de m³ pour alimenter les villes à un horizon tout proche. L'étude prospective de l'Inesg donne comme hypothèses minimale et maximale pour 2025 : 2,6 et 4,9 km³, la moyenne se situant à 3,9 km³, pour une population urbaine qui atteindra 40 millions.

La demande en eau pour l'irrigation est fonction des superficies irrigables et de la dotation à prévoir par zone et par culture :

Ressources en sols aptes à l'irrigation :	1 347 669 ha
Catégorie 1 (pas d'aménagements à faire) :	370 888 ha
Catégorie 2 (petits aménagements nécessaires) :	394 393 ha
Catégorie 3 (gros travaux de drainage et lessivage) :	582 388 ha

On peut retenir le chiffre de 765 000 ha bien irrigables sur un potentiel de 1,3 millions d'ha.
La dotation à prévoir est régionalisée (en m³/ha/an) :

Oranie :	6 200 à 8 100	Annaba :	4 700 à 6 000
Chelif :	8 000 à 10 000	Medjerda-Mellegue :	8 000
Alger-Sebaou :	5 400 à 9 000	Hodna-Zahrez-Sersou :	6 300
Soummam :	6 000 à 8 000	Aurès-Nememcha-	
Constantinois :	5 600 à 7 600	Sud-Atlas :	8 000

---

(38) La dotation journalière se répartit en : consommations domestique (55 %), industrielle (15 %), municipale (10 %) et les pertes (20 %).

Des variantes sont élaborées qui aboutissent à un besoin de
3 230 hm³/an en l'an 2010, pour irriguer 476 000 ha dans l'Algérie
du Nord. L'étude prospective prévoit :
—   2 688 hm³ d'eau superficielle ;
—   333 hm³ d'eau souterraine ;
—   209 hm³ d'eau recyclée.
Au total, le besoin en eau à l'horizon 2010 est donc de
5 450 hm³ :
—   besoin en eau potable et industrielle : 2 220 hm³ ;
—   besoin en eau pour l'irrigation : 3 230 hm³.
Soit près du doublement des quantités mobilisées en 1987, esti-
mées à 2,9 km³.

b) Perspectives de mobilisation de la ressource

Les travaux récents ont permis d'affiner les estimations, qui par-
tent du potentiel global présenté au premier chapitre, mais le régio-
nalisent et élaborent plusieurs variantes.

Tableau n° 43

RAPPEL DU POTENTIEL HYDRAULIQUE GLOBAL

(En hm³)

	Potentiel	Mobilisable	Régularisable	Exploité (1986)
Surface	12 410	6 200	5 700	1 378
Souterrain	6 710	3 500	3 500	1 930
– Nord	(1 760)	(1 600)	(1 600)	(1 390)
– Sahara	(4 950)	(1 900)	(1 900)	(540)
Total	19 120	9 700	9 200	3 308

Source : ANHR, 1990.

Au terme de différents calculs, on peut retenir les chiffres
ci-dessous.
Le potentiel mobilisable en surface est estimé à 5 703 hm³ sur
un potentiel total de 12 410 hm³. Ici interviennent des contraintes
physiques (géologie, sites) et économiques (prix de revient du m³
d'eau). On admet pour le moment les valeurs suivantes (en hm³).
L'écart entre le niveau de mobilisation actuel et celui projeté est
considérable. La mobilisation des 5 703 hm³ implique un programme
considérable de retenues.

Tableau n° 44

RÉPARTITION PAR ZONE DU POTENTIEL MOBILISABLE

(En hm³)

Région	Total mobilisable	Mobilisé en 1989	Objectif 2010
Oranie	372	211	372
Chelif	1 277	794	1 234
Algérois	1 319	201	814
Soummam	471	174	367
Constantinois	1 146	109	785
Annaba	781	215	642
Medjerda-Mellegue	124	45	124
Hodna-Zahrez	44	27	44
Aurès-Nememcha	169	80	141
Total	5 703	1 856	4 523

Source : Ministère de l'Équipement, Alger, 1989.

	Barrages	Dérivations	Volume mobilisé	%
En exploitation	37	4	1 869 hm³	32 %
En construction	13	2	1 076 hm³	19 %
Potentiel	55	13	2 758 hm³	49 %
Total			5 703 hm³	100 %

Sur ces 55 retenues futures, l'étude d'avant-projet détaillé est achevée pour 7 et en cours pour 11. L'étude de faisabilité est achevée pour 18 et en cours pour 9.

C'est dire qu'il y a encore de la marge, mais au prix de travaux considérables. Les disponibilités éventuelles à partir du recyclage des eaux usées sont encore très imprécises, mais peuvent être situées entre 0,4 et 0,7 km³ à l'horizon 2025. Pour ce qui est du dessalement, le coût actuel l'exclut totalement. Le coût du m³ mobilisé par retenue classique est évalué en 1990 à 1,81 DA le m³, en moyenne nationale, sur la base d'un taux d'actualisation de 8 %.

Le potentiel souterrain est évalué à 1 795 hm³ pour l'Algérie du Nord, mais le potentiel mobilisable maximal est fixé à 1,6 km³. Quant aux ressources souterraines sahariennes, on admet le chiffre de 10 000 km³ de potentiel total à l'albien, mais, on le verra au chapitre 12, les spécificités de cette nappe invitent à la prudence. Le chiffre jadis avancé de 4,9 km³/an est aujourd'hui contesté. Si l'on y ajoute les réserves du mio-pliocène, il semble préférable de compter sur un maximum de 1,9 km³, soit un potentiel total de 3 500 hm³.

Dans son étude prospective, l'Inesg propose pour l'Algérie du

Nord des hypothèses minimale (^{1}) et maximale (^{2}) d'exploitation globale (en km^3) :

Ressources	1987	2000 (^{1})	2000 (^{2})	2025 (^{1})	2025 (^{2})
Surface	1,5	3	3,7	4,7	5,3
Souterraines	1,4	1,6	1,6	1,6	1,6
Total	2,9	4,6	5,3	6,3	6,9

Comment doubler en une génération le volume mobilisé ? C'est là le défi auquel l'Algérie est confrontée, défi à la fois organisationnel, humain et financier.

Un effort de mobilisation des moyens matériels et humains

Deux autres facteurs ont contribué au redressement de la politique hydraulique en Algérie : la mise en place progressive de capacités nationales de réalisation et une politique de formation de cadres.

a) Les capacités de réalisation

Les retards considérables pris pendant la période antérieure étaient dus, pour une large part, à une carence au niveau des capacités de réalisation. En effet, les travaux hydrauliques sont des opérations de longue haleine et d'une assez grande complexité. Ils exigent des études préalables longues et diverses : hydrologie, géologie, pédologie, socio-économie... Celles-ci étaient, en général, confiées à des bureaux d'études étrangers spécialisés, qui se sont fait une réputation dans le domaine, comme Coyne et Bélier ou Bonnard et Gardel (39). Quant à la réalisation, elle requiert des moyens techniques considérables, une bonne maîtrise des gros chantiers... que des opérateurs étrangers comme Grands travaux de Marseille ou Campenon Bernard possèdent depuis des décennies, puisque ces entreprises intervenaient déjà sur les chantiers de barrage à l'époque coloniale. Aussi l'Algérie a-t-elle été contrainte pendant longtemps de confier ses travaux à ces firmes spécialisées. Tout juste a-t-on tenté de diversifier les partenaires, qui furent tantôt italiens (LESI à Guénitra, RECCI à Hammam Meskoutine), tantôt ouest-allemands (Philip Holtzmann à Deurdeur), espagnols (Dragados à Lekehal), roumains (Romenergo à Ouizert), yougoslaves (Hydroelectra à Aïn Zada, Sly et Keddara). Cette situation d'oligopole ne favorisait guère le respect rigoureux des contrats, comme le montrent des cas malheureux tels que le chantier de Ouizert, où plusieurs firmes se sont succédé sans succès.

Jusqu'au jour où des entreprises algériennes ont pris le risque de se lancer dans la construction des barrages. D'abord en association avec une entreprise étrangère : ce fut le cas pour Enrgo avec Draga-

---

(39) Le détail des bureaux d'études intervenant sur les barrages algériens est donné par *Maghreb-Développement*, n° 63, p. 8.

dos à Lekehal ou Sonagther avec Romenergo à Ouizert. Puis avec la responsabilité totale du chantier : le premier fut celui de Hammam Grouz. Cela a été favorisé par le processus de restructuration des entreprises du secteur socialiste lancé en 1981, et qui a abouti à la création de quelque 45 entreprises spécialisées en hydraulique, en partie par fractionnement de grosses entreprises préexistantes, fragmentées selon les spécialités et les régions. On relèvera en particulier :
— Sonagther (40), qui donne naissance à
• ENRB (Entreprise nationale de réalisation de grands barrages),
• ENFR (Entreprise nationale de forage et reprise),
• Enahya (Entreprise nationale hydro-agricole) ;
— Onamhyd (41), qui donne naissance à une dizaine d'entreprises (Enatub, Enachyd, Enathyd, Ente, Serhyd, Enrgo, Enhyd, Ethyd).

Des restructurations ultérieures sont encore intervenues, entre autres la création en juin 1985 de l'Agence nationale des barrages (ANB), l'Agence nationale de l'eau potable et industrielle et de l'assainissement (Agep) et l'Agence de l'irrigation et du drainage (Agid). A cette liste d'agences et d'entreprises nationales, il faudrait ajouter une liste d'entreprises à caractère local ou régional spécialisées en hydraulique, en particulier des entreprises d'autres branches industrielles qui ont développé un secteur spécialisé en hydraulique, comme SN Métal qui fabrique des batardeaux et des portiques, ou Sonacome pour les vannes. Certes, la création d'entreprises nationales n'a pas suffi à faire face aux besoins, et de nombreux chantiers continuent à être confiés à des sociétés étrangères (les Yougoslaves ont, semble-t-il, donné satisfaction sur plusieurs gros chantiers récents comme Sly et Keddara) ; néanmoins, l'acquisition de savoir-faire et une diminution des coûts en devises sont ainsi favorisés.

La création de bureaux d'études est également un objectif : on notera les activités *de l'EN Hydro-Projet*, entreprise à caractère national, mais qui dispose *de trois branches régionales* (Oran, Alger, Constantine), ainsi que de bureaux d'études locaux qui élaborent dans les *wilayate* les projets de moindre importance comme les lacs et retenues collinaires. A vrai dire, la mise en place de capacités nationales d'étude dépend de la politique de formation.

b) L'accent sur la formation
Dans ce domaine, il y a eu plusieurs étapes.
Avant 1975, il n'existait pas de formation autonome en hydraulique, mais seulement des formations d'ingénieurs à l'Institut national agronomique (El Harrach) et à l'École nationale des travaux publics

(40) Société nationale des grands travaux hydrauliques et de l'équipement rural, créée le 17 juin 1971, a été restructurée en 1981.
(41) Office national du matériel hydraulique.

(Dar el Beida, puis Kouba), avec une spécialité hydraulique à la fin de la formation. L'École polytechnique y contribuait également.

1975 a marqué le début d'une autonomie des formations en hydraulique : création de l'Institut d'hydrotechnique et de bonification des terres (IHB) de Blida et mise en place des formations de techniciens et d'agents techniques spécialisés en hydraulique à Ouargla, Saïda, Sidi bel Abbès, centres dépendant du ministère de l'Hydraulique.

1980 marque la naissance d'une stratégie de formation, déployée par étapes : d'abord, étude des besoins aux horizons 1980, 1990, 2000 ; puis mise en place de structures nationales de formation, en concertation avec les ministères de l'Enseignement supérieur, de l'Éducation nationale et de la Formation professionnelle. Il en résulte la création d'un baccalauréat en sciences de l'eau dans les lycées techniques, de six instituts de formation de techniciens supérieurs en hydraulique et d'ATS, à Guelma, Biskra, Ouargla, M'sila, Tiaret, Saïda, chacun ayant sa spécialité (génie civil hydraulique, hydraulique urbaine, maintenance...), l'ouverture de quatre Ines (institut nationaux d'enseignement supérieur) en hydraulique, à Mascara, Chlef, Bejaïa et Biskra, qui forment de 50 à 60 ingénieurs par promotion (il s'agit d'ingénieurs d'État, bac + 5). Ces Ines ont finalement pris la place de l'École supérieure de l'hydraulique envisagée à Sétif.

Enfin, en 1985, l'IHB est promu au rang d'École nationale supérieure de l'hydraulique (ENSH), formant de 70 à 80 ingénieurs par an. Un Centre national de pédagogie en hydraulique devrait couronner le tout, chargé de la coordination des formations, ainsi qu'un Centre national de documentation en hydraulique. Pendant les années de mise en place de ce dispositif national de formation, la formation à l'étranger a joué un rôle important.

c) Une relance spectaculaire des réalisations de barrages

Le premier fruit de cette mobilisation des moyens matériels et humains, ainsi que d'importants moyens financiers, a été un redémarrage spectaculaire des chantiers :

Tableau n° 45

LA CONSTRUCTION DE BARRAGES EN ALGÉRIE

(En hm³)

Période	Nombre	Volume fourni	Cumul
Avant 1962	14	500	500
1963-1979	8[a]	400	900
1980-1988	14	700	1 600
En cours	12	560	2 160
(a) Y compris surélévations.			

Source : Ministère de l'Hydraulique.

Tableau n° 46

LES BARRAGES DE LA DÉCENNIE 1980

(En hm³)

Région de planification hydraulique	Barrage	Oued	Volume régularisé année moyenne	État
Oranie	Ouizert	Sahouat	30	Achevé
	Sidi Abdelli	Isser	50	En cours
	Souani	Isser	15	En cours
Chelif	Merja S. Abed	Chelif	50	Achevé
	Deurdeur	Deurdeur	43	Achevé
	Herreza	Herreza	23	Achevé
	Sly	Ardjem	98	Achevé
	Gargar	Rhiou	132	En cours
	Ouled Mellouk	Rouina	38	En cours
Algérois	Keddara	Boudouaou	44	Achevé
	Beni Amrane	Isser	118	Achevé
	Bou Roumi	Bou Roumi	25	Achevé
	Harbil	Harbil	20	Achevé
	Ledrat	Ledrat	5	En cours
	Bou Kourdane	Hachem	29	En cours
Soummam	Aïn Zada	Bou Sellam	50	Achevé
	Lekehal	Lekehal	17	Achevé
Constantinois	Hammam Grouz	Rhumel	16	Achevé
	Guenitra	Saf Saf	45	Achevé
Annaba	Mexenna	Kebir Est	175	En cours
Zahrez Sebou	Dahmouni	Nahr Ouassel	9	Achevé
	Col. Bougara	Nahr Ouassel	5	Achevé
Medjerda	Hammam Meskoutine	Bou Hamdane	55	Achevé
	Aïn Dalia	Medjerda	45	Achevé
	Foum el Khanga	Medjerda	35	En cours
Aurès-Nememcha	Fontaine des gazelles	El Hai	13	En cours

Source : Ministère de l'Hydraulique.

Aux 14 barrages réalisés entre 1830 et 1962 et mobilisant actuellement 250 hm³ (sur une capacité totale de 487 hm³) ont été adjoints successivement :

— 3 barrages réalisés entre 1962 et 1980 (La Cheffia, Djorf Torba et Si Mohamed ben Aouda), ce qu

Figure n° 26

LES GRANDS BARRAGES D'ALGÉRIE

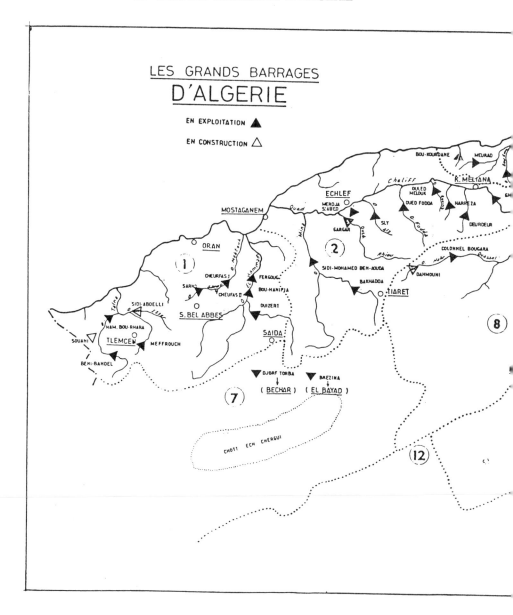

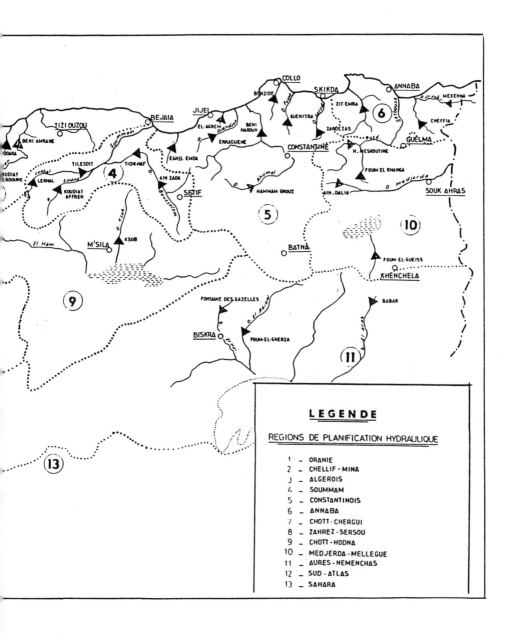

LEGENDE

REGIONS DE PLANIFICATION HYDRAULIQUE

1 - ORANIE
2 - CHELLIF - MINA
3 - ALGEROIS
4 - SOUMMAM
5 - CONSTANTINOIS
6 - ANNABA
7 - CHOTT - CHERGUI
8 - ZAHREZ - SERSOU
9 - CHOTT - HODNA
10 - MEDJERDA - MELLEGUE
11 - AURES - NEMENCHAS
12 - SUD - ATLAS
13 - SAHARA

— 26 barrages lancés dans la décennie 1980.

L'achèvement de ce programme offrira un apport additionnel de 1 185 hm³, en année moyenne.

On notera qu'il n'y a aucun ouvrage qui atteigne les 200 hm³. Cela porterait le volume régularisé à 1 745 hm³. En fait, les années peu pluvieuses, le volume effectivement disponible peut être très inférieur. Ainsi, une situation des retenues au 18 juillet 1988 établie par le ministère de l'Hydraulique donnait seulement 710 hm³ disponibles. Le bilan 1987-88 de l'ANRH annonçait un déficit des apports de l'ordre de 63 % : 588 hm³ sur 1 579 prévus (42).

D'autres chantiers sont à l'étude ou en voie de lancement :

Tableau n° 47

BARRAGES PROJETÉS D'ICI A L'AN 2000

Barrage	Oued	Volume régularisé (en hm³)	APD[a]	Passation
H. Boughrara	Tafna	56	+	
Sikkak	Sikkak	14	+	
Sidi ben Taïba	Ebda	56	+	
Kef Eddir	Damous	80		
Taksebt	Aïssi	133	+	
Souk Tleta	Tleta	98	+	
Koudiat Acerdoun	Isser	158	+	
Douera	Mazafran	100	+	
Djemma Tizra	Boughir	153	+	
Draa en Kiffan	Sebaou	100	+	
Tichyhaf	Bousellam	150		+
Tilesdit	Eddous	60	+	
Koudiat Affren	Zaïane	18	+	
El Agrem	El Agrem	26	+	
Beni Aroun	Rhumel-Nja	588		+
Ben Zid	Guergoura	20		+
Zit Emba	El Hammam	45		+
Bou Halloufa	Bou Halloufa	35	+	
(a) APD : avant-projet détaillé.				

La réalisation de l'ensemble de ces barrages ajouterait donc 1 890 hm³ d'eaux de surface et permettrait de régulariser 3 635 hm³.

---

(42) AGENCE NATIONALE DES RESSOURCES HYDRAULIQUES, *Eaux et sols d'Algérie*, n° 3, octobre 1989, p. 1.

Il est bien clair que l'inévitable sélection au niveau de l'avant-projet détaillé, puis les problèmes de financement, aboutiront à une réalisation très partielle de ce programme. D'ici à l'an 2000, l'Algérie ne peut espérer rattraper le retard dramatique qu'elle a accumulé, même si des efforts considérables sont déployés.

d) Les implications financières d'un redressement

On dispose aujourd'hui d'une évaluation assez précise du coût de ce programme de mobilisation. En prenant comme base de référence les chantiers récents de barrages et de périmètres, on a les chiffres suivants :

- barrages et transferts interbassins .... 29 827 M DA
- adductions d'eau potable et industrielle .... 12 966 M DA
- stations de traitement .... 3 072 M DA
- équipement des périmètres (à 70 000 DA/ha).. 28 766 M DA

Total à investir............................. 74 631 M DA

La part en devises étrangères va de 46 à 30 % du total, selon qu'il s'agit d'une entreprise étrangère ou d'une entreprise nationale, mais, de toute façon, des importations de matériels et de savoir-faire sont indispensables. Le plus gros de ces 75 milliards de DA serait à dépenser d'ici à l'an 2005, si l'on veut atteindre les objectifs visés en 2010. Compte tenu des difficultés financières actuelles de l'État et du niveau élevé de la dette extérieure (près de 25 milliards de dollars en 1990), ce programme constitue un défi.

D'où l'intérêt de la réflexion de l'Inesg, qui propose des scénarios à plus long terme et prend en compte la réalité des concurrences entre utilisateurs, qui ne peut que jouer en défaveur de l'agri-

Tableau n° 48

SCÉNARIOS D'AFFECTATION FUTURE DE L'EAU

(En km³)

	Ressource	Besoin AEP	Disponible pour irriguer
1987	2,9	1,01	1,89
2000	Mini : 4,6	Mini : 1,50	3,10
		Maxi : 2,84	1,76
	Maxi : 5,3	Mini : 1,50	3,80
		Maxi : 2,84	2,56
2025	Mini : 6,3	Mini : 2,70	3,60
		Maxi : 4,96	1,34
	Maxi : 6,9	Mini : 2,70	4,20
		Maxi : 4,96	1,94

Source : Inesg, 1988.

culture, tant l'eau potable constitue une urgence sociale, et donc politique. Selon les experts, les disponibilités futures pour l'agriculture peuvent aller de 1,3 à 4,2 km³, selon les hypothèses retenues pour la mobilisation et la consommation d'eau potable. Mais il est clair que « la satisfaction maximum des besoins en eau potable obère presque totalement le développement des irrigations dès l'an 2000, et obligerait même à réduire les superficies iriguées en l'an 2025 », écrit le rapport de l'Inesg, qui retient comme hypothèse 300 000 ha irrigués en l'an 2000, et seulement 250 000 en l'an 2025. En revanche, l'accroissement des superficies irriguées à 630 000 ha en l'an 2000 et 700 000 en 2025 suppose un arbitrage entre utilisateurs qui ne soit pas toujours en faveur de la ville.

On voit à travers ces chiffres l'intérêt d'imaginer divers scénarios : cela conduit le planificateur à clarifier ses options. A défaut, la situation ne peut que continuer à se dégrader, comme c'est le cas dans l'agriculture.

e) La régression des superficies irriguées

Le caractère tardif de la relance des chantiers de barrage explique la stagnation des superficies irriguées, que mentionnent les statistiques officielles (peu fiables) :

	Grande hydraulique	Moyenne hydraulique	Petite hydraulique	Total
1969	57 000	140 000	100 000	297 000 ha
1988	48 500	170 000	120 000	338 500 ha

On notera qu'il reste peu de choses des 150 000 ha classés de l'époque coloniale. Ils étaient partiellement irrigués à l'indépendance ; leur situation s'est dégradée au cours de la période 1967-80 et ne s'est pas améliorée malgré les programmes récents de réhabilitation (haut Chelif, Habra...), en raison du manque d'eau de ces dernières campagnes. Les périmètres récents (Bou Namoussa, Abadla, Maghnia, et actuellement Mitidja-Ouest) ne peuvent donc compenser les superficies perdues pour l'irrigation. Cela rend sceptique devant les perspectives ambitieuses proposées en 1987 par le ministère de l'Agriculture pour l'horizon 2010 (43) : il s'agirait de passer à 827 000 ha irrigués en l'an 2010, dont 300 000 ha en régions sahariennes. Il s'agit là d'un programme exagérément ambitieux, compte tenu de l'évolution récente. Sa seule publication témoigne d'un fonctionnement de certaines administrations très déconnecté des réalités.

A l'évidence, l'enjeu est de commencer par rompre avec ces projections irréalistes, et de faire des choix, c'est-à-dire d'avoir une politique. Des amorces existent pour cela.

---

(43) MINISTÈRE DE L'AGRICULTURE ET DE LA PÊCHE, *Proposition d'utilisation des superficies irriguées à l'horizon 2010*, août 1987, 28 p.

Les prémices bien tardives d'une politique de l'eau

Le tournant véritable des années 1980 en matière d'hydraulique en Algérie réside peut-être moins dans l'intensité des moyens mis en œuvre que dans la manière de les concevoir. Une véritable politique de l'eau peut sortir de quelques options récentes.

Une gestion planifiée de la ressource

Les concurrences autour de l'eau ayant conduit à des usages désordonnés et à des gaspillages de la ressource, un Plan hydraulique national voit le jour en 1981, sur la base d'un ensemble de plans directeurs régionaux élaborés pour les différentes zones de planification hydraulique. Onze régions ont été ainsi définies pour l'Algérie du Nord, régions pensées non seulement comme des ensembles de bassins versants ou de sous-bassins versants, mais dans une optique d'équilibre ressource-emploi à l'horizon 2000. Là où il y a excédent, des transferts vers une autre ZPH sont envisagés.

Plusieurs plans directeurs régionaux ont déjà été réalisés.

a) Le plan directeur de la région d'Alger-Sebaou (44), élaboré avec l'aide d'un bureau d'études anglais (Atkins), fut une opération très lourde, car on y inclut les études de faisabilité des ouvrages préconisés. Gros problème rencontré : l'évaluation des besoins de l'industrie a contraint à faire beaucoup d'hypothèses. A partir d'un tel document, un calendrier indicatif de la satisfaction de la demande est élaboré. Le fait d'avoir un plan régional permet de situer chaque projet (barrage, transfert...) dans une politique d'ensemble pour la zone.

b) Le schéma directeur de la vallée du Chelif, élaboré par Sogreah, a été moins lourd, tout en introduisant davantage d'hypothèses sur l'utilisation agricole de l'eau (1984). Une certaine difficulté de coordination avec l'agriculture est apparue, compte tenu de la nécessité de déterminer à l'avance les systèmes de production à implanter sur la zone.

c) Le plan directeur de la région d'Annaba a été confié à un bureau d'études soviétique (Technoexportstroy). Des problèmes de compréhension sont apparus, en raison de la démarche des Soviétiques, qui prévoient tout pour leur zone, y compris l'électrification.

d) Le plan directeur de l'Oranie est confié à un bureau d'études algérien, l'Agence nationale pour l'aménagement du territoire (Anat).

e) Le plan directeur de la région Medjerdah-Mellegue est également en cours, mené par le cabinet anglais Atkins.

C'est la synthèse de ces différents documents qui conduit aujourd'hui à un bilan régionalisé ressources-emplois et à l'identification des transferts interbassins à prévoir, comme le montre la carte suivante pour une partie du pays.

---

(44) MINISTÈRE DE L'HYDRAULIQUE, DE L'ENVIRONNEMENT ET DES FORÊTS, *Aménagement des ressources en eau dans la région d'Alger-Sebaou*, 1984, 40 p. Il s'agit d'une présentation très résumée.

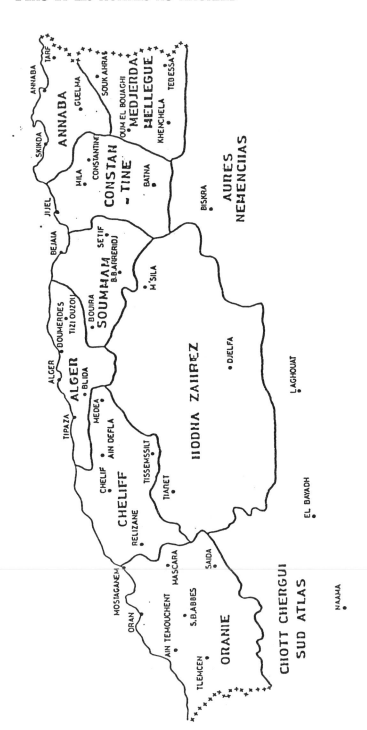

Figure n° 27

LES ZONES DE PLANIFICATION HYDRAULIQUE

La diversification des types d'aménagement

Autre signe d'évolution : pour mieux valoriser le potentiel hydraulique, dans sa diversité, on se tourne, après des décennies de priorité quasi exclusive à la grande hydraulique, vers la PMH. Certes, le Iᵉʳ Plan quinquennal 1980-84 préconisait déjà « l'aide au développement des techniques traditionnelles (d'irrigation) là où elles existent ». Une intense campagne de presse a accompagné l'adoption par un Conseil des ministres de mars 1985 d'un programme de 700 retenues et de 300 petits barrages collinaires. Plusieurs *wilayate* ont entrepris de développer énergiquement ce type de projets, comme Tizi-Ouzou, Tlemcen, Jijel... Toutefois, l'engouement initial passé, on voit mieux aujourd'hui les limites d'une telle entreprise. L'étude Sogreah de 1962 avait déjà montré les difficultés inhérentes à ce type d'aménagements en Algérie : la violence des précipitations, l'importance des pentes, la rapidité de l'envasement, sont des complications considérables par rapport à l'Italie du Nord, qui sert de référence en la matière. On a trop vite retenu le chiffre avancé alors de 1 000 sites de lacs collinaires, et trop peu la conclusion très restrictive du rapport de la Sogreah (45). Le travail d'exploration des sites ayant été effectué par des missions successives (dont des Soviétiques en 1964), les *wilayate* se sont lancées dans ces projets, qui paraissaient à leur portée. Un séminaire national sur les retenues collinaires réuni à Sétif en février 1986 a permis de faire un premier bilan :

— pour les trois quarts, il s'agit d'aménagements modestes : une digue de 5-6 m, retenant de 50 000 à 60 000 m³, soit environ 2 l/sec, permet d'irriguer quelques dizaines d'ha ;

— pour un quart, il s'agit de retenues plus importantes : une digue allant jusqu'à 15 m de hauteur retient plusieurs centaines de milliers de m³ ; mais cela requiert déjà des calculs plus élaborés ;

— la question de l'envasement mérite d'être étudiée d'assez près, si l'on en croit des observations faites sur le terrain.

Des structures et des procédures d'arbitrage

Pour mettre fin à la concurrence sauvage autour de l'eau, l'État a tenté de mettre en place des outils appropriés.

Un Comité national des ressources hydrauliques, créé par décret du 26 septembre 1980, a été installé le 13 janvier 1982, regroupant onze ministères et organismes nationaux. Sa mission était de promouvoir des arbitrages entre grands utilisateurs, comme la sidérurgie,

---

(45) SOGREAH, *Aménagements hydro-agricoles en collines,* sept. 1962, p. 2 : « Il est maintenant bien évident que, sous la conception italienne, le lac de collines n'a que peu de place en Algérie : le nombre de sites possibles où cette conception est directement applicable est très réduit et leur aménagement le plus souvent, relativement coûteux. Cependant les quelques aménagements déjà réalisés en Algérie ont démontré l'intérêt de cette technique, à condition que celle-ci soit adaptée aux conditions locales. »

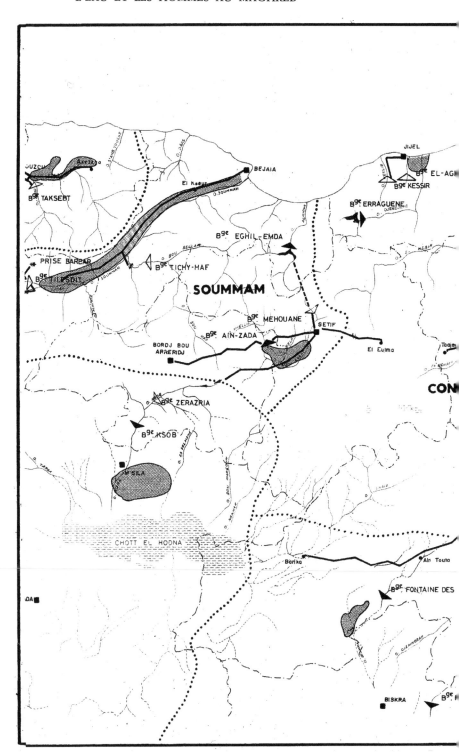

Figure n° 28

LES OUVRAGES ET TRANSFERTS D'ALGÉRIE
EXTRAIT DU PLAN HYDRAULIQUE NATIONAL

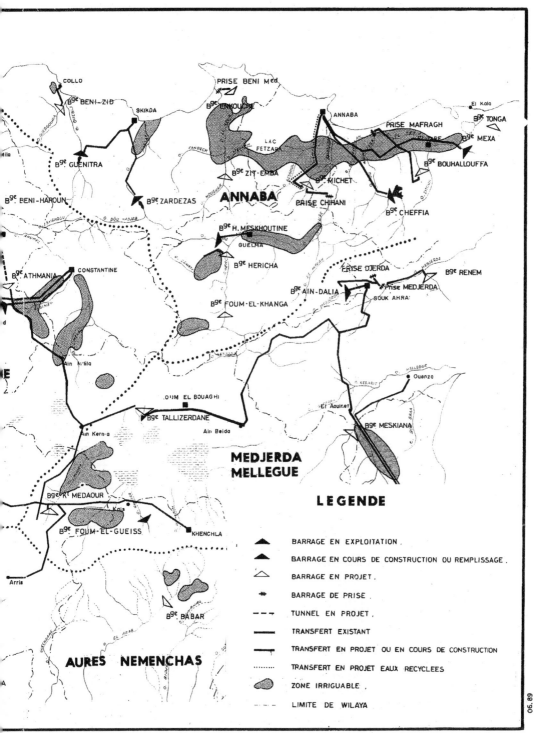

MEDJERDA
MELLEGUE

AURES NEMENCHAS

LEGENDE

▲ BARRAGE EN EXPLOITATION .

▲ BARRAGE EN COURS DE CONSTRUCTION OU REMPLISSAGE .

△ BARRAGE EN PROJET .

╫ BARRAGE DE PRISE .

--- TUNNEL EN PROJET .

▬ TRANSFERT EXISTANT

▬ TRANSFERT EN PROJET OU EN COURS DE CONSTRUCTION

········· TRANSFERT EN PROJET EAUX RECYCLEES

ZONE IRRIGUABLE .

--- LIMITE DE WILAYA

06. 89

Echelle   1: 1000.000ᵉ

Conception OMEST Dessin HYDRO PROJET CENTRE Impression INFORMATHYD

l'industrie agro-alimentaire, l'agriculture... En réalité, ce Comité n'a pas fonctionné, en raison de la difficulté de « faire obéir l'État », selon le mot d'un responsable du ministère de l'Hydraulique. En effet, certaines sociétés nationales, comme la SNS (Société nationale de sidérurgie), sont de véritables « États dans l'État », et s'imposent d'autant plus que leurs objectifs de production relèvent de l'intérêt national.

Un nouveau code des eaux a également été promulgué par une loi du 16 juillet 1983, constituant une refonte de la réglementation en vigueur.

Enfin, la prise en compte des coûts économiques apparaît dans la réorganisation des périmètres. Ceux-ci, après avoir connu différents statuts (commissariats à la mise en valeur, CDR...), sont maintenant érigés en offices nationaux de mise en valeur des périmètres d'irrigation (OPI) et en offices de *wilaya* : ce sont « des établissements publics

Tableau n° 49

ZONES D'ACTION DES OFFICES DE PÉRIMÈTRES

(En ha)

OPI nationaux	Siège	Périmètre	Surface irrigable
El Tarf	Annaba	Bou Namoussa	14 500
Mitidja	Meftah	Hamiz	10 000
		Mitidja-Ouest	2 200
Chelif	El Khemis	Haut Chelif	17 000
		Moyen Chelif	10 000
		Bas Chelif	5 000
		Mina	5 000
Habra-Sig	Mascara	Habra	9 000
		Sig	2 500
			75 200
OPI de wilaya			
	Tlemcen	Maghnia	4 250
	Saïda	Aïn Skhouna	2 850
	Boumerdès	Isser Sebaou	3 850
	Bouira	Mchedellah-Arribs	4 200
	Bejaïa	Soummam	6 500
	Msila	Ksob	5 000
			26 650
OPI de wilaya à créer			
	Béchar	Abadla	4 500
	Skikda	Saf-Saf	6 000
Total			113 350

à caractère économique, dotés de la personnalité morale et de l'autonomie financière » (décret du 29 octobre 1985). Quatre OPI à caractère national ont été créés en 1985 pour gérer des périmètres en fonction d'un cahier des charges type qui précise leurs droits et devoirs. Contrairement aux ORMVA marocains, ils n'ont pas vocation à se charger des aménagements.

Après vingt ans de sommeil, une politique hydraulique algérienne a été esquissée : des moyens financiers importants, quoique menacés par la crise actuelle, des capacités nationales de réalisation en développement, une planification nationale, ont déjà donné quelques fruits. Des barrages ont été inaugurés, améliorant ici ou là la satisfaction des besoins (c'est le cas à Alger). Quelques régions comme la Mitidja-Ouest passent de la récession à l'extension des irrigations. Pourtant, le retard accumulé est tel et la montée des besoins si vertigineuse que l'on peut difficilement se montrer optimiste. Dans un tel contexte, les propos triomphalistes tenus sur les perspectives de l'agriculture saharienne font l'effet d'une mystification.

L'Algérie paie cher aujourd'hui vingt ans d'attentisme en matière hydraulique, et un redressement sensible n'est pas pour tout de suite.

3. Tunisie (1956-1990) : le défi de la répartition

La situation hydraulique tunisienne est originale au Maghreb, pour plusieurs raisons :

— c'est le pays où les ressources sont les plus entamées, surtout en eaux souterraines, et où de fortes disparités régionales (93 % du potentiel mobilisable en surface est dans le Nord) contraignent à des transferts interrégionaux coûteux ;

— mais c'est aussi le pays où l'éventail de techniques traditionnelles était le plus riche. De l'avis de certains spécialistes, comme Sl. El Amami, la PMH pouvait, dans ce pays, constituer une réelle alternative technique à la politique des grands barrages (46) ;

— pourtant, la solution des grands ouvrages a prévalu, entraînant un discrédit des technologies indigènes. Ce choix mérite d'être analysé, car il suscite des controverses sur le plan technique et pose la question du projet social qui sous-tend les options retenues (47).

---

(46) Aussi est-ce en Tunisie que l'on trouve le plus de travaux sur les choix techniques en matière hydraulique ; un exemple récent, très inspiré d'El Amami : BENZINA (N.), « Changement technique et développement agricole : une étude comparative de la grande hydraulique et de la petite hydraulique traditionnelle et recherche de voies alternatives », Aix-Marseille, l985, 275 p.

(47) ROSIER (B.), « Les avatars de l'hydraulique en Tunisie : petite et grande hydraulique dans l'espace social kairouanais ; tradition et modernité ou les ''ruses'' de l'histoire », *Alternatives techniques. Orientations de la recherche et changement social*, Aix-en-Provence, Cedec, 1983, pp. 40-65.

On va donc tenter d'éclairer les options de l'État en matière hydraulique, en partant des spécificités de la situation.

La spécificité tunisienne : des potentialités largement entamées

Des ressources fort mal réparties dans l'espace

Les ressources en eau ayant déjà été présentées de façon globale, il suffit de préciser les originalités tunisiennes.

Selon le bilan le plus récent de la direction des Ressources en eau (1985), la Tunisie reçoit un volume moyen annuel de précipitations de 33 km³, mais le potentiel global ne dépasse guère 4 355 hm³ : 2 630 hm³ en eaux de surface et 1 725 hm³ en eaux souterraines, dont 1 139 hm³ en eaux profondes. La ressource globale est relativement limitée, surtout en eaux de surface, comparativement aux pays voisins.

La ressource mobilisable serait de l'ordre de 2 102 hm³ en surface, mais on tombe à 1 697 hm³ pour le potentiel régularisable. Quant aux eaux souterraines, une partie importante du potentiel (66 %) est constitué d'eaux profondes, difficiles d'accès et souvent assez chargées en sel. Au total, 3 422 hm³ seulement seraient régularisables.

Les disparités régionales sont très fortes : la Tunisie du Nord représente à elle seule 90 % du potentiel régularisable en surface. En revanche, la Tunisie du Sud, peu habitée, retient plus de 45 % du potentiel en eaux souterraines. C'est dire qu'un des défis majeurs pour la Tunisie est la répartition spatiale d'une eau rare.

Tableau n° 50

POTENTIEL EN EAUX DE LA TUNISIE

(En hm³)

Surface	Potentiel (1)	Mobilisable (2)	Régularisable (3)	2/1 en %
Nord	2 120	1 871	1 539	
Centre	370	225	151	
Sud	140	6	6	
Total	2 630	2 102	1 696	65 %
Souterrain	Potentiel (1)	Exploitation (2)	Disponibilité (3)	2/1 en %
Nappes phréatiques	586	563	23	96 %
Nappes profondes	1 139	669	470	59 %
Total	1 725	1 232	493	

Source : DRE.

On notera le niveau élevé d'exploitation des nappes superficielles (96 %), en raison d'un accroissement important des puits de surface, qui sont passés de 6 041 en 1980 à 78 877 en 1985. Le taux
d'exploitation des nappes profondes est moindre, mais a progressé
de 51 à 59 %. Sur les 470 hm³ encore disponibles, 219 sont exploitables à partir des forages existants, ce qui portera le taux d'exploitation à 78 %. La question de la répartition spatiale prend toute son
acuité si on la rapporte à la localisation des besoins. Très tôt, l'État
tunisien a perçu le défi posé à l'aménagement du territoire et a entrepris des études prospectives, comme celle réalisée par le Groupe Huit
en 1970 (48).

Tableau n° 51

BILAN GÉNÉRAL DES POTENTIALITÉS EN EAU

(En hm³)

Régions	POTENTIALITÉS			EMPLOIS			DISPONIBILITÉ		
	Surface	Souterrain	Total	Surface	Souterrain	Total	Surface	Souterrain	Total
Nord	860	270	1 130	290	200	490	570	70	640
Centre	30	310	340	30	210	240	0	100	100
(Total)	890	580	1 470	320	410	730	570	170	740
Sud	0	(690)	(690)	0	330	330	0	(360)	(360)
TOTAL	890	1 270	2 160	320	740	740	570	530	1 100

Source : Groupe Huit.

Au terme de son étude, le Groupe Huit estimait que la marge
de disponibilité en eau (1 100 hm³) permettrait de répondre aux
besoins nouveaux à prévoir sur quinze ans (horizon 1985), sans faire
appel à de nouvelles techniques (à l'époque, on évoque surtout le
dessalement), mais en organisant des transferts. Pourtant, dix ans plus
tard, on était moins optimiste : en 1980, le ministère de l'Équipement propose une évaluation qui fait apparaître le déficit en eau des
régions du centre (49).

---

(48) GROUPE HUIT, *Villes et développement, armature urbaine tunisienne*, Tunis,
1970-73, 5 volumes. L'essentiel des données concernant l'eau est contenu dans le
volume I, pp. 9-71, et le volume II, pp. 171-195 ; la synthèse des conclusions est
dans le volume V, pp. 7-68.
    (49) GANA (F.), « Ressource-emploi de l'eau en Tunisie, horizon 2000 », *RTE,*
n° 38, 1981, pp. 66-89.

Tableau n° 52

BALANCE RESSOURCES-EMPLOIS EN 1980

(En hm³)

Régions	Potentialités			Emplois	Disponibilités
	Surface	Souterrain	Total		
Nord	1 316	300	1 616	1 236	+ 380
Centre	65	420	487	888	− 401
Sud	0	675	675	344	+ 331
Total	1 381	1 395	2 776	2 468	+ 310

Source : Ministère de l'Équipement.

Remarque : La nouvelle évaluation corrige à la hausse les potentialités (+ 616 hm³), mais davantage encore les utilisations (+ 1 408 hm³) ; ce qui fait que la marge de disponibilités tombe de 1 100 à 310 hm³.

Cela amenait à l'époque à tirer des conclusions plutôt alarmistes à partir de la projection des besoins à l'horizon 2000. Les faits ont largement confirmé cette hypothèse : forte croissance de la demande de la région de Tunis et du cap Bon, des zones touristiques côtières de l'Est, des zones maraîchères du sahel de Sousse et de Zarzis, de la zone urbano-industrielle de Sfax. Une étude de modélisation réalisée par l'Orstom a permis d'affiner l'évaluation (50).

Un niveau élevé de mobilisation des ressources (51)

a) Les eaux souterraines

Tableau n° 53

BILAN DES RESSOURCES EN EAUX SOUTERRAINES

(En hm³)

	Ressources		Emplois		Taux d'exploitation	
	Phréatiques	Profondes	Phréatiques	Profondes	Phréatiques	Profondes
Nord	325	148	300	60	92 %	40 %
Centre	194	268	203	158	105 %	59 %
Sud	67	724	60	447	90 %	62 %
Total	586	1 140	563	665	96 %	59 %

Source : DRE, bilan 1985.

---

(50) MINISTÈRE DE L'AGRICULTURE, DEGTH, *Aménagement des ressources en eau du nord de la Tunisie, Modèle EAUTUN-3, ORSTOM,* 1984.

(51) Pour une mise au point récente des données statistiques : PÉRENNÈS (J.-J.), « La politique de l'eau en Tunisie », *Maghreb-Machrek,* n° 120, juin 1988, pp. 23-41.

Au total, plus de 70 % des ressources en eau souterraines sont déjà exploitées, avec une nette surexploitation des nappes superficielles dans la Tunisie centrale. Des ressources complémentaires existent dans les nappes profondes du Sud, mais elles sont d'exploitation coûteuse et éloignées des zones utilisatrices (52). Bilan 1985 : 1 232 hm³ exploités en 1985, sur 1 725 hm³ potentiels.

b) Les eaux de surface

Sur 2 102 hm³ mobilisables et 1 697 hm³ régularisables, on estimait, en 1986, que 1 392 hm³ étaient déjà mobilisés :
— barrages :   1 275,0 hm³ ;
— retenues collinaires :   9,2 hm³ ;
— dérivations :   8,0 hm³ ;
— pompages au fil de l'eau :   100,0 hm³ ;
soit un taux de mobilisation de 61 %. Les quantités régularisées par les barrages en année moyenne sont les suivantes :

Tableau n° 54

CARACTÉRISTIQUES DES GRANDS BARRAGES TUNISIENS

(En hm³)

Barrage	Oued	Date	Mobilisé	Régularisé	Destination
Kebir	O. Kebir	1925	5	9	AEP
Ben M'tir	O. El Lil	1954	73	45	AEP
Nebeur	O. Mellegue	1955	300	120	I, IN, E
El Aroussia	O. Medjerdah	1957	5	-	
Bezirk	O. Bezirk	1960	6,4	4,5	I
Chiba	O. Chiba	1963	7,8	4	I
Nebhana	O. Nebhana	1965	86,4	25	
Masri	O. Masri	1965	6,8	3,5	I
Lakhmess	O. Siliana	1966	8	7	I
Kasseb	O. Kasseb	1969	82	42	AEP
Bir Mcherga	O. Miliana	1971	53	40	I, IN
Bou Heurtma	O. Ghezala	1976	118	50	I
Sidi Saad	O. Zeroud	1982	210	130	I, AEP
Sidi Salem	O. Medjerdah	1982	550	515	I, AEP
Joumine	O. Joumine	1983	107	74	I, AEP
Ghezala	O. Ghezala	1984	11	5,6	I
Lebna	O. Lebna	1987	25	13	I, AEP

(52) L'évolution de ces nappes profondes du Sud est suivie par la direction des Ressources en eau et en sols du ministère de l'Agriculture, qui publie un annuaire sur ce sujet : DRES, *Situation de l'exploitation des nappes profondes*, Tunis, 1985, 114 p.

Figure n° 29

LES BARRAGES TUNISIENS

Source : Pérennès, art. cité, *Maghreb-Machrek,* p. 29.

Le bilan d'exploitation des barrages de 1986 donne 1 275 hm³ mobilisés et 948 hm³ régularisés (les chiffres ci-dessus sont légèrement plus élevés, mais les variations interannuelles sont difficiles à apprécier). Si l'on ajoute les pompages au fil de l'eau, les dérivations et les retenues collinaires, on a un total mobilisé en surface de 1 392 hm³ et un total régularisé de 1 062 hm³, soit 66 % et 63 % du potentiel.

Il y a donc encore de la marge, mais beaucoup moins que dans les deux pays voisins. Toutefois, une série d'ouvrages nouveaux sont prévus dans le cadre du VIIIᵉ Plan.

Tableau n° 55

BARRAGES RÉCENTS OU EN COURS DE RÉALISATION

(En hm³)

Barrage	Oued	Prévu	Mobilisé	Régularisé
El Houareb	Marguellil	1991	25	16,5
Siliana	Siliana	1990	50	26
Sejenane	Sejenane	1988	100	78
Sidi Barrak	Zouara	1993	192	142
Barbara		1995	130	74

Les projets programmés permettront de passer à 1 576 hm³ mobilisés au cours des années 1990. Conclusion : le taux d'exploitation est de 71 % pour les eaux souterraines et 65 % pour les eaux superficielles. Ces chiffres ne sont que des moyennes et cachent des zones de surexploitation. Ils prennent leur gravité quand on les compare à l'évolution prévisible des besoins.

L'explosion de la demande urbaine et agricole

La Tunisie est le plus urbanisé des pays du Maghreb. Les systèmes traditionnels de fourniture d'eau, comme les citernes à Tunis (53), ne parviennent plus à satisfaire une demande qui explose. Y faire face contraint souvent à restreindre l'agriculture.

a) L'évolution des besoins en eau potable

L'OMS définit le minimum vital à 55 l/hab/j, mais il faut compter en fait 100 l/j, si l'on inclut les besoins des activités artisanales et industrielles intégrées au tissu urbain, plus un coefficient de perte de 20 %, ce qui fait une norme de 120 l/j. En 1986, la Sonede (Société nationale de distribution des eaux) estimait desservir 69,4 %

---

(53) ABDELKAFI (J.), *La médina de Tunis, espace historique*, Paris, Éditions du CNRS, 1989, 277 p.

de la population tunisienne (100 % en ville, 29,4 % en milieu rural),
soit 5,1 millions d'habitants. Au total, les 727 000 abonnés de 1986
consomment environ 176,3 hm³, soit 34,5 m³/hab/an, ou 95 l/j.
Compte tenu d'un taux de perte de 28,7 %, la Sonede doit produire près de 250 hm³/an pour satisfaire sa clientèle. Elle observe aussi
un taux d'accroissement élevé de la consommation domestique, de
l'ordre de 8,6 %/an (54). Cela laisse présager une forte montée de
la demande urbaine à l'horizon 2000. La Sonede et le ministère du
Plan ont tenté une projection des besoins, en fonction d'hypothèses
d'accroissement démographique. Dès 1991, la Sonede estime devoir
satisfaire une demande de 219 hm³ (d'où une production nécessaire
d'environ 280 hm³). Il est hasardeux de faire des projections à plus
long terme ; des chiffres très divers sont avancés, entre 480 et 570 hm³
en l'an 2000, pour 11,2 millions d'habitants. L'accroissement de la
demande en eau potable exigera donc des investissements coûteux,
surtout dans les villes et régions qui sont loin de la ressource. On
s'arrêtera seulement sur deux types de demande.

Pour ce qui est de la demande des grandes villes, le Groupe Huit
avait signalé le poids énorme de Tunis dans la consommation future
d'eau potable.

Année	Consommation totale (en hm³)	(dont Tunis)
1970	120	45
1981	140	55
1990	280	150
2000	450	235

Selon l'étude Orstom-Eautun de 1984, les grandes villes demande-
ront en l'an 2000 423 hm³, dont 261 pour Tunis et les agglomérations du cap Bon. Des travaux récents ont montré la nécessité pour
cette ville de près de 1,2 million d'habitants d'aller chercher de plus
en plus loin une eau dont elle est elle-même totalement dépourvue (55) : jusqu'en 1930, et depuis les Romains, cette ville était alimentée par les eaux de Zaghouan. Puis une série de barrages (Kebir,
Ben M'tir, Kasseb) ont permis de l'alimenter, jusqu'à ce que l'explosion de la demande et l'envasement des vieux ouvrages contraignent
à envisager un coûteux tranfert des eaux du Nord (Medjerdah et Ichkeul). Au total, sur les 800 hm³ mobilisés, la répartition prévue était
la suivante :

---

(54) Chiffres donnés par BEN AICHA (M.), « L'eau potable en Tunisie », *Guide
de l'eau, Tunisie*, 1988, pp. 49-50.
(55) *Cf.* OMRANE (M.-N.), « La croissance urbaine de Tunis et la question de
l'eau », communication au colloque de Rabat, 1988, à paraître.

335 hm³ : AEP - Tunis 165   - Cap Bon 40 - Sahel 50

                   - Sfax 50   - Bizerte 30

430 hm³ : Agriculture   35 hm³ : Industrie

L'apport prévu pour Tunis sera vite insuffisant si les projections actuelles sont vérifiées. D'autres villes comme Sfax, Sousse et Monastir deviennent aussi de gros consommateurs.

Voyons maintenant la demande des centres touristiques.

Figure n° 30

LES UTILISATIONS URBAINES ET TOURISTIQUES EN 1980

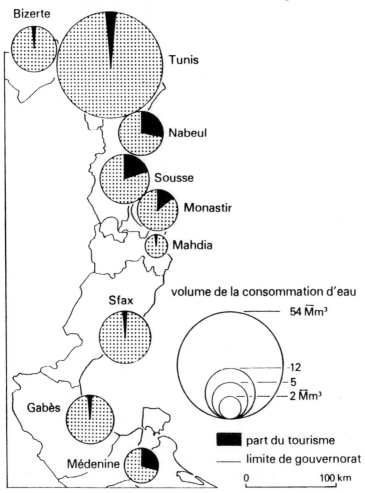

Source : Miossec, 1981.

La Tunisie a fortement misé sur le tourisme et créé pour cela d'imposants complexes hôteliers tout au long de la côte, autour de Hammamet-Nabeul, Sousse-Monastir et Zarzis-Djerba. Des réalisations prestigieuses, comme Port el Kantaoui, consomment des quantités importantes en raison de leurs équipements : piscines, pelouses, golfs... La consommation journalière par lit hôtelier s'établit en moyenne à 400 l/j (56). Dans le même temps, d'autres types de populations sont fort mal desservis. D'où des efforts récents pour économiser l'eau (57). L'option qui consiste à faire surpayer l'eau à cette catégorie d'utilisateurs privilégiés ne règle guère le problème, car c'est peu dissuasif pour une catégorie fortunée. Si l'on y ajoute l'eau destinée à l'industrie, la consommation urbaine et industrielle est évaluée à 420 hm³ en 1986. Au total, on voit un gonflement rapide d'une demande prioritaire et coûteuse à satisfaire parce qu'éloignée des zones de ressources. C'est dire la concurrence croissante avec l'agriculture.

b) L'évolution des besoins pour l'irrigation

Satisfaire la demande urbaine signifie parfois, comme on l'a vu dans le sahel de Sousse, limiter les irrigations. Pourtant, ici aussi les besoins vont croissant ; ils sont relativement difficiles à préciser compte tenu de la diversité des régions et des populations, dont les niveaux de consommation en eau sont très variables. Le VIIe Plan prévoyant d'irriguer 267 000 ha dès 1991, on peut retenir comme un minimum un besoin de 2 000 hm³ pour l'irrigation à l'horizon 2000, sur la base d'une norme moyenne de 7 500 m³/ha.

Le besoin total en l'an 2000 sera donc au minimum de 2 500 hm³ : 2 000 hm³ pour l'irrigation, 500 hm³ pour l'AEP et l'industrie. Ce programme doit faire face à une contrainte supplémentaire, celle de la salinité. Aussi doit-on prévoir de mélanger à des eaux douces les eaux assez chargées en sel des affluents sud de la Medjerdah. Si l'on admet une ressource totale régularisable de 3 422 hm³, on voit que la marge disponible pour le siècle prochain est très restreinte. La Tunisie sera le premier pays du Maghreb à utiliser l'ensemble de son potentiel et à devoir recourir à des formules non conventionnelles (58). Elle a déjà

---

(56) CHAPOUTOT (J.), *L'eau et le tourisme dans la région d'Hammamet-Nabeul*, Nice, Centre de la Méditerranée moderne, 1973, 200 p. Selon l'auteur, cela peut aller jusqu'à 600, voire 750 litres, en saison estivale.

(57) BOUSSOUBAH (M.), « Économie de l'eau dans les zones touristiques », *RTE*, n° 42, 1983.

(58) « En conclusion et si de nouvelles ressources en eau souterraine ne sont pas décelées entre-temps, nous aurons absorbé l'ensemble des ressources hydrauliques du pays en l'an 2000 si nous réalisons et mettons effectivement en irrigation 252 000 ha à cet horizon et si nous assurons un taux de desserte en eau potable maximum (85 à 90 %). Cette échéance pourrait même être plus proche si la cadence de mobilisation et de réalisation de l'infrastructure de transport et de distribution est accélérée du fait d'un investissement très important. L'on est en droit de se demander ce qui se passera après l'an 2000, une fois mobilisées et utilisées l'ensemble des ressources disponibles », écrivait F. GANA, art. cité, p. 79.

innové en ce sens en optant pour des programmes de réutilisation des eaux usées. Mais cette solution a aussi ses limites : le chiffre de 180 hm³ est retenu comme ordre de grandeur. Un plan Économie de l'eau à l'an 2010 a été lancé par le ministère de l'Agriculture.

Des options techniques conventionnelles

Malgré ces contraintes, l'État a pris des options classiques, reconduisant l'option barragiste coloniale et y ajoutant des transferts interrégionaux. Le corollaire en est un discrédit des technologies indigènes, comme l'a souligné El Amami (59).

1965 : le projet Nebhana, début de l'option grande hydraulique

L'exploitation de la nappe phréatique est une tradition fortement développée en Tunisie, mais la cohérence traditionnelle entre cette technique et le milieu a été peu à peu ébranlée par les inventions techniques et par l'accroissement démographique.

a) Face à des systèmes traditionnels en crise...

A partir des années 1950 tout d'abord, il y a eu passage du procédé traditionnel d'exhaure, à base de traction animale (le *dalou*), à la motorisation, ce qui fit passer la surface irriguée par puits de 0,3 ha à 3 ha, environ. Parallèlement, le nombre de puits a fortement augmenté dans les régions traditionnelles d'irrigation, comme le littoral, mais aussi dans le Kairouanais et la plaine de Gammouda. On estime qu'ils auraient doublé entre 1960 et 1980 (60). Le résultat en fut une rupture de l'équilibre hydraulique et l'amorce d'un déficit hydrique dans les régions de surexploitation des nappes. Vu la salinité des sols, le nombre de puits abandonnés va devenir considérable dans des zones comme le sahel de Sousse.

Tableau n° 56

SITUATION DES PUITS DE SURFACE EN TUNISIE

Régions	Puits	Motopompes		Dalou		Abandonnés	
Cap Bon	20 393	10 146	50 %	16910	34 %	3 337	16 %
Sahel de Sousse	9 190	1 610	18 %	3 613	39 %	3 967	43 %

Sources : El Amami, *op. cit.*

(59) EL AMAMI (Sl.), « Le discrédit des technologies indigènes, histoire de l'hydraulique agricole en Tunisie », *Actuel Développement*, n° 17, 1977, 5 p.

(60) Ces différents chiffres sont avancés sur la base des statistiques par EL AMAMI, « La crise de l'eau en Tunisie », *Le Mensuel*, n° 2, juillet 1984.

Devant cette situation de crise, L'État a développé une idéologie modernisatrice, qu'exprime le discours souvent cité de Bourguiba à Tozeur le 26 octobre 1964 : « Pour tirer de la terre ce qu'elle peut donner, il est nécessaire de mettre à profit les techniques modernes... L'exemple des anciens colons français est là pour nous édifier. » On verra plus loin ce que cette idéologie de la modernisation connote de mépris des traditions paysannes (61). La grande hydraulique, qui fut le choix technique de la colonisation, pour des raisons sociales et économiques bien spécifiques, va donc continuer à apparaître comme l'image de la modernité. Du même coup, les techniques traditionnelles d'irrigation, et *a fortiori* la culture sèche, apparaissent comme périmées.

b) ...L'État opte pour une solution coûteuse et centralisée

Le virage fut pris en 1965, au moment du projet Nebhana. La Tunisie centrale était confrontée à de grandes difficultés de maîtrise des eaux superficielles : les oueds Zeroud et Marguellil, drainant un bassin versant de 800 000 ha, dévastaient régulièrement la plaine lors des pluies hivernales, tout en laissant Kairouan et la zone côtière à leur sécheresse pendant les longs mois d'été. Cette région avait des aménagements locaux qui présentaient de nombreux avantages : fonctionnant comme fusibles, ils permettaient de mobiliser l'eau à mi-pente, de retenir les débits solides et de favoriser la réalimentation des nappes. Les puits du Kairouanais se comptaient par milliers. Pour des raisons qu'il faudra élucider, l'État tunisien opte pour un grand ouvrage (à l'époque, « un des plus chers du monde », dit El Amami) destiné à mobiliser plus de 85 hm³, pour une série de périmètres répartis le long d'une conduite de 100 km, ainsi que des agglomérations. On réalise donc là un premier transfert de ressource.

Outre le coût du projet et ses limites hydrologiques (l'apport moyen annuel ne dépasse pas 20 hm³), cet aménagement prive d'eau les populations de l'intérieur pour approvisionner le littoral (d'où l'exode rural) et répond mal aux défis du milieu que sont l'envasement et la réalimentation des nappes. Surtout, il préfigure un type de solution centralisée qui dépossède les paysans de la maîtrise de l'eau et transfère cette maîtrise vers des spécialistes, ingénieurs et techniciens (62). On comprend dès lors l'abandon par les fellahs de leurs

---

(61) Gachet cite ce texte suggestif de Hedi Nouira : « Ils [les paysans] doivent se débarrasser des mentalités rétrogrades et des méthodes archaïques de culture pour adopter les procédés modernes de mise en valeur basés sur des techniques scientifiques. La paresse, la passivité et surtout cette tendance à tout attendre de l'aide de l'État doivent disparaître », GACHET (J.-P.), « L'agriculture, discours et stratégies », *Tunisie au présent*, Paris, Éditions du CNRS, 1987, p. 186.

(62) Ce qui fait dire à EL AMAMI : « Il semble pourtant évident que seul un modèle d'aménagement décentralisé, inspiré de techniques locales rénovées et mis sur pied avec la participation effective des populations rurales puisse assurer un développement rural équilibré », art. cité, p. 68.

Figure n° 31

VARIANTE CENTRALISÉE D'UN AMÉNAGEMENT

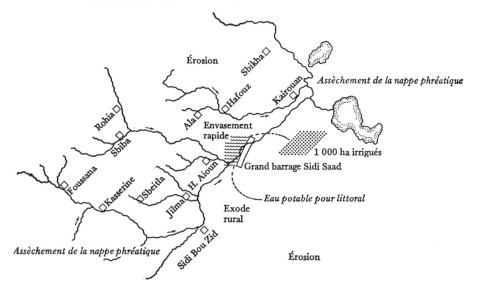

Aménagement centralisé du bassin de l'oued Zeroud.
→ Érosion
Coût : 60 millions de D.T.
Emplois : 1 000

Source : El Amami, *op. cit.*

savoir-faire (en particulier les *meskat*), et leur intégration progressive à des systèmes de production nouveaux, dominés par la plasticulture, et dépendants pour l'eau d'un réseau centralisé géré par un office de périmètre irrigué.

Il faut reconnaître que le choix technique n'est pas simple. Trop de travaux font bon marché des difficultés de réhabilitation des systèmes traditionnels. De surcroît, la protection des crues représente dans cette région une nécessité absolue, et, à défaut de nombreux ouvrages traditionnels bien entretenus, des réalisations imposantes sont quasi inévitables. De toute façon, le critère de rentabilité fut, ici comme ailleurs, manipulé pour emporter la décision : le bureau d'études fut prié de trouver un taux de rentabilité satisfaisant, et donc contraint à des hypothèses de prix « optimistes ». Il n'en reste pas moins que le projet Nebhana instaure une logique qui va prévaloir pour d'autres régions comme le cap Bon, où un fort déficit en eau en était venu à compromettre une agrumiculture florissante (63). L'État tunisien

---

(63) Le déficit hydrique a été mesuré par ENNABLI (M.), « Études hydrogéologiques des aquifères du nord-est de la Tunisie pour une gestion intégrée des ressources en eau », thèse pour le doctorat d'État en sciences naturelles, Nice, 1980.

s'oriente donc vers un vaste programme de barrages et de transfert de la ressource des régions excédentaires du Nord.

Figure n° 32

VARIANTE DÉCENTRALISÉE D'UN AMÉNAGEMENT

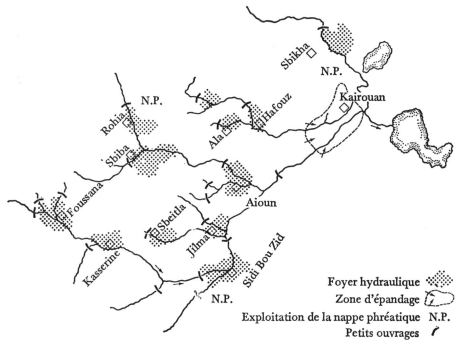

Foyer hydraulique
Zone d'épandage
Exploitation de la nappe phréatique   N.P.
Petits ouvrages

Source : El Amami, *op. cit.*

L'idée de ce schéma avait été émise par une mission soviétique au début des années 1960. Le Plan directeur des eaux du Nord (Pden) de 1975, puis une étude du ministère de l'Agriculture (64) aboutissent à l'hypothèse d'un transfert de 370 hm³/an vers le cap Bon, le Sahel et même Sfax. En remontant vers l'extrême nord, on espère augmenter le volume transférable par adjonction de barrages et de transferts nouveaux. Schéma ambitieux, gros consommateur de crédits, qui a pour effet de reléguer toute autre alternative hydraulique. En 1984, le schéma national d'aménagement du territoire reprend les mêmes options.

---

(64) MINISTÈRE DE L'AGRICULTURE, *Bassin Medjerdah-Ichkeul, plan d'utilisation des eaux excédentaires,* Direction EGTH, 1978.

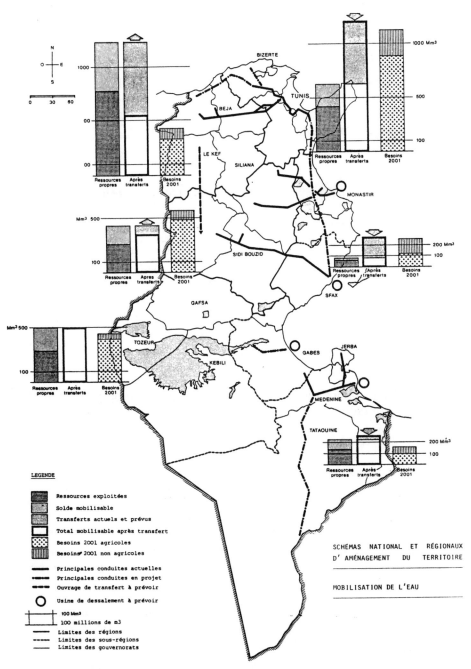

Figure n° 33
PERSPECTIVES DE MOBILISATION DE L'EAU
SELON LE SCHÉMA NATIONAL D'AMÉNAGEMENT
DU TERRITOIRE (1984)

LEGENDE

Ressources exploitées
Solde mobilisable
Transferts actuels et prévus
Total mobilisable après transfert
Besoins 2001 agricoles
Besoins 2001 non agricoles

Principales conduites actuelles
Principales conduites en projet
Ouvrage de transfert à prévoir
Usine de dessalement à prévoir
100 Mm3
100 millions de m3
Limites des régions
Limites des sous-régions
Limites des gouvernorats

SCHÉMAS NATIONAL ET RÉGIONAUX
D' AMÉNAGEMENT DU TERRITOIRE

MOBILISATION DE L'EAU

Source : RTE, n° 52, p. 51.

b) La mise en œuvre d'un modèle centralisé

Le schéma global fut défini dans le cadre des plans directeurs élaborés pour les trois grandes régions du Nord, du Centre et du
Sud (65), plans présentés alors comme « la plus grande, la plus impressionnante réalisation de la Tunisie indépendante » (66). Le principe
en était de mobiliser le maximum d'eaux de surface par des grands
barrages, de transférer l'eau vers les zones déficitaires, et de réaliser
une véritable interconnexion à l'échelon national. Pour y parvenir,
l'État tunisien prit les grands moyens.

En matière d'investissement, 40 % des crédits planifiés pour l'agriculture sont consacrés à l'hydraulique à partir de 1970.

Tableau n° 57

LES INVESTISSEMENTS PLANIFIÉS EN HYDRAULIQUE
(En millions de DT courants)

	1962-71	1972-81	1982-86	1987-91(a)
		(V° Plan)	(VI° Plan)	(VII° Plan)
Montant	80	253	605	720
% investissement agricole	29 %	43,6 %	39 %	43 %
(a) Prévisions				

Source : Rétrospective du VI° Plan.

Le détail montre que la grande hydraulique absorbe plus de 90 %
de ces montants.

	1962-64	1965-68	1969-72	1973-76	1977-81	1982-86
GH	92 %	86 %	ND	82 %	98 %	91 %
PMH	8 %	14 %	ND	18 %	2 %	5 %

Ces crédits vont financer des réalisations spectaculaires : grands
barrages et transferts.

Il s'agit d'ouvrages de grande taille, dont on maîtrise mal les
coûts, comme le montre le bilan de réalisation financière du secteur
de l'hydraulique pour le VI° Plan :

(65) ITALCONSULT, *Plan directeur des eaux du Nord* et *Plan directeur des eaux
de l'extrême Nord*, décembre 1975 et octobre 1976 ; HYDRATEC-CEDRAT, *Plan directeur des eaux du Centre*, février 1977 ; SOGREAH-SOTUETEC, *Plan directeur des eaux
du Sud*, 1975.

(66) BEN HAMMED (H.), « Le plan directeur des eaux du Nord, 200 millions de
DT, 1 milliard de m³ d'eau », *Dialogue*, n° 85, 19 avril 1976, pp. 22-31.

Tableau n° 58

CARACTÉRISTIQUES DES GRANDS BARRAGES RÉCENTS
(En hm³ et millions de DT)

Barrages	Volume mobilisé	Volume régularisé	Coût prévu	Coût actualisé
Bou Heurtma	117,5	50	15	ND
Sidi Saad	210	130	60	61,3
Sidi Salem	550	515	54,8	61,8
Joumine	107	74	38,4	69

Répartition des crédits (en M DT) :	Prévu	Réalisé
Construction des barrages et conduites	186	226,1
Création et réhabilitation de périmètres	292,4	314,6
Étude des ressources en eau	21,6	16,3
Eau potable rurale	110	48
	610	605

On voit la logique de dérapage financier : les grands ouvrages et les périmètres tendent à consommer plus de crédits que prévu ; l'eau potable rurale en fait les frais.

En matière de transferts, trois grands canaux furent programmés, visant à réaliser une interconnexion entre ressource et utilisation.

Une partie de ces aménagements est déjà réalisée :

— le canal Medjerdah-cap Bon, long de 125 km, dont 110 ouverts ; doté de trois stations de pompage, il peut débiter 16 m³/sec en tête et 8 m³/sec à l'arrivée. Réalisé par l'assistance technique chinoise, ce premier canal aurait coûté 87 millions de DT, contre 53,8 millions prévus. Il devait acheminer 163 hm³/an depuis Sidi Salem, et devrait passer à 209 hm³ lorsque les autres barrages de Joumine, Sedjnane et Sidi Barrak seront réalisés en amont ;

— le canal Djoumine-Ellil, destiné à renforcer les apports du premier ; longueur prévue : 70 km. Capacité : 8 m³/sec au départ, pouvant passer à 12 m³/sec. Le canal n'est plus à ciel ouvert, mais constitué de trois conduites parallèles de 1 800 mm. L'achèvement était prévu entre 1981 et 1984. Il aurait coûté 38,2 millions de DT, contre 30 millions prévus ;

— un troisième canal El Barrak-Sedjnane était prévu entre 1986 et 1990.

Bien que ces gros chantiers ne soient pas encore tous achevés, ils indiquent l'option technique prise par l'État. Les montants consacrés à la grande hydraulique peuvent paraître surprenants si on les compare aux faibles superficies irriguées à partir des barrages (moins de 30 000 ha) et aux doses distribuées sur les périmètres (2 984 m³/ha/an). Les puits de surface, les forages et les prises sur l'oued continuent à irriguer les quatre cinquièmes des superficies en Tunisie (67). Cela conduit à s'interroger sur la signification d'une option aussi coûteuse et d'une efficacité discutée.

Un schéma d'aménagement controversé

Les responsables tunisiens estiment que, grâce à cette stratégie hydraulique, « la Tunisie peut résister à trois années de sécheresse » (68). Pourtant, plusieurs objections sont faites au modèle retenu.

a) Les hypothèses hydrologiques des transferts sont controversées

Selon certains spécialistes, on a exagéré les excédents du bassin Medjerdah-Ichkeul, en sous-estimant les surfaces irrigables dans la région Nord, et en ne prenant pas assez en compte le caractère aléatoire des apports. Ainsi, escompter une mobilisation de 500 hm³/an à Sidi Salem serait une « erreur scientifique » (69), car ce volume n'a été atteint que 25 fois en quarante-cinq ans. Utilisant un modèle économétrique qui intègre l'aléatoire, Matoussi conclut à des taux de pénurie d'eau élevés et infirme l'hypothèse d'excédent des ressources hydrauliques de la Medjerdah. De gros problèmes de salinité se posent aussi, contraignant à mélanger les eaux du Nord pour les rendre aptes à l'irrigation.

b) La montée exponentielle de la demande urbaine
implique des arbitrages plus rigoureux

Faisant des projections de la demande urbaine, H. Sethom estime qu'« aux environs de l'horizon 2040, tout le potentiel mobilisable des eaux de surface et des eaux souterraines, c'est-à-dire quelque trois milliards de m³, sera à peine suffisant pour couvrir les besoins des villes, et il n'y aura plus d'eau pour l'agriculture irriguée, à moins qu'on ne trouve des solutions efficaces et rentables pour recycler les eaux usées à grande échelle et pour mobiliser l'eau de mer dessalinisée » (70).

---

(67) En 1980, dernier chiffre disponible, sur 156 000 ha irrigués, 23 000 seulement l'étaient à partir de barrages, contre 84 000 par les puits de surface, 27 000 par les prises d'oued et 22 000 par des forages profonds, selon FENNIRA (M.), « Les besoins agricoles et l'irrigation », *RTE*, n° 37, 1981, p. 51.

(68) Déclaration du secrétaire d'État chargé des Ressources hydrauliques, M.A. HORCHANI, *Le Renouveau*, 9 juin 1988.

(69) MATOUSSI (M.-S.), *Planification des ressources aléatoires, application à la gestion d'un bassin fluvial tunisien*, Paris, Sirey, 1981, 460 p. ; MATOUSSI (M.-S.), « Planification des ressources hydro-agricoles ; application au Nord tunisien », *Revue tunisienne d'économie et de gestion*, n° 1, janv.-juin 1984, pp. 117-124.

(70) SETHOM (H.), « Les dangers de la priorité absolue aux villes dans la répartition de l'eau disponible en Tunisie », *L'eau et la ville*, Tours, Urbama, 1991, pp. 105-118.

L'auteur établit son calcul sur la base des hypothèses admises d'accroissement de la population urbaine et d'une progression de la demande de 5 %/an environ. En minimisant les pertes dans les réseaux, on obtient une consommation urbaine de 282 hm³ en 1995, 564 hm³ en 2009, 1 128 hm³ en 2023, 2 256 hm³ en 2037 et 3 146 hm³ en 2041. Chiffres spectaculaires, annonciateurs, selon Sethom, de « conflits généralisés à l'horizon 2000 ». Sans entrer dans la discussion du détail de ses calculs, on ne peut que s'inquiéter au vu de ce pronostic, qui tranche avec l'optimisme du schéma national d'aménagement de 1984 :

> Les infrastrucures mises en place ou projetées montrent que l'eau peut être conduite à des coûts acceptables, là où les priorités de développement le demandent et le système de mobilisation réalisé dans le but de subvenir aux besoins les plus pressants des régions crée entre les régions une interdépendance propice à certaines redistributions (71).

Même si ce document appelle à des économies d'eau, il répond mal aux questions posées par Sethom à propos de la montée exponentielle de la demande urbaine.

c) L'agriculture irriguée utilise mal et peu l'eau mobilisée

En Tunisie, le secteur irrigué est composé de deux sous-secteurs : les périmètres publics irrigués (PPI) et les périmètres privés. Les PPI ont été gérés par des offices de mise en valeur (onze au total) jusqu'en 1989, date à laquelle ils ont été intégrés aux commissariats régionaux de développement agricole (CRDA), décision très contestable. Selon l'enquête de 1986, les périmètres publics ont des résultats inférieurs aux périmètres privés malgré les investissements publics considérables dont ils bénéficiaient par l'intermédiaire des offices étatiques qui les gèrent. Malgré la focalisation de l'investissement sur des zones restreintes, le résultat n'est pas suffisant. Le taux moyen d'intensification devrait atteindre 120 % en raison des doubles cultures possibles au cours d'une même campagne. En valeur, la production moyenne des périmètres irrigués représenterait seulement 32 % de la production agricole totale, les contributions essentielles étant le maraîchage (55 %) et l'arboriculture (37 %) (72).

Parmi les multiples causes de la faible intensification, on peut noter la non-application de la réforme agraire, pourtant prévue par la loi (73) et dont l'objectif était « d'assurer une exploitation opti-

(71) « Schéma national et schémas régionaux d'aménagement du territoire de la Tunisie aux horizons 2000 et 2025 », *RTE*, n° 52, juin 1985, p. 48.

(72) Chiffres de HASSAINYA (J.), *Irrigation et développement agricole au Maghreb*, Montpellier, IAM, 1984, p. 33.

(73) Les textes de réforme agraire datent de 1958 pour la Medjerdah, qui était une région irriguée depuis l'époque coloniale (loi du 11 juin 1958), et de 1963, revus en 1971, pour les autres PPI (lois n° 63-18 du 27 mai 1963, et n° 71-9 du 9 février 1971).

LE PLAN DIRECTEUR DES EAU

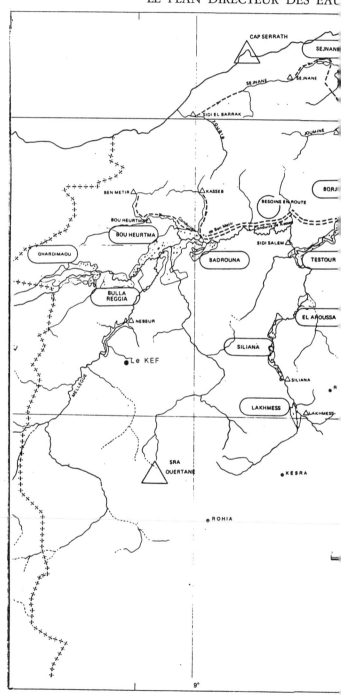

34

NORD — *Source :* Orstom-Eautun.

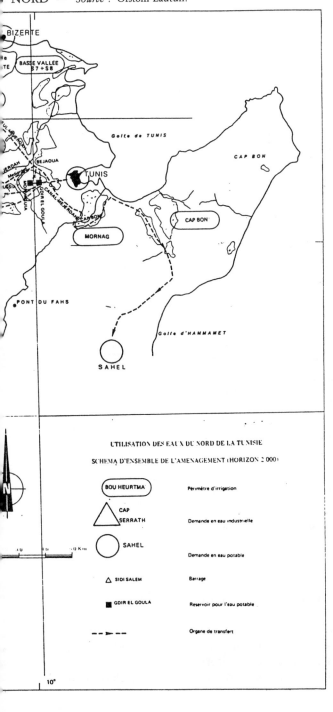

Tableau n° 59

PERFORMANCES COMPARÉES DES PÉRIMÈTRES PUBLICS ET PRIVÉS

(En ha)

	Périmètres publics	Périmètres privés	Total
Superficie équipée	101 800	154 900	256 700
Superficie irriguée	70 400	117 500	187 900
Superficie effectivement irriguée	77 200	129 200	206 400
Taux d'utilisation (a)	69,1 %	75,9 %	73,2 %
Taux d'intensification (b)	75,8 %	83,4 %	80,4 %
(a) Superficie irriguée/superficie équipée.			
(b) Superficie effectivement irriguée/superficie effectivement équipée.			

Source : Enquête périmètres irrigués.

Tableau n° 60

LES OFFICES TUNISIENS DE MISE EN VALEUR AVANT LEUR DISSOLUTION (1989)

(En ha)

Offices	Date de création	Superficie équipée	
		1986	Prévu 1991
OMVVM (Medjerdah)	Juin 1958	36 200	72 450
Omivan (Nebhana)	Mai 1973	5 600	7 070
Omival (Lakmès)	Mai 1973	1 500	11 000
Omivaj (Jendouba)	Février 1975	26 600	27 610
ODTC (Centre-Ouest)	Août 1978	3700	5 200
Omiva (Nabeul)	Mai 1980	13 200	16 750
Omivak (Kairouan)	Mai 1980	5 710	14 440
Gabès-Medenine	Mai 1980	5 010	10 890
Gafsa-Djerid	Mai 1980	5 910	6 510
Sid-Bouzid	Juin 1983	1 870	ND
Squassi	Juillet 1984	ND	ND
		105 300	174 940

male des biens ruraux et une utilisation rationnelle de l'eau d'irrigation à l'intérieur des PPI ». La réforme a été exécutée avec beaucoup de souplesse, jusqu'en 1977 sous l'égide de la direction des Affaires foncières et de la Législation du ministère de l'Agriculture, puis sous le contrôle de l'Agence de la réforme agraire des PPI (loi n° 77-17 du 16 mars 1977). Quant à la réforme de la législation sur les eaux (code des eaux de 1975), elle a surtout permis un contrôle accru de l'État sur la ressource, et peu favorisé une meilleure répartition entre utilisateurs.

La situation hydraulique tunisienne est donc originale à bien des égards : malgré des ressources très limitées, on a peu tiré parti du capital de savoir-faire traditionnel dans le domaine de l'eau. Les choix techniques opérés depuis vingt-cinq ans vont dans le sens du modèle dominant, financièrement coûteux. Il est vrai que les alternatives proposées sont souvent peu crédibles. L'heure vient pour ce pays de faire des économies de consommation, de développer des ressources non conventionnelles, de poser au plus près la question du coût de l'eau. A toutes ces questions, l'Algérie et le Maroc n'échapperont pas non plus.

Dans les trois pays, la priorité à la grande hydraulique a donc prévalu, sur fond d'études réalisées à l'époque coloniale. Les choix techniques proposés l'ont souvent été en continuité avec des démarches antérieures, et le modèle « grand barrage » a partout prévalu. Ce n'est qu'au cours de la décennie actuelle que l'on observe un regain d'intérêt pour la petite et moyenne hydraulique, parce que les sites les plus favorables pour la grande hydraulique ont déjà été exploités, et parce que la grande hydraulique coûte cher, pose de gros problèmes de maîtrise technique et connaît de grosses limites écologiques, comme l'envasement.

En revanche, une volonté très nette de modifier la finalité des grands aménagements hydrauliques est repérable dans les trois pays, y compris au Maroc, où le maintien d'un secteur agro-exportateur important n'a pas empêché l'essor de spéculations destinées au marché intérieur : le Plan sucre, le Plan lait, le Plan oléagineux, en sont les illustrations. En Algérie, également, la politique d'arrachage du vignoble avait pour but d'affecter les zones de plaine à des spéculations orientées vers le marché national. On peut toutefois se demander si l'efficacité de ce type d'intensification vivrière n'aurait pas été accrue par une promotion plus systématique de la petite et moyenne hydraulique.

Enfin, la mauvaise gestion des périmètres indique une difficulté à sortir d'une conception « minière » de l'eau : les cultures spéculatives, les villes et les complexes touristiques continuent à en accaparer la meilleure part, sans en payer vraiment le prix. L'heure est plus que jamais à la concurrence pour l'eau.

5

Sécurité alimentaire et alimentation en eau potable

Des objectifs encore lointains

Bien que les politiques hydrauliques constituent le fer de lance du développement agricole dans les trois pays, les résultats atteints ne sont pas à la hauteur des espérances :

— les importations alimentaires de denrées stratégiques croissent d'année en année, grevant de plus en plus les budgets des États. Les taux de couverture des importations alimentaires par les exportations de produits agricoles se dégradent ;

— l'alimentation des populations en eau potable a connu des progrès, malgré des zones défavorisées, comme le Maroc rural. Villes et villages sont mieux desservis, avec toutefois des nuances importantes selon les quartiers et la persistance de pénuries ici ou là, surtout en Algérie. Mais, pour faire face à une demande urbaine qui explose, on assiste à la « course aux captages » : il faut aller chercher l'eau de plus en plus loin ;

— enfin, demande agricole et demande urbaine sont souvent concurrentes : l'agriculture est de loin le plus gros consommateur, mais elle doit de plus en plus laisser partir les volumes mobilisés dans les nouveaux barrages vers les villes et les industries. A l'évidence, le passage d'une utilisation « minière » de l'eau à une gestion sociale de sa rareté est encore à faire.

Tenter un premier bilan des politiques hydrauliques conduit à mettre l'accent sur les principaux acteurs en jeu, les paysans et l'État, et sur les stratégies spécifiques que chacun d'eux déploie par rapport à cet enjeu social qu'est l'eau.

1. L'introuvable sécurité alimentaire : Le cas marocain

S'il est un pays qui a fait un effort gigantesque en matière hydraulique, c'est bien le Maroc, on l'a montré : des barrages de grande capacité sont régulièrement inaugurés, 850 000 ha sont irrigués, dont plus de la moitié en grands périmètres, 80 % de la demande en sucre est couverte par la production locale. Et pourtant, la « réussite » hydro-agricole marocaine fait l'objet de contestations parfois assez radicales : ainsi, pour Najib Akesbi, « l'échec est patent », « la spécialisation subie de l'agriculture marocaine a fait d'elle un secteur dont la structure de la production est de plus en plus en divorce flagrant avec la structure de la consommation intérieure. Les céréales et les légumineuses mis à part, il n'est pas exagéré de dire qu'on produit ce qu'on ne consomme pas et qu'on consomme ce qu'on ne produit pas » (1). Ce qui, ajoute-t-il, entraîne le pays dans l'engrenage de la dépendance financière et technologique. D'autres voix vont dans le même sens, pour souligner l'effet négatif sur les cultures vivrières de la priorité donnée aux cultures de rente, et l'intégration croissante au marché mondial qui en résulte (2).

On peut s'interroger sur le bien-fondé de telles critiques, car elles tendent à confondre sécurité et autarcie. Bien des pays au monde sont aujourd'hui dépendants d'importations pour une grande part de leur alimentation, sans en concevoir d'inquiétude réelle, si, par ailleurs, ils disposent d'un pouvoir économique et financier suffisant. Retenons pourtant la question : dans quelle mesure la politique hydro-agricole mise en œuvre contribue-t-elle ou non à la sécurité alimentaire ? Bien entendu, la question se pose pour les trois pays du Maghreb, même si c'est le Maroc qui a poussé le plus loin son option « grande hydraulique » (3).

La politique hydro-agricole marocaine a connu au moins deux grandes périodes (4) : jusqu'en 1973, l'accent était mis sur les cultures d'exportation ; il était même écrit dans le Plan quinquennal 1968-72 que l'objectif d'autosuffisance n'était pas premier (5). Puis, à partir du Plan quinquennal 1973-77, la priorité est donnée à des produits agricoles stratégiques dans l'alimentation, comme le sucre,

---

(1) AKESBI (N.), « De la dépendance alimentaire à la dépendance financière... », *op. cit.*, pp. 49-50.

(2) BELLOUT (A.), « Marché mondial, sécurité alimentaire et la politique des grands aménagements hydro-agricoles », *RJPEM*, 1er sem. 1981, pp. 125-145. TAJ (K.), *Choix technologiques et système alimentaire : le cas du Maroc*, Paris, L'Harmattan, 1987, pp. 98-122.

(3) *Cf.* nos articles sur l'Algérie et la Tunisie dans *Maghreb-Machrek*, nos 111 et 120.

(4) Une approche globale est donnée par GUERRAOUI (D.), *Agriculture et développement économique au Maroc*, Paris, Publisud, 1986, 231 p., et KHYARI (Th.), *Agriculture au Maroc*, Casablanca, Éditions Okad, 1987, 500 p.

(5) *Cf.* PLAN QUINQUENNAL 1968-72 : « Ces priorités signifient que le Maroc ne fasse pas sienne l'idée trop radicale que les PVD doivent, par principe et avant tout, couvrir leurs propres besoins alimentaires. Au contraire, les cultures destinées à un traitement industriel local et ayant une haute valeur à l'exportation permettent de pourvoir aux achats nécessaires à la couverture des besoins céréaliers », p. 139.

le lait et les oléagineux. L'apparition de déficits importants explique ce revirement, ainsi que le renchérissement des denrées sur le marché international.

A la recherche des avantages comparatifs
La promotion des cultures d'exportation

Les cultures d'exportation ont été fortement privilégiées sur les périmètres marocains : en 1985, selon les estimations de M. Raki, la moitié du volume de la production végétale réalisée dans les zones irriguées était destinée à l'exportation (6). Certes, le ministère de l'Agriculture réservait dans ses prévisions 300 000 ha aux agrumes et au maraîchage, sur un total en fin d'aménagement de 1 400 000 ha, faisant une place équivalente aux céréales irriguées (300 000 ha) et aux fourrages irrigués (366 000 ha) (7). En réalité, ces dernières spéculations se sont beaucoup moins vite développées que les cultures d'exportation, pour lesquelles l'État menait une politique dynamique (crédit, commercialisation par l'OCE...). Le but de cette politique étant de fournir des devises, il est intéressant d'en regarder les résultats.

L'évolution des exportations (8)

Elle fait apparaître :

a) Une nette stagnation du volume des exportations agricoles

Si les exportations d'agrumes se sont bien maintenues, autour de 600 000 t, les exportations de tomates et de légumineuses ont connu un déclin spectaculaire.

b) Un triplement de la valeur des exportations agricoles

L'accroissement global de la valeur des exportations est de 2,7 environ (on passe, en dirhams courants, de 1 308 millions de DH pour la période 1970-72 à 3 533 millions de DH pour 1980-82) : les exportations de produits halieutiques ont décuplé, les agrumes ont augmenté de 2,75 fois, les exportations de tomates de 1,37. L'accroissement des recettes d'exportation agricole est donc dû à un effet prix, et non à l'évolution des tonnages.

---

(6) RAKI (M.), « Structure et potentialités de la production agricole marocaine », *L'économie marocaine en question*, Éditions El Bayane, mars 1985, p. 145.
(7) *Cf.* MARA, *L'irrigation au Maroc : situation de l'équipement et de la mise en valeur, perspectives de développement*, 1975, p. 19.
(8) Les chiffres détaillés sont donnés pour la période 1970-84 par ZOUITEN (S.), « Essai sur la maîtrise des eaux à usage agricole », thèse, Grenoble, 1986, pp. 258 et 260.

Tableau n° 61

ÉVOLUTION DES EXPORTATIONS AGRICOLES MAROCAINES

(En t/an)

	1970-72	1982-84	1985-87
Agrumes	571 000	583 000	Env. 600 000
Légumes	228 000	109 000	150 000
dont : tomates	130 000	78 000	89 000
conserves	88 600	85 000	ND
vin	65 660	24 330	ND
huile d'olive	17 660	730	ND
légumineuses	175 660	2 360	ND

Source : Médistat.

c) Une dégradation du taux de couverture des importations agricoles

Tableau n° 62

ÉVOLUTION DE LA BALANCE AGRO-ALIMENTAIRE

(En millions de DH)

	1973	1975	1977	1978	1979	1982	1983	1984	1985
Exportations	2 244	1 805	1 956	2 259	2 533	3 340	4 120	4 810	6 069
Importations	1 664	3 725	3 203	3 109	3 604	5 955	6 082	8 419	8 408
Taux de couverture agricole	135 %	48 %	61 %	73 %	68 %	56 %	68 %	57 %	72 %
Taux de couverture alimentaire	154 %	52 %	77 %	87 %	87 %	73 %	84 %	62 %	83 %

Source : Médistat.

L'accroissement de la valeur des exportations agricoles ne compense pas la montée des importations, si bien que les taux de couverture se dégradent. Par ailleurs, la stratégie de promotion de produits agricoles visait à fournir au pays des devises pour ses besoins d'équipement. Or, on constate une érosion de la part des exportations agricoles dans les exportations totales. Malgré les coûteux investissements réalisés dans l'agriculture pour l'exportation, sa contribution relative a décliné en raison du *boom* phosphatier des années 1974-76.

Tableau n° 63

ÉVOLUTION DE LA PART DES EXPORTATIONS AGRICOLES AU MAROC
(En millions de DH)

	1970-72	1982-84
Exportations globales (1)	2 649	16 091
Exportations agricoles (2)	1 556	4 704
Exportations alimentaires (3)	1 308	3 533
(3) / (1) en %	49,3 %	21,9 %

Source : Médistat.

L'effet escompté n'a donc pas joué : les cultures d'exportation sont loin d'être le secteur qui contribue le plus à l'apport en devises. Les productions ont parfois augmenté de façon importante. Mais la position commerciale du pays s'est dégradée.

Des avantages comparatifs menacés...

Cet échec relatif de la promotion de cultures d'exportation est imputable, pour une part, à des difficultés d'ordre commercial : en 1969, le Maroc avait conclu un accord d'association avec la CEE, transformé en accord de coopération en 1976 (9). Sous l'impulsion de cet accord, le Maroc a développé ses productions d'exportation, surtout les primeurs et légumes de contre-saison dont manquait la CEE. Ce faisant, il est devenu très dépendant du marché communautaire, qui absorbait, en 1985, 57 % de ses fruits frais exportés, 95 % des légumes frais (tomates principalement) et 85 % des produits transformés. Dans le même temps, le Maroc importait de la CEE 43 % de ses achats de céréales, 90 % des produits laitiers, 28 % de son sucre. La France était son principal partenaire.

Ce traitement préférentiel accordé par la CEE aux pays tiers méditerranéens (PTM) s'est peu à peu érodé (10) : c'est ainsi que les exportations d'agrumes sont soumises au prix de référence CEE, qui augmente d'année en année afin de garantir le revenu des producteurs

---

(9) Cet accord, également conclu avec l'Algérie et la Tunisie, constituait ce que la CEE appelait sa politique méditerranéenne globale. L'accord de 1976 prévoyait une réduction de 50 % du tarif douanier commun, du 15 novembre au 30 avril.

(10) *Cf.* BELAL (A.), « Les perspectives de l'association Maghreb-CEE dans le développement économique du Maroc », *BESM,* n° 131-132, 1981, pp. 55-79 ; EL AYACHI (A.), *Dépendance et extraversion alimentaire du Maroc,* Rabat, INSEA, 1983, 222 p.

de la Communauté (11) ; la conséquence pour le Maroc en est un relèvement régulier des droits de douane et l'application d'une taxe compensatoire pour les produits les moins chers. L'avantage comparatif est ainsi diminué. À terme, le traitement préférentiel risque de se dégrader tout à fait avec l'élargissement de la CEE au Portugal et à l'Espagne, la CEE devenant autosuffisante à 85 % pour les oranges, 94 % pour les petits fruits (12). Les effets pour le Maroc ne seront pas immédiats, mais le risque de tarissement des débouchés est réel, ce qui explique la demande d'adhésion du Maroc à la CEE, officiellement présentée en juillet 1987 et repoussée par Bruxelles.

Mais une croissance réelle des productions

a) Les agrumes

Ils couvrent 70 000 ha environ, soit 11 % du verger (626 000 ha), les trois quarts étant situés dans des ORMVA (Gharb, 25 % ; Souss, 30 %). Ce verger est relativement jeune, quoique disparate (jeune dans le Souss, vieux dans le Gharb). Les exploitations de plus de 50 ha (3 % de l'ensemble) couvrent 47 % de la superficie plantée, alors que celles de moins de 1 ha (52 % des exploitations) ne couvrent que 3 % de la superficie. La propriété agrumicole est donc fortement concentrée. La production a beaucoup progressé depuis les années 1960 :
— 550 000 t/an (en moyenne) en 1960-64 ;
— 934 000 t/an en 1970-74 ;
— 992 000 t/an en 1981-82 ;
— 908 000 t/an en 1983-84 ;
— 1 077 000 t/an en 1985-87.
Les potentialités seraient de 1 340 000 t en année favorable, mais les rendements sont faibles (13 à 19 t/ha). Le Maroc a beaucoup spécialisé sa production, en variétés tardives (Maroc-late = 46 %, clémentines = 24 %, navel = 19 %), de façon à mieux faire face à la concurrence espagnole. Néanmoins, celle-ci est rude : l'Espagne a produit 2,9 millions de t en 1981-82 et 3,8 en 1983-84, et exporté 1,8 et 2,3 millions de t, avec des frais d'approche du marché européen bien moindres (0,26 F du kilo, au lieu de 0,70 FF) ; les concessions tarifaires dont bénéficiait le Maroc ont peu à peu été accordées aussi à d'autres pays tiers méditerranéens. Enfin, il y a les difficultés internes au Maroc (lourdeur de l'OCE...). Le Maroc a d'abord beaucoup misé sur ces exportations vers la CEE, qui absorbait une part très importante de ses exportations d'agrumes, puis il a dû diver-

(11) Le prix de référence a par exemple quadruplé entre 1973 et 1981, diminuant l'impact de la concession tarifaire de l'accord de 1976.

(12) SAUBRY (A.), « L'élargissement de la CEE et les exportations marocaines de fruits et légumes », université de Montpellier, 1982, 263 p.

sifier en direction de l'URSS et de l'Arabie Saoudite. Les exportations stagnent autour de 600 000 t.

b) Les cultures maraîchères au milieu des années 1980

Elles occupent 145 000 ha, dont 20 000 ha en primeurs, avec seulement 40 % des superficies dans les ORMVA : contrairement aux agrumes, cette production est le fait de petites exploitations, de 2 à 3 ha, sur la bande côtière entre Rabat-Salé et Agadir. 8 000 producteurs sont inscrits à l'OCE. Il s'agit d'une activité qui crée beaucoup d'emplois, de l'ordre de 460-630 j/ha en plein champ et 1 370 j/ha sous serre. La production totale de légumes frais est d'environ 2,2 millions de t, dont 500 000 t de primeurs. Les tomates et les pommes de terre constituent plus de 50 % de cette production (610 000 et 534 000 t). L'autoconsommation est forte, de l'ordre de 50 % pour les tomates, de plus il y a beaucoup d'écarts de triage peu rémunérés. Les rendements en plein champ sont faibles, en raison des méthodes traditionnelles de culture ; en revanche, les rendements sous serre sont meilleurs : 85 t/ha pour les tomates, 60 pour les aubergines, 30 pour les melons, 25 pour les haricots verts, 100 pour les concombres.

En 1977-78, les exportations ont été de 150 000 t de légumes frais, dont 97 000 de tomates et 46 000 de pommes de terre ; ce qui constitue une baisse sensible par rapport au début des années 1970 (162 000 t de tomates exportées en 1972-73). Différentes causes à ce déclin : la concurrence accrue de la CEE, la baisse des prix de vente, l'élévation des frais d'approche (prix de l'énergie). Le Maroc a réagi en améliorant ses choix de variétés, en recherchant une plus grande précocité, en essayant de diversifier ses partenaires. Le débouché français a beaucoup baissé, la concurrence espagnole se fait nettement sentir : la part du Maroc dans les importations communautaires de tomates est passée de 33 % en 1977 à 16 % en 1983, alors que celle de l'Espagne passait de 57 % à 79 % sur la même période.

Encouragé par la Banque mondiale, qui a ouvert pour cela un crédit de 58 millions de $, le Maroc a lancé une contre-offensive avec son Plan primeurs en 1980. Celui-ci prévoyait le développement de la culture en plein champ sur des zones côtières favorables, l'équipement de 1 000 ha en abris serres, l'introduction du goutte-à-goutte, la création de stations de conditionnement. Le coût total d'un tel projet était estimé à 543 millions de DH, dont 63 % en devises (les intrants en devises représentent 40 % du prix de revient pour les cultures sous serre, contre 15 à 30 % pour les cultures de plein champ). L'objectif était de pouvoir exporter 380 000 t de primeurs de novembre à mai. Non seulement le coût est élevé, mais le risque commercial est important, comme en témoigne l'évolution récente et le laisse supposer la stratégie commerciale de l'Espagne, qui a installé 1 000 ha de serres par an depuis 1974.

La première stratégie marocaine visant à développer ses revenus extérieurs par l'exportation de produits agricoles n'a donc pas donné les résultats escomptés. Cela a pris un tour encore plus inquiétant au cours des années 1970 avec le renchérissement des denrées sur le marché international et la montée de la demande intérieure. D'où le changement de stratégie alimentaire au Maroc.

Une promotion sélective des productions vivrières pour le marché intérieur

Le pays devenant lourdement importateur de produits de base comme les céréales, le sucre, les huiles, le lait, le gouvernement a lancé une série de plans destinés à promouvoir ces différentes cultures, réorientant les superficies irriguées vers la demande intérieure. Les cultures industrielles et les fourrages irrigués vont ainsi être encouragés. Une première expérience de culture industrielle avait déjà été faite avec le coton : encouragée dans les années 1960, sur le périmètre du Tadla, la culture du coton a culminé autour de 30 000 ha en 1965. Pour en assurer l'implantation, l'ONI avait pris une série de dispositions encourageantes, comme l'apport de crédit, l'appui technique pour les travaux, la garantie de prix aux producteurs. Plusieurs usines d'égrenage furent créées, en particulier dans le Tadla. De cette première expérience de mise en place d'une culture industrielle des enseignements seront tirés, en particulier pour les cultures sucrières.

L'implantation des cultures sucrières

Le Marocain est un gros consommateur de sucre, entre autres dans le thé à la menthe (environ 30 kg/hab/an), ce qui entraîne des importations fort coûteuses. D'où le projet de développer les cultures sucrières.

a) La betterave sucrière

Elle fut lancée par l'ONI dans le Gharb, sur 3 500 ha, au cours de la campagne 1962-63, année de mise en service de la première sucrerie marocaine à Sidi Slimane. La stratégie de vulgarisation de l'ONI eut des effets rapides, et la culture de la betterave fut assez bien acceptée par les fellahs, surtout celle cultivée en sec *(bour)*. Après le Gharb, c'est le périmètre du Tadla, les Doukkala, puis la basse Moulouya qui se lancent dans cette culture, dont la superficie passe de 3 500 ha en 1962-63 à 60 400 ha en 1971-72 et 63 500 ha en 1984. La culture en sec représente environ le tiers des surfaces.

Les rendements moyens ont progressé, atteignant de 48 à 50 t/ha en fin de période. Après l'ouverture d'une autre sucrerie dans le Tadla en 1966, le Maroc envisagea la construction de 17 sucreries, capables de traiter 125 000 ha de cultures sucrières (13). En fait, les superfi-

---

(13) *Cf.* Troin (J.-F.), « Le plan sucrier marocain », *RGM*, n° 13, 1968, pp. 121-129.

Tableau n° 64

ÉVOLUTION DE LA PRODUCTION MAROCAINE DE BETTERAVES A SUCRE

(En ha et milliers de t)

Moyenne annuelle	Bour		Irrigué		Total	
	Surface récoltée	Production	Surface récoltée	Production	Surface récoltée	Production
1963-67	7 835	148,7	7 030	241	14 865	245,2
1968-72	19 324	544,4	19 973	683,4	39 117	1 227,9
1973-77	23 617	568,6	32 340	1 247,1	55 957	1 815,7
1978-80	23 921	647,9	38 429	1 598,0	61 719	2 245,9
1981-84	16 528	495,2	41 641	1 890,5	58 169	2 385,7
1987-88	16 730	816,4	44 532	2 137,8	61 262	2 990,2

Source : MARA.

cies de betterave vont plafonner autour de 60 000 ha, ce qui explique que la construction des sucreries ira moins vite que prévu (14). Le bilan de cette première période d'implantation de la betterave sucrière est mis à profit dans le Plan sucrier que le Maroc présente en 1975, au moment où la stratégie de développement des produits de base est lancée (Plan sucrier 1975-2000). Dressant des perspectives à l'horizon 2000, il corrige dans le sens du réalisme les projets de 1966 : le nombre des périmètres concernés par les cultures sucrières est réduit, de façon à spécialiser davantage (on choisit le Gharb et les Doukkala pour la betterave) ; on décide de favoriser la canne à sucre dans le Loukkos, le Gharb et la basse Moulouya. L'objectif est d'atteindre 230 000 ha de cultures sucrières (avec prédominance de la canne) en l'an 2000, une production annuelle de 1,1 million de t, et l'autosuffisance à partir de 1984.

b) La canne à sucre

L'introduction de la canne à sucre se fait à partir de 1973-74. La teneur en sucre de la canne est moindre que celle de la betterave (9-12 % contre 12-15 %), mais les rendements à l'ha sont beaucoup plus élevés : 50 à 80 t contre 30 à 50 t. Les besoins en eau sont élevés, et la plante est sensible au gel. La canne est lancée sur le Gharb, la basse Moulouya, puis le Loukkos, à partir de 1980. 5 sucreries spécialisées dans la canne et 5 sucreries polyvalentes sont construites. Le

---

(14) Construction de Mechra Bel Ksiri et Sidi Allal Tazi, dans le Gharb, en 1968-69, Beni Mellal, sur le Tadla, Sidi Bennour, dans les Doukkala, l'année suivante, et Ksar el Kebir, dans le Loukkos, en 1978. D'autres sucreries adaptées pour la betterave et la canne à sucre seront réalisées à Zaïo (basse Moulouya) et Mechra Bel Ksiri (Gharb) en 1974-75.

succès de cette culture tient au fait qu'elle est, pour une large part, prise en charge par les structures des offices, mais aussi au revenu qu'elle dégage, très supérieur à celui de la betterave.

Tableau n° 65

ÉVOLUTION DE LA PRODUCTION MAROCAINE DE CANNE A SUCRE
(En ha et t)

	Superficie en place (en ha)	Superficie récoltée (en ha)	Production (en t)	Rendement (en t/ha)
1973	1 070	113	9 100	80
1978	6 793	4 534	333 898	4
1984	14 575	11 575	798 980	69
1988	17 630	14 597	1 090 000	73

Source : MARA.

Tableau n° 66

PRÉVISIONS DE CULTURES SUCRIÈRES AU MAROC A L'HORIZON 1987
(En ha et milliers de t)

ORMVA	Betterave sucrière		Canne à sucre	
	Surface	Production	Surface	Production
Gharb	30 000	1 061,9	74 200	3 203
Loukkos	8 200	254,2	14 100	777
Basse Moulouya	8 500	365,5	1 300	68
Doukkala	18 000	810,0	–	–
Tadla	26 500	1 219,0	–	–
Haouz	9 700	340,7	–	–
Souss	4 900	196,0	–	–
Total	105 800	4 247,3	89 600	4 048

Source : Projet Plan 1978-82.

La canne s'est donc implantée au Maroc, mais les superficies sont encore très en deçà des objectifs planifiés. Ce sont surtout les exploitations de grande et moyenne taille qui se sont intéressées à la canne, alors que la betterave est pour une large part le fait des micro-exploitations.

Tableau n° 67

ÉVOLUTION DE L'AUTOSUFFISANCE SUCRIÈRE MAROCAINE

(En t)

Année (moyenne)	Production	Consommation	Taux de couverture
1963-67	30 760	353 038	8,7 %
1968-72	156 368	404 956	38,6 %
1973-77	239 830	516 702	46,4 %
1978-80	346 610	599 592	57,2 %
1981-84	420 000	620 000	67,1 %
1988	504 685	650 000	78,0 %

Source : MARA.

Même si l'autosuffisance prévue par le planificateur pour 1984 n'a pas été atteinte, le succès est réel, avec un taux de couverture de la demande de 80 %. La valorisation des sous-produits par l'agro-industrie (levure...) et l'élevage sont également à prendre en compte. On discutera plus tard le coût financier et social d'un tel programme.

Le Plan laitier

Compte tenu de la forte dépendance du Maroc vis-à-vis de la CEE pour les produits laitiers, et de l'importance nutritionnelle du lait, un programme ambitieux de développement des fourrages irrigués sur les périmètres est également annoncé en 1975 par le Mara : le Plan laitier. La consommation de lait est encore relativement faible, de l'ordre de 36,6 kg d'équivalent lait frais, alors que la FAO recommande 87 kg/hab/an. Alerté par la montée des importations de produits laitiers (338 millions de l en 1970-74, 500 millions en 1978), le ministère propose un plan avec comme objectif 1,2 million de l en 1982 et 3 millions en l'an 2000. La production locale était incapable de satisfaire la demande en raison des caractéristiques du cheptel (races locales peu productives) et du type de conduite d'élevage. De plus, une part très importante de la production échappait aux réseaux de collecte. On estimait en 1977 que, sur 780 millions de l produits, 172,2 seulement étaient livrés aux laiteries. D'où un plan global, comprenant d'abord une politique d'amélioration génétique du cheptel.

Le plan envisageait aussi le développement des cultures fourragères dans les périmètres irrigués, où il est prévu d'affecter de 25 à 30 % de la SAU à la luzerne, au sorgho, au bersim, etc. Sur les ORMVA, les cultures fourragères devraient passer de 40 000 à 187 000 ha entre 1975 et l'an 2000, et la production laitière de 276 à 2 605 millions de l. A terme, les périmètres devraient fournir plus

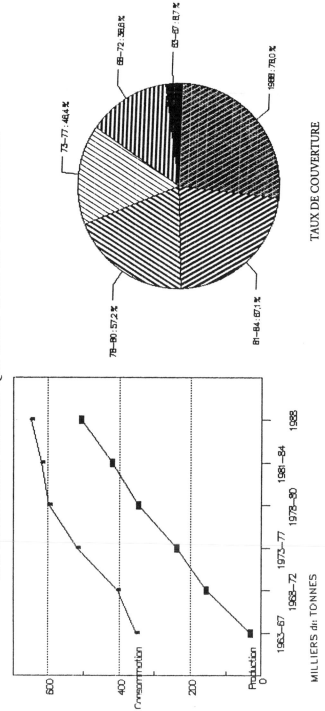

Figure n° 35

UNE PRODUCTION SUCRIÈRE QUI CROIT AVEC LA CONSOMMATION

Tableau n° 68

PRÉVISIONS D'ÉVOLUTION DU CHEPTEL MAROCAIN

(En milliers de têtes)

	1975	1985	1990	2000
Races locales	680 (82 %)	400 (47 %)	200 (20 %)	50 (4 %)
Races croisées	116 (14 %)	180 (21 %)	200 (20 %)	300 (26 %)
Races pures	41 (5 %)	270 (32 %)	600 (60 %)	800 (70 %)
Total	827 (99 %)	850 (100 %)	1 000 (100 %)	1 150 (100 %)

Source : MARA.

de 85 % de la production laitière nationale. L'élevage traditionnel, plus orienté vers la viande, a aussi une fonction économique importante (15).

Le développement du réseau de collecte constitue le troisième volet du Plan laitier.

Enfin, une action sur le prix du lait est prévue, mais, ici, l'équilibre est délicat à réaliser entre le maintien d'un bas prix à la consommation et une montée des coûts de production consécutive à la modernisation de la production laitière.

Telles étaient les grandes lignes du Plan laitier de 1975. Quels en ont été les résultats ?

Malgré l'importation de 5 800 vaches laitières par an entre 1975 et 1980, puis d'un nombre double, les races croisées et pures ne représentent encore que 20 % du cheptel. Elles fournissent toutefois la moitié de la production, avec des rendements qui se situent entre 3 000 l par lactation pour les races pures et 400 l pour les races locales. Il faut ajouter que la production a été fortement affectée par la sécheresse des années 1981-85, retombant de 780 à 700 millions de l.

L'extension des fourrages a été fonction de l'accroissement des superficies irriguées. On est ainsi passé de 84 000 ha en 1975 à 103 600 en 1984 et 130 000 en 1987.

Le nombre de centres de collecte a été multiplié par 12, passant de 30 à 380 ; les usines laitières sont passées de 6 à 13. Le taux d'usinage du lait produit est de l'ordre de 42 %.

Le prix du lait a été relevé, passant de 0,54 DH le litre en 1971 à 1,95 DH en 1985, mais la mesure n'a bénéficié qu'à la minorité de gros propriétaires qui avaient les capacités financières de se lancer dans ce type d'élevage coûteux en intrants.

---

(15) *Cf.* BOURBOUZE (A.), « L'élevage dans la montagne marocaine ; organisation de l'espace et utilisation des parcours par les éleveurs du Haut-Atlas », thèse, INA, Paris, 1981, 345 p.

Résultat global : une autosuffisance en lait évaluée à 60 %. Chiffre contesté par certains, qui estiment qu'un recul de la consommation a contribué à ce résultat (16). A noter que des programmes du même type ont été lancés pour la viande et les oléagineux, mais ils ont moins accaparé l'investissement que le Plan sucre et le Plan lait. Cela n'est pas un hasard : les cultures sucrières et fourragères sont celles qui contribuent le plus à intégrer les productions dans la logique d'un périmètre de grande hydraulique.

Cette politique de promotion de produits destinés au marché intérieur a donc été éminemment sélective, bénéficiant à certaines zones et catégories de producteurs. Même si la substitution d'importation a joué, elle n'a pas permis d'assurer une réelle indépendance alimentaire.

Les formes renouvelées de la dépendance alimentaire

« A l'exception du sucre, et dans une moindre mesure des corps gras, on peut dire que le système de production lié à la politique d'aménagement hydro-agricole reste principalement axé sur l'exportation. Aussi, loin d'orienter son potentiel productif vers la réalisation de l'objectif de sécurité alimentaire qui lui a été assigné par le décideur public, un tel schéma risque en fait de renforcer l'intégration de l'économie au marché international... », écrit A. Bellout (17), résumant les deux principales critiques faites au modèle agricole marocain : la priorité donnée aux cultures d'exportation (agrumes, maraîchage primeur) aboutit à placer le Maroc sous le contrôle du marché mondial ; la marginalisation des cultures vivrières, qui résulte de la concentration des investissements, maintient une forte dépendance vis-à-vis des importations alimentaires.

Exportations agricoles et insertion dans le marché mondial
Les avantages comparatifs en débat

La politique marocaine de promotion de cultures d'exportation vise à exploiter les avantages comparatifs de ce pays : le bas coût de la main-d'œuvre, un climat propice à des cultures précoces ou de contre-saison, la proximité relative du débouché européen. C'est déjà sur cette complémentarité que s'engagea la production agrumicole coloniale ; le Projet primeurs de la Banque mondiale relève du même calcul. La mise en œuvre a été spectaculaire : dans le Massa, il était prévu d'équiper de façon sophistiquée 18 000 ha proches d'Agadir, où les sols sableux et l'absence de gelées en hiver permettent des

---

(16) *Cf.* BELGHAZI (S.), *Spécialisation agricole et cultures d'exportation au Maroc,* Journées Solagral, Montpellier, 1987, 25 p.

(17) BELLOUT, art. cité, p. 136.

cultures maraîchères de contre-saison. Au total, 5 600 ha de maraîchage étaient prévus, dont 2 400 de tomates, des asperges, des haricots verts. Malgré le coût très élevé de l'opération (« un des projets
d'irrigation les plus exigeants du point de vue de la technologie et
donc aussi les plus chers de toute l'Afrique du Nord », écrit H. Popp),
l'étude réalisée par la Compagnie du bas Rhône-Languedoc conclut
à la rentabilité économique du projet, qui reçoit un financement de
la Bird et de la RFA. Mais, pour réussir, le projet Massa devait en
passer par les contraintes du marché.

a) Les exigences de la normalisation

En fonction de leur destination — consommation ou transformation —, les produits agricoles doivent satisfaire à des normes de qualité
parfois très rigoureuses, normes qui se répercutent sur la fixation des
prix. Dans le cas des oranges, par exemple, le prix payé au producteur peut aller de 2 ou 3 DH le kilo, si elles sont conformes aux
normes requises pour l'exportation, à 10 ou 15 centimes, s'il s'agit
d'écarts de triage. Ces normes sont définies entre exportateurs et ache-
teurs lors de la passation des marchés. Le producteur marocain doit
se plier, comme tous les autres exportateurs, à des exigences qui croissent avec la concurrence. Le rapport de la Bird de 1981 estime que
« le déclin relatif actuel des exportations agricoles tient autant à l'insuffisance de l'offre de produits répondant aux critères voulus qu'à des
problèmes de débouchés (18) ». Pour appuyer l'OCE dans la négociation des marchés extérieurs et organiser une production compéti-
tive, les producteurs marocains se sont organisés : l'Association des
producteurs d'agrumes du Maroc (Aspam), l'Association des producteurs de primeurs (Asprim) et l'Association des producteurs d'agrumes et de primeurs du Souss (Appas), récemment regroupées en Association des producteurs et exportateurs de maraîchage du Maroc —
Aspem — font valoir les intérêts des producteurs. L'OCE a d'ailleurs perdu en 1984 le monopole de l'exportation, mais a vu renforcer son rôle de contrôle de la qualité.

b) Des contraintes de calendrier

La CEE constitue le principal client, avec 56 % des ventes d'agrumes et 90 % des ventes de primeurs sur la période 1981-85. Mais
la concurrence est devenue plus vive depuis 1974. Les exportations
d'agrumes, par exemple, sont tombées de 72 % des importations de
la CEE au cours de la période 1965-72 à 57 % pour la période
1980-85 (19). La part de marché marocaine pour les primeurs, surtout les tomates, est tombée de façon très nette face à la concur-

---

(18) BANQUE MONDIALE, *Maroc, Rapport sur le développement économique et
social*, Washington, octobre 1981, p. 187.

(19) QAROUACH (M.), *L'agriculture marocaine face au deuxième élargissement
de la CEE*, Casablanca, Éditions maghrébines, 1983, 117 p.

rence espagnole. Cela oblige les producteurs marocains à fournir leurs produits sur le créneau février-mars, soit quelques semaines avant les arrivages d'Europe du Sud (20). D'où l'effort en direction des variétés précoces, qui conduit le Maroc à une fuite en avant technologique. Les avantages comparatifs se délocalisant, la production pour l'exportation requiert des investissements de plus en plus lourds et obéit à des règles plus contraignantes (21). Selon Taj Kacem, « il est temps pour les responsables de réfléchir sur l'opportunité de certaines productions spéculatives. Les entrées en devises qu'elles permettent sont contestables si l'on tient compte des contreparties financières directes et indirectes nécessaires à leur production et à leur distribution, mais également du bilan de substitution de ces cultures aux productions vivrières » (22). Les autorités marocaines semblent pourtant vouloir rester offensives en s'intéressant de plus en plus au marché des pays de l'Est, qui pourraient relayer ceux d'Europe de l'Ouest. En revanche, l'effort requis par une telle politique agro-exportatrice a profité surtout à une minorité de producteurs (23).

La marginalisation des productions vivrières

Le principal grief adressé à la priorité donnée à ce modèle agro-exportateur est la marginalisation des cultures vivrières. La concentration de l'investissement sur les agrumes et le maraîchage primeur pour l'exportation expliquerait en partie la stagnation des spéculations traditionnelles comme les céréales et les légumineuses. Privilégiées par l'État sur le plan des équipements, des structures d'encadrement de filière et sur le plan des prix, les cultures de rente, loin d'entraîner à leur suite les cultures vivrières, contribueraient donc à les marginaliser. Les indices de ce traitement inégal sont :

— une concentration massive des investissements sur les zones riches (le « Maroc utile ») ;

— de multiples encouragements à la modernisation (subventions, contrats de culture) ;

— une fiscalité et une politique de crédit agricole favorables aux spéculations privilégiées ;

— une politique des prix nuisible aux productions alimentaires de base ;

---

(20) L'autre débouché menacé est l'huile d'olive de Tunisie ; ici, la parade est encore plus problématique.

(21) Certaines études montrent des fragilités dans le système productif marocain mis en place (régularité, productivité...). *Cf.* BAVEREZ (S.), CODRON (J.-M.), DESCLAUX (C.), « Le renouveau de la tomate primeur au Maroc », Inra-Ensa, Montpellier, *Série Études et Recherches,* n° 92, avril 1985.

(22) TAJ, *op. cit.,* p. 117.

(23) La BANQUE MONDIALE elle-même reconnaît que « la plupart des subventions profitent à un nombre limité d'agriculteurs », document cité, p. 189.

— une organisation des marchés qui favorise les cultures dites « intégrées ».

Tableau n° 69

ÉVOLUTION DE L'OCCUPATION DES SOLS ET DES PRODUCTIONS AGRICOLES AU MAROC
(En milliers d'ha et de q)

	Superficies		Production (a)	
	1982-83	1986-87	1982-83	1985-87
Céréales	4 703,0	5 055,8	35 731,2	60 588,9
Légumineuses	411,4	529,6	2 852,3	3 908,7
Oléagineux	42,9	109,1	473,4	1 032,1
Cultures industrielles	107	119,8	33 474,4	35 377,8
Cultures fourragères	99,1	129,4	ND	ND
Cultures maraîchères	143,1	140,4	ND	ND
Cultures diverses	12,8	12,2	ND	ND
Jachère	2 137,1	1 841,9	ND	ND
Plantations fruitières	516	565,1	ND	ND
Cultures sous étages	67,1	227,8	ND	ND
Superficie cultivable	8 005,3	8 275,5	ND	ND
a) Moyenne de deux campagnes pour intégrer au mieux l'effet aléa climatique.				

Source : Annuaire statistique du Maroc.

Ce tableau montre d'abord que le couple céréale-jachère continue à dominer l'occupation des sols (près de 85 % de la SAU). Néanmoins, la jachère régresse et les rendements céréaliers ont augmenté sur la période récente : avec 52 millions de q en 1984-85, 76 millions de q en 1985-86 et 79,8 millions de q en 1987-88, on a des rendements qui se situent entre 10 et 15 q/ha. Mais les résultats restent sujets aux aléas climatiques : en année défavorable, on est plus près de 7 q/ha. Des gains de productivité sont encore possibles. Le potentiel céréalier marocain est estimé à 80 millions de q en année défavorable et 110 millions de q en année favorable. Mais, pour y parvenir, des efforts beaucoup plus importants sont nécessaires. Le relèvement récent du prix au producteur ne suffit pas. Dans les faits, la céréaliculture tend à se déplacer vers des terres moins bonnes, sous la poussée des cultures spéculatives ; l'orge représente la moitié des superficies emblavées ; le blé tendre a beaucoup régressé, bien qu'il soit de plus en plus consommé. Les bonnes récoltes récentes ne doivent donc pas cacher ces carences structurelles. La même irrégularité de résultats apparaît pour les légumineuses. Couvrant de 400 000 à 500 000 ha, les fèves, lentilles et pois chiches, productions essentielles, ont des rendements faibles, de 6 à 7 q/ha, en raison du caractère extensif et sous-encadré de ces productions.

On observe donc un déficit d'encadrement et de soutien par l'État, que vient amplifier la distorsion des structures agraires : les exploitations de 1 à 5 ha représentent 70 % des exploitations, mais seulement 23 % de la SAU, selon des enquêtes récentes (24).

Contribution de l'irrigué à la sécurité alimentaire

Tableau n° 70
CONTRIBUTION POTENTIELLE DU SECTEUR IRRIGUÉ
A LA DEMANDE ALIMENTAIRE MAROCAINE

(En milliers de t)

Produits	Prévisions demande 2 000	Production attendues GH	% de la demande
Céréales	8 339,8	493,0	5,9
Légumineuses	226,5	–	–
Légumes	3 765,4	1 073,0	28,4
Fruits	2 155,3	1 833,0	85,0
Viandes	851,4	119,0	13,9
Lait	1 745,5	496,0	28,4
Huiles	389,4	190,0	48,8
Sucre	1 154,2	540,0	46,8

Source : Bellout, art. cité, p. 143.

Les bonnes années agricoles récentes ne doivent donc pas cacher que le Maroc reste dépendant pour les denrées de base. Ainsi, il a

---

(24) Pascon (P.), Ennaji (M.), *Les paysans sans terre au Maroc,* Casablanca, Toubkal, 1986, p. 37.

fallu, au cours des dernières années, importer plus de 20 millions de q de céréales principales par an, en particulier du blé tendre. D'où l'intérêt de se demander quelle contribution à la sécurité alimentaire on peut espérer des grands périmètres irrigués. La structure finale des productions sur les 9 ORMVA apparaît dans le tableau synthétique suivant, basé sur une hypothèse de 750 000 ha irrigués sur les grands périmètres en l'an 2000. Avec la marge d'erreur inévitable dans ce genre d'estimation, une telle projection fait apparaître les limites de la contribution potentielle des grands périmètres à la couverture de la demande.

Tableau n° 71

PLAN DE CULTURE-OBJECTIF SUR LES ORMVA

Cultures	Situation 1981-83		Situation finale		Taux de réalisation
	1 000 ha	%	1 000 ha	%	%
Céréales :					
– hiver	141,6		98,0		144
– été	9,8		18,5		53
	151,4	38	116,5	26	130
– Cultures industrielles :					
– betteraves sucrières	44,9		42,9		102
– canne à sucre	15,0		28,1		52
– coton	9,1		21,8		42
	69,0	17	92,8	21	74
Légumes	46,6	12	65,8	15	71
Fourrages	45,7	11	93,0	21	49
Arboriculture :					
– agrumes	30,0		29,5		102
– autres	30,4		35,0		85
	60,4	15	65,4	15	92
Autres cultures	25,0	7	9,5	2	260
Total	398,0	100	443,0	100	85

Source : Banque mondiale, Pagi, 1984.

La thèse la plus répandue, issue des approches dépendantistes, souligne l'intégration croissante au système mondial. Les arguments ne font pas défaut :

— l'érosion de l'avantage comparatif du Maroc dans le domaine des cultures d'exportation, et la dégradation de ses parts de marchés extérieurs ;

— un accroissement des productions vivrières plus faible que l'accroissement de la demande, en raison de la sous-intensification de l'agriculture traditionnelle ;

— et donc une croissance inévitable des importations des produits de base.

Toutefois, des confusions demeurent : ce résultat est-il imputable au modèle technique lui-même ou aux effets pervers de l'inégale répartition foncière ? On gagnerait à dissocier la critique du modèle technique de celle des conditions sociales de sa mise en œuvre. On peut penser que le Maroc ne peut faire l'économie d'une vraie politique d'intensification, mais que les résultats de celle-ci sont pour une large part compromis par l'absence de redistribution foncière. Rejeter purement et simplement la politique du million d'hectares irrigués est un peu rapide (25).

2. L'explosion de la demande urbaine
Course aux captages, pénuries et concurrences sauvages

L'eau, au Maghreb, est depuis longtemps l'objet d'une âpre concurrence entre ses différents utilisateurs. Le phénomène a pris des dimensions inquiétantes au cours des dernières décennies, en raison de l'explosion démographique et urbaine. Pour approvisionner des villes millionnaires, on est contraint de chercher l'eau dans un périmètre de plus en plus large : les villes du Maghreb polarisent leur espace hydraulique au détriment des autres utilisateurs, au premier rang desquels l'agriculture. Paradoxalement, la rareté de l'eau n'implique pas *de facto* la fin des gaspillages : à Alger, le taux de perte dans les réseaux urbains est évalué à près de 40 % ; en Tunisie, les périmètres irrigués utilisent mal l'eau qui leur est apportée à grands frais depuis la Medjerdah ; partout, la pollution industrielle prend des proportions inquiétantes. On se comporte encore souvent comme

---

(25) Le caractère inadéquat des approches dominantes de la sécurité alimentaire est bien montré par REQUIER-DESJARDINS (D.), *L'alimentation en Afrique*, Paris, Karthala, 1989, 169 p. L'ouvrage dirigé par S. BRUNEL, *Afrique-Asie, greniers vides, greniers pleins*, Paris, Economica, 1986, 192 p., donne par ailleurs des exemples de stratégies alimentaires asiatiques.

si l'eau n'avait pas de prix. On n'est guère sorti, en somme, de la « gestion minière » de l'eau que Poncet stigmatisait pour l'agriculture tunisienne coloniale.

La montée exponentielle de la demande urbaine (26)

Les facteurs d'accroissement de la demande urbaine

a) L'accroissement démographique et l'explosion urbaine

Les experts s'accordent sur les projections de population totale : le Maghreb aura 75 millions d'habitants en l'an 2000 et environ 110 millions en 2020. Plus discutée est la part de la population urbaine, et la part des grandes villes : cette précision est importante, car, on le verra, l'eau consommée par habitant croît surtout avec les services urbains.

Tableau n° 72

PROJECTIONS DE POPULATIONS URBAINES
(En millions d'habitants)

	MAROC		ALGÉRIE		TUNISIE	
	Total	Urbain	Total	Urbain	Total	Urbain
1987	23,4	10,5	23	11,2	7,5	4,0
2000	32	16	33	19,6	10,0	6,0
2025	ND	ND	57	40	ND	ND

Source : Statistiques démographiques.

Les taux futurs d'urbanisation varient selon les sources (de 50 % pour le Maroc à 67 % pour la Tunisie, selon l'hypothèse FAO), mais on peut prendre comme un minimum 40 millions de citadins en l'an 2000 et 70 millions en 2020, la moitié en grandes villes.

b) La dotation en eau par habitant

Elle varie selon le type de ville, la nature des services urbains (voirie, fontaines publiques), le taux de raccordement, les quartiers. Ainsi, au Maroc, la dotation brute est passée de 80 l/j en 1960 à 173 l/j en 1983, puis 163 l/j en 1987. La consommation moyenne par tête serait de 104 l/j, soit un peu moins que la norme de 120 l/j/hab

---

(26) Un colloque récent organisé par le Programme de Vienne et l'Institut agro-vétérinaire Hassan-II a fait le point sur le sujet : *L'eau et la ville dans les pays du bassin méditerranéen et de la mer Noire*, MARTIN (J.-E.), éd., Tours, Urbama, 1991, 313 p.

souvent admise. Mais on sait que les taux de perte sont élevés : de 35 à 40 %. Aussi retient-on le plus souvent une norme de 250 l/j environ pour l'horizon 2000.

Tableau n° 73

HYPOTHÈSES D'ALIMENTATION URBAINE POUR L'ALGÉRIE EN 2000
(En l/j/hab)

	Minimum	Moyenne	Maximum
Grandes villes	200	300	370
Autres villes	130	200	250
Zones rurales	80	100	150

Source : Ministère de l'Hydraulique.

Les taux de branchement varient beaucoup, mais dépassent 75 % dans les grandes villes. Il faut y ajouter la population non raccordée qui s'approvisionne à des bornes fontaines (5 % de la consommation au Maroc). Les Marocains ont tenté de chiffrer les différentes composantes de la consommation urbaine de 1986 (104 l/j) : la consommation domestique (69 l/j), la consommation administrative (20 l/j) et la consommation industrielle (15 l/j). En fait, il est souvent difficile de chiffrer la consommation des activités industrielles et artisanales intégrées au tissu urbain.

c) La tarification de l'eau

Ce paramètre a une influence minime sur la consommation, pour trois raisons au moins : le plus souvent, le niveau de consommation est encore bas, et donc incompressible ; par ailleurs, le prix de l'eau est assez modique et difficile à relever pour les couches sociales défavorisées ; enfin, le comptage de l'eau est très approximatif (compteurs collectifs d'immeuble...). On y reviendra en prenant l'exemple d'Alger.

Essai de quantification de la demande future

Ces projections sont un exercice délicat, mais indispensable au planificateur.

En calculant trois hypothèses pour les villes (250, 200 et 150 l/j) et une (120 l/j) pour la campagne, on peut tenter d'établir des projections de consommation.

Tableau n° 74

RÉPARTITION DE LA CONSOMMATION AU DÉBUT DES ANNÉES 1980

	AGRICULTURE		AEP		AEI	
	hm³	%	hm³	%	hm³	%
MAROC (1983)	7 000	87,7	800	10	180	2,3
ALGÉRIE (1980)	1 600	75	400	18,5	140	6,5
TUNISIE (1981)	1 600	86	195	10,5	60/70	3,5

Source : Troin, *Le Maghreb, hommes et espaces, op. cit.,* p. 88.

Tableau n° 75

PROJECTION DE LA DEMANDE D'EAU POTABLE A L'HORIZON 2000

	MAROC		ALGÉRIE		TUNISIE	
	Citadins (16 M)	Ruraux (19 M)	Citadins (16 M)	Ruraux (19 M)	Citadins (6 M)	Ruraux (4 M)
Litres / jour	250	120	250	120	250	120
Consommation	1,4 km³	0,9 km³	1,4 km³	0,9 km³	0,54 km³	0,18 km³
Consommation totale	2,3 km³		2,3 km³		0,73 km³	
Litres / jour	200	120	200	120	200	120
Consommation	1,2	0,9	1,2	0,9	0,44	0,18
Consommation totale	2,1 km³		2,1 km³		0,62 km³	
Litres / jour	150	120	150	120	150	120
Consommation	0,9	0,9	0,9	0,9	0,3	0,18
Consommation totale	1,8 km³		1,8 km³		0,48 km³	

Source : Nos calculs.

Autour des villes, la course aux captages

Extension urbaine et espace hydraulique

Les géographes mettent en évidence l'emprise croissante des villes sur les zones environnantes pour leur approvisionnement en eau. J.-S. Magagnosc parle à ce propos d'« espace hydraulique », après étude du phénomène en Oranie (27). Oran doit son eau à des reliefs

---

(27) *Cf.* MAGAGNOSC (J.-S.), TOUBACHE (H.), « Emprise des villes algériennes et espaces hydrauliques : le cas d'Oran », *L'eau et la ville*, pp. 119-126.

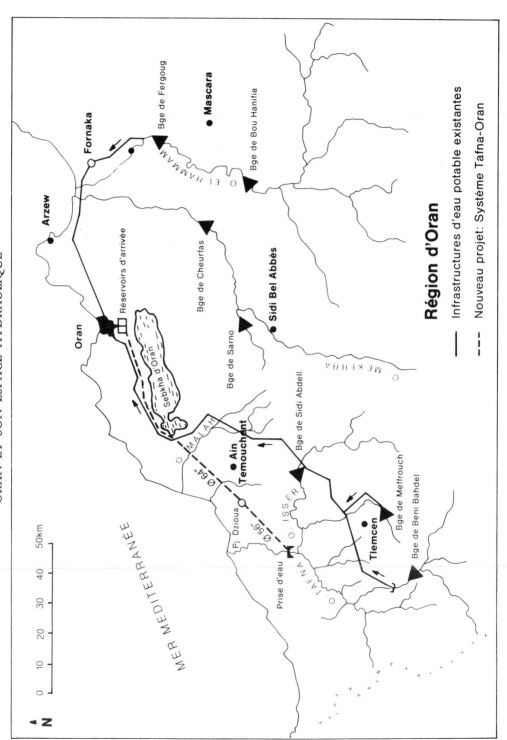

Figure 36

ORAN ET SON ESPACE HYDRAULIQUE

assez reculés, les monts de Tlemcen. La ville fut d'abord approvisionnée à l'époque coloniale par les sources de Ras el Aïn, puis de Bredeah, à 30 km, puis il fallut recourir dès 1952 à une adduction de 110 km pour amener 72 000 m³/j depuis le barrage de Beni Bahdel. En 1975, l'adduction du Fergoug, puis une prise d'eau à l'embouchure du Chelif apportèrent des compléments. Sur les 170 000 m³/j ainsi mobilisés, l'industrie (complexe d'Arzew) en consomme 30 000 environ. Il reste donc de l'ordre de 140 000 m³/j à une ville qui dépasse les 750 000 habitants. Avec les pertes en réseau, la dotation par habitant ne dépasse guère 120 l/j, dont moins de 80 l/j pour la consommation domestique. D'où la nécessité de prévoir des captages dans la Tafna.

L'extension des villes maghrébines produit donc une course aux captages, une polarisation des ressources en eau vers des espaces de grande consommation, polarisation qui joue au détriment des activités agricoles (28).

Rabat-Casablanca et Tunis : deux exemples de course aux captages

Kenitra-Rabat et Casablanca forment une conurbation impressionnante : de l'ordre de 4,6 millions d'habitants en 1988. La seule ville de Casablanca devrait passer de 2,5 à 4 millions d'habitants d'ici à l'an 2000. Les activités industrielles et le tourisme se développant, l'Onep (Office national de l'eau potable) prévoit que la demande en eau potable et industrielle passera de 250 hm³/an en 1987 à 350 hm³ en 1995 et 500 hm³ environ en l'an 2000. Depuis longtemps, il a fallu chercher l'eau assez loin : dès 1934, dans les captages de la Mamora, à 140 km au nord ; en 1946, les eaux traitées de l'oued Mellah viennent en appoint. En 1952, il faut faire appel aux eaux de l'Oum er Rbia, mobilisées par le barrage Sidi Saïd Maachou. Mais, dès 1960, la zone côtière connaît une pénurie telle qu'un ambitieux schéma directeur est élaboré, comprenant le grand barrage du Bou Regreg (Sidi Mohammed ben Abdellah, 500 hm³), qui est construit en 1976 et livre 186 hm³/an par l'adduction du Bou Regreg.

Mais la course poursuite n'est pas achevée : en 1985, la zone Casablanca-Mohammedia est encore déficitaire (29). L'extension prise par le complexe phosphatier de Jorf Lasfar, au sud de Casablanca, contribue à amplifier le déficit. D'où la décision prise par un nouveau schéma directeur de la zone Kenitra-Safi de lancer un important programme à réaliser d'ici à l'an 2000 (30) : deux nouvelles

(28) Marc CÔTE fait la même démonstration pour la région de Sétif, cf. L'Algérie ou l'espace retourné, p. 333, et A. MEBARKI pour Constantine : « Alimentation en eau de la ville de Constantine », Eaux et sols d'Algérie, n° 3, 1989, pp. 27-39.

(29) Cf. KAIOUA (A.), « L'axe industriel du littoral atlantique marocain de Kenitra à Mohammedia ; étude géographique », thèse de 3e cycle, Tours, 1981, 606 p.

(30) Pour une description technique du réseau, PLISSON (A.), BOS (M.), « Approvisionnement en eau potable de la côte atlantique entre Rabat-Salé et Casablanca ; adduction du Bou Regreg », La houille blanche, n° 2-3, 1977, pp. 169-178.

adductions depuis l'Oum er Rbia (+ 99 hm³ et + 113 hm³) pro-
grammées pour 1991 et 1996, la surélevation du barrage du Bou
Regreg (+ 105 hm³), une adduction de 130 km de Douarat vers Safi,
etc. Les équipements nouveaux sont saturés en cinq ans environ.

Cet exemple souligne l'engrenage de travaux très coûteux dans
lequel on est engagé : même dans une région où des ressources disponibles existent, la satisfaction de la demande pose des problèmes
techniques et financiers redoutables.

Figure n° 37
LE RÉSEAU AEP DE KENITRA-RABAT-CASABLANCA

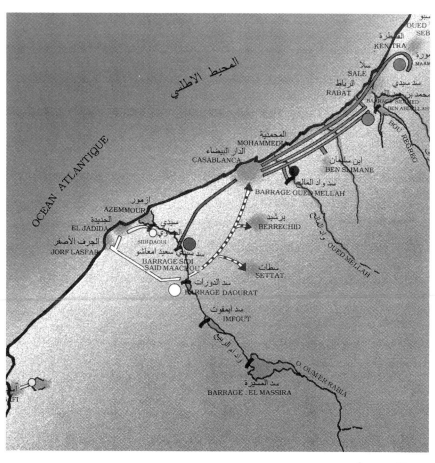

Source : Onep.

Tunis

Le cas de Tunis est assez différent, dans la mesure où la ville est dépourvue de ressources et doit s'approvisionner assez loin : jusqu'en 1930 (et depuis les Romains !), l'eau venait de Zaghouan ; le barrage du Kebir (1930), puis ceux de Ben M'tir (1956) et Kasseb (1973) ont alimenté la capitale, par des adductions de 135 et 150 km. Les 67 hm³ ainsi livrés sont loin de satisfaire une demande en expansion rapide. L'agglomération atteint aujourd'hui les 1,2 million d'habitants, et l'appel aux eaux du Nord est inévitable. D'où l'option pour le canal Medjerdah-cap Bon dans le cadre du Plan directeur des eaux du Nord. Sur un prélèvement total de 800 hm³, la répartition suivante était envisagée : 335 hm³ pour l'AEP des villes du littoral, 430 hm³ pour l'agriculture et 35 hm³ pour l'industrie. Si l'on veut que la croissance urbaine n'ampute pas la part de l'agriculture, il faut un rythme soutenu de réalisations, comme l'avaient bien montré les projections du Groupe Huit.

Tableau n° 76

ÉVOLUTION DES BESOINS EN EAU DE L'AIRE DE TUNIS

(En hm³)

	1970			1985		
	Urbain	Rural	Total	Urbain	Rural	Total
Cap Bon	5	71	76	19	223	242
Ichkeul	10	21	31	23	58	81
Région de Tunis + « en route »	48	220	268	170	245	415
Total	63	312	375	212	526	738

Source : Groupe Huit.

On notera l'importance de l'accroissement de la demande urbaine (× 3,3), très supérieure à l'accroissement rural (× 1,7). Outre les problèmes techniques et financiers que cela pose, l'explosion urbaine dans un pays aux ressources hydrauliques limitées constitue une réelle source d'inquiétude. H. Sethom a fait quelques calculs qui montrent que la consommation urbaine tunisienne pourrait être égale au volume total mobilisable aux environs de 2040, soit 3 000 hm³ environ, et compromettre toute possibilité d'agriculture irriguée.

Par son caractère extrême, la situation tunisienne invite à imaginer des solutions nouvelles quant à l'aménagement du territoire, la mobilisation et l'utilisation de l'eau.

Figure n° 38

ÉVOLUTION PROBABLE DE LA CONSOMMATION
URBAINE TUNISIENNE

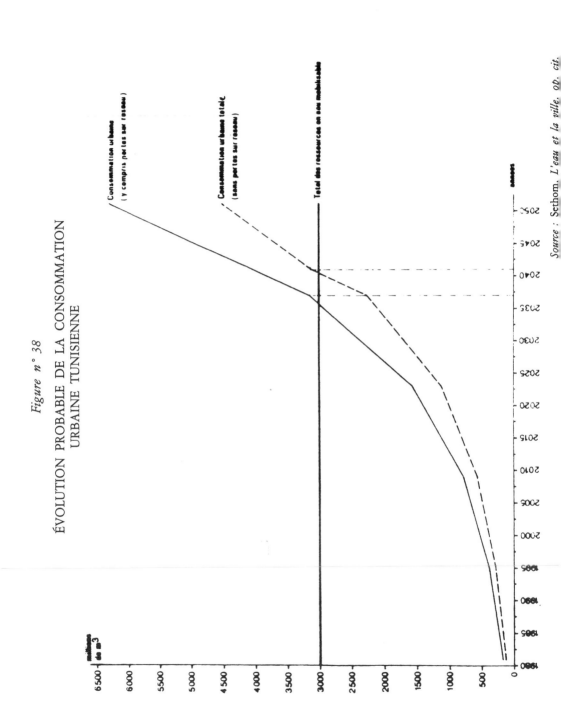

Source : Sethom, *L'eau et la ville, ob. cit.*

Histoire d'une pénurie : l'approvisionnement en eau d'Alger

A défaut de réaliser à temps ces coûteux aménagements, on assiste à des problèmes considérables, comme c'est le cas à Alger, où les mobilisations nécessaires ont été trop longtemps différées, entraînant non seulement des pénuries chroniques pour la population (bien des quartiers n'ont eu que deux heures d'eau par jour de 1980 à 1987), mais aussi une dangereuse surexploitation des nappes et son corollaire, la salinisation.

a) Une demande exponentielle (31)

La zone du grand Alger a connu un fort accroissement de la demande depuis 1970 (32). A cette date, la consommation totale était évaluée à 296 hm³ : 65 hm³ pour l'AEP (70 à 100 l/j/hab), 15 hm³ pour l'industrie et 216 hm³ pour l'irrigation. Des projections furent faites concernant l'accroissement de la demande : la demande en AEP devrait passer à 200 hm³ en 1990 et 432 hm³ en l'an 2000, compte tenu du croît démographique et d'un passage de la dotation de 100 à 250 l/j ; la demande industrielle passerait à 67 hm³. On retient le chiffre de 400 hm³ pour les besoins en irrigation ; en fait, pour irriguer suffisamment 150 000 ha, il faudrait 800 hm³ (soit 5 300 m³/ha). Globalement, on devrait donc passer d'une demande de 300 hm³ environ en 1970 à une demande potentielle de 940 hm³ en l'an 2000. Soit une multiplication par six !

b) Des ressources existent (33)

En matière d'eaux de surface, il pleut partout plus de 650 mm, voire 1 000 mm sur les versants de l'Atlas blidéen ; mais la pluie tombe très irrégulièrement, comme toujours en Méditerranée ; de plus, il y a de fortes variations interannuelles (de 1 à 4). Ces eaux de surface s'écoulent sur quatre bassins fluviaux côtiers : d'ouest en est, l'oued Nador, le Mazafran, l'oued Harrach et le Hamiz. Plus de 80 % des écoulements se produisent en hiver : au total 837 hm³, dont 30 hm³ seulement sont pompés au fil de l'eau et 16 retenus par des barrages (13 du Hamiz et 3 du marais de Reghaia).

Les nappes de la Mitidja (deux structures aquifères : des grès astiens et des réservoirs localisés du quaternaire) peuvent fournir de

---

(31) MUTIN (G.), « Concurrences pour l'utilisation de l'eau dans la région algéroise », *TMO,* n° 14, 1987, pp. 176-189.

(32) Cette zone comprend l'ensemble de la *wilaya* d'Alger et des communes des *wilayate* de Blida et Tizi-Ouzou, qui dépendent du même réseau d'AEP, ainsi que le riche terroir du Sahel et de la Mitidja voisine, où 150 000 ha environ sont aptes à l'irrigation et aux cultures maraîchères et agrumicoles.

(33) Les principales études sur la région sont : HYDROTECHNIQUE, *Les ressources en eau de surface et les possibilités de leur aménagement* ; CHINO-GRENET, *Étude hydrogéologique de la Mitidja,* Alger, SES, 1967 ; SES, *Étude hydrogéologique quantitative des nappes de la Mitidja, rapport de synthèse.*

l'ordre de 295 hm³. En 1970, les 296 hm³ utilisés avaient la provenance suivante : 250 hm³ des nappes mitidjiennes (85 %), 30 hm³
du débit pérenne (10 %) et 16 hm³ des retenues (5 %). L'essentiel
des ressources est alors fourni par les forages de la Mitidja orientale,
Baraki et Haouch Felit, et un complément à Birkhadem. On est déjà
à la limite de la surexploitation.

Figure n° 39
ALGER OU LA SOIF D'UNE CAPITALE

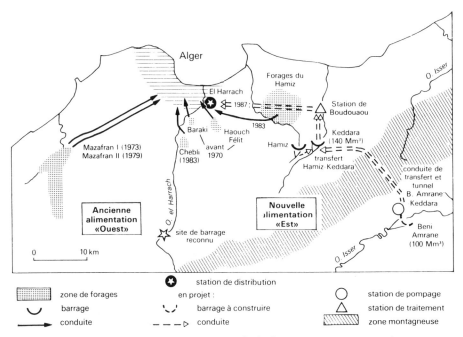

Source : Troin, *Le Maghreb, hommes et espaces, op. cit.*, p. 111.

c) Les ouvrages à réaliser sont identifiés

Ce sont les suivants :

— le barrage du Bou Roumi pourrait régulariser 120 hm³, à condition de réaliser des dérivations des oueds Djer, Chiffa et Harbil,
car l'oued Bou Roumi est trop faible ;

— un barrage sur l'oued Harrach : Rocher-des-Pigeons (près de Hammam Mélouane), d'une capacité de 140 hm³, pourrait en régulariser 110 ;

— le barrage du Hamiz, désenvasé, pourrait retenir 19 hm³, au
lieu de 13 hm³ ;

— le complexe Hamiz-Keddara pourrait apporter 142 hm³/an à
condition de compléter l'apport au barrage sur l'oued Keddara
(62 hm³ régularisés) par des dérivations venant du Hamiz et de l'Isser
(prise de Beni Amrane : 80 hm³).

A plus long terme, différents barrages sont envisagés hors Mitidja (dont Koudiat Acerdoun, 140 hm³, sur l'Isser) pour obtenir un apport supplémentaire de 512 hm³.

Tableau n° 77

ÉVOLUTION PRÉVUE DES DISPONIBILITÉS EN EAU EN MITIDJA (1970-1990)
(En hm³)

Provenance	Consommation 1970	Disponibilités mobilisables
Mitidja		
- nappe	250	45
- débit pérenne	30	17
- retenues :		
Hamiz	16	6
	Total = 296	Total = 68
Bou Roumi		120
Rocher-des-Pigeons		110
Hors Mitidja		
- Hamiz Keddara		42
- Koudiat Acerdoun		140
		Total = 512

Source : Mutin, art. cité, p. 184.

On peut remarquer que cela ne suffit pas à couvrir la demande potentielle de l'an 2000 (940 hm³). Ce qui signifiait dès 1970 que, même en lançant ces gros programmes, des transferts depuis la Kabylie devaient déjà être étudiés (34).

d) 1970-1985 : un retard dramatique dans les réalisations

En fait, très peu a été réalisé de ces projets pourtant urgents :

— le Hamiz a été désenvasé, en 1975, à grands frais, et le barrage El Moustaqbel, sur l'oued Bou Roumi, a été réalisé au début des années 1980, mais l'apport prévu de 120 hm³ dépend de l'achèvement des dérivations souterraines prévues ;

— Rocher-des-Pigeons a été abandonné, en raison d'assises géologiques insuffisantes. Aussi a-t-on choisi d'autres sites : Taksebt, sur

(34) En 1976, le COMEDOR attirait l'attention sur l'ampleur inquiétante que prenait l'agglomération : « Les études faites par les techniciens ont pu montrer que, par un développement naturel, c'est-à-dire si on laisse jouer les mécanismes classiques de l'urbanisation, l'agglomération risque d'atteindre à la fin du siècle une taille fantastique en abritant 4,5 millions d'habitants », *Plan d'orientation générale*.

l'oued Aïssi, et Souk Tleta, sur l'oued Bougdour, mais il s'agit d'ouvrages importants (173 m³ et 98 hm³ régularisés) dont la mise en eau n'est donc pas pour tout de suite ;

— le complexe Isser-Keddara n'a démarré qu'en 1983, et la mise en eau a commencé en 1987. Malgré la dérivation du Hamiz et la prise de Beni Amrane sur l'Isser, Keddara s'est mal rempli les premières années.

L'accroissement rapide des besoins entre 1970 et 1985 a donc été supporté par les nappes de la Mitidja, ou n'a pas été satisfait : on a tiré le maximum des forages de Baraki et Haouch Felit, les nappes de la Mitidja-Ouest ont été mises en exploitation grâce à de nombreux forages (la nappe affleure à 20 m) et à des transferts jusqu'à Alger :

— Mazafran I (1973) a fourni 70 000 m³/j, soit 25,5 hm³/an ;

— Mazafran II (1979) : 100 000, puis 140 000 m³/j, soit 51,1 hm³/an.

Mais ces 87 hm³/an pris dans la nappe du Mazafran ont entraîné un abaissement de la nappe allant de 5 à 10 m selon les endroits. Au total, on prend 350 à 360 hm³ dans les nappes mitidjiennes, alors que le maximum de surexploitation temporaire toléré par les experts est de 315 hm³. Résultat : des pénuries d'eau chroniques qu'aggrave l'état déplorable du réseau dans la capitale (120 km d'adductions principales et 1 500 km de conduites de distribution où le taux de perte est de l'ordre de 40 %).

e) Des solutions énergiques bien tardives (35)

Dans le cadre du renouveau de la politique hydraulique présenté au chapitre précédent, un grand schéma d'aménagement a été mis en œuvre pour Alger.

Tout d'abord, une relance des études permet d'apprécier plus finement les évolutions de consommation. C'est ce que montre l'étude du cabinet Binnie-Atkins de 1982, qui a préparé le Plan directeur pour l'aménagement de la région d'Alger-Sebaou (36).

Ensuite a été décidée une relance des investissements et des travaux, qui se traduit en particulier par le démarrage du Système de production Isser-Keddara (Spik) en 1983. Il s'agit d'une opération d'envergure pour laquelle un financement de la Banque mondiale a été obtenu (37). Le Spik comprend :

— le barrage de Keddara, sur l'oued Boudouaou ;

---

(35) Le détail est donné par BRUN (D.), « A propos du prix de l'eau dans la région d'Alger », DEA, Grenoble II, 1986, 83 p.

(36) BINNIE & PARTNERS, W.S. ATKINS INTERNATIONAL, études pour le ministère algérien de l'Hydraulique, « Schéma d'aménagement des ressources en eau dans la région d'Alger-Sébaou » ; Ministère de l'Hydraulique, « Aménagement des ressources en eau dans la région d'Alger-Sébaou », synthèse, 1984, 40 p.

(37) La Bird a programmé près d'un milliard de dollars de prêts sur dix ans pour l'AEP en Algérie.

Figure n° 40

LE PLAN DIRECTEUR D'AMÉNAGEMENT D'ALGER-SEBAOU

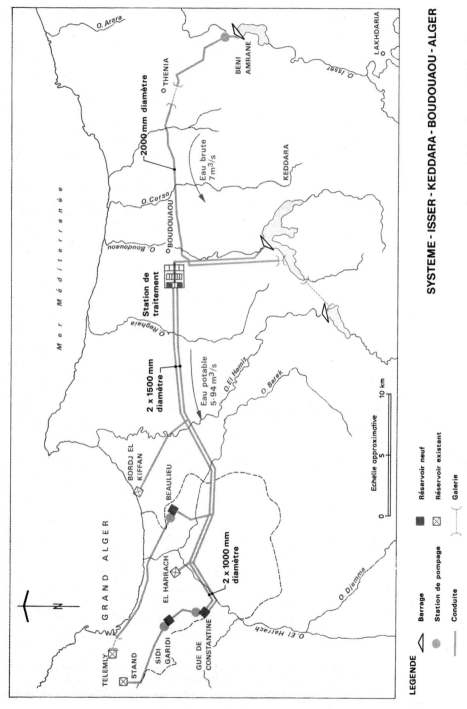

SYSTEME - ISSER - KEDDARA - BOUDOUAOU - ALGER

Source : Schéma directeur d'Alger-Sebaou.

— un transfert depuis le Hamiz ;

— une prise sur l'oued Isser, à Beni Amrane, avec un transfert de 32 km ;

— une station de traitement des eaux à Boudouaou, dimensionnée pour traiter 570 000 m³/j, compte tenu d'une demande potentielle moyenne de 320 000-430 000 m³/j, pouvant monter à 540 000 en période estivale ;

— des réservoirs urbains (40 000 m³ à Beaulieu, 25 000 m³ à Sidi Garidi et 20 000 m³ au gué de Constantine) et les adductions afférentes à un tel réseau.

L'intérêt du plan directeur est de mettre en évidence que l'apport du Spik ne résoudra le problème que pour les années 1990. La solution du problème à l'horizon 2010 requiert une planification que le plan directeur prépare. On notera qu'entre 1990 et 2000 les ouvrages de Soul el Tleta, Taksebt et Djemaa Tizra devront être réalisés pour livrer les 294 hm³ nécessaires pour compléter l'apport du Spik. C'est dire la rapidité de la saturation. Il est prévu d'affecter ensuite l'eau du Bou Roumi à l'irrigation de la Mitidja.

Quelques effets de la concurrence sauvage pour l'eau

Cet emballement de la demande urbaine est aggravé par une approche « minière » de l'eau : sous l'urgence, on sollicite la ressource la plus proche, au prix parfois d'une grave surexploitation. On attirera l'attention, à travers deux exemples tunisiens, sur les dégâts qui en résultent pour l'agriculture et l'environnement.

Essor touristique et déclin agricole : le cap Bon

La Tunisie s'est lancée dans un vaste programme d'équipement touristique, et attend de cette activité d'importantes recettes en devises (38) :

— 34 297 lits et 410 749 entrées de non-résidents en 1970 ;

— 66 019 lits et 1 141 942 entrées de non-résidents en 1978 ;

— 100 000 lits et 1 876 000 entrées de non-résidents en 1987.

En 1987, la recette en devises a été de 500 millions de DT, alors que les revenus du pétrole n'étaient que de 419 millions de DT. Sans entrer ici dans le débat sur l'opportunité et les conséquences de ce choix, force est de constater que cet essor touristique très rapide a entraîné de graves dommages pour les zones agricoles. Une étude faite

---

(38) *Cf.* BARETJE (R.), « Tourisme et balance des paiements dans les pays du Maghreb », *AAN,* 1979, pp. 461-494 ; RICHTER (C.), *Le compte extérieur du tourisme en Tunisie,* Centre des hautes études du tourisme, collection « Études et mémoires », vol. LIII, Aix-en-Provence, juin 1981, 106 p.

par Italconsult en 1970 indiquait les seuils de saturation à ne pas dépasser pour les régions définies comme prioritaires (39). La zone de Nabeul-Hammamet, au sud du cap Bon, en est une ; or c'est là que les capacités hôtelières doivent le plus augmenter, si l'on en croit les prévisions : jusqu'à 35 000, voire 40 000 lits (40). En clair, les énormes complexes hôteliers créés sur la côte vont consommer des quantités importantes d'eau et entrer ainsi en concurrence avec l'agriculture. C'est ce qui se passe au cap Bon.

a) Le cap Bon, une grande zone agricole

On a la chance d'avoir une étude détaillée de l'agriculture du cap Bon au début des années 1970, c'est-à-dire avant le grand *boom* touristique (41). Son auteur, H. Sethom, y soulignait déjà le déficit en eau d'une région dont le bassin versant est très réduit, et où les retenues (Bezirk, Chiba, Masri) ne mobilisent guère que 18,6 hm³/an. D'où l'essor important du pompage comme principal mode d'approvisionnement. Traditionnellement, c'était le puits *dalou,* avec traction animale ; puis vinrent les motopompes. Les principales zones de pompage du cap Bon sont :

— la plaine quaternaire de Grombalia-Soliman : la nappe y est surexploitée et a commencé à baisser dès 1959, au point qu'Ennabli écrit dès 1970 qu'il ne s'agit plus d'une nappe, mais « d'un réservoir qui se vide (42) ». Dans cette grosse zone d'agrumes (9 400 ha) et de maraîchage (2 500 ha) aux portes de Tunis, des problèmes de salinisation apparaissaient déjà ;

— la zone littorale de Hammamet-Nabeul : 1 900 ha d'agrumes et 1 500 ha de cultures maraîchères utilisent environ 15 hm³/an, auxquels il faut ajouter 3 hm³ d'AEP, soit 18 hm³, ce qui est beaucoup plus que le débit de la nappe. Dès 1941, cette zone avait été classée en périmètre d'interdiction, pour pouvoir réglementer les creusements de puits ;

— la plaine côtière de Maamoura à Kélibia couvre environ 8 000 ha irrigués, surtout en maraîchage et arboriculture, ce qui exige 40 hm³/an environ. L'alimentation de la nappe étant très inférieure, on retrouve les mêmes indices : baisse de niveau, salinité. Les signes de surexploitation sont très nets à Korba, Menzel Temime et Kelibia ;

— la plaine d'El Haouria-Dar Allouche : c'est la seule zone du cap Bon où des signes de surexploitation ne sont pas encore perceptibles au début des années 1970.

(39) Ces zones avaient été définies par une étude du cabinet tchécoslovaque Terplan en 1966. ITALCONSULT, *Programme d'infrastructure pour le développement du tourisme en Tunisie,* Tunis, 1971, 3 vol., 183, 224 et 88 p.

(40) Les autres zones sont, par ordre d'importance numérique décroissante : Jerba, Sousse, Tunis, Zarzis.

(41) SETHOM (H.), « Les fellahs de la presqu'île du cap Bon », thèse d'État, Paris, 1974, 1283 p.

(42) ENNABLI (M.), *Évolution de la nappe de Grombalia,* BIRH, oct. 1970.

b) Des ressources en eau limitées

Bien que disposant de potentialités importantes en eaux souter-raines, le haut niveau d'intensification de l'agriculture au cap Bon avait déjà pour conséquence une surexploitation des nappes. Sethom chiffrait les besoins à 130 hm³/an, sur la base de 4 000 m³/ha pour les 12 000 ha d'agrumes et 5 000 m³/ha pour les 16 000 ha de maraî-chage. Il en concluait : « L'apport d'eau des oueds du nord de la Tunisie est incontestablement la seule solution possible pour com-bler le déficit actuel et satisfaire les besoins en eau du développe-ment ultérieur (43). » Effectivement, le canal Medjerdah-cap Bon fut dimensionné pour un apport annuel de 163 hm³ depuis Sidi Salem, dans un premier temps, puis 209 hm³ avec l'entrée en service des retenues de Joumine, Sejenane et Sidi Barrak. Apparemment, donc, les besoins en eau d'irrigation du cap Bon pouvaient ainsi être satis-faits. En fait, l'expansion touristique va aller plus vite et récupérer à son avantage une part importante de l'eau prévue pour l'agriculture.

c) Le poids très lourd de la consommation hôtelière

Dès 1973, le Groupe Huit attirait l'attention sur l'accroissement très rapide de la demande touristique en AEP, qu'il évalue à 9,4 %/an pour la seule zone de Nabeul-Hammamet, passant de 3,6 hm³ en 1970 à 14 hm³ en 1985, dont 62 % pour le tourisme. Au total, les besoins en eau du cap Bon devraient évoluer comme suit.

Tableau n° 78

BILAN HYDRAULIQUE DU CAP BON ENTRE 1970 ET 1985

(En hm³)

Nappes	Ressources	Exploitation 1970			Prévisions 1985		
		Urbain	Rural	Total	Urbain	Rural	Total
Grombalia Soliman	29	1	40	41	3	180	183
Korba Kelibia	14	0,5	13,5	14	2	13,5	15,5
Hammamet Nabeul	19	3,5	17,5	21	14	29,5	43,5
Total	62	5	71	76	19	223	242

Source : Groupe Huit, p. 187.

On notera les accroissements importants de consommation pré-vus pour l'irrigation, surtout dans la plaine de Grombalia-Soliman. Or, bien que le problème ait été correctement identifié et quantifié,

---

(43) SETHOM, *op. cit.*, p. 231.

l'irrigation régresse dès les années 1970, corrélativement au développement du tourisme (44), au point que la situation agricole y devient inquiétante (45). L'arrivée des eaux du Nord a permis de sauver les agrumes (95 hm³ étaient prévus pour le cap Bon), mais des économies d'eau s'imposent dans les régions touristiques si l'on ne veut pas gaspiller une eau rare et coûteusement mobilisée (46).

L'industrie à Gabès : histoire d'une pollution (47)

Gabès est une oasis fort ancienne, où l'on peut encore visiter un petit barrage de l'époque romaine (48). Ses 1 080 ha étaient correctement irrigués jusqu'en 1968, date à laquelle les zones nord de l'oasis (Ghannouch, Methioua, Oudhref, Aouinet) commencèrent à manquer d'eau. L'oasis elle-même disposait encore de 560 l/s environ. Les conséquences du déficit en eau à sa périphérie étaient déjà l'exode rural et l'émigration. Pour y remédier, l'État entreprit l'industrialisation du port de Gabès, et le développement de la chimie et des matériaux de construction. L'implantation de ces entreprises fortes consommatrices d'eau va conduire à des bouleversements importants.

a) L'industrialisation de Gabès
Conçue dans un programme global de développement du Sud tunisien, elle aboutit à la création, autour d'un port de 100 ha, d'un ensemble industriel gros consommateur d'eau.

Une industrie chimique se met en place par étapes. En 1972 sont fondées les Industries chimiques maghrébines, qui transforment le soufre importé en acide sulfurique, puis en acide phosphorique ; en 1975, l'usine El Kimia est créée pour transformer un des produits de l'ICM et produire du tripolyphosphate de soude, matière première pour les détergents ; la société des Industries chimiques du fluor est créée en 1976 pour utiliser l'acide sulfurique pour le traitement du minerai de spath fluor de Hammam Zriba, en vue de produire du fluor d'aluminium (catalyseur dans l'industrie de l'aluminium). 1976 voit le

---

(44) CHAPOUTOT (J.), *L'eau et le tourisme dans la région d'Hammamet-Nabeul*, Nice, Centre de la Méditerranée moderne et contemporaine, 1973, 200 p.

(45) *Cf.* SETHOM, « L'influence du tourisme sur l'économie et la vie régionale dans la zone de Nabeul-Hammamet », Paris I, UER de géographie, 1974, 267 p., et « Agriculture et tourisme dans la région de Nabeul-Hammamet, coexistence féconde ou déséquilibre croissant ? », *Cahiers de Tunisie*, 1976, n° 1-2, pp. 101-111.

(46) BOUSSOUBAH (M.), « Économie d'eau dans les zones touristiques », *RTE*, n° 43, janv.-juin 1983, pp. 71-74, rappelle que la consommation touristique estivale peut atteindre 600 l/personne/j, soit ce que consomme une famille tunisienne.

(47) Voir l'étude excellente de HAYDER (A.), « L'industrialisation à Gabès et ses conséquences, thèse de géographie », Tours, 1980, 245 p.

(48) TROUSSET (P.), « L'organisation de l'oasis dans l'Antiquité : exemple de Gabès et du Jerid », *L'eau et les hommes en Méditerranée*, Paris, Éditions du CNRS, 1987, pp. 25-42.

démarrage de l'usine hollandaise Windmill, qui produit des phosphates monoammoniaqués pour l'exportation ; la Société arabe des engrais phosphatés et azotés lance la production d'engrais.

L'industrie des matériaux de construction est la seconde filière développée à Gabès : briqueterie, unité des Carrelages et préfabrications du Sud. Mais la cimenterie de Gabès est la principale unité de cette filière (680 000 t de ciment et 100 000 t de chaux/an). D'autres industries complémentaires sont nées dans la foulée : la sacherie Sogembal pour la cimenterie, des ateliers de wagons, etc.

b) Une intense mobilisation de la ressource qui défavorise l'agriculture

Le déficit en eau dont souffrait Gabès-Nord ne pouvait que s'accroître. Certaines des entreprises créées sont de grosses consommatrices d'eau (la Saepa consomme 4 hm³/an d'eau de forage et 150 hm³ d'eau de mer). D'où un programme accéléré de mobilisation des ressources disponibles sur place :

— 1967 : forage de 3 puits d'un débit total de 25 000 m³/j ;

— 1975 : forage de 3 nouveaux puits débitant 20 000 m³/j, création de stations de pompage de l'eau de mer pour la centrale thermique (90 hm³/an), l'ICM (100 hm³/an), la Saepa (150 hm³/an).

Au total, 7 puits nouveaux ont été affectés à la zone industrielle, entraînant une surexploitation de la nappe : en 1974, 1 630 l/s étaient exhaurés de la nappe de Gabès-Nord, soit beaucoup plus que ses capacités ; d'où une baisse des débits (Ras el Aïn passe de 559,6 l/s en 1968 à 400,6 l/s en 1975) et des déficits locaux graves à Ghannouch, Methioua, Oudref. Les conséquences sont lourdes pour l'agriculture : par manque d'eau, le tour d'eau passe dans l'oasis de 15-20 jours à 30 jours en 1973, puis à 50 dans la partie aval de l'oasis. Face à l'urgence, la fuite en avant prévalut : on fora plus loin (à Chott el Ferik, entre Nahal et Chenini, à l'amont de l'oasis de Jara). Il en résulte une amélioration de la situation à Gabès, mais une baisse de la nappe de Gabès-Nord et du débit des sources (à Ras el Ayoun, le débit a baissé de 60 % entre 1968 et 1979).

On en a conclu qu'il faudrait laisser l'eau de la nappe à ses utilisateurs traditionnels et rechercher d'autres ressources pour l'industrie. D'où la mission confiée à la Sonede en 1975 de gérer l'approvisionnement en eau de la zone industrielle. Consécutivement à une étude sur l'utilisation du continental intercalaire, sept forages au continental terminal furent décidés à l'ouest d'El Hamma (chott El Fejej). Mais les hydrogéologues sont de plus en plus persuadés que la nappe supérieure de la Jeffara est alimentée par le continental intercalaire. On ne peut donc puiser indéfiniment dans cette nappe sans menacer l'artésianisme des nappes superficielles. Or l'eau est d'autant plus vitale pour l'agriculture de la zone que l'on observe une croissance importante des cultures spéculatives (maraîchage, arboriculture, henné).

Figure n° 41

LA CONCURRENCE FUTURE DES DIFFÉRENTS USAGES DE L'EAU

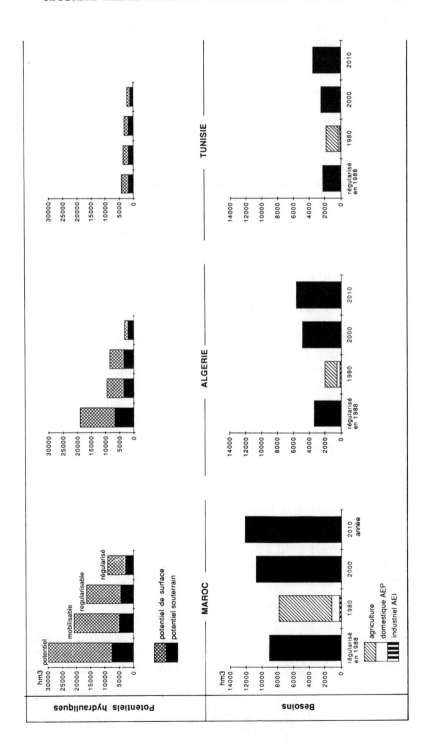

Source : Graphe établi sur nos chiffres par Ch. Danière.

c) Des activités polluantes qui menacent l'environnement

C'est l'autre problème grave posé par des industries très polluantes, comme la chimie : rejets de produits gazeux (anhydrides sulfureux), de fluor, de poussières de cimenterie, qui attaquent localement les récoltes, mais aussi rejet dans la mer de résidus véhiculés par les eaux de lavage, « dans des proportions énormes », écrit Hayder, qui donne comme chiffres 3,5 millions de t/an de phosphogypse. Les conséquences sur la qualité de l'eau de mer dans le golfe de Gabès ont fait l'objet de travaux, mais il faudrait également mesurer les conséquences sur les nappes, qui subissent des infiltrations.

Cet exemple tunisien attire l'attention sur plusieurs points :

— on n'est guère sorti d'un usage minier de l'eau ; le coût économique et la rareté de celle-ci sont peu perçus. Trop souvent, l'eau est considérée comme un bien indéfiniment disponible comme l'air, et donc gratuit ;

— la réglementation concernant la pollution et surtout son application sont trop peu contraignantes (49) ;

— enfin, il est clair que la position des différents acteurs sociaux par rapport à cette rareté et face à la loi est très inégale.

On peut résumer le défi à venir de la concurrence par quelques graphes qui visualisent les évolutions à attendre. Les chiffres qui ont servi de base d'élaboration sont ceux admis par les Administrations des pays concernés : on observera la forte disparité attendue entre la consommation marocaine et algérienne à l'horizon 2010, en raison de la différence des superficies qu'on estime pouvoir irriguer à cette date. Il reste que le chiffre marocain nous paraît quelque peu excessif. On voit l'importance des efforts à fournir dans les prochaines années pour mobiliser l'eau.

3. L'insuffisance des instruments de régulation

Il est normal qu'il y ait une concurrence pour l'eau, vu sa rareté ; ce qui l'est moins, c'est que l'État ne parvienne pas à imposer une meilleure régulation.

Les instruments juridiques de régulation

L'État, en tant que puissance publique, a d'abord le pouvoir de fixer le cadre réglementaire dans lequel se fait l'utilisation de l'eau : c'est l'objet du code des eaux. Il a ensuite la possibilité de planifier

---

(49) On pourrait multiplier les exemples de pollution par l'industrie : *cf.* TAIEB (M.), « Les incidences spatiales de l'industrialisation en Algérie », *Cahiers de l'aménagement de l'espace*, n° 3, 1978, p. 22.

l'usage de la ressource, dans le cadre de plans directeurs qui servent de guides aux actions menées ; enfin, il peut se doter d'entreprises publiques et de comités techniques spécialisés, grâce auxquels il exerce un contrôle sur le secteur. On va examiner ce qu'il en est sur ces trois niveaux au Maghreb.

Le cadre réglementaire : évolution des codes des eaux

Très tôt, le pouvoir colonial a eu le souci d'affirmer son emprise sur l'eau, tant au niveau de la ressource que de son utilisation. Ce d'autant plus que des droits et usages plus ou moins codifiés préexistaient et étaient encore parfois fort prégnants (50).

a) En Tunisie

Un code des eaux est promulgué le 31 mars 1975 (51). Ce document remplace les décrets de 1920 et 1933 et précise :
— l'étendue du domaine public hydraulique et son inaliénabilité ;
— la police des eaux (création de périmètres d'interdiction, de sauvegarde...) ; un Comité national de l'eau a pour mission de veiller au respect de ces principes ;
— les droits d'usage sont précisés et réglementés, ainsi que les servitudes.

Les dispositions de ce code sont assez classiques et ne modifient guère les usages instaurés à l'époque coloniale.

b) En Algérie

Il faut attendre le 16 juillet 1983 pour qu'un code des eaux soit publié (52). Le délai d'élaboration du document semble avoir été mis à profit pour en faire une réelle refonte, qui coupe avec la problématique coloniale. D'emblée, il est écrit que l'objet est « la mise en œuvre d'une politique nationale de l'eau tendant à :
« — assurer une utilisation rationnelle et planifiée, en vue de la meilleure satisfaction possible des besoins de la population et de l'économie nationale ;
« — assurer la protection des eaux contre la pollution, le gaspillage et la surexploitation ;
« — prévenir les effets nuisibles de l'eau » (art. 1).

---

(50) Rappel des dates des codes des eaux de l'époque coloniale :
— Algérie : loi du 16 juin 1851 et décrets de 1933 et 1935 ;
— Maroc : *dahir* du 1er juillet 1914 et du 8 novembre 1919 + code des eaux de 1935 ;
— Tunisie : décret beylical du 24 septembre 1885, révisé en 1920.
(51) Loi n° 75-16 du 31 mars 1975, publiée au *JORT* du 1er avril 1975, pp. 612-616. Un résumé en est fait par EL BATTI (Dj.), *Guide de l'eau*, Tunisie, 1988, p. 25.
(52) Loi n° 83-17, publiée au *JORA* du 19 juillet 1983, pp. 1270-1279.

La structure du code reste assez classique :
— réaffirmation du domaine public hydraulique, des droits et obligations des usagers, des servitudes ;
— l'article 12 précise toutefois un ordre de priorité dans l'usage de l'eau :
1. l'alimentation en eau potable de la population et l'abreuvement du cheptel,
2. la satisfaction des besoins de l'agriculture et de l'industrie ;
— les titres IV, V et VI de la loi portent la marque de préoccupations plus contemporaines, en attirant l'attention sur les problèmes d'hygiène, de pollution industrielle, d'assainissement ;
— la volonté d'une gestion planifiée de la ressource est affirmée au titre VII, et des sanctions sont prévues pour les contrevenants aux dispositions de la loi.
Bref, on a là un ensemble réglementaire assez nouveau, à jour, correspondant aux questions posées actuellement. Mais la question de l'application d'un tel code reste entière.

c) Au Maroc
Paradoxalement, la réglementation coloniale concernant l'eau n'a pas été véritablement refondue, et le corpus actuel reste composé d'une série de textes dont la révision est annoncée, mais pas encore publiée au *Bulletin officiel*. En fait, c'est le code des investissements agricoles qui a pris le pas dans les zones contrôlées par les périmètres irrigués et où l'État surveille dans le détail non seulement l'affectation de l'eau, mais encore le choix des cultures. Bouderbala a publié l'ensemble des textes régissant actuellement la question hydraulique au Maroc, et qui concernent quatre questions principales :
— le domaine public hydraulique et le régime des eaux ;
— les associations d'usagers ;
— les offices régionaux et centres de mise en valeur ;
— les périmètres d'irrigation.
Ce juriste fait remarquer l'interventionnisme d'une telle réglementation, très détaillée, mais aussi l'incapacité de l'État à faire respecter les dispositions de la loi (53).

_____

(53) « L'État intervient partout, et se substitue aux producteurs en ce qui concerne le choix des cultures, des techniques culturales, de la commercialisation. Paradoxalement, dans un pays où la liberté d'entreprendre demeure le credo de la politique économique, l'initiative des producteurs dans un secteur de pointe comme celui de l'agriculture irriguée est enserrée dans une réglementation rigide et tentaculaire. Autre paradoxe, cette réglementation est si détaillée qu'elle dépasse très largement les capacités d'organisation et de contrôle de l'État et reste donc largement inappliquée, les petits producteurs, au bénéfice desquels nombre de ces règles ont explicitement été prises, étant les moins capables de se soustraire à leurs dispositions contraignantes. Il semble bien qu'apparaisse actuellement au sein des pouvoirs publics une tendance nouvelle à réduire l'intervention de l'État et à la rendre plus flexible sans que pour autant l'arsenal législatif mis en place soit remis en cause. », BOUDERBALA, *La question hydraulique*, p. 53.

Le droit codifiant, à un moment donné, le rapport de forces entre les acteurs sociaux, seule l'évaluation de ce rapport de forces permet à la fois de comprendre ses dispositions et leur niveau d'application.

La planification hydraulique

A côté des dispositions juridiques d'ensemble, l'État doit recourir à une planification de ses actions, d'autant plus que les aménagements hydrauliques impliquent des études très longues, coûteuses, et doivent être décidés dix ou quinze ans avant l'apparition des besoins. Les services compétents se penchent déjà sur les perspectives de la période 2000-2010.

En Tunisie, c'est le rôle que jouent les plans directeurs régionaux, élaborés au début des années 1970 : Plan directeur des eaux du Nord (PDEN), de l'Extrême-Nord, du Centre et du Sud. Les investissements réalisés depuis par l'État au cours des différentes périodes planifiées s'inscrivent dans le cadre des perspectives ainsi définies.

En Algérie, l'élaboration d'un Plan hydraulique national (PHN) en 1981 sert de cadre à l'élaboration de schémas directeurs pour les treize zones de planification hydraulique (ZPH) retenues. Cinq de ces schémas ont déjà été élaborés.

Au Maroc, les grandes options relèvent de « directives » de Sa Majesté le roi : elles sont mises en œuvre dans le cadre des plans de développement et des programmes des offices régionaux.

Mais l'application de la réglementation dépend aussi des tutelles administratives. Or la vieille dichotomie entre Équipement et Génie rural continue à jouer.

Les comités techniques spécialisés

Des structures d'arbitrage ont vu le jour au cours de la dernière décennie. Il s'agit en général de comités interministériels chargés d'arbitrer les conflits de répartition.

En Tunisie, un décret du 15 avril 1978 (décret n° 78-419) définit les modalités de fonctionnement du Comité national de l'eau, prévu par les articles 4 et 19 du code des eaux. Y sont représentés les ministères de l'Agriculture, de la Justice, de l'Intérieur, des Finances, de l'Équipement, du Plan, de la Santé publique, de l'Industrie, les directions techniques du ministère de l'Agriculture, les PDG de la Sonede, des offices de mise en valeur, de l'Office national d'assainissement et des représentants des usagers. Il se réunit au moins une fois par an.

En Algérie, un Comité national des ressources hydrauliques regroupant onze ministères et organismes nationaux (décret n° 80-260 du 26 septembre 1980) a été installé le 13 janvier 1982, mais n'a pas encore réellement fonctionné. Commentaire d'un haut fonctionnaire devant cette carence : « Il est impossible de faire obéir l'État. »

Au Maroc, il existe un Conseil supérieur de l'eau qui se réunit une fois par an.

Les entreprises de production et de distribution de l'eau potable

Elles constituent, à côté des offices de mise en valeur, des partenaires essentiels pour la gestion de l'eau. La production de l'eau est centralisée et la distribution est décentralisée auprès de régies. On a ainsi l'Onep (Office national de l'eau potable) au Maroc ; la Sonede pour les villes et l'Onas pour les campagnes en Tunisie ; en Algérie, treize entreprises relevant des *wilayate* ont pris, en mai 1983, le relais de l'ancienne Sonade (leur nombre fut plus tard ramené à neuf). De plus, une Agence nationale de l'eau potable et industrielle et de l'assainissement (l'Agep) joue le rôle de bureau d'études et assure la coordination entre ces entreprises décentralisées.

Dans la pratique, il est souvent difficile de faire respecter le droit : innombrables sont les exemples d'activités industrielles, y compris très polluantes, qui tiennent peu compte des limites voulues par le législateur. Les sociétés étatiques ne sont pas les dernières, tant s'en faut, à violer la réglementation. D'où l'intérêt des instruments économiques : en faisant payer l'eau, l'État tente par un autre biais de réguler la consommation.

Les instruments économiques de régulation

La tarification de l'eau est l'outil principal dont dispose l'État pour encourager ou décourager la consommation de l'eau.

Irrigation, eau potable, industrie et tourisme
Une diversité d'approches que l'État contrôle mal

L'objectif change selon qu'il s'agit de l'eau d'irrigation, de l'eau potable (AEP) ou de l'eau pour l'industrie (AEI) :
— pour l'eau d'irrigation, il faut encourager la consommation par des tarifs modérés afin d'inciter les paysans à intensifier et à rentabiliser ainsi, au niveau de la nation, les investissements coûteux réalisés pour mobiliser l'eau. Cependant, le prix ne doit pas être trop bas, sinon l'eau est gaspillée ;
— pour l'eau potable, il faut plutôt dissuader les excès de consommation, tout en faisant en sorte que l'accès à l'eau soit garanti même aux couches sociales les moins favorisées. Les secteurs de l'industrie et du tourisme doivent pouvoir payer le coût réel de l'eau.

Or il semble que les États ne parviennent pas à trouver une politique de tarifs qui honore ces contraintes : les paysans rechignent à payer l'eau, et parfois, ne l'utilisent pas assez ; l'industrie et le tourisme la gaspillent bien souvent, étant peu sanctionnés par la réglementation. Les citadins eux-mêmes, mais aussi les organismes publics, payant l'eau très au-dessous de son coût réel, la dépensent sans souci d'économie ; la vétusté des réseaux d'adduction d'eau fait le reste : c'est un véritable gouffre financier pour l'État. Vu la complexité du dossier, on étudiera seulement ici la question de la tarification de l'eau potable, la question du prix de l'eau d'irrigation étant traitée pour elle-même plus loin. Un exemple nous guidera, celui de l'eau à Alger.

Illustration : la question du prix de l'eau à Alger

Un décret du 29 octobre 1985 définit les modalités de tarification de l'eau potable, industrielle, agricole et d'assainissement en Algérie. Le but assigné à cette redevance est « de couvrir les frais et charges d'entretien et d'exploitation des ouvrages et infrastructures hydrauliques de collecte, desserte et d'assainissement et de concourir graduellement à leur amortissement » (art. 2 du décret). D'où le barème tarifaire suivant.

Tableau n° 79

BARÈME TARIFAIRE DE L'EAU EN ALGÉRIE

(En DA)

Catégories d'usagers	Tranches de consommation	Coefficients de multiplication	Tarifs applicables
Ménages	1 : 0-220 m³/an	1	1,0 U
	2 : 221-330 m³/an	1,75	1,75 U
	3 : + 330 m³/an	2,50	2,50 U
Administrations	Tranche unique	2	2,0 U
Artisans, services	Tranche unique	2,50	2,50 U
Industrie, tourisme	Tranche unique	3,0	3,0 U

Source : JORA, 30 oct. 1985.

On peut faire quelques remarques techniques à propos de ce décret avant de discuter la question du niveau de la tarification.

Le fait d'aborder tous les usages dans le même document ne permet pas d'identifier de façon précise les charges de pollution, qui sont pourtant beaucoup plus le fait de l'industrie que des ménages. « Les choses se passent donc, commente D. Brun, comme s'il s'agissait de faire supporter aux usagers les coûts de l'assainissement et de l'épuration sans distinction de catégorie et sans faire le partage entre pollution domestique et industrielle, alors que l'impact sur le milieu ne peut être comparé » (p. 37).

Par ailleurs, la structure tarifaire retenue incite les ménages à l'économie d'eau par la distinction qui est faite de tranches de consommation, mais pas du tout les industries, qui relèvent d'une tranche unique.

Que penser du niveau de prix fixé ? La question est importante, puisque l'esprit du décret est de transférer vers les usagers une part croissante du coût de l'eau.

Le nouveau décret a l'intérêt de souligner que l'eau a un prix, alors qu'on sort à peine d'une longue période de sous-tarification où l'on considérait implicitement que l'eau est un bien naturel, gratuit, inépuisable. De fait, le prix pratiqué jusqu'en 1982 (1 DA/m³) et surtout l'absence quasi généralisée de compteurs individuels dans les immeubles témoignent de la prégnance de cette idée ruineuse. En 1983, le prix est doublé pour les gros consommateurs du secteur tertiaire, et, en 1990, le ministère de l'Équipement préconise un prix moyen de 2,20 DA le m³, pour se rapprocher du prix de revient. Noter qu'à Lyon, la même année, le consommateur paie plus de 10 F le m³ d'eau (outre la taxe fixe de raccordement, lui sont facturés : 2,21 F/m³ de consommation + 3,10 F/m³ de redevance d'assainissement + diverses taxes de lutte contre la pollution et d'aide au développement rural + une TVA de 5,5 % sur l'ensemble).

Que représente le prix de l'eau à Alger par rapport au coût réel ?

Une étude réalisée en 1978 pour le compte de la Sedal par le cabinet d'audit Peat & Marwick (54) évalue le coût unitaire d'exploitation de l'eau potable à 0,98 DA/m³ (coût afférent aux seules dépenses de production et de distribution de l'eau), soit à peu près le prix pratiqué par la Sedal. Le prix de l'eau à Alger serait, en somme, un des plus bas du bassin méditerranéen. Conclusion surprenante quand on sait les déperditions en réseau et le coût des ouvrages. En réalité, l'étude est allée un peu vite en besogne, ne prenant en compte que le coût de fonctionnement de l'adduction, et pas du tout les immobilisations, les amortissements ou l'assainissement.

D. Brun a affiné les calculs et obtenu comme coût : 3,30 DA/m³ en 1978, soit 5,00 DA/m³ au prix de 1983 pour l'eau potable, et 1,35 DA/m³ au prix de 1983 pour l'assainissement, soit un coût moyen de l'eau potable et de l'assainissement de 6,35 DA/m³, au moment où l'on passe à peine de 1 à 2 DA/m³ !

Conclusion : l'eau est largement sous-payée, et le prix devrait être révisé à la hausse. Ceux qui bénéficient de cette sous-tarification, ce sont surtout les gros consommateurs, qui sont fort peu incités de la sorte à des économies d'eau. L'élasticité prix de la demande en eau est faible pour les ménages, mais plus grande pour le secteur tertiaire. Cependant, d'autres paramètres entrent en ligne de compte,

---

(54) PEAT, MARWICK, MITCHELL & CO CONSULTANTS, « Propositions de principe de politique tarifaire », juillet 1979.

comme la sécurité d'approvisionnement (on ne peut faire payer un service trop aléatoire). Une politique de vérité des prix n'a de sens que si, parallèlement, des aménagements techniques importants sont introduits, en particulier la possibilité d'un volucomptage par extension du parc de compteurs et l'amélioration de la qualité du réseau (55).

Comparaisons méditerranéennes
L'inégalité des acteurs sociaux face à la rareté

La situation de crise constatée dans la capitale algérienne ne fait que porter à leur paroxysme les tensions autour d'une ressource qui est de plus en plus rare dans les pays du sud de la Méditerranée. Le colloque de Rabat a fourni, de ce point de vue, d'utiles points de comparaison. On peut en retirer quelques observations globales.

L'explosion de la demande en eau potable conduit partout à des solutions techniques de grande envergure qui rendent caducs les systèmes préexistants d'adduction. Beaucoup de villes avaient leur réseau de puits, d'égouts, de canaux, leur propre organisation d'assainissement, les corporations liées à ces fonctions urbaines essentielles. Parfois, le réseau ancien et son organisation sociale subsistent encore vaille que vaille, comme dans la *medina* de Tétouan, où le réseau *skundu*, datant de la période précoloniale et géré par les *habous,* dessert gratuitement les vieux quartiers, là même où la régie locale des eaux a installé de nouvelles bornes (56). Pourtant, les cubages nécessaires aux villes d'aujourd'hui rendent obligatoire le recours à des stations de traitement de type industriel, équivalentes à celles des pays industrialisés (des firmes spécialisées comme Degremont SA ont trouvé au Maghreb des marchés considérables). L'exemple le plus prestigieux est la station de traitement des eaux du Bou Regreg, à Rabat, qui a pour mission de fournir l'AEP pour toute la zone côtière de Rabat-Casablanca (capacité de 9 m³/sec).

Cette haute technicité de l'approvisionnement en eau potable est-elle une garantie d'un accès plus large à l'eau ? La réponse tient à deux paramètres au moins : la configuration des réseaux et la politique tarifaire. Il est fréquent que les réseaux suivent, avec plus ou moins de retard, les extensions urbaines. Néanmoins, l'importance des extensions clandestines à la périphérie des villes entraîne des situations de tension. Souvent, le branchement sur le réseau et l'installation de compteurs sont des mesures d'intégration au plan d'aména-

---

(55) LAMROUS (R.), *L'eau d'alimentation en Algérie,* Alger, OPU, 1980, 48 p., contient des renseignements intéressants, mais qui ne sont plus à jour.

(56) *Cf.* EL ABDELLAOUI (M.), AFKIR (H.), « Le réseau *skundu* : ancien système d'approvisionnement de la médina de Tetouan en eau potable », *L'eau et la ville,* 1991.

gement urbain. L'eau est donc éminemment intégratrice. Quant à la politique tarifaire, elle vise en principe à répartir au mieux les coûts, tout en décourageant le gaspillage. Le système de tarification adopté par les Marocains en 1977 est significatif de ce point de vue :

— tarif social pour les petits consommateurs (moins de 30 m³/trimestre) ;

— tarif au coût réel pour la tranche 30-60 m³/trimestre ;

— tarif pénalisant les gros consommateurs (plus de 60 m³/trimestre) ;

— tarification préférentielle pour favoriser l'industrie.

Dans le cas de Rabat-Salé, cela donne les prix suivants : 0,86 DH/m³, 2,32 DH/m³, 3,37 DH/m³ et 2,05 DH/m³ pour l'industrie (57). Dans les faits, pourtant, on constate d'assez fortes tensions pour l'eau dans les quartiers défavorisés et certaines villes sous-approvisionnées. La géographie des réseaux et des dotations en eau continue à recouvrir assez fidèlement la géographie des catégories sociales, comme on l'a montré pour Fès. Plusieurs cas d'émeutes provoquées par la pénurie d'eau ont été observés ces dernières années, au point de conduire parfois à des solutions très improvisées (58). Industrie, tourisme, agriculture, quartiers résidentiels et quartiers populaires sont loin d'avoir un accès égal à l'eau, malgré les efforts faits en ce sens.

Enfin, le développement de ressources non conventionnelles n'en est qu'au stade embryonnaire. Les perspectives de réutilisation des eaux usées pour l'agriculture sont réelles ; en revanche, les exigences sanitaires pour l'eau potable sont telles que la seule alternative envisageable pour le moment est le dessalement de l'eau de mer. Des unités existent dans les trois pays maghrébins, utilisant des techniques de distillation ou d'osmose. Le coût en énergie rend pour le moment cette eau très chère. D'où des productions encore marginales. D'autres issues complémentaires existent, comme la recharge artificielle des nappes et les mesures d'économie systématique de l'eau (robinets poussoirs dans les lieux publics...).

Ce premier bilan des politiques de l'eau au Maghreb conduit à deux conclusions.

Tout d'abord, on est encore loin de la sécurité alimentaire, même au Maroc, qui a pourtant pris une nette avance sur ses voisins. Bien que l'agriculture irriguée mobilise une part importante des investis-

---

(57) LAHLOU (Abderrafih), *Tarification de l'eau potable au Maroc*, Onep, 1987.

(58) Lors d'une tournée dans les environs de Skikda en août 1988, on a pu voir l'eau du barrage de Guenitra déversée directement dans le lit de l'oued et reprise pour traitement plusieurs dizaines de kilomètres plus bas dans une retenue de fortune à la porte de la ville.

sements, il s'en faut qu'elle couvre des besoins en croissance exponentielle. De façon générale, la balance extérieure se dégrade, et les importations des produits de base y pèsent d'un poids très lourd. A cela, plusieurs raisons :

— la concentration des investissements publics sur les cultures d'exportation a contribué à maintenir dans l'extensif les productions de base comme les céréales ; en outre, les avantages comparatifs sur lesquels était fondée cette priorité tendent à se restreindre en raison de l'élargissement de la CEE ;

— l'ampleur prise par les importations alimentaires a poussé les États à développer des productions pour le marché intérieur : cultures sucrières, lait, viande. Le Maroc a obtenu des résultats notables pour le sucre et le lait. Il faudra approfondir l'analyse pour juger des coûts de cette politique de substitution d'importations. Ici encore, l'effort est trop sélectif : la majorité des producteurs, hors périmètres, a peu bénéficié du crédit et de l'encadrement technique nécessaires à l'accroissement de la productivité. Surtout, la focalisation sur l'irrigué a obéré les progrès possibles en sec, à un moindre coût.

Par ailleurs, on sort difficilement d'une gestion minière de l'eau, malgré des efforts récents. D'une part, les différents acteurs sociaux jouissent de positions fort inégales dans la concurrence pour l'eau (59). D'autre part, les mentalités ont encore peu intégré que l'eau, au Maghreb, est une ressource rare, qui a un coût. Le Maghreb des années 2010 connaîtra des tensions extrêmes autour de l'eau si des décisions draconiennes n'interviennent pas très vite.

---

(59) On ne peut que se rallier à l'idée de « production sociale d'un déficit » que propose SOUGHIR (R.), « L'enjeu de l'eau à Sousse, la production sociale d'un déficit », thèse, université du Val-de-Marne, 1984.

DEUXIÈME PARTIE

De l'eau du ciel à l'eau d'État
Le Maghreb à l'assaut de ses plaines

6

Le périmètre irrigable du Gharb (Maroc)

Une illustration des succès et limites de la grande hydraulique

Avec plus de 100 000 ha irrigués en 1989 et un objectif de 250 000 ha pour l'an 2000, le périmètre du Gharb constitue l'ensemble irrigable le plus important du Maghreb. L'essor des cultures sucrières, en particulier de la canne à sucre, en fait un des fleurons de l'agriculture moderne au Maroc : réseau de canaux portés, trame d'irrigation, agro-industries, marquent dans le paysage la réalisation de ce qu'on peut appeler le « modèle grande hydraulique ». Si les résultats apparents sont impressionnants, une analyse plus fine s'impose toutefois (1) : en effet, les gros investissements consacrés par l'État à la mise en valeur de la région ont contribué à amplifier la stratification sociale ; la réforme agraire n'ayant pas eu lieu, « les grands propriétaires "solvables" aux termes du code des investissements agricoles, titulaires d'exploitations "viables" profitent en premier lieu des équipements dont le coût élevé est supporté par l'ensemble de la population », estime M. Benhlal. F. Mernissi souligne de son côté la forte prolétarisation des populations rurales, en particulier des femmes ; Naciri, quant à lui, discute l'option récente pour l'aspersion (sur une partie du périmètre), ce qui limite l'emploi, alors que la main-d'œuvre est importante. Bien d'autres objections encore sont faites à ce périmètre, par ailleurs largement vanté (2).

---

(1) BENHLAL (M.), « Politique des barrages et problèmes de la modernisation rurale dans le Gharb », *Problèmes agraires au Maghreb*, p. 2708 ; MERNISSI (F.), « Les femmes dans une société rurale dépendante : les femmes et le quotidien dans le Gharb », *Maghreb-Machrek*, n° 98, oct.-déc. 1982, pp. 4-45 ; NACIRI (M.), « L'aménagement de l'espace territorial au Maroc ; lieux d'autonomie et centralisation étatique », *États, territoires et terroirs au Maghreb*, Paris, Éditions du CNRS, 1985, pp. 225-242.

(2) *Cf.* LAHLOU (O.), « Aménagement hydro-agricole et mise en valeur au Maroc », *Documents systèmes agraires*, n° 6, Cirad-DSA, Montpellier, 1987, pp. 321-330.

Par son ampleur, comme par les débats qu'il suscite, le cas du Gharb permet donc d'aborder, à travers un exemple concret, la question des atouts et des limites de la grande hydraulique. Les succès obtenus ici permettent de sortir des éternels bilans d'échec. En outre, le schéma de mise en valeur y est plus avancé que dans d'autres périmètres comme le Loukkos ou le Bou-Namoussa. Certes, la taille du périmètre du Gharb en fait un cas un peu exceptionnel, mais on peut penser que cela ne modifie pas fondamentalement la logique de fonctionnement propre à un grand périmètre, même si, dans un périmètre voisin comme le Loukkos, on trouve plus de souplesse.

Ici encore, l'histoire du projet est essentielle : les tentatives coloniales datent de 1918, mais c'est l'inondation catastrophique de 1963 qui décidera le gouvernement marocain, appuyé par la FAO et le Pnud, à se lancer dans le grand projet Sebou.

1. Atouts naturels et héritage colonial
« Les cadres de la nature et de l'histoire » (3)

Le Gharb est une plaine riche en potentialités, mais dont la taille et les excès ont voué à l'échec les tentatives successives de mise en valeur, qui n'abordaient pas le problème de façon globale.

Une plaine fertile traversée par un oued impétueux

Dans le Gharb, les atouts naturels sont indissociables de fortes contraintes.

Des sols riches et diversifiés

Sur le plan pédologique, la situation est le fruit d'une évolution géomorphologique qui a abouti à créer trois grandes régions dans cet ensemble, qui représente près de 600 000 ha : la plaine centrale, les bordures continentales (haut Gharb, pays cherarda, Mamora), la bordure littorale, ou sahel. La plaine centrale, plane mais facilement submersible, a été progressivement remblayée par des sédiments de sable ou d'éléments argilo-limoneux charriés par le Sebou, qui écoule avec ses affluents des quantités d'eau énormes (5, voire 10 km³/an). Le débordement régulier de l'oued a déposé les éléments les plus gros-

---

(3) La formule est empruntée à LE COZ, dont l'ouvrage *Le Gharb, fellahs et colons,* Rabat, 1964, 1005 p., a bien sûr constitué pour nous une référence majeure, actualisée par les travaux d'Herbert POPP : « Les périmètres irrigués du Gharb », *BESM,* n° 138-139, 1978, pp. 157-177.

siers (sable) sur les berges et les éléments les plus fins plus loin, dans les bas-fonds. Ce processus de « triage des alluvions » (Le Coz) explique la localisation des trois grands types de sols du Gharb :

— les *dhess,* sols limono-sableux sur bourrelets alluviaux, le long des principaux oueds (Sebou, Beht, Rdom) ; il s'agit de sols peu évolués, de faible teneur en matières organiques (environ 65 000 ha) ;

— les *tirs,* dans la plaine, sont des sols évolués, hydromorphes, riches en argile (45 à 55 %). Difficiles à labourer, ils se gorgent d'eau comme une pâte en hiver, et se dessèchent en se craquelant l'été (environ 110 000 ha) ;

— enfin, le sol des *merjas :* encore plus hydromorphe, en raison de la submersion fréquente de ces zones (40 000 ha) qui parsèment le Gharb et que les colons ont rêvé très tôt d'assécher. On imagine la place que prendra ici le drainage.

Figure n° 42

LE SEBOU ET SES BORDS

Photo : J.-J. Pérennès.

Un climat méditerranéen à nuance océanique

Les caractéristiques climatiques viennent amplifier ces contraintes. Il s'agit d'un « climat méditerranéen à nuance océanique » (Le

Coz). On retrouve ici les forts contrastes pluviométriques propres à la Méditerranée, mais avec des rythmes particuliers provoqués tantôt par l'anticyclone des Açores, qui tempère les rigueurs du climat continental, tantôt par les vents chauds du sud (*chergui* et *sirocco*), néfastes pour les céréales (en mars) et la vigne (en juillet). Si la pluviométrie moyenne est de 500-600 mm, elle est inégalement répartie du sud au nord (de 400 à 900 mm), mais aussi de l'ouest à l'est. Si bien que l'on peut distinguer deux régions : un Gharb humide ou océanique vers Kenitra et un Gharb plus sec et continental vers Sidi Slimane.

L'irrégularité annuelle se traduit par une concentration des précipitations (82 % tombent pendant les mois d'hiver) ; quant à l'irrégularité périodique, elle se traduit par des variations du simple au triple (330 mm en 1950, et 841 mm en 1936) sans qu'un cycle quelconque soit décelable. Ces forts contrastes climatiques ont des répercussions pour l'agriculture : la nécessité de labours précoces, en particulier, pour permettre des moissons avant fin juin.

Le Sebou : une eau précieuse, mais menaçante

L'inondation est la menace la plus grande qui plane sur cette région. Ainsi, en juin 1963, 180 000 ha ont été inondés. L'étendue du bassin versant du Sebou est certes en cause (27 000 km²), mais aussi le régime très capricieux du principal affluent, l'Ouerrha, qui apporte les eaux du Rif et fournit les deux tiers du volume écoulé annuellement. Si le débit moyen de l'Ouerrha à M'jara est de 100 m³/sec, ses variations saisonnières sont énormes (de 1 à 40 entre août et février), ainsi que les variations périodiques (de 1 à 20). La forte pluviométrie du Rif est aggravée par la pente des reliefs et l'imperméabilité des sous-sols, qui favorisent un ruissellement actif. Aussi les années exceptionnelles prennent-elles l'allure de désastres : on a noté une crue de 7 000 m³/sec en février 1941. Le Sebou est en lui-même moins impétueux, tout en restant irrégulier, car il recueille les eaux du moyen Atlas, moins arrosé. Dans la plaine, il débite en moyenne 131,2 m³/sec, avec des écarts saisonniers et périodiques qui ne sont que de 1 à 6,5 et 1 à 4,7. Ce qui n'exclut pas les crues exceptionnelles (1 087 m³/sec sur une fréquence de vingt ans et 1 470 m³ pour la crue centenale). Le processus de débordement fréquent est dû à la faible déclivité de l'oued dans son écoulement de plaine : les larges boucles en témoignent.

Les inconvénients pour l'agriculture sont de types opposés : la faiblesse des étiages (de l'ordre de 6 m³/sec, pour un débit annuel moyen de 131) et l'ampleur des inondations (au moins 150 000 ha) lors des crues exceptionnelles comme celles de 1950, 1941, 1913 et 1904. Celle de 1963 les a surpassées à tous points de vue. La nature des sols (les *tirs*) et l'étendue des bas-fonds (les *merjas*) favorisent une stagnation de ces eaux en excès. L'ampleur des désastres de 1963 a conduit les organisations internationales à soutenir le projet du gouvernement marocain d'un aménagement global du Sebou.

Les tentatives successives d'aménagement partiel

Au cours du temps, deux types de mise en valeur se sont juxtaposés : une mise en valeur extensive pratiquée au long des siècles par les tribus arabes de la région, puis par les premiers colons ; des tentatives plus ou moins fructueuses d'intensification, au cours du XXᵉ siècle, par les colons européens et quelques latifundiaires marocains.

Les pratiques extensives des tribus précoloniales

L'installation des tribus arabes date des XI-XIIᵉ siècles, lorsque les Hilaliens (Sefiane et Beni Malek) sont venus s'imposer sur le fond berbère ; les milices *maghzen* cherarda les chassèrent au XVIIIᵉ siècle pour constituer l'essentiel du peuplement avec quelques tribus secondaires. Le statut *guich* de ces tribus a eu des répercussions importantes sur les modes de jouissance de la terre. Le propriétaire éminent du sol était le sultan en pays cherarda, les tribus *maghzen* n'en ayant que la jouissance (4). Celle-ci revenait aux différentes grandes familles, sous forme de parts, mais avec une relative stabilité, sans qu'il y ait pour autant privatisation. Cela n'excluait cependant pas l'existence de terres privées *(melk)* et collectives *(bled jmaa)*, mais consacrait cependant un contrôle du foncier par la féodalité *maghzen*. La masse des fellahs vivait de façon précaire et misérable, d'autant plus qu'elle ne disposait guère des moyens techniques nécessaires : l'araire et la paire de bêtes *(zouja)* prévalaient, l'irrigation était rare, les voies de communication quasi inexistantes. La région était sous-peuplée : 130 000 habitants à la veille de la colonisation.

Premiers colons, premiers essais de mise en valeur

L'implantation européenne semblait ouvrir des perspectives pour la mise en valeur. Aussi y eut-il rapidement une véritable « ruée de colons ». La spéculation fut telle qu'il fallut une réglementation : les *dahir* de 1914 et 1919 visaient à protéger les terres collectives *(bled jmaa)*. L'instauration de l'immatriculation des terres en 1913 signifia le déclenchement du processus de privatisation. Des sociétés de capitaux se créèrent, plus pour mobiliser de la terre, en cette pre-

---

(4) Cherifi (R.), *Le Makhzen politique au Maroc, hier et aujourd'hui*, Casablanca, Afrique-Orient, 1988, 125 p.

mière phase, que pour la mettre en valeur : ce fut le cas de la Compagnie marocaine (à capitaux Schneider). Néanmoins, l'idée d'assécher les *merjas* et de faire de la betterave sucrière apparaît dès 1917. En fait, l'absence d'infrastructure est un obstacle majeur, et ce qui se développe le plus vite, c'est l'élevage extensif, ou *ranching*. Cette période initiale de colonisation empirique prend fin en 1918, date véritable de lancement de la colonisation officielle, qui a l'appui de grandes banques françaises comme la Banque d'Indochine et la Banque de Paris et des Pays-Bas. La doctrine initiale du protectorat en matière de colonisation, qui privilégiait les grands projets capitalistes, fut peu à peu érodée par les *lobbies* (colons d'Algérie, parlementaires) qui faisaient pression pour que les terres soient alloties. Aussi, après s'être focalisé sur quelques centres de colonisation (Petit-Jean, Sidi Yahia), on créa des lots de terre plus petits, surtout à partir de 1924. L'idée de grands travaux, en particulier de l'aménagement des *merjas,* restait présente : la Compagnie du Sebou, créée à cet effet, acquit 11 500 ha et s'engagea dans un programme d'irrigation et de drainage. Mais le projet d'un aménagement partiel montra ses limites, et la crue exceptionnelle de 1927 vint souligner qu'il fallait songer à un aménagement global du Gharb.

La construction du barrage d'El Kansera (achevé en 1934) et la politique de diversification des productions (développement des agrumes, puis de la vigne et du riz) allaient permettre un *boom* économique de l'agriculture coloniale : c'est le lancement du périmètre du Beht, qui passe de 6 000 ha irrigués en 1940 à 13 000 en 1945. Beaucoup de colons développent les agrumes à partir de pompages en bordure d'oued, mais les grands aménagements n'ont pas abouti dans le reste du Gharb. 30 000 ha seulement étaient irrigués à la fin de la colonisation.

Les causes d'une intensification bloquée

Elles tiennent à la fois à des problèmes techniques et à la contradiction même de l'économie coloniale.

Pour ce qui est de la complexité technique, l'étendue de la plaine et la violence des crues ruinent l'efficacité d'aménagements partiels ; ainsi, quelques riches colons entreprirent de construire des digues le long du Sebou, au droit de leur domaine. Mais, dès 1917, l'ingénieur des Travaux publics Séjournet avait montré que l'assèchement des *merjas* impliquait des travaux bien plus vastes, pour évacuer les eaux excédentaires du bassin du Beht vers un exutoire artificiel. L'inondation de 1927 favorisa le début des travaux, et les associations syndicales de colons firent pression pour que l'État entreprenne l'assainissement des rives du Sebou. La réalisation du barrage d'El Kansera l'avait montré, ce genre d'entreprise est souvent beaucoup plus complexe et coûteux que prévu (ici, trois fois plus). De plus,

Figure n° 43-44

LE BASSIN DU SEBOU : UN ENSEMBLE COHÉRENT

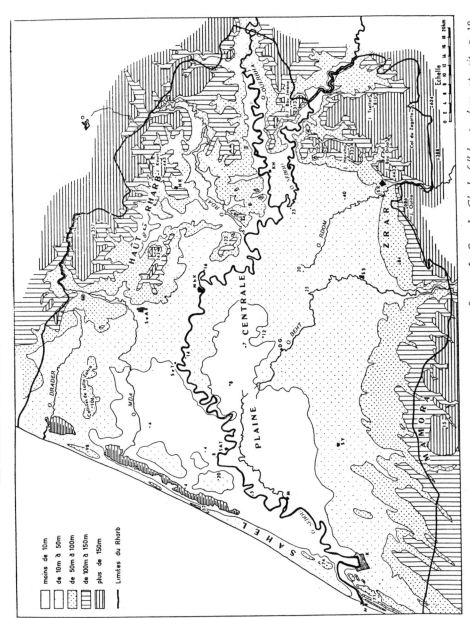

Source : Le Coz, *Le Gharb, fellahs et colons, op. cit.*, p. 18.

moins de 10m
de 10m à 50m
de 50m à 100m
de 100m à 150m
plus de 150m

— Limites du Rharb

cela requiert une autorité centrale, du genre de la Tennessee Valley Authority, la référence de l'époque. L'idée de créer un Office du Gharb faisait difficilement son chemin, pour toutes sortes de raisons : ampleur des investissements nécessaires, conflits entre l'Hydraulique et les Travaux publics... Si bien que, lorsque les travaux reprirent en 1948 sous l'égide de l'Hydraulique, on réalisa surtout l'assainissement en aval (en 1960, sur une superficie totale de 230 000 ha, les réseaux d'assainissement primaire, secondaire et tertiaire réalisés sont respectivement de 190 000, 100 000 et 30 000 ha), sans entreprendre les grands travaux de régularisation en amont, particulièrement sur l'Ouerrha. En fait, il n'y avait de solution véritable que dans un aménagement global qui prenne le bassin du Sebou dans sa globalité.

Les contradictions de l'économie coloniale ont également joué contre l'aboutissement du grand projet Sebou : la réticence des colons à engager des dépenses trop lourdes, non rentables immédiatement, et, en fin de période, l'opposition du sultan à un projet qui excluait largement les fellahs. Comme l'écrit Le Coz, cette histoire révèle ce dont allait mourir le régime du protectorat : « une dysharmonie entre l'appétit de réalisations d'une société dotée de moyens techniques puissants et la fragilité de la base politique sur laquelle devaient s'appuyer les cadres technocratiques responsables de l'action » (5).

Les grands traits de la mise en valeur du Gharb sous le protectorat

Les contrastes de la répartition foncière

Les colons détiennent en 1956, au faîte de leur présence, 32 % de la superficie, alors que les Européens ne représentent à l'époque que 4,5 % de la population. La colonisation officielle représente 67 % des terres coloniales. Inégalement répartis, les colons se sont implan-

Tableau n° 80

RÉPARTITION DE LA PROPRIÉTÉ EUROPÉENNE

Ha	– de 10	10-50	50-100	100-200	200-500	500-1 000	+ de 1 000	Total
Superficie	460	4 032	5 073	12 169	57 723	28 207	66 672	174 336
%	0,2	2,3	2,9	6,9	33,2	16,2	38,3	100
Exploitations	96	146	73	68	188	42	35	648
%	14,7	22,6	11,4	10,5	29	6,4	5,4	100

Source : Le Coz, *Le Rharb, fellahs et colons*, p. 531.

(5) LE COZ, *op. cit.*, p. 498.

tés dans trois régions principales : le Sud, avec les grands lotissements (Sidi Kacem, Sidi Slimane, Kenitra, Sidi Yahia, Sfafaa) qui devaient constituer ce qu'on appelait la « rue de la colonisation », le Centre, sur les rives fertiles (les *dhess*) et irrigables du Sebou, ainsi que dans la plaine des Sefiane, où l'on trouve les plus grands domaines ; enfin, dans les bordures, comme le haut Gharb, où la colonisation est sporadique.

La grosse propriété couvre 54,5 % de la superficie des territoires occupés par les colons, mais est le fait de 77 grosses affaires seulement. Il s'agit soit de compagnies, comme la société Gharb et Khlot et la Compagnie marocaine, soit d'affaires familiales parfois conduites par d'anciens élèves de l'École d'agriculture de Maison-Carrée.

La moyenne propriété (200-500 ha) est l'unité type de colonisation dans le Gharb, encouragée par l'Administration et maîtrisable par un individu. 40 % des exploitations entrent dans cette catégorie, qui couvre 49,4 % des terres.

Quant à la petite propriété, il ne s'agit pas ici, comme en Algérie, d'une petite colonisation paysanne nombreuse et besogneuse. Elle couvre peu de superficie (5,4 %), mais représente de nombreuses propriétés, car on y pratique des spéculations assez intensives comme l'agrumiculture, qui a bien réussi dans cette strate.

La structure de la propriété marocaine est plus difficile à saisir en raison de l'absence de cadastre et de l'existence de terres collectives. Le Coz retient les chiffres de 198 461 ha de terres collectives et 185 766 ha de *melk*, soit un total de 384 227 ha pour les Marocains, sur l'ensemble de la zone. Les situations varient beaucoup, mais les sondages réalisés permettent de conclure que la moitié des fellahs sont des prolétaires sans terre, contraints de travailler comme *khammès* chez un propriétaire.

Tableau n° 81

RÉPARTITION DES EXPLOITATIONS MAROCAINES

Strate	Haut Gharb		Gharb central (en *melk*)		Gharb central (collectif)	
	Nombre	Superficie	Nombre	Superficie	Nombre	Superficie
0-2 ha	17 %	4 %	8 %	2 %	67 %	48 %
2-7 ha	49	29	60	37	23	52
7-15 ha	21	25	30	53	–	–
15-20 ha	13	42	2	8	–	–
Total	100 %	100 %	100 %	100 %	100 %	100 %

Source : Le Coz, op. cit., p. 722.

Le dualisme de la mise en valeur

a) Le secteur moderne : un « capitalisme modéré »

Hormis la Compagnie du Sebou, il n'y eut guère d'investissements initiaux massifs dans l'agriculture coloniale, malgré l'importance des aménagements que requérait la nature. Les apports financiers furent progressifs, souvent à base d'autofinancement. Les céréales sont la principale culture, avec 59 % des surfaces entre 1949 et 1958. La superficie céréalière culmine à 70 170 ha en 1955. Bien que l'utilisation d'engrais soit restée limitée, l'amélioration des semences et des techniques de culture permit un accroissement sensible des rendements : de 7,30 à 9,50 q/ha pour le blé dur entre 1928 et 1958, et de 8,40 à 11,15 q/ha pour le blé tendre sur la même période. Malgré des rendements supérieurs au secteur marocain, la marge à l'hectare resta faible en raison du coût de la mécanisation. Lorsque le cours des céréales s'effondra en fin de période, les cultures associées prirent de l'importance. De 1 000 ha en 1927, on passe à 23 000 ha en 1954 : des légumineuses traditionnelles, pois chiches, fèves, puis lentilles, haricots, petits pois. Les cultures irriguées, elles, vont représenter le quart de la superficie des terres des Européens en 1958, mais surtout 70 % de la valeur de la production. Au premier rang, on trouve les agrumes, qui étaient devenus depuis les années 1930 la grande richesse du Gharb, sur les rives du Sebou, de l'Ouerrha et dans le périmètre du Beht. De grosses coopératives de conditionnement virent le jour pour la commercialisation. La riziculture connut, elle aussi, une période d'essor spectaculaire. Les autres cultures irriguées, y compris le maraîchage, se développèrent peu en secteur colon.

b) Le secteur marocain : une agriculture précaire

Alors que l'agriculture coloniale cherchait sa voie dans le Gharb, le secteur marocain connaissait lui aussi de profondes mutations.

Il subit d'abord une révolution démographique (la population a quadruplé en cinquante ans), accompagnée d'une évolution du statut de la terre : au moment de l'indépendance, 80 % du *melk* marocain était immatriculé dans le Gharb. La création d'un découpage administratif et d'une administration mixte (*maghzen* et contrôleurs civils) a favorisé la détribalisation. Pourtant, le sens de la collectivité resta très vivace.

La modernisation rurale n'a entraîné dans son sillage qu'une faible partie du secteur marocain, puisqu'on estime que, en 1955-56, 84,4 % des terres cultivées l'étaient encore de façon traditionnelle. Certes, quelques gros agriculteurs marocains avaient adopté le tracteur, certaines variétés nouvelles, en particulier le blé tendre, et la pratique des assolements réguliers. Mais, dans l'ensemble, la modernisation rurale, menée par les sociétés indigènes de prévoyance (SIP) entre les deux guerres, puis par les secteurs de modernisation du paysannat (SMP) après 1945, ne donna pas les résultats escomptés, parce que trop décalée par rapport à la logique de reproduction du fellah. « Ce dernier, écrit Le Coz, a l'habitude de se plier aux caprices de la pluviométrie avec le souci de semer les bonnes années le maximum de céréales d'automne, les plus rémunératrices. Il ne développe les cultures de printemps que comme palliatif, lorsque les ensemencements d'automne ont dû être réduits à la suite des excès ou des insuffisances pluviométriques (6). » En somme, la lutte contre l'aléa est plus ancrée qu'une démarche d'intensification. Au total, le secteur marocain est resté massivement à l'écart de la modernisation. D'où la pauvreté et le dénuement de la population agricole marocaine du Gharb à la fin de la colonisation, pauvreté soulignée par l'habitat précaire.

1956 : l'essentiel reste à faire dans le Gharb

Bien que sa nécessité ait été perçue très tôt, l'aménagement global de la plaine du Gharb n'a donc pas été vraiment mené pendant la période coloniale, en raison de la difficulté technique, du coût de l'opération, et du fait des contradictions de l'économie coloniale, qui privilégie le court terme (7). Néanmoins, la valeur annuelle de la production agricole a quintuplé, grâce à l'essor des agrumes, mais cette richesse est très inégalement répartie. Si l'on en croit les calculs de Le Coz, le revenu par habitant rural et par an à la fin de la colonisation serait, pour le Marocain, de l'ordre de 15 000 F, pour l'Européen de l'ordre de 600 000 F, soit un rapport de fortunes de 1 à 40. Aussi, les premiers projets de transformation du Gharb conçus par l'ONI après l'indépendance tenteront d'associer transformations techniques et réforme agraire.

2. Les lignes directrices de l'aménagement du Gharb aux premières années de l'indépendance

Les 100 000 ha irrigués dans le Gharb font partie d'un programme total de 250 000 ha environ, lancé dans les années 1960 sous le nom de projet Sebou et qui devait être achevé en l'an 2000.

---

(6) Le Coz, *op. cit.*, p. 681.

(7) Cet aspect a été développé en détail au chapitre 3, grâce aux apports de Swearingen (W.-D.), *Moroccan Mirages...* L'auteur montre (p. 80) comment l'intérêt des colons et celui de l'Administration pouvaient diverger, comme le révélèrent les réactions très contradictoires à la grave inondation de 1933.

Le projet Sebou, cadre de l'aménagement du Gharb

Dès 1960-61, le gouvernement marocain avait décidé d'entreprendre la mise en valeur intégrée du bassin du Sebou et obtint pour cela l'appui de la FAO et du Pnud. L'inondation de janvier 1963 activa les études, qui commencèrent dès mai 1963 avec l'inventaire des ressources et l'établissement des premières orientations ; fin 1968 s'achevait la phase d'établissement de dossiers spécifiques (aménagement, mise en valeur, financement). Un grand nombre d'experts avaient été mobilisés et des moyens financiers importants dégagés (6,8 millions de $, dont 1,8 venant des Nations unies). Le projet était d'une ampleur exceptionnelle, avec 400 000 ha irrigables, dont 250 000 dans le Gharb. Outre la protection des crues, l'objectif était un accroissement annuel moyen de la production agricole de 3 % / an pour l'ensemble du bassin, dont 4,6 % pour le Gharb, destiné à être irrigué.

Des options audacieuses pour transformer l'agriculture

Le choix de spéculations est « commandé essentiellement par la recherche de la plus grande intensification possible », c'est-à-dire apportant la valorisation maximale à l'hectare (8). Bien entendu, il est tenu compte des contraintes de sols et de climat, mais cela aboutit tout de même à déterminer des priorités dans les rotations culturales. Ainsi, en grande agriculture mécanisée, cela conduit à privilégier en irrigué les agrumes, puis la canne à sucre et le riz, et, en sec, le vignoble. En exploitation familiale semi-mécanisée, les priorités sont moins nettes : en irrigué, le maraîchage, en sec, une rotation avec blé, culture fourragère et culture industrielle. Sans entrer pour le moment dans le détail, notons que le critère valeur ajoutée/ha passe avant l'emploi créé. Parmi les contraintes économiques discutées, il y a les débouchés : ils sont jugés illimités sur le marché intérieur pour le sucre et le riz, et modérément extensibles sur les marchés extérieurs pour les agrumes.

Le choix des assolements doit également garantir la conservation et l'enrichissement des sols, et viser à être « suffisamment simple pour être à portée des agriculteurs auxquels on s'adresse ». Le choix des rotations doit introduire équilibre et complémentarité entre productions végétales et élevage, en raison de l'importance de la fumure et des besoins de la population en protéines animales.

Le résumé des options retenues par le projet Sebou souligne le caractère techniciste de la démarche, les paysans n'intervenant dans

---

(8) ROYAUME DU MAROC, *Atlas du bassin du Sebou*, vol. II : livret explicatif, p. 137. On transcrira entre guillemets les citations importantes de ce document de référence.

les préoccupations que comme risque de blocage du système. Certes, des chiffres sont avancés quant à l'accroissement de leur revenu annuel, mais de façon très globale.

Un programme ambitieux d'équipement et d'aménagement (9)

En amont, un programme de 18 ouvrages est retenu, sur 30 sites étudiés. Trois d'entre eux sont jugés essentiels : M'jara, sur l'Ouerrha, Arabat (Idriss-Ier), sur l'Inaouène et Dar el Arsa, sur le Sebou. Leurs fonctions principales seront d'écrêter les crues de l'Ouerrha et du Sebou et de soutenir les étiages par mobilisation des eaux hivernales. La capacité de laminage retenue pour M'jara est de 500 hm³, ce qui serait suffisant, sauf pour les crues centenaires et millénaires. Les aménagements complémentaires envisagés (endiguement du Sebou, construction de chenaux) paraissent moins réalisables.

En aval, le plan d'équipement à long terme est le suivant :
— aménagement de trois axes hydrauliques principaux,
• au sud, un canal principal à la limite du périmètre du Beht, puis des collines de la Mamora, alimenté par un barrage sur le Sebou moyen (Mechra el Hajjer),
• au nord et à l'est, construction de deux canaux suivant la limite des collines et alimentés par des stations de pompage sur le Sebou,
• au centre, le Sebou, doté de stations de pompage, peut constituer un canal naturel, un barrage à Si Allal Tazi empêchant une fuite trop rapide des eaux vers la mer ;
— découpage du périmètre en 7 périmètres d'irrigation. Le périmètre existant du Beht (30 000 ha) est autonome : il dispose de son propre barrage et de son propre réseau hydraulique. Au total, la superficie irrigable nette sur le Gharb est évaluée à 247 000 ha. Il est prévu de réaliser des canaux semi-enterrés et revêtus, pour le réseau primaire, et des canaux semi-circulaires portés, pour les réseaux secondaire et tertiaire.

La progression des aménagements

La priorité est donnée aux zones riveraines du Sebou et du Beht, où les sols sont les plus fertiles et les mieux drainés, puis aux collines côtières et aux zones basses. Les sols lourds de la plaine, souvent inondés, seront équipés en dernier. L'équipement complet est prévu sur vingt-quatre ans, mais devrait être réalisé en tranches : la première tranche irriguée — PTI — (43 300 ha sur la rive gauche du

---

(9) On en fait ici une présentation détaillée, car ce document est typique des projets de mise en valeur proposés aujourd'hui encore par les bureaux d'études, à quelques raffinements près (tests de sensibilité, etc.). Outre le volume mentionné à la note précédente, on peut consulter GRIGORY (S.), « A propos du projet Sebou », *Maghreb-Machrek*, n° 85, 1979, pp. 61-65.

Sebou et la rive droite du Beht) ; la seconde tranche irriguée — STI — (65 500 ha) ; la troisième tranche irriguée — TTI — (95 030 ha).

La mise en valeur agricole

Vers une refonte des systèmes culturaux

Ce n'est que la suite logique des options globales adoptées dans le projet Sebou. Ainsi, l'objectif de maximisation de la valeur ajoutée à l'hectare suppose une disparition de la jachère (15 % de la SAU), une « très forte diminution » des superficies consacrées aux céréales et aux légumineuses alimentaires, un accroissement des plantations d'arbres fruitiers, une « très importante extension » des cultures industrielles et fourragères. En fait, chaque zone du Gharb se voit attribuer un programme spécifique d'intensification en fonction de ses caractéristiques propres :

— sols de *merjas* et *tirs* lourds du centre de la plaine (46 000 ha) : option pour la riziculture. On peut y espérer de hauts rendements, de l'ordre de 50 q/ha ;

— sols alluvionnaires des bords du Sebou *(dhess)* (22 000 ha) : introduction d'une nouvelle culture, la canne à sucre. Les gelées étant la contrainte majeure, il est prévu de localiser la canne dans la boucle du Sebou entre Sidi Allal Tazi et Mechra Bel Ksiri. Rendements espérés : 80 t/ha ;

— sols d'alluvions récentes *(dhess* légers) des bords du Beht et de l'Ouerrha, extension prévue de l'agrumiculture. Ce sont les meilleures terres de la plaine (21 000 ha) ;

Tableau n° 82

CONTRIBUTION ALIMENTAIRE DE LA PRODUCTION FUTURE DU GHARB
(En t)

Productions	Tonnage Gharb	Tonnage Maroc	% Gharb
Sucre	610 000	1 100 000	55 %
Céréales	300 000	5 000 000	6 %
Riz	140 000	140 000	100 %
Agrumes	350 000	900 000	39 %
Oléagineux/coton	7 000	60 000	11 %
Maraîchage	300 000	1 500 000	20 %
Fourrage	600 000	4 000 000	15 %
Lait (litres)	50 000 000	600 000 000	8 %
Viande	10 000	150 000	6 %

Source : Atlas du bassin du Sebou, op. cit.

— sols de *dhess* à drainage difficile (19 600 ha) : rotation quinquennale comprenant trois cultures industrielles, une céréale et une culture fourragère. La betterave à sucre, qui s'est déjà implantée sans difficulté, paraît convenir, sauf pour les sols trop sablonneux, où l'on préférera la pomme de terre ; on envisage l'introduction du coton.

Sur cette base, on attend beaucoup de ce périmètre.

En fait, chaque périmètre d'irrigation s'est vu affecter alors des objectifs privilégiés, en fonction de paramètres climatiques, pédologiques et commerciaux (10). On voit donc se profiler une spécialisation du Gharb : en production végétale, les cultures sucrières, le riz et les cultures fourragères ; en production animale, l'essor de l'élevage grâce à l'accroissement des fourrages. On estime à plus de 700 millions d'unités fourragères (UF) les disponibilités totales fournies par la production fourragère (bersim, chou fourrager, vesceavoine), les sous-produits de cultures industrielles (mélasse de sucrerie, pulpe de betterave, sous-produits du riz, pulpe sèche d'agrumes...) et les têtes de canne à sucre. Avec cet important apport en fourrages, on prévoit un essor de l'élevage bovin (lait et viande) en atelier artisanal et industriel.

Revenu des agriculteurs et rentabilité interne du projet

De ce vaste programme d'intensification des productions végétales et animales, le projet Sebou attend des résultats assez spectaculaires : multiplication de la valeur ajoutée agricole par 7 ou 8, doublement du nombre de journées de travail ; le revenu net par agriculteur devrait passer de 1 000 à 6 000 DH/an. Bien entendu, cela implique des investissements énormes, qui sont évalués au départ à 2 milliards de DH, répartis de la façon suivante : 830 millions de DH pour la construction des barrages, 1 120 millions de DH pour les travaux d'irrigation et de drainage et 60 millions de DH pour le réaménagement foncier et la mise en valeur. Mais l'accroissement de la valeur ajoutée attendu de l'irrigation est tel que le taux interne de rentabilité (TIR) du projet est estimé à 15 %.

Le rapport ne peut, toutefois, passer sous silence un certain nombre de conditions :

> Dans la plupart des cas, les structures existantes ne permettent pas les intensifications proposées. Le progrès agricole exige la mise en place d'exploitations capables d'utiliser les techniques de production modernes. Ceci implique le plus souvent des réformes foncières dont les modalités doivent être adaptées aux conditions particulières de chaque zone... (11).

---

(10) *Cf.* MARA, *L'irrigation au Maroc*, Rabat, avril 1975, 114 p.
(11) *Atlas du bassin du Sebou*, vol. II, p. 143.

C'était lever un fameux lièvre !

Un préalable délicat : la réforme agraire

Les bases de la réforme agraire

Au moment où le projet Sebou est élaboré, les choses paraissent claires : les directives royales du 25 avril 1965 ont annoncé la constitution d'un fonds commun de terres, alimenté par les terres collectives, les terres de colonisation et certains *melk* marocains, acquis à la faveur du système colonial. Cela constituait un réservoir potentiel de terres dans le Gharb : au moins 200 000 ha, soit les deux tiers de la superficie (100 000 ha de terres collectives et 100 000 ha de terres coloniales). Ces terres devaient, selon les directives royales, être ensuite redistribuées aux paysans. Deux principes sont édictés pour orienter cette redistribution foncière :

— élargissement de la base foncière des petits exploitants : la quantité de terres potentiellement disponible est suffisante pour garantir de 5 à 5,5 ha par exploitant, ce qui constitue en irrigué une bonne situation ;

— mise en place d'un parcellaire qui facilite l'implantation de réseaux d'irrigation. Pour cela, un avant-projet au 1/20 000ᵉ a été réalisé.

Un revirement très net de la politique foncière

Des évolutions successives vont vider ce projet de toute sa substance :

En 1968, une commission gouvernementale revoit le dossier, car celui-ci prévoyait que les agriculteurs seraient organisés en unités économiques villageoises (sociétés de développement villageoises), qui auraient permis un réel contrôle sur la mise en valeur. Très vite, il est apparu que la décentralisation du pouvoir économique allait modifier l'équilibre du pouvoir local. On parlera désormais de « groupements d'agriculteurs », liés aux structures d'intervention de l'État, les CMV (centres de mise en valeur).

Autre modification importante introduite : on refuse la possibilité de limiter le domaine des grands propriétaires fonciers marocains.

Ainsi modifié, le dossier du projet Sebou est soumis à la Banque mondiale, qui envoie une mission d'évaluation en 1969 et donne son accord sur l'essentiel du projet, ainsi qu'un financement de 46 millions de $.

D'autres modifications vont intervenir en 1970-71, dès que l'on va tenter de mettre en œuvre le réaménagement foncier : le gouvernement modifie sa position à l'égard du fonds commun de terres, « probablement, écrit Grigory, après avoir considéré qu'un tel système de redistribution ne lui permettrait plus d'utiliser les terres de colonisation récupérées comme levier politique » (12). Le 30 octobre 1972, il crée la Sodea pour gérer les riches plantations coloniales. Dans le Gharb, il met ainsi la main sur les plantations d'agrumes. Il abandonne le principe des poursuites contre les acquisitions illégales par des Marocains, pour ne pas s'aliéner la sympathie des grands propriétaires. Les redistributions foncières réalisées portent sur des quantités minimes de 35 000 à 40 000 ha tout au plus.

Cette réforme agraire partielle a donc abouti à un dualisme nouveau :

> D'une part un secteur moderne qui, avec les fermes d'État (plantations), comprend les grands propriétaires marocains et les attributaires de lots (ceux-ci représentent une catégorie privilégiée d'agriculteurs fortement aidés par l'État), et de l'autre un secteur marginalisé, constitué par les petits propriétaires et les petits exploitants sur la terre collective, ces deux dernières catégories ayant perdu l'espoir de voir leur exploitation (de taille insuffisante pour pouvoir être développée de façon viable) être un jour agrandie par l'adjonction de terres récupérées (13).

Ainsi conduite, l'opération Sebou, loin d'atténuer les inégalités, va les amplifier : le grand bénéficiaire de l'irrigation va être le secteur moderne.

Des structures agraires très contrastées

Les grands propriétaires marocains ont tiré parti du départ progressif des colons pour agrandir leurs domaines : le *melk* passe de 100 000 ha environ en 1965 à 153 000 ha en 1970. Leurs superficies nouvelles viennent pour l'essentiel de la colonisation privée, qui représentait 73 000 ha. La perspective d'essor de l'irrigation a joué un rôle important dans cette course à la terre : « Il suffit de prononcer le terme barrage dans une région pour donner le départ de la course à la terre », écrit Benhlal (14). On va assister à un véritable accaparement de terres, qui accentue la paupérisation des plus démunis.

En 1970, 58 % des terres du Gharb sont accaparées par 1 % des familles, alors que 43,3 % des familles sont sans terres et 40 % ont entre 0,1 et 3 ha, souvent non irrigués. Derrière ces pourcentages, la stratification sociale des campagnes se précise.

a) Les latifundiaires

Cette classe de grands propriétaires ne représente que 0,25 % de la population rurale, mais possède 30 % des terres, qu'elle exploite

---

(12) GRIGORY, art. cité, p. 62.
(13) GRIGORY, art. cité, pp. 63-64.
(14) BENHLAL, art. cité, p. 268.

Tableau n° 83

RÉPARTITION DE LA TERRE DANS LE GHARB EN 1970

(Superficies en ha)

Exploitants	Famille	%	Superficie	%
Paysans sans terres	20 000	33		
dont salariés agricoles	8 000	13,3		
De 0,1 à 3 ha	24 000	40	35 000	11,7
De 3 à 8 ha	11 500	19	50 000	16,7
De 8 à 20 ha	4 500	7,5	40 000	13,3
De 20 à 100 ha	500	0,5	38 000	12,7
Plus de 100 ha	250	0,25	90 000	30
Propriétaires étrangers	60	–	20 000	6,7
État		0,25	27 000	9,0
Total	60 000	100	300 000	100

Source : Anfas, 3-4 juillet 1971.

indirectement. Il s'agit de grandes propriétés de 600 à 1 000 ha, témoins de la forte concentration foncière. On y trouve aussi bien les notables traditionnels qui se sont enrichis à la faveur du protectorat qu'une nouvelle bourgeoisie terrienne (parfois d'origine commerçante urbaine) qui a su tirer parti du code des investissements de 1969 et bénéficier des efforts de l'État.

b) La bourgeoisie rurale moyenne

Peu nombreuse et détenant des exploitations plus réduites (de 20 à 100 ha), elle recourt aussi au travail salarié ou aux *khammès* et sait tirer parti des investissemments de l'État.

c) La petite bourgeoisie rurale

Possédant des exploitations de 3 à 20 ha, représentant 27 % de la population rurale et 30 % des terres, elle est peu homogène : les plus modernes ont recours au salariat, la fraction inférieure n'emploie que de la main-d'œuvre familiale.

d) Les paysans pauvres

C'est la masse de la paysannerie du Gharb (40 % des paysans), qui vit sur 12 % des terres seulement, et souvent dans des zones peu favorables. Ce sont les principales victimes du système d'exploitation mis en place à l'époque coloniale.

e) Le prolétariat rural

Il s'agit des ouvriers agricoles et des *khammès* vivant dans des conditions de vie précaire, parfois à la limite de la survie.

Cette stratification sociale ne pouvait qu'évoluer sous l'impact de l'aménagement.

3. Performances et limites de la mise en valeur (15)

La mise en œuvre du projet Sebou commença de façon très dynamique en 1968 : dès 1969, le barrage d'El Kansera était surélevé, celui d'Arabat (Idriss-Ier) fut construit entre 1969 et 1973, et l'équipement de plus de 35 000 ha de la PTI (première tranche d'irrigation) s'étala entre 1969 et 1979. La mise en valeur pouvait donc commencer.

L'évolution des aménagements hydro-agricoles

La construction des ouvrages

Le barrage d'El Kansera, sur l'oued Beht, datait de 1935 : en le surélevant de 6 m, on porta sa capacité de régularisation de 120 à 210 hm³ environ, ce qui permit de relancer l'aménagement du périmètre du Beht, où 28 000 ha seulement étaient irrigués. En revanche, les colons développèrent beaucoup les pompages dans l'oued.

Le barrage Idriss-Ier (Arabat), sur l'oued Inaouène, a été construit entre 1969 et 1973 : le volume régularisé devait passer progressivement de 540 à 953 hm³, puis à 1,2 km³, grâce à des aménagements annexes. Mais les années sèches de la décennie 1980 ont vidé la retenue, qui ne contenait plus que 160 hm³ en juin 1987.

Ces deux ouvrages devraient garantir 800 hm³ en année moyenne.

Deux autres barrages sont en voie de réalisation.

Pour le barrage d'Aït-Youb, sur l'oued Sebou, un contrat a été signé avec la société Campenon-Bernard en 1986 (montant : 230 millions de F). Ce barrage en enrochement, d'une hauteur de 60 m, devrait retenir environ 50 hm³. Une dérivation depuis Matmata est prévue dans le projet pour accroître son apport.

Le barrage de M'jara, sur l'Ouerrha, a été longtemps différé en raison du coût de l'opération. On a vu plus haut que la décision

---

(15) Une mise au point récente des aspects géographiques a été faite par BELFQIH (A.), « Les transformations récentes de l'espace et de la société rurale dans le Gharb central », thèse de géographie, Tours, 1988, 332 p.

de construction avait été prise par le roi, au terme d'une négociation active avec les Soviétiques (1987) : il s'agira d'un grand ouvrage,
en terre, pouvant mobiliser au total 3 800 hm³, et en régulariser
1 740, dont 600 hm³ seront dérivés vers le pays chaouia (arrière-pays
de Casablanca) pour l'AEP, grâce à un canal de transfert de 300 km
environ. Le contrat a finalement été signé en juillet 1989 avec un
consortium où se trouvent des Soviétiques (Technopomexport), des
Espagnols (Cuybierta y Mzov), des Italiens (Cogefor-Torno), et d'autres
sociétés étrangères, auxquelles s'associent des sociétés marocaines. Achèvement prévu : 1997.

Le barrage de garde du Sebou (Lalla Aicha) est également lancé :
situé à l'aval des stations de pompage, il permettra de relever le plan
d'eau au niveau des stations.

Figure n° 45

LES OUVRAGES HYDRAULIQUES DU GHARB

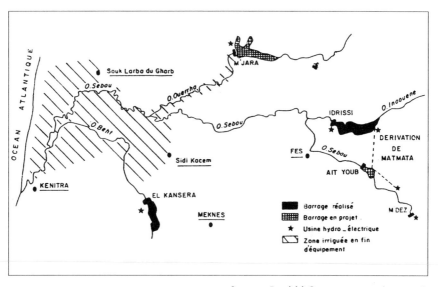

Source : Laraichi-Couvreur, *op. cit.*, p. 56.

Malgré les contraintes financières du pays, l'annonce par le roi,
en octobre 1987, de la construction d'un grand ouvrage par an d'ici
à l'an 2000 laisse présager un rythme de réalisations assez soutenu.
L'ensemble pourrait être réalisé à la fin du siècle.

Les adductions d'eau

La plaine étant bordée de collines, il était prévu d'amener l'eau depuis les différentes retenues par trois axes périphériques et un axe central, en gravitaire, partant du confluent Sebou-Ouerrha, soit quatre axes d'irrigation. Mais le coût élevé des canaux artificiels conduisit à entreprendre d'abord l'aménagement de l'axe central, autour du lit du Sebou. Quatre variantes furent étudiées, mais on retint la solution la moins coûteuse, qui utilise au maximum le lit du Sebou, son niveau étant relevé par un barrage pour permettre le pompage (16). La solution retenue devait permettre d'irriguer 94 000 ha par gravité et 101 000 ha par pompage (26 stations de pompage étaient prévues). Aujourd'hui, ce choix est contesté par les responsables de l'ORM-VAG en raison du coût de l'énergie :

> Des évaluations économiques opérées entre 1976 et 1982 révéleront que le choix fait en 1968 n'était pas tellement judicieux, ceci du fait de l'augmentation très importante du coût de l'exploitation suite à la hausse du coût de l'énergie électrique. Si la solution 3 était la plus économique, c'est la seconde qui aurait dû être retenue si la décision avait été prise en 1976 ou en 1982 (17).

En effet, le prix de l'eau facturé à l'agriculteur en 1987 passe de 12 centimes le m³ à 36 centimes, selon qu'il s'agit de gravitaire ou d'aspersion, et la différence de prix est due pour l'essentiel au coût de l'énergie.

Tableau n° 84

ÉVOLUTION DU COÛT DE L'ÉNERGIE
PAR AN ET PAR HA SUR LE GHARB

(En DH)

	Gravitaire	Aspersion
1976	89	414
1982	201	934
1984	250	1 200

Source : Berrady, art. cité.

La réalisation de l'ouvrage de Mechra el Hajjer a été différée, ainsi que celle du canal Boussifa (G 1), qui devait desservir 55 000 ha dans

---

(16) La présentation détaillée en est faite par LAHLOU (O.), SAFINE (M.), BENNANI (A.), DARDENNE (J.), « Répercussions du coût de l'énergie sur la conception et le choix des modes d'irrigation (deux modes : gravitaire et aspersion) », *HTE,* n° 56, sept. 1984, pp. 102-110.

(17) BERRADY, « L'aménagement hydro-agricole de la plaine du Gharb », *HTE,* n° 64, 1987, p. 10.

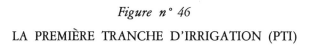

Figure n° 46

LA PREMIÈRE TRANCHE D'IRRIGATION (PTI)

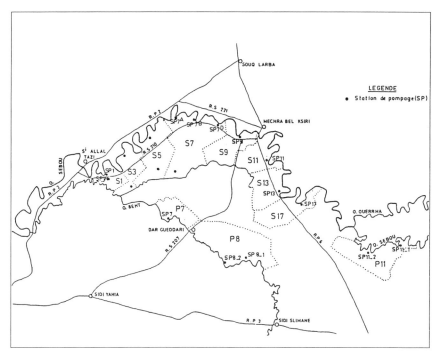

Source : Lahlou, art. cité, p. 328.

le périmètre sud. L'alimentation par pompage dans le Sebou a donc prévalu : en 1987, il y a 41 stations de pompage sur le périmètre, la dernière inaugurée (Hsinat, ou SP N) étant la plus importante, avec 8 pompes de 3,8 m³/sec, soit au total plus de 30 m³/sec, pour irriguer le nord de la STI, 30 000 ha. A noter de sérieux problèmes de contournement des stations par l'eau du Sebou dans des stations déjà réalisées.

L'aménagement des parcelles

Il devait se faire en trois tranches successives à un rythme de 9 000 ha/an en régime de croisière :
— la PTI (1ʳᵉ tranche d'irrigation),   43 000 ha,   1970-77 ;
— la STI (2ᵉ tranche d'irrigation),   57 000 ha,   1978-83 ;
— la TTI (3ᵉ tranche d'irrigation),   117 000 ha,   1984-96.
La réalisation de la PTI va se faire à peu près dans les délais, puisque le dernier secteur équipé, le P 8, a été mis en eau en 1978, mais le rythme a été de 5 000 ha/an en moyenne. Au total, un peu

plus de 35 000 ha ont été équipés, tous en gravitaire (sauf le P 7), entre la rive gauche du Beht et la rive droite du Sebou. Toute la zone au sud de la boucle du Sebou, comprise dans le triangle Sidi Allal Tazi, Mechra Bel Ksiri et Sidi Slimane, est ainsi quadrillée par des canaux semi-circulaires portés.

La réalisation de la STI a pris du retard : fin 1987, quatre secteurs totalisant près de 15 000 ha sont déjà équipés (C 1 à C 4), et quatre autres sont en cours d'équipement (11 031 ha) ; le reste (19 secteurs sont prévus, sur 65 000 ha) devrait s'étaler jusqu'à l'an 2000 : le chiffre de 2 000 ha/an est avancé comme probable par les responsables du périmètre au vu des restrictions financières. Il faut dire que le début d'équipement de la STI est marqué pour cette tranche par le choix de l'aspersion. Ce qui impliquait des infrastructures particulières : outre les stations de pompage dans le Sebou, des stations de mise en pression (SMP) et des canaux de transfert étaient requis.

Figure n° 47

LE POMPAGE DANS LE SEBOU

Photo : J.-J. Pérennès.

Les premiers secteurs C 1 à C 4 seront livrés entre 1980 et 1983, avec leurs stations de pompage et leurs canaux respectifs. Puis commenceront les énormes travaux d'infrastructure pour les secteurs nord (N 1 à N 4).

A ces équipements nouveaux, il faut ajouter la rénovation du périmètre du Beht, où le réseau a cinquante ans (27 195 ha de SAU) : remise en état des canaux, recalibrage hydraulique (surtout de la tête morte), amélioration de l'exploitation (pistes). La forte densité démographique de la région de Sidi Slimane constitue un réel problème : on assiste à un « mitage » des zones équipées, les populations se rapprochant de l'eau, là où elle passe.

Compte tenu des retards et des coûts, l'équipement de la TTI est repoussé au-delà de l'an 2000. Il s'agira d'aménager 95 000 ha, situés pour une part en zone basse inondable, et d'irriguer régulièrement à partir de l'eau régularisée par M'jara.

Se pose le problème du coût de ces réalisations. Les retards du calendrier sont dus à des capacités de réalisation limitées, mais plus encore à des contraintes financières croissantes. Le projet Sebou avait chiffré les prévisions de dépenses pour l'ensemble du Gharb à 2 394 millions de DH, répartis entre les barrages et centrales (35 %), l'irrigation et le drainage (47 %), les industries agricoles (16 %), l'équipement et le réseau foncier (2 %). A défaut d'avoir connaissance d'un bilan financier complet, les éléments dont on dispose sur les coûts soulignent un net renchérissement.

L'équipement à la parcelle

Comme toujours, l'équipement à la parcelle constitue un des postes les plus lourds. Selon les chiffres disponibles, le coût à l'hectare irrigué aurait fortement augmenté, passant de 6 050 DH/ha, barrage non compris, pour le premier secteur de la PTI (Sidi Abdelaziz) à 13 301 DH/ha pour le dernier secteur équipé dans la PTI (Aslouji) (18) et à 23 185 DH/ha pour les quatre premiers secteurs de la STI. Mais ce chiffre sera largement dépassé dans les secteurs suivants du fait du choix de l'aspersion : fin 1987, on parlait d'un coût de 47 000 DH/ha équipé sur le Gharb, non compris le coût des barrages. La préférence donnée à l'aspersion au début de l'équipement de la STI était justifiée par plusieurs arguments : la possibilité d'équiper plus vite (on parlait de 20 000 ha/an), l'aspersion ne nécessitant pas les travaux de nivellement ; l'économie d'eau (estimée à 20-30 %) ; une plus grande facilité de mécanisation. Au total, 63 % des surfaces devaient donc être en aspersion.

En réalité, les différents arguments pour l'aspersion n'ont pas été convaincants : le rythme d'équipement est moins rapide que prévu (de 3 000 à 4 000 ha/an, au mieux), les réseaux connaissent d'assez

---

(18) LAHLOU (O.), « Aménagement hydro-agricole : mise en valeur au Maroc ; cas du secteur Sidi Abdelaziz dans le périmètre du Gharb », *IIIᵉ séminaire du DSA-Cirad*, Montpellier, décembre 1986, donne en annexe 1 le détail des 6 050 DH.

Figure n° 48

LES SECTEURS D'IRRIGATION SUR LE GHARB

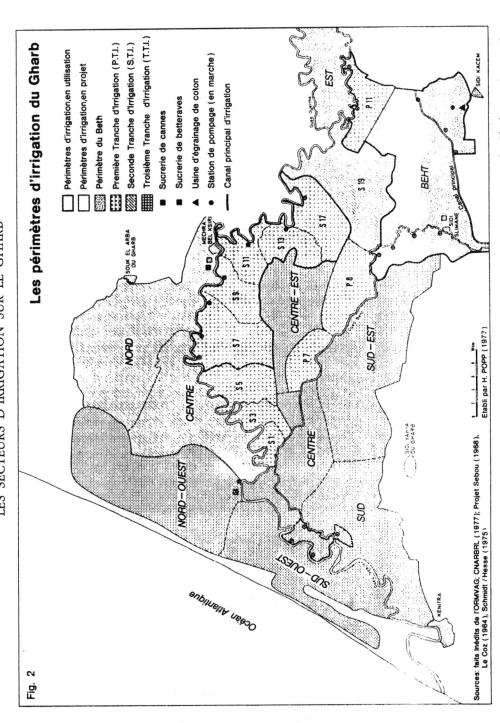

Fig. 2

Les périmètres d'irrigation du Gharb

- ▢ Périmètres d'irrigation, en utilisation
- ▢ Périmètres d'irrigation, en projet
- ▨ Périmètre du Beth
- ▨ Première Tranche d'Irrigation (P.T.I.)
- ▨ Seconde Tranche d'Irrigation (S.T.I.)
- ▨ Troisième Tranche d'Irrigation (T.T.I.)
- ■ Sucrerie de cannes
- ■ Sucrerie de betteraves
- ▲ Usine d'égrainage de coton
- ● Station de pompage (en marche)
- — Canal principal d'irrigation

Sources: faits inédits de l'ORMVAG; CNARBRL (1977); Projet Sebou (1968),
Le Coz (1964), Schmidt / Hesse (1975)

Etabli par H. POPP (1977)

Source : Popp, *Les périmètres irrigués du Gharb, op. cit.,* p. 161.

grosses défaillances de fonctionnement ; la mécanisation de la coupe de la canne à sucre est apparue comme beaucoup plus chère que la coupe manuelle, sans parler de la suppression d'emplois qu'elle entraîne ; l'équipement à l'ha coûte 37 % plus cher qu'en gravitaire, souvent en devises fortes ; le coût énergétique à l'exploitation est plus élevé. D'où la décision récente de revenir au gravitaire sur les derniers secteurs de la STI.

Le drainage

Il constitue un facteur de renchérissement inévitable, dans la mesure où la nature des sols de la plaine rend nécessaire la pose de drains souterrains. D'après les études pédologiques préliminaires, sur 210 000 ha, 50 000 ha seulement ne posent aucun problème de drainage ; 90 000 ha sont jugés difficiles à drainer et 70 000 ha très difficiles (19). Entre la PTI et la STI, 11 024 km de drains suceurs et 1 921 km de drains collecteurs ont déjà été posés, pour un coût total de 95 millions de DH, soit 1 500 DH à l'ha drainé.

Les infrastructures lourdes

Par sa conception même, ce périmètre a supposé des équipements très lourds : canaux, stations de pompage et de mise en pression, réservoirs. Pour les premières stations de pompage de la STI (SP C 1 et SP C 2), les chiffres de 9 et 8 millions de DH ont été avancés (20). Le coût de la dernière station de pompage (Hsinat), d'une puissance exceptionnelle il est vrai, est de 80 millions de DH. Rapporté à l'hectare irrigué, le coût de ces infrastructures est nettement plus élevé pour les secteurs en aspersion que pour les secteurs en gravitaire. Il s'agit d'ensembles complexes, dans la mesure où, en aval des stations de pompage dans le Sebou, il faut mettre en place des stations de mise en pression. Parmi les infrastructures lourdes, il faudrait inclure le Centre technique de la canne à sucre (CTCAS), mis en place avec l'aide de la coopération allemande.

Les charges fixes

Un tel périmètre ne peut fonctionner sans une administration nombreuse, allant de la direction générale aux aiguadiers, en passant par les services d'études, la comptabilité, les unités de réalisation des équipements. La direction générale de l'ORMVAG est basée à Kenitra, avec une partie de services techniques. Les unités de réalisation et les CMV sont répartis sur l'ensemble du périmètre. En

---

(19) Afin de mieux évaluer l'efficacité des systèmes mis en place, l'Office s'est doté récemment d'un service spécialisé, le Service de gestion des réseaux d'irrigation et de drainage (SGRID), qui veille en particulier à la maintenance des réseaux, aux réparations, à la commercialisation de l'eau...

(20) *Maghreb-Développement*, n° 74, janvier 1985, p. 26.

1987, l'ORMVAG employait 2 300 personnes, dont 100 ingénieurs, 600 adjoints techniques, 800 prestataires de services (aiguadiers, ouvriers d'entretien...), et des administratifs (au siège, dans les CMV, les subdivisions locales...). Ce qui requiert un budget de fonctionnement annuel de l'ordre de 80 milliards de centimes en 1987, dont 50 % seulement seraient couverts par ses propres recettes (vente d'eau, travaux...). D'où un recours massif au budget de l'État.

Essai de bilan des coûts

On est bien loin aujourd'hui des coûts des années 1970, car un hectare équipé en gravitaire revient au moins à 60 000 DH. On reviendra ultérieurement sur l'évolution du coût des aménagements et sur les mesures préconisées par la Banque mondiale pour diminuer les frais de fonctionnement des offices.

Malgré le ralentissement actuel des équipements sur le Gharb, l'ampleur des aménagements hydro-agricoles fait de cette région un ensemble qui n'a pas son pareil au Maghreb : 100 000 ha irrigués, environ.

Étapes et difficultés de la mise en valeur agricole

Le préalable du remembrement

Comme beaucoup d'autres régions agricoles riches, le Gharb, avant l'aménagement, était caractérisé par un parcellaire très morcelé. Le remembrement était donc un préalable absolu, d'autant plus que la trame d'irrigation en gravitaire est géométriquement contraignante. Le *dahir* du 30 juin 1962 lança le remembrement, véritable opération chirurgicale. Un service de l'Office prit en charge le travail entre 1970 et 1974 pour la PTI (40 200 ha remembrés), puis sur la STI, mais à un rythme plus réduit. Selon Belfqih, ce remembrement s'est bien passé, les fellahs trouvant positive la rationalisation du parcellaire. Mais la mise en place de la trame d'irrigation va bouleverser la disposition des propriétés. Parfois, une micropropriété se réduit à une fine lanière dans une sole de canne à sucre, comme nous l'avons observé dans la PTI en 1988.

Le principe du respect des assolements

L'originalité du système marocain est de créer des conditions de respect des assolements par les agriculteurs. Le principe est énoncé par le code des investissements agricoles de 1969, dont la finalité principale était de permettre à l'État une meilleure rentabilisation des lourds investissements engagés dans l'hydraulique :

> La mise en valeur des propriétés situées à l'intérieur de ces régions (les périmètres) est déclarée obligatoire dans le cadre des normes fixées

par le Mara après avis des commissions locales de mise en valeur en tenant compte aussi bien de la vocation des sols que des impératifs d'ordre économique. En cas de non-respect, l'État sera fondé à prendre les sanctions nécessaires. Dans les périmètres d'irrigation, ces sanctions pourront aller jusqu'à l'expropriation.

Le projet Sebou avait défini une évolution des spéculations pratiquées sur le Gharb, qui visait en particulier à développer les cultures industrielles et fourragères, au détriment des céréales. Or, quinze ans après les premières mises en eau, et malgré les énormes investissements réalisés, le niveau d'intensification est jugé trop faible par les responsables du périmètre eux-mêmes. L'ORMVAG n'a pourtant pas lésiné sur les moyens, surtout pour les cultures dites intégrées (canne à sucre, betterave sucrière, coton) : 28 centres de mise en valeur ont largement pris en charge les travaux agricoles et la fourniture d'intrants pour favoriser l'essor de ces spéculations.

Exemples de décalages d'assolements : les secteurs P 11 et S 17

Vu la difficulté d'un bilan global, on peut mesurer le problème à partir de deux secteurs : le secteur Sidi Abdelaziz (P 11), le plus ancien secteur irrigué de la PTI, et le secteur S 17, qui est le premier à avoir adopté la canne à sucre.

a) Le secteur Sidi Abdelaziz (P 11)

C'est un secteur situé très en amont sur les bords du Sebou, d'une superficie totale de 2 900 ha, dont 2 700 ha de SAU. Il est desservi par deux stations de pompage (SP 11-1 et SP 11-2, réalisées en 1972) d'une capacité totale de 2,8 m³/sec. L'irrigation se fait en gravitaire, grâce à 28,5 km de canaux secondaires et 55,5 km de canaux tertiaires. La main d'eau est de 30 l/s, et le nombre d'irrigations par campagne varie de 4 pour la betterave sucrière à 8 pour les agrumes et le maraîchage. Le volume d'eau distribué en 1984-85 a été de 14,8 hm³, en raison d'un besoin moyen à la parcelle estimé à 3 500 m³ (6 482 m³ en tête du réseau). Les structures agraires sur le secteur sont caractérisées par une prédominance du *melk* : les trois quarts des exploitations ont moins de 5 ha, mais leur superficie ne couvre que 25 % de la SAU. La réforme agraire sur le secteur n'a pas fondamentalement résolu le problème de la propriété foncière. Une coopérative de la réforme agraire, Ennajah, a été créée, grâce à la distribution de 95 ha du domaine de l'État à 17 attributaires. Corollaire de ce réaménagement partiel : maintien de grosses propriétés sur le secteur, parfois masquées par des phénomènes d'indivision. Le secteur a fait l'objet de divers aménagements en 1970-71 : remembrement, nivellement, drainage, et sa mise en eau date de 1972. Une étude menée par l'Office sur le P 11 en 1982 montre que le blé reste la spéculation principale (30,3 %), alors qu'il devait régresser à 16,8 % ; la betterave sucrière dépasse les prévisions : 20,7 % au lieu de 17,8 % ; le maraîchage, lui, dépasse, et de beaucoup, les prévisions : 421 ha au lieu de 85, soit 5 fois plus. Ces dépassements se font au détriment des cultures fourragères et du coton, quasi inexistants. Les prévisions en agrumes (690 ha) ont été révisées à la baisse (175 ha seulement), pour faire place à la canne à sucre. Le plan d'assolement théorique est donc loin d'être respecté.

Figure n° 49

ASSOLEMENTS THÉORIQUES ET PRATIQUES
SUR LE SECTEUR P 11 DE LA PTI

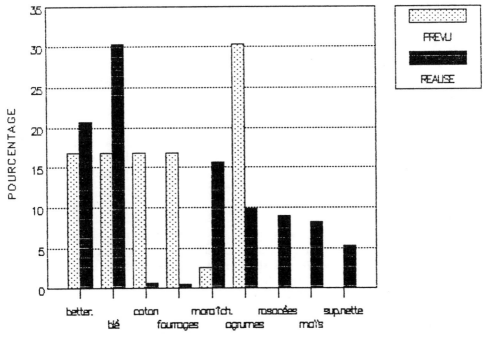

Source : ORMVAG, *Révision des assolements PTI*, 1982.

Les causes avancées par les responsables sont variées (21) : « la mauvaise volonté des agriculteurs, parfois aussi il faut l'avouer leur ignorance », la défaillance des commissions locales de mise en valeur, les faiblesses de l'encadrement : les CMV sont trop souvent demeurés des prestataires de services et n'ont pas fait assez de vulgarisation. Néanmoins, par-delà ces arguments très classiques des techniciens, ceux-ci ne peuvent taire le rôle décisif des structures agraires : « le

(21) BERRADY, art. cité p. 19.

mode de fonctionnement des terres de statut collectif et le *melk* en indivision constituent un handicap sérieux... », « l'exiguïté des exploitations complique la situation et hypothèque les chances de respect des plans de mise en valeur... » (22). Il est clair que, l'assolement étant pensé par blocs d'irrigation, selon la trame B, un nombre trop grand d'agriculteurs constitue un handicap sérieux.

b) Le secteur S 17

Il s'agit du premier secteur de la PTI à avoir adopté la canne à sucre, qui devait représenter plus de 50 % des superficies assolées, soit 2 270 ha, sur les 3 410 ha du secteur.

Celui-ci est irrigué en gravitaire à partir d'une station de pompage sur le Sebou, qui apporte environ 2 240 l/s, grâce à ses cinq turbines. Le secteur a fait l'objet d'un remembrement en blocs d'utilisation de 20 à 40 ha, lesquels sont ensuite divisés en unités d'utilisation organisées selon la trame B.

On peut résumer ainsi les prévisions en matière d'assolement sur le S 17 :

— un assolement canne à sucre sur 2 685 ha, répartis en six unités d'utilisation, où quatre soles sont occupées par la canne et les deux autres soles sont laissées libres ;

— un assolement quinquennal sur 125 ha, avec cinq blocs de cinq soles : au départ, on prévoyait deux soles de coton, une de céréales, une de betterave sucrière et une de fourrage vert. Finalement, on a opté pour une sole de maraîchage à la place de la seconde sole de coton. Cet assolement requiert moins d'eau que le précédent, mais il est aussi beaucoup moins rentable ;

— un assolement quadriennal, sur 372 ha, avec betterave sucrière, blé, coton, fourrage.

Globalement, les cultures sucrières, particulièrement la canne, devaient prédominer dans le S 17. La sucrerie de Mechra Bel Ksiri (Sunacas), distante de 20 km seulement, les contrats de culture et les prix pratiqués par l'État étaient autant d'éléments incitatifs.

Qu'en est-il des résultats ?

On est frappé par le succès massif de l'assolement canne à sucre, et ce malgré la grande hétérogénéité des statuts fonciers (collectifs, coopératives de réforme agraire, *habous*), ce qui fait dire à Popp :

> Une telle réalisation n'a été possible, naturellement, que par des contrôles sévères exercés par les CMV et par la menace de sanctions rigoureuses en cas de déviation des programmes établis. Les autorités agricoles ont été obligées dans la phase initiale de contraindre pour ainsi dire à la culture de la canne à sucre (23).

---

(22) LAHLOU, art. cité, pp. 16-17.
(23) POPP (H.), *Effets socio-géographiques...*, Rabat, 1984, p. 118.

Figure n° 50

PLAN D'ASSOLEMENT ÉTATIQUE DU SECTEUR S 17 (PTI)

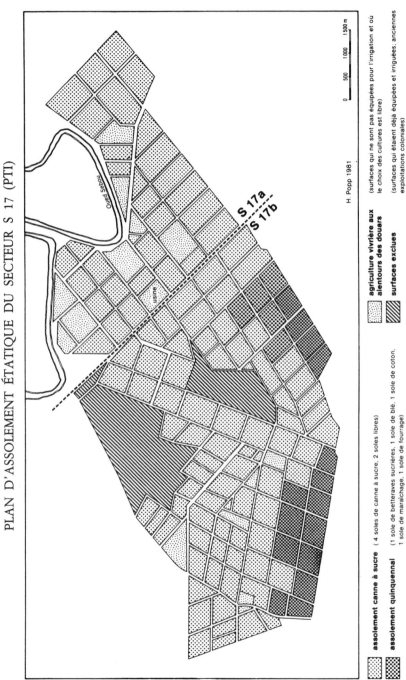

H. Popp 1981

assolement canne à sucre (4 soles de canne à sucre, 2 soles libres)

assolement quinquennal (1 sole de betteraves sucrières, 1 sole de blé, 1 sole de coton, 1 sole de maraîchage, 1 sole de fourrage)

assolement quadriennal (1 sole de betteraves sucrières, 1 sole de blé, 1 sole de coton, 1 sole de fourrage)

agriculture vivrière aux alentours des douars (surfaces qui ne sont pas équipées pour l'irrigation et où le choix des cultures est libre)

surfaces exclues (surfaces qui étaient déjà équipées et irriguées; anciennes exploitations coloniales)

Sources: documents de l'ORMVAG à Kentra

Source : Popp, *Effets socio-géographiques...*, *op. cit.,* p. 113.

Il semble que le prix versé au producteur ait joué également un rôle décisif : en 1977, le prix de la tonne de canne oscillait entre 85 et 90 DH, selon la teneur, ce qui assurait, déduction faite des charges variables, une marge brute de 60 à 70 DH/t. Avec une récolte de 70 t/ha, cela faisait de 4 200 à 4 900 DH/ha, soit une marge à l'hectare qu'aucune autre culture ne pouvait assurer. Pour ce qui est des soles laissées à l'initiative des fellahs, ce sont les céréales qui prédominent, ce dans un but d'autoconsommation (humaine et animale). Le maraîchage est peu développé, en raison du temps de travail qu'il requiert et des revenus assurés par la canne.

En revanche, les plans des assolements quadriennaux et quinquennaux ne sont pas du tout respectés : refus du coton après la sole de betterave, difficulté de développer le riz pour des raisons de prix de vente et de débouchés, dépassement pour le tournesol, qui est une bonne culture de remplacement quand les semis d'automne sont sinistrés. De plus, les fellahs tentent d'obtenir la permission de faire également de la canne à sucre, ce qui ne peut leur être accordé en raison des pénuries d'eau.

La comparaison de ces deux secteurs, le P 11 et le S 17, est intéressante pour montrer que l'adoption ou la non-adoption par les fellahs des spéculations préconisées dépend davantage de données d'ordre économique que d'une prétendue réticence culturelle. Il semble même que le morcellement foncier ne soit pas un obstacle décisif.

L'évolution de la mise en valeur sur l'ensemble du Gharb

La répartition des cultures était la suivante pour la campagne 1985-86 :

Figure n° 51

RÉPARTITION DES CULTURES SUR LE GHARB EN 1988

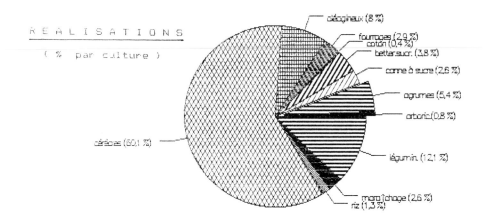

On constate que les spéculations traditionnelles (céréales, légumineuses) continuent à prédominer (plus de 80 %), et ce d'autant plus que la zone prise en compte n'est que très partiellement irriguée. Les oléagineux ont une place importante, car il s'agit de semis réalisés pour récupérer les superficies perdues par les inondations au cours de l'hiver. Si l'on prend seulement en compte les zones irriguées, on arrive à des taux d'intensification élevés, en raison du système de contrats de culture. Sur près de 80 000 ha irrigués en 1984, la jachère a quasiment disparu : les cultures industrielles se sont bien implantées, à l'exception du coton. Les céréales représentent environ 25 % de la superficie. Les rendements, sans être très élevés, sont satisfaisants.

Tableau n° 85

SITUATION DE LA MISE EN VALEUR
SUR LES SECTEURS ÉQUIPÉS EN 1984

Cultures	Superficies (en ha)	%	Rendement (en t/ha)	Production (1 000 t)
Canne à sucre	9 027	11,6	78	559,8
Betterave sucrière	10 420	13,4	40	416,8
Coton	17	–	2,9	0,05
Tournesol	3 772	5,0	1,5	5,7
Blé	18 094	23,3	2,5	45,2
Maïs	521	0,7	1,0	0,5
Riz	1 376	1,8	2,5	3,4
Fourrages	11 505	15,0	40	460,2
Maraîchage	3 384	4	30	101,5
Légumineuses	7 160	9,2	1,2	8,6
Agrumes	9 734	12,5	18,0	175,2
Jachère	2 510	3,2	500 UF	
Total	77 520	100		

Source : ORMVAG, 1985.

Effets socio-économiques de l'irrigation

L'essor de l'agro-industrie (24)

Il est lié, bien entendu, à la place des cultures industrielles dans

(24) Un point récent est fait par BOULISFANE (M.), « Système agro-alimentaire et politique de développement au Maroc », thèse d'État, Montpellier, 1989, 1029 p.

les assolements. Leur fonction est non seulement de transformer et de valoriser le produit brut, mais aussi de fournir à l'élevage local un certain nombre de sous-produits susceptibles d'améliorer la valeur de l'affouragement. Une des originalités du Gharb est la dispersion géographique des implantations agro-industrielles, malgré une concentration à Kenitra.

Figure n° 52

LOCALISATION DE L'AGRO-INDUSTRIE DANS LE GHARB

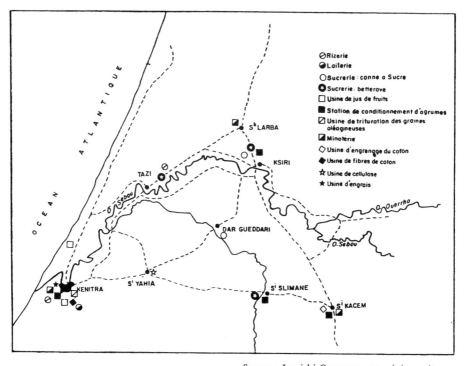

Source : Laraichi-Couvreur, art. cité, p. 60.

Comme le montre cette carte, un grand nombre d'unités sont implantées dans la zone.

Les sucreries, au nombre de cinq, sont les principales unités agro-industrielles du Gharb. Créées entre 1963 et 1981 pour transformer d'abord la betterave, puis la canne à sucre, elles peuvent traiter chaque année 820 000 t de betterave et 600 000 t de canne sur la base des capacités journalières suivantes :

— 1963 : Sidi Slimane (betterave) Sunab :   3 000 t/j ;
— 1968 : Mechra Bel Ksiri (betterave) Sunag :   4 000 t/j ;

— 1968 : Sidi Allal Tazi (betterave) Sunag :   3 000 t/j ;
— 1975 : Mechra Bel Ksiri (canne) Sunacas :   2 500 t/j ;
— 1981 : Dar el Gueddari (canne) Surac :   3 500 t/j.

Les rizeries (Sidi Allal Tazi et Kenitra), laiteries (Kenitra), usines de jus de fruit (Kenitra), d'égrenage du coton (Sidi Kacem), les stations de conditionnement d'agrumes, marquent le paysage, même si Kenitra en rassemble une part notable.

La concentration foncière

Comme en d'autres régions, l'irrigation a amplifié la concentration foncière. Au moment de la conception du projet Sebou, le problème de l'inégale répartition de la terre était apparu comme crucial, les propriétés de plus de 50 ha couvrant 44 % de la surface pour seulement 1,2 % des exploitations. A l'opposé, 82 % des exploitants avaient moins de 5 ha et 16 % en étaient totalement dépourvus. Le projet Sebou avait conclu que 80 % des terres pouvaient être concernées par une redistribution dont bénéficieraient 75 % des foyers du Gharb. Néanmoins, l'option prise avait été de renforcer les petites exploitations existantes, plutôt que de multiplier les microexploitations. Par rapport à ce projet initial, le revirement que constitue le code des investissements agricoles, qui privilégie la rentabilité économique des grands programmes d'irrigation, va modifier peu à peu l'opération de redistribution foncière. Malgré la récupération progressive des terres de colonisation (1965 : 30 000 ha de colonisation officielle récupérés par l'État, 10 000 ha de colonisation privée achetés par le privé ; 1973 : expropriation totale des étrangers), les transactions vont surtout grossir la moyenne et grosse propriété, et la redistribution au petit *melk* va rester minime : de 1966 à 1976, 42 353 ha sont redistribués, mais sans précaution suffisante (25). Surtout, l'irrigation apparaît comme un facteur de concentration.

L'évolution foncière sur le S 9 de la PTI

Une étude fort intéressante en a été faite sur la période 1973-81, c'est-à-dire celle correspondant à l'introduction de l'irrigation sur le secteur (26). L'auteur a procédé au dépouillement des états parcellaires et à l'enquête directe. Le secteur couvre au total 14 840 ha, répartis en 3 345 ha irrigués et 11 495 ha en *bour*. Le *melk* et les

---

(25) MILOUGHMANE (M.), « L'investissement privé dans l'agriculture à travers le cas du Gharb », thèse de 3e cycle, IAV Hassan-II, Rabat, 1979.

(26) SOUDHO (Dj.), « L'évolution des structures foncières dans le Gharb entre 1973 et 1981, cas du secteur hydraulique S 9 de la PTI », thèse de 3e cycle, IAV Hassan-II, Rabat, 1981, 134 p.

collectifs représentent 52 % et 32 % du total. Les céréales continuent à couvrir la moitié des terres et les légumineuses 21 %.

Tableau n° 86

BILAN FONCIER COMPARÉ DU SECTEUR S 9 (1972-1981)

(En ha)

Statut foncier	Superficie 1972	%	Superficie 1981	%	Taux d'accroissement
Melk	1 818	45	2 657	66	+ 21,0 %
Collectif	856	21,2	889	22	+ 0,8 %
Sociétés	771	19,1	0	0	–
Étrangers	495	12,2	0	0	–
Sociétés d'État	0	0	242	6	–
Lotissements	0	0	154	4	–
Sociétés marocaines	49	1,2	0	0	–
Étrangers-Maroc	48	1,2	0	0	–
Domanial	4	0,10	99	2	+ 1,9 %
Total	4 041	100	4 041	100	–

Source : Soudho, p. 69.

L'étude de la répartition des terres réalisée sur les surfaces équipées fait apparaître le renforcement du *melk,* qui passe de 45 à 66 % des superficies, au détriment des terres de colonisation. Et ce sont les grands « melkistes » qui ont récupéré plus de 60 % des terres transférées. Les micro-exploitations (moins de 5 ha) n'en ont quasiment pas bénéficié.

Conclusion : le départ des étrangers a surtout permis d'agrandir la grande et moyenne propriété. Les étrangers détenaient, rappelons-le, près de 175 000 ha sur le Gharb.

Les propriétaires de plus de 100 ha passent de 18 % à 40 % des terres et se renforcent en nombre relatif. Les propriétés situées entre 20 et 50 ha augmentent également leur superficie totale (de 450 à 650 ha). En revanche, les exploitations les plus petites stagnent en superficie totale et voient leur part relative dans l'ensemble du *melk* diminuer de 12 % à 8 %. Le phénomène est amplifié par un accroissement du nombre d'indivisaires sur le petit *melk.* Cela engendre une diminution de la superficie par tête, qui chute de 1,3 ha en 1972 à 0,9 ha en 1981. Il faut dire que le Gharb a connu pendant cette

Tableau n° 87

ÉVOLUTION DE LA STRAFICATION FONCIÈRE
SUR LES PROPRIÉTÉS « MELK » DU S 9 ENTRE 1972 ET 1981

(Superficies en ha)

Strate	1972				1981			
	Propriétaires	%	Superficie *melk*	%	Propriétaires	%	Superficie *melk*	%
− 5	111	64	219	12	113	60	222	8
5-20	41	23	440	24	44	24	488	18
20-50	14	8	450	25	23	12	650	24
50-100	6	4	385	21	4	2,4	263	10
+ 100	2	1	324	18	3	1,6	1 033	40
Total	174	100	1 818	100	187	100	2 657	100

Source : Soudho, p. 79.

période un fort accroissement de population, évalué à 26,1 %, entre les deux recensements de 1971 et 1982, moindre cependant qu'entre 1960 et 1971 (40,9 %). Ce sont les centres urbains du Gharb qui ont le plus grossi, mais la densité rurale s'est également renforcée. Les chiffres avancés vont de 93 à 175 hab/km², selon les limites retenues pour la zone (27). Ces chiffres moyens cachent des densités beaucoup plus fortes, « à la hollandaise », dans des communes comme Sidi Slimane. L'étude récente sur l'habitat rural dans le Gharb devrait donner des indications précieuses sur ce point (28). Ce peuplement est très lié à la mise en eau de nouveaux secteurs irrigués.

Une fois de plus, on observe que la taille ne favorise pas l'intensification, puisque, plus elle augmente, plus la part réservée aux céréales augmente : alors que les exploitations de moins de 5 ha consacrent 40 % aux céréales, celles de 5 à 20 ha y consacrent 60 % et celles de plus de 50 ha 67 %. L'élargissement de la taille des exploitations n'a donc pas été un élément favorisant l'adoption des assolements choisis. Un document récent de la Banque mondiale montre que le tiers des terres irriguées du Gharb est accaparé par moins de 5 % des exploitants.

---

(27) ESCALLIER (R.), « La dynamique spatiale des populations marocaines », *Bulletin de l'Association des géographes français*, 1985, n° 1, pp. 45-56, et LARAICHI-COUVREUR (F.), « Le Gharb : aspects de l'évolution récente », *RGM*, 1986, n° 1-2, p. 53.

(28) ORMVAG-IAV, *Projet Habitat rural, Note de présentation*, juin 1986, donne le chiffre de plus de 200 habitants pour certaines zones.

Tableau n° 88
LES STRUCTURES AGRAIRES SUR LES ZONES IRRIGUÉES DU GHARB (1980)
(Superficies en ha)

Catégorie	Superficie	%	Agriculteurs	%	Taille moyenne
0 - 5	8 572	18	4 290	52	2,04
5 - 20	22 392	46	3 547	44	6,31
+ 20	17 675	36	351	4	50,36
	48 819	100	8 188	100	5,96
Collectifs	27 481				
Total	76 300				

Les effets sur la vie quotidienne des populations

La visite du Gharb est toujours impressionnante : ces dizaines de kilomètres de canaux portés le long des routes, l'alignement des champs de canne à sucre, les sucreries, mais aussi les remorques ramenant les ouvrières des champs de betterave ou de coton, les enfants montés sur les ânes ramenant au *douar* l'eau puisée dans les canaux d'irrigation... Ici, la modernité technique et des conditions de vie quotidienne déplorables font bon ménage. En hiver, après les pluies, quand les sols lourds sont gorgés d'eau, la vie des gens a des allures de cauchemar. Les énormes investissements réalisés dans la région ont marqué le paysage, mais peu changé le quotidien. Au-delà des impressions, l'analyse confirme deux réalités :

— l'étonnante croissance démographique, de l'ordre de 3,1 %/an, croissance qui se manifeste par l'émergence de trois villes importantes (Sidi Slimane, Sidi Kacem et Sidi Yahia), mais aussi dans les communes rurales ;

— le maintien de conditions de vie déplorables. Hormis les villes, pas d'électricité ni d'eau potable, un médecin pour 18 000 habitants, un habitat qui reste précaire, même si le dur remplace peu à peu les tentes et les baraques *(nouala)*. L'habitat est en somme un reflet de l'évolution socio-économique : contraste entre les villes du Gharb, où la minorité qui bénéficie des investissements construit de plus en plus, et les *douars*, ravalés à l'état de bidonvilles, reflets de la prolétarisation de la masse paysanne.

Pour évaluer de façon vivante l'impact de la mise en valeur hydro-agricole sur la vie quotidienne des populations du Gharb, Fatima Mernissi a retenu un moyen original : l'enquête auprès d'un échantillon de femmes (et de ménages) du Gharb (29). Son étude s'insère dans

---

(29) MERNISSI (F.), « Les femmes dans une société rurale dépendante : les femmes et le quotidien dans le Gharb », *Maghreb-Machrek*, n° 98, oct.-déc. 1982, pp. 4-45.

le cadre plus global d'une enquête du BIT sur la place des femmes dans le développement rural. La population enquêtée est celle du *douar* Beggara (155 familles, 949 habitants), dans le caïdat de Bou Maïz. Un *douar* privilégié par certains aspects, parce que doté d'une école et desservi par une route goudronnée, mais où la majorité des familles ne dispose cependant ni d'eau à domicile (pas même d'eau potable), ni d'électricité, où les moyens de transport en commun sont inexistants, et où les services de santé les plus proches se trouvent à cinq kilomètres. Le village est encore menacé par les inondations, et F. Mernissi conclut :

> Certes, les inondations auraient pu être canalisées par la technologie moderne, comme l'ont été les marécages, ailleurs. Mais la modernisation agricole dans le Gharb n'a jamais été axée sur le bien-être des paysans mais bien plutôt, et de façon accrue, sur la maximisation des profits (30).

Les moyens puissants mis en œuvre par l'État dans le Gharb, loin de permettre aux paysans de tirer un meilleur parti des potentialités importantes de la région, ont contribué au contraire à les exploiter davantage. Cette exploitation se fait par deux biais principaux.

L'essor du salariat et la situation de l'emploi

> On aurait pu attendre que des lots familiaux et la concentration des superficies entre les mains de l'État et des gros propriétaires privés créent assez d'emplois pour résorber la force de travail libérée par l'exiguïté des unités de production familiales. Or il n'en est rien. Non seulement des grandes unités modernes créent peu d'emplois permanents, mais lorsqu'elles en créent, c'est pour engager des hommes seulement (31).

En effet, les cultures privilégiées sur le Gharb (agrumes, cultures sucrières, coton) exigent surtout de la main-d'œuvre saisonnière, au statut précaire. De plus, le dispositif de lois sociales a été très peu contraignant : dans notre enquête d'octobre 1987, on nous citait le chiffre de 10 à 20 DH/jour de rémunération des saisonniers qui coupent la canne à la sape. Or un ouvrier coupe ainsi environ 2,5 tde canne par jour. Quand on sait que la canne est vendue de 140 à 170 DH/t, on voit que le coût de la récolte est minime, bien qu'il s'agisse d'un travail fort pénible (32). Autre élément qui a peu favorisé

---

(30) MERNISSI, art. cité, p. 8.
(31) MERNISSI, art. cité, p. 20.
(32) BOUDAHRAIN (A.), « La protection sociale des travailleurs ruraux », *RJPEM*, n° 21, 1988, pp. 9-27, souligne les retards du secteur agricole en matière de salaire minimum, d'allocations familiales, etc. En 1988, alors que le SMIG était de 43,20 DH/j, il n'était que de 22,35 pour l'agriculture, et peu appliqué dans les faits.

l'essor de l'emploi : les choix techniques, aussi bien pour les cultures (mécanisation) que pour l'irrigation (aspersion). F. Mernissi, s'intéressant à la condition des femmes, observe que la salarisation de l'emploi a coupé davantage les femmes de l'accès à l'emploi, alors que, dans l'économie traditionnelle, elles avaient un rôle économique important (tissage, poterie, portage de l'eau...).

La présence massive de l'État et des techniciens

Le type de mise en valeur instauré sur le périmètre aboutit à un fort contraste entre techniciens qui décident et petits fellahs qui exécutent. Cela transparaît très nettement quand on les voit venir en *djellaba* et bottes boueuses faire une démarche administrative (règlement d'une facture d'eau...) auprès des services centraux, où l'informatique règne, et de ceux qui la servent, les techniciens. En un mot, le type de mise en valeur donne un rôle essentiel à une catégorie sociale nouvelle, les techniciens. Mernissi écrit à leur sujet :

> Ce quadrillage de la vie quotidienne du Gharb par les centres de mise en valeur, énormes bâtisses blanches de construction moderne qui contrastent avec les modestes habitations paysannes en terre groupées autour de *douars* inondés de boue en hiver et écrasés de chaleur et de poussière en été impose à la population un rythme culturel très spécial. Aux énormes espaces qui semblent vides, sillonnés de machines très coûteuses qui appartiennent à l'État ou aux grands propriétaires privés, se juxtaposent çà et là, comme une excroissance irrégulière, les grappes de population agglutinées autour des *douars* et *dchour* entourés de lots familiaux minuscules (33).

Et l'auteur souligne la fracture culturelle qui s'opère entre le technicien, qui, avec sa voiture, donne une image moderniste de l'État, et les conditions de vie très concrètes de la population. Elle cite cette interview d'un jeune paysan :

> Le *maghzen* (centre de mise en valeur) est comme un château ici. (Les gens du *maghzen*) sont tous venus d'ailleurs, ils n'engagent jamais ou très peu les gens de la région. Ils nous détestent ; même les ouvriers et les chauffeurs sont amenés de Marrakech, de Tanger ou de Rabat, mais jamais d'ici. Ils exploitent les terres qui appartenaient avant la colonisation à la tribu et ils ne nous donnent rien, ils vivent comme des rois. Le matin les voitures de service emmènent les enfants des techniciens à l'école et éclaboussent de boue nos enfants qui s'y rendent à pied. Ils ont l'électricité et ils ne nous donnent même pas un fil pour le village.

---

(33) MERNISSI, art. cité, p. 20.

Ces conditions du quotidien, Mernissi les a étudiées pour le village de Beggara : pas de confort domestique (on va chercher l'eau dans l'oued Rdom), pas d'électricité, pas de routes goudronnées (d'où une boue permanente en hiver). Et son enquête auprès des femmes montre que c'est d'abord une amélioration de ces conditions de vie au quotidien que celles-ci attendent. Il serait intéressant de citer des extraits des entretiens qu'elle publie : l'interview de Jamil (35 ans), technicien et ingénieur d'application au centre de mise en valeur, qui tient un langage assez méprisant sur les paysans, qu'il oppose aux colons de jadis, qui, eux, savaient économiser (!), celle de Khadidja, paysanne de 17 ans, illettrée, salariée saisonnière, qui se sent exclue de la modernisation à laquelle elle assiste. Ce ne sont là que des sondages dans une réalité sociale complexe, mais ils font entrevoir les limites d'une conception industrielle de l'agriculture (34).

Cette présentation détaillée du périmètre marocain du Gharb avait pour but de montrer toutes les implications d'un périmètre de grande hydraulique. Choisir le Gharb comme exemple présente avantages et inconvénients : avec plus de 100 000 ha irrigués, un réseau aussi complexe, un Office aussi bien pourvu en ingénieurs, le Gharb est un des beaux fleurons de l'agriculture irriguée marocaine. Mais le Gharb est loin d'être représentatif des périmètres du Maghreb : sur le plan de la taille, des choix techniques, des cultures pratiquées, du tissu industriel, des conséquences sociales. Le cas des Doukkala, par exemple, conduirait à d'autres conclusions sur le plan de la concentration foncière.

Ces réserves étant faites, on peut penser que le cas du Gharb donne à voir, en les soulignant, quelques traits du « modèle grande hydraulique » que d'aucuns voudraient généraliser : une agriculture de type industriel, qui restructure l'espace agraire (remembrement, trame d'irrigation), en lui appliquant des critères techniques et économiques (division du travail, maximisation de la valeur ajoutée...) élaborés dans un univers industriel. A l'image de l'industrie lourde motrice d'une transformation globale des forces productives, dans la pensée socialiste classique, un grand périmètre comme le Gharb fait figure, pour certains aménageurs, de prototype d'une transformation globale des campagnes. Un peu comme le plan Goelro des années 1930 en URSS, il préfigure « une transformation radicale des conditions de vie et de travail dans les campagnes ». Symbole d'une modernité technique qui transforme jusqu'à l'homme, enfin arraché à l'« esprit de gourbi » (Boumediene). Bref, derrière le Gharb, il y a

---

(34) Une enquête récente par l'Inav de Rabat pour la Banque mondiale conduit à des conclusions similaires pour les Doukkala, où l'irrigation s'est pourtant bien développée chez les petits agriculteurs.

un modèle : celui d'une agriculture industrielle, voire d'une agriculture sans paysans, où une nouvelle catégorie sociale, les techniciens et les ingénieurs, joue un rôle décisif. Puisque ce modèle sert de référence dans l'esprit de beaucoup, il mérite d'être élucidé.

7

Les grands périmètres d'irrigation

Voie royale
vers une agriculture sans paysans ?

Illustré en quelque sorte par le périmètre du Gharb, le « modèle » grande hydraulique, qui marque fortement les options actuelles, a des racines qui méritent d'être clarifiées :

— d'abord les tentatives coloniales de modernisation de l'agriculture. Malgré le rapport polémique des nations du Maghreb à leur passé colonial, l'agriculture coloniale n'en constitue pas moins une référence à laquelle on fait appel de façon plus ou moins explicite, pour inventer des solutions contemporaines ;

— ensuite l'incapacité des économistes ruraux, depuis Marx, à penser une « voie paysanne » de développement de l'agriculture. Hormis les populistes russes, tous ont admis comme inévitable un processus d'industrialisation de l'agriculture ;

— enfin, l'attrait légitime que suscitent les innovations technologiques en matière d'agriculture irriguée.

Mais ce modèle a aussi une fonction : l'enjeu principal, on s'en doute, n'est pas d'ordre technique. Michel Marié l'a fort bien exprimé à propos des périmètres du sud de la France :

> Peut-on continuer d'admettre que ce qui doit s'adapter c'est toujours la société (variable dépendante), jamais la technique (variable indépendante), ou, au contraire, s'autoriser à penser que la relation n'est pas aussi univoque qu'on voudrait bien le dire ? (1)

Privilégier une conception industrielle du développement de l'agriculture a des implications considérables quant à la place faite aux paysans dans ce développement. Or, au Maghreb, le paysan maghrébin apparaît souvent dans le discours des décideurs comme une contrainte, voire un obstacle au développement. Cet évincement des pay-

---

(1) MARIÉ (M.), « Pour une anthropologie des grands ouvrages ; le canal de Provence », *Les annales de la recherche urbaine*, n° 21, janvier 1984, p. 34.

sans a pour effet d'assurer l'émergence d'une nouvelle catégorie d'acteurs : les ingénieurs, catégorie sociale en expansion dont le rôle mérite d'être analysé.

1. A la recherche des racines du modèle grande hydraulique

« La grande hydraulique : c'est de l'industrie lourde. » Pour paradoxal qu'il paraisse, le mot nous a été tenu par un des spécialistes français les plus reconnus en matière d'aménagement hydro-agricole. Il souligne que, par les processus qu'elle met en œuvre, la grande hydraulique est ce qui se rapproche le plus d'une agriculture industrielle, laquelle constitue pour beaucoup le paradigme de l'agriculture moderne. C'est le cas dans la pensée marxiste, on l'a souvent montré, mais aussi chez nombre d'économistes contemporains. Stoffaes écrit en ce sens : « L'agriculture doit progressivement devenir une industrie comme une autre, au sens anglais du mot *industry*, qui désigne tout secteur d'activité : les biotechnologies d'ailleurs rapprocheront de plus en plus le champ de l'usine chimique (2). » En fait, l'ascendant de ce modèle tient pour une bonne part, au Maghreb, au référent que constitue l'agriculture coloniale.

Le référent de l'agriculture coloniale, son contenu

En octobre 1964, le président Bourguiba déclarait à Tozeur : « Pour tirer de la terre ce qu'elle peut donner, il est nécessaire de mettre à profit les techniques modernes... L'exemple des anciens colons français est là pour nous édifier. » Propos inhabituel, tant le nationalisme ambiant a conduit les élites maghrébines à passer sous silence ce désir de « faire aussi bien que le colon ». Pourtant, c'est, à l'évidence, un référent implicite à l'œuvre dans bien des choix de développement récents. Slimane Bedrani écrit à propos de l'Algérie :

> Il faut tout d'abord dire que les gens qui décident en matière de politique agricole, et ce depuis 1962, ne se sont jamais posé la question de savoir si on pouvait augmenter la production autrement qu'en imitant le modèle de production légué par le colon. Cette imitation n'est remise en cause que par l'adjonction à ce modèle d'*inputs* industriels et agricoles réputés donner de bons résultats non pas dans les conditions locales, mais dans les pays dits développés (3).

---

(2) STOFFAES (Ch.), *La grande menace industrielle,* Paris, Calmann-Lévy, 1978, p. 571.
(3) BEDRANI (Sl.), *Les politiques agraires en Algérie,* Alger, CREA, 1982, p. 54.

En somme, les choix techniques, en agriculture, restent fortement imprégnés d'un modèle conçu à l'époque coloniale et dont il est utile ici de rappeler le contenu (4). Il est fait de choix successifs.

Première option : le labour de la jachère

Le système de production le plus ancestral au Maghreb est constitué du triptyque céréales-jachère-mouton. Pratiquée en alternance avec la jachère sur les grandes plaines, la céréaliculture permettait à la fois de reposer des sols fragiles et d'entretenir un cheptel ovin qui remonte du Sud, les moissons faites, pour pâturer les chaumes (l'*achaba*). la faiblesse du potentiel productif est donc compensée par une utilisation habile des complémentarités spatiales (5). Les sols ayant été ainsi préservés par des siècles de labours légers (travail à l'araire), les premiers colons purent faire du blé plusieurs années de suite sur les mêmes terres sans voir baisser les rendements. Peu à peu, le stock d'humus emmagasiné dans le sol s'épuisant, les rendements baissèrent, contraignant à trouver des solutions empiriques. Celles-ci furent rendues possibles par l'arrivée, vers les années 1910, des premiers tracteurs : à même de tracter les charrues lourdes qu'un attelage de chevaux ne pouvait tirer, les tracteurs permirent des labours profonds et fréquents, application d'une méthode importée des États-Unis : le *dry-farming,* qui consiste en trois ou quatre disquages et un labour profond durant l'année de jachère.

Mazoyer décrit cette évolution :

> On approfondit le labour et on fait des façons superficielles pour, dit-on, accroître le stock d'eau et l'empêcher de s'évaporer... De fait, les rendements augmentent, mais quand on analyse le stock d'eau dans une terre en Algérie, *dry-farming* ou pas *dry-farming*, on s'aperçoit que le 15 juin dans presque tous les cas il n'y a plus une goutte d'eau absorbable par les plantes. En réalité, le *dry-farming* permettait bien d'augmenter les rendements, mais c'était principalement parce que les façons culturales plus profondes, plus nombreuses, facilitaient l'aération du sol et permettaient à la matière organique de se minéraliser plus vite et de libérer davantage d'azote. Mais en libérant plus d'azote, on appauvrissait à nouveau le sol en matières organiques et des terres qui avaient 2 % d'humus en 1930 n'en avaient à nouveau plus que 0,5 ou 0,2 % en 1940 (6).

---

(4) Bien entendu, parler de modèle revient à simplifier et à unifier des options qui recouvraient des débats d'école. Néanmoins, entre les expérimentations des stations de la recherche agronomique, l'enseignement des écoles d'agriculture comme celle de Maison-Carrée et la pratique des colons, une convergence s'établit, même si les failles du modèle inspirent à certains la conviction d'une « indispensable révision » (le mot est de Pélissier, directeur de l'Agriculture en Algérie).

(5) Brillante présentation dans CÔTE (M.), *L'Algérie ou l'espace retourné*, Paris, Flammarion, p. 66.

(6) MAZOYER (M.), « Agriculture et développement en Algérie », conférence au centre culturel français, Alger, 23 janvier 1970, p. 14.

Cette technique du labour de la jachère lancée par les colons d'Algérie fut également pratiquée au Maroc et en Tunisie, justifiant l'expression « d'agriculture minière » (Poncet).

Mécaniser, irriguer, exporter
La « sainte trinité » de l'agriculture coloniale (7)

Ayant modifié les bases mêmes du système de production, l'agriculture coloniale allait mettre en œuvre, plus vite et plus loin que l'agriculture métropolitaine, les trois leviers de modernisation de l'agriculture : la mécanisation, l'irrigation et la chimisation.

a) La mécanisation

L'arrivée des premiers gros tracteurs en provenance des États-Unis fut une aubaine pour ceux qui avaient à travailler des sols lourds comme les *tirs* du Gharb ou les argiles limoneuses du Chelif. Poncet l'observe pour la Tunisie :

> C'est la découverte du tracteur, celle du « chenillard » notamment et l'essor de la motoculture, à l'image de ce qui se passait dans les immenses plaines à blé d'Amérique du Nord, qui ont rendu possible la « révolution céréalière » amorcée avant-guerre par les progrès du labour préparatoire et de la jachère travaillée (8).

Aussi va-t-on atteindre au Maghreb des niveaux de mécanisation supérieurs à ceux de l'agriculture métropolitaine.

> Dès 1930, l'agriculture européenne en Tunisie pouvait prétendre égaler les agricultures les plus modernes du monde et dépassait de fort loin assurément l'agriculture française, par exemple, avec un tracteur pour moins de 45 ha ensemencés (80 ha avec les jachères travaillées) et une moissonneuse-batteuse pour 160 ha (9).

Cette mécanisation de l'agriculture coloniale fut encore amplifiée par l'accroissement très net de la taille des exploitations au fil des années (10). En réalité, cette surmécanisation inquiéta nombre d'agronomes de la colonie, qui s'opposèrent sur cette question (11).

---

(7) L'expression est empruntée à François de Ravignan et recouvre habituellement semences-engrais-pesticides. En bonne logique d'agriculture minière, les engrais font ici défaut.

(8) PONCET (J.), *La colonisation et l'agriculture européennes...*, p. 254.

(9) PONCET, *op. cit.*, p. 256.

(10) A. BENACHENHOU rattache la concentration foncière aux limites que rencontre l'accumulation au cours des années 1930. *Cf. Formation du sous-développement en Algérie, essai sur les limites du développement du capitalisme 1830-1962*, Alger, OPU, 1976, 479 p.

(11) Ainsi Laumont, professeur à Maison-Carrée, était plus réservé face au *dry-farming* que Maurice Cailloux, le multiplicateur en Tunisie du blé Florence-Aurore.

b) Le choix de l'irrigation

Il est lié au souci de développer des cultures industrielles et fourragères, une des réponses cherchées par les colons au déclin des rendements céréaliers. C'est ainsi que les missions de colons qui se rendent aux États-Unis vers la fin des années 1930 reviennent fascinées par les succès de l'agriculture irriguée. Les Américains avaient entrepris des travaux hydrauliques de grande envergure : le barrage de Hoover Dam, la Tennessee Valley Authority, les grands vergers d'agrumes. Yacono, qui a suivi l'élaboration de l'agriculture moderne chez les colons du Chelif, estime que de ces missions « une masse considérable de renseignements allaient être utilisés dans des exploitations irrigables algériennes » (12). L'État colonial va se lancer à son tour dans une politique de grands barrages réservoirs et tenter de faire adopter par les colons des cultures industrielles comme le coton ou la betterave. En fait, les agrumes prendront vite le dessus.

c) Le choix de l'exportation

Il est lié aux spéculations privilégiées par cette agriculture intensive qui est pensée en termes de complémentarité avec la production métropolitaine : blé, vin, agrumes, primeurs... Premières ébauches d'une agriculture fondée sur les avantages comparatifs. D'où les grands offices commerciaux comme l'Office chérifien d'exportation ou l'Office des fruits et légumes d'Algérie.

Malgré les limites rencontrées dans sa mise en œuvre, l'agriculture coloniale va peu à peu représenter un modèle, dont l'ascendant se prolongera après les indépendances. L'agriculture coloniale semble bien constituer une des racines majeures de ce que Slimane Bedrani appelle le « modèle de production de référence » (13).

L'impossible voie paysanne chez les économistes ruraux

Dès la fin du XIXᵉ siècle, l'extension du capitalisme a eu des conséquences importantes sur le procès de production agricole, entraînant des mutations qui ont amené Marx et ses successeurs à s'interroger sur les lois qui régissent le développement agricole. Marx et Lénine ont pensé, avec des nuances, que l'agriculture obéit aux mêmes lois économiques que l'industrie en système capitaliste. Kautsky et

---

(12) YACONO (X.), *La colonisation des plaines du Chélif,* t. II, p. 202.

(13) BEDRANI (Sl.), *op. cit.*, p. 54 : « Obnubilés et subjugués par l'idéologie techniciste visant l'objectif étroit de l'accroissement de la production, persuadés de la neutralité sociale des techniques, ou la plupart des fois ignorant totalement ce problème, les responsables de l'agriculture ne tentent de résoudre la question de l'équilibre alimentation-population qu'en essayant de recopier sur tous les points les modèles de productivité des agricultures dites développées : les moyens de production, la force de travail, l'organisation du travail. »

les populistes russes ont tenté de rendre compte de la persistance de la petite exploitation. Des auteurs contemporains se sont également penchés sur cette question (14). Mais, de ce débat, ressort l'idée que la modernisation de l'agriculture est, de façon dominante, un processus d'industrialisation de l'agriculture, ce qui signifie qu'une « voie paysanne » est impossible (15).

Marx : « L'agriculture et l'industrie finiront par se donner la main »

La pensée de Marx sur cette question est développée au livre III du *Capital* :

> Nous partirons donc de l'hypothèse que l'agriculture, comme l'industrie manufacturière, est soumise au mode capitaliste de production, c'est-à-dire qu'elle est pratiquée par des capitalistes qui ne se distinguent tout d'abord des autres capitalistes que par le secteur où est investi leur capital et où s'exerce le travail salarié que ce capital met en œuvre. Pour nous, le fermier produit du froment tout comme le fabricant produit du fil ou des machines... La grande industrie et la grande agriculture exploitée industriellement agissent dans le même sens. Si, à l'origine, elles se distinguent parce que la première ravage et ruine davantage la force de travail, donc la force naturelle de l'homme, l'autre plus directement la force naturelle de la terre, elles finissent en se développant par se donner la main (16).

Pour Marx, il est clair que la pénétration du mode de production capitaliste en agriculture engendre des processus de même nature que ceux observés dans l'industrie, en particulier la concentration foncière et la disparition progressive de la paysannerie parcellaire. Certes, cette disparition n'est pas absolue dans l'agriculture anglaise, que Marx étudie ; aussi s'interroge-t-il, dans *Le capital,* en des pages souvent commentées, sur la relative résistance de la propriété parcellaire. Celle-ci est structurellement condamnée à disparaître, écrit-il, car « la propriété parcellaire exclut de par sa nature même le développement des forces productives sociales du travail, la concentration sociale des capitaux, l'élevage à grande échelle, l'application progressive de la science à la culture » (17)... Néanmoins, c'est pour Marx « un moment nécessaire », « un moment de transition indispensable pour le développement de l'agriculture ».

---

(14) SERVOLIN (Cl.), « L'absorption de l'agriculture dans le mode de production capitaliste », *L'univers politique des paysans,* Paris, A. Colin, 1972.

(15) Le lien entre transformation des structures agricoles et théorie économique est mis en évidence par ROSIER (B.), *Structures agricoles et développement économique,* Paris-La Haye, Mouton, 1968, 12 p.

(16) MARX (K.), *Le capital,* Paris, Éditions sociales, 1974, livre III, t. III, pp. 7 et 192.

(17) MARX, *ibid.,* p. 186.

Kautsky : L'agriculture suit-elle des lois propres ?
La perplexité devant la survivance de la petite exploitation

Le débat rebondit avec Kautsky dans son introduction à *La question agraire*, écrite en 1898 :

> Le mode de production capitaliste n'est pas la seule forme de production qui se trouve dans la société présente ; à côté de lui, on rencontre encore des restes de modes de production précapitalistes qui se sont maintenus jusqu'à nos jours... La démocratie socialiste au début se soucia peu du paysan. Elle espérait que l'évolution économique lui préparerait les voies dans les campagnes comme à la ville, et que la lutte entre la petite et la grande exploitation conduirait à la suppression de la première de sorte que ce serait alors pour elle une tâche facile de gagner la masse de la population agricole. Aujourd'hui, la démocratie socialiste... dès qu'elle s'avance dans les campagnes se heurte à cette puissance mystérieuse... Elle voit que la petite exploitation en agriculture ne suit nullement un processus de rapide disparition, que les grandes exploitations agricoles ne gagnent que lentement du terrain, par endroits même en perdent. Toute la théorie économique sur laquelle elle s'appuie paraît fausse dès qu'elle tente d'en faire l'application à l'agriculture... Jusqu'ici, à ma connaissance, on n'a pu établir avec quelque certitude ni quelle est la tendance évolutive de l'agriculture, ni quelle est la forme d'exploitation la plus haute, ni même s'il y a une forme supérieure d'exploitation dans la production agraire. Ici se trouvent d'une manière générale les limites du système de Marx. Autant que j'en puis juger, les déductions de Marx ne peuvent être transposées telles quelles dans le domaine de l'agriculture (18).

Et Kautsky de conclure, en prenant des distances par rapport à la théorie de Marx : « Sans doute, l'agriculture ne se développe pas selon le même processus que l'industrie. Elle suit des lois propres (19). »

Examinant les évolutions de l'agriculture en Prusse, Kautsky se montre néanmoins très impressionné par les progrès que permet l'industrialisation de l'agriculture, à laquelle il assiste dans les grands domaines des *Junker*, et il observe :

> L'agriculture ne produit pas par elle-même les éléments dont elle a besoin pour parvenir au socialisme. L'agriculture indépendante de l'industrie cesse de plus en plus de jouer un rôle dans la société. L'industrie subjugue l'agriculture, de sorte que l'évolution industrielle trace de plus en plus les lois de l'évolution agricole (20). En fait, il tergiverse au long de son ouvrage, pour se rallier finalement à la

---

(18) KAUTSKY (K.), *La question agraire*, Paris, Giard et Brière, 1900, pp. 4 et 5.
(19) KAUTSKY, *ibid.*, p. 5.
(20) KAUTSKY, *ibid.*, p.

thèse de la supériorité de la grande exploitation, parce qu'elle permet une agriculture scientifique, la fin de l'exploitation du travail paysan, la mécanisation... Mais la disparition de la petite exploitation est lente, car « la grande et la petite exploitation, loin de s'exclure, se supposent mutuellement » (21).

De Lénine à Tchayanov et Tepicht
Controverses sur l'identité paysanne

Bien que Kautsky se soit finalement rangé à un point de vue orthodoxe, la question restera centrale dans les controverses qui opposent Lénine aux populistes russes. La pensée de Lénine a évolué sur ce point : dans *Le développement du capitalisme en Russie,* de 1898, Lénine estime que le processus décrit par Marx est en train de se réaliser ; aussi va-t-il dans le sens d'Engels, qui reproche aux socialistes français de vouloir défendre la petite exploitation (*La question agraire et le socialisme,* 1900). Plus tard, en 1915, disposant d'informations complémentaires sur l'agriculture américaine, Lénine observe que la réalité est plus complexe et admet qu'il y a différentes voies de développement du capitalisme dans l'agriculture (une voie américaine et une voie prussienne). Cependant, il conclut à une « remarquable identité d'évolution » entre l'agriculture et l'industrie en système capitaliste (22).

En fait, Lénine fut toujours fortement polarisé par la question de la prise du pouvoir et de la lutte politique, ce qui l'amena à développer, dans son débat avec les populistes, la thèse de la bipolarisation de la société agraire. Deux classes antagonistes émergent du processus de décomposition de la paysannerie : une bourgeoisie rurale et un prolétariat rural, soit « un développement de groupes extrêmes, aux dépens de la paysannerie moyenne ». La typologie ainsi faite par Lénine ne va pas sans approximations souvent relevées (23). Néanmoins, cela lui permet de conclure que « l'agriculture devient une profession industrielle et commerciale normale » : elle a de plus en plus un caractère d'entreprise, elle est de plus en plus spécialisée et produit pour le marché. Tepicht fait observer que la réflexion de Lénine était susceptible « d'éveiller l'intérêt pour une analyse des mécanismes, internes et externes, qui régissent le fonctionnement et la reproduction de l'économie paysanne. S'il n'en a pas été ainsi, c'est que la pensée des marxistes de l'époque était tout naturelle-

---

(21) KAUTSKY, *ibid.*, p. 249. Les économistes ruraux contemporains ne disent pas autre chose quand ils soulignent l'articulation du secteur « moderne » et du secteur « traditionnel ».

(22) LÉNINE, *Nouvelles données sur les lois du développement du capitalisme dans l'agriculture, Œuvres complètes,* t. XXII, Moscou, Éditions du Progrès, 1915, p. 106.

(23) *Cf.* SZUREK (J.-C.), « Les paysans chez Lénine : ''classe'' ou ''strate'' ? », *L'homme et la société,* n° 45-46, juillet-sept. 1977, pp. 141-168.

ment centrée sur un autre aspect du problème : l'attitude présumée de la paysannerie face aux aspirations d'un parti ouvrier révolutionnaire » (24).

Il revient à Tchayanov, parmi les populistes russes, d'avoir le plus explicitement posé la question de la subsistance d'une économie paysanne et d'avoir tenté de l'expliquer d'une façon originale (25). Tchayanov met en évidence ce qu'il appelle *Selbstausbeutung,* à savoir l'auto-exploitation. Il la situe aussi bien au niveau de la quantité de travail que de la rémunération acceptée. Tepicht le résume en ces termes :

> Contrairement au capitaliste qui n'engage pas de nouveaux fonds sans compter au moins sur un taux proportionnel de profit, à la différence du salarié qui demandera pour chaque heure supplémentaire de travail autant, sinon plus, que pour ses heures normales, le « personnel » d'une exploitation familiale paysanne fournit, pour augmenter son revenu global, un surcroît de travail, payé à un prix plus bas et faisant baisser la moyenne de sa « paie » collective (26).

Mollard emploiera l'expression de « capacité à souffrir » à propos de l'agriculture paysanne et tentera de préciser la notion d'« exploitation du travail paysan » pour tenter de rendre compte de cette réalité (27).

Malgré l'intérêt de la pensée de Tchayanov, ce débat eut le destin que l'on sait : Trotsky et Staline firent triompher le thèse de la suprématie de la grande exploitation. Un certain nombre de conclusions en furent tirées qui vont avoir un impact durable :

— la force motrice doit incomber à l'industrie, et on doit donc promouvoir l'industrialisation de l'agriculture ;

— il y a un prix à payer pour cette transformation, ce qui fait dire à Staline que la paysannerie doit payer un tribut. Le discours des élites politiques et technocratiques sur la modernisation de l'agriculture comme mise en échec de la mentalité rétrograde n'est pas sans parenté avec ce statut inférieur.

Les ruralistes contemporains face à la « fin des paysans »

Les économistes ruraux contemporains restent marqués par ce débat. On ne citera que quelques thèses parmi les plus connues.

Un premier courant, en France, a cru pouvoir annoncer, dans les années 1960, la « fin des paysans » (l'expression est de Mendras) à

_____

(24) TEPICHT (J.), *Marxisme et agriculture : le paysan polonais,* Paris, A. Colin, 1973, pp. 15-16.

(25) TCHAYANOV, *Die Lehre von der bäuerlichen Wirtschaft,* Éditions Paul Parey, Berlin, 1923.

(26) TEPICHT, *ibid.,* p. 35.

(27) MOLLARD (A.), *Paysans exploités,* Grenoble, PUG, 1978, 244 p.

partir de l'importance de la mécanisation, de l'exode rural, de la concentration des exploitations agricoles (28).

Malassis précise le sens de cette thèse :

> Dire que l'agriculture s'industrialise, c'est vouloir dire que l'agriculture tend de plus en plus à adopter des comportements, des méthodes, des types d'organisation qui se sont peu à peu formés au sein du secteur industriel. Ce n'est pas nier pour autant les différences profondes qui peuvent subsister entre l'activité industrielle et agricole (29).

Malassis observe que cela se fait par étapes et qu'entre l'agriculture artisanale et l'agriculture industrielle il y a une période transitoire « qui risque de durer ». Néanmoins, il y relève un certain nombre de caractéristiques qui vont dans le sens de la thèse de l'industrialisation : spécialisation croissante des producteurs, intégration à des complexes et à des firmes ; division technique du travail. « Les ensembles exercent des effet de domination : ils transforment l'exploitation artisanale ''indépendante'' en ''quasi-exploitation'' (30)... » L'embarras est évident.

Servolin reprend ce débat en prenant acte de la non-disparition et même de l'indiscutable compétitivité de la petite exploitation, qu'il qualifie de petite production marchande (PPM). Celle-ci se révèle particulièrement performante dans certains types de productions, comme la production animale. Aussi Servolin conclut-il :

> Si on admet que le passage de la production agricole sous le contrôle direct du capitalisme, ou, si l'on veut, son « absorption » dans le mode de production capitaliste est nécessaire, inévitable, on est donc conduit à penser que ce processus ne s'accomplira pas, au moins dans les prochaines décennies, par la dissolution de la petite production marchande, mais qu'au contraire il prendra la forme d'une nouvelle restructuration de celle-ci et des modalités de sa coexistence avec le MPC (31).

Cela l'amène à conclure qu'il n'y a pas de domination directe d'une catégorie d'exploitation par l'autre : « Ne produisant pas les mêmes produits, elles ne s'affrontent pas sur les mêmes marchés... Leurs intérêts, quoique distincts, ne sont pas directement antagonis-

---

(28) MENDRAS (H.), *La fin des paysans,* Paris, SEDEIS, 1967 ; GERVAIS (M.), SERVOLIN (Cl.), WEIL (J.), *Une France sans paysans,* Paris, Seuil, 1956 ; VIRIEU (F.-H. DE), *La fin d'une agriculture,* Paris, Calmann-Lévy, 1967.

(29) MALASSIS (L.), « Développement économique et industrialisation de l'agriculture », *Économie appliquée,* t. XXI, n° 1, 1968, p. 96.

(30) MALASSIS, *ibid.,* p. 120.

(31) SERVOLIN (Cl.), « Aspects économiques de l'absorption de l'agriculture dans le mode de production capitaliste », *Cahiers de la Fondation nationale des sciences politiques,* n° 184, Paris, A. Colin, 1972, pp. 44-77.

tes. » Cette position du problème n'est pas sans intérêt pour comprendre aussi ce qui se produit au Maghreb.

Des idées de Tchayanov restera cependant une ébauche de compréhension des stratégies paysannes :

> D'après Tchayanov, la famille paysanne procède par évaluation subjective, basée sur la longue expérience agricole de la génération présente et des générations précédentes... Les paysans ne fourniront un plus gros effort que si seulement ils estiment que cet effort rapportera un surcroît de rendement, lequel pourra être affecté à une augmentation soit de la consommation familiale, soit de l'investissement dans la ferme, soit aux deux à la fois (32).

L'économie rurale n'a donc jamais vraiment réussi à comprendre la persistance de l'exploitation paysanne, tout imprégnée qu'elle est de la thèse dominante de l'industrialisation de l'agriculture. L'évolution technique n'a fait qu'amplifier le crédit donné à cette thèse.

Innovations techniques en matière hydraulique
Un attrait irrésistible (33)

Les cinquante dernières années ont vu des progrès considérables dans le domaine des techniques d'irrigation. Le plus considérable étant l'irrigation par aspersion, qui peut soustraire l'irrigant à la discipline collective du tour d'eau, et fait de l'eau d'irrigation un produit disponible à la demande. Pourtant, et c'est surprenant, cela n'a pas toujours favorisé l'autonomisation des irrigants par rapport aux structures centrales chargées de la distribution de l'eau. Au Maghreb, en tout cas, les anciennes organisations locales d'irrigants n'ont guère reconquis, à la faveur des techniques nouvelles, un pouvoir qui reste largement aux mains des offices de mise en valeur.

L'irrigation par aspersion (34)

Au Maghreb, l'irrigation par submersion était la seule pratiquée, et l'amenée d'eau toujours gravitaire. Les premiers grands périmètres ne feront que moderniser les systèmes ancestraux, en améliorant le transport de l'eau (canaux semi-circulaires portés) et en limitant

---

(32) THORNER (D.), « Une théorie néo-populiste de l'économie paysanne : l'école de A.V. Cayanov », *Annales ESC*, n° 6, nov.-déc. 1966, p. 1238.

(33) CONAC (F.), *Irrigation et développement agricole. L'exemple des pays méditerranéens et danubiens*, Paris, Sedes-CDU, 1978, p. 66 ; OLLIER (C.), POIRÉE (M.), *Les réseaux d'irrigation. Théorie, technique et économie des arrosages*, Paris, Eyrolles, 7e éd., 1976, 504 p.

(34) *Cf.* CLEMENT (R.), GALAND (A.), *Irrigation par aspersion et réseaux collectifs de distribution sous pression*, Paris, Eyrolles, 1979, 182 p.

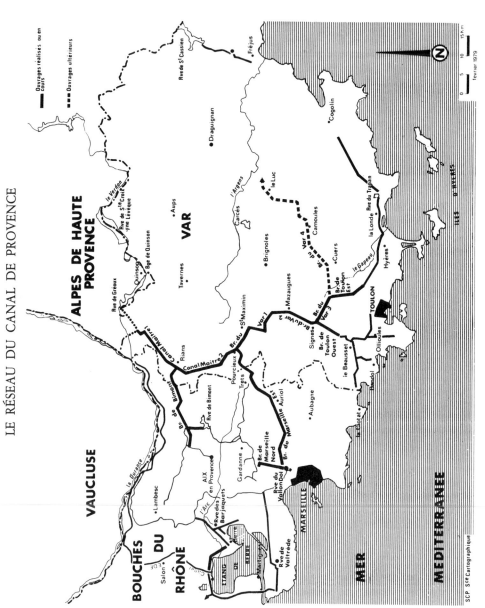

Figure n° 53

LE RÉSEAU DU CANAL DE PROVENCE

Source : Société du canal de Provence.

les pertes par infiltration (bétonnage des *séguias*). L'aspersion a été introduite il y a peu. Il faut dire que cette technique de pluie artificielle, déclenchable à volonté, ne date que des années 1950. Jusquelà, l'irrigation par aspersion n'était pratiquée que dans les parcs publics et les jardins potagers. Des progrès spectaculaires réalisés depuis vingt ans en matière de mécanisation et d'alliages légers ont permis de l'utiliser pour de vastes superficies agricoles. Les choix techniques faits au Maghreb doivent beaucoup aux évolutions françaises en la matière.

a) Un pionnier : la Société du canal de Provence

L'introduction en France de l'aspersion pour l'agriculture doit beaucoup à la Société du canal de Provence, qui fut créée en 1963 pour développer l'irrigation dans une région où le problème de l'eau

---

LA SOCIÉTÉ DU CANAL DE PROVENCE : FICHE D'IDENTITÉ

Date de naissance : 1963.
C'est la grande époque de l'aménagement du territoire : on crée des sociétés d'économie mixte, dans l'esprit de ce que Pisani appelait l'« administration de mission » (35).

Un aménagement à buts multiples :
L'idée d'un aménagement global de la Durance tient à la prise de conscience de la diversité des besoins en Provence : 60 000 ha à irriguer, mais aussi 1,5 million d'habitants à approvisionner, et la fourniture de plusieurs complexes industriels (étang de Berre).

Les aménagements :
Pour garantir 700 hm³/an, l'État réalise le barrage de Serre-Ponçon (retenue de 1,2 km³), ainsi qu'un réseau d'amenée de 220 km : les canaux maîtres 1 et 2 avec leurs branches vers Marseille-Gardanne et le Var. Un réseau de distribution de plus de 3 000 km. Actuellement, 45 000 ha environ sont équipés pour l'irrigation.

Deux grandes originalités techniques :
• L'aspersion, installée avec succès sur la zone de Gardanne, suscite toute une série d'innovations en matière de matériel, de tarification, etc.
• La régulation par l'aval : un outil informatique performant permet de régler les vannes d'amont de façon automatique et à partir des utilisateurs, de façon à optimiser la satisfaction des besoins sans gaspillages.
Siège : Le Tholonet (Aix-en-Provence).

---

(35) Dès 1956, mais dans le même esprit, Philippe Lamour avait créé la Compagnie nationale d'aménagement du bas Rhône - Languedoc (CNABRL), avec comme objectif l'irrigation de 240 000 ha. *Cf.* SOUCHON (M.-F.), *La compagnie nationale d'aménagement du bas Rhône - Languedoc,* Paris, Cujas, 1968, 196 p.

est fort ancien. Dès le XVIᵉ siècle, Adam de Craponne avait élaboré un projet. Après la construction du canal du Verdon sous le second Empire (1863-1875), les syndicats d'irrigants se multiplient. Aussi, quand l'État prend la décision d'aménager la Durance, est-il contraint de composer avec la vieille tradition hydraulique locale. Ici, l'aspersion prend davantage en considération la société que le gravitaire, qui est une approche plus « frontale ».

L'essor de l'aspersion tient à plusieurs facteurs :
— des raisons de topographie : complexité et coût élevé du nivellement en gravitaire, et impossibilité dans des régions vallonnées (c'est le cas du Loukkos, au Maroc) ;
— la difficulté de distribuer la dose optimale peut être résolue par le volucomptage ;
— la nécessité d'économiser l'eau a beaucoup joué dans les régions méditerranéennes ;
— la possibilité d'automatiser la distribution ou de pratiquer une régulation décentralisée par l'aval constitue un avantage substantiel ;
— enfin, une prise en compte plus réelle des syndicats d'irrigants.
L'expérience prestigieuse du canal de Provence a grandement contribué à diffuser la technique de l'aspersion au Maghreb.

b) Une belle réalisation marocaine : le périmètre du Loukkos
Situé dans le nord-ouest du Maroc, la périmètre du Loukkos constitue une zone de 256 000 ha, dont 131 000 de SAU. Comme souvent au Maroc, la zone est affectée par les crues hivernales d'un oued, le Loukkos, dont le bassin versant fournit 1,7 km³/an. La mise en eau du barrage d'Oued el Makhazine en 1979 a permis de régulariser 320 hm³, qui permettraient d'irriguer 150 000 ha. Un barrage de garde à l'embouchure du Loukkos relève le niveau de l'oued pour des pompages. Contrairement au Gharb, la zone est très hétérogène sur le plan de la pédologie et des reliefs : plaines alluviales basses, mais aussi des argiles collinaires. Dans ces dernières zones, le gravitaire est impossible. Sur le plan du parcellaire, le *melk* domine, avec une majorité de micropropriétés. Enfin, la région requiert des aménagements de base, comme les routes et l'électricité.
L'option pour l'aspersion a impliqué la construction de stations de pompage, de mise en pression et de réservoirs surélevés. Sous l'égide d'un office, l'ORMVAL, 40 500 ha ont été équipés :
— Drader rive droite : 1 614 ha ;
— R'mel 1 et 2 : 14 065 ha ;
— plaines et basses collines : 14 020 ha ;
— Loukkos Sud : 9 910 ha ;
— Thé 1ᵉ et 2ᵉ tranche : 864 ha ;
— 42 000 ha en *bour* ont également été aménagés.
Pour chaque zone, un type d'assolement intensif a été prévu :

Figure n° 54

LES AMÉNAGEMENTS DU LOUKKOS

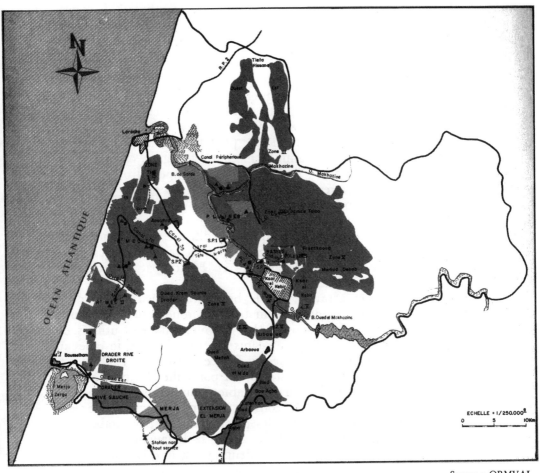

Source : ORMVAL.

canne à sucre et maraîchage pour R'mel, maraîchage pour Drader, riz dans les plaines, betterave sucrière au sud. Avec, bien entendu, les fourrages en assolement (36). Autre performance du périmètre : un suivi très précis des coûts par spéculation et à l'hectare, qui permet aux responsables de prendre les décisions d'assolement en tenant compte des effets sur le revenu des agriculteurs. La principale limite rencontrée est celle des coûts : l'hectare aménagé (tout compris) revenait à 60 000 DH environ en 1988, le réseau défini au niveau de la parcelle constituant 85 % de la facture.

(36) *Cf.* TERRAS (L.), *Agriculture et capitalisme dans le périmètre du Loukkos,* université Mohamed-V, Rabat, 1986, 348 p.

c) Des applications nouvelles de l'aspersion

Curieusement, les progrès de l'aspersion vont conduire à deux évolutions opposées : d'une part, les machines à irriguer, ou arroseurs géants, et, d'autre part, l'irrigation localisée, ou micro-irrigation.

Les machines à irriguer (37)

Les premières machines à irriguer sont apparues dans les années 1950, aux États-Unis, puis en URSS, en Hongrie et en Bulgarie. Leur introduction en Europe occidentale remonte à 1965 : il s'agissait d'importation de matériels américains pour les grandes exploitations de la Beauce et des Landes. Parmi les machines à irriguer, on distingue :

a) Les arroseurs géants : il s'agit de deux rampes pivotant sur un axe monté sur un tracteur. Le jet va de 40 à 90 m. Ce système a été beaucoup utilisé pour le maïs, mais ne s'est guère maintenu qu'en Bulgarie. L'inconvénient majeur est le poids : l'engin peut atteindre jusqu'à 10,400 t, en Bulgarie, ce qui rend difficile son déplacement. De plus, il offre beaucoup de prise au vent et fait de grosses gouttes. Ce type d'arroseur a été fabriqué en France par les Établissements Laureau, Irrifrance... ;

b) Les machines à pivot : ici, le bras pivote aussi autour d'un axe central, mais est monté sur un train de roues qui permet une avance automatique du dispositif. Les premiers modèles utilisés en France furent importés des États-Unis (le premier fut installé au Nebraska en 1949), puis fabriqués en France à partir de 1971. Beaucoup de pays ont adopté ce système, en particulier les pays arabes, comme la Libye (dans le Sarir), l'Arabie Saoudite et, plus récemment, l'Algérie et le Maroc. Le constructeur américain Valmont tient une bonne partie de ce marché des pivots dans les pays arabes. Un pivot peut irriguer 50, voire 80 ha, selon sa longueur ;

c) Les canons arroseurs, ou enrouleurs. C'est une invention française qui a eu un succès considérable, à partir de sa mise sur le marché en 1971-72. Appelés « arroseurs à avancement continu linéaire », ils ont l'intérêt d'avancer automatiquement, de permettre un réglage de la vitesse et du débit. Les pays étrangers ont souvent acheté le modèle le plus gros (le Typhon d'Irrifrance), mais il existe toute une gamme de ces matériels, qui fait qu'on peut les utiliser pour des champs de maïs comme pour des irrigations plus restreintes. Le seul ennui est qu'une pression de 8 bars/cm² est requise, contre 4 bars pour l'aspersion traditionnelle. Or ce surcroît de pression coûte cher en équipement (station de pompage) et n'a été jugé rentable en France qu'en raison du coût élevé de la main-d'œuvre et de l'abondance d'énergie.

---

(37) *Cf.* ROLLAND (L.), « La mécanisation de l'irrigation par aspersion », *Bulletin FAO de l'irrigation et du drainage*, n° 35, Rome, 1980, 465 p.

Ces machines à irriguer doivent leur succès à leurs performances, mais aussi au fait qu'elles ont permis de diminuer la charge en main-d'œuvre par hectare irrigué et la pénibilité du travail. L'introduction des automatismes, puis de l'informatique a amplifié ces avantages en facilitant, par exemple, le déclenchement de nuit (38).

L'irrigation localisée (39)

Inventée par les Anglais dans les années 1940, elle a été popularisée par les Israéliens dans les années 1960 sous le nom de goutte-à-goutte et a connu des perfectionnements successifs, en particulier en France. L'expression d'irrigation localisée convient mieux que goutte-à-goutte, car ce type d'irrigation peut être souterrain. En revanche, elle est localisée au pied de la plante. Les avantages sont multiples : pas de nivellement préalable du sol, les doses distribuées peuvent être réglées de façon précise, ce qui évite de gorger d'eau le sol, la prise au vent est moins forte quand les rampes sont basses. L'automatisation est facile, ainsi que l'adjonction à l'eau des engrais et produits de traitement. Les réseaux peuvent être fixes ou amovibles, les goutteurs de différents types. Le principal inconvénient est le prix élevé de l'équipement initial, ainsi que la nécessité d'irriguer avec une eau très pure. La technique sera adoptée au Maghreb pour l'irrigation sous serre, et aussi dans certaines oasis.

Le renouveau du gravitaire

L'irrigation par aspersion n'a pas tout à fait supplanté le gravitaire, qui a connu un regain d'intérêt après les chocs pétroliers (coût de l'énergie) et s'est notablement perfectionné.

a) L'irrigation de surface basse pression automatisée

On a tenté de concilier les avantages des deux systèmes en créant une nouvelle filière technologique intégrée. Dans ce système, le réseau est enterré, mais la basse pression (0,5 bar) permet d'utiliser des conduites de béton non armé, beaucoup plus économiques, voire des conduites PVC prévues pour l'assainissement.

b) Le système transirrigation

C'est un perfectionnement récent du gravitaire, mis au point par la Société du canal de Provence. Le principe est de commander l'ouverture et la fermeture des canaux d'alimentation de chaque raie ou billon par un piston intérieur au tube d'alimentation, comme le montre la figure suivante.

---

(38) *Cf.* « Irrigation ; les systèmes sous le signe de l'automatisation », *La France agricole,* n° 212, p. 32.

(39) *Cf.* VERMEIREN (L.), « L'irrigation localisée », *Bulletin FAO de l'irrigation et du drainage,* n° 36, Rome, 1983, 219 p.

Figure n° 55

LE SYSTÈME TRANSIRRIGATION

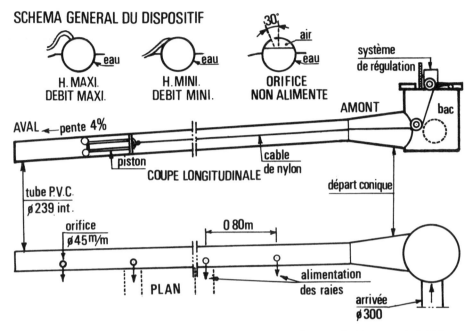

Source : *La France agricole* (40).

c) Les microréseaux

Les cas évoqués plus haut restent des aménagements d'envergure et supposent une politique régionale. La Compagnie des coteaux de Gascogne a imaginé des systèmes plus réduits : les microréseaux. Il s'agit de réaliser, à partir d'une retenue de dimensions réduites, comme un lac collinaire, un système de desserte pour les exploitants qui ont souscrit dès le départ. Cela limite les extensions ultérieures et laisse des « blancs » dans la zone, où il n'y a plus de « balayage général », selon le jargon des aménageurs, mais présente l'avantage de geler moins d'investissements pour des dessertes aléatoires.

On voit que les sociétés d'aménagement font preuve de beaucoup d'imagination technique et de sens commercial (41). Elles ont su exporter ces techniques nouvelles, ce qui explique leur diffusion importante au Maghreb. En fait, c'est chez les producteurs privés

---

(40) *Cf.* ROUSSEAUX (L.), « L'irrigation par gravité reste d'actualité », *La France agricole,* n° 21, 24 avril 1987, p. 49.

(41) Voir la revue *Eau-Aménagement de la région provençale,* publiée par la SCP.

maghrébins que les systèmes les plus sophistiqués s'implantent, en particulier au Maroc, plus ouvert aux importations de matériels.

Trois séries de causes se conjuguent donc pour asseoir un modèle d'agriculture de type industriel : le maintien d'une référence à l'agriculture coloniale, l'impasse de la réflexion sur l'avenir de la petite exploitation, et enfin un renouveau des techniques d'irrigation qui les rend plus performantes y compris sur le plan du rapport aux paysans. Le crédit accordé à ce modèle par les aménageurs a des conséquences importantes sur leur vision de la paysannerie.

2. Modernisation ou destruction de la paysannerie ?

Pour des raisons historiques déjà évoquées, les choix techniques faits au Maghreb au lendemain des indépendances doivent beaucoup aux ingénieurs des sociétés d'aménagement du sud de la France, qui avaient souvent un passé colonial important : beaucoup des premiers responsables de la Compagnie du bas Rhône étaient d'anciens cadres de l'Hydraulique marocaine. Cela explique peut-être la rapide diffusion au Maghreb du modèle grande hydraulique, avec ses caractéristiques d'agriculture industrielle. Cette option aura des conséquences considérables sur le rapport que les États vont nouer avec leur paysannerie.

Si l'on se réfère au seul discours politique, ce rapport est paradoxal.

D'un côté, la paysannerie semble considérée comme une force sociale rétrograde, qu'il faut gagner à la modernisation. Elle suscite un discours assez méprisant. Jean-Paul Gachet conclut d'une lecture suivie du discours politique tunisien sur la paysannerie :

> La paysannerie a toujours été considérée, dans son immense majorité, comme une force d'inertie, de blocage, comme un frein à la modernisation de l'agriculture. Sur elle se cristallisent toutes les insuffisances, les faiblesses de la société traditionnelle. La paysannerie ne pourra devenir véritablement le sujet de son propre devenir que si elle est radicalement transformée. Elle doit être éduquée, guidée, orientée. Ce qu'elle est : son histoire, sa culture, son organisation sociale, sa relation à l'espace, son savoir-faire, ne présente aucun intérêt (42).

_____

(42) GACHET (J.-P.), « L'agriculture : discours et stratégies », _Tunisie au présent. Une modernité au dessus de tout soupçon ?_, sous la direction de Michel CAMAU, Paris, Éditions du CNRS, 1987, p. 181.

En somme, la paysannerie sera intégrée au processus de modernisation de l'agriculture dans la mesure où elle disparaîtra dans ses caractéristiques actuelles.

D'un autre côté, la paysannerie est exaltée et idéalisée par le discours politique, qui fait du fellah un « héros positif », comme l'écrit Bruno Étienne, se fondant surtout sur l'Algérie ; mais, au Maroc aussi, si l'on en croit l'analyse de Rémy Leveau, le roi a privilégié, après l'indépendance, les alliances avec les élites rurales traditionnelles au détriment de la bourgeoisie urbaine et des partis nationalistes qui avaient été les forces sociales principales ayant conduit à l'indépendance. La position tunisienne est moins tranchée.

Thématiques contradictoires ou faces d'une même réalité ? Un bilan critique des réformes agraires au Maghreb permet en réalité de montrer que le discours sur la promotion du monde rural a toujours caché des pratiques d'intégration. En d'autres termes, la modernisation de la paysannerie n'est pas dissociable de sa disparition dans ses spécificités. Ce que Bruno Étienne résume en écrivant :

> L'agriculture, c'est-à-dire la production agricole, ne semble pas le souci fondamental du Pouvoir. Celui-ci est d'ordre politique : comment faire intérioriser aux ruraux la place qui leur est assignée dans un processus de développement qu'ils ne maîtrisent pas et qui les dépasse (43) ?

C'est cette hypothèse que l'on va examiner dans les pages qui suivent.

La modernisation contre les paysans

« L'échec relatif de la mise en valeur sur les périmètres irrigués est dû pour une bonne part à l'ignorance, voire à la mauvaise volonté des paysans. » Telle est l'impression majeure que l'on retire des entretiens avec nombre de responsables agricoles maghrébins. Position qui est souvent aussi celle des techniciens, qui sont pourtant d'origine rurale, pour la plupart. Écoutons plutôt Jamil, 35 ans, technicien, ingénieur d'application sur le périmètre du Gharb, interrogé par F. Mernissi.

---

(43) ÉTIENNE (B.), « La paysannerie dans le discours et la pratique », *Problèmes agraires au Maghreb*, Paris, Éditions du CNRS, 1977, p. 33.

JAMIL, UN TECHNICIEN DU GHARB FACE AUX PAYSANS

Question : Les paysans détestent le fait que l'État leur impose de consacrer un hectare sur les quatre qui constituent l'exploitation familiale à la betterave. Ils disent que c'est dur à faire pousser, et que
souvent ça les engage jusqu'aux oreilles dans les dettes envers l'État
qui sont occasionnées par les frais de culture de la betterave.

Réponse : Ils se plaignent, oui. Mais il ne faut pas les prendre au
sérieux. Ils jurent leurs grands dieux de ne plus faire de betterave et
dès que la saison est ouverte, ils viennent s'inscrire.

Q. Comment expliquez-vous qu'ils s'endettent ? Comment expliquez-
vous qu'à la fin de la saison ils ne sont pas plus riches, malgré le
travail qu'ils ont fourni ?

R. Je l'explique par leur façon de vivre. Ils sont toujours endettés parce
qu'ils ne s'organisent pas, ne calculent pas, ne prévoient pas à long
terme. Dès qu'ils touchent de l'argent, ils le dépensent. Quand un
paysan a de l'argent, il n'arrête pas de consommer jusqu'à ce qu'il
arrive à la fin du pécule. Il ne sait pas ce que c'est que faire un budget. Les colons, quand ils étaient ici dans la région, dès qu'ils reçoivent une somme d'argent après la saison, ils s'assoient à un bureau,
font les comptes, enlèvent ce qu'ils doivent à l'État comme crédits,
avances pour les services et les semences, ils font un budget pour les
mois qu'ils doivent vivre en attendant la prochaine rentrée d'argent,
et ils s'organisent. Notre paysan fait la tournée des souks, il ramène
des quantités incroyables de viande et les mange, avec sa famille et
ses copains, sur-le-champ, il fait la fête des journées de suite. Il ramène
des habits à la femme et aux enfants et il claque tout en quelques
semaines et se remet à emprunter. Voilà pourquoi le paysan est toujours endetté.

Q. Comment êtes-vous perçu par les paysans ?

R. Comme ennemi, il nous perçoit comme des ennemis ! Parce qu'on
lui demande de réaliser des tâches dont il ne s'acquitte qu'avec grande
difficulté, alors il nous hait, il hait les techniciens. Il faut dire aussi
qu'on leur fait des promesses qu'on ne tient pas, les ordres viennent
de Rabat, on annonce le projet, ils sont *intéressés* ; puis Rabat renonce
au projet, alors le paysan est déçu, il croit que nous, on est des men-
teurs, vous voyez.

Q. Que pensez-vous des jeunes gens du *douar*, en tant que travailleurs ? Vous les recrutez comme saisonniers, donc vous les connaissez.

R. Ils trichent, ils ne sont pas sérieux, ils font du très mauvais travail ; par exemple, pour le désherbage de la betterave, ils n'enlèvent
pas la mauvaise herbe par la racine, ils se contentent de couper ce
qui est apparent, ils laissent la racine en place.

Q. Pourquoi font-ils cela ?

R. Pour que la mauvaise herbe repousse quelques jours plus tard et

> pour qu'on les rappelle pour l'enlever à nouveau, voilà. C'est la mentalité des jeunes travailleurs de la région. Si l'un d'entre eux travaille sérieusement, ils lui envoient des pierres, ils l'empêchent de travailler.
>
> Q. Il y a du chômage dans les *douars* ?
>
> R. Excusez-moi, dans la campagne il n'y a pas de chômage, celui qui est chômeur ici, c'est celui qui est paresseux.
>
> Q. Les paysans disent qu'ils sont en chômage !
>
> R. Je m'excuse, c'est des paresseux, doublés de menteurs. Ce n'est qu'entre octobre et janvier qu'il n'y a pas de demande ; autrement, celui qui vous dit qu'il n'a pas de travail, c'est un paresseux. Il y a toujours du travail dans la campagne, toujours (44).

Ce discours assez dur sur les paysans est le fait d'un technicien du Gharb confronté à la difficulté qu'il y a à faire accepter par les agriculteurs les contraintes de l'intensification (bris d'asperseur et de vanne, refus des assolements). De tels propos ne sont pas rares. La référence au colon non plus, on l'a déjà mentionné en citant un discours du président Bourguiba. Moins virulent, le discours des responsables politiques, moins confrontés aux difficultés quotidiennes de la modernisation agricole, est parfois aussi méprisant pour le monde rural. Gachet en cite quelques extraits pour la Tunisie :

> Les agriculteurs sont invités à s'atteler à la tâche avec enthousiasme et courage, dans la confiance retrouvée. Ils doivent prendre conscience du rôle qui leur échoit dans le décollage économique, la prospérité du pays et son développement... A cet effet, ils doivent se débarrasser des mentalités rétrogrades et des méthodes archaïques de culture pour adopter les procédés modernes de mise en valeur basés sur des techniques scientifiques. La paresse, la passivité et surtout cette tendance à tout attendre de l'État doivent disparaître.

Ces propos, qu'on pourrait mettre dans la bouche d'un administrateur colonial, ont été tenus par Hédi Nouira, Premier ministre tunisien, en janvier 1971, à Béja. Développant sa conception de l'agriculture, celui-ci déclare à Jendouba en 1980 : « Il faut vulgariser dans cette région l'usage des techniques les plus modernes afin de faire progresser l'agriculture jusqu'à en faire une agriculture entièrement mécanisée et industrialisée. » On voit là le lien entre la conception du travail paysan et le modèle de production de référence. Mohamed Mzali ne dit rien de différent, quand il déclare devant l'Assemblée nationale, en juin 1982 :

---

(44) MERNISSI (F.), « Les femmes et le quotidien dans le Gharb », art. cité, pp. 43-44.

La promotion de l'agriculture est liée étroitement à l'évolution des mentalités. Elle exige nécessairement une révolution psychologique et culturelle de nature à éliminer les habitudes archaïques et les modes de pensée figés, accumulés au fil des ans, qui inhibent l'imagination et la créativité et les figent dans des moules stéréotypés qui ont perdu tout rapport avec la réalité vivante et ne sont plus que formes vides entravant toute réforme et toute innovation (45).

Discours de grands propriétaires fonciers et d'élites urbaines, dira-t-on. En réalité, on a longtemps entendu des accents analogues dans le discours politique algérien, dont la référence aux fellahs, « force sociale de la révolution », était pourtant une caractéristique majeure. Lisons plutôt. Dans l'avant-projet de Charte nationale de 1976, il est écrit :

> Arrachés à l'ignorance et à l'exploitation, les paysans mettent désormais en valeur et à leur propre profit une terre que la Révolution leur a attribuée... Si la Révolution a donné aux paysans la terre et les moyens matériels pour la travailler, cela doit maintenant les aider à élever leur conscience sociale et à placer leurs actions dans un cadre qui dépasse les horizons étroits de leur unité de production. La révolution agraire n'avancerait pas si elle ne parvenait pas à modifier la mentalité du paysan, et à détruire chez lui toutes les structures archaïques de pensée, d'action, de vision du monde.

Boumediene a résumé cela en une formule qui est restée célèbre : l'« esprit de gourbi ».

On peut donc dire que le technicien de terrain dans le Gharb, le grand propriétaire tunisien devenu Premier ministre, ou le révolutionnaire Boumediene, issu de la paysannerie pauvre algérienne, se retrouvent dans une même vision de la paysannerie, déjà patente dans le discours colonial : à l'instar du moujik russe, que Boukharine considérait comme un « barbare », le paysan maghrébin est perçu comme un obstacle à la modernisation. Pour que celle-ci réussisse, il faut que ce paysan abandonne tout le poids d'archaïsme technique et mental que véhiculent ses traditions.

Cette vision réductrice de la paysannerie est également à l'œuvre dans la problématique longtemps dominante du dualisme rural. Celle-ci consistait à souligner la présence de deux types d'agriculture très différenciés : un secteur qualifié de « moderne », mécanisé, produisant pour le marché, utilisant de la main-d'œuvre salariée, hérité souvent du secteur colon, et un secteur dit « traditionnel », rarement mécanisé, utilisant pour l'essentiel de la main-d'œuvre familiale, pro-

---

(45) GACHET, art. cité, p. 186.

duisant d'abord pour la consommation familiale. En approfondissant l'analyse, divers travaux ont montré ce que cette typologie avait d'inexact et de réducteur (46). En laissant entendre qu'il s'agit de secteurs juxtaposés, on occulte ce que le secteur dit « moderne » doit au secteur traditionnel. Bénéficiant d'un volant de main-d'œuvre à bas prix, en particulier saisonnière, il reporte ainsi indirectement sur l'agriculture traditionnelle une part du coût d'entretien de la force de travail dont il profite ensuite aux moments de pointes de travaux. Plutôt que de juxtaposition, il vaudrait mieux parler d'articulation, comme l'a montré Claudine Chaulet à propos de la Mitidja et de son arrière-pays (47). Inversement, le secteur qualifié de traditionnel s'est révélé beaucoup moins homogène qu'on ne le croyait : en son sein, on a montré toute une gamme de systèmes de production, ayant chacun sa logique propre. S'il est vrai que les microfundiaires peu mécanisés prédominent, il en est aussi qui sont étroitement articulés au marché, savent optimiser l'utilisation des différents facteurs de production et sont des agricultures « modernes » (48). En fait, même l'économie et la sociologie rurales avaient intégré une vision réductrice de la paysannerie.

Le fellah, abstraction idéalisée ou héros positif ?

A côté de ce discours négatif et méprisant, les élites maghrébines sont capables soit d'exalter la paysannerie, en l'idéalisant, comme en Algérie, soit de privilégier les alliances avec le monde rural le plus traditionnel, au détriment des élites urbaines modernisatrices, comme on l'observe au Maroc.

Le fellah, « héros positif » du discours politique algérien

Héros positif : étudiant le discours politique algérien sur la paysannerie, Bruno Étienne a eu cette formule heureuse qui traduit bien un trait dominant de l'idéologie algérienne. Reprenant à son compte un thème d'inspiration chinoise (« il faut encercler les villes par les campagnes »), Frantz Fanon avait popularisé en Algérie le thème du

---

(46) *Cf.* le séminaire sur le dualisme rural au Maghreb, Alger, 13 nov.-5 déc. 1972, ou POPP (H.), « L'opposition conceptuelle agriculture traditionnelle/agriculture moderne dans la géographie du Maroc : Éléments d'une problématique », *La recherche agronomique sur le Maroc*, Publications de la faculté des lettres et sciences humaines, Rabat, 1989, pp. 71-80.

(47) CHAULET (Cl.), *Agriculture de subsistance ? les Béni-Slimane*, Alger, CNESR, 1973.

(48) Voir par exemple BOURENANE (M.-E.), « Agriculture privée et politiques agraires en Algérie 1971-78, thèse », Paris VII, 1979, 2 t., 528 p.

paysan du Tiers monde nouveau prolétaire des temps modernes, et donc vecteur historique des transformations révolutionnaires. Cela allait conduire peu à peu les idéologues algériens, en particulier les auteurs des textes fondateurs du FLN, à exalter la mission historique des paysans, dont l'engagement dans la révolution est dans le fil de leur résistance passée au colonialisme :

— ce sont les paysans qui ont le plus supporté le poids du colonialisme et les exactions de l'armée coloniale. Aussi ont-ils été massivement des résistants ;

— dépossédés de leurs terres, « ils se ruèrent au lendemain de l'Indépendance sur les exploitations abandonnées et y instaurèrent spontanément une gestion collective » (49), ce travail en commun ne faisant que prolonger une tradition de travail collectif (50) ;

— « dépossédés » (Sari) et humiliés par le colonialisme, les paysans deviennent, dans la Charte nationale de 1976, une des principales « forces sociales de la révolution » (51).

Il y aurait bien entendu beaucoup à dire sur cette reconstruction très idéologique de l'histoire. On retrouve constamment de tels accents dans les discours du président Boumediene. Celui-ci déclarait par exemple, en avril 1978, devant le IIᵉ Congrès de l'Union nationale des paysans algériens, organisation de masse dépendant du FLN :

> Ces deuxièmes assises se tiennent après l'adoption de la Charte Nationale qui stipule de manière très claire que les fellahs constituent l'une des forces sociales de la Révolution. Ce congrès devra donc être l'occasion historique pour l'émergence de nouveau sur la scène politique nationale des fellahs en tant que force agissante et influente, constructive et garante de la Révolution contre toutes les formes de déviationnisme (52).

Propos tenus alors qu'en cette fin de IIᵉ Plan quadriennal l'agriculture était plus que jamais reléguée au second rang, en raison d'une priorité à l'industrie dont on ne contrôlait plus les limites. Ce populisme restera une des caractéristiques du régime algérien, régime dont les origines ambivalentes ont été maintes fois soulignées (direction de l'extérieur et *wilaya* de l'intérieur).

---

(49) TOUMI (M.), « Les expériences socialistes au Maghreb », *RJEPM,* n° 17, p. 70.
(50) OUZEGANE (Amar), « Entretien avec... », *Problèmes de l'Algérie indépendante,* PUF, « Tiers monde », 1963, p. 10.
(51) FLN, *Charte nationale,* Alger, Éditions populaires de l'armée, 1976, pp. 3-39.
(52) *El Moudjahid,* 26 avril 1978.

« Le fellah marocain, défenseur du trône »

La valorisation du monde rural se fait au Maroc d'une tout autre manière, en raison des caractéristiques propres à la société marocaine et de l'évolution du rapport de forces entre le roi et les principales forces sociales.

Le fellah marocain, défenseur du trône... L'expression est de Rémy Leveau, qui a défendu la thèse suivante : alors que l'indépendance politique a été en grande partie obtenue par une alliance des mouvements nationalistes et des bourgeoisies urbaines avec le sultan, la monarchie chérifienne va très vite s'employer à renouer des liens avec les notables ruraux traditionnels, que le protectorat avait dominés et manipulés à son avantage.

> Pour enrayer une évolution incertaine qui l'aurait réduite à un rôle symbolique en transférant la réalité du pouvoir à un parti dominant, la monarchie a restauré le pouvoir des élites locales qui lui apportaient en retour le soutien du monde rural. La monarchie a engagé dans cette opération son prestige traditionnel d'origine dynastique et religieuse, auquel s'ajoutait le prestige nouveau qu'avait acquis Mohamed V en s'opposant au Protectorat. Mais elle n'a pas réussi par la suite à reprendre à son compte, comme elle en avait l'intention, la politique modernisatrice des partis : cette politique aurait eu pour effet de réduire le rôle des élites locales (53).

Finalement, on a sacrifié la modernisation à la sécurité politique. Pour comprendre ce jeu subtil d'alliance de la monarchie avec les élites rurales, il faut reprendre avec Leveau les principales étapes d'évolution du rapport des forces sociales au Maroc.

a) Un héritage colonial : le pouvoir administratif des notables

Devant la difficulté de constituer une administration sur l'ensemble du pays, ce qui aurait coûté fort cher, le protectorat, suivant en cela la politique de Lyautey vis-à-vis des élites locales, s'est appuyé sur les notables locaux, *chioukh, moqqademin* et *caïds,* pour administrer l'ensemble du territoire. Laissant ceux-ci exploiter le monde rural traditionnel, les y aidant même parfois (grâce à l'immatriculation foncière, par exemple), l'Administration française s'est déchargée ainsi sur le monde rural du coût d'entretien des fonctionnaires : nul besoin de construire des locaux administratifs — la maison du *caïd* en tient lieu — ni de prévoir une solde — le tribut qu'il prélève suffit. Ainsi, le protectorat a administré le pays aux moindres frais.

Néanmoins, ce renforcement du pouvoir des notables allait accélérer le processus de constitution des latifundia et de prolétarisation

---

(53) LEVEAU (R.), *Le fellah marocain, défenseur du trône,* Paris, Presses de la Fondation nationale des sciences politiques, 1976, p. 3.

de la masse rurale. Aussi pouvait-on craindre un déferlement vers les villes, que les plus ouverts parmi les observateurs, comme Robert Montagne, repérèrent dès la fin des années 1940 (54). Ce fut l'origine d'actions de modernisation du secteur rural traditionnel (les secteurs de modernisation du paysannat) et de tentatives de modification du statut des notables traditionnels (en créant des communes, en particulier). Les pressions des colons et des notables ruraux réunis firent capoter cette tentative de réforme. En fin de période, les relations se détériorant entre le sultan et le protectorat, celui-ci joua l'alliance des autorités traditionnelles contre le palais pour déposer le sultan.

b) Une option récente : l'abandon de la réforme agraire

L'indépendance politique ayant été obtenue par une alliance de mouvements nationalistes très urbains, comme l'Istiqlal, et des bourgeoisies citadines avec le sultan, la monarchie tente dans un premier temps de substituer aux élites traditionnelles une bureaucratie moderne issue de ces couches sociales. Pour détruire le cadre tribal, on engage la création de nouvelles communes, où l'on installe de jeunes cadres alphabétisés. Mais le manque d'enracinement rural de cette nouvelle élite lui retire tout crédit dans les campagnes. Aussi, peu à peu, par réformes successives, le pouvoir des élites locales va-t-il être restauré : découpage des communes autour des souks, c'est-à-dire selon une conception tribale de l'échange commercial, option pour un mode de scrutin uninominal qui favorise l'élection de notables. Ceux-ci reviennent finalement en force, comme le montre le dépouillement des listes de candidats auquel s'est livré Leveau. Celui-ci ajoute que le roi a joué un rôle décisif dans cette reconstitution d'un pouvoir local comparable à celui du protectorat.

Le corollaire de ce revirement, c'est la nécessité d'abandonner les profondes réformes de structure qui étaient nécessaires pour engager le pays dans un processus de modernisation. Mais porter atteinte aux privilèges aurait contribué à miner le principal soutien politique du roi. Conscient de la menace que constituait la prolétarisation rurale, celui-ci s'occupa personnellement de la politique dite de promotion nationale, qui consista à redistribuer de l'argent dans les campagnes, sous forme de chantiers de travaux pour la DRS, les aménagements hydrauliques... Le ministère de l'Intérieur continuera à suivre de près cette question. En somme, « on cherche à adapter les solutions techniques aux données politiques », mais on renonce aux réformes de fond pour garder le contrôle politique.

---

(54) MONTAGNE (R.), *Naissance du prolétariat marocain. Enquête collective exécutée de 1948 à 1950*, Paris, Peyronnet, 1952.

Du discours aux pratiques : réformes ou mystifications agraires ?

Les réformes agraires éclairent ce discours paradoxal des élites maghrébines sur leur paysannerie. Diversement marqués dans leurs structures foncières par l'impact colonial, les trois pays ont, à un moment donné de leur histoire récente, fait de la réforme agraire un thème central de leur politique agricole. Soit pour l'abandonner rapidement, comme ce fut le cas au Maroc, pour les raisons que l'on vient d'évoquer, soit pour la mettre en œuvre, parfois sur une longue période, comme en Algérie. Si l'on considère, avec Michel Gutelman, que la réforme agraire est moins un réaménagement technique qu'un « produit social », celle-ci est le lieu où se cristallisent les rapports de pouvoir entre les paysans et les autres forces sociales. Or, comme au Mexique, « Madero vainqueur peut désarmer les paysans. Cela va devenir la règle absolue. Ce n'est jamais le guérillero qui gagne, ni le moudjahid, ni le fellagha. La victoire finale appartient toujours à la direction politico-militaire dotée d'une armée spécialisée d'où l'on a éliminé les ruraux..., dotée d'une expérience bureaucratique et des ressources stratégiques par la maîtrise du commerce extérieur (55). » C'est en ce sens qu'il est possible de parler de « mystifications agraires » (56).

L'ampleur des réformes agraires au Maghreb dépend d'abord de l'impact de la colonisation agraire. L'Algérie vit, de ce point de vue, une situation plus aiguë en 1962, puisque le secteur colon représente environ 2 700 000 ha, sur une SAU totale de 7 500 000 ha. Les étapes et les résultats de la colonisation agraire en Algérie ont été suffisamment étudiés pour qu'il soit inutile d'y revenir (57). Au Maroc et en Tunisie, la présence des colons, tout en étant moins massive (respectivement 750 000 ha et 700 000 ha environ, sur une SAU de 6 000 000 ha et 4 000 000 ha), revêt des caractéristiques voisines : accaparement des meilleures terres, surexploitation des sols, orientation exportatrice marquée, recours à une main-d'œuvre prolétarisée. Le processus de constitution d'un capitalisme agraire était parfois amorcé dès avant la colonisation, comme l'a montré Lazarev à propos du Maroc (58). Mais il est indéniable que les mouvements nationalistes et les aspirations à l'indépendance étaient gros d'aspirations

---

(55) ÉTIENNE, art. cité, p. 20.

(56) GUTELMAN (M.), *Réformes et mystifications agraires en Amérique latine, le cas du Mexique*, Paris, Maspero, 1972, 259 p. Voir aussi *Structures et réformes agraires, instruments pour l'analyse*, Paris, Maspero, 1974, 206 p., et LE COZ (J.), *Les réformes agraires, de Zapata à Mao Tsé Toung et la FAO*, Paris, PUF, 1974, 308 p.

(57) *Cf.* HENNI (A.), *La colonisation agraire et le sous-développement en Algérie*, Alger, SNED, 1983, 246 p.

(58) LAZAREV (G.), « Aspects du capitalisme agraire au Maroc », *Problèmes agraires au Maghreb*, pp. 57-90.

à une redistribution des cartes au niveau rural. Aussi l'objectif de réforme agraire apparaît-il dans les trois cas dans le programme des partis nationalistes.

Sa mise en œuvre devient en revanche un enjeu, et révèle vite les forces sociales en présence :

En Tunisie

Les options explicites pour le socialisme du Congrès de l'UGTT de septembre 1956 et des Perspectives décennales de développement 1962-71 n'aboutissent pas, car la majorité bourgeoise du Néo-Destour impose une politique de lotissement des terres coloniales plutôt qu'une refonte des statuts fonciers. Les UCP de Ben Salah échoueront en raison de leur rigidité bureaucratique, mais aussi en raison de l'absence d'une vraie base sociale pour un tel programme.

Au Maroc

Le conservatisme en matière agraire est encore plus explicite. Certes, les partis nationalistes, fussent-ils à base essentiellement urbaine, soulignent tous l'exigence d'une réforme agraire : Istiqlal, UNFP, PPS (59)... Les conditions d'une véritable réforme agraire feront l'objet d'une réflexion approfondie (60). Néanmoins, les choix successifs faits en matière de politique agraire privilégient les transformations techniques (Opération labour, transformation des secteurs de modernisation du paysannat en centre de travaux), la rentabilisation des investissements (code des investissements agricoles de 1969) et le contrôle par l'État d'une partie du potentiel agricole (création des offices régionaux de mise en valeur agricole), en particulier celui qui alimente l'exportation (création de la Sodea). Ce qui fait dire à un responsable de l'Agriculture en 1964 : « Notre pays dispose d'une grande chance en matière de réforme agraire. Et cette chance c'est que la réforme agraire n'est pas faite. » « Il y a donc, commente Bouderbala, deux stratégies simultanées, et, en apparence du moins, contradictoires. La première qui encourage le laisser-faire et le soutien occulte au capital privé dans l'agriculture, la seconde qui proclame le soutien aux petits et recherche effectivement la stabilisation de la paysannerie (61). »

---

(59) Les textes en sont rassemblés par BOUDERBALA, CHRAIBI, PASCON, *La question agraire*, t. I.
(60) *Cf.* le colloque *Réforme agraire au Maghreb*, Paris, Maspero, 1963, 146 p., où interviennent Dresch, Berque, Marthelot, Ben Barka.
(61) BOUDERBALA, *op. cit.*, p. 210.

En Algérie

Le processus sera conduit plus loin : tout d'abord, mise en place du secteur autogéré, à partir de mars 1963, sur 2,3 millions d'ha, puis constitution de coopératives de la révolution agraire sur 1 million d'ha, à partir de 1971. La première réforme s'est attaquée essentiellement au secteur colon, la seconde aux grands propriétaires algériens et aux absentéistes. De Villers a bien montré le caractère populiste de ces deux réformes, menées par une élite politico-militaire à la recherche d'un soutien des masses rurales que l'option industrialiste tenait à l'écart des bienfaits de la croissance. « Mythe mobilisateur » et non programme d'alliance objective avec les paysans (62). Aussi, malgré l'ampleur du secteur agricole socialiste, est-il clair que celui-ci n'est pas devenu l'élément dynamique de l'agriculture algérienne. Au contraire : la bureaucratisation, le parasitisme et le laisser-aller se sont conjugués pour en faire un secteur peu performant, dont on a beau jeu aujourd'hui de dénoncer les insuffisances, à l'heure où sa liquidation est d'actualité.

Analysant ces trois réformes agraires maghrébines, A. Zghal observe qu'aucune n'a vraiment mobilisé les paysans, parce que toutes furent réalisées dans un « esprit d'octroi » que révèle un discours paternaliste et méprisant (63). En revanche, ces programmes ont eu une fonction intégratrice. Si l'agriculture n'est pas le souci prioritaire du pouvoir au Maghreb, « celui-ci est politique : comment faire intérioriser aux ruraux la place qui leur est assignée dans un processus de développement qu'ils ne maîtrisent pas et qui les dépasse (64) ? » Cela nous conduit à montrer que, pendant que l'on tenait aux paysans ces discours mystificateurs, l'État confiait aux techniciens et aux spécialistes la tâche de modernisation de l'agriculture. Le fait est net pour les périmètres irrigués.

3. L'emprise des ingénieurs et des techniciens sur la mise en valeur en irrigué

Si l'idéal de l'agriculture irriguée est bien le grand périmètre où une trame rationnelle et l'agro-industrie permettent un niveau opti-

---

(62) DE VILLERS (G.), « Pouvoir politique et question agraire en Algérie », thèse de sociologie, Louvain, 1978, 2 t., 722 p.
(63) ZGHAL (A.), « Pourquoi la réforme agraire ne mobilise-t-elle pas les paysans maghrébins ? », *Problèmes agraires au Maghreb*, p. 310.
(64) ÉTIENNE, art. cité, p. 33.

mum d' intensification, on est tenté d'ajouter en parodiant un mot célèbre : « L'agriculture en irrigué, c'est trop sérieux pour être laissé aux paysans. » En parcourant les périmètres maghrébins, on est très frappé par le rôle qu'y jouent les ingénieurs au détriment des paysans. L'emprise des sociétés étrangères d'études et de réalisation est surprenante :

> La dimension imposante des programmes d'équipement et de mise en valeur, leur progression de plus en plus rapide entraînent un recours croissant aux sociétés d'études et de travaux étrangers. De plus en plus, les barrages, les réseaux, les sucreries, les plans de production sont livrés « clefs en main ». Seule la paysannerie, irritante exception, ne peut être importée. Cette évolution est inquiétante, car elle empêche le pays de s'approprier et de dominer l'ensemble des processus scientifiques et techniques qui sont à la base des choix fondamentaux de développement, et ceci au moment où le nombre et la qualité des cadres formés au Maroc devraient permettre une indépendance accrue (65).

Il paraît judicieux d'élargir l'observation. En effet, ces sociétés étrangères qui interviennent massivement dans les programmes de grande hydraulique au Maghreb le font en étroite articulation avec les responsables nationaux de ce secteur : ingénieurs, cadres supérieurs des ministères techniques concernés, responsables des offices de mise en valeur. L'enquête directe permet de constater qu'il y a là une profession qui émerge à la faveur des grands aménagements entrepris par l'État, profession dans laquelle ingénieurs maghrébins et ingénieurs étrangers se reconnaissent, au nom d'une culture commune. Sortis souvent des mêmes écoles, imbus d'une même rationalité technicienne, ils collaborent plus qu'ils ne s'opposent. Il suffit pour s'en convaincre de voir travailler sur un même projet les cadres de l'Office du Gharb et ceux du bas Rhône. La question n'est donc pas seulement celle de la mainmise étrangère, mais plus généralement de l'emprise des ingénieurs comme corps sur la mise en valeur en irrigué, avec le risque d'en déposséder peu à peu les paysans. On va tenter d'en présenter les formes et les conséquences (66).

---

(65) BENHADI (A.), « La politique marocaine des barrages », p. 285.

(66) Ce rôle croissant des ingénieurs dans les politiques de développement a été mis en évidence et illustré par une table ronde internationale de la Maison de l'Orient : *Bâtisseurs et bureaucrates. Ingénieurs et société au Maghreb et au Moyen-Orient,* sous la direction d'Élisabeth LONGUENESSE, Lyon, Maison de l'Orient, 1991, 436 p.

Le rôle multiforme des ingénieurs
dans les grands programmes hydrauliques

Le type de programme privilégié par les États favorise une intervention des ingénieurs à de multiples niveaux : conception globale, études de barrage, conception des périmètres, réalisation des ouvrages, encadrement administratif et gestion. Généralistes et spécialistes de toutes disciplines sont amenés à travailler ensemble, d'une manière qui transcende les frontières. Si bien que l'on retrouve les mêmes acteurs et les mêmes démarches pour l'aménagement de l'Euphrate ou celui des Doukkala (67).

Un pouvoir d'orientation : les études générales

Les travaux sur l'évolution des transferts de technologie au Maghreb soulignent un élargissement constant du champ de ces transferts : ils ont d'abord concerné des techniques très pointues comme la cimenterie, la sidérurgie, etc., puis on en est venu à solliciter les capacités extérieures pour la conception, voire la gestion des ensembles industriels et agricoles (68). C'est ainsi que les ingénieurs, y compris étrangers, interviennent pour l'hydraulique à un premier niveau : celui de la conception générale des aménagements. On peut recenser dans les trois pays une série de schémas directeurs concernant l'inventaire des ressources en eau et en sol, les perspectives de mobilisation et d'utilisation (AEP, AEI, agriculture). Ces études sont complexes, longues à mener et le plus souvent réalisées par des bureaux d'études étrangers, reconnus pour leurs capacités et leur expérience. Dans la mesure où il ressort de leurs conclusions des orientations de politique globale, on peut à juste titre considérer avec Germouni qu'il y a là une « remontée de la dépendance » (69). A titre d'exemple d'études générales dont les options ont eu des effets notables, on peut citer le projet Sebou, réalisé par le Pnud, les rapports Hydrotechnic et Energoprojekt pour l'Algérie et les plans directeurs régionaux d'Italconsult en Tunisie.

Une spécialité peu partagée : les études de barrage

C'est un domaine délicat, car il s'agit d'études complexes dont la fiabilité doit être absolue, ce qui explique le petit nombre relatif de partenaires rencontrés. Voici, présenté par un ingénieur de Coyne et Bellier, les étapes d'une telle étude.

---

(67) Voir l'analyse de Jean HANNOYER à propos des grands projets hydrauliques syriens, « Grands projets hydrauliques en Syrie, la tentation orientale », *Maghreb-Machrek*, n° 109, juillet-sept. 1985, p. 39.
(68) Voir les travaux de YACHIR (F.), ainsi que MICHEL (H.) *et alii, Technologies et développement au Maghreb*, Paris, Éditions du CNRS, 1978, 251 p.
(69) GERMOUNI (M.), *Essai sur les problèmes de l'engineering et de la technologie au Maroc*, Rabat, Éditions de la faculté des sciences juridiques, 1978, p. 88.

LES PRINCIPALES ÉTAPES D'UNE ÉTUDE DE BARRAGE (70)

Première étape : inventaire
Inventaire très général des ressources disponibles, des demandes exprimées ou potentielles et des ouvrages réalisables. A ce premier stade, on se contente de présenter diverses stratégies possibles et des étapes de réalisation.

Deuxième étape : étude de faisabilité
Étude de faisabilité de quelques projets, dans le but de comparer pour chacun les coûts et les avantages, et d'identifier les aléas de réalisation pour chaque projet. Cela suppose déjà des reconnaissances géologiques et géotechniques plus fines. Le dossier de faisabilité comprend :
— un avant-projet technique sommaire avec quelques plans et quelques calculs justificatifs, ainsi que l'étude et la comparaison technique et financière des différentes variantes possibles et un détail estimatif du coût de l'ouvrage à ± 15 % ;
— une étude économique et financière mettant en relief le montant des investissements et le prix de revient des services fournis par l'aménagement.
A ce stade intervient la décision politique de construire ou non l'ouvrage. Dans la décision, la réunion des bailleurs de fonds joue un rôle important. Le plus souvent, un montage financier rassemblant plusieurs partenaires est nécessaire. Cela a des conséquences ultérieures sur le choix des entreprises. Mais l'État tient compte aussi de ses propres objectifs économiques et sociaux (71).

Troisième étape : avant-projet détaillé (« final design »)
Il s'agit d'établir un projet complet permettant de lancer les appels d'offres pour la construction. Le dossier doit donc contenir un cahier des charges détaillé et indiquer les délais d'exécution. Cela suppose des reconnaissances de terrain très complètes pour éviter les surprises en matière géologique. Le dossier d'appel d'offres est décomposé en lots (les ouvrages, les aménagements, les équipements...).

Ensuite, seulement, peut commencer la réalisation. Aussi estime-t-on qu'il faut cinq ans au minimum entre le moment où l'on décide de démarrer une étude d'inventaire et celui où on peut lancer l'appel d'offres (72). Ainsi s'explique pour une part le coût élevé de ces étu-

---

(70) VINCENT (A.), « Les étapes d'une étude de barrage », *Histoires de développement*, n° 5, 1989, p. 7.
(71) Il arrive qu'un projet économiquement peu rentable aboutisse, car il a un intérêt social : c'est le cas, du barrage sur le Ziz, au Maroc, région défavorisée pour laquelle le pouvoir voulait montrer sa sollicitude.
(72) Les ingérieurs des bureaux d'études soulignent que l'instabilité politique et la valse des responsables contribuent beaucoup à allonger les délais, car, pour qu'un projet aboutisse, il faut que quelqu'un le porte et surmonte les obstacles.

des. Il est clair aussi que l'expérience acquise favorise la crédibilité en ce domaine. D'où le nombre assez restreint de grands bureaux d'études spécialisés dans les barrages, une dizaine au niveau mondial, que l'on retrouve partout :

— 1 français : Coyne et Bellier ; — 1 japonais : EPDC ;
— 1 américain : Harza ;   — 1 autrichien : Verbundplan ;
— 1 britannique : Gibb &
  Partners ;   — 1 norvégien : Nordconsult ;
— 1 suisse : Electrowatt ;   — 1 yougoslave : Energoprojekt ;
— 1 allemand (RFA) : Lameyer ; — 1 soviétique :
                                     Urguiprovodkhoz.

Il faut y ajouter des bureaux spécialisés dans certains éléments du barrage : pour l'équipement électrique, par exemple, on trouvera Tractionnel (Belge), Sogreah (France), etc. Il y a également une certaine spécialisation régionale, qui tient à la langue (les Français sont mieux placés en Afrique de l'Ouest et au Maghreb), à la réputation (le fait pour Coyne et Bellier d'avoir fait Bin el Ouidane, le plus grand barrage du Maroc avant l'indépendance, a joué un rôle positif pour cette société). Enfin, la taille semble également orienter le choix : les Soviétiques ont l'habitude des grands ouvrages (73).

A ce jour, il n'y a pas de bureau d'études maghrébin qui réalise totalement des études de barrage ; cependant, Coyne et Bellier a une filiale marocaine, Ingema, qui participe à ses travaux au Maroc et acquiert ainsi une réelle compétence.

La conception des périmètres irrigables

C'est un troisième niveau d'intervention des spécialistes. Ici aussi, on rencontre au Maghreb un certain nombre de sociétés spécialisées dans la conception de périmètres irrigués, certaines, comme la Compagnie du bas Rhône - Languedoc, s'étant taillé une réputation majeure dans ce domaine.

Ici encore, une compétence avérée et une longue expérience sont requises. En fait, la notoriété joue beaucoup dans le choix d'un bureau d'études, et parfois les échecs ou erreurs passés sont vite oubliés.

a) Les principaux bureaux d'études de périmètre au Maghreb

Quelques grands noms reviennent sans cesse, parmi lesquels les bureaux français prédominent :

— Gersar (Groupement d'études et de réalisations des sociétés d'aménagement régional) (français) ;
— Sogreah (Société grenobloise d'études et d'aménagements hydrauliques), société privée, filiale de la CGE ;

---

(73) *Cf.* MARCHAND (P.), « Du lyrisme au catastrophisme : l'histoire de l'aménagement de la Volga », *Histoires de développement*, n° 5, mars 1989, pp. 11-15.

LES GRANDES ÉTAPES D'UNE ÉTUDE DE PÉRIMÈTRE

Comme pour une étude de barrage, il y a des étapes obligées.

L'identification globale
Il s'agit de dégager quelques grandes options, à base de flair et d'expérience. Cela aboutit à un avant-projet sommaire, qui contient :
— le choix des principales dispositions techniques (localisation des stations de pompage, dimensionnement des canaux...) ;
— une première évaluation des coûts et des avantages attendus du projet (hypothèses globales sur les cultures pratiquées, l'emploi créé...) ;
— la liste des investigations détaillées à prévoir (relevés topographiques, sondages...).

L'avant-projet détaillé
Fait sur la base des conclusions précédentes, il contient :
— une définition précise de l'ensemble du projet ;
— la constitution de dossiers d'avant-projets par lots pour consulter les entreprises (génie civil, électrotechnique...).

Les étapes finales
Ce sont :
— la constitution des dossiers d'appels d'offres ;
— le choix des entreprises ;
— la passation des marchés.

— Scet-Agri-BDPA, résultat d'une fusion récente (74) ;
— Gibb & Partners (britannique) ;
— Nedeko (hollandais) ;
— Grontmij (hollandais) ;
— Tesco (hongrois).
A ces bureaux s'ajoutent des Espagnols, des Portugais, des Bulgares, etc. On trouve leurs réalisations respectives au Maghreb dans l'annuaire des grands barrages. Ces sociétés ont des statuts assez variés : certaines, comme Sogreah, sont privées, alors que d'autres sont des sociétés d'économie mixte, qui bénéficient donc d'un appui de l'État. Il est clair que la réalisation d'études, outre l'intérêt financier immédiat, ouvre la voie à des exportations de matériels qui peuvent être importantes.

---

(74) La Société d'études et de conseil pour l'aménagement rural, l'inventaire et la gestion des ressources (Scet-Agri) est la société du holding « Caisse des dépôts-Développement » (C 3 D) spécialisée dans les problèmes de développement rural. Elle regroupe 130 personnes, agronomes, ingénieurs en génie rural, économistes, spécialistes de l'élevage, informaticiens. Son activité d'études se déroule pour l'essentiel en Afrique. Ses références sont nombreuses, dont 25 000 ha par aspersion sur les Doukkala, au Maroc.

b) Le rôle privilégié du Gersar

Il est intéressant de présenter le cas du Gersar, qui regroupe six sociétés françaises d'aménagement régional (SAR). Créées dans le sud de la France au cours des années 1960 pour promouvoir une mise en valeur agricole des régions méridionales, ces sociétés ont d'abord été sollicitées pour exporter leur savoir-faire en Roumanie, puis en Afrique du Nord. Peu à peu, elles vont développer une stratégie d'exportation, et c'est dans ce but qu'est créé le Gersar en 1970, pour éviter la dispersion dans la recherche des marchés et pour tirer parti de la diversité des expériences (75). Il s'agit là d'un potentiel important, dont la tour de quatorze étages à Nîmes est comme un symbole. Aujourd'hui, le Gersar est incontournable au Maghreb. Dans

---

FICHE D'IDENTITE DU GERSAR (76)

Siège social : 8, rue Jean-Goujon, Paris.

Services : 685, route d'Arles, Nîmes.

Statut : Société anonyme au capital de 950 400 F.

Membres :
— CNABRL (Compagnie nationale d'aménagement du bas Rhône - Languedoc), siège : Nîmes ;
— SCP (Société du canal de Provence), siège : Le Tholonet ;
— Somivac (Société de mise en valeur de la Corse), siège : Bastia ;
— CACG (Compagnie d'aménagement des coteaux de Gascogne), siège : Tarbes ;
— Somival (Société de mise en valeur des régions Auvergne — Limousin), siège : Clermont-Ferrand ;
— CNR (Compagnie nationale du Rhône), siège : Lyon.

Personnel : 1 700 agents, dont 776 ingénieurs ou techniciens supérieurs.
Équipements : Outre les bureaux et ateliers de cartographie, on notera 6 laboratoires de sols et d'eaux, 7 fermes expérimentales, un laboratoire d'essai hydraulique, 4 centres de calculs dotés d'ordinateurs puissants, etc.

---

(75) *Cf.* l'entretien accordé par Henri POMMERET, PDG de la Compagnie du bas Rhône et vice-président du Gersar, à *Afrique-Agriculture,* n° 72, août 1981, pp. 22-24.

(76) *Afrique-Agriculture,* n° 71, juillet 1981, fait une brève présentation de ces sociétés pp. 39-46 ; le numéro 109, de septembre 1984, de la même publication donne une mise à jour pp. 40-41.

cet ensemble, la Compagnie nationale d'aménagement du bas Rhône - Languedoc (CNABRL) joue un rôle dominant. Cette société d'économie mixte fut créée en 1956, aux grandes heures de l'aménagement du territoire, par un homme hors du commun, Philippe Lamour, qui eut bien de la difficulté à faire admettre aux Languedociens, très attachés à la monoculture de la vigne, les transformations importantes qui allaient résulter de cet aménagement.

Il faut dire que l'aménagement du Languedoc n'était pas une mince affaire : la plus grande station de pompage d'Europe (on la fit visiter à Khrouchtchev), un objectif de 240 000 ha irrigués à la raie, l'introduction de nouvelles cultures, des bouleversements dans les circuits commerciaux... Bref, c'est une évolution considérable, typique de l'approche « frontale » diagnostiquée par Marié.

Des études parfois contestées

Les études réalisées par ces agences sont parfois très discutées. Outre les redondances fréquentes et les biais acceptés dans le calcul économique, la qualité de certaines études est contestée. Introduisant un colloque à Paris en 1983 sur les politiques de l'eau en Afrique, Gérard Conac déclarait à ce propos :

> Une concurrence non dissimulée oppose les bureaux d'études dans la course aux contrats. Le coût souvent élevé des études a pu être dénoncé, parfois avec vigueur. La qualité médiocre de certaines d'entre elles a été mise en cause. Pour cerner un projet, plusieurs études successives s'emboîtent comme des poupées russes : un schéma directeur, une présentation générale portant sur l'ensemble du périmètre, une étude de préfactibilité (éventuellement), puis une étude de factibilité relative à une partie du périmètre et une étude d'exécution concernant un secteur très limité du périmètre. Il n'est pas sûr que toutes ces études soient absolument indispensables. On peut se demander si elles n'aboutissent pas à une documentation trop lourde et trop complexe pour être parfaitement exploitable par les gouvernements africains (77).

Bien entendu, les bureaux se défendent en répondant qu'ils ne réalisent que les études qui leur sont demandées par les États.

Pour illustrer la masse de documents et donc la quantité de journées ingénieur que requiert un projet hydro-agricole, voici à titre d'exemple une liste (incomplète) d'études réalisées par Sogreah pour le réaménagement du bas Chelif (Algérie).

---

(77) CONAC (G.), « Le processus de décision politique dans les États d'Afrique : exemple des politiques de l'eau », *Les politiques de l'eau en Afrique*, Paris, Economica, 1985, p. 27.

Étude du schéma directeur des ressources en eau du Chelif
et réaménagement du périmètre du bas Chelif (78)

Dossier	Titre	Date
A 1	Évaluation des besoins en eau urbaine et industrielle	09/83
A 2	Évaluation des besoins en eau agricole	12/83
B 1	Régularisation des débits par les barrages existants et en service	05/84
B 2	Mise en forme des données hydrologiques de base. Étude de régularisation des débits par les barrages en construction et en projet	05/84
B 3.1	Étude de faisabilité du barrage de Sidi ben Taiba	08/84
B 3.2	Étude de faisabilité du barrage de Djidiouia	08/84
B 4	Étude hydrologique d'ensemble	05/84
B 5	Étude de la qualité des eaux	05/84
C 3	Aspects du schéma directeur liés au transfert de l'eau vers l'Oranie	11/84
D 1	Remplissage gravitaire de la Merja Sidi Abed et bassin de décantation. Étude de faisabilité	03/84
D 1.a	Régulation du système	03/84
D 2	Dossier d'appel d'offres	03/84
E 1	Recherche des zones à aménager. Critères de choix et données agro-économiques	06/84
E 2	Étude des travaux de rénovation et de renforcement du réseau d'irrigation, d'assainissement et de drainage	03/85
E 3.1	Travaux de rénovation du réseau d'irrigation secteur Ouerizane. Dossier d'appel d'offres	05/86
E 3.2	Travaux de rénovation du réseau d'irrigation zones de rive gauche. Dossier d'appel d'offres	06/86
E 4	Avant-projet détaillé de rénovation et de renforcement des réseaux d'assainissement	03/86
E 5	Avant-projet sommaire pour l'irrigation des zones d'extension	03/86

Les responsables nationaux ont leur part de responsabilité dans cette inflation d'études : les concepteurs interviennent toujours en fonction d'un cahier des charges, élaboré par le maître d'ouvrage. Or, les changements fréquents de responsables ou de solutions techniques retenues ne contribuent pas à simplifier la tâche. Le cas du haut Chélif est significatif de cette valse-hésitation : après avoir demandé que l'on fasse de la betterave sucrière, les responsables du Mara ont opté pour les fourrages irrigués, puis pour le maïs-grain.

---

(78) Bien entendu, plusieurs études importantes avaient précédé, portant sur l'ensemble du Chelif, mais avec des dossiers de détail, comme : SEDIA, *Étude générale de la mise en valeur de la région du Chelif*, 1961 ; ENERGOPROJEKT, *Étude de l'irrigation des grands périmètres algériens*, 1967 ; sans compter les contributions de l'Otam-Sema-Sares, Tempo, etc., les travaux d'universitaires (Boulaine, sur les sols), ou d'experts (Le Goupil, sur l'irrigation).

A chaque fois, le bureau d'études reprend les calculs, la modélisation... Le défaut de politique agricole renforce les travers de l'étude par projet (79).

Les entreprises de réalisation, de la conception à la mise en œuvre

Une fois l'ensemble des études achevé, une procédure d'appels d'offres permet de sélectionner les entreprises qui seront chargées de réaliser les barrages, les stations de pompage, les canaux, les réseaux, et de mettre en place l'ensemble de l'équipement.

La taille des projets, leur complexité, conduisent à confier la réalisation à certaines grosses firmes spécialisées, qui ont les capacités techniques voulues. C'est ainsi que l'on retrouve souvent Campenon-Bernard, GTM (Grands travaux de Marseille), Dumez, Dragados, Holzman, etc., qui sont des références en matière de barrages.

La notoriété n'est pas tout : le financement joue un rôle de plus en plus dirimant. Le choix de telle société tient à sa capacité à apporter un financement, par le biais des institutions financières du pays de provenance. Ainsi, dans le cas français, la direction des Relations économiques internationales définit chaque année avec le Trésor et la Coface des protocoles de financement avec l'étranger. Mais, au dire des sociétés françaises interrogées, les bailleurs de fonds espagnols et italiens sont plus généreux en matière de financement extérieur, ce qui leur vaut des parts de marché plus importantes. Il y a de nouveaux venus sur ce marché très ouvert, comme la Corée et la Turquie (80).

Les pays maghrébins ont des stratégies et des capacités de réalisation variables, mais souvent insuffisantes. Observons un chantier de grand barrage pour comprendre pourquoi : le chronométrage qu'impose le ballet des camions de terre (un toutes les deux minutes, par exemple) suppose des capacités en matériel, en hommes formés et surtout en maintenance qui font le plus souvent défaut. L'Algérie a cherché à diminuer l'emprise des sociétés étrangères en créant ses propres sociétés de réalisation de barrages comme ENRB (Entreprise nationale de réalisation de barrages) ou ENRGO (Entreprise nationale de réalisation de grands ouvrages). On en évaluera les résultats plus loin. Au Maroc, on rencontre des filiales de sociétés européennes, comme Pont-à-Mousson (Sobeah), mais plus le chantier est gros et plus les firmes étrangères sont bien placées.

---

(79) MICHAILOF (S.), *Les apprentis sorciers du développement,* Paris, Economica, 1987, 310 p.

(80) L'étude fort intéressante de ces circuits de financement public à l'exportation n'a pas été faite pour le marché des barrages. Nous nous basons donc seulement sur les données recueillies par enquête auprès de la direction internationale de Campenon-Bernard.

L'ampleur et la complexité de ces marchés fait que, souvent, un nombre important d'entreprises sont impliquées, chacune ayant un lot : génie civil, réseau de drainage, construction d'étables, de sucreries... Il y a aussi le souci de partager le risque, les entreprises ayant de plus en plus de difficultés à se faire payer, dans le contexte de crise financière qui prévaut au Maghreb. Quand le financement n'est pas direct (procédure dite du « crédit documentaire »), il y a des risques de « pertes en ligne », en clair que l'argent soit utilisé pour autre chose.

Face à ces entreprises étrangères, les États maghrébins ont eu des attitudes différentes : alors que le Maroc a maintenu une collaboration ancienne avec de grosses entreprises Françaises comme Campenon-Bernard, Dumez et Fougerolle, l'Algérie a cherché à diversifier ses partenaires. Sur la trentaine de barrages réalisés au Maroc depuis 1929, ces trois sociétés françaises (il y en a d'autres, comme la société des Grands travaux de Marseille) en ont construit treize. L'Algérie, tout en cherchant à développer ses propres capacités de réalisation, continue à faire appel à des firmes étrangères, d'origine plus diversifiée.

AU MAROC, LES TROIS PRINCIPAUX CONSTRUCTEURS FRANCAIS DE BARRAGES SE MAINTIENNENT		
Société	Barrage	Année
FOUGEROLLE	El Kansera	1935
	Bin el Ouidane	1953
	Aït Ouarda	1954
CAMPENON-BERNARD	Mechra Homadi	1955
	Idriss-Ier	1973
	El Massira	1979
	Tamzaourt	1981
	Aït Youb	1989
CHAUFOUR-DUMEZ	Sidi M. ben Abdallah	1974
	O. el Makhazine	1979
	Timi n'outine	1980
	Aït Chouarit	1986
	Aoulouz	1990

L'ingénierie comme enjeu commercial

Outre le coût élevé de ces importations de savoir-faire, il faut souligner l'enjeu que constitue l'ingénierie.

Il y d'abord l'aspect commercial : la fourniture de matériels et la vente de journées ingénieur représente des sommes importantes. Aussi des sociétés spécialisées se partagent-elles le marché maghrébin.

EN ALGÉRIE : RECHERCHE ET LENTEURS
D'UNE DIVERSIFICATION DES PARTENAIRES
DANS LA CONSTRUCTION DE BARRAGES

Répartition des barrages construits (1970-1988)
• 14 barrages construits par des entreprises étrangères : Herreza, Guenitra, Deurdeur, Sly, Lekehal, Aïn Zada, Bou Roumi, Keddara, Dahmouni, Hammam Meskoutine, Gargar, Aïn Delia, Sidi Abdelli
• 3 barrages construits par des entreprises algériennes : Ouizert, Hammam Grouz, Merja Sidi Abed
• 1 barrage construit par un groupement algéro-étranger : Si Mohamed Ben Aouda.

Répartition des barrages en cours de construction en 1990
• 8 barrages sont confiés à des entreprises algériennes : Mexa, Souani, El Agrem, Ouled Mellouk, Cherf, Boughrara, Brezina.
• 7 barrages sont confiés à des entreprises étrangères : Cheurfa, Boukourdane, Fontaine-de-Gazelles, dérivation Chiffa-Harbil, Beni Haroun, Ben Zid.

Source : Enquête personnelle.

Cette liste est seulement indicative : il faudrait y ajouter Irrifrance, dont la Compagnie du bas Rhône est actionnaire, Lindsay, *leader* mondial des centres pivots, Valmont, qui intervient beaucoup dans la fourniture de pivots (81), etc.

Au-delà des affaires commerciales, les pays vendeurs peuvent peser sur le type d'agriculture et ses orientations. C'est ainsi que, pour augmenter leur potentiel à l'exportation, les sociétés spécialisées en matériels d'irrigation se sont regroupées en une association, Hydroplan, créée en 1981, et qui regroupe plus de 60 sociétés, présentes au salon Hydroplan de Marseille (82). Ayant choisi de « cibler tout spécialement le continent africain », l'association Hydroplan y organise de fréquentes missions de prospection, en particulier au Maghreb.

En Tunisie, deux missions sont effectuées en avril 1983 et février 1984. La seconde conclut que la Tunisie « se présente comme un marché de plus en plus difficile d'accès que ce soit pour les bureaux d'études, les installateurs ou les constructeurs ; de plus en plus les

---

(81) *Marchés tropicaux* du 17 avril 1987 donne une liste intéressante des sociétés présentes au Salon international de la machine agricole (SIMA) de mars 1987, pp. 914-915.

(82) *Cf. Afrique-Agriculture*, n° 100, décembre 1983, pp. 81-82 et n° 109, sept. 1984, p. 26.

QUELQUES FIRMES SPÉCIALISÉES EN MATÉRIELS D'IRRIGATION INTERVENANT AU MAGHREB

Filtres Crépines Johnson SA, filiale d'une firme américaine fondée en 1904, commercialise des crépines, tubes et accessoires pour forages d'eau et de pétrole, des instruments d'hydrométrie et de géophysique pour la recherche d'eau souterraine. Cette société a réalisé un forage à 1 450 m pour l'irrigation de la palmeraie de Mahasen.

Flygt, groupe d'origine suédoise, premier spécialiste mondial des électropompes submersibles pour eaux chargées, intervient particulièrement au Maghreb comme en Afrique noire par le canal de sa filiale Flygt-France ; l'entreprise réalise 15 % de son chiffre d'affaires sur ce continent. Noter que les usagers algériens boudent les pompes fabriquées à Berrouaghia et leur préfèrent les pompes Flyght.

James Hardie Agrotec, résultat d'une fusion entre l'entreprise française Ris Agrotec et la firme australienne James Hardie Agrotec, particulièrement connue pour ses systèmes goutte à goutte. Ainsi, au Maroc, elle est intervenue pour équiper des centaines d'hectares d'arboriculture autour de Meknès et diverses cultures, dont des bananiers, dans la région d'Agadir-Sousse-Taroudant.

Moteur Cérès, société spécialisée dans le motopompage, réalise près de 75 % de ses exportations sur le continent africain. En Algérie, elle dispose d'une délégation permanente qui encadre une structure locale ; au Maroc, de concessionnaires.

Neyrtec, société française du groupe Alsthom-Atlantique, est beaucoup intervenue pour des réseaux d'adduction et d'assainissement en Algérie (réseaux du Sig, du haut Chélif, de Ksob, de Maghnia, adduction d'Oran...), au Maroc (réseau des Beni Moussa-Beni Amir, des Triffa et de Sidi Slimane, aménagement du Gharb, périmètre du Massa, adduction Rabat-Casablanca) et en Tunisie (irrigation de la Medjerdah, conduite de Tunis, aménagement du Nebhana, AEP de Tunis et du cap Bon...).

Degrémont, spécialiste mondial du traitement des eaux, est intervenu pour l'épuration de l'eau potable du Bou-Regreg (Rabat-Salé), pour l'alimentation en eau de la sucrerie de la Cosumar à Casablanca, etc.

succès commerciaux y seront subordonnés à la nécessité de s'adjoindre localement un partenaire ou à abandonner une partie du chiffre d'affaires à une entreprise tunisienne. Cette composante essentielle ne peut aller qu'en se renforçant. A l'exclusion de segments de marchés très limités, et impliquant une technologie très particulière n'ayant aucun équivalent en Tunisie, il deviendra de plus en plus difficile d'exporter ''clé en main'' dans ce pays (83) ».

---

(83) *Afrique-agriculture,* n° 109, p. 26.

En Algérie, pays dit « cible privilégiée », des missions sont signalées depuis 1982, entre autres auprès des *wilayate*, devenues des opérateurs décentralisés. Les rapports soulignent la difficulté non pas de découvrir les projets, mais plutôt « de déterminer l'interlocuteur algérien qui sera prêt à lancer une opération et à faire l'effort nécessaire pour obtenir les financements et effectuer les démarches administratives s'y rapportant ». En effet, le pouvoir accru des directions de l'Hydraulique des *wilayate* (DHW) n'empêche pas les ministères et offices centraux de jouer un rôle.

Au Maroc, Hydroplan a réalisé une mission en septembre 1984.

Enfin, la France joue un rôle privilégié dans l'élaboration des programmes de formation : intervention du Cefigre, soit à l'étranger, soit au siège, à Sophia Antipolis (84), de la Fondation de l'eau de Limoges (85).

Les ingénieurs et la décision : les administrations centrales

Mais le pouvoir des ingénieurs apparaît plus encore dans les administrations centrales, où un petit nombre d'hommes prennent les grandes options techniques. On peut tenter de cerner ces lieux de décision en faisant les organigrammes des administrations concernées. Dans les trois pays, la dichotomie coloniale entre l'Équipement et le Génie rural a été conservée.

a) Au Maroc

L'autorité de tutelle est le Mara (ministère de l'Agriculture et de la Réforme agraire), qui comprend une série de directions, en particulier la direction de l'Équipement rural, dont dépend l'ensemble des actions d'équipement. Les ORMVA sont une instance importante placée sous la tutelle du Mara. Mais les grands aménagements dépendent de la direction de l'Hydraulique (ministère de l'Équipement), qui comprend elle-même deux sous-directions : la direction de l'Aménagement hydraulique et la direction Recherche et Planification de l'eau. S'il y a peu de contacts au sommet entre les deux grandes administrations, il y en a à la base par le biais des directions régionales de l'Hydraulique (DHR).

b) En Algérie

L'autorité de tutelle est le ministère de l'Hydraulique, de l'Environnement et des Forêts, dont les différentes directions techniques ont été réintégrées au ministère de l'Équipement lors du remanie-

---

(84) Sur les sessions de formation organisées par le Cefigre, *cf. Afrique-Agriculture,* n° 109, sept. 1984, p. 42.

(85) Sur la Fondation de l'eau, *cf.* BERNIN (M.-F.), « Fondation de l'eau : un outil au service d'une priorité », *Actuel-Développement,* n° 56-57, nov.-déc. 1983, pp. 51-52.

ment ministériel de 1989 (86). On notera aussi l'existence d'établissements publics à caractère administratif et à vocation technique, sous tutelle du ministère, comme l'Agence nationale des barrages (ANB), l'Agence nationale de l'eau potable et industrielle et de l'assainissement, l'Agence nationale de l'irrigation et du drainage (Agid), etc. Ses prérogatives ont commencé à échapper au ministère de l'Agriculture lorsque la direction du Génie rural s'est autonomisée, devenant secrétariat d'État à l'Hydraulique. Néanmoins, le ministère de l'Agriculture et de la Pêche a gardé une direction de la Mise en valeur, qui s'occupe plus directement des périmètres, et une direction du Génie rural vient d'être rétablie en 1990 sur l'organigramme du ministère de l'Agriculture. Mais le capital d'études et d'expérience est très dispersé. Enfin, des offices publics d'irrigation (OPI) ont été récemment créés.

c) En Tunisie

La tutelle revient pour l'essentiel au ministère de l'Agriculture, avec ses différentes directions (direction des Ressources en eau et en sols, direction des Études et Grands Travaux hydrauliques, direction du Génie rural, direction de la Mise en valeur, etc.) et, au cabinet du ministre, un coordinateur des périmètres irrigués. Mais, en 1988, un secrétaire d'État auprès du ministre de l'Agriculture chargé des Ressources hydrauliques a été nommé. La construction des barrages dépend de l'Équipement.

Tous ces éléments soulignent la forte emprise des ingénieurs nationaux et étrangers sur l'irrigation. Les nationaux forment un groupe social assez cohérent, parfois même une caste : filières de formation communes (les anciens de l'ENGREF ou des instituts soviétiques se retrouvent volontiers, comme les Polytechniciens et les Centraliens en France).

On peut observer l'existence d'associations ayant congrès et publications.

Au Maroc, l'Anafid (Association nationale des améliorations foncières, de l'irrigation et du drainage) constitue un ensemble dynamique, publiant une revue de bonne tenue *(Hommes, terres et eaux)* qui paraît régulièrement depuis 1972. Cette association a organisé le XIIIe Congrès de la Commission internationale des irrigations et du drainage en 1987, qui a réuni à Rabat plus de 750 congressistes du monde entier, et porté à sa tête le secrétaire général de l'Anafid, M. Othmane Lahlou.

En Algérie, en revanche, il n'y a rien eu d'équivalent jusqu'à présent. Ce n'est qu'en 1990 qu'est née une Commission nationale algérienne des irrigations et du drainage, qui en est encore à ses bal-

---

(86) *Cf.* le décret n° 85-131 du 21 mai 1985 portant organisation de l'administration centrale du ministère de l'Hydraulique, de l'Environnement et des Forêts.

butiements. La jeune revue de l'ANRH, *Eaux et sols d'Algérie*, témoigne du même réveil.

En Tunisie, outre l'Atarid (Association tunisienne d'aménagement rural et d'irrigation drainage), qui est le représentant local de la CIID, il faut signaler le Gredet, lancé par El Amami et qui constitue un groupe dynamique d'ingénieurs et d'universitaires réfléchissant aux problèmes de l'eau, sans être composé uniquement de spécialistes. Avec la montée des formations techniques, les ingénieurs n'ont pas fini de jouer un rôle déterminant. Cela ne va pas sans poser question.

De l'emprise des ingénieurs à la déprise des paysans
Conséquences d'une autonomisation de la démarche technique

Le triomphe de la rationalité de la planche à dessin

Au colloque de 1983 sur les politiques de l'eau en Afrique, les représentants d'un bureau d'études déclaraient à l'auditoire : « Que l'on soit assuré cependant qu'il n'y a pas d'ingénieur qui pense que ''l'irrigation soit une chose trop sérieuse pour être confiée aux paysans'' (87). » On voudrait pouvoir les croire sur parole. Pourtant, les mêmes convenaient que « la maîtrise de l'eau qui est un préalable à la maîtrise de la production agricole dans toutes les zones arides et semi-arides est un point d'application privilégié de l'ingénierie et correspond à des investissements relativement lourds, même dans les micro-réalisations ».

En faisant l'historique de la Compagnie du bas Rhône - Languedoc, qui intervient beaucoup au Maghreb, on a vu que la démarche frontale a prévalu, en partie en raison de l'héritage colonial des ingénieurs venus du Maroc et de Tunisie (88). Par un paradoxe de l'histoire, ces pays seront à nouveau les principaux destinataires de leur savoir-faire. Et, peu à peu, les ingénieurs et techniciens chargés sur le terrain de faire fonctionner ces périmètres vont favoriser une approche techniciste, par rapport à laquelle les réactions paysannes apparaîtront comme irrationnelles et peu cohérentes. Paul Pascon l'a observé en sociologue, fin connaisseur des paysanneries marocaines.

Pour les techniciens du terrain, « il y a une sorte d'incompatibilité culturelle et géographique entre le projet théorique et le projet paysan » (89). Cela parce qu'un projet d'aménagement régional

---

(87) FREDERICQ (A.), RABES (J.), « Comment sont ressenties par un bureau d'études les notions de participation paysanne et de politique de l'eau », *Les politiques de l'eau en Afrique*, p. 224.

(88) Bauzil, un des fondateurs, était directeur de l'Hydraulique au Maroc sous le protectorat.

(89) PASCON (P.), « Les techniciens entre les bavures et le bricolage », *Études rurales, idées et enquêtes sur la campagne marocaine*, Tanger, SMER, 1980, p. 5.

entraîne des contraintes qui exigent que l'on transcende les particularismes de terroirs, d'espaces tribaux.

Par ailleurs, le projet de mise en valeur tranche inévitablement par rapport aux usages locaux, « peu rationnels » (90) : « S'il faut écouter les paysans dans toutes leurs demandes, commente Pascon, s'il faut respecter tous les usages ''irrationnels'' légués par l'histoire, le technicien pense qu'il n'a plus aucun degré de liberté : il s'asservit parfaitement à la machine locale, il est obligé de faire du nouveau avec des bouts d'ancien : c'est exactement la définition du bricolage. L'accusation de bricolage disqualifie. »

En somme, la rationalité technicienne, qui est celle de la planche à dessin, ne peut s'accommoder du foisonnement des logiques paysannes. Les bureaux d'études reconnaissent que les critères choisis dans la conception d'un projet sont ceux d'une efficience quantifiable et mesurable : en raison des financements élevés requis, il faut pouvoir chiffrer la rentabilité. Ils reconnaissent aussi que le voisinage de l'ingénieur et du sociologue s'en trouve compliqué. Que de projets où l'étude sociologique est un appendice, une annexe, « parce qu'il faut bien ». Il serait cependant abusif de tomber dans une vision trop manichéenne de ces bureaux d'études. On y rencontre en effet non seulement des spécialistes en matière de techniques, mais aussi de fins connaisseurs des réalités agricoles locales, qui ont une grande expérience du terrain et ont su en tirer des conclusions. Il n'est pas rare désormais de voir ces études recommander de la souplesse, des solutions évolutives (91). Cela d'autant plus qu'il leur est demandé de travailler à des études de réhabilitation de périmètres.

La lente accumulation locale de savoir-faire

Les grands programmes hydrauliques étatiques au Maghreb étant pour une large part pris en charge, sous le contrôle des responsables locaux, par des intervenants extérieurs, l'accumulation locale de savoir-faire ne s'en trouve pas favorisée.

a) Au niveau de la conception

Pour ce qui est des études générales, il y a encore peu de bureaux d'études maghrébins qui fassent des études globales comme des schémas directeurs ou des inventaires de ressources ; certains services spécialisés y participent, acquérant une expérience considérable. Au lendemain de l'indépendance, le SES (Service d'études scientifiques, de l'Hydraulique) en Algérie et l'ONI au Maroc ont réalisé des études

---

(90) On songe ici à la thèse classique du paysan irrationnel contrée par Théodore Schultz.

(91) *Cf.* DAMIAN (G.), « Importance du diagnostic préalable à toute action de réhabilitation », XIIIᵉ Congrès de la CIID, Casablanca, 1987, p. 926.

de base importantes. Actuellement, l'Anat (Agence nationale pour l'aménagement du territoire) en Algérie fait des projets d'aménagement régional qui incluent les paramètres hydrauliques. Au Maroc, l'Onep (Office national de l'eau potable) dispose de capacités d'études très performantes, au point d'être prestataire de services pour des pays tiers. Dans le domaine des études de barrage, on a noté la création par Coyne et Bellier d'une filiale au Maroc, Ingema. Ouverte il y a plus de quinze ans, celle-ci comprend cinq ou six ingénieurs marocains, formés à Paris par Coyne et Bellier, et qui participent activement au programme d'études de barrages au Maroc.

Le renouveau de la PMH a favorisé l'essor de bureaux d'études locaux, à même d'élaborer des projets de taille plus restreinte. Ainsi, en Algérie, outre l'ANRH (Agence nationale des ressources hydrauliques), des bureaux se sont créés dans certaines *wilayate* pour faire les plans et les calculs des retenues collinaires. Pour ce qui est de la conception des périmètres, on doit relever quelques filiales : l'ADI (Compagnie d'aménagement agricole et de développement industriel), filiale de la Compagnie du bas Rhône au Maroc, Scet-Tunisie, filiale de la Scet en Tunisie. Il faut dire que l'habitude de recourir à des bureaux d'études étrangers spécialisés a été la solution de facilité.

b) Au niveau de la réalisation

Ici, le développement de capacités locales a été plus important. L'Algérie, qui refusait naguère encore l'implantation sur son territoire d'entreprises étrangères, a promu la création d'entreprises de réalisation autonomes. Quelques grandes sociétés nationales ont eu en charge l'hydraulique, en particulier Sonagther (Société nationale des grands travaux hydrauliques) et Onamhyd (Office national du matériel hydraulique). La restructuration des entreprises lancée en 1981 a abouti à les fractionner pour créer une série d'entreprises plus spécialisées. A ces entreprises de caractère national s'ajoutent des entreprises régionales ou locales.

En fait, c'est un domaine où l'expérience est le meilleur maître, comme le montre le cas du barrage de Ouizert, en Algérie.

De Ouizert à Richard-Toll : deux approches de l'apprentissage

a) Le barrage de Ouizert (92)

Destiné à l'alimentation en eau potable et industrielle d'Oran et Arzew et à l'irrigation de 20 000 ha dans le périmètre du Habra, ce barrage proche de Mascara a été achevé en 1987 par une entreprise algérienne. Mais son histoire est mouvementée. Implanté sur l'oued Sahouat, ce barrage en terre compactée doit régulariser envi-

---

(92) *Cf.* SCHMITZ (Ch.), « Un chantier de barrage dans l'Ouest algérien, Ouizert », *Histoires de développement*, n° 5, 1989, pp. 5-7.

```
LES ENTREPRISES HYDRAULIQUES EN ALGÉRIE

Au niveau national
Sonagther a été restructurée (1982) en :
   — ENRB (Entreprise nationale de réalisations de grands barrages) ;
   — ENFR (Entreprise nationale de forages et de reprises) ;
   — Enahya (Entreprise nationale hydro-agricole) ;
Onamhyd devient :
   — Enatub (Entreprise nationale de production de tubes et
tuyaux) ;
   — Enachyd (Entreprise nationale de commercialisation et mainte-
nance du matériel hydraulique) ;
   — Enathyd (Entreprise nationale de travaux hydrauliques) ;
   — ENTE (Entreprise nationale de traitement des eaux) ;
   — Serhyd (Société nationale de réalisations hydrauliques) ;
   — ENRGO (Société nationale de réalisations de grands ouvrages) ;
   — Enhyd (Société nationale d'études hydrauliques) ;
   — Ethyd (Société nationale de traitement de l'information
hydraulique) ;
   — INRH (Institut national des ressources hydrauliques), devenu
ANRH.
NB : ENRB et Enathyd ont fusionné pour former Hydro-technique.

Au niveau régional
Création d'un nombre important de sociétés pour répondre aux besoins
des wilayate : ENHP (Entreprise nationale hydro-projet), avec ses anten-
nes régionales à Oran, Constantine et Alger).
13 entreprises de travaux hydrauliques dans les wilayate (Alger, Tizi-
Ouzou, Chlef, Oran, Tiaret, Annaba, Sétif, Skikda, Béchar, Adrar,
Laghouat, Touggourt, Tamanrasset).
13 sociétés de production, de gestion et de distribution des eaux.
```

ron 30 hm³. Le coup d'envoi du chantier date de 1974 : un groupe mixte algéro-suédois est chargé de la réalisation. Au bout d'un an, il jette le gant. Le chantier est alors confié par le maître d'ouvrage (le ministère de l'Hydraulique) à un groupe algéro-roumain, mais sans succès : « Les conditions de coopération sont décevantes et aucun transfert de technologie n'est possible », écrit Schmitz. De plus, on découvre en 1981 des hypothèses d'étude inexactes sur les plans géotechnique et géologique. Le partenaire roumain abandonne en 1983, laissant des travaux réalisés à 30 % seulement. Cette série de revers stimule les cadres algériens de l'ENRB (Entreprise nationale de réalisation de barrages) et de l'ANB (Agence nationale des barrages), qui reprennent en main le chantier et mettent en place les conditions techniques et humaines de succès : le chantier repart, est sauvé du désastre quelques mois avant son achèvement à l'occasion d'une crue exceptionnelle et devient le symbole des potentialités nationales.

Algérie-Actualité conclut : « Ouizert sera l'école par excellence des barragistes algériens. Des mois de travail, la rage au ventre et la passion au cœur font du pari une réalité, le barrage est achevé » (3 novembre 1988). Et de fait, dans la foulée, les opérateurs algériens prennent en charge d'autres chantiers comme Hammam Grouz, Souani, Ledrat, Aïn Zouira, Lekehal et même Mexa, un barrage de 280 hm³, soulignant ainsi que l'insuffisance de moyens matériels cache souvent le principal obstacle : un manque d'organisation et de détermination (93).

b) Le complexe de Richard-Toll

Situé au Sénégal, le complexe de Richard-Toll paraît bien loin du Maghreb. Pourtant, il constitue la figure opposée des tentatives de prise en charge locale que nous venons d'évoquer. A l'origine, un industriel expatrié, Jacques Mimran, propriétaire de plusieurs minoteries au Maroc, créateur des Grands moulins de Dakar et d'Abidjan, et habile négociant. Il lance en 1970 le projet de création de la Compagnie sucrière sénégalaise (CSS), avec une exploitation de 10 000 ha de canne à sucre dans la steppe du nord du Sénégal. Avec 70 milliards de FCFA, son fils Jean-Claude Mimran est parvenu à réaliser un casier d'irrigation de plus de 12 000 ha, proche du fleuve Sénégal. Production annuelle : 710 000 t de canne, raffinée dans une usine implantée sur la zone, l'ensemble du projet employant 6 000 personnes. Le succès impressionne (94). Exemple typique d'une opération parachutée, coûteuse, dont les résultats sont spectaculaires, mais qui aboutit à une prise en charge totale de l'agriculture par d'autres que les paysans, qui sont réduits à de la main-d'œuvre spécialisée. Les grands aménagements hydrauliques sont de ce point de vue des exemples très poussés d'agriculture industrielle.

Pourtant, l'agriculture industrielle continue à fasciner nombre de décideurs et responsables au Maghreb, au nom de l'efficacité économique.

L'agriculture industrielle semble donc constituer une référence déterminante au Maghreb. Cela pour des raisons qui tiennent aux souvenirs de l'agriculture coloniale, mais aussi à la fascination qu'exercent les innovations technologiques dans le domaine de l'irrigation. Néanmoins, le rêve d'une agriculture « clefs en main » n'a pas que des racines techniques. Il semble même que cette référence cache

---

(93) *Cf. Actualité-Économie*, octobre 1988. *Algérie-Actualité* du 3 novembre 1988 s'interroge sur « Hydrotechnique... ou l'art et la manière de dilapider les compétences ? », n° 1203, p. 22.

(94) *Cf.* MARTI (S.), « Sénégal : Mimran l'Africain ; un clan produit 70 000 tonnes de sucre, la totalité de la consommation du pays », *Le Monde*, 10 juin 1986, p. 40.

l'essentiel : la place assignée aux ruraux dans le développement agricole. Le cas maghrébin vient d'ailleurs le rappeler : souvent, les paysans résistent à la transformation radicale qui leur est imposée. Vannes et asperseurs brisés, refus des assolements prescrits ou imposés, sont courants sur les grands périmètres ; ce qui ne va pas sans alimenter une animosité des techniciens et des aménageurs contre les paysans, jugés par eux rétrogrades et allergiques au progrès. Il y a quelque chose à entendre dans ces « déviances ».

Ce dont il s'agit n'est rien de moins que l'évincement progressif des paysans comme acteurs privilégiés du développement agricole, au profit d'une couche sociale nouvelle, les ingénieurs et les techniciens. Au nom d'une rationalité jugée supérieure, celle de la « planche à dessin », la logique de ceux-ci s'impose à l'ensemble de la société rurale. Relégués au rang d'exécutants, les paysans assistent à une prise en charge quasi totale du développement agricole et, au nom d'une rentabilité financière, se voient déchargés de l'essentiel de l'initiative et invités à s'en remettre aux bons choix qui sont faits pour eux. D'où des blocages inévitables. Comment réduire cette divergence entre paysans et aménageurs, si cette « tentation orientale » (Hannoyer) continue à l'emporter ? Encore faut-il être sûr que la prétendue performance économique soit garantie...

8

L'introuvable rentabilité
des grands aménagements hydro-agricoles

L'option pour les grands aménagements semble reposer sur la croyance que leur rationalité technique est une garantie d'efficacité économique. Contrairement au bricolage du petit paysan traditionnel, le périmètre moderne a toutes les chances de maximiser les résultats agricoles, et donc de mieux rentabiliser le mètre cube d'eau mobilisé. En fait, il est bien difficile de se faire sereinement un point de vue, tant les avis en présence sont ici partagés.

D'un côté, les bureaux d'études et les cellules économiques des organismes financeurs affinent sans cesse leurs outils de sélection des projets. Tout se passe comme si les critères et normes proposés étaient dûment vérifiés dans les faits et constituaient donc une garantie de rentabilité.

Pourtant, nombreux sont les auteurs qui dénoncent les biais acceptés par ces évaluations *ex ante* : hypothèses grossières sur les prix de référence, optimisme excessif sur le rythme de montée en production, sous-estimation des perturbations du contexte international... Le taux interne de rentabilité (TIR) constitue de ce point de vue une cible de choix. Un étude un tant soit peu détaillée des choix de barrages et de périmètres a conduit plus d'un à penser que ces calculs ne sont qu'un habillage formel destiné à légitimer des décisions politiques, voire des coups commerciaux : *cosmetic analysis* plutôt que *cost-benefit analysis*. D'où l'intérêt d'y voir plus clair sur la question de la rentabilité des grands programmes hydro-agricoles.

1. La rentabilité à tout prix : le pari des ingénieurs

L'ampleur des investissements engagés a conduit les organismes internationaux financeurs à mettre en place des méthodes de sélection de projets assez sophistiquées. Pour s'assurer de la récupération possible des capitaux qu'ils engagent, les bailleurs de fonds sélectionnent, en principe, ceux dont la rentabilité paraît la plus assurée. Ces méthodes ont fait l'objet de mises au point savantes : conçues pour les projets productifs en général, elles ont été peu à peu adaptées aux projets hydro-agricoles. Calculer les avantages futurs d'un périmètre irrigué pose, en effet, des problèmes plus complexes que d'estimer les avantages attendus d'une cimenterie ou d'un aéroport. Les outils et méthodes très performants dont on dispose (informatique, programmation linéaire, etc.) ne suffisent pas à lever les nombreuses incertitudes qui caractérisent la production agricole : aléas du climat et du marché, subjectivité du paysan.

Des méthodes d'évaluation très controversées

Les méthodes d'évaluation de projet ont fait l'objet d'une abondante littérature (1). L'OCDE, l'Onudi, la Banque mondiale, ont mis au point leurs propres méthodes d'évaluation, qui diffèrent sur certains points particuliers (comme le calcul des prix de référence), mais s'inspirent, en général, de la méthode dite du coût-avantage *(cost benefit analysis)*, qui consiste à mettre face à face les coûts actualisés et les avantages directs attendus du projet. Les plus connues sont la méthode de l'OCDE, dite méthode Little & Mirless, du nom de ses auteurs, refondue en 1974 ; la méthode de l'Onudi, publiée en 1973 ; la méthode de la Banque mondiale, qui a fait l'objet de formulations successives : Squire et Van der Tak en 1975, Bruce en 1976 et Gittinger en 1985 (2). Une autre méthode, pourtant, se distingue assez nettement, la « méthode des effets » : élaborée par Marc Chervel, cette méthode, très réputée en France, vise à prendre en compte les effets indirects induits par le projet.

Chervel propose une typologie qui précise en quoi ces méthodes se distinguent (3).

---

(1) Synthèses principales dans BUSSERY (A.), *Méthodes d'appréciation du projet dans les pays moins développés,* Paris, OCDE, 1973 ; CHERVEL, BERTHOLON, BATHANY, NOEL, BUSSERY, LE GALL, BINET, *Analyses critiques des méthodes d'évaluation de projets,* Paris, Ministère de la Coopération, 1976 ; BRIDIER (M.), MICHAÏLOF (S.), *Guide pratique d'analyse de projets,* Paris, Economica, 1987, 302 p.

(2) LITTLE (IM.-D.), MIRLESS (J.-A.), *Project Appraisal and Planning for Developping Countries,* Londres, 1974 ; DASGUPTA (P.), SEN (A.), MARGLIN (S.), *Directives pour l'évaluation des projets,* Onudi, Vienne, 1973 ; SQUIRE (L.), VAN DER TAK (G.), *Analyse économique des projets,* Economica, 1975 ; BRUCE (C.), *Social Cost Benefit Analysis : a Guide for Country and Project Economists to the Derivation and Application of Economic and Social Accounting Prices,* World Bank, Washington, 1976, 143 p. ; GITTINGER (J.-P.), *Analyse économique des projets agricoles,* Paris, Economica, 1985, 547 p.

(3) *Cf.* CHERVEL (M.), PROU (Ch.), *Établissement des programmes en économie sous-développée,* t. III, Paris, Dunod, 1970, 244 p. ; CHERVEL (M.), LE GALL (M.), *Manuel d'évaluation économique des projets : la méthode des effets,* Paris, Ministère de la Coopération, 1977 ; BELA BELASSA, *The Effect Method of Project Evaluation,* Banque mondiale, 1976. CHERVEL (M.), « L'évaluation des projets de production en économie sous-développée ; essai de typologie des méthodes, » *Tiers-Monde,* n° 59-60, juillet-déc. 1974, pp. 771-804.

Les premières sont des « méthodes par les prix ». Elles cherchent à calculer les coûts et avantages d'un projet avec divers systèmes de prix (prix de marché ou prix de référence), affinant au maximum des calculs comme celui du taux interne de rentabilité. C'est l'approche duale.

La méthode des effets (ou approche primale), pour sa part, constitue une « méthode par les agents », dans la mesure où elle cherche surtout à situer l'impact du projet par rapport aux contraintes structurelles de l'économie. Elle se livre au calcul de la rentabilité à la fois du point de vue de l'entrepreneur (rentabilité financière) et du point de vue des agents concernés (rentabilité économique). Les préférences de Chervel vont à cette dernière, qui, selon lui, « privilégie une procédure à l'issue de laquelle les responsables politiques et les techniciens pourront aboutir à matérialiser la politique de développement par un ensemble de décisions concrètes (choix du projet, mais aussi réglementations, réformes...) » (4).

> Les approches duales apparaissent comme masquant systématiquement les problèmes et objectifs des pays sous-développés par l'utilisation qui est faite d'un système de prix, et par là même apparaissent comme difficilement intégrables dans une procédure de planification. On est alors amené à se demander pourquoi de telles approches sont en général préconisées... (5).

Il ne s'agit donc pas seulement de querelles de méthode : chacune s'appuie sur des conceptions de l'économie et du modèle de développement différentes. Ainsi, les méthodes par les prix ont recours à des prix de référence, souvent élaborés par des organismes internationaux, pour convertir dans une même valeur les coûts et avantages attendus du projet. Évaluer une production locale sur la base de cours mondiaux, même pondérés par des frais de transport et d'acheminement, revient à faire l'hypothèse néo-classique d'une économie mondiale où la réelle concurrence garantit une égalisation progressive de la rémunération internationale des facteurs (théorèmes d'Hecsker-Ohlin-Samuelson). A l'évidence, il n'en est rien. Le coût d'opportunité de la main-d'œuvre fait également l'objet de conventions discutées : on l'estime à zéro, à partir du moment où il n'y a pas de projet alternatif d'emploi.

Par-delà le choix de telle ou telle technique de calcul, c'est une vision de l'économie qui est engagée. Dans l'état actuel des choses, la méthode par les prix continue à prévaloir dans les bureaux d'études, à quelques nuances près (6).

---

(4) CHERVEL, art. cité, pp. 799-800.
(5) CHERVEL, art. cité, p. 804.
(6) C'est le point de vue exprimé par BRIDIER et MICHAÏLOF, op.cit., p. 114.

L'adaptation des méthodes d'évaluation aux projets d'irrigation

Les premières évaluations économiques assez élaborées des projets d'irrigation ont été faites par l'Inra dans les années 1960 en Provence. Engagée dans de coûteux aménagements, la Société du canal de Provence se demandait pourquoi les agriculteurs hésitaient à adopter l'irrigation, alors que cela paraissait théoriquement avantageux pour eux. Elle fit donc réaliser une première étude par l'Inra, entre 1963 et 1965, sur une petite région provençale, la vallée de l'Arc. Appliquant la programmation linéaire pour raisonner les choix en matière d'irrigation, cette étude apporta des enseignements intéressants (7). Aussi, chercha-t-on à voir si on pouvait les généraliser en lançant une seconde étude sur une zone plus étendue, la région de Forcalquier, où, sur 2 000 à 3 000 ha, l'irrigation venait aussi modifier la réalité agricole. Un des objectifs de l'étude était de déterminer le prix optimal de l'eau de façon à concilier deux paramètres : que la SCP rentabilise au maximum ses investissements en vendant l'eau à un prix rémunérateur, mais aussi que les agriculteurs utilisent le plus possible les volumes d'eau apportés par le réseau (8).

Premiers enseignements sur l'irrigation en Provence

L'étude sur l'irrigation à Forcalquier fit d'abord découvrir que les agriculteurs parviennent, par des tâtonnements successifs, à des combinaisons de production très proches de l'optimum ; cela demande, il est vrai, un certain délai.

On comprit aussi que les principales raisons freinant l'adhésion des agriculteurs à l'irrigation étaient d'ordre financier (manque de fonds de roulement) et économique (surcoûts dus à l'augmentation de main-d'œuvre).

Enfin, l'étude de Boussard fait apparaître d'autres facteurs : une appréciation du risque et de l'incertitude, ainsi qu'une aptitude à élaborer des alternatives (ventes de terrain, etc.). « Plus on raffine l'analyse, conclut Boussard, plus on fait apparaître de raisons pour les agriculteurs de refuser l'irrigation (9). »

Ces premières études furent l'occasion de mettre au point une méthodologie élaborée, à base de programmation linéaire et de modélisation, que l'usage croissant des ordinateurs allait amplifier (10). Des

---

(7) BOUSSARD (J.-M.), PETIT (M.), *Problèmes de l'accession à l'irrigation*, Paris-Le Tholonet, Inra-SCP, 1965.

(8) BOUSSARD (J.-M.), BRUN (A.), *L'adaptation de l'agriculture à l'irrigation, étude économétrique des exploitations agricoles du bassin de la Laye*, Paris, INRA, 1970, 138 p.

(9) BOUSSARD, BRUN, *op. cit.*, p. 78.

(10) GUILLAUD (G.), « Modélisation d'un aménagement hydro-agricole régional », *Options méditerranéennes*, n° 2, Montpellier, 1970, pp. 112-116.

bureaux d'études, comme la Sema-Sares, allaient alors l'employer sur une échelle beaucoup plus large : sur le périmètre du Bou Namoussa (Algérie : 15 000 ha irrigables) en 1967, puis le périmètre du haut Chélif (étude réalisée par l'Otam, division aménagement de la Sares) en 1969. Parmi les avantages de cette modélisation, les experts soulignaient la possibilité d'analyser les répercussions de tel ou tel choix, grâce à la possibilité de calculer les effets des différentes variantes étudiées. De ces travaux quasi expérimentaux allait sortir un guide d'évaluation économique des projets d'irrigation, publié sous l'égide de l'OCDE (11).

Naissance d'une méthodologie appliquée à l'irrigation

Ce guide se présente comme un aide-mémoire destiné à rappeler les données à collecter et les procédures de calcul à suivre.

a) Le recueil des données

C'est une étape assez classique, mais qui prend une importance particulière dans la construction d'un programme linéaire, car il s'agit d'omettre le moins possible d'éléments. D'où la liste :

— données physiques de la zone ;

— situation agricole actuelle (structures agraires, main-d'œuvre, spéculations pratiquées, infrastructure, revenus, évolution probable sans irrigation) ;

— situation démographique et facteurs humains (population, emploi, formation, attitudes devant l'irrigation) ;

— description technique du projet (principe de fonctionnement, ouvrages de base, réseaux, aménagements, investissements annexes en agro-alimentaire, unités de conditionnement).

b) L'analyse de la rentabilité au niveau des exploitations

L'auteur préconise de commencer par là, car, « si l'irrigation est avantageuse du point de vue de la collectivité nationale prise dans son ensemble, elle n'a aucune chance d'être adoptée si les agriculteurs n'y trouvent pas leur intérêt » (p. 34). D'où :

— comparaison entre la situation d'exploitations types sans irrigation et avec irrigation ;

— choix de critères de productivité (intensité de l'irrigation, productivité de la terre...) et de rentabilité (valeur ajoutée, revenu agricole). Le calcul de la rentabilité interne peut être jugé nécessaire, car, en matière d'investissement agricole, la période d'investissement couvre un temps assez long et atteint des montants parfois élevés. Il est donc nécessaire de voir si les *cash flow* attendus sont supérieurs

(11) BERGMANN (H.), BOUSSARD (J.-M.), *Guide de l'évaluation économique des projets d'irrigation*, Paris, OCDE, 1973 (version révisée en 1976), 261 p.

aux dépenses contractées pendant la durée de vie de l'investissement. Pour calculer sur une longue période des coûts et des avantages, l'actualisation est nécessaire. En fait, admet Boussard, ces calculs sont longs et complexes, et il est difficile d'aller jusqu'à ce stade ;

— l'élaboration des plans d'exploitation, ce qui requiert que soient connues les contraintes de rotation des différentes cultures, les contraintes de main-d'œuvre (étalement des travaux sur l'année, etc.), les besoins en financement. Il faut que ces plans d'exploitation ne soient pas trop risqués ;

— les méthodes de calcul à adopter sont variables : on peut faire une comparaison terme à terme entre exploitations avec irrigation et sans irrigation, mais on n'a pas toujours un périmètre témoin ; sinon, on peut faire des budgets prévisionnels simplifiés (avec et sans irrigation). Si l'on veut affiner et intégrer un grand nombre de contraintes, la programmation linéaire est un outil précieux.

c) L'analyse de la rentabilité directe du projet
du point de vue de l'économie nationale

Cette analyse pose des problèmes techniques, comme celui de l'actualisation, mais le problème le plus délicat reste ici celui de l'adoption d'un critère, dans la mesure où ce qui est le plus efficace pour la collectivité ne l'est pas forcément pour l'individu.

Les critères de productivité sont assez classiques et ne posent pas de problèmes (ratios d'investissement, par exemple : capital investi par emploi créé ou par hectare de SAU). Ils permettent une première évaluation.

Les critères de rentabilité posent plus de problèmes : soit on adopte un ratio avantage/coût, mais cela suppose que l'on détermine un taux d'actualisation ; or le choix du taux influe sur le résultat (un taux faible avantage les projets dont les avantages sont lointains et élevés). Soit on opte pour le calcul du TIR, où l'on actualise les coûts et avantages sans taux préétabli (on effectue plusieurs calculs pour trouver celui auquel la différence s'annule). En fait, le TIR est le critère le plus utilisé.

Cela requiert de s'entendre sur les coûts et pose des problèmes assez complexes : tout d'abord, il faut distinguer dépense, coût réel et coût nominal. Les prix de marché ne reflétant pas toujours les raretés relatives, on distingue les coûts nominaux (évaluation au prix du marché du coût des facteurs employés) et les coûts réels obtenus à partir des prix corrigés des taxes et subventions. C'est ici qu'interviennent les coefficients correcteurs régulièrement publiés par les organismes internationaux. A défaut de disposer de ces coefficients, on essaie d'estimer les coûts d'opportunité des principaux facteurs consommés (importations : prix du marché mondial, moins les taxes ; main-d'œuvre : coût d'opportunité nul, si l'on considère qu'elle n'a pas d'alternative d'emploi).

Il faut aussi s'entendre sur les avantages. En principe, le calcul est simple : la valeur ajoutée (VA) nette additionnelle du périmètre est la VA avec irrigation diminuée de la VA sans irrigation. Mais le problème est d'évaluer les variations de prix sur un temps assez long. Les tâtonnements sont nécessaires. Une fois ces données rassemblées, et intégré le facteur temps (délai d'adaptation des nouveaux systèmes de production), on procède au calcul actualisé selon la méthode classique.

Figure n° 56

CALCUL DE LA VALEUR DU BÉNÉFICE TOTAL ACTUALISÉ

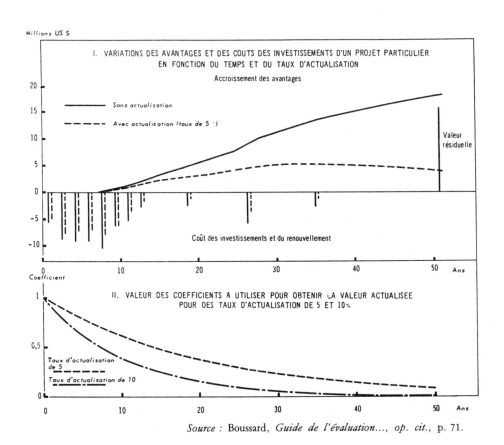

Source : Boussard, *Guide de l'évaluation..., op. cit.,* p. 71.

Comme des variations sont probables, on teste la sensibilité du résultat à telle ou telle fluctuation, pour avoir une approximation des écarts.

d) Évaluation pendant l'exécution et « a posteriori »

Boussard la préconise, tout en reconnaissant qu'elle est rarement réalisée. Elle permet de vérifier si les résultats attendus sont atteints, et de faire les correctifs nécessaires :

— évaluation pendant la construction (permet d'intégrer les retards, les changements techniques...) ;

— évaluation pendant la période d'adaptation (superficies équipées irriguées, productions, rendements, consommations intermédiaires... ;

— calculs après achèvement.

e) La mesure des effets indirects

Bien qu'ils soient difficilement mesurables, leur intégration à l'évaluation économique est importante. Il s'agit aussi bien des effets de la distribution des revenus, des effets sur l'environnement, des effets induits en amont et en aval (par l'agro-industrie, notamment) (12). Des études de cas ont été réalisées sur le Languedoc (13).

« Cost-benefit analysis » ou « cosmetic analysis » ?
Des principes à la réalité : un écart considérable

En somme, les économètres ont élaboré là un guide très complet ; les problèmes surgissent dès qu'il s'agit de l'appliquer. Les critiques adressées à cette méthode sont de deux ordres :

— des critiques internes : en particulier le recours aux prix de référence, et les hypothèses sur les évolutions de prix. Ces critiques ont été évoquées plus haut ;

— la non-application de fait de cette méthodologie, en raison de facteurs politiques. Dans la réalité, le cheminement classique du choix est inversé. Au lieu d'avoir successivement détermination des objectifs généraux du plan, inventaire des moyens susceptibles de concourir à l'atteinte de ces objectifs, sélection des moyens les plus conformes, budgétisation annuelle des moyens retenus, puis programmation opérationnelle des actions, on adopte une autre démarche.

On commence par chercher les financements extérieurs, puis on détermine des objectifs quantitatifs minimaux, compte tenu de la croissance démographique et de la montée des besoins.

Ensuite, on sélectionne les projets en fonction de critères assez politiques (emplois à créer dans telle région...) : la *cost-benefit analysis* devient la *cosmetic analysis*, puisque les projets sont décidés *a priori* sur des critères d'abord politiques (et parfois de basse politique). « Il

---

(12) BOUSSARD (J.-M.), « Calcul des effets induits d'un projet d'irrigation », X*e* *Congrès international des irrigations et du drainage*, New Delhi, 1978, pp. 33-142.
(13) LE LANDAIS (F.), « Les effets induits de l'irrigation dans une région du bas Rhône - Languedoc », thèse, Montpellier, 1980, 212 p.

ne reste plus ensuite qu'à consacrer beaucoup de temps et de moyens pour triturer de la façon la plus scientifique possible les multiples prix de référence et autres coefficients de pondération (la complexité des méthodes offrant suffisamment de liberté d'interprétation aux experts pour cela), de façon à faire apparaître le taux de rentabilité interne élevé qui donnera bonne conscience aux décideurs des deux bords », écrit J. Berthelot (14). L'examen de quelques études de projets d'irrigation faites pour les pays maghrébins permet de juger du bien-fondé de ces critiques.

Exemples d'évaluations économiques de projets d'irrigation

Il est possible de discerner une évolution dans la démarche adoptée par les bureaux d'études, à travers l'analyse des études suivantes (15) :
— l'étude Sares de 1967 pour le périmètre de Bou Namoussa ;
— l'étude Otam de 1972 sur le haut Chelif ;
— l'étude sur la production sucrière dans le Gharb en 1983 ;
— l'étude du plan directeur du bassin de la Moulouya en 1986 ;
— l'étude sur les Doukkala de décembre 1987.

Évaluation financière, évaluation économique
Deux approches et des conclusions bien différentes

L'étude du plan directeur du bassin de la Moulouya, réalisée en octobre 1986 par Sogreah, illustre en particulier la double évaluation, financière et économique.

LE PÉRIMÈTRE DE LA MOULOUYA

L'Office de mise en valeur de la Moulouya couvre une zone d'irrigation située dans le nord-est du Maroc. Délimité par la Méditerranée, la frontière algérienne et les premiers contreforts du moyen Atlas, le périmètre comprend :
— 60 400 ha équipés en grande hydraulique, grâce au barrage Mohamed-V et à celui, plus ancien, de Mechra Homadi, qui régularisent le cours de l'oued Moulouya ;
— en amont de ces barrages, une zone de petite et moyenne hydraulique qui couvre 82 700 ha environ, répartis en 820 périmètres.

---

(14) BERTHELOT, « Développement rural du Tiers monde et méthodes de sélection des projets », *colloque ronéoté*, Toulouse, 1977, p. 5.

(15) Ces études sont disponibles soit dans les archives des bureaux qui les ont réalisées, soit dans les ministères concernés au Maghreb. Comme il s'agit souvent de liasses considérables de documents, on s'en tient ici au rapport de synthèse, ainsi qu'aux rapports plus détaillés concernant l'évolution spécifique des exploitations agricoles.

La zone de grande hydraulique comprend quatre secteurs assez distincts :

— la plaine des Triffa, ancien secteur d'hydraulique coloniale (36 060 ha de bonnes terres), où la production d'agrumes pour l'exportation est traditionnelle. Des cultures maraîchères garantissent également de bons revenus aux agriculteurs ;

— le secteur de Zebra : zone gélive, sols médiocres, plus propices aux céréales, aux oliviers et aux fourrages (5 660 ha) ;

— Bou Areg : 10 170 ha ; sols de bonne qualité, où l'on peut développer le maraîchage, mais aussi la canne, mieux acceptée que la betterave sucrière ;

— le secteur de Garet : 13 500 ha.

Il y a également de l'élevage bovin laitier, mais en ensembles de petite taille.

Au total, si l'on admet un coefficient d'intensité culturale de 1,2, cela fait 73 594 ha potentiellement irrigables sur la zone de grande hydraulique. La question posée au bureau Sogreah est : Quelles cultures développer, compte tenu des objectifs prioritaires de la politique agricole marocaine, mais aussi des aspirations des producteurs ? Le calcul économique fait apparaître que la marge laissée par les spéculations pratiquées est très variable. Dans le périmètre des Triffa, dans les conditions de rendement et de prix de 1986, on a la hiérarchie suivante :

— pomme de terre : 9 000 DH/ha ;
— agrumes : 7 700 DH/ha ;
— luzerne : 5 600 DH/ha ;
— haricot blanc : 5 600 DH/ha ;
— betterave : 4 600 DH/ha ;
— blé dur : 2 700 DH/ha.

L'étude, devant proposer un scénario cultural pour l'horizon 2020, est amenée à prendre en compte à la fois les contraintes agropédologiques et les désirs des producteurs. Le scénario établi se veut d'emblée « le plus réaliste possible et s'appuie donc largement sur les tendances perçues localement lors d'enquêtes de terrain » (p. 14). Des hypothèses sont faites concernant l'évolution des cultures sucrières (pas d'extension), des cultures fourragères (doublement des surfaces), de l'arboriculture (stagnation des agrumes, mais développement de l'arboriculture ordinaire, en particulier l'olivier), du maraîchage (lent accroissement) et des céréales.

Un premier travail consiste à tester les conséquences des différentes évolutions quant aux besoins en eau. A ce point de l'analyse, une évaluation économique et financière est menée, tendant à évaluer le revenu fourni par un mètre cube d'eau d'irrigation à la parcelle, indicateur jugé intéressant pour l'analyse économique des projets. La méthodologie retenue est la suivante :

— on établit pour chaque périmètre un assolement moyen sur une surface représentative des exploitations du périmètre ;

— on calcule pour chaque culture les charges correspondantes (engrais, main-d'œuvre salariée, mécanisation éventuelle, redevance, etc.) Ces charges moyennes sont établies sur la base d'enquêtes réalisées auprès des techniciens agricoles et des paysans ;

— on établit le rendement moyen obtenu par culture dans la région ;

— on multiplie par le prix pour obtenir le produit brut ;

— la différence du produit brut et des charges sur l'ensemble de l'exploitation donne le revenu par exploitation ;

— la dose moyenne annuelle d'irrigation par exploitation est établie ;

— le revenu agricole divisé par la dose annuelle donne le revenu fourni par un mètre cube d'eau à la parcelle (16).

On procède alors à deux évaluations :

— une évaluation financière, qui prend le point de vue de l'agriculteur. Les coûts et prix retenus sont ceux du marché, et le revenu calculé est celui perçu par l'agriculteur, sans tenir compte d'éventuels amortissements ni de sa propre rémunération ;

— une évaluation économique, où l'on se place du point de vue de la collectivité nationale, en recourant à des prix de référence pour le produit brut et à des coûts d'opportunité pour les charges (main-d'œuvre, mécanisation...). Ces prix de référence sont fournis par la Banque mondiale ; ils sont établis à partir des coûts internationaux.

Le tableau synthétique des résultats fait apparaître qu'en données financières c'est la petite et moyenne hydraulique qui valorise le mieux l'eau et apporte le meilleur revenu à l'hectare (5 900 DH), car on y pratique des cultures moins exigeantes (en particulier l'olivier), alors qu'en évaluation économique c'est le périmètre des Triffa, zone d'agrumiculture d'exportation, qui dégage le revenu à l'hectare le plus élevé (6 200 DH).

Conclusion : c'est dans la zone où l'irrigation relève le plus du bricolage (Outat el Haj) que la valorisation de l'eau est la meilleure pour l'agriculteur. En revanche, c'est dans le périmètre des Triffa, où le quadrillage des réseaux est le plus rationalisé, que le revenu du mètre cube à la parcelle est le plus faible de l'économie nationale sur le plan financier. On a donc des résultats très différents selon le point de vue que l'on prend. La question va être de savoir quel angle on privilégie. En fait, les bureaux d'études ont beaucoup évolué dans le sens d'un plus grand réalisme, et d'une conjonction des deux.

---

(16) SOGREAH, *Étude du plan directeur du bassin de la Moulouya, dossier I,3 a : Demande en eau agricole,* octobre 1986, p. 18.

Tableau n° 89

ÉVALUATION FINANCIÈRE ET ÉCONOMIQUE DU REVENU DU M³ PAR HA

(En DH)

	Aïn Ben Mathar	Triffa	Guercif Taddert	Outat el Haj
Volume d'eau en m³/ha	4 400	9 000	6 000	3 600
ÉVALUATION FINANCIÈRE				
Revenu d'un m³	0,60	0,60	1,0	1,15
Revenu par ha	2 600	5 500	**5 900**	4 400
Revenu moyen/ exploitation	2 600	27 500	29 500	21 000
ÉVALUATION ÉCONOMIQUE				
Revenu d'un m³	0,50	0,70	0,70	1,0
Revenu par ha	2,200	**6 200**	4 300	3 600
Revenu moyen par agriculteur	2 200	31 300	21 400	17 100

Source : Sogreah.

Une prise en compte progressive de l'intérêt des producteurs

On peut tenter de mesurer cette évolution en analysant des études réalisées à vingt ans de différence : l'étude Sares sur le Bou Namoussa en 1967 et l'étude Otam sur le haut Chelif de 1969-72, d'une part ; l'étude Gersar sur la filière sucre dans le Gharb réalisée en 1983 et l'étude périmètre haut service des Doukkala de 1987, d'autre part.

a) Les études de la première génération

L'ÉTUDE DE LA SARES SUR LE BOU NAMOUSSA (1967)

Il s'agit d'une des premières applications au Maghreb des techniques de programmation linéaire. C'était un périmètre nouveau, et la démarche adoptée a l'intérêt de refléter l'approche qui prévalait dans les bureaux d'études au lendemain de l'indépendance. Il s'agit d'un périmètre irrigable de 15 000 ha environ, dominé par le barrage de la Cheffia. Les caractéristiques agropédologiques permettent d'envisager deux systèmes de production principaux sur ce périmètre :

— l'agrumiculture, sur les meilleures terres (3 000 ha environ, en bordure d'oued) ;

— la polyculture-élevage, mais avec un certain nombre de choix : option pour l'élevage bovin laitier intensif (importance de la demande potentielle en lait), ce qui induit que l'on fasse des fourrages irrigués, des cultures industrielles (tomate, betterave, coton), des cultures légumières de plein champ, des céréales.

Une première application de la programmation linéaire consiste à prendre en compte toutes les contraintes qui sont ainsi induites : contraintes d'assolement et de rotations, contraintes de calendrier des travaux..., et à élaborer une matrice qui permette de rechercher, parmi toutes les combinaisons possibles, celle pour laquelle la fonction économique correspondant au critère choisi est optimale.

C'est là que réside le nœud du problème : le choix du critère. Dans le cas de l'étude évoquée, on retient la valeur ajoutée à l'économie nationale exprimée en économie de devises. L'objectif de l'époque est en effet de minimiser autant que faire se peut les importations en produits alimentaires ; la Sares indique que « le critère retenu est radicalement différent du critère généralement appliqué par l'entreprise privée, qui est le revenu net, le profit ; la VA constitue un critère conforme à l'intérêt général et au rôle que le secteur socialiste est appelé à jouer dans l'économie nationale » (p. 35). On ne peut dire plus clairement que le revenu des producteurs directs est un objectif second. A partir de là, un certain nombre de modèles de systèmes de production ont été élaborés, afin de rechercher quels étaient ceux qui maximisaient la VA en devises : un modèle B 1 de contrôle, un modèle B 2 de base, et 3 modèles dérivés (B 1/3, B 2/3, B 5/3).

Pour chacune de ces spéculations, des rendements et des prix sont retenus. Le modèle B 5/3, le plus complexe, est aussi le plus performant sous l'angle de l'économie de devises. Mais le revenu qu'il laisse au producteur n'est pas très élevé, en tout cas beaucoup moins que dans une exploitation d'agrumes.

Le revenu laissé par l'hectare de polyculture est minime. L'intérêt de la nation, l'économie en devises (ici, diminution des importations de lait et de sucre), est donc loin de coïncider avec celui du producteur. Si ce dernier dispose d'une exploitation de petite taille, son revenu annuel sera insuffisant, eu égard à la charge additionnelle de travail que représente la mise en place d'un système de production aussi intensif. Pourtant, c'est ce critère qui a prévalu à l'époque dans le choix des plans de culture.

L'ÉTUDE OTAM SUR LE HAUT CHELIF DE 1969-1972 (17)

Adoptant une démarche analogue, elle aboutit à des conclusions voisines. Il s'agit d'un périmètre datant de l'époque coloniale, mais

Tableau n° 90

QUELQUES MODÈLES DE MISE EN VALEUR DU BOU NAMOUSSA

	Modèle de base	Modèles dérivés		
	B 2	B 1/3	B 2/3	B 5/3
Définition	Coton Maïs-grain Vaches frisonnes Tomate	Coton Maïs-grain VF Tomate	Coton Maïs-grain VF Tomate	Coton Maïs - grain VF Tomate Luzerne Chou fourrager Betterave Tournesol
Contribution de VA en devises DA/ha	5 605	5 466	5 600	6 123
Part de l'élevage	1 230	2 240	2 670	2 380

Source : Sema, Étude Bou Namoussa.

Tableau n° 91

RÉSULTATS ÉCONOMIQUES DE DEUX EXPLOITATIONS TYPES
(En DA)

	Polyculture-élevage (modèle B 5/2 avec betterave et luzerne)	Agrumes (verger en pleine production, année 18)
(1) Produit après transformation (a)	8 750	12 850
(2) Charges (part en devises)	2 625	2 125
(1) – (2) VA en devises	6 125	10 725
(3) Charges (part en DA)	3 480	3 000
Revenu (1) – (2) – (3)	**2 645**	**7 725**
(a) Considéré comme gain en devises.		

Source : Sema-Sares, p. 133.

(17) OTAM, *Mise en valeur du haut Chelif, rapport de synthèse*, juillet 1972, 141 p.

dont l'équipement et la mise en eau ont beaucoup traîné. Pour les relancer, deux options sont prises : la construction d'une sucrerie pouvant transformer 150 000 t de betteraves et l'importation de vaches pie-rouge pour créer un élevage bovin intensif. Aussi l'étude a-t-elle pour objectif de définir les systèmes de production possibles compte tenu des contraintes climatiques et agropédologiques de la plaine. Ici aussi, on aboutit à privilégier les cultures industrielles, les cultures fourragères, en assolement avec les céréales et d'autres cultures de plein champ. Et l'étude conclut que la rentabilité financière du projet (main-d'œuvre comprise) se situe à environ 9 %, la rentabilité en devises étant à 28 %. Si l'on ajoute les frais d'encadrement et les investissements globaux type barrage, les taux de rentabilité tombent respectivement aux alentours de 4,5 % et 20 % (18).

Tableau n° 92

DÉTERMINATION DU TAUX DE RENTABILITÉ

(En 10.6 DA)

Taux	Financier Bénéfice actualisé		En devises Valeur ajoutée actualisée	
	Avant	Après	Avant	Après
4 %	227		102	
6 %	137	− 16,1		
8 %	34,2	− 80		
10 %	− 30,2	− 116	174	144
22 %	//////	17,2	8,4	
25 %			7	—
28 %			//////	-5,6
////// = Seuil de rentabilité.				

On voit que ces deux études déjà anciennes, celle du Bou Namoussa et celle du haut Chelif, privilégient nettement l'intérêt de la collectivité au détriment de l'intérêt immédiat des producteurs. On se situait, il est vrai, dans un système planifié, où le secteur socialiste était censé répercuter indirectement sur les individus (par l'infrastructure sociale) les gains en devises réalisés par la nation. Les évolutions ultérieures montreront que c'était une erreur : le producteur

---

(18) Les bailleurs de fonds internationaux reconnaissent actuellement comme taux acceptables des valeurs situées entre 8 et 12 % ; *cf.* FAO, « Consultation sur l'irrigation en Afrique », *Bulletin FAO d'irrigation et de drainage*, n° 42, Rome, 1987, p. 178.

du secteur socialiste cherchant lui aussi à maximiser son revenu, il est illusoire d'augmenter la production totale sans satisfaire ses aspirations.

b) Les études plus récentes

L'ÉTUDE DE LA FILIÈRE SUCRE DANS LE GHARB (1983) (19)

Il est intéressant de voir comment a évolué la démarche des bureaux d'études vingt ans ans après, en prenant un cas, le périmètre du Gharb, où les cultures industrielles ne se sont vraiment implantées que parce que l'État les soutient « à bras le corps », par le biais des prix, de la conduite des travaux, etc. Au moment où l'Office du Gharb confiait cette étude au Gersar, 35 500 ha et 6 694 ha étaient déjà équipés dans la PTI et la STI ; 14 000 ha nouveaux devant être livrés dans la STI, l'étude avait pour objet de « procéder au choix de la variante la plus intéressante sur la base d'une comparaison des résultats dégagés par les diverses hypothèses de production examinées au niveau de la marge des agriculteurs, de la production totale de sucre, de l'approvisionnement des sucreries de betterave, de l'avantage pour la collectivité nationale » (p. 3).

Quatre hypothèses de base sont discutées :

— H 1 : prolongement de la situation actuelle, avec dominante canne à sucre (CAS) ;

— H 2 : *idem,* mais plus de betterave sucrière (BS) en irrigué et limitation de la betterave en *bour* à la zone de *bour* favorable ;

— H 2 *bis* : développement extrême de la betterave, voire au détriment de la CAS, y compris dans l'ensemble des zones *bour* favorables ;

— H 3 : recherche de la plus grande production sucrière, en favorisant donc la canne.

L'Office du Gharb fait ajouter quelques variantes : 2 soles de canne sur 3 dans les nouveaux secteurs de la STI (C 3, N 4, N 3, N 2, N 1), afin de permettre aux agriculteurs de produire des céréales pour leurs propres besoins et des fourrages pour leur bétail.

On a donc ainsi toute une série d'hypothèses d'évolution sur lesquelles le choix d'orientation des cultures peut être réalisé.

Ce qui est nouveau, c'est la méthodologie employée pour choisir entre ces variantes, et en particulier la pluralité des critères pris en compte.

Le premier critère discuté est la rentabilité au niveau des exploitations agricoles, exprimée par la marge dégagée par les agriculteurs. « Il s'agit d'un critère primordial dans tout programme de mise en valeur, lit-on dans le rapport, car il est rare de constater la pratique

---

(19) GERSAR-ADI, *Production sucrière dans le Gharb, analyse de la rentabilité de deux filières de production,* phase 2, 1983.

de cultures ou le respect d'assolement dégageant une marge faible »
(p. 6).

La rentabilité pour la collectivité nationale est le second critère.
Ici, on calcule pour chaque variante possible le bénéfice actualisé,
avec un taux d'actualisation de 10 %, qui ne prétend pas être abso-
lument exact, mais permet cependant de juger des variantes les unes
par rapport aux autres. Le TIR n'est pas calculé, puisqu'il ne s'agit
plus de décider du financement du projet.

Le troisième critère est celui de la production totale de sucre, dans
la mesure où c'est la finalité principale des plans sucriers, qui visent
l'autosuffisance du Maroc.

Enfin, un dernier critère important : l'approvisionnement des
sucreries en matière première, afin de rentabiliser au mieux les investissements coûteux réalisés.

L'étude consiste alors en une comparaison minutieuse des différentes hypothèses, du point de vue de chacun de ces critères. On
aboutit aux résultats suivants :

— du point de vue de la marge dégagée par les agriculteurs, c'est
l'hypothèse 1 (prolongement de la situation actuelle) qui induit la
marge nette la plus élevée ;

— pour ce qui est de la production de sucre, c'est aussi l'hypothèse 1 qui vient en tête ;

— en revanche, l'hypothèse 1 vient en dernière position pour le
taux d'approvisionnement des sucreries, ainsi que pour l'avantage
actualisé.

Tableau n° 93

COMPARAISON DES HYPOTHÈSES EN SECTEUR IRRIGUÉ

Hypothèses	Marge des agriculteurs (en milliers de DH)	Production de sucre (en milliers de t)	Taux d'approvisionnement des sucreries		Avantage actualisé (à 10 %)
			(a)	(b)	
1	167 432	213,7	41 %	45 %	828 033
1'	164 419	198,1	47 %	52 %	953 342
2'	161 122	208,8	56 %	62 %	934 955
2 *bis* (c)	145 873	150,7	68 %	75 %	1 204 270
3'	160 643	210,1	44 %	49 %	899 624

(a) Amélioration, mais non extension des sucreries.
(b) Capacité actuelle des sucreries.
(c) Après extension des sucreries.

A ce point de la démarche, l'étude doit procéder à une difficile comparaison multicritère : chacun ayant une importance comparable, un poids égal est donné à chacun dans la comparaison. Cela fait apparaître que les hypothèses qui concilient le mieux les différents intérêts en présence sont 1' et 2'. Finalement, pour minimiser les transformations à opérer sur les blocs d'irrigation, le consultant recommande l'hypothèse 1', soit :

— une limitation de la betterave sucrière au *bour* favorable, afin d'assurer des résultats plus réguliers aux agriculteurs ;

— une limitation des plantations de canne à 2 soles sur 3 dans les nouveaux secteurs de la STI, pour éviter la monoculture et limiter les problèmes les années sèches ;

— l'introduction d'un assolement triennal (betterave sucrière-blé-fourrage) dans la troisième sole rendue libre.

Enfin, un certain nombre de mesures organisationnelles sont préconisées, au niveau de l'encadrement, de la vulgarisation, de l'organisation du transport de la canne, etc., le tout étant assuré par un organisme de coordination. Enfin, l'Office est invité à tout faire pour promouvoir l'organisation des producteurs afin qu'ils deviennent des partenaires à part entière, et qu'il ne faille plus soutenir coûteusement la production sucrière.

L'ÉTUDE D'EXTENSION DU PÉRIMÈTRE DES DOUKKALA (1987) (20)

Le but est d'étudier les options de mise en valeur sur la zone de 32 000 ha, dite haut service, qui doit compléter les 40 000 ha déjà irrigués sur les Doukkala (*cf.* carte). L'ensemble est irrigué à partir de barrages qui régularisent l'Oum er Rbia (Imfout, M'rija, Sidi Cheho) et de canaux (le canal du bas service, long de 111 km, dessert 6 casiers d'irrigation totalisant 60 000 ha irrigables). La mise en valeur s'est faite selon deux tranches : la première a été achevée en 1975, année où fut élaboré un plan d'aménagement hydraulique de la branche de l'Oum er Rbia. Les ouvrages et canaux décidés dans ce plan (barrages d'El Massira, de Dechra el Oued) devaient permettre d'atteindre en fin d'aménagement 100 000 ha irrigués sur le Tadla.

Dès le début de l'étude de faisabilité, confiée au Bas Rhône, on relève parmi les orientations globales l'« amélioration du revenu des agriculteurs », et pas seulement les objectifs macro-économiques habituels (amélioration de la satisfaction des besoins du pays en produits agricoles de base, approvisionnement de l'industrie agro-alimentaire...). Il faut dire que c'est une zone où le *melk* prédomine (96 %), avec, en son sein, beaucoup de micro-propriétés. En comparant les assolements théoriques et les assolements pratiqués, on voit où vont les préférences des agriculteurs : ainsi, ils réalisent deux fois plus de blé

---

(20) CNABRL, *Étude Options fondamentales Doukkala, rapport provisoire,* décembre 1987.

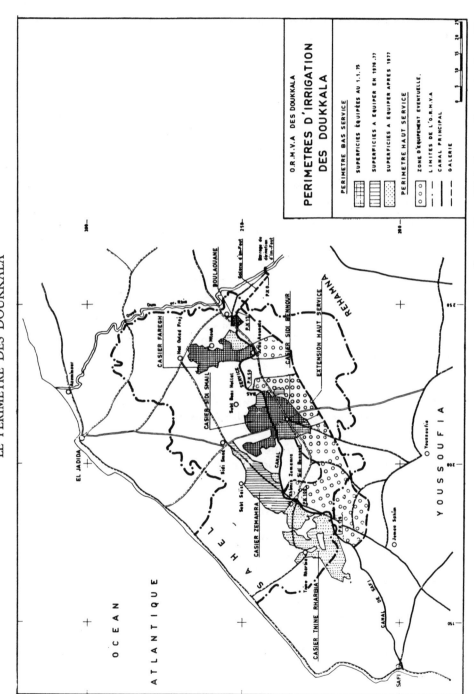

Figure n° 57

LE PÉRIMÈTRE DES DOUKKALA

Source : Mara, L'irrigation au Maroc, op. cit., p. 55.

que prévu, mais seulement 30 % de coton. Le consultant en tire une conclusion méthodologique importante :

> Le principal enseignement que l'on peut tirer de cette étude des assolements est la nécessité d'une grande souplesse dans les assolements pour permettre aux agriculteurs une grande liberté quant au choix des cultures à pratiquer en fonction de leurs préférences et de la rentabilité des cultures, qui évolue dans le temps (p. 42).

Aussi l'étude prend-elle un grand soin à calculer les marges brutes apportées par les différentes spéculations, en étudiant les charges induites par deux variantes d'irrigation, le gravitaire et l'aspersion. Cela fait apparaître, par exemple, le niveau élevé de marge dégagée par la pomme de terre : de 15 000 à 18 000 DH/ha hors coûts d'irrigation, alors que le blé n' apporte que 6 500 DH environ.

Les rencontres et discussions avec les ingénieurs et chefs de projet responsables de ces études ont confirmé que l'option pour « laisser de la souplesse » était bien désormais un choix fondamental. Cette souplesse devait intervenir dans le choix des assolements, mais aussi dans la conception des réseaux : malgré les rigidités inévitables, des options doivent être possibles. De plus, le facteur risque est mieux intégré dans les calculs : « Même si ça coûte 5 % plus cher, ça peut être valable, si cela ménage plus de souplesse, plus de possibilités », déclare un des inspirateurs de cette nouvelle approche (21).

Illusions et angles morts du regard des technocrates sur la rentabilité des projets hydro-agricoles

Cette revue des pratiques des bureaux d'études et de nombreux entretiens avec ceux qui commandent les études nous conduisent à repérer des illusions fréquentes.

Un aménagement d'infrastructure n'est jamais rentable

Il est illusoire d'espérer rentabiliser l'ensemble des investissements requis par un grand périmètre, ceux-ci relevant pour une part de dépenses d'infrastructure : grands barrages, canaux de tête morte, transferts, pistes d'accès, etc. De plus, la durée de vie de semblables équipements est très variable. Pour un grand barrage, on peut escompter entre cinquante ans et un siècle, selon le rythme de l'envasement. Au Maroc, on estime l'investissement initial par mètre cube régularisé en surface à 3 DH en 1990 (contre 4 à 5 DH par m³ d'eau souterraine). Mais il faut ajouter à cela les frais de fonctionnement,

---

(21) Interview de G. DAMIAN, chef du service des études au Bas Rhône.

d'entretien... L'ensemble est difficile à répartir sur les différents utilisateurs, et relève de l'investissement national en équipement. Résultat : quand l'étude préalable, présentée aux bailleurs de fonds, calcule cette rentabilité, c'est un habillage de pure forme, dont personne n'est dupe.

Les calculs sophistiqués ne peuvent masquer un manque d'attention aux objectifs réels des producteurs

Pour ce qui est des projets d'irrigation eux-mêmes, il est indéniable que des progrès considérables ont été faits dans l'appréhension de leur rentabilité. Il y a eu depuis trente ans une accumulation et un perfectionnement des méthodes d'évaluation. Des premiers travaux de programmation linéaire faits par l'Inra pour la Société du canal de Provence, on est passé peu à peu à des modélisations plus sophistiquées, où les tests de sensibilité permettent de mieux encadrer la décision en mesurant les effets des variations de tel ou tel paramètre. Pourtant, on retrouve dans les meilleures de ces études un mélange de calculs formels, comme celui du TIR, et de pragmatisme (22). La nécessité d'être agréé par les financeurs explique la permanence de ces calculs quasi magiques. Mais le refus persistant des agriculteurs d'entrer dans certains systèmes de production explique qu'aujourd'hui on fasse place à des scénarios plus souples. Cela ne va pas toujours jusqu'à faire une vraie place à l'analyse socio-économique : trop souvent, les producteurs, leurs modes de faire-valoir, leurs niveaux de revenus, etc., ne sont étudiés qu'en annexe. L'essentiel du rapport porte sur des calculs d'optimisation technique et financière. Selon Michaïlof, le fait est assez général dans les projets productifs : l'intérêt direct du producteur est pris en compte de façon secondaire (23).

Plus on est défavorisé, moins on est apte à bénéficier des investissements publics

Dans ces projets, on admet implicitement qu'à tout accroissement de production correspondra un accroissement des revenus pour le plus grand nombre. Or l'histoire des opérations d'intensification de la production agricole du type révolution verte montre que les effets sont discriminatoires ; de façon générale, ce sont les plus favorisés qui en

---

(22) Il faut ici souligner la grande diversité des situations : au Maghreb, on est contraint de raisonner en zones de potentialités, et en fonction des contextes commerciaux intérieurs et extérieurs. Dans chaque cas, il faut opter pour un critère de choix approprié. Parfois, un ratio classique suffit : valorisation optimale de l'hectare, du mètre cube d'eau... Parfois, l'utilisation d'équipements existants intervient comme un critère.

(23) MICHAÏLOF (S.), *Les apprentis sorciers du développement...*, pp. 29 et suiv.

tirent le meilleur parti. « Les revenus résultant de l'irrigation semblent suivre le principe : "il ne sera donné qu'à celui qui possède
déjà" », écrit Colin Clark (24). Dans de nombreux projets, la situation des plus pauvres s'en est trouvée aggravée : le passage du *khammès* au salariat occasionnel chez un *koulak* correspond souvent à une
dégradation de ses conditions de travail. Donc, à défaut d'une action
spécifique en direction des plus démunis, les grands programmes étatiques bénéficient surtout à ceux qui disposent des superficies et du
capital nécessaires pour tirer avantage des aménagements réalisés. Ce
point, les études préalables ne l'abordent guère : « L'emploi des outils
d'analyse les plus perfectionnés, les études les plus coûteuses (généralement confiées à des bureaux extérieurs) risquent très vite de se
transformer en un jeu technocratique cachant les conflits et les enjeux
réels », conclut Michaïlof, qui ajoute, s'appuyant sur une longue pratique de consultant :

> Dans les pays (en Afrique en particulier) où le développement
> inconsidéré de l'appareil étatique constitue l'un des problèmes clés,
> la fonction de ces projets est très souvent de faire vivre une bureau-
> cratie d'État confondant administration et développement et dont le
> coût est sans commune mesure avec son impact sur la production ou
> son efficacité au plan social (25).

Pas de rentabilité macro-économique
sans prise en compte directe de l'intérêt du producteur

On a montré dans les deux chapitres précédents à quel point le
grand périmètre irrigué, dont le Gharb est la figure maghrébine la
plus achevée, fascine les ingénieurs et les aménageurs. Il constitue
pour beaucoup la forme idéale, car la plus rationnelle, de l'agriculture irriguée moderne. La possibilité laissée parfois aux producteurs
de choisir les spéculations sur une part de leur tenure n'est qu'une
concession à leur individualisme. Or, l'expérience générale montre
qu'il est illusoire de passer outre l'intérêt direct des producteurs.
Mieux, ceux-ci atteignent parfois des niveaux de productivité supérieurs sur les parcelles dont ils ont l'entière responsabilité. Illusion
qui coûte cher, car elle entraîne une inefficacité de l'ensemble et une
hypertrophie de la structure centrale de gestion, amenée à prendre
en charge des fonctions dont les producteurs se sont désintéressés.

Au total, malgré un affinement réel des méthodes d'évaluation
économique des projets d'irrigation, il semble que l'obstination des
ingénieurs à démontrer leur bien-fondé par des critères de rentabilité soit un pari perdu. Le meilleur signe en est la réponse des usa-

---

(24) CLARK (C.), *Economics of Irrigation,* Londres, Pergamon Press, 1967,
pp. 50-51.
(25) MICHAÏLOF, *op. cit.*, p. 44.

gers, qui rechignent à payer l'eau, et parfois même à l'utiliser. De plus, ces études méconnaissent une donnée fondamentale : le temps nécessaire à l'apprentissage agronomique et social, qui se mesure en générations.

2. Un révélateur de contradictions
Le niveau d'utilisation et de paiement de l'eau par les usagers

La plupart des bilans nationaux ou internationaux des irrigations au Maghreb s'accordent tous sur deux conclusions : les agriculteurs n'utilisent pas assez l'eau ; le niveau de recouvrement du coût de l'eau est insuffisant.

Sous-utilisation ou gaspillage de l'eau ?

Les bilans réalisés sur les périmètres déplorent la faiblesse des doses à l'hectare. Selon l'évaluation rétrospective des réalisations du VIe Plan sur les périmètres irrigués tunisiens, le niveau de consommation se situerait entre 3 000 et 4 000 m³ par ha irrigué, et entre 2 000 et 3 000 m³ par ha équipé (26). Ce sont les périmètres publics qui utilisent le moins l'eau : de l'ordre de 2 854 m³/ha si l'on écarte les oasis, qui relèvent artificiellement la moyenne. Ces chiffres sont jugés trop faibles en regard des normes admises.

Normes théoriques et doses effectives d'irrigation à l'hectare (27)

Les études de projet font des hypothèses de consommation à l'hectare en fonction du système de production préconisé et de normes optimales de consommation d'eau. Ces normes sont établies à partir des besoins en eau des cultures et des pertes hydriques. Pour déterminer les besoins en eau, on se base sur le calcul de l'ETP (évapotranspiration potentielle), réalisé à l'aide de différentes formules (Thornwaite, Blaney-Criddle, Turc, Penman, Piche). Ce calcul permet de déterminer les besoins théoriques à l'hectare, besoins qui sont très variables selon les cultures.

---

(26) RÉPUBLIQUE TUNISIENNE, MINISTÈRE DE L'AGRICULTURE, *Évaluation rétrospective des réalisations du VIe Plan, périmètres irrigués*, Tunis, décembre 1985, pp. 13-14.

(27) Éléments chiffrés dans FENNIRA (M.), « Les besoins en eau et l'irrigation », *RTE*, n° 37, septembre 1981, pp. 51-56 ; CHABANE (S.), CHADER (A.), « Détermination des besoins en eau des cultures (cas de la région de planification hydraulique 4 : Soummam », *Eaux et sols d'Algérie*, n° 3, oct. 1989, pp. 50-69.

Tableau n° 94

BESOINS THÉORIQUES EN EAU DES CULTURES
ET CONSOMMATIONS RÉELLES EN BASSE MOULOUYA

(En m³/ha)

Cultures	Besoins potentiels		Consommation 1983-84
	Blaney-Criddle	Penman	
Agrumes	13 316	11 375	4 860
Vigne	4 628	8 050	1 600
Arboriculture	5 034	8 050	3 600
Betterave sucrière	7 015	8 960	3 240
Canne à sucre	15 869	17 730	4 320
Maraîchage	7 334	8 510	2 610
Fourrage	9 096	9 075	3 780
Autres	7 043	10 720	4 320
Moyennes	7 638	8 669	2 870

Sources : Sogreah (28).

On notera les disparités de consommation théorique, la canne à sucre venant largement en tête, la norme moyenne se situant autour de 8 000 m³/ha. En fait, ces chiffres seraient à tempérer avec des données pédologiques.

On relèvera aussi l'écart de la consommation effective par rapport à la norme. La moyenne consommée de 2 878 m³/ha est quasi identique aux valeurs observées sur les périmètres tunisiens.

Irrigation insuffisante ou consommation optimale ?

La question a provoqué la réflexion des spécialistes depuis longtemps, car le phénomène n'est pas propre au Maghreb. En Italie du Sud, dans le nord de la Grèce, en Gascogne ou dans le midi de la France, on a également observé que la consommation d'eau était toujours très inférieure aux normes préconisées. La Société du canal de Provence s'était penchée sur le problème dès 1968 et avait conclu que les normes théoriques étaient nettement surévaluées. Ainsi, en rationnant progressivement une parcelle de sorgho, on s'aperçut qu'avec 67 % des apports en eau jugés nécessaires on obtenait quand même 95 % du rendement optimal (29). Un spécialiste en conclut :

---

(29) Cela a des conséquences considérables sur les coûts, car le dimensionnement des ouvrages et des réseaux en découle.

Il s'agit de savoir s'il est vraiment optimal de combler continuellement le déficit en eau dans le sol. Selon toutes les apparences, on se trouve en présence d'une espèce de consommation de luxe chez les plantes, et, inversement, il semble possible, par une irrigation parcimonieuse, d'habituer pour ainsi dire les plantes à une consommation d'eau réduite (30).

Et l'auteur d'ajouter : « Il est probable que les agriculteurs le sentent ou le pressentent, ce qui explique leur réticence vis-à-vis de l'irrigation. »

Bien entendu, il ne faut pas adopter de conclusion trop tranchée : la réticence à l'innovation peut parfois expliquer les faibles consommations d'eau. Il n'en reste pas moins que l'expérimentation et le flair paysan convergent pour relativiser quelque peu les normes préconisées, que des calculs complexes parent d'une *aura* scientifique. Et, s'il est permis de briser un tabou, il faut rappeler que l'agriculture est, au Maghreb, le plus gros utilisateur d'eau : ce secteur devra lui aussi apprendre à économiser l'eau et à l'utiliser de façon plus rationnelle. On risque de l'oublier en focalisant les critiques sur les abus des citadins et de l'industrie. Cette eau est, il est vrai, d'autant plus gaspillée qu'elle est sous-facturée.

Le casse-tête de la tarification de l'eau d'irrigation

Les offices de mise en valeur ne recouvrent qu'une partie de ce que coûte l'eau d'irrigation. Même si l'on exclut l'amortissement des barrages, on est loin de couvrir le coût complet de l'eau, qui inclut des dépenses de production, de transport, de maintenance des réseaux, etc. Et ce contrairement aux textes en vigueur : ainsi, au Maroc, la législation prévoit que les diverses redevances doivent couvrir les frais d'exploitation et 40 % des coûts d'investissement. Est-ce parce que la tarification est trop complexe ? Ou bien ce non-recouvrement des charges d'irrigation cache-t-il d'autres enjeux économiques et sociaux ?

Coût complet, coût de développement, coût marginal
Rappel des principes de base de la tarification

Il n'est guère évident de se retrouver dans le maquis terminologique des spécialistes de la tarification. Le problème est complexe, dans la mesure où la tarification doit concourir à des objectifs assez contradictoires.

---

(30) BERGMANN (H.), « L'influence de l'évolution de la consommation d'eau sur la rentabilité des projets d'irrigation, analyse de cas », *Options méditerranéennes,* n° 16, décembre 1972, p. 28.

a) Des objectifs diversifiés et contradictoires

L'INTÉRÊT DE L'ÉTAT ET L'INTÉRÊT DU PRODUCTEUR

L'intérêt de l'État, qui a réalisé de lourds investissements pour mobiliser l'eau, et celui de l'office de mise en valeur, qui supporte les coûts de distribution, est de récupérer le maximum, ce qui pousse à ce que le prix de l'eau soit aussi élevé que possible. A ceci près que, si l'eau est trop chère, elle est moins utilisée par les producteurs : ce qui entraîne une sous-utilisation des équipements et un manque à gagner pour la nation. L'intérêt du producteur, en revanche, est que l'eau soit la moins chère possible, ce qui n'est pas forcément souhaitable, car un prix trop bas, outre la faiblesse des recettes, entraîne un gaspillage de la ressource. Voilà déjà deux niveaux d'intérêts contradictoires à concilier : le niveau de la rentabilité financière et celui de l'utilisation optimale d'une ressource rare. Ce problème fut très tôt pris en compte par la Société du canal de Provence, qui tenta d'élaborer des tarifs orientant la consommation en fonction de ces objectifs diversifiés.

LE PRIX, INSTRUMENT D'ORIENTATION DE LA CONSOMMATION

La tarification doit permettre, par ailleurs, de corriger des inégalités géographiques (peut-on faire payer plus ceux qui sont loin de la ressource) et sociales (modulation de tarifs par catégories d'utilisateurs), et constituer un moyen pour l'État d'orienter la consommation en eau dans le sens de ses priorités : d'où des tranches tarifaires pour l'eau potable, l'irrigation, la consommation industrielle, et, dans chaque secteur, des tranches en fonction de l'importance de la consommation, des périodes de pointe, etc.

b) Les principales méthodes de tarification (31)

LES MÉTHODES CONVENTIONNELLES DE TARIFICATION

La première méthode consiste à couvrir les frais d'exploitation. On vise à fournir l'eau à bon marché et on choisit de ne recouvrer (en partie ou totalement) que les seuls frais d'exploitation : énergie, frais de personnel, petites réparations, provisions pour renouveler le réseau (32). Un prix très bas de l'eau suffit pour cela. C'est une tarification sociopolitique : il s'agit en pratique d'un transfert de valeur de la collectivité nationale vers l'agriculture. La limite principale du système est qu'il n'assure pas le renouvellement d'un capital qui se détériore à l'usage.

La deuxième méthode consiste à tarifer en fonction des avantages. Ici, on cherche à faire payer l'utilisateur en fonction des avantages que l'eau lui apporte. On obtient ainsi des tarifs modulés selon les cultures pratiquées : la marge laissée par un hectare d'agrumes,

---

(31) Un bilan récent des méthodes de tarification a été publié par l'OCDE, *Tarification des services relatifs à l'eau*, Paris, 1987, 165 p. Voir surtout pp. 39-79.
(32) La Banque mondiale parle de coût d'opération et maintenance (O et M).

par exemple, justifie une tarification assez élevée pour ce type de cultures. Inversement, les cultures moins rémunératrices ou les zones moins favorisées bénéficient de tarifs moins lourds. Cette méthode, idéale dans son principe, est quasi inapplicable techniquement et politiquement. Pourtant, elle aurait l'intérêt de ne pas faire supporter le coût de l'investissement pour l'irrigation aux agriculteurs et régions qui n'en bénéficient pas ou peu.

La troisième méthode (tarification au coût moyen) vise à couvrir annuellement les charges d'exploitation et une partie de l'investissement. Cela entraîne des tarifs élevés pendant les premières années, puis une baisse assez forte lorsque l'installation est amortie. L'ennui, c'est que ce sont précisément pendant les premières années que la consommation d'eau par les producteurs doit être encouragée et qu'il est antiéconomique de faire payer moins lorsque la maîtrise de l'irrigation est acquise.

Ces trois méthodes peuvent être appliquées selon des modalités multiples (facturation à la surface, au débit, au volume, tranches dégressives, etc). Elles ne garantissent guère une utilisation optimale de l'eau. D'où les recherches menées depuis 1945 pour appliquer à la tarification des méthodes issues de la théorie économique moderne, en particulier la théorie marginaliste. Une des applications les plus connues est le tarif vert mis au point par EDF, sous l'égide de M. Boiteux. Les responsables de la Société du canal de Provence ont adapté cette recherche à la tarification de l'eau d'irrigation (33).

LA TARIFICATION AU COÛT MARGINAL
A LA SOCIÉTÉ DU CANAL DE PROVENCE

Ce qui est visé, c'est de faire payer par l'agriculteur le coût réel de l'eau et d'encourager une utilisation optimale, pour la collectivité et l'agriculteur, de ce facteur de production.

Dans ses principes, cette méthode est une tentative d'application du théorème de Pareto, ou théorème du rendement social, qui définit les conditions de l'optimum économique (34). On peut admettre que la minimisation du prix de revient soit garantie par une bonne exécution du projet (barrage bien dimensionné, aménagement exécuté aux tarifs en vigueur sur le marché...). Reste à définir la vente au coût marginal : c'est la dépense supplémentaire incombant à l'organisme aménageur pour mettre à disposition une unité d'eau supplémentaire (m³ ou l/sec). Ce qui signifie que le prix de vente de l'eau est établi sans référence directe au prix de revient. Comme ce coût

---

(33) CLÉMENT (R.), « Fixation du prix de l'eau d'irrigation », *ICID bulletin*, vol. XXVI, n° 1, janvier 1977, pp. 21-30. Voir aussi les travaux de Levy-Lambert.

(34) « Dans une économie de type quelconque, la condition nécessaire et suffisante pour que, à un instant donné, le rendement social soit maximum est que, dans le secteur non différencié (c'est-à-dire non concurrentiel), il y ait minimisation du prix de revient et vente au coût marginal. »

marginal de l'eau induit pour l'agriculteur une utilité marginale, celui-ci déterminera la demande de telle façon que l'on pourra fixer le prix de vente optimal à l'intersection de la courbe du prix marginal et de la courbe de demande. Cela peut être visualisé dans un graphe qui prend en compte deux situations possibles :

— un coût marginal croissant et supérieur au coût moyen (courbe convexe) ;

— un coût marginal décroissant et inférieur au coût moyen (courbe concave), ce qui entraîne des pertes pour l'organisme gestionnaire.

Un élément complémentaire intervient qui complique les calculs : le fait qu'un grand aménagement soit construit par tranches entraîne des variations de ces différents prix sur la période. Pour éviter d'aboutir à des prix plus forts au début et plus faibles à la fin, on prend en compte une échelle de temps plus longue de façon à pouvoir calculer le coût de développement, qui est au long terme ce que le coût marginal est au court terme. La difficulté est ici de choisir un taux d'actualisation correct.

Concernant l'application à la tarification des eaux agricoles, un graphe permet de visualiser les évolutions. Le coût marginal s'élève rapidement lorsque l'on approche de la saturation de l'aménagement, au point de couper le coût de développement à un moment donné (point B). Cela détermine deux types de coût : un coût hors période de pointe et un coût en période de pointe. Sur la base de ce constat, on opte pour un prix de l'eau qui est égal au coût de développement majoré du coût proportionnel pendant la période de pointe. C'est le système EDF.

Adapté à la tarification de l'eau agricole, ce type de calcul donne les résultats suivants :

— une tarification binôme impliquant une redevance forfaitaire par l/sec souscrit et une redevance au volume consommé ;

— la différenciation entre m³ consommés en période de pointe (mois d'été) et période normale ;

— une différenciation des redevances selon les zones géographiques (éloignement, accessibilité...), avec des compensations et en tenant compte des souhaits de développement par région. Ainsi, au Canal de Provence, il existe trois zones tarifaires, du littoral à l'arrière-pays, correspondant à des cultures et à des difficultés de desserte différentes ;

— une différenciation selon les types d'usage (agricole ou non).

R. Clément, un des concepteurs de cette tarification, conclut :

> Une tarification basée sur la vente au coût marginal permet au consommateur de se rendre compte constamment du coût que ferait supporter à la collectivité un accroissement de sa consommation et de régler celle-ci en conséquence. Il ne consommera d'ailleurs cette quan-

Figure n° 58

LES DIFFÉRENTS TYPES DE TARIFICATION DE L'EAU

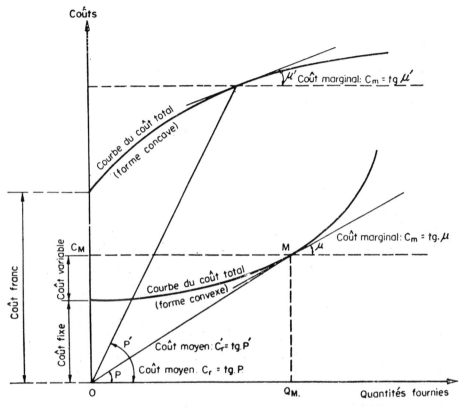

Source : Clément, art. cité, p. 24.

tité supplémentaire que si la valeur qu'il en retire est au moins égale à son coût. La vente au coût marginal conduit donc à l'utilisation optimum de l'ouvrage (35).

L'ensemble des types de coût appliqués par le Canal de Provence peut être synthétisé dans le tableau suivant.

Un bilan réalisé par la SCP pour 1985 permet d'évaluer l'accueil à l'irrigation (35).

1. Surfaces équipées - surfaces souscrites

On observe un taux élevé de souscription, puisque 76 % des superficies équipées sont desservies, les agriculteurs ayant souscrit pour 32 938 ha sur un total équipé de 42 225 ha :

---

(35) CLÉMENT, art. cité, p. 30.

Figure n° 59

TARIFICATION DES EAUX AGRICOLES

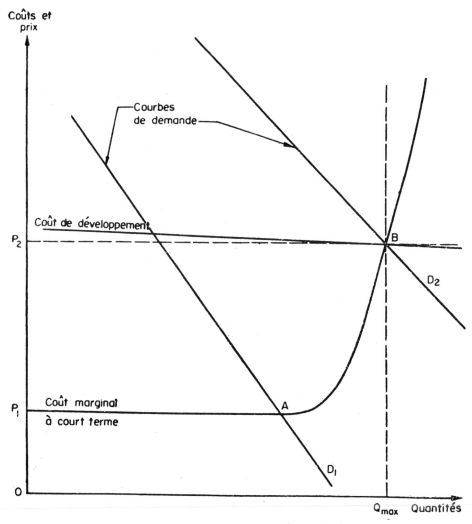

Source : Clément, art. cité, p. 26.

Réseaux du Canal de Provence	Ha équipés	Ha desservis	% desservi
Var	12 994	11 227	80
Bouches-du-Rhône	30 231	21 711	72
Total	42 225	32 938	76

Tableau n° 95

LES DIFFÉRENTS TYPES DE PRIX EN VIGUEUR AU CANAL DE PROVENCE

	Redevance de débit	Prix au m³	
		Pointe	Hors pointe
Urbains	Identique pour les deux usages Varie selon les zones dans le rapport de 1 à 8	Varie selon les zones de 1 à 2,5 Un peu plus cher pour les industries	Identique pour tous usages et toutes zones
Usages divers	Identique pour toutes les zones 6 classes de débit correspondant à 0,5-0,8-1,3-23,1 et 5 l/s	Varie selon les zones dans un rapport de 1 à 6	Identique pour toutes les zones
Irrigation	Identique pour toutes les zones	Prix unique intégrant le prix hors pointe (identique pour toutes zones) et le prix de pointe (variable d'une zone à l'autre) Au total, le prix varie d'une zone à l'autre de 1 à 2,2	
Pour les agriculteurs : – abattement tarifaire de 50 % sur usages divers et irrigation. – consommation annuelle minimum de 80 m³ par m³/h souscrit.			

Source : Jean, art. cité, p. 15.

Les débits souscrits semblent évoluer au même rythme que les équipements.

2. Les volumes consommés par l'irrigation

Les volumes livrés sont passés de 28 hm³ en 1984 à 36 hm³ en 1985, en raison de la sécheresse. Dans le même temps, la SCP livrait 36 hm³ à l'industrie, 25 à l'AEP et 4,8 pour des usages divers. La consommation moyenne par hectare souscrit est de 1 129 m³/ha/an, soit nettement plus que la moyenne des treize années précédentes, qui s'établissait à 890 m³/ha. Chiffres assez bas.

3. Les conditions tarifaires pour l'irrigation agricole

Le prix explique-t-il cette modération de la consommation ?

• Prix moyen de l'irrigation agricole par ha souscrit : 574 F en 1985. Ce chiffre inclut les redevances de débit et de consommation. En 1984, il était de 487 F, en raison de tarifs moins élevés, mais surtout d'une consommation très inférieure. La variation par zone donne des écarts de 682 F en zone littorale (cultures intensives) à 530 F (haut Var, pays de grandes cultures).

• Prix moyen par ha effectivement irrigué : Pour le calculer , il est nécessaire de faire une hypothèse sur le pourcentage de terres desservies effectivement irriguées. On admet comme probable 50-60 %, ce qui donne un prix moyen de 1 040 F/ha effectivement irrigué, sur la base d'un volume moyen consommé de 1 129 m³/ha, l'écart entre zones étant faible (de 960 à 1 240 F).

• Prix moyen du m³ : sur l'ensemble des réseaux du Canal de Provence, le prix moyen s'établit à 0,51 F le m³ en 1985.

Selon les cadres de la SCP, le système de tarification au coût marginal aurait donc porté ses fruits. Il permet de satisfaire la demande d'utilisateurs variés sans favoriser le gaspillage par les agriculteurs.

Les principes de tarification au Maghreb

Au Maghreb, on s'est beaucoup intéressé à l'expérience du Canal de Provence. On a présenté plus haut les instruments économiques dont usent les États pour réguler la consommation en eau potable. Dans le domaine de l'eau d'irrigation, l'application est encore plus difficile.

a) Des contraintes spécifiques

Aux impératifs complexes déjà signalés pour le Canal de Provence s'ajoutent des données proprement maghrébines :

— la rareté plus grande de l'eau, et les grandes variations interannuelles ;

— la surtarification impossible en raison du faible revenu de beaucoup d'agriculteurs ;

— la nouveauté que représente l'adoption de l'irrigation moderne en périmètre contribue déjà largement à une sous-utilisation de l'eau et des équipements ; il faut une incitation ;

— le gaspillage est favorisé par la technique dominante d'irrigation : la submersion.

Face à ces contraintes, la législation a évolué, comme toujours plus vite que la pratique.

b) Des législations en évolution
AU MAROC (37)

Il faut distinguer deux situations de périmètres.

---

(36) *Cf.* Grisolle (J.-P.), Villevieille (M.), Masson (G.), « Bilan des dessertes en eau réalisées en 1985 », *Eau-Aménagement de la région provençale*, n° 42, pp. 25-28.

(37) Les textes sont donnés et présentés par M. Chraïbi, « La tarification de l'eau d'irrigation et ses corrélats », *La question agraire au Maroc*, t. II, *BESM*, n° 133-134, pp. 167-181. Des indications se trouvent également dans le colloque de l'Anafid, *Les ressources en eau au Maroc*, 13-14 juin 1980, I, 10-15.

En périmètres délimités, les principes de la tarification sont fixés par le code des investissements agricoles de 1969 : celui-ci opte pour la tarification au coût moyen dans le but de couvrir intégralement les charges d'exploitation et les investissements à 40 %. La modalité de recouvrement retenue est une tarification binôme :

— participation directe à la valorisation des terres irriguées, à l'exception des exploitations de moins de 5 ha, qui sont exonérées, ainsi que les cinq premiers ha des exploitations inférieures à 20 ha. Montant fixé en 1969 : 1 500 DH/ha ;

— la redevance pour l'eau consommée est, quant à elle, fixée par arrêté interministériel et devrait contribuer à couvrir le reste des charges. Les textes n'excluent pas d'y inclure une redevance pour l'énergie. En 1969, cette redevance était fixée à 0,029 DH/m³ pour les périmètres du Gharb, de la basse Moulouya et de l'oued Mellah, à 0,0240 DH/m³ pour le Tadla et 0,025 DH/m³ pour le Haouz. D'autres textes comme le décret n° 269-37 et le *dahir* n° 169-31 précisent la législation de distribution et d'utilisation de l'eau : modalités de perception de la redevance, progressivité de la tarification...

En périmètres non délimités, on s'en tient à l'arrêté viziriel du 30 janvier 1926, modifié le 23 avril 1949 et le 24 mars 1952, qui propose aussi une tarification binôme au coût moyen :

— une part de la redevance est fonction du débit souscrit, mais celle-ci n'est perçue qu'à partir de la sixième année ;

— une autre part constitue la contribution à l'investissement.

En réalité, le prix de l'eau n'a réellement augmenté qu'à partir de 1980 et 1984.

EN TUNISIE (38)

Le principe de tarification des eaux d'irrigation est la tarification au coût moyen avec couverture intégrale des coûts d'exploitation et remboursement partiel des investissements :

— recouvrement des coûts d'investissement : dans le cas de la mise en valeur de la Medjerdah, par exemple, la contribution demandée devait être fonction de la plus-value acquise par les terrains devenus irrigables et était censée couvrir entre 25 et 70 % des coûts d'investissement. Cette contribution théorique varie selon les périmètres et est fixée par décret ;

— recouvrement des frais de gestion et d'entretien : le coût devait être intégralement répercuté par le biais de la tarification du volume consommé.

En fait, les coûts d'investissement ne sont pas recouvrés et les coûts d'exploitation ne le sont que partiellement, de 15 à 60 % selon les offices. Ce qui entraîne un déficit important pour les offices, et donc

(38) *Cf.* MNASRI (B.), « La tarification des eaux en Tunisie », *Le guide de l'eau, Tunisie, 1988*, Fondation de l'eau, Tunis, pp. 81-83.

pour l'État, qui doit les subventionner. D'où les recommandations d'une mission de la Banque mondiale (mai 1985) qui reconnaît que la tarification au coût marginal n'est pas applicable, mais préconise la couverture intégrale des coûts d'exploitation et le remboursement partiel des investissements.

EN ALGÉRIE

Jusqu'en 1985, les redevances d'eau d'irrigation étaient minimes et n'avaient subi qu'une seule augmentation entre 1972 et 1985. Elles ne permettaient donc de couvrir qu'une faible partie des coûts. Les principes ont été revus en 1985 (39).

Le principe général est que la redevance « doit couvrir les frais et les charges d'entretien et d'exploitation des ouvrages et infrastructures hydrauliques de collecte, desserte et d'assainissement des eaux et concourir graduellement à leur amortissement » (article 2).

Les principes d'application restent assez flous :

— tout exploitant situé sur un périmètre « est tenu de contracter un abonnement » ;

— la redevance est calculée selon le tarif binôme (forfait pour le débit souscrit et taxe sur le volume consommé) ;

— il est prévu pour les trois premières années après la mise en eau du périmètre « un minimum de perception calculé sur le coût de l'irrigation à l'hectare » ;

Tableau n° 96

TARIFS DE L'EAU A USAGE AGRICOLE EN ALGÉRIE (1985 ET 1988)

(En DA)

Périmètre	Prix du m³ consommé		Redevance débit souscrit / ha	
	1985	1988	1985	1988
Bou Namoussa	0,17	0,35	200	350
Haut Chelif	0,15	0,35	200	250
Hamiz	0,12	0,35	150	300
Moyen Chelif	0,12	0,35	150	200
Bas Chelif	0,12	0,35	150	200
Mina	0,12	0,35	150	200
Habra	0,12	0,35	150	150
Sig	0,12	0,35	150	150
Mitidja-Ouest	–	0,35	–	300

Source : Ministère de l'Agriculture, 1990.

(39) *Cf.* le décret 85-267 du 29 octobre 1985 définissant les modalités de tarification de l'eau potable, industrielle, agricole et d'assainissement (*JORA* du 30 octobre 1985) et l'arrêté interministériel du même jour fixant les tarifs de l'eau à usage agricole.

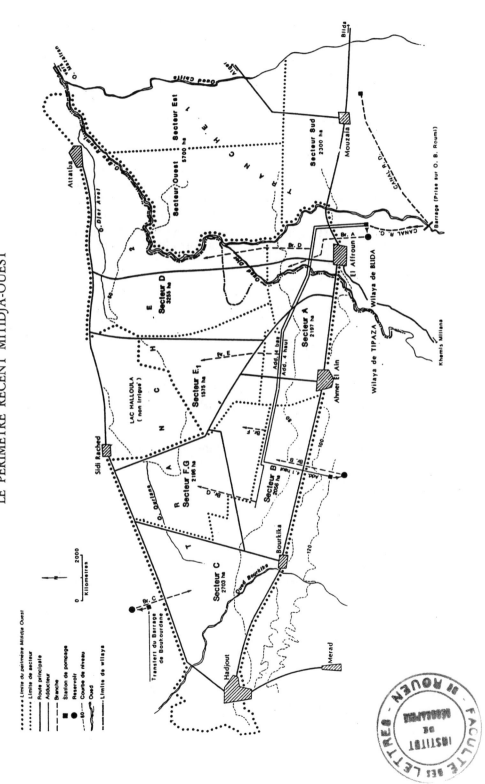

Figure n° 60-61

LE PÉRIMÈTRE RÉCENT MITIDJA-OUEST

— le prix du mètre cube est spécifique à chaque périmètre et fixé par décret ;

— le paiement se fera à tempérament.

En 1985, les tarifs retenus étaient de 0,12 à 0,17 DA/m³ consommé, plus de 150 à 200 DA/ha de redevance de débit souscrit. Le transfert de la gestion aux offices de périmètres irrigués a toutefois contraint à relever les prix dès 1988.

Malgré ce souci de relever le prix de l'eau, les OPI (créés en 1985) ont connu entre 1988 et 1990 une situation très difficile : la pénurie a fait qu'ils n'avaient guère d'eau à vendre ! En principe, la tarification nouvelle doit permettre aux OPI d'autofinancer les coûts d'exploitation, de maintenance et de remplacement du matériel. Les réparations importantes seront prises en charge par l'État, mais les agriculteurs devront payer l'entretien des équipements à la parcelle. De plus, une taxe à l'hectare sera introduite sur les travaux d'assainissement et de drainage. Ces principes sont pris en compte dans le projet de mise en valeur du dernier périmètre créé, Mitidja-Ouest.

Pour recouvrer 100 % des coûts d'exploitation et de maintenance, la redevance volumétrique devrait être, selon les termes de l'étude, de 0,495 DA/m³ en gravitaire et 0,631 DA/m³ en aspersion, tarif applicable dès la première année.

Un droit annuel fixe de 1 420 DA/ha en moyenne (1 531 en gravitaire et 1 186 en zone de pompage), introduit progressivement, devrait couvrir 25 % de la dépense d'équipement. S'y ajouteront dans certaines zones une taxe à l'hectare pour l'assainissement. On s'aperçoit de l'écart entre ces prix conseillés et ceux qui sont encore pratiqués.

En somme, dans les trois pays, la législation ménage la possibilité de recouvrer les coûts d'exploitation et une part de l'investissement, mais la mise en œuvre pratique fait problème.

Bilan des pratiques tarifaires avant les mesures d'ajustement

Pour comprendre les motifs de redressement de tarifs auxquels on assiste actuellement, il faut revenir sur la pratique qui a prévalu jusqu'alors. Établissant un bilan de la pratique marocaine en matière de recouvrement des charges d'irrigation en 1976, M. Chraïbi concluait qu'entre la théorie législative et la pratique concrète « le fossé est béant » (40). Il distinguait des décalages importants au niveau de la fixation des tarifs et dans les pratiques de recouvrement.

a) Les tarifs en vigueur ne reflètent pas le coût réel

Si l'on compare les tarifs proposés en 1969 (0,029 DH/m³ au maximum), on est loin de parvenir à un taux de participation de 40 % aux frais engagés par l'État. En effet, si l'on compare le coût

---

(40) CHRAÏBI (M.), art. cité, p. 171.

réel du m³, le tarif qui correspondrait aux 40 % et le tarif en vigueur, on voit qu'on tombe à 9 % pour le Gharb et 3 % pour la Tessaout. Ce taux devrait être encore plus bas dans des périmètres comme le Massa, où l'eau d'irrigation coûte beaucoup plus cher.

	Coût réel du m³ (en DH)	Tarif théorique	Tarif en vigueur en 1976
Gharb	0,157	0,083	0,027
Tessaout	0,250	0,141	0,022
Massa	0,67	?	?

« Les tarifs actuellement pratiqués n'ont qu'un caractère symbolique, à l'instar de leurs prédécesseurs qui avaient cours avant 1969 », concluait Chraïbi (p. 172). Un ajustement des tarifs a été réalisé par le Maroc en mai 1984, qui permet, d'après une étude récente, de couvrir intégralement les coûts d'exploitation et d'entretien pour le gravitaire, mais seulement un tiers pour les zones de forage ou d'aspersion (41). D'où la crainte des responsables des zones où le prix de l'eau a beaucoup monté, en raison du coût croissant de l'énergie, de voir s'effondrer le revenu des agriculteurs : c'est le cas du Loukkos, périmètre moderne où l'aspersion prédomine (42). Selon les responsables, on s'acheminerait vers des marges brutes négatives si la taxe de pompage devait continuer à monter. C'est bien ce qui s'est passé dans les faits, puisque le Maroc a entrepris un vigoureux redressement tarifaire, dont on donnera les chiffres plus loin.

b) Les tarifs en vigueur ne sont guère appliqués dans les faits

Dans la situation marocaine de 1976 décrite par Chraïbi, la participation directe aux coûts d'aménagement n'est perçue nulle part, et la redevance liée au volume d'eau consommé n'est pas recouvrée, ou ne l'est que partiellement (50 % au maximum).

On a donc un dispositif législatif « cohérent, parfois ingénieux », mais inappliqué, ce qui a des conséquences fâcheuses : gaspillage de l'eau, faible récupération par l'État de ses investissements, non-prise en charge des coûts d'exploitation par les utilisateurs.

Selon notre auteur, « ce décalage énorme entre les textes et leur application n'est pas spécifique de la tarification, il caractérise toutes les dispositions réformatrices de l'agriculture marocaine, il fait partie intégrante des structures agraires, *il est lui-même structure agraire* » (43). On retrouve, en effet, le même décalage dans l'appli-

---

(41) BIRD, *Étude des prix et incitations agricoles*, avril 1986, p. 33.
(42) LAHLOU, SAFINE, BENNANI, DARDENNE, « Répercussions du coût de l'énergie sur la conception et le choix des modes d'irrigation », *HTE*, n° 56, sept. 1984, pp. 99-116.
(43) CHRAÏBI, art. cité, p. 175.

cation de la réforme agraire, pourtant cohérente avec la mise en place d'une agriculture plus intensive.

> Tel était le sort auquel était voué le code des investissements agricoles, chef-d'œuvre de la rationalité technicienne dans des structures agraires irrationnelles, ou régies par une rationalité qui n'est pas celle de l'ingénieur agronome (p. 176).

En fait, cette sous-tarification, qui va jusqu'à la non-tarification, constitue une subvention indirecte de l'État aux gros agriculteurs, principaux bénéficiaires des investissements réalisés, dont ils n'ont pas à supporter l'amortissement. D'après N. Akesbi, ce serait d'ailleurs le jugement porté par une mission de la Banque mondiale en 1979 : « Toutes les subventions aux intrants agricoles vont en quasi-totalité aux fermiers les plus riches (44). » La Bird estime que les investissements considérables réalisés en irrigation durant le Plan quinquennal 1973-1977 ont bénéficié à 140 000 personnes, soit 1,3 % de la population rurale. Aux Doukkala, le revenu net supplémentaire par exploitation introduit par l'irrigation est évalué à 3 908 DH pour les 43 % d'exploitants ayant moins de 2 ha et de 51 325 DH pour les couches supérieures, soit 13 fois plus.

Concluant que la politique de modernisation n'a pas été assez financée par ceux qui en ont été les premiers bénéficiaires, la Bird a proposé, dans les années récentes, des réformes de la tarification de l'eau au Maghreb.

Vers une rentabilisation des équipements d'irrigation ?

Les tarifs ont peu évolué en dix ans. Mais le coût croissant des aménagements ainsi que l'utilisation irrationnelle d'une ressource dont la rareté va augmenter conduisent les experts à se pencher de nouveau sur cette question du recouvrement des charges d'irrigation. Sollicitée pour apporter des financements, la Banque mondiale ne cesse de préconiser une plus grande rigueur de gestion des périmètres et des offices. Ainsi une mission qui s'est rendue en Tunisie en 1980 s'est penchée sur l'impact des investissements réalisés en agriculture irriguée dans les PPI (45). Il apparaît que les offices ont trop tendance à se retourner vers l'État pour couvrir le déficit de leur budget d'exploitation, précisément parce que le recouvrement des charges est insuffisant. On peut donc se poser deux questions : peut-on faire mieux, et comment faire mieux ?

---

(44) AKESBI (N.), « De la dépendance alimentaire à la dépendance financière... », cite, p. 52 : BIRD, *Maroc, Rapport sur le développement économique et social*, Washington, octobre 1979.

(45) BANQUE MONDIALE, *Étude du sous-secteur de l'irrigation*, juin 1980.

Peut-on faire payer l'eau plus cher ?

Oui, mais pas dans n'importe quelle catégorie d'exploitation. Si l'on examine les fiches technico-économiques élaborées en 1987 par la Compagnie du bas Rhône pour le périmètre haut-service des Doukkala (46), on voit que des cultures rémunératrices comme la pomme de terre, la betterave sucrière, la canne à sucre et le maïs laissent en principe des marges nettes à l'hectare qui sont confortables et autorisent donc une vraie rémunération des charges en eau.

MARGES DÉGAGÉES
PAR QUELQUES CULTURES SUR LES DOUKKALA

1. Fiche technico-économique pour un hectare de betterave monogerme précoce	En gravitaire	En aspersion
	(sommes en DH)	
— Fournitures et traction		
Semences	721	721
Engrais	940	940
Urée	336	336
Produits de traitement	1 288	1 288
Traction mécanique	650	650
Attelage	100	75
Sous-total	**4 035**	**4 010**
— Autres charges		
Main-d'œuvre	2 550	2 412
Eau d'irrigation	654	1 386
Frais financiers	0	0
Total des charges	**7 239**	**7 805**
— Valeur brute de la production : 700 q de tubercule × 21 DH = 14 980 DH/ha		
— Marge brute hors coût d'irrigation :	En gravitaire 10 945	En aspersion 10 970
— Marge nette	7 740	7 171

D'après cette fiche, les charges en eau varient de 654 à 1 386 DH/ha pour la betterave monogerme précoce, ce qui représente seulement 9 à 18 % des charges totales. Cela laisse des marges nettes qui vont de 7 740 à 7 171 DH/ha selon qu'il s'agit du gravitaire ou de l'aspersion. Une autre étude de l'ORMVAG pour la canne

(46) *Options fondamentales Périmètre haut-service des Doukkala, rapport provisoire*, décembre 1987.

à sucre sur le Gharb donnait en 1982 587 DH de charges d'irrigation (eau et main-d'œuvre d'irrigation).

Le résultat est le même pour des cultures encore plus consommatrices en eau, comme les agrumes, si l'on en croit les fiches réalisées par Sogreah pour la Moulouya (47).

---

2. Fiche technico-économique
pour 0,8 ha d'agrumes (clémentines)

	CHARGES (en DH)	RECETTES (en DH)
Taille	278	
Cover crop	128	
Confection de cuvettes	278	
Engrais de fond	1 337	
Engrais de couverture	503	
Traitements	1 248	
Cueillette	1 664	
Irrigation	1 162	16 t × 1 000 DH × 0,8 ha
Total	6 600	= 12 800 DH

REVENU NET = 6 200 DH

Ici encore, les charges en eau ne représentent que 17,6 % des charges totales et laissent plus de 6 000 DH de marge à l'hectare.

En revanche, la possibilité d'augmenter le prix de l'eau est beaucoup moins grande pour une culture comme le blé dur, où la marge n'est que de 2 200 DH.

---

3. Fiche technico-économique
pour 0,8 ha de blé dur dans une exploitation de 5 ha des Triffa

	CHARGES (en DH)	RECETTES (en DH)
Labour : 200 × 0,8	160	
Cover-crop croisé : 160 × 0,8	130	
Engrais de fond : 151 × 2 × 0,8	240	Grain :

---

(47) SOGREAH, *Étude du plan directeur du bassin de la Moulouya*, mission 1-3, dossier 1-3 a : *Étude de la demande en eau*.

Semence :			
1,2 × 280 × 0,8	270	16 q × 240 DH × 0,8 ha =	3 455
Engrais couverture			
1 × 180 × 0,8	145	Paille :	
Récolte (moiss.-batt.)			
400 × 0,8	320	24 bottes (6 q) × 7 DH × 0,8 =	135
Irrigation 2,5 × 600			
× 0,11 × 0,8	132		
	1 400		3 590

REVENU NET = 2 190 DH

Conclusion : il est possible d'accroître la facturation de l'eau pour les cultures riches et sur certaines catégories d'exploitation. La non-application de la réforme agraire est donc contradictoire avec une rationalisation de la couverture des charges d'eau. En outre, le relèvement des tarifs ne peut se faire que par étapes et que si les prix des produits restent rémunérateurs.

Comment faire payer l'eau plus cher ?
Conclusions de la Banque mondiale sur le cas tunisien

La mission Banque mondiale de 1980 en Tunisie a fait une étude approfondie du problème et fort bien souligné en conclusion qu'il serait dangereux de dissocier la question du tarif de l'eau de celle du revenu des agriculteurs.

a) Les redevances ne couvrent qu'une part du coût de l'eau
Au moment de l'étude, elles vont de 2 à 12 millimes/m³, selon les périmètres et les saisons. Ces chiffres n'ont d'ailleurs guère bougé en dix ans. Ce niveau de redevance permet de couvrir au maximum de 50 à 75 % des coûts d'exploitation et de maintenance, mais ne contribue nullement à récupérer une part de l'investissement. L'OMVVM a fait une étude sur la tarification en 1976, qui l'a conduit à proposer un tarif binôme, comprenant une taxe de 124 DT/ha et une redevance de 13 millimes/m³ d'eau consommé. Étalée sur cinquante ans, cette tarification devait permettre un recouvrement de la totalité de l'investissement. Une étude analogue a été menée sur la tarification à Sidi Salem.
Une étude ultérieure de la Banque (mai 1985) indique que l'eau est vendue seulement à 60 % de son coût complet (coût direct + frais généraux + amortissement des équipements de gestion et d'entretien). Le coût direct de l'eau était évalué alors à 20,6 millimes en moyenne, mais avec des variations importantes selon les périmè-

tres : de 10 à 43 millimes/m³ (48). Donc, en 1982, les tarifs pratiqués (de 8 à 22 millimes) correspondent à 41 % du coût direct et 30 % du coût complet (49).

Tableau n° 97

STRUCTURE DU COÛT DE L'EAU D'IRRIGATION EN TUNISIE (1982)

(En millimes)

	Gabès	Gafsa	Jendouba	Kairouan	Lakhmès	Medjerdah	Nabeul	Nebhana	Kasserine	Total
Coût direct de l'eau d'irrigation										
Tot. 1 000 DT	325	626	539	314	52	1 210	319	413	369	4 166
Coût/ m³	19	10	29	32	17	21	43	31	35	21
Structure du prix de revient de l'eau d'irrigation en %										
Personnel	53	28	43	48	51	69	56	69	70	55
Énergie	40	64	31	33	30	19	24	4	22	29
Matériel	2	7	17	13	16	2	14	17	4	8
Entretien	5	1	9	6	3	10	6	10	4	8
Coût complet de l'eau d'irrigation										
Total	373	681	682	366	66	1 518	371	575	501	5 129
Amortissement	30	34	61	32	6	157	29	68	62	479
Coût /m³	24	11	40	41	24	29	53	48	54	28
Recette et déficit moyen 1982										
Tarif/m³	10	4	13	12	10	14	12	14	6	8
Recette/m³	8	2	10	11	9	13	15	13	5	8
Déficit (a)	16	9	30	30	15	16	38	35	49	20

(a) Déficit/m3 = coût complet − recette.

Source : Pagi, annexe 13.

Le déficit au m³ se situe donc entre 9 et 49 millimes. On notera les variations du coût complet et leur niveau élevé en Tunisie centrale. Conclusion : il faut relever les tarifs de l'eau.

b) L'application pose quelques problèmes

D'une part, la loi de réforme agraire prévoyait que la contribution aux investissements devait être payée en une seule fois ; le paie-

---

(48) LADJILI (Kh.), « Hydraulique paysanne - hydraulique étatique : économie de l'agriculture irriguée au cap Bon (Tunisie) », thèse, IAM, Montpellier, 1989, donne même des chiffres plus élevés : jusqu'à 78,6 millimes/m³ de coût direct dans le périmètre d'Azmour (p. 159).

(49) BANQUE MONDIALE, *Report n° 5396 TUN,* mai 1985.

ment d'une taxe annuelle revient à instaurer une sorte d'impôt foncier contraire à la démarche fiscale tunisienne, qui privilégie l'impôt sur la production.

L'autre problème est que beaucoup de petits agriculteurs n'ont pas un revenu suffisant pour payer de telles charges, du moins au début. Seconde conclusion : la politique de tarification ne doit pas être dissociée d'une politique de revenu des agriculteurs.

c) Propositions de la Banque mondiale pour mieux couvrir les coûts
La tarification doit être progressive :

> Le gouvernement devrait établir une tarification qui lui permet de faire supporter toutes ses dépenses par les agriculteurs capables de supporter les taxes agricoles. Cela demanderait l'application de tarifs progressifs pouvant inciter les plus gros agriculteurs soit à produire davantage soit à vendre leur terre (50).

Il semble que la recommandation ait été entendue, si l'on en juge par les prises de position ultérieures du coordinateur des PPI.

Mais la Banque ajoute que cela implique une remise en œuvre de la démarche de réforme agraire :

> Tout en contribuant à une plus grande utilisation des ressources en eau disponibles, une telle tarification, pour être appliquée, demande à être précédée de modifications de plafond de superficie et par conséquent de la législation sur la réforme agraire (51).

Le point de vue de Chraïbi comme les conclusions de la Banque mondiale soulignent une certaine impasse : il est difficile de parvenir à une juste tarification de l'eau tant que les structures agraires n'ont pas évolué. Or, on a vu le blocage (Maroc) ou l'échec (Algérie, Tunisie) des tentatives de réforme agraire dans les trois pays. Si les États cèdent aux injonctions de rigueur de leurs bailleurs de fond, cela risque bien de se faire au détriment des catégories de producteurs les plus défavorisées.

Une vérification : l'explosion du prix de l'eau d'irrigation au Maroc

Le Maroc a fortement relevé le prix de l'eau agricole à deux reprises : quasi-doublement en 1980 et accroissement de l'ordre de 65 % en 1984, avec, de surcroît, prise en compte des coûts de pompage. Les chiffres suivants sont éloquents.

Ces tarifs permettront à des offices qui marchent bien comme celui des Doukkala de couvrir l'intégralité des coûts d'opération et de maintenance. Mais, du coup, ce sont des prix parmi les plus élevés au monde.

---

(50) BANQUE MONDIALE, *op. cit.*, p. 18.

Tableau n° 98

TARIFICATION ACTUELLE ET PROPOSITIONS

(En millimes 1984)

Offices	Coût moyen 1982-84		Tarif 1982-84		Tarif d'équilibre	Tarif proposé 1995	% augmentation /an (a) 1985-95
	1982	1984	1982	1984	1995	1995	1985-95
Gabès	24,0	30,0	10	14	26	26	6,5
Gafsa	11,0	13,8	6	10	16	16	5,3
Jendouba	40,2	50,1	10	16	27	27	6,2
Omivak	41,1	51,2	10	18	61	51	10,8
Omival	24,1	30,0	10	17	39	39	9,1
OMVVM	28,8	35,7	13	19	34	34	6,6
Nabeul	53,4	67,6	12	22	41	41	7,5
Omivan	48,4	60,2	12	18	53	53	11,9
ODTC	53,6	67,7	6	15	62	51	15,0
Sidi Bouzid	–	–	–	15	75	51	15,0
Moy. pondérée	27,7	34,4	8,4	14,2			

(a) Hors inflation.

Source : Banque mondiale, Pagi , annexe 13.

Tableau n° 99

ÉVOLUTION DU PRIX DE L'EAU AGRICOLE AU MAROC

(En DH/m³)

Périmètres	1969		1980		1984	
	PB (a)	PP (b)	PB	PP	PB	PP
Doukkala	0,29	0	0,54	0,16-0,5	0,89	0,42-1,5
Gharb	0,29	0	0,58	0,50	0,95	1,34
Haouz	0,29	0	0,45	–	0,74	–
Loukkos	0,29	0	0,58	0,5-0,58	0,95	1,3-1,51
Moulouya	0,29	0	0,58	0,36-0,5	0,95	0,94-1,4
Ouarzazate	0,29	–	0,48	–	0,78	–
Souss-Massa	0,29	0	0,58	0,55	0,95	1,42
Tadla	0,29	0	0,48	–	0,79	–
Tafilalet	0,29	–	0,48	–	0,78	–

(a) PB = Prix de base du m³ distribué.
(b) PP = Prix de pompage du m³ distribué.

Source : Banque mondiale.

A travers quelques exemples maghrébins, on a tenté de se faire un point de vue sur la validité des calculs économiques qui fondent les choix de projets.

La question de la rentabilité des projets est fort complexe et fait l'objet de controverses méthodologiques entre spécialistes. Pour convaincre et rassurer les bailleurs de fonds, la pratique dominante consiste à calculer certains ratios, comme le taux de rentabilité interne du projet. Souvent, ce calcul du TIR relève de l'habillage formel de décisions politiques ou de transactions commerciales. Les bureaux d'études semblent pourtant évoluer vers un certain pragmatisme et introduisent de plus en plus de souplesse dans leurs recommandations.

L'expérience, il est vrai, les a instruits sur les conséquences néfastes de certains *a priori* : ainsi, on a longtemps privilégié le critère de rentabilité pour la collectivité nationale, en laissant à des mécanismes correcteurs le soin d'assurer un revenu satisfaisant aux producteurs. Le résultat est un refus des systèmes de production préconisés sur les périmètres, sauf là où l'État garantit des prix rémunérateurs (cas du sucre au Maroc). L'approche macro-économique de la rentabilité ne doit donc pas être déconnectée d'un calcul économique au niveau de l'exploitant.

Ce problème resurgit dans la question de la tarification de l'eau d'irrigation. Les méthodes ont fait d'importants progrès dans le sens d'une meilleure couverture de l'investissement national et d'une utilisation optimale de l'eau. Le principe d'une tarification binôme, calée sur le coût marginal de l'eau, est de plus en plus admis. Mais, dans la pratique, on est loin d'une tarification satisfaisante : l'eau est souvent sous-payée ; le déficit des offices de mise en valeur est à la charge de l'État ; de surcroît, l'eau est gaspillée. Les bailleurs de fonds se font de plus en plus pressants pour que soit instaurée une vérité des prix. Difficile à appliquer pour les micro-exploitations, cette vérité des prix risque bien d'être très discriminatoire tant qu'une évolution des structures agraires n'aura pas eu lieu.

9

Les systèmes de production intensifs

Facteurs d'indépendance ou d'intégration au système mondial ?

L'effort prioritaire des États est allé à des investissements à forte intensité de capital, dont les périmètres irrigables sont la forme la plus achevée. Pourtant, ce gigantesque effort financier et technique aboutit surtout, pour le moment, à renforcer l'intégration au système mondial : cette agriculture moderne requiert des importations coûteuses de technologies et de savoir-faire, qui ont alourdi l'endettement extérieur et renforcé la dépendance technologique, sans parvenir à limiter la facture des importations de denrées. Alors que le Maroc est réputé avoir assez bien réussi sa politique hydro-agricole, un spécialiste de ce pays écrit :

> Voilà qu'en ces années 80, au bout de deux décennies de mise en œuvre obstinée de cette politique, la dépendance alimentaire du pays prend des dimensions dramatiques et la situation sociale dans les campagnes est des plus inquiétantes... Après avoir englouti tant de capitaux publics, le secteur agricole n'a jamais pu assurer une contribution un tant soit peu significative aux finances publiques (1).

La Banque mondiale elle-même s'est prononcée pour « un renversement de tendance en faveur des projets de culture en *bour* », pour des raisons à la fois économiques et sociales (2).

Ces remises en question affectent les fondements mêmes du modèle dominant de mise en valeur en irrigué : c'est en effet sur ce type d'intensification agricole que l'on a compté depuis les indépendances pour intensifier l'agriculture. Pour juger du bien-fondé de ces critiques, on va se pencher sur l'agro-industrie sucrière, tentée dans l'ensemble du Maghreb et très implantée au Maroc au point

---

(1) AKESBI (N.), « De la dépendance alimentaire à la dépendance financière... », p. 41.

(2) BANQUE MONDIALE, *Maroc, rapport sur le développement économique et social,* Washington, octobre 1981, p. 183.

de satisfaire 80 % de la consommation nationale. A travers l'exemple du sucre, on tentera de faire le point sur les performances et les limites de ces grands programmes, dont on attendait tant pour assurer l'autosuffisance et qui semblent avoir engendré d'autres dépendances, tout aussi redoutables.

1. L'agro-industrie maghrébine du sucre, ses performances et ses limites

Sur les périmètres irrigués, les cultures industrielles, et en particulier les cultures sucrières, constituent un des piliers de l'intensification. On retrouve la betterave sucrière de la Medjerdah au Loukkos, en passant par le Bou Namoussa, le Chelif, la Moulouya, le Gharb et le Tadla. Plus récemment, le Maroc a développé la canne à sucre. En fait, cette option n'est pas propre au Maghreb : on la retrouve dans la plupart des grands projets hydro-agricoles lancés depuis les années 1970, de l'Euphrate à la Côte d'Ivoire et au Soudan (3). Les raisons avancées ici et là sont les mêmes : ces cultures maximisent la valeur ajoutée à l'hectare, permettent de réduire des importations coûteuses, stimulent l'articulation agro-industrielle et ont l'intérêt d'offrir des sous-produits riches pour l'élevage intensif. Beaucoup d'avantages, en somme.

Aujourd'hui, pourtant, on déchante dans la plupart de ces pays. Si l'on s'en tient au Maghreb, le bilan est contrasté : l'Algérie a abandonné pour le moment les cultures sucrières, qui n'avaient pas couvert plus de 0,5 % de la consommation nationale en sucre malgré des investissements élevés ; la Tunisie semble plafonner autour de 5 000 ha ; quant au Maroc, la mobilisation d'énormes moyens matériels et financiers a permis de développer considérablement la betterave et la canne, qui couvrent aujourd'hui 78 % environ de la consommation nationale, mais ce « succès » ne fait pas l'unanimité (4). Les responsables des ORMVA défendent avec constance ces cultures intégrées, qui « tirent » la transformation de l'agriculture sur les périmètres (5). Le débat est donc ouvert.

---

(3) *Cf.* METRAL (F.), « Périmètres irrigués d'État sur l'Euphrate syrien : modes de gestion et politique agricole », *TMO*, n° 14, Lyon, 1987, p. 138 ; AUBERTIN (C.), « Le programme sucrier ivoirien, une industrialisation régionale volontariste », *Travaux et documents de l'ORSTOM*, n° 169, Paris, 1983, 191 p.

(4) *Cf.* BOUJIDA (B.), « Transfert de technologie et dynamique de l'agro-industrie sucrière au Maroc », thèse, Lyon II, 1984, 324 p.

(5) LAHLOU (O.), « Irrigation et développement de la production sucrière », *Revue marocaine de droit et d'économie du développement*, n° 2, 1982, pp. 79-89.

Étapes de l'implantation de l'agro-industrie sucrière

Déjà au temps des Saadiens (XVIe-XVIIe s.),
la canne à sucre était synonyme d'accumulation de la rente par l'État

L'archéologie nous apprend que le Maghreb a pratiqué les cultures sucrières il y a des siècles sur la côte marocaine. Les travaux de Paul Berthier ont permis la mise à jour, entre 1949 et 1954, de 14 anciennes sucreries dans la région de Mogador et de Taroudant : bassins, canaux, salles de trituration et de cuisson, réseaux hydrauliques adjacents ; les vestiges ne laissent aucun doute sur la culture fort ancienne de la canne. Les textes anciens attestent que celle-ci fut pratiquée au moins pendant huit siècles, entre 895 (expansion arabe) et 1655 (expansion européenne vers le Nouveau Monde). Ibn Hawkal est le premier à la signaler dans la région de Taroudant, El Bekri la note pour la région du Souss en 1068 : « Dans cette ville qui est située sur une grande rivière, il y a beaucoup de fruits et de canne à sucre dont le produit s'exporte dans les pays du Maghreb (6). » Mais la culture de la canne semble avoir connu son apogée pendant la période saadienne (1525-1659), qui réunissait, selon Berthier, les conditions requises pour l'essor de cette culture : le dirigisme de cette dynastie, qui a permis de financer l'infrastructure nécessaire (certains canaux d'amenée d'eau aux plantations faisaient 150 km) ; l'existence d'une main-d'œuvre servile, dirigée pour le travail par des israélites et des chrétiens ; enfin, une opportunité commerciale : les Saadiens faisaient du sucre une denrée d'exportation, contre laquelle ils obtenaient des armes, et même le marbre d'Italie dont ils construisirent leurs palais. La culture de la canne disparut avec la concurrence des plantations des Amériques à partir du XVIIe siècle, et le protectorat ne chercha pas vraiment à la réimplanter (7). Comme Wittfogel l'a démontré pour les sociétés antiques, le succès des systèmes hydrauliques complexes et coûteux suppose un État fort, qui s'alimente de la rente qu'il peut ainsi accumuler.

---

(6) EL BEKRI, *Description de l'Afrique septentrionale*, traduction de Slane, 1913, p. 306.

(7) ENNAJI (M.), « Canne à sucre et industrie sucrière au Maroc du XIXe siècle », *RJPEM*, n° 18, décembre 1985, pp. 157-168. « L'infrastructure d'irrigation mise en place par les Saadiens a nécessité un investissement considérable, en matériaux et aussi et surtout en main-d'œuvre. De plus l'armée devait être constamment sollicitée pour la surveillance des équipements : canaux, fabriques, etc. L'importance de l'investissement se justifiait du fait que le sucre au XVIe siècle était un produit rare, et par conséquent cher, sa consommation étant réservée aux classes aisées d'Europe... Les Saadiens avaient fait le choix d'un créneau momentanément rentable de l'économie-monde européenne en pleine expansion. Au XIXe siècle, les choses avaient beaucoup changé ; la production fut conçue au Maroc en vue du marché interne. Le sucre était alors un produit relativement banalisé et son prix peu compétitif compte tenu des conditions de culture de la canne au Maroc » (pp. 160-161).

Limiter les importations, mieux valoriser l'eau
Les motifs récents de relance des cultures sucrières

La décision de relance des cultures sucrières au cours des années 1970 tient à l'accroissement de la consommation de sucre et à une flambée du prix sur le marché mondial (1963, 1974, 1980). La consommation de sucre par l'ensemble de la population constitue un phénomène assez récent : il y a un ou deux siècles encore, le sucre était considéré comme une denrée de luxe. A l'heure actuelle, la consommation maghrébine est nettement plus élevée que dans l'ensemble de l'Afrique (12 kg/hab/an), particulièrement au Maroc, où elle atteint 30 kg environ. Les habitudes alimentaires y sont pour beaucoup : le thé à la menthe très sucré au Maroc, les pâtisseries en Tunisie. Les enquêtes de consommation des ménages de 1970-71 et 1984-85 au Maroc ont révélé le coefficient budgétaire élevé de la consommation de sucre : jusqu'à 23 % de la dépense alimentaire (enquête de 1970) en milieu rural, où le thé à la menthe et la galette sont le plat principal des pauvres. Les importations ont atteint des niveaux très élevés au cours des dernières décennies.

Tableau n° 100

ÉVOLUTION DES IMPORTATIONS MAGHRÉBINES DE SUCRE

(En t)

Moyenne/an	MAROC	ALGÉRIE	TUNISIE	TOTAL
1961-65	382 307	201 473	88 315	672 095
1966-70	289 840	219 839	89 800	599 479
1971-75	257 876	303 127	121 031	682 034
1976-80	313 748	461 253	177 963	952 694
1982-85	259 849	620 782	171 061	1 051 692
1986-87	295 611	811 499	193 549	1 300 659
Sucre brut x 0,92 = sucre blanc.				

Source : Statistiques FAO.

Hormis le Maroc, qui est parvenu à contenir son volume d'importations par sa politique de production, les deux autres pays connaissent une envolée de leurs achats de sucre à l'étranger. Dans ces tonnages, une part de sucre brut est raffinée sur place. Le tableau suivant donne une idée de l'envolée des prix, pour un pays qui a pourtant réussi à limiter les tonnages.

Tableau n° 101

TONNAGE ET COÛT DU SUCRE BRUT IMPORTÉ PAR LE MAROC

Années	Quantité en t	Valeur (10.6 DH)	DH/t
1960-64	287 160	150,6	524,4
1965-69	305 943	176,0	575,3
1970-74	243 146	248,8	1 023,4
1975-79	229 046	427,2	1 865,5
1980-85	261 925	539,0	2 057,9

Source : Association de la profession sucrière, Rabat.

Il s'agit là de moyennes quinquennales, qui cachent des extrêmes comme 1973 et 1975, où le prix de la tonne importée est passé de 843,8 DH à 3 607,6 DH. Il faut dire que le marché mondial du sucre a deux grandes particularités :

— seuls 30 % de la production mondiale s'échangent, pour les deux tiers environ sur des marchés contractuels à des prix préférentiels, et pour un tiers sur le marché libre ;

— ce prix sur le marché libre est le plus irrégulier des marchés de matières premières, car c'est le prix du surplus mondial, et la spéculation est forte dans les trois Bourses où le sucre est coté : Londres, Paris et New York.

Tableau n° 102

ÉVOLUTION DE LA COTATION DU SUCRE
A LA BOURSE DE NEW YORK

(En cents US la livre [453 g])

Année	Prix moyen	Maximum	Minimum
1970	3,75		
1974	29,75	65,50 (novembre)	
1976	11,58		
1980	29,01		
1985	4,04		2,35 (juillet)
1988	7,0		

A Paris, cela donne des extrêmes de 8 000 à 900 F la tonne. Ces variations perturbent les prévisions du commerce extérieur pour les pays importateurs (le prix du kilo importé par l'Algérie passe de 1,01 DA en 1973 à 3,73 DA en 1975, pour retomber à 0,97 DA en

1978) et contraignent parfois les États à répercuter les variations de prix sur le consommateur. Ainsi, au Maroc, le gouvernement a relevé le prix à la consommation de 85 % entre août 1963 et mai 1964, ce qui a entraîné des soulèvements populaires graves en mars 1965. La décision de lancer la construction de sucreries ou de relancer les cultures sucrières est donc liée à ces poussées inflationnistes du marché mondial. Le Maroc lance ses trois premières sucreries après les troubles que l'on vient d'évoquer (plan triennal 1965-67) ; la flambée de 1974 incitera à la relance de son programme sucrier. A la même période, la Côte d'Ivoire se lança dans son gigantesque et ruineux programme sucrier (8).

Betterave sucrière et canne à sucre : deux piliers de l'intensification

a) Le programme sucrier marocain, fleuron de l'agriculture irriguée

C'est le Maroc qui est allé le plus loin, puisque les cultures sucrières couvrent 80 000 ha environ. Lancée en 1962-63, la betterave sucrière dépasse les 70 000 ha au début des années 1970. Il faut noter qu'un tiers se fait en sec *(bour)*. La flambée de 1974 accélère le lancement du Plan sucrier de 1975, qui prévoit une prédominance progressive de la canne à sucre, qui a démarré en 1973. A l'horizon 2000, 95 000 ha de betterave et 135 000 ha de canne devraient permettre de produire 1,1 million de t de sucre, soit l'intégralité de la consommation nationale. Les résultats sont loin d'être négligeables, puisque la production totale de sucre a dépassé les 500 000 t en 1988. Néanmoins, l'extension de la canne est moins rapide que prévu, et ses performances restent très inégales : de 25-30 t/ha de betterave dans le Gharb et le Loukkos (en sec) à 40-60 t/ha dans les zones irriguées du Tadla et des Doukkala. Teneur moyenne en sucre : 16,5 %. Les rendements moyens de la canne, dont la teneur est de 10,5 % environ, oscillent de 50-60 t/ha dans la Moulouya à 80-90 t/ha dans le Gharb. Parmi les problèmes rencontrés, on signale le manque d'eau (la canne requiert au moins 10 000 m³/ha), la complexité de l'itinéraire technique de ces cultures, enfin le coût élevé des charges, qui implique de soutenir ces productions « à bras-le-corps ».

---

(8) Dans l'euphorie provoquée par la flambée des prix des matières premières, on va faire passer la production mondiale de sucre de 75 à 100 millions de t, et les capacités de traitement industriel à 123 millions de t.

(9) BIRD, *Étude des prix et des incitations agricoles*, avril 1986, p. 35.

(10) LARAKI (K.), *Les programmes de subventions alimentaires. Étude de cas de la réforme des prix au Maroc*, Washington, Banque mondiale, 1989, p. 18.

L'ITINÉRAIRE TECHNIQUE DE LA BETTERAVE SUCRIÈRE

1. La préparation du sol

Plante annuelle, la betterave entre le plus souvent dans un assolement triennal ou quadriennal.

Il faut donc commencer par ameublir le sol en profondeur afin de permettre un bon développement du système racinaire. Ce labour se fait en juillet-août.

Pour la nourrir, une fumure de fond, organique et minérale, doit être apportée.

2. Le semis

Il doit être étalé sur l'automne, l'hiver et le printemps, afin d'étaler aussi la récolte et l'approvisionnement des sucreries. D'où l'existence de plusieurs variétés, les plus tardives donnant les moindres rendements. Le semis, à faible profondeur, se fait avec un semoir de précision, de façon à avoir une densité située entre 85 000 et 100 000 racines/ha.

Cela requiert en général une reprise du sol afin d'avoir un lit de semence bien affiné, et un apport d'ammonitrate, et nécessite seulement un éclaircissage après le lever, au lieu du démarriage, coûteux en temps de travail. Une irrigation après semis est recommandée.

3. L'entretien de la culture

Au printemps, un premier, puis un second binage sont nécessaires pour détruire les mauvaises herbes. Un homme met dix jours pour biner un hectare quand la parcelle est sale. Des apports d'azote sont nécessaires au printemps, et une première irrigation est requise fin avril. La betterave de printemps exigera 6 000 m³/ha et la betterave d'automne 8 000 m³ en moyenne. Une surveillance phytosanitaire est indispensable pour prévenir les parasites, comme la casside, qui mange les feuilles, et les maladies comme la cercosporiose, l'oïdium, la rouille, etc.

4. La récolte

Elle comprend plusieurs étapes et requiert différentes machines :
— l'effeuillage et le décolletage ;
— le nettoyage des lignes ;
— l'arrachage (après une légère irrigation) et la mise en ligne ;
— le chargement.

Cet itinéraire technique de la betterave est à la fois complexe et coûteux en intrants, en temps de travail et en mécanisation.

LA CANNE A SUCRE

La canne est une culture qui, en principe, reste en place six ans.

1. La plantation

On démarre la canne en pépinière, où elle reste deux ans. Livrée et replantée la troisième année, elle doit pouvoir fournir une première coupe au bout de seize à dix-huit mois (selon les variétés) : c'est la canne vierge. Il faut noter que la canne est sensible au gel.

2. Les façons culturales

Pour assurer la repousse, il faut entretenir la plante : de 12 à 14 irrigations par an sont recommandées dans le Gharb par le CTCAS (soit un apport de 8 000 à 12 000 m³/ha).
Le désherbage est également un travail considérable. Il faut de douze à quatorze mois pour que mûrisse la canne de repousse.

3. La récolte

Elle n'est pas forcément mécanisée. Au Maroc, elle est souvent manuelle : un ouvrier coupe à la machette de l'ordre de 2,5 t/j. Le chargement est en revanche contre mécanisé et le transport doit être rapide, car la richesse en sucre se dégrade vite.

Ce rappel des itinéraires techniques permet de mieux mesurer la complexité de la conduite de ces cultures et d'expliquer l'intervention massive des offices. D'où le système de contrat de culture, dans lequel l'office réalise l'essentiel des travaux mécanisés et garantit l'achat de la récolte à un certain prix ; le producteur fournit les prestations complémentaires en travail. Mais même le tour d'eau est décidé au niveau de l'office. Dans le cadre du Plan sucrier, le Maroc n'a pas lésiné sur les moyens techniques et financiers donnés aux offices.

La rémunération des cultures sucrières est l'autre facteur de la diffusion de la betterave et de la canne. Le Maroc a mis en place un dispositif tarifaire : les intrants et les services sont fournis aux producteurs à titre d'avances ; un accord passé entre le ministère du Commerce et de l'Industrie et celui de l'Agriculture garantit l'achat de la production par les raffineries à un prix officiel. Celui-ci, fixé chaque année pour l'ensemble du territoire, est fondé sur le prix de revient majoré et reflète les coûts financiers de production des zones les moins performantes, ce qui revient à assurer une rente de situation aux producteurs des zones les plus efficaces, comme le Tadla et les Doukkala. Ce système garantit une rentabilité financière aux producteurs de toutes régions. En revanche, la rentabilité économique n'est guère assurée, sauf dans les Doukkala, en raison du niveau élevé des charges et du décalage entre le prix payé au producteur et le prix de référence sur le marché mondial.

Évolution du prix garanti des cultures sucrières (en DH/t)

	1981	1982	1983	1984	1985	1986
Betterave	135	155	155	175	190	215
Canne à sucre	95	105	105	120	140	160

Cela explique l'intérêt suscité par ces cultures chez les gros propriétaires, qui bénéficient le plus de cette subvention, surtout dans les zones de bon rendement.

Tableau n° 103

RENTABILITÉ NETTE POUR LE PRODUCTEUR (RNP)
ET RENTABILITÉ POUR L'ÉCONOMIE (RNE)
DES CULTURES SUCRIÈRES

Niveau technique	ORMVA	RNP (DH/t)	RNP/ha (DH/t)	RNE (DH/t)	RNE/ha (DH/t)
Betterave en sec	Gharb	32,2	821	− 109,3	− 2 788
Betterave en sec	Loukkos	44,4	1 290	− 143,4	− 4 167
Betterave en irrigué	Moulouya	− 36,9	− 1 106	− 341,9	− 10 257
Betterave en irrigué	Gharb	− 10,1	328	− 220,4	− 7 162
Betterave en irrigué	Tadla	43,7	1 820	− 40,4	− 1 680
Betterave en irrigué	Doukkala	67,7	4 099	17,4	1 054
Canne en irrigué	Gharb	55,6	3 889	− 75,6	− 5 290
Canne en irrigué	Moulouya	40,4	2 120	− 166,6	− 8 748

Source : Banque mondiale (9).

Hormis la betterave irriguée dans le Gharb et la Moulouya, la rentabilité financière est donc toujours assurée au producteur. Une prime compensatoire de 20 DH/t est garantie aux producteurs des zones défavorisées. La canne assure au producteur le meilleur revenu (entre 2 100 et 3 900 DH/ha), sauf là où les rendements sont très élevés (Doukkala). En revanche, la marge est négative pour l'économie : si l'on défalque les subventions aux intrants (l'eau n'est pas facturée à son prix de revient) et le surpaiement de la récolte par rapport au prix mondial, la perte à l'hectare est de l'ordre de 3 400 DH/ha pour la betterave et 7 000 DH/ha pour la canne, selon les calculs de la Bird. On ne peut dire plus clairement que la diffusion des cultures sucrières au Maroc doit beaucoup à la protection de l'État. Cela se répercute sur les prix à la consommation.

Tableau n° 104

PRIX INTÉRIEUR MAROCAIN ET COURS MONDIAL
DU SUCRE BLANC

(En DH/t)

	1981	1982	1983	1984	1985	1986
Prix CAF Londres	1 039	978	1 750	2 043	1 370	1 605
Prix Maroc (en poudre)	2 060	1 640	2 640	2 640	2 640	3 140
Prix Maroc (morceaux)	2 737	3 307	3 307	3 307	3 307	4 230

Source : K. Laraki (10).

Pour que le Maroc soit compétitif par rapport au marché mondial, il faudrait que le prix mondial soit de 19 cents la livre. Or, il est en ces années autour de 9,61 cents. La Banque Mondiale en conclut que le Maroc ne dispose d'aucun avantage comparatif pour produire son sucre. Une étude récente a tenté de montrer le contraire (11). Mais les producteurs des régions favorables comme les Doukkala y trouvent plutôt leur compte.

Des moyens importants donnés aux offices, une politique des prix incitative, tels sont, en somme, les principaux facteurs de succès des cultures sucrières au Maroc.

b) La déconfiture du programme sucrier algérien (12)

En Algérie, la culture de la betterave sucrière, démarrée en 1966,

---

(11) BEN ALI (D.), MIYAJI (K.), *L'industrie marocaine à l'épreuve de l'ajustement*, Institut of Developing Economies, Tokyo, 1990, pp. 299-357.

(12) *Cf.* HEDDOUCHE (B.), *Dépendance technologique et dépendance alimentaire en Algérie : une contribution à l'étude de la filière sucre de betterave (haut Chelif)*, thèse de magistère, INA, Alger, 1986, 321 p.

a été arrêtée en 1983. Elle n'a jamais couvert plus de 5 000 ha. Pourtant, des investissements coûteux ont été réalisés. Il faut expliquer cet échec.

Les essais n'ont pas manqué depuis l'époque coloniale, puisque les premiers champs de betterave apparaissent en 1894 à Sidi bel Abbès et que cette culture sera plusieurs fois relancée par les services agricoles du gouvernement général. Son essor ne se fera pas, en raison de la vigilance du *lobby* sucrier métropolitain, qui craint la concurrence. Les quelques superficies cultivées en betterave serviront à alimenter la petite sucrerie (300 t/j) construite à Mercier-Lacombe (Sfisef) en 1949, puis la distillerie d'Affreville. René Dumont signale être parti en mission en Algérie en 1940 avec pour seule consigne du ministère français de l'Agriculture d'éviter le développement de la betterave (13).

Ce n'est qu'après l'indépendance que la question est reposée : une sucrerie est construite à El Khemis, sur le haut Chelif, en 1966, dans le but de favoriser l'essor de cette excellente tête d'assolement qu'est la betterave. La capacité de traitement de l'usine étant de 150 000 t de betterave par campagne, les études de mise en valeur prévoyaient environ 4 000 ha de betterave sur ce périmètre (étude Otam). En fait, le maximum réalisé sera de 2 851 ha (en 1970-71), et l'on tombera vite à 1 800, puis 1 600 ha. On trouve également de la betterave sur le périmètre du Bou Namoussa à partir de 1967-68, mais il ne s'agit que de quelques centaines d'hectares (maximum atteint : 1 390 ha en 1974). L'obstacle est ici l'éloignement de la sucrerie, construite à Guelma en 1974 pour des raisons de politique régionale (c'est la région du président Boumediene). Or, les sols de Guelma sont impropres à la culture de la betterave. La culture betteravière va ainsi végéter entre 1966 et 1983 : les superficies totales resteront en deçà des 4 500 ha, malgré la mise en place de deux sucreries capables de traiter chacune 150 000 t par campagne (cent jours).

L'échec est tel que le ministère de l'Agriculture n'évoque même plus les cultures sucrières dans ses prévisions pour 2 010 : 43 000 ha irrigués sont prévus pour les cultures industrielles, mais le document indique qu'il s'agira « essentiellement de légumes pour la transformation (tomate) dans les régions à climat maritime (Annaba, Algérois) » (14). La reconversion du Chelif en maïs grain a été souvent évoquée.

Notons aussi que la culture betteravière a été complètement boudée par le secteur privé. Le secteur socialiste, lui, se la voyait impo-

(13) DUMONT (R.), MAZOYER (M.), *Développement et socialismes,* Paris, Seuil, 1969, p. 279.
(14) RADP, MINISTÈRE DE L'AGRICULTURE ET DE LA PÊCHE, *Proposition d'utilisation des superficies irriguées à l'horizon 2010,* Alger, août 1987, p. 17.

Tableau n° 105

ÉVOLUTION DES SUPERFICIES DE BETTERAVE A SUCRE
EN ALGÉRIE

(En ha)

Campagnes	Haut Chelif	Bou Namoussa	Guelma	Total
1966-67	2 580	30	–	2 610
1967-68	2 770	110	–	2 880
1968-69	3 810	90	–	3 900
1969-70	3 130	180	–	3 310
1970-71	3 150	200	–	3 350
1971-72	1 240	550	–	1 790
1972-73	2 320	540	–	2 860
1973-74	2 130	920	–	3 050
1974-75	2 140	650	380	3 170
1975-76	2 390	–	80	2 470
1976-77	2 050	370	290	2 710
1977-78	2 680	1 390	280	**4 350**
1978-79	2 630	1 090	150	3 870
1979-80	2 250	970	20	3 240
1980-81	2 190	250	–	2 440
1981-82	1 660	–	–	1 660
1982-83	1 225	–	–	–

Source : Statistiques agricoles, série B.

ser par les plans de production du ministère. Plusieurs raisons à cette réticence des agriculteurs : les rendements obtenus n'ont jamais été très bons (la moyenne oscille entre 21 et 25,7 t/ha dans le haut Chelif). Seuls quelques domaines ont dépassé les 30 t/ha ; deux ou trois ont atteint 48 t, selon les statistiques de la coopérative de service spécialisée, la Casci d'El Khemis. Ces faibles rendements se répercutent sur la marge dégagée par les exploitations et sur la sucrerie, qui se trouve insuffisamment approvisionnée. La production totale de betterave atteint donc son maximum avec 69 540 t en 1970-71, mais se situe fréquemment au-dessous des 45 000 t, ce qui est dérisoire vu les capacités de transformation installées. Les travaux qui ont tenté d'élucider les causes de cet échec mettent en avant l'inefficacité de la gestion bureaucratique du secteur socialiste et l'inadéquation de la politique des prix agricoles, c'est-à-dire très exactement le contraire de ce qui a assuré l'essor des cultures sucrières marocaines. Ici aussi, le manque d'eau a été un réel frein.

c) En Tunisie, une percée bien timide

La betterave a été implantée dans la région de Béja en 1961-62, et ses débuts furent prometteurs, mais des problèmes multiples entraînèrent une forte chute des rendements à partir de 1964 : ceux-ci ne seront que de 13,1 t/ha en moyenne pour la période 1965-71, ce qui poussera les agriculteurs à délaisser cette culture, qu'on trouvera désormais quasi uniquement dans l'agro-combinat de Badrouna-Koudiat. La production remonte à partir de 1972, grâce à l'introduction de la betterave dans les plans d'assolement des périmètres publics irrigués du Nord (Jendouba, Béja et Bizerte) : ainsi, on passe de 34 000 t produites en 1973 à 106 091 en 1977. Cette récolte record sera suivie de plusieurs années médiocres (autour de 50 000 t). Il faudra attendre la fin des années 1980 pour atteindre les 200 000 tonnes produites, à partir de 5 000 ha (à près de 40 t/ha) (15). C'est encore trop peu pour approvisionner les deux sucreries existantes : la première a une capacité de 80 000 t/campagne ; la seconde, construite à Ben Béchir, à mi-chemin entre Béja et Bou Salem, peut traiter entre 250 000 et 300 000 t. Ces unités tournent en deçà de leurs capacités. D'où l'objectif planifié de 8 100 ha de betterave en 1991. La presse tunisienne faisait récemment observer que « les agriculteurs ne sont pas très chauds pour planter la betterave ». Aussi la Société tunisienne de sucre (STS) doit-elle intervenir pour l'octroi de crédits bancaires sous forme d'acomptes aux betteraviers.

Sucreries et raffineries
La saga maghrébine des marchands de chaudrons

C'est du côté des vendeurs de sucreries qu'il faut chercher si l'on veut comprendre l'engouement de beaucoup de pays en développement pour la production sucrière (16).

a) Au Maroc

C'est le Maroc qui se lance le premier dans l'installation de sucreries avec la Sunab (Sucrerie nationale du Beht), installée à Sidi Slimane en 1963. Le pays avait hérité de trois sucreries datant de l'époque coloniale, mais, pour créer sa propre industrie du sucre, il fut obligé de faire appel aux grands groupes sucriers : ainsi, en 1959, la Compagnie sucrière marocaine (Cosuma), filiale du groupe Saint-Louis, se joint au Bepi (Bureau d'études et de participation indus-

---

(15) KASSAB (A.), « L'évolution de la culture de la betterave à sucre dans la Tunisie tellienne depuis 1972 », *RTG*, 1979/4, pp. 101-111 ; TOUZRI (M.), « Culture de betterave et industrie sucrière du nord-ouest de la Tunisie », DEA, université de Montpellier, 1985, 129 p.

(16) BOISGALLAIS (A.-S.), CONDAMINES (Ch.), *Le sucre : le Nord contre le Sud ?,* Paris, Syros, 1988, 151 p. Il faut noter que l'on ne construit plus de sucreries en France depuis la fin des années 1970. Simple coïncidence ?

Tableau n° 106

TABLEAU SYNTHÉTIQUE DES SUCRERIES MAROCAINES

Sucreries	Localisation	En service	Capacité/jour	Capacité totale
Betterave				
Sunab	Sidi Slimane	1963	3 000	220 000
Sunag	Mechraa Ksiri	1968	4 000	300 000
Sunag	Sidi Allal Tazi	1968	4 000	300 000
Total Gharb			11 000	820 000
Suta	Souk es Sebt	1966	3 300	350 000
SUBM	Beni Mellal	1969	4 800	380 000
Sunat	Ouled Ayad	1971	6 000	450 000
Total Tadla			14 100	1 080 000
Bennour	Sidi Bennour	1970	4 000	350 000
Bennour	Zemamra	1982	4 000	350 000
Total Doukkala			8 000	700 000
Sucrafor	Zaïo	1972	3 000	240 000
Sunabel	Ksar el Kebir	1978	4 000	300 000
TOTAL BETTERAVE			40 000	3 140 000
Canne à sucre				
Sucrafor	Zaïo	1972	1 000	60 000
Sunacas	Mechraa Ksiri	1975	2 500	270 000
	Dar Gueddari	1981	3 500	430 000
Sucrafor	Loukkos	1984	3 500	420 000
TOTAL CANNE A SUCRE			10 500	1 170 000

Source : HTE, n° 66-67, p. 147.

trielle) et à des transnationales pour créer la Société marocaine de sucrerie (Somasuc). Celle-ci privilégie rapidement le Gharb, où trois sucreries vont être implantées entre 1963 et 1968, celles de Mechra bel Ksiri et Sidi Allal Tazi (Sunag I et Sunag II) venant s'ajouter à la Sunab. Au fil des années, les grands périmètres vont se doter de leurs sucreries : le Tadla, les Doukkala, l'Oriental (province de Nador) et enfin le Loukkos ; dix sucreries de betterave au total. La montée des cours mondiaux du sucre en 1974 poussant le Maroc à développer sa production sucrière, trois sucreries de canne voient le jour à leur tour entre 1975 et 1981 : deux dans le Gharb (Sunacas et Surag), à Mechra bel Ksiri et Dar el Gueddari, et la troisième à Zaïo (Sucrafor), où l'on ajoute aux installations existantes pour la betterave la possibilité de traiter la canne.

La capacité de traitement installée au Maroc est de 3 140 000 t/an de betterave sucrière, dont l'essentiel se trouve dans le Tadla (1,08 million de t), le Gharb (820 000 t) et les Doukkala (700 000 t). La capacité de traitement de canne est de 1 170 000 t/an, située pour plus de moitié également dans le Gharb, région qui regroupe donc cinq sucreries sur douze.

Les capacités unitaires varient de 3 000 à 6 000 t/j pour la betterave, mais n'excèdent pas 3 500 t/j pour la canne. Plusieurs de ces sucreries ont fait l'objet d'extension en cours de période : c'est le cas de la sucrerie de Beni Mellal, qui est passée de 3 600 t en 1969 à 4 800 t en 1981. Même chose pour la Sunat, qui est passée de 4 000 à 6 000 t/j. Interviennent dans cette décision non seulement le tonnage annuel produit dans la région, mais aussi la difficulté d'allonger suffisamment la campagne, dans le cas de la betterave.

Toutes ces unités ont été réalisées par de l'ingénierie étrangère, selon la formule du « clé en main » : on reviendra ultérieurement sur les conséquences de ce choix.

b) En Algérie

L'Algérie, qui n'a hérité de l'époque coloniale qu'une petite agglomérerie de sucre à Sfisef, n'a réalisé que deux unités de transformation de betterave, surdimensionnées par rapport aux superficies emblavées. Situées à proximité des zones prévues pour la production de betterave, à El Khemis et à Guelma, ces deux sucreries se verront adjoindre une raffinerie à la fin du Ier Plan quadriennal, pour traiter le sucre roux, importé en quantités croissantes. Pour approvisionner

Tableau n° 107

CAPACITÉS SUCRIÈRES INSTALLÉES EN ALGÉRIE

(En t)

Unité	Démarrage	Capacité de production			
		Sucrerie		Raffinerie	
		Jour	An	Jour	An
El Khemis					
Sucrerie	1966	180	18 000	–	–
Raffinerie	1970	–	–	330	66 000
Guelma					
Sucrerie	1974	180	180 000	–	–
Raffinerie	1974	–	–	330	66 000
Mostaganem					
Raffinerie		–	–	330	108 000
Total		360	36 000	990	240 000

Source : Ministère de l'Industrie légère.

l'unité de Guelma, on réalise un silo de stockage de 12 000 t de sucre au port d'Annaba. Une troisième raffinerie sera réalisée à Mostaganem, à proximité d'un port et d'un silo pouvant stocker 15 000 t de sucre blanc. On peut donc dire que l'implantation des unités a été ici déconnectée de la production et que le raffinage l'a très vite emporté sur la transformation de la matière première.

Avec une capacité de production de 36 000 t de sucre de betterave et de 240 000 t de sucre roux importé, puis raffiné, l'Algérie n'a guère les moyens d'une vraie politique sucrière.

La Tunisie ne s'est dotée de son côté que de deux sucreries ; le potentiel de production mis en place est donc très inégal selon les pays.

Bilan de l'agro-industrie sucrière maghrébine

Ces résultats doivent être évalués à partir de deux objectifs :
— la diminution de la dépendance en sucre ;
— les effets d'entraînement dans le domaine industriel, ainsi que l'impact sur l'emploi.

Si l'on s'en tient au premier critère, les résultats sont très différents selon les pays, le Maroc et l'Algérie étant généralement considérés comme ayant « réussi » pour le premier et échoué pour le second. Sous l'aspect de l'appropriation technologique, il semble que les pays se rejoignent dans une même dépendance vis-à-vis de l'ingénierie internationale.

Radiographie de l'échec sucrier algérien

a) Des résultats globaux décevants

Le mot d'échec n'est pas trop fort si l'on s'en tient aux résultats globaux. Les quantités de sucre produites à partir de la production locale de betterave sont très faibles, le maximum atteint ayant été 7 240 t en 1971, et la moyenne des cinq dernières années de production avant la fermeture (1983) ayant été seulement de 3 337 t, soit 0,6 % de la consommation annuelle d'alors. La décision ministérielle d'arrêt prise en 1983 est une reconnaissance de cette situation.

La production des raffineries, quant à elle, oscille entre 157 000 et 198 000 t, entre 1980 et 1984, ce qui est aussi très inférieur aux capacités de raffinage installées.

b) Un exemple d'inefficacité : l'usine de Sidi Lakhdar (El Khemis)

Pour mieux appréhender ce qui s'est passé, le cas de l'usine d'El Khemis mérite d'être étudié, car c'est la seule unité en lien constant avec une production betteravière locale. Après une difficile montée en production, vient l'effondrement.

Tableau n° 108

ÉVOLUTION DE LA PRODUCTION SUCRIÈRE EN ALGÉRIE

(En t/moyenne annuelle)

Années	Sucre de betterave	Sucre de raffinerie	Total
1968-69	6 946	–	6 946
1970-74	4 164	34 728	38 902
1975-79	3 371	98 390	101 761
1980-82	2 823	179 288	182 111
1983-84	–	172 482	172 482

Source : Sogedia-Enasucre.

L'analyse de l'évolution de la production fait apparaître deux périodes assez distinctes :

— 1967-1971 : l'usine a tourné à 42 % de ses capacités (maximum 54,6 % en 1969) ;

— 1972-1983, on tombe à 26 %, l'usine traitant moins de 40 000 t de betterave.

C'est l'ensemble de la filière qui est mal maîtrisé.

Alors que producteurs et industriels se renvoyaient les griefs, nos enquêtes dans le Chelif nous ont montré que les dysfonctionnements se situaient à tous les niveaux.

On constate en effet des carences chez les producteurs. L'approvisionnement de la sucrerie par les domaines betteraviers était insuffisant en quantité comme en qualité, ce qui apparaît dans l'accroissement de la tare (terre et cailloux mêlés au chargement), qui monte à 30 % en fin de période, ainsi que dans une dégradation de la richesse en sucre, qui tombe de 16,6 % au début à 14,8 % en fin de période. Cette perte de richesse est due à une mauvaise programmation des arrachages et à des délais trop importants de transport. En période estivale, la betterave se dégrade vite. L'usine s'est constamment plainte de la mauvaise qualité de la matière première qui lui était livrée.

Il y a aussi des carences du côté de l'usine, qui maîtrise mal le *process* technologique en trois phases :

— la phase de réception-préparation de la betterave pesée, détermination de la teneur, élimination des impuretés, lavage, épierrage, découpage en cossettes ;

— la phase d'extraction-épuration du sucre, qui est surtout chimique (diffusion et épuration du jus par chaulage, puis carbonation, filtration, cristallisation, clairçage) ;

— la phase de conditionnement (séchage, stockage, emballage).

La non-maîtrise se traduit par de nombreux dysfonctionnements techniques. On le voit au nombre élevé de jours d'arrêt, surtout à partir de 1978, ce qui a des incidences fâcheuses sur la teneur en sucre. La durée de la campagne betteravière s'en trouve prolongée (il n'est pas rare que la campagne dure de trente à trente-cinq jours de plus que prévu). Des quantités importantes de sucre, surtout à partir de 1978, sont réintroduites dans le raffinage de sucre roux importé, en raison de la mauvaise qualité du produit obtenu : 2 299 t en 1978, 1 966 t en 1979, 2 165 en 1980, etc.) (17). On note aussi un rendement excessif en mélasse.

Il en résulte une dérive des coûts de production.

Comme le prix de cession du sucre blanc est bloqué par l'État, l'usine s'enfonce dans le déficit (18). Car le prix des intrants (betterave, transport) ne fait que s'accroître. On aboutit en dix ans à un déficit exorbitant, de l'ordre de 6 500-7 000 DA/t selon les calculs de l'entreprise nationale Enasucre, en 1985. A la base de cette explosion du prix de revient, il y a une meilleure rémunération de la betterave (89,1 DA/t en 1973 ; 210 en 1982), une forte hausse du coût de transport (9,2 DA/t en 1973 et 65 en 1982), un triplement du coût de la transformation en usine. On conçoit qu'il soit difficile de maintenir une activité aussi déficitaire. Même si elles sont à vérifier, ces statistiques de l'usine sont indicatives et expliquent la décision d'arrêt de la betterave, prise par le ministère de l'Industrie légère, qui avait en charge une usine aussi déficitaire (19).

L'usine d'El Khemis a été contrainte de se tourner vers le raffinage de sucre roux importé, qui évite les problèmes avec les producteurs (calendrier d'approvisionnement, transport...), et permet d'obtenir des coûts de production plus abordables. Aussi la contribution de la production locale va-t-elle devenir marginale : de 10,7 % des quantités produites en 1970-74 on tombe à 1,5 % en 1980-82, à la veille de la fermeture (20). Le résultat est une croissance très forte des importations de sucre (21).

(17) Chiffres de l'ENA Sucre, El Khemis, mars 1985.

(18) BOURAS (M.), « Problèmes technico-économiques de la valorisation des produits agricoles : cas de la betterave à sucre dans le périmètre du haut Chelif », mémoire d'ingénieur, INA, Alger, 1983.

(19) L'enquête directe nous avait permis de constater un effectif pléthorique (260 personnes environ pour la seule sucrerie, au lieu des 150 prévus), en particulier en personnel non directement affecté à la production. Le même sureffectif est constaté à la raffinerie (700 personnes, au lieu de 400, et jamais plus de 10 cadres moyens directement affectés à la production.)

(20) Les résultats de l'unité de Guelma sont encore plus mauvais, puisque celle-ci n'a jamais été vraiment approvisionnée en betterave.

(21) Bien entendu, il convient de pondérer cet échec retentissant par une prise en compte de problèmes qui furent ceux de l'industrie algérienne dans son ensemble, et qui ne sont pas dus uniquement à la difficulté de coordonner agriculture et industrie. Cf. THIERRY (S.-P.), « La crise du système productif algérien », thèse, Grenoble, 1984, 470 p. ; HAMEL (B.), *Système productif algérien et indépendance nationale*, Alger, OPU, 1983, 2 vol., 619 p.

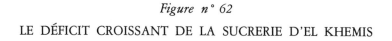

Figure n° 62

LE DÉFICIT CROISSANT DE LA SUCRERIE D'EL KHEMIS

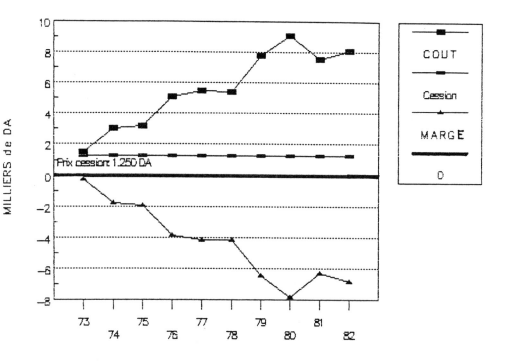

Regards et questions sur le « succès »
de l'agro-industrie sucrière marocaine

À côté de l'échec algérien, les résultats obtenus par le Maroc apparaissent comme un succès éclatant. Le secteur n'a pourtant pas atteint son maximum d'efficacité.

a) Des résultats globaux spectaculaires, mais perfectibles

La production de sucre est passée en vingt-cinq ans de moins de 10 000 t à plus de 500 000 t, faisant monter le taux de couverture des besoins par la production nationale à 78 % en 1988. La progression a été régulière, la betterave continuant à fournir plus de 80 % de l'approvisionnement, malgré l'extension de la canne. Les évaluations récentes du secteur sucrier soulignent pourtant que ces résultats sont inférieurs aux potentialités (22).

Les usines n'ont pas reçu les tonnages de matière pour lesquels elles étaient dimensionnées : ainsi, dans le Gharb, les capacités de

---

(22) BOUJIDA (B.), « Transfert de technologie et dynamique de l'agro-industrie sucrière au Maroc », thèse de 3ᵉ cycle, Lyon II, 1984, 324 p.

Tableau n° 109

ÉVOLUTION DES IMPORTATIONS ALGÉRIENNES DE SUCRE

Année	Quantité (en milliers de t)	Valeur (en millions de DA)	Prix (en DA/kg)
1963	202	177	0,88
1964	204	209	1,02
1965	187	166	0,89
1966	196	118	0,60
1967	303	129	0,42
1968	241	92	0,38
1969	103	55	0,53
1970	202	113	0,56
1971	256	163	0,64
1972	142	109	0,77
1973	114	115	1,01
1974	271	570	2,10
1975	454	1 692	3,73
1976	346	647	1,87
1977	416	676	1,62
1978	419	407	0,97
1979	495	517	1,04
1980	561	1 174	2,09
1981	550	1 672	3,04
1982	502	853	1,70
1983	696	882	1,26

Source : Statistiques douanières, Alger.

production des usines n'ont pas été pleinement utilisées dans les années 1980 : le taux atteint 75-80 % certaines années, mais chute parfois en dessous de 50 %. Cette insuffisance de l'approvisionnement se traduit par un raccourcissement de la campagne, qui tombe des quatre-vingt-dix jours prévus à soixante jours (23).

---

(23) *Cf.* EL HASSANI (M.), *L'approvisionnement en betterave des sucreries du Gharb,* APS, Casablanca, 1981.

L'appropriation technologique du *process* est loin d'être parfaite, comme l'a montré une étude du Gersar, qui signale que de nombreux progrès sont à réaliser dans l'extraction, le mode de chauffage (passage du fioul au charbon), le personnel (24).

b) Une appropriation inégale de la technologie

Les sucreries marocaines ont été acquises selon la formule du « clé en main ». Dans un tel contrat, le fournisseur-constructeur s'engage sur la conception de la sucrerie, sa réalisation complète et sa mise en route selon des normes techniques quantitatives et qualitatives. En fait, un tel contrat recouvre à la fois des éléments matériels (des équipements) et immatériels (du savoir-faire, de la formation). Que le constructeur livre une usine qu'il sait, lui, faire fonctionner selon les normes convenues ne signifie pas que l'acheteur parviendra à le faire, surtout lorsque des problèmes de maintenance vont se poser. Et c'est cette faiblesse qui a conduit beaucoup de pays à passer du « clé en main » au « produit en main », beaucoup plus coûteux, il est vrai (25).

> Dans le contrat clé en main, le vendeur garantit jusqu'au moment de la réception qui se situe à un moment assez proche de la fin du montage des installations ; il pourra faire fonctionner l'ensemble selon les rendements prévus au contrat. Dans le contrat produit en main, il s'engage à ce que l'acheteur puisse faire fonctionner les installations et fabriquer selon les normes, les rendements et les coûts du vendeur tels que spécifiés dans le contrat (26).

La formule clé en main a prévalu pour l'ensemble des sucreries marocaines ; dans certains cas, comme la sucrerie du Tadla, le vendeur s'est également engagé dans la gestion.

Une série de problèmes d'adaptation au contexte marocain sont apparus :
— de nombreux dysfonctionnements tiennent au fait que les usines ont été conçues comme si on les implantait en Belgique ou dans le Pas-de-Calais ;
— l'assistance technique fournie n'a pas toujours su amorcer une vraie collaboration avec le personnel local. Il en résulte de réelles difficultés : des arrêts de fonctionnement, une usure prématurée des équipements et des problèmes de pièces de rechange.

Comme l'écrit I. Demongeot, « à la reproduction à l'identique des techniques, procédés et produits industriels, les partenaires ara-

---

(24) ADI-GERSAR, *Production sucrière dans le Gharb ; analyse de la rentabilité de deux filières de production,* janvier 1983, p. 33.

(25) *Cf.* JUDET (P.), PERRIN (J.), « Du clé en main au produit en main », *Mondes en développement,* n° 14, ISMEA, Paris, 1976, p. 10.

(26) KAHN (Ph.), « Typologie des contrats de transfert de la technologie », *Transfert de technologie et développement,* Paris, Librairie technique, 1977, p. 452.

bes préfèrent l'adaptation à leurs conditions et besoins propres. Seule une véritable coopération, un véritable travail en commun avec risque et partage des risques et profits, paraît capable de satisfaire cette demande (27). » Dans les faits, on est loin d'un esprit de travail en commun, les ventes de technologie se faisant dans un contexte de compétition internationale très sévère.

Le grand nombre de sucreries installées au Maroc aurait dû permettre à ce pays de maîtriser progressivement cette technologie. Ce n'est guère le cas.

c) Des coûts de production supérieurs au prix mondial

Dans le cadre de sa politique d'ajustement structurel, la Banque mondiale a tenté de chiffrer le coût financier et économique du sucre produit par dix sucreries marocaines. L'analyse a porté sur l'année 1983 et pris en compte l'ensemble de la filière sucre, de la production agricole au traitement industriel. Voici quelques résultats de l'étude.

Sucre brut

Coût financier au prix d'achat des matières premières :   2 536 DH/t
Coût financier au coût de production des matières premières :   2 305 DH/t
Coût économique du sucre brut :   2 711 DH/t

Tableau n° 110

COÛT ÉCONOMIQUE DU SUCRE RAFFINÉ (1983)

(En DH/t)

Unité	Zemamra	Surac	Sunab	Sunabel	Sucrafor	
Région	Doukkala	Gharb	Gharb	Loukkos	Moulouya	Moyenne
Produit	Betterave irriguée	Canne	Betterave irriguée + sec	Betterave irriguée + sec	Canne + Betterave irriguée	pondérée
Coûts variables Matières premières	1 131	1 277	1 385	981	2 561	1 377
Autres	971	779	1 605	1 217	1 843	1 207
Coûts fixes	662	810	986	1 635	1 418	1 065
Coût net (a)	2 212	2 421	3 391	3 248	5 209	3 168

(a) Le coût s'obtient en prenant en compte la valeur des sous-produits.

---

(27) DEMONGEOT (I.), « Les transferts de technologie dans l'agriculture et l'agro-industrie des pays du Maghreb et du Proche-Orient », *Terroirs et sociétés au Maghreb et au Proche-Orient*, Lyon, Maison de l'Orient, 1987, p. 426.

Sucre raffiné

Coût financier au prix d'achat des matières premières :   3 722 DH/t
Coût financier au coût de production des matières premières :   3 371 DH/t
Coût économique du sucre brut :   3 168 DH/t

En se basant sur le prix versé aux producteurs de betterave ou de canne, on a donc un coût moyen (financier) de 2 536 DH/t, qui passe à 2 711 DH (coût économique), si l'on comptabilise les subventions indirectes dont bénéficient les producteurs au niveau des engrais, de l'infrastructure et du prix de l'eau d'irrigation, qui ne sont pas facturés au prix coûtant. Là-dessus, le prix de revient de la matière première varie de 1 140 à 1 324 DH/t. Mais la performance des sucreries intervient également dans le niveau de prix final.

Cette étude de la Banque mondiale amène à conclure que, pour l'année étudiée (1983), le coût économique du sucre brut produit sur place (2 711 DH) était supérieur de 1 000 DH/t environ au coût moyen d'importation (1 705 DH). Or il ne s'agit pas d'une année où le prix mondial est très élevé. Les responsables marocains font remarquer, à juste titre, que ce prix mondial est loin de représenter les coûts réels de production. Les experts de la Banque le reconnaissent, mais estiment, fidèles à leurs critères d'analyse des projets, que cela permet néanmoins de mesurer le niveau d'opportunité du programme sucrier marocain :

> S'il est vrai que les cours mondiaux de 1981-84 ont été inférieurs d'environ un tiers au coût marginal de production des pays producteurs les plus efficaces, ces prix mondiaux n'en représentent pas moins le coût d'opportunité de l'extension, à la marge, du programme sucrier marocain. A ces prix internationaux, le Maroc ne jouit d'aucun avantage comparatif pour la production du sucre... Toutes les régions productrices du Maroc pourraient être compétitives si le prix mondial correspondait à environ 19 cents la livre (28).

Or on a vu que le prix descend souvent en dessous de 10 cents la livre.

Pour tenter de répondre aux interrogations régulières sur le bien-fondé de ces politiques sucrières maghrébines (29), il faut préciser com-

---

(28) BIRD, *op. cit.*, p. 38. L'étude Ben Ali et Miyaji confirme les écarts de prix, qui se sont même renforcés depuis (1989 : 1 720 DH la tonne importée, et 3 550 la tonne produite sur place), mais estime néanmoins que l'opération est globalement positive pour le Maroc, au vu des effets induits.

(29) Ainsi Nadia SALAH écrit : « Faut-il développer les productions nationales nettement plus chères que les produits disponibles sur des marchés internationaux qui semblent maintenant durablement déprimés ? Les coûts marginaux de production locale et des sucres et des huiles représentent un peu plus du double des prix internationaux, et ce sont ces productions nationales qui absorbent l'essentiel de la masse des subventions », « La ré-allocation des ressources », *Géopolitique africaine*, octobre 1987, p. 40.

ment elles s'articulent à un marché mondial où les pays dominants vendent du sucre, mais aussi... de la technologie sucrière.

2. Les programmes sucriers maghrébins et leur articulation au marché mondial du sucre et de la technologie

Si l'on en croit le discours de l'État, le développement des cultures sucrières et la création des sucreries sont des décisions volontaristes destinées à desserrer l'étau de la dépendance. La politique sucrière est dès lors fonction de la conjoncture mondiale ; on voit bien ce lien dans le cas marocain (30). Pourtant, l'examen des coûts en devises et des sujétions technologiques de tels programmes rend perplexe sur leur contribution à l'autonomie par rapport à un marché mondial étroitement contrôlé par un petit nombre d'opérateurs. Ce qui donne à penser que ce n'est là qu'une mutation d'un modèle de développement foncièrement extraverti : loin d'accroître son autonomie par rapport au jeu mondial, le Maroc doit supporter le coût croissant de la régulation (31). La question ne se pose pas seulement au Maghreb, bien entendu (32).

Spéculation, concentration des opérateurs
Structures et mécanismes du marché mondial du sucre

Une culture qui attise l'appétit... des grandes puissances

L'histoire mondiale du sucre est loin d'être une histoire banale : venue de Perse vers le bassin méditerranéen lors de la conquête arabe, la culture de la canne va se concentrer jusqu'au Iᵉʳ siècle sur le pourtour de la Méditerranée. Des vestiges hydrauliques en témoignent,

---

(30) Lancement énergique de la construction de sucreries entre 1965 et 1967, puis ralentissement vers la fin de la décennie, au moment où les cours mondiaux se tassent, et relance en 1974 (discours de Hassan II le 29 novembre 1974 pour annoncer le Plan sucrier 1975-2000) au moment de la flambée des cours mondiaux de 1973-74.

(31) AKESBI (N.), « L'État marocain, pris entre les impératifs de la régulation et les exigences de l'extraversion », *AAN*, 1984, pp. 543-586.

(32) La non-rentabilité interne de ces réalisations est avérée pour bien des pays du Tiers monde, qui en viennent, comme la Côte d'Ivoire ou le Soudan, à fermer leurs sucreries. Une telle éventualité était envisagée en Tunisie en juin 1988, dans le cadre de la rationalisation financière en cours. *Cf.* AUBERTIN (C.), « Le programme sucrier ivoirien... », ou THIERRY (H.), « Le périmètre sucrier de Banfora (Haute-Volta). Du pouvoir technocratique aux déboires paysans », *Cahiers d'outre-mer*, n° 142, juin 1983.

de la Syrie à la côte ouest du Maroc. Les croisades firent connaître ce nouveau produit en Europe, et son commerce contribua à l'essor économique de Venise. L'expansion vers le Nouveau Monde constitue un tournant décisif : le climat, les grands espaces et la traite des Noirs se conjuguent pour faire de la culture de la canne un des moteurs de l'économie de traite. Lisbonne devient alors le centre du commerce sucrier, et les sucreries de la côte marocaine déclinent et disparaissent. Le XIXe siècle verra, ici comme ailleurs, l'emprise croissante des grandes puissances européennes. Grande importatrice de sucre, la France se lancera peu à peu dans la production betteravière, stimulée par le blocus franco-anglais de 1807, puis par la flambée des cours consécutive à l'abolition de l'esclavage en 1843, au point de devenir le premier producteur européen et de disposer à la fin du XIXe s. d'une capacité industrielle installée de 450 000 t. En 1902, les accords internationaux sur le sucre (AIS) signés à Bruxelles viennent protéger les producteurs européens de la concurrence de la canne d'outre-mer. Cessant d'être une denrée de luxe, la production sucrière mondiale passe de 11 millions de t en 1900 à plus de 100 millions dans les années 1980, le plus gros de cette croissance ayant été réalisé à partir de 1960. Mais, pour beaucoup, ce sucre est amer (33), tant le marché mondial est marqué par des positions hégémoniques.

Le cartel des grands producteurs

De nombreux pays au monde produisent du sucre, mais, au moment où le Maroc se lance, la moitié de la production mondiale est réalisée par un petit groupe de pays.

Tableau n° 111

LES GRANDS PRODUCTEURS MONDIAUX DE SUCRE EN 1981 ET 1988

(En 10.6 t)

1981				1988			
Rang	Pays	Production	% mondial	Rang	Pays	Production	% mondial
1	CEE	15,47	15,5	1	CEE	15,2	14,3
2	Brésil	8,72	8,5	2	Inde	9,5	8,9
3	Cuba	7,93	7,9	3	URSS	8,9	8,4
4	URSS	6,20	6,2	4	Brésil	8,6	8,1
5	Inde	5,95	5,9	5	Cuba	8,1	7,6
6	États-Unis	5,63	5,6	6	États-Unis	6,3	5,9
		49,90	49,9			56,6	53,2

Source : Annuaire sucrier.

(33) LEMOINE (M.), *Sucre amer,* Paris, Éditions Encre, 1980.

La production mondiale est donc dominée par quelques grands qui réalisent la moitié de la production mondiale ; il reste que 112 pays sont producteurs, certains, comme l'île Maurice (750 000 t), ayant leur économie centrée sur la production sucrière (34). Sur une production mondiale de 105,8 millions de t (1988), les trois quarts sont autoconsommés, et le marché libre, on l'a indiqué plus haut, ne porte que sur le tiers des quantités échangées. Les mécanismes du marché sucrier sont assez spécifiques et font que ce prix mondial est un prix de surplus, peu représentatif des coûts de production.

Un marché « libre » tronqué par les accords préférentiels

Dans son analyse des circuits mondiaux, Ph. Chalmin met en évidence que les pays concernés par les échanges sont en nombre assez restreint (35).

Tableau n° 112

CLASSEMENT DES GRANDS PAYS EXPORTATEURS-
IMPORTATEURS DE SUCRE (en 1982-83)

(En 10.6 t)

Pays	Pays exportateurs		Pays importateurs	
	Tonnage	% production	Pays	Tonnage
1. Cuba	7,6	91,7	1. URSS	7,1
2. CEE	4,2	25,2	2. États-Unis - Canada	3,1
3. Brésil	2,8	31,9	3. Moyen-Orient	3,0
4. Australie	2,5	63,8	4. Chine	2,4
5. Thaïlande	2,0	74,2	5. Japon	2,2
6. République Dominicaine	0,8	77,7	6. Nigeria	0,9
7. Afrique du Sud	0,8	30,4	7. Algérie	0,6
8. Maurice	0,6		8. Égypte	0,6

Source : F.O. Licht.

Cuba, la CEE, le Brésil et l'Australie sont les plus gros exportateurs ; l'URSS, l'Amérique du Nord et le monde arabe sont les plus

(34) *Cf. Le courrier CEE-ACP,* n° 111, sept.-oct. 1988, pp. 16-17.
(35) CHALMIN (Ph.), « La politique des opérateurs sur le marché international du sucre », *Revue d'économie rurale,* n° 134, 1979.

gros importateurs. Les échanges entre ces partenaires sont régis par des accords de quotas et des tarifs préférentiels : ainsi, le Comecon achète le sucre cubain à 25 cents environ, c'est-à-dire très au-dessus du cours mondial moyen. La CEE, par le biais du Protocole sucre, a également un approvisionnement garanti à un prix préférentiel (12-13 cents). Les États-Unis de même. Les tonnages sont importants :
— URSS et pays de l'Est-Cuba : 4 500 000 t ;
— États-Unis - République Dominicaine, Philippines, Brésil, Guatemala : 4 600 000 t, mais chute depuis 1981, à cause de l'isoglucose ;
— CEE-ACP (convention de Lomé) : 1 300 000 t.

Au sein même de la CEE, les mécanismes régulateurs sont très précis : la production est contingentée ; les producteurs ont une garantie de prix pour une quantité déterminée ; les variations sont gérées de façon contractuelle par les producteurs et les usines. Un Fonds international de réglementation du sucre (Firs) assure les restitutions selon le mécanisme habituel de l'Europe verte. Cela permet de garantir au producteur un prix rémunérateur, à l'abri des aléas du marché mondial. Le prix du quintal garanti CEE s'établit entre 4 500 et 5 000 F, soit fréquemment deux fois le cours mondial.

Conclusion : les grands producteurs ont bien assis leur position sur l'échiquier mondial et sont peu affectés par la spéculation (36).

Les opérateurs sur le marché sucrier mondial : des « happy few »

Le négoce mondial, de son côté, est contrôlé par un petit nombre de courtiers et de producteurs, qui font la loi sur le marché « libre ».

Tableau n° 113

LES PRINCIPAUX NÉGOCIANTS INTERNATIONAUX EN 1979

Rang	Négociant	Pays	Activité
1	Sucre et denrées	France	3 000 000 t + mélasse
2	Tate and Lyle	GB	3 000 000 t
3	Philip Brothers	États -Unis	2 000 000 t
4	Ed. F Mass	GB	1 500 000 t
5	Woodhouse, Drake, Carey	GB	
	Golodetz	États -Unis	
	Czarnikow	GB	800 000 t

(36) C'est encore plus vrai depuis que certains d'entre eux, comme les États-Unis, ont des stratégies de remplacement, comme les isosirops, qui permettent de contrôler les dérapages de prix.

Certains, comme Sucre et denrées (37), sont de purs courtiers ; d'autres, comme Tate and Lyle (38), sont aussi producteurs. Le dernier venu, l'Italien Ferruzzi, parti de la plaine du Pô, est devenu le leader européen avec 13 % du marché de la CEE. Ces empires, qui datent souvent du passé colonial, ont une stratégie de filière, cherchant à contrôler tous les niveaux de l'amont à l'aval, et jouent sur la diversification des activités. Concentration, adaptation, diversification, sont les composantes majeures de cette « saga du négoce » décrite par Ph. Chalmin. Cela permet de comprendre la difficulté de stabiliser le marché et les catastrophes qui en résultent pour certains pays producteurs.

Les conséquences dramatiques de l'instabilité des cours mondiaux

Face à un tel cartel, les mécanismes régulateurs ont du mal à opérer : en principe, le marché libre est régi par les Accords internationaux du sucre (AIS), adaptés au sein de la Cnuced. Le dernier accord signé, à Genève, en 1978, pour une durée de cinq ans, n'a pas été réellement efficace. En effet, les opérateurs sur le marché à terme multiplient les opérations papier, faisant de ce commerce un des plus spéculatifs. La stabilisation des cours et des flux est donc difficile à réaliser. De temps en temps, des dérapages se produisent, conduisant à des extrêmes, comme le maximum de 65,5 cents la livre en novembre 1974 ou le minimum de 2,35 cents en juillet 1985. « A ce prix, même le producteur le plus efficace, l'Australie, perd de l'argent (39). » On est loin de la fourchette de prix définie par l'Accord international du sucre de 1978 : 11 à 21 cents la livre, devant passer à 13-23 cents, fourchette qui n'a été respectée que douze mois.
Le résultat est double : coût exorbitant des importations, en période d'inflation, et non-rentabilité des investissements dans la production sucrière quand les cours sont trop bas. C'est l'Australie qui

---

(37) Sucres et denrées, fondé par un Français d'origine marocaine, Maurice Vartano (1916-1980), a commencé par le négoce au Maroc dans les années 1930. Le blocus américain de Cuba lui a permis de prendre son essor, dans la mesure où il a pris en charge une partie du commerce extérieur de l'île. Développant un réseau international, Sucres et denrées négocie actuellement de 3 à 4 millions de t/an.

(38) Tate and Lyle date du siècle dernier : industriel lancé dans le négoce, il est parvenu, par des fusions successives, à contrôler le commerce du sucre dans les colonies britanniques, à disposer de sa propre flotte (Sugar Line), puis de ses propres plantations dans divers pays (Jamaïque, Trinidad, Rhodésie, Zambie, Afrique du Sud). A partir des années 1970, Tate and Lyle s'implique moins dans la production et développe ses activités d'ingénierie, à la périphérie de la filière, se lançant de plus en plus dans la construction de gros complexes sucriers. *Cf.* CHALMIN (Ph.), *Tate and Lyle, géant du sucre*, Paris, Economica, 1983. Du même auteur, *Négociants et chargeurs, la saga du négoce international des matières premières*, Paris, Economica, 1983.

(39) CHALMIN (Ph.), « Les marchés dans la tourmente », *Le monde diplomatique*, mars 1988, p. 23.

a les coûts de production les plus bas, à 10-12 cents la livre. La CEE est très au-dessus, à 15-25 cents. L'effondrement des cours ruine donc des pays qui ont fait de lourds investissements dans la production sucrière à des finalités d'exportation. C'est le cas de pays comme les Philippines, dont la production, qui a été fortement soutenue par les Américains, s'effondre aujourd'hui. Même chose pour la Thaïlande et la Côte d'Ivoire (40). En revanche, les principaux exportateurs, comme Cuba, le Brésil et la CEE, ne baissent pas leur production, car ils disposent de conditions de vente préférentielles (garantie de 12-13 cents environ) et appliquent un raisonnement marginaliste.

Conclusion : ce sont les nouveaux producteurs qui font les frais de l'instabilité des cours quand ils ont visé l'exportation. Quant à ceux qui, comme le Maroc, produisent pour le marché intérieur, il est bien clair que leur coût de production ne doit pas être comparé au prix mondial. Tel est, en tout cas, l'argument des autorités marocaines. Il reste que l'on est loin de l'avantage comparatif, surtout si l'on inclut la dépendance technologique et financière qui en découle.

D'une dépendance à l'autre : modalités et effets du transfert de la technologie sucrière au Maghreb

Le Maghreb est donc une de ces zones de pays en développement où l'on a tenté d'échapper à cette emprise des négociants en mettant en place des capacités locales de production et de transformation de sucre, de betterave d'abord et de canne ensuite. Or, il semble que ceux qui ont tiré le plus grand parti de ce choix soient les vendeurs de technologie.

Les modalités du transfert de technologie sucrière au Maroc

On analysera plus en détail le cas marocain, car c'est celui où le processus a été mené le plus complètement ; des similitudes sont repérables dans les deux pays voisins (41). Le Maroc, on l'a vu, a implanté à partir de 1963, mais surtout dans la période 1966-70, une

---

(40) L'effondrement du programme ivoirien est analysée par MICHAÏLOF, *op. cit.*, pp. 105 et suiv.

(41) Ainsi, on retrouve le même constructeur (Fives-Cail-Babcock) pour deux des trois sucreries algériennes, El Khemis et Guelma, mais avec des tailles plus modestes (1 500 t/j). Les coûts du transfert de technologie sont encore moins maîtrisés ici : le coût actualisé de l'unité de Guelma s'élèverait à 183 millions de DA. On a même avancé que le choix de réaliser 5 000 ha de betterave sur le Chelif tenait surtout au fait que Fives-Lille-Cail est spécialisé dans la fabrication de modules d'une capacité de 150 000 t.

série de sucreries pour transformer la betterave sucrière, puis la canne. D'emblée, le Maroc a conçu cette implantation comme une opération de transfert technologique, destinée à avoir des effets en matière de production de sucre, mais aussi au niveau du tissu industriel. Ce processus a fait l'objet d'évaluations assez précises qui mettent en évidence un certain nombre d'aspects.

a) L'option massive pour le « clé en main »

C'est une formule pour laquelle le Maroc s'est adressé à des sociétés d'ingénierie, spécialisées dans les sucreries, les chargeant de mettre en place un ensemble en état de marche, et pas seulement les éléments qui le composent. Dans un tel contrat, les engagements du constructeur portent sur la conception de l'usine, sa réalisation complète, sa mise en route et son fonctionnement selon les normes prévues dans le contrat. Parfois, il y a aussi formation de personnels, mais pas d'engagement quant à la maîtrise de l'unité par le personnel local. Contrat assez classique, où la formation contribue autant à fidéliser un client et à s'assurer des marchés futurs qu'à promouvoir son autonomie (42). Le Maghreb a une large expérience de ces contrats « clé en main », dont on a largement montré les inconvénients (43). Le Maroc aurait-il pu jouer davantage le rôle d'ensemblier, et s'approprier progressivement des éléments du paquet technologique ? Les débats actuels sur les nouveaux pays industriels amènent à poser la question.

b) Une offre de technologie très concentrée

C'est un des résultats du type de contrat : neuf sucreries sur onze sont réalisées par deux constructeurs, en l'occurrence un groupe français, Fives-Cail-Babcock (FCB), et un groupe ouest-allemand, BMA-Bukau Wolf Lucks (BMA-BWL).

Fives-Cail-Babcock est assez bien connu (44). C'est un des puissants monopoles de l'industrie sucrière, constitué depuis 1970 à partir du regroupement de différentes sociétés dont certaines sont très anciennes, comme Cail, qui date de 1825, et Fives-Lille, de 1865. A ces entreprises, nées pour fabriquer le matériel de distillation du jus de betterave, vont s'adjoindre peu à peu des firmes fabriquant des matériels inclus dans le *process,* comme Babcock, qui date de 1884 et est un des gros fabricants de chaudières. Les regroupements

---

(42) Ce qui fait conclure à Ph. KAHN : « Le contrat ''clé en main'' n'a pas été conçu pour faciliter la mise en œuvre du transfert de technologie mais plutôt afin de promouvoir la vente des biens d'équipement », *Transfert de technologie et développement* (ouvrage collectif), Paris, Librairie technique, 1977, p. 448.

(43) *Cf.* SALEM (M.), SANSON-HERMITTE (M.-A.), *Les contrats clé en main et les contrats produits en main,* Paris, Librairie technique, 1979.

(44) *Cf.* PECQUET (P.), « Filières de production, biens d'équipement et stratégie des groupes industriels », DEA, Amiens, nov. 1974., p. 137.

se sont faits progressivement, au fil de la mise en place de la CEE en particulier. Ce au point de constituer un empire très ramifié.

Dans la pure tradition de constitution de tels groupes monopolistiques, le groupe est implanté depuis longtemps aux Antilles (Cail, depuis 1840), mais aussi dans le nord de la France et dans les différentes colonies françaises. L'offensive vers les marchés coloniaux est dans ses traditions, et le groupe peut se prévaloir d'avoir construit les plus grosses sucreries d'Afrique au Soudan (12 000 t/j) et d'en avoir implanté de la Côte d'Ivoire à l'Égypte. Au fur et à mesure que ces pays créaient leurs propres capacités de production, le groupe se réorientait vers la fourniture de biens d'équipement pour les sucreries. Cette surface et cette expérience ne facilitent pas, bien entendu, la tâche de l'acquéreur qui veut s'approprier des éléments du paquet technique. L'essor pris récemment par les édulcorants consacre la faillite des grands programmes d'appropriation de technologie sucrière dans les pays en voie de développement (45).

En amont de la construction de l'usine, on peut repérer l'intervention des grands groupes sucriers européens, comme le groupe français Saint-Louis et la Raffinerie tirlemontoise SA (Belgique). Intervenant au Maroc par leurs groupes d'études (Ceris pour Saint-Louis) et par leurs circuits de financement (Paribas), les grands groupes sont à l'origine de la création de sucreries comme celle de l'Oriental (Sucrafor), promue par deux sociétés holding : la Compagnie européenne de l'industrie sucrière, qui regroupe Tate and Lyle (Grande-Bretagne), Beghin-Say (France), Eridiana (Italie), Tirlemont (Belgique) et la Générale sucrière (46).

Effets de l'implantation des sucreries au Maroc

Les incidences sont repérables, quoique difficiles à mesurer. On retiendra les incidences en matière de coût, d'appropriation des techniques, et donc de bon fonctionnement. Les problèmes rencontrés ici ne sont d'ailleurs pas spécifiques à l'agro-industrie sucrière, mais se posent pour l'ensemble des transferts d'ingénierie.

a) Des coûts de transfert technologique élevés

Les coûts sont difficiles à connaître vraiment, pour des raisons de discrétion, mais aussi en raison de la pratique du coût forfaitaire. Pierre Judet a souligné combien cela facilite la surfacturation, ou les recherches d'économies sur les matériels. En ce qui concerne les sucreries, on peut seulement relever que les coûts de construction ont augmenté, bien que les usines construites aient été du même type et

(45) Cf. La lettre de Solagral, n° 20, novembre 1983.
(46) Étude détaillée par GERMOUNI (M.), Essai sur les problèmes de l'ingénierie et de la technologie au Maroc, Éditions de la faculté des sciences juridiques, économiques et sociales, Rabat, 1978.

d'une taille voisine. On aurait pu s'attendre à une diminution de certains postes. Le coût de l'ingénierie a ainsi atteint de 12 à 14 % du coût des sucreries marocaines construites au début des années 1970 (47).

Évaluation du coût de l'ingénierie
dans deux sucreries du Gharb

	Sunag I (capacité : 4 000 t/j)	Sunag II (capacité : 4 000 t/j)
Étude et prestations montage	4,8	
Étude et prestations génie civil	4,5	
Assistance technique	1,3	
Ingénieur-conseil	1,7	
TOTAL INGÉNIERIE	12,3 (= 14 % DU COÛT)	11,0 (= 11 % DU COÛT)
Coût total	87,8 M DH	91,0 M DH

Or, trois ans plus tard, la Sunat était construite selon les mêmes schémas, et l'ingénierie montait à nouveau à 13 % du coût total. Une décennie après, le coût avait presque doublé, si l'on en croit les montants publiés (48) :
— Sunacas (1979) : 2 500 t/j et 168 000 000 F ;
— Doukkala 2 (1980) :/ 4 500 t/j et 172 000 000 F.
La fidélité du client à un constructeur ne lui vaut guère de faveurs commerciales.

b) Les limites de l'appropriation technologique
Une des finalités majeures de ces transferts est de lancer un processus d'apprentissage technologique dont les effets doivent dépasser l'impact immédiat. Cela impliquerait en particulier un recours aussi fréquent que possible aux capacités locales de réalisation. Bouguerra et Michel ont bien montré la réticence des firmes étrangères à négocier avec des entreprises locales, pour mieux contrôler le calendrier de réalisation et les caractéristiques techniques de la construction (49). Problème complexe dans la mesure où les capacités marocaines dans ce secteur étaient limitées, et où le constructeur avait ses fournisseurs attitrés, que l'on retrouve assez systématiquement, malgré la procédure de l'appel d'offres international. Ce qui se répercute sur le bon fonctionnement des unités : pannes, instabilité du personnel, frus-

(47) Ces chiffres sont donnés par GERMOUNI (M.), art. cité, p. 93.
(48) Chiffres donnés par DEMONGEOT (I.), art. cité, p. 430.
(49) BOUGUERRA (K.-A.), MICHEL (H.), *Technologies et développement au Maghreb*, Paris, Éditions du CNRS, 1978.

tration des cadres... sont autant de « maladies » de ces jeunes complexes installés dans les PVD. Les sucreries marocaines n'y échappent pas.

Le transfert de l'agro-industrie sucrière aurait donc surtout contribué à intégrer le Maroc dans la division internationale du travail, en déplaçant la dépendance vers l'amont : au lieu d'importer le sucre, on importe les équipements destinés à le produire (50). La dépendance s'est déplacée : elle est devenue technologique et financière.

De le dépendance technologique et financière à la spirale de l'endettement : le cas marocain

Ayant présenté les divers aspects du dossier sucre, on peut reposer la question initiale : les pays maghrébins ont-ils réellement intérêt à consentir des investissements aussi lourds dans des programmes agro-industriels, étant donné le faible avantage comparatif dont ils disposent ? L'étude faite pour le sucre vaudrait pour d'autres produits, comme le lait.

Feu l'avantage comparatif : bilan financier du Plan sucrier

Un travail universitaire récent tente de démontrer le bien-fondé de l'option marocaine en mettant en évidence les gains à l'importation réalisés par le Plan sucrier marocain. L'auteur compare l'avantage tiré d'une politique d'importation totale et d'une politique d'importation partielle (51) : en important toute sa consommation, le Maroc aurait économisé 2 milliards de DH entre 1963 et 1974, mais perdu 1,9 milliards de DH entre 1974 et 1985, ce qui, sur la période, fait un gain net de 142 millions de DH. Ce du seul point de vue d'une comparaison importation-exportation. Le Maroc ayant choisi de produire son sucre et de n'importer que le complément de ses besoins, ce choix n'est rentable qu'à partir de 1974, le prix de revient local étant inférieur sur la période 1963-85 au coût d'importation de 411 millions de DH. Ce calcul ne prenant en compte que les coûts directs d'importation du sucre, il est clair que le gain ne justifie pas en lui-même les investissements colossaux réalisés. La Banque mondiale l'a montré dans l'étude présentée plus haut, il n'y a pas d'avantage comparatif à produire du sucre au Maghreb.

---

(50) Peut-être faut-il aujourd'hui nuancer quelque peu une telle conclusion, dans la mesure où le Maroc semble avoir acquis, dans le domaine sucrier, une certaine expérience lui permettant une meilleure maîtrise.

(51) BAIZ (A.), « Essai sur l'efficacité de la gestion des entreprises publiques : application aux entreprises sucrières publiques au Maroc », thèse de mastère, IAM, Montpellier, 1988, 295 p.

Il est très délicat, bien sûr, de chiffrer avec précision le coût du Plan sucrier pour la balance des paiements. Outre le secret qui entoure le montant des transactions, il est difficile d'affecter au programme sucre la part qui lui revient, mais il est clair qu'il a exigé un appel croissant au financement extérieur.

Tableau n° 114

PART PRÉVUE DES RECETTES EXTÉRIEURES
DANS LE BUDGET DE L'ÉTAT

(En millions de DH)

Ressources	1965-67		1968-72		1973-77		1978-80	
	Montant	%	Montant	%	Montant	%	Montant	%
Internes	936		3 641		3 744		2 520	
Externes	1 526	62	1 940	36	3 659	49	1 600	39

Source : Guerraoui (52).

Dans ses prévisions, le planificateur marocain incluait donc un recours massif à l'investissement étranger. En fait, le taux d'investissement extérieur ayant été plus faible que prévu et les dépenses de fonctionnement ayant fortement augmenté, la Maroc a dû emprunter sur le marché financier international, au-delà de ses prévisions (surtout à partir de 1975-76, quand l'euphorie du marché des phosphates s'est estompée). Les projets hydro-agricoles ont beaucoup contribué à cet endettement.

La liste suivante n'est qu'indicative. Mais tout le monde convient que cela a pesé lourd et favorisé un endettement extérieur qui passe de 2,4 milliards de $ en 1975 à 7,4 milliards de $ en 1978 et 20,7 milliards de $ en 1987. A partir des années 1980, la spirale de l'endettement entretient le phénomène. La dérive du coût des projets mérite explication : elle n'est pas propre au Maghreb, comme l'a montré la consultation de Lomé sur l'irrigation en Afrique, organisée par la FAO en 1986 (53). Le document se fonde sur une étude de la Banque mondiale portant sur onze projets hydro-agricoles, dont Doukkala I au Maroc et Nebhana en Tunisie. Même si l'on observe des écarts importants dans le prix de revient à l'hectare en fonction du type d'aménagement (de 1 000 à 15 000 $), la tendance géné-

---

(52) GUERRAOUI (D.), *Agriculture et développement au Maroc*, Paris, Publisud, 1986, p. 56.
(53) FAO, « Consultation sur l'irrigation en Afrique », *Bulletin d'irrigation et du drainage*, n° 42, Rome, 1987, pp. 159-182.

Tableau n° 115

LE FINANCEMENT EXTÉRIEUR DE L'AGRICULTURE MAROCAINE DE 1961 A 1984

(En millions de DH)

Année	Projet financé	Prêteur	Montant
1961	Aménagement basse Moulouya	États-Unis	
1961	Irrigation Sebou	Bird	
1963	Projet Sebou	Pnud	1,8 millions de $
1964	Irrigation Sidi Slimane	États-Unis	17,5 millions de $
1965	CNCA	Bird	10 millions de $
1966	Programme "Vivre pour la paix"	US AID	56,8 millions de $
1966	Etude du barrage du Ziz	Sté Tam (États-Unis)	
1966	Projets divers	Koweït	140 millions de $
1968	1ʳ sucrerie Tadla	Belgique	30 millions de FB
1968	2ᵉ tranche Moulouya	US AID	5 millions de $
1968	Projets divers	US AID	13 millions de $
1968	Importations marchandises	US AID	8 millions de $
1972	Projets divers	France	138,8 millions de DH
1973	2ᵉ tranche Sebou	France	24,6 millions de DH
1974	Projet Sebou	Bird	32 millions de DH
1975	Projet Souss	Bird	18,5 millions de $
1975	Projet Triffas	États-Unis	8 millions de $
1975	Divers projets	France	700 millions de DH
1976	Réseau Doukkala	Bird	30 millions de $
1976	Aspersion Doukkala	US AID	13 millions de $
1977	CNCA	Bird	166 millions de $
1978	Gharb	CEE	720 millions de DH
1979	Canal Doukkala	BAD	250 millions de DH
1980	Projets socio-agricoles	RFA	175 millions de DH
1981	Projet Loukkos	Bird	34 millions de DH
1982	Projet intégré moyen Atlas	Bird	29 millions de DH
1983	Projet Oulmès Roummani	Bird	30 millions de DH
1984	Barrages Sebou	France	2 milliards de DH

Source : Guerraoui, *op. cit.,* p 57.

rale est à l'inflation des coûts. Ce qui a conduit la Bird, dans son évaluation des politiques agricoles maghrébines réalisée en 1982, à recommander plus de rigueur dans la sélection des projets et l'allocation des investissements (54).

On peut retrouver au Maroc comme dans les deux pays voisins les quatre types de causes repérés à Lomé : des facteurs physiques (les sites de barrage sont de plus en plus onéreux), des facteurs liés au niveau de développement (appel aux capacités étrangères de réalisation), des facteurs liés aux politiques locales (rigidité d'exécution, délais...) et les pratiques inflationnistes des sociétés d'experts-conseils et des entreprises. Il est notoire, par exemple, que les entreprises surfacturent de l'ordre de 25 % en Algérie pour compenser les lourdeurs bureaucratiques (dédouanements interminables, etc.).

La préférence massive donnée à la grande hydraulique au Maroc et chez ses voisins a largement contribué à pousser ces pays dans la spirale de l'endettement, dont ils tentent de sortir aujourd'hui par la rigueur budgétaire (Algérie) et des programmes d'ajustement structurel (Maroc et Tunisie). Malgré ce prix élevé, l'autosuffisance alimentaire n'est pas pour demain.

Performances sucrières et stagnation de la céréaliculture

On a souligné plus haut que la production de la CEE ne tient que parce qu'elle est largement soutenue par des structures professionnelles et des mécanismes de compensation très puissants. Les dirigeants marocains emploient un argument du même type pour expliquer que c'est le prix à payer pour une certaine sécurité alimentaire. Pourtant, deux objections majeures limitent la valeur de cet argument.

Tableau n° 116

LA CONCENTRATION DE L'INVESTISSEMENT PUBLIC SUR LES ZONES IRRIGUÉES

	ALGÉRIE		MAROC		TUNISIE	
	1970-73	1980-84	1965-66	1973-77	1961-71	1977-80
Superficie irriguée/SAU	4,0 %	4,5 %	4,5 %	6,5 %	2,7 %	3,3 %
Hydraulique/ investissement agricole total	27,0 %	45,0 %	45,0 %	42,0 %	28,0 %	43,0 %

Source : K.-M. Cleaver (55).

---

(54) « More stringent economic criteria should be used in evaluating investments in order to exclude those that are not viable », K.-M. CLEAVER, *op. cit.*, p. 3.

a) La concentration excessive de l'investissement sur l'irrigué

Elle est excessive, puisqu'elle a représenté dans les trois pays plus de 40 % en moyenne des investissements publics en agriculture.

La dérive inflationniste des coûts de programme n'a fait qu'aggraver ces taux, alors que l'agriculture irriguée ne concerne qu'une faible partie de la population rurale. Selon les estimations de la Bird, tous les investissements dans les grands périmètres marocains ont, durant le quinquennat 1973-77, bénéficié seulement à 140 000 personnes, soit à peine 1,3 % de la population rurale (56). En revanche, selon le même rapport de la Banque mondiale, 5 millions de ruraux vivaient en état de misère absolue. Dès 1981, la Bird concluait :

> Il semble que par rapport aux grands projets d'irrigation les projets de cultures en zone *bour* sont d'un coût moindre à l'hectare, par famille et par dirham de production additionnelle. Il ont, en d'autres termes, un taux de rentabilité économique plus élevé. Les récents projets d'irrigation à grande échelle que la Bird a étudiés au Maroc ont un taux de rentabilité économique prévu qui varie entre 7 et 12 %. Ce taux atteint en général 20 % pour les projets d'agriculture en *bour* que la Bird a étudiés (57).

Tableau n° 117

DES ACCROISSEMENTS DE PRODUCTION TRÈS SÉLECTIFS

(En milliers de t)

Productions	Moyennes quinquennales				
	1960-64	1965-69	1970-74	1975-79	1980-84
Céréales	3 387	3 874	4 379	4 095	3 651
Légumineuses	257	301	440	308	210
Maraîchage	417	571	109	882	867
Agrumes	554	765	934	793	1 050
Olives	151	266	287	288	344
Oléagineux	4	5	25	40	43
Cultures sucrières	127	521	1 525	2 039	2 345
Viande rouge	141	208	190	245	226
Viande blanche	17	24	39	75	104
Lait (10^6 l)	347	467	470	606	692
Œufs (10^6 u)	235	300	341	489	745

Source : Akesbi, *AAN,* 1984, p. 584.

(55) CLEAVER (K.-M.), *The Agricultural Development Experience of Algeria, Morocco and Tunisia...,* p. 25.

(56) BIRD, « Maroc, rapport sur le développement économique et social », octobre 1979 ; annexe « La pauvreté absolue au Maroc », pp. 46-58 (version non publiée, cité par N. AKESBI, *AAN,* 1984, p. 560).

(57) BANQUE MONDIALE, *op. cit.,* p. 182.

b) La stagnation concomitante des grandes cultures

Les accroissements de production de certaines denrées cachent mal une stagnation dans d'autres productions, comme les céréales et les légumineuses, décisives pour une sécurité alimentaire. Rapportée par habitant, la production céréalière marocaine serait ainsi tombée de 364 kg par habitant en 1955 à 171 kg en 1984. Le tableau suivant souligne le caractère très sélectif des accroissements de production au Maroc sur la période 1960-1984.

Ces chiffres seraient à nuancer pour les années récentes, où le Maroc a connu quelques très bonnes années céréalières, de 45 à 75 millions de quintaux. Il est encore trop tôt pour dire ce qui tient au climat et ce qui tient à l'amélioration des rendements. Le Maroc a tout juste limité la dégradation de l'autosuffisance alimentaire que l'on observe chez ses voisins.

Tableau n° 118

LA DÉGRADATION DE L'AUTOSUFFISANCE ALIMENTAIRE MAGHRÉBINE

(En millions de $)

	MAROC		ALGÉRIE		TUNISIE	
	1961-65	1981-85	1961-65	1981-85	1961-65	1981-85
Importations agro-alimentaires	149,5	783	153	2 245	47,5	457
Exportations agro-alimentaires	212	534	191,3	88	74	179
solde	62	– 249	38,3	– 2 157	26,5	– 278

Source : Statistiques FAO.

Le rapport 1981 de la Bird poursuit : « Le déficit en céréales, en oléagineux et en viande ne peut être couvert que par une intensification de la production en *bour,* en commençant par l'exploitation du potentiel dans les zones les plus défavorables (58). » Le changement de doctrine est net, mais... un peu tardif.

Les trois pays du Maghreb ont donc tenté, avec des fortunes diverses, l'aventure sucrière. Seul le Maroc a atteint une expérience et des résultats significatifs. A grands coups de capitaux et de volonté politique, les offices de mise en valeur ont développé depuis vingt ans

---

(58) BANQUE MONDIALE, *op. cit.,* pp. 182-183.

betterave et canne sucrières. La transformation industrielle a suivi, et ces cultures, dont la conduite est assez complexe, font maintenant partie des habitudes des périmètres irrigués marocains. Une politique de prix stimulante permet aux agriculteurs performants et bien dotés en terres de s'en sortir. Certes, le prix de revient du sucre au Maroc est deux fois supérieur au cours sur le marché mondial en année moyenne. Mais que vaut cette comparaison, quand on sait le caractère artificiel de ce prix mondial et la généralisation du soutien des prix dans tous les grands pays producteurs ? Dont acte : le sucre produit localement coûte cher, mais c'est le prix de l'indépendance, disent les planificateurs. Et les agronomes d'ajouter : c'est une excellente tête d'assolement.

Pourtant, la facture paraît excessive, et la Banque mondiale préconise un infléchissement des priorités vers la culture en sec. Le choix pour les cultures sucrières semble avoir beaucoup contribué à la dépendance technologique et financière du Maroc. La comparaison avec la Côte d'Ivoire ou le Soudan amène même à se demander s'il n'y a pas une stratégie d'internationalisation du capital dont les pays dominés continuent à faire les frais (59). En tout cas, la focalisation de l'investissement sur ces cultures privilégiées a entraîné la stagnation des grandes cultures comme les céréales et les légumineuses, qui sont pourtant à la base de l'alimentation quotidienne au Maghreb.

La stratégie de l'heure, que visent les programmes d'ajustement structurel mis en œuvre au Maroc et en Tunisie ou le désengagement de l'État en Algérie, c'est de gagner en productivité et en efficacité économique (60). Mais, cela cache mal l'échec d'un modèle d'intensification qui a tenté de promouvoir l'autosuffisance alimentaire sans les paysans et parfois malgré eux.

---

(59) *Cf.* BRUNEAU (M.), IMBERNON (J.-M.), *Le système agro-industriel et l'agriculture contractuelle*, Travaux du CEGET, Bordeaux, 1979.

(60) ROE (A.), ROY (J.), SENGUPTA (J.), *Economic Adjustment in Algeria, Egypt, Jordan, Morocco, Pakistan, Tunisia and Turkey*, Washington, World Bank, 1989, 81 p.

De la noria à l'asperseur
Les fellahs
face aux innovations technologiques
et à la redéfinition du rôle de l'État

10

Des jardiniers andalous aux spéculateurs d'Agadir

Diversité et dynamismes des irrigants au Maghreb

En présentant les grands programmes hydro-agricoles mis en œuvre, on a le sentiment que l'hydraulique, c'est d'abord « une affaire d'État » : une forte emprise des ingénieurs dans la conception, une éviction des producteurs dans la conduite des cultures, en sont le signe. D'où les réticences, voire l'hostilité aux politiques d'intensification. Pourtant, des dynamismes existent, et, d'un bout à l'autre du Maghreb, des agriculteurs grands et petits, modernes et traditionnels, font de l'irrigation, innovent et s'adaptent à la diversité du milieu, des jardins andalous du cap Bon aux marges de Douz ou de M'hamid. Le pari est de tenter un inventaire raisonné de cette diversité des pratiques d'irrigation, débouchant sur une typologie. Se basant sur un parcours des grandes civilisations hydrauliques, J. Bethemont estime que « les groupes intéressés par les processus de développement hydraulique suivent des trajectoires comparables » autour de trois ordres de causes (1) :

— une incitation au changement, qui prend souvent la forme d'une crise de l'état antérieur : pression démographique, dangers liés au milieu (inondations...) ;

— l'existence de vecteurs : les techniques de l'irrigation sont en général appliquées à des plantes déjà connues : l'orge, le blé, le riz. Ce sont des plantes de civilisation, fortement intégrées y compris sur le plan culturel, dont on cherche à améliorer la production ;

— un milieu réceptif et favorable au changement : en particulier, des structures sociales fortes, capables d'imposer les contraintes techniques (tours d'eau, entretien des réseaux) et d'opérer des arbitrages.

---

(1) BETHEMONT (J.), « Sur les origines de l'agriculture hydraulique », *TMO*, n° 3, 1982, p. 18.

Dans cette optique, on observera quatre grands types d'irrigants :
l'irrigant oasien, le fellah en grand périmètre, le maraîcher du littoral et des périphéries urbaines, les spéculateurs. Liste non exhaustive,
mais qui permet d'appréhender quatre démarches.

1. L'irrigant oasien, ou l'atout de la tradition
L'oasis de Ouargla (Algérie)

Le phénomène oasien est une des principales originalités du Maghreb. L'immensité du désert saharien, la présence d'eaux assez abondantes à des profondeurs variables, l'existence de populations repérables depuis des millénaires, l'ampleur des échanges commerciaux
entre l'Afrique noire et la Méditerranée, sont autant de facteurs qui
expliquent ici la tradition oasienne. On sait le rôle que certaines ont
joué dans l'histoire économique et sociale du Maghreb, comme celles du Touat ou du Tafilalet (2).

L'ampleur du phénomène oasien, survol statistique

La carte fait apparaître l'exiguïté de la bande côtière fertile et
le nombre élevé d'oasis (3).

L'Algérie représente l'ensemble le plus important, avec 93 000 ha
de palmeraies environ et plus de 6 millions de palmiers. Les oasis
sont tantôt isolées, avec parfois une taille imposante (le pays de Ouargla fait à lui seul un million de palmiers), tantôt groupées, comme
dans l'oued R'hir, où 47 oasis s'échelonnent sur 150 km (1,7 million
de palmiers).

Les oasis du Maroc constituent un second ensemble : 80 000 ha
et 5 millions de palmiers, avec des zones de forte concentration comme
le Draa et le Tafilalet.

Le Sud tunisien représente 25 000 ha irrigués et 4 millions de
palmiers.

Les régions septentrionales disposent de ressources en eau souterraine considérables, que des études récentes (projet Eress de l'Unesco)
ont permis d'évaluer avec précision. Toutefois, le fort accroissement
démographique qu'elles ont connu depuis vingt ans tient moins à

---

(2) *Cf.* MEZZINE (L.), *Le Tafilalet, contribution à l'histoire du Maroc aux
XVIIe-XVIIIe siècles*, Rabat, Publications de la faculté des lettres, 1987, 387 p.

(3) Aux ouvrages classiques sur la question (BRUNHES, 1902, CAPOT-REY, 1953),
il faut ajouter la récente publication des actes du colloque de Tozeur (novembre
1988) : « Les systèmes agricoles oasiens », *Options méditerranéennes*, série A, n° 11,
1990, 335 p.

Figure n° 63

LES OASIS AU MAGHREB

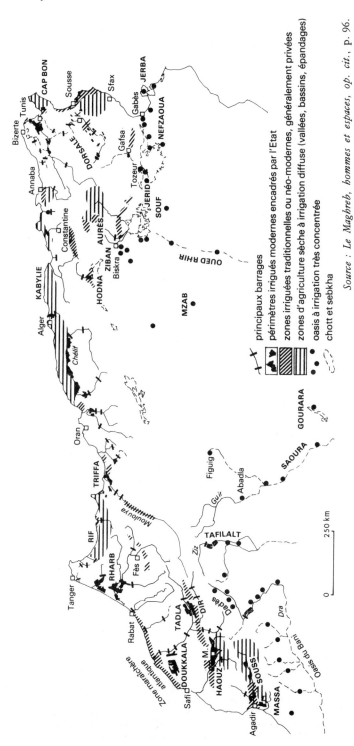

principaux barrages

périmètres irrigués modernes encadrés par l'Etat

zones irriguées traditionnelles ou néo-modernes, généralement privées

zones d'agriculture sèche à irrigation diffuse (vallées, bassins, épandages)

oasis à irrigation très concentrée

chott et sebkha

Source : Le Maghreb, hommes et espaces, op. cit., p. 96.

l'activité agricole, qui est souvent en crise, qu'à la création d'emplois secondaires et tertiaires. Les oasis ont fait l'objet de travaux très nombreux, allant de l'ethnographie à la géographie physique et humaine (4). Leur lecture surprend par la diversité du regard qui est porté sur ces espaces.

La lecture dominante de l'espace oasien relève souvent de la nostalgie ethnographique : ce type d'approche décrit à loisir l'originalité et la cohérence de cet écosystème exceptionnel (par son niveau d'intensification, comme par l'adversité du milieu environnant), pour ajouter, dans le même souffle, que tout cela est quasi disparu, ne survit plus qu'à l'état de vestige, et est irrécupérable. Certains auteurs, convaincus que l'agriculture oasienne de jadis est sans avenir, fantasment sur les nouveaux périmètres à créer *ex nihilo,* en plein désert, à coups de pétrodollars et de technologies sophistiquées.

D'autres, plus rares, mais plus proches du terrain d'aujourd'hui, observent avec Jean Bisson qu'« il existe des cas d'adaptation, voire de réussite assez surprenants, mais nullement exceptionnels (5). » Sans nier la crise actuelle de l'écosystème oasien, on souligne ses capacités d'évolution, et on idéalise moins le passé. Comme l'a montré Nadir Marouf, la lecture de l'espace oasien doit conjuguer une pluralité d'approches (6).

L'écosystème oasien : aridité du milieu et défi pour l'homme Étude de l'oasis de Ouargla (Algérie)

Le pays de Ouargla présente l'avantage de fournir une palette de types d'oasis : oasis traditionnelle avec irrigation, oasis moderne autour d'un forage, *bled bour* (7). Quatre paramètres principaux caractérisent l'écosystème oasien :

---

(4) Pour ne pas allonger, on donnera seulement ici un ou deux noms d'auteurs principaux par oasis, référencés en bibliographie finale :

ALGÉRIE	MAROC	TUNISIE
Bou Saada : Nacib	Draa : Ouhajou, Toutain	Gabès : Baduel (A.-F.)
Oued R'hir : Pérennès	Tafilalet : Boubekraoui, Jarir	Gafsa : Kilani
Nesson, Toutain	Figuig : Popp	Djerid : Bedoucha, Attia
Souf : Bataillon		Nefzaoua : Baduel (P.-R.)
Ouargla : Rouvillois-Brigol		
Saoura : Martin (M.-C.)		
Gourara : Bisson, Granier		
Tidikelt : Kobori		
Touat : Grandguillaume		

Mise à jour bibliographique dans *Options méditerranéennes,* 1990.

(5) BISSON (J.), « L'industrie, la ville, la palmeraie au désert ; un quart de siècle d'évolution au Sahara algérien », *Maghreb-Machrek,* n° 99, mars 1983, p. 19.

(6) MAROUF (N.), *Lecture de l'espace oasien,* Paris, Sindbad, 1980, 281 p.

(7) ROUVILLOIS-BRIGOL (M.), *Le pays de Ouargla (Sahara algérien) ; variations et organisation d'un espace rural en milieu désertique,* Paris, Publications du département de géographie de l'université de Paris-Sorbonne, n° 2, 1975, 389 p.

— un milieu physique contrasté ;
— des savoir-faire techniques adaptés, mais rudimentaires ;
— une gestion de la rareté socialement poussée ;
— un équilibre fragile de la mise en valeur.

Un milieu physique contrasté : eau abondante et climat torride (8)

L'oasis saharienne conjugue en un même lieu l'ardeur du climat et l'abondance de l'eau.

Selon M. Rouvillois, le climat à Ouargla est « l'un des plus rudes du Sahara nord oriental » : la moyenne annuelle des températures est de 22,5 °C, mais elle atteint 34,1 °C en juillet ; ce chiffre cache des extrêmes très élevés, dépassant parfois les 50 °C sous abri. Les variations sont importantes. L'oasis étant encaissée, et très abritée des vents, elle devient vite une fournaise, proche du climat d'In Salah.

Les précipitations moyennes annuelles sont très faibles (40 mm), mais connaissent de telles variations que, de mai à septembre, la sécheresse est ici quasi absolue. Pourtant, l'eau est abondante, en raison de la présence de quatre ensembles aquifères superposés :
— les sables de surface contiennent la nappe phréatique de l'oued Mya : la plupart des puits traditionnels y puisent à une profondeur située entre 1 et 10 m ;
— la nappe du miopliocène, une nappe artésienne dont l'exploitation est fort ancienne, a permis la création de l'oasis, mais son niveau a fort baissé ;
— le sénonien contient une seconde nappe artésienne (l'éocène), peu connue et peu exploitée. Celle-ci est située entre 140 et 200 m ;
— enfin, la nappe du continental intercalaire, dite nappe albienne, découverte lors des forages pétroliers en décembre 1957, située à Ouargla entre 1 120 et 1 380 m selon les endroits. Son jaillissement puissant, initialement de 258 l/sec, a décliné, mais reste important. Néanmoins, il s'agit d'eaux chaudes (55 °C).

L'eau est donc abondante à Ouargla, mais c'est une richesse à préserver : la salinité croissante de la nappe phréatique peut se communiquer à la nappe du Miopliocène et la rendre impropre à certaines cultures. Les sols alluviaux sont légers et faciles à travailler.

Des techniques adaptées, mais rudimentaires

Ce milieu naturel assez rude n'a pas découragé l'ardeur de populations qui peuplent ces régions depuis le néolithique, comme en attestent les fouilles archéologiques. Quelques *foggara* fossiles témoignent ici de l'ancienneté des efforts de mise en valeur. L'essentiel des techniques porte sur l'exhaure de l'eau.

---

(8) Pour le climat du Sahara, *cf.* DUBIEF (J.), *Le climat du Sahara*, mémoire de l'IRS, n° 5, Alger, 2 t, 1959 et 1963.

Les puits à la nappe phréatique sont peu nombreux, car celle-ci est trop chargée en sel. On les trouve, nombreux, à la périphérie de l'oasis, étayés de pierres et de troncs de palmier.

Les puits artésiens à la nappe du miopliocène constituent, en revanche, une originalité ouarglie : il s'agit de puits coffrés en troncs de palmier, colmatés avec de l'argile et du *lif* (fibres du tronc de palmier), creusés jusqu'au toit de la nappe artésienne, que l'on brise jusqu'au jaillissement de l'eau (9). Il en existait de 250 à 300 à Ouargla à la fin du XIXᵉ siècle, mais leur nombre a décliné, pour tomber au-dessous de 100 en 1970. Le jaillissement entraînant l'obstruction, une corporation de plongeurs, les *r'tassin,* capables de rester plusieurs minutes sous l'eau pour remonter le sable, s'était développée à Ouargla. Les conditions spectaculaires de ce travail ont beaucoup frappé les observateurs.

Avec la colonisation française, une autre technique d'exploitation de la nappe artésienne a été mise au point : le forage et le tubage. Expérimentée dans l'oued R'hir (10), cette technique parvient à Ouargla en 1883, et a permis la multiplication des puits tubés. Mais, à partir de 1910, l'Administration prend conscience des risques de surexploitation d'une nappe dont le débit commence à baisser. Désormais, des précautions (rebouchage des évents) sont prises avant d'entreprendre des nouveaux forages.

Alors que la nappe du sénonien est peu exploitée, la nappe albienne a suscité de très grands espoirs à l'époque où l'OCRS (Organisme commun des régions sahariennes) rêvait de mise en valeur d'un « Sahara français » : jaillissant à un débit variant entre 16 000 et 24 000 l/min, l'exploitation de cette nappe n'est pas allée sans difficultés : ensablement des crépines installées en bas du tubage, entartrage de ce dernier et corrosion sous l'effet conjugué de la chaleur de l'eau, de sa salinité et de la trépidation. Si bien qu'il a fallu fermer en catastrophe tel ou tel forage albien qui devenait salé, par rupture du forage en couche de sol salé. Enfin, le prix : dans les années 1970, un tel forage coûtait déjà autour de 500 millions de centimes. Il atteindra le milliard au début des années 1980.

On voit que la technique moderne venue au secours des Ouarglis et de leurs techniques traditionnelles d'exhaure n'a que partiellement résolu les problèmes d'exploitation de ressources en eau, dont l'abondance fait rêver en un milieu aussi aride. L'arrivée de la première motopompe en 1931 avait néanmoins apporté un précieux relais aux systèmes traditionnels d'exhaure pratiqués à Ouargla : on y connaissait assez peu la noria ou le puits à poulie ; le puits à balancier,

---

(9) Il s'agit d'une pratique très ancienne dont témoigne Ibn Khaldoun, et que les premiers soldats français arrivés à Ouargla ont noté (Berbrugger, 1851).

(10) Présentation détaillée dans : PÉRENNÈS (J.-J.), *Structures agraires...,* p. 80.

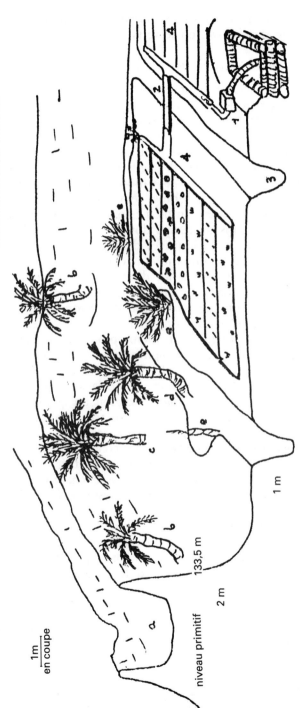

Figure n° 64

L'IRRIGATION EN VIEILLE PALMERAIE

Secteur revivifié par pompage

niveau primitif

2 m

133,5 m

1 m

1m
en coupe

a : chemin surélevé par les déblais retirés des jardins
b : palmier proche du niveau primitif
c : deuxième étape, niveau d'ensemble du jardin abaissé
d : troisième étape, palmier planté à flanc de seguia
e : au fond de la seguia, dans un élargissement légèrement surélevé,
    jeunes palmiers.
1 : motopompe
2 : demi-buse ou tronc de palmier évidé
3 : ancienne seguia jouant le rôle de drain
4 : planches en potager

Source : Rouvillois-Brigol, *Le pays de Ouargla, op. cit.*, p. 180.

en revanche, était répandu dans les périphéries de l'oasis. Le même caractère rudimentaire se retrouve, on le verra, dans la mise en valeur.

Une gestion de la rareté socialement poussée

Comme nous l'avons relevé pour d'autres milieux, l'organisation sociale compense en partie le niveau assez rudimentaire des techniques. Comme partout au Sahara, l'eau appartient à celui ou à ceux qui l'ont fait jaillir, indépendamment de toute propriété du sol (11). Si bien que les parts d'eau d'un puits font ensuite l'objet de tractations, d'achats et de ventes. Quand il s'agit de transactions officielles, celles-ci étaient enregistrées par le tribunal coutumier. Le partage de l'eau se fait en unités de temps, selon la technique subtile des tours d'eau, observée dans de nombreuses oasis (12) : l'ayant droit dispose ainsi pendant un laps de temps donné de tout le débit du puits. Celui-ci est partagé en 14 journées d'eau (7 de jour et 7 de nuit), chaque journée d'eau comptant douze heures. Chaque jour est divisé en 120 unités, dites *kharoubas,* dont la durée varie de cinq à sept minutes, selon le moment de l'année, car la durée de la journée d'eau varie avec le soleil. Le tour d'eau de chaque ayant droit est donc plus ou moins long, selon l'importance des parts d'eau qu'il possède sur un puits. Bien entendu, un même propriétaire peut avoir des parts sur plusieurs puits, parfois éloignés de sa palmeraie, ce qui entraîne des réseaux de *séguias* fort enchevêtrés. A Ouargla, les tours d'eau portent des noms, selon leur moment de la journée. Le tour d'eau n'est jamais inférieur à trente *kharoubas,* soit un quart de jour. Pour permettre une irrigation régulière, chacun reçoit sa part d'eau de façon fractionnée, les parts les plus fréquentes étant des multiples de trente *kharoubas* et correspondant à des cycles de deux, quatre, huit, seize semaines... Cela donne lieu à des listes fort complexes, du type de celles que l'on a évoquées dans le 2e chapitre pour le haut Atlas marocain. L'étude détaillée de ce système fait conclure à M. Rouvillois qu'il s'agit d' « un mode de distribution complexe, mais d'une équité assez remarquable ». En fait, on l'a souvent simplifié dans la pratique, les ayants droit renonçant par exemple à l'alternance jour-nuit. Il faut noter que le même principe de répartition a valu pour les tours de pompage, quand le moteur est arrivé.

L'équilibre fragile de la mise en valeur

Les Ouarglis ont tiré parti du milieu physique de manière très empirique, compensant par l'organisation sociale les déséquilibres pos-

---

(11) MOULIAS (D.), *L'eau dans les oasis sahariennes, organisation hydraulique, régime juridique*, Alger, Carbonnel, 1927, 307 p.
(12) *Cf.* BEDOUCHA-ALBERGONI (G.), *L'eau, l'amie du puissant...*, qui porte sur le Nefzaoua tunisien. Les recherches de Kilani sur Gafsa sont de la même veine.

sibles. En effet, le bon fonctionnement d'une palmeraie repose sur un équilibre entre irrigation et drainage, selon le schéma suivant.

L'efficacité de l'irrigation est fonction d'un équilibre entre les quantités d'eau distribuées par les différentes *séguias* et l'efficacité des drains *(khandegs)* qui recueillent les eaux de colature. En vieille palmeraie, toutes les quatre planches, on comptait un drain secondaire, raccordé à un drain principal, qu'il fallait entretenir régulièrement (sous forme de chantiers collectifs, du type *touiza*). Mais l'évolution des techniques de pompage et les apports considérables de l'albien ont rendu problématique l'évacuation des eaux dans la vieille palmeraie. Déjà, l'essor du motopompage à partir des années 1930 avait contraint à creuser un exutoire vers Ngoussa, en 1951. Mais, avec l'albien, le débit disponible dans l'ensemble de l'oasis passe de 35 000 à 70 000 l/min, par accroissements successifs. Le savoir-faire traditionnel s'est révélé trop rudimentaire face à ces bouleversements.

La solution traditionnelle était l'évacuation des eaux de drainage vers le *chott,* où l'évaporation résolvait le problème, tout en fournissant du sel aux populations locales. Avec l'accroissement des débits, le *chott* a cessé de s'assécher et la palmeraie s'est peu à peu asphyxiée, par remontée de la nappe phréatique. Différents essais d'évacuation (pompage par éolienne) ont d'autant moins résolu le problème que les drains étaient mal entretenus, le travail pénible des jardins étant remplacé par les salaires urbains et industriels.

Pour le reste, la mise en valeur était constituée par un type d'agriculture associant la culture principale du palmier et des cultures secondaires, maraîchères et arboricoles, selon le principe bien connu des trois étages de culture.

a) Le palmier : Il est la « mère du Ouargli », dit un proverbe local. De fait, il fournissait traditionnellement une bonne partie de ce qui était nécessaire à la vie : dattes, bois de chauffage, palmes pour les palissades, troncs pour la la construction, *lif* (bourre), voire boisson. En vieille palmeraie, l'implantation est empirique, et compliquée par les héritages. On a donc des jardins morcelés et plantés avec des densités excessives, pouvant atteindre de 500 à 600 palmiers à l'hectare, alors que l'optimum est de l'ordre de 120. Le nombre total de palmiers, évalué à 450 000-500 000 à la fin du XIXᵉ siècle, a régulièrement augmenté au XXᵉ, pour atteindre plus de 600 000 palmiers productifs dans l'oasis dans les années 1970. Il faut y ajouter environ 150 000 arbres jeunes et 150 000 vieux non productifs. Si l'on inclut les palmeraies *bour* de la périphérie, on atteint le million de palmiers pour le pays de Ouargla. Autre phénomène propre à ce siècle : l'introduction (en 1900) et l'essor d'une variété plus productive et mieux valorisée sur le marché, la *Deglet-Nour*. Représentant environ 15 % du total, elle reste devancée par la variété *Ghars* (50-55 %), traditionnellement prisée, car molle et se conservant comprimée dans des sacs de jute. Persistent aussi les dattes communes *(Aoula)* et les dattes sèches (pour les animaux).

Les opérations culturales sont essentiellement (13) :

— la fumure, réalisée tous les 5 à 10 ans : on creuse au pied

Figure n° 65
LE PARCELLAIRE MORCELÉ EN OASIS TRADITIONNELLE

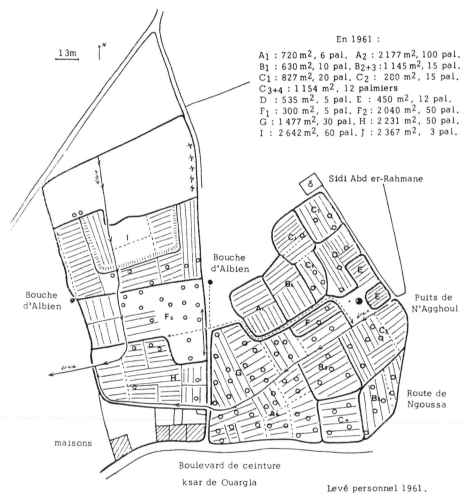

En 1961 :

A_1 : 720 m², 6 pal. A_2 : 2 177 m², 100 pal.
B_1 : 630 m², 10 pal. B_{2+3} : 1 145 m², 15 pal.
C_1 : 827 m², 20 pal. C_2 : 280 m², 15 pal.
C_{3+4} : 1 154 m², 12 palmiers
D : 535 m², 5 pal. E : 450 m², 12 pal.
F_1 : 300 m², 5 pal. F_2 : 2 040 m², 50 pal.
G : 1 477 m², 30 pal. H : 2 231 m², 50 pal.
I : 2 642 m², 60 pal. J : 2 367 m², 3 pal.

Levé personnel 1961.

Source : Rouvillois-Brigol, *op. cit.*, p. 253.

(13) Détail technique dans MUNIER (P.), *Le palmier-dattier*, Paris, Maisonneuve et Larose, 1973, pp. 109 et suiv., et TOUTAIN (G.), *Éléments d'agronomie saharienne*, Paris, INRA, 1979, 277 p.

Figure n° 66

UNE PALMERAIE MODERNE IRRIGUÉE A L'ALBIEN

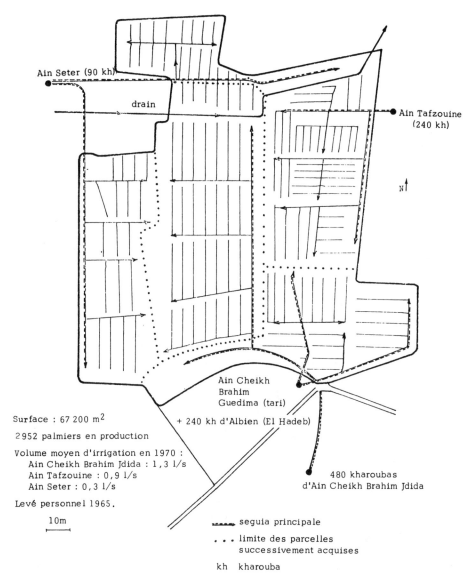

Ain Seter (90 kh)

drain

Ain Tafzouine
(240 kh)

N

Ain Cheikh
Brahim
Guedima (tari)

+ 240 kh d'Albien (El Hadeb)

Surface : 67 200 m²

2 952 palmiers en production

Volume moyen d'irrigation en 1970 :
  Ain Cheikh Brahim Jdida : 1,3 l/s
  Ain Tafzouine : 0,9 l/s
  Ain Seter : 0,3 l/s

Levé personnel 1965.

10m

480 kharoubas
d'Ain Cheikh Brahim Jdida

▪▪▪▪ seguia principale

... limite des parcelles
    successivement acquises

kh   kharouba

Source : Rouvillois-Brigol, *op. cit.*, p. 245.

des arbres des tranchées de 1,5 à 2 m, où l'on enfouit du fumier
de chèvre ou de chameau ;

— la fécondation, qui exige en mars-avril de monter fréquemment dans les arbres, car il s'agit d'une plante dioïque, c'est à dire
mâle ou femelle, et la fécondation se fait mal toute seule ;

— la récolte, réalisée entre le 15 octobre et le 15 novembre ;
— l'émondage des palmes sèches, en fin de saison.

La production moyenne par arbre varie selon les estimations de 15 à 25 kg pour les *Ghars* et 40 kg environ pour les *Deglet-Nour*. Rouvillois estimait la production dattière du pays de Ouargla entre 13 000 et 16 500 t, dont 4 000 à 6 000 tonnes autoconsommées. Pour le reste, c'est une denrée d'échange fort ancienne dans le commerce transsaharien, en direction du Tell comme de l'Afrique noire. Ce fut longtemps la base de l'économie oasienne.

b) Les cultures maraîchères et arboricoles : Le couvert végétal fourni par le palmier permet de pratiquer des cultures sous-jacentes, qui constituent un appoint alimentaire et monétaire précieux pour les populations des palmeraies. Il s'agit essentiellement de cultures potagères (carottes, choux, navets, oignons, etc.), de cultures fourragères, en particulier la luzerne de Gabès, destinée aux animaux (chèvres, ânes...), des céréales, le sorgho et l'orge récoltée en vert, le tout cultivé en planches irriguées par submersion ; s'y ajoutent parfois de l'arboriculture, grenadier, abricotier et figuier, qui poussent très bien à Ouargla. En fait, ce qui limite ces cultures sous-jacentes, c'est à la fois le manque et l'excès d'eau, quand le drainage est déficient. Il faut ajouter que le faible niveau des connaissances techniques des agriculteurs constitue une limite à de meilleurs résultats.

On voit à travers ces différentes remarques que l'on est loin d'optimiser l'utilisation de l'écosystème, et déjà en 1883 les militaires français qui investirent l'oasis eurent une impression de délabrement. Les efforts faits dans les années 1950 pour mieux irriguer et mieux planter ont été vite ruinés par l'irruption d'autres opportunités salariales. Il faut donc se garder de décrire l'oasis traditionnelle comme un lieu idyllique. De plus, les structures foncières sont telles que le parcellaire extrêmement morcelé compromet toute tentative de rationalisation : on l'a vu lors de la révolution agraire lancée en 1971. Nombreux sont les jardins de 5 ou 6 palmiers, comme le montre le schéma ci-dessus.

C'est pour remédier à ces inconvénients variés que l'on a tenté, lors des programmes de revivification des palmeraies traditionnelles, de créer des palmeraies plus rationnelles, en laniéré, avec des drains réguliers, comme celle-ci.

Telles sont les grandes caractéristiques d'une oasis traditionnelle (14), que l'on retrouve comme structure sous-jacente dans les

---

(14) Bien entendu, il existe des variantes notables, comme les palmeraies en *bour* du Souf, où l'homme a évidé des cuvettes de sable jusqu'à pouvoir planter des arbres dans la couche de sol humide que l'on découvre en creusant une couche calcaire. Le palmier va ainsi chercher, par ses racines, l'eau dont il a besoin, et un puits à balancier permet d'obtenir l'eau nécessaire aux cultures légumières.

espaces hydrauliques voisins (15). Mais on constate aussi, de l'est à l'ouest du Maghreb, que ces oasis sont en crise écologique, économique et sociale. Crise irrémédiable ? Ce n'est pas si sûr.

Sur fond de crise, des îlots de dynamisme
Tinerkouk et Tarhouzi, oasis du grand erg (Algérie)

La présentation de l'écosystème oasien souligne à quel point son équilibre est fragile et, en bien des endroits, rompu. L'impression dominante que donnent beaucoup d'oasis est celle d'un monde fini : *ksour* en ruine, palmiers moribonds, menacés par le sel que des drains bouchés n'évacuent plus, pistes non entretenues. Ce milieu fragile n'a pas résisté aux multiples assauts qu'il a subis.

Les principaux facteurs de crise de l'agriculture oasienne (16)

a) Les perturbations hydrauliques

La vie de l'oasis repose sur une gestion des nappes souterraines que des interventions intempestives peuvent perturber. C'est ce qui s'est passé à grande échelle dans les oasis de l'oued R'hir, où l'arrivée des colons français entraîna d'importantes modifications dans les techniques de forage. Des sondes puissantes, importées en 1856, permirent de multiplier les forages artésiens, et d'implanter d'immenses palmeraies de *Deglet-Nour* pour l'exportation. La création d'une voie ferrée, achevée au début du siècle, permit d'acheminer ces dattes vers Marseille, où elles étaient conditionnées. Un schéma colonial classique. Une des conséquences de cet essor fut l'assèchement de nombreuses palmeraies traditionnelles, irriguées à partir des puits coffrés anciens, ou la salinisation excessive de bas-fonds mal drainés. Les fellahs ainsi prolétarisés n'eurent qu'à s'embaucher au service des planteurs, dont certains disposaient de dizaines de milliers d'arbres.

b) L'intégration nationale

Depuis vingt-cinq à trente ans, un processus irréversible d'intégration des oasis à des ensembles nationaux qui se restructurent sort ces zones de leur marginalité et les vide pour une part de leurs populations. En Algérie, c'est le phénomène pétrolier qui en est l'occasion : découverts à partir de 1956, les hydrocarbures ont suscité un puissant appel de main-d'œuvre vers les centres de Hassi Messaoud, In Amenas et Hassi R'mel. Les zones traditionnelles d'oasis devien-

---

(15) Comme travaux récents particulièrement remarquables sur le monde oasien, on relèvera BEDOUCHA-ALBERGONI, *op. cit.*, sur le Djerid tunisien, NACIB (Y.), *Cultures oasiennes, Bou-Saada : essai d'histoire sociale*, Alger, ENAL, 1986, 505 p., et OUHAJOU (L.), *Espace hydraulique et société. Les systèmes d'irrigation dans la vallée du Draa moyen*, Montpellier, 1986, 331 p.

nent des bassins d'emploi où l'on revient seulement en récupération après des périodes de travail intense sur les forages (17). Le phénomène urbain est une autre manifestation de l'intégration nationale : Biskra, Ghardaïa et Béchar ont dépassé les 100 000 habitants, chiffre qu'approchent Touggourt, El Oued, Laghouat et Ouargla. Certaines de ces villes ont des zones industrielles où les salaires plus élevés ont contribué à vider les palmeraies de leurs forces vives. P.-R. Baduel a étudié en détail le phénomène de l'émigration dans les oasis du Nefzaoua. Il recense les différentes raisons permettant d'expliquer l'ampleur des migrations : le fort accroissement démographique (33,6 % d'accroissement de la population dans la délégation de Kebili entre 1966 et 1975), la chute de quantité d'eau disponible par hectare irrigué (les surfaces cultivées ont beaucoup augmenté), la monétarisation..., mais surtout, conclut l'auteur, l'intégration à un ensemble national. Au bout du compte, écrit-il, on a « une société en suspens » (18).

c) Le Bayoud

Il constitue une menace sérieuse pour l'avenir.

Il s'agit d'une maladie cryptogamique, la fusariose vasculaire, apparue dans le sud du Maroc vers 1870, entrée en Algérie en 1898, et qui touche les oasis de proche en proche : 1908, Béni Abbès ; 1930, Adrar ; 1941, In Salah ; 1950, Metlili ; 1965, Ghardaïa ; 1977, El Goléa. C'est un véritable fléau, qui s'attaque surtout aux variétés de qualité supérieure, ce qui constitue une menace grave pour les grandes zones productrices que sont l'oued R'hir, les Zibans et le Sud tunisien. Cette maladie, provoquée par un champignon du sol, gagne l'arbre par son réseau vasculaire et aboutit au dessèchement progressif des palmes, de la couronne au cœur. Des millions d'arbres ont été décimés en un siècle.

Le champignon a été identifié en 1934 par un chercheur, Malençon, mais on ne connaît pas à ce jour de traitement adéquat. Les pouvoirs publics ont mis en place une réglementation rigoureuse du transport de *djebbars* (rejetons) et de palmes sèches depuis les zones bayoudées ; les arbres contaminés sont brûlés. Les efforts actuels des stations agronomiques sahariennes de Zagora, Sidi Mahdi (Touggourt) et Béni Abbès s'orientent vers la création de variétés résistantes (19).

(17) Cf. BISSON (J.), « L'industrie, la ville, la palmeraie au désert, un quart de siècle d'évolution du Sahara algérien », *Maghreb-Machrek*, n° 99, mars 1983, p. 9.

(18) BADUEL (P.-R.), *Société et émigration temporaire au Nefzaoua*, Paris, Éditions du CNRS, 1980, 121 p. Sur la même zone, on peut lire avec intérêt M. ROUISSI, « Une oasis du Sud tunisien : le Jarid. Essai d'histoire sociale », thèse de 3e cycle, EPHE, 1973, 252 et 98 p.

(19) Cf. les travaux de D. DUBOST, P. BROCHARD, M. BOUNAGA, etc., publiés depuis 1974 dans le *Bulletin d'agronomie saharienne*, et TOUTAIN (G.), *Le palmier dattier et sa fusariose vasculaire*, INRA-France et Maroc, Rabat, 1972, 172 p.

La conjonction de tous ces facteurs de crise conduit souvent à des pronostics très pessimistes :

> L'évolution régressive de ces milieux fragiles tend vers la dégrada-
> tion progressive des palmeraies et la désertification accélérée déjà bien
> avancée des steppes. Si le processus se poursuit, une forte proportion
> des populations sahariennes migreront, comme l'ont fait, il y a plus
> de 3 000 ans, les pasteurs bovidiens du néolithique (20).

Tinerkouk et Tarhouzi, des îlots dynamiques dans l'erg occidental

Toutes ces réalités sont bien présentes à l'esprit de Bisson, qui est un fin connaisseur des réalités sahariennes (21). Néanmoins, son enquête lui permet de repérer sur ce fond général de crise « des cas d'adaptation, voire de réussite assez surprenants, mais nullement exceptionnels (p. 19). » Ainsi, en plein erg occidental, un des milieux les plus arides du Sahara, Bisson observe le maintien et même l'accroissement démographique de populations dont tout le monde prédit depuis longtemps le départ inévitable, tant les conditions de vie y sont rudes (22). On a même tenté d'organiser leur départ en créant par exemple un village socialiste (Mguidden), que la population a boudé. D'où l'intérêt de sa description de Tinerkouk et Tarhouzi, deux villages de l'erg, qui semblent prospérer.

a) Tinerkouk

C'est un exemple de ces oasis en fort accroissement démographi-
que : 3 817 habitants en 1952, 9 803 en 1977, plus de 12 000 en 1987. Depuis toujours, cette population d'origine arabophone émi-
gre beaucoup vers l'Oranie, où l'on trouve des emplois de jardinier, et vers Tunis, pour occuper des places de gardien de nuit dans les boutiques de la médina. Plus récemment, ce sont les champs pétroliers qui l'ont attirée. Mais les revenus tirés de l'émigration ont été réinvestis dans le pays d'origine sous forme de constructions et de jardins. Avec une évolution cependant : pour faciliter leur retour régulier au village, les émigrés ont procédé peu à peu à un véritable démé-
nagement de la palmeraie, qu'ils ont installée en bordure de l'erg, à l'arrivée de la piste carrossable. Les vieilles oasis à *foggara* et à puits à balancier tendant à décliner, autant faire du neuf. Mur en *toub*, porte en tôle ondulée, potager, jeunes palmiers, tout concourt à ins-

---

(20) TOUTAIN (G.), « Origine, évolution et crise de l'agriculture saharienne, la vallée du Draa », thèse de 3ᵉ cycle, Paris I, 1977, p. 111.

(21) « Tantôt jardins et palmiers sont livrés au salant, et les bassins envahis par les joncs, ce qui signifie que l'irrigation est bien négligée, tantôt les secteurs topo-
graphiquement les plus déprimés des palmeraies sont inondés d'eaux croupissantes rejetées en abondance... », BISSON, art. cité, p. 18.

(22) BISSON (J.), « Tinerkouk et Tarhouzi : déménagement ou désenclavement de l'erg occidental », *Enjeux sahariens*, Paris, Éditions du CNRS, 1984, pp. 285-286.

taller ici des populations pour lesquelles il n'est pas question de partir. L'État l'a compris, d'ailleurs, puisqu'il installe une mairie, une PMI, des écoles, et crée un nouveau périmètre irrigué de 6 ha pour ravitailler le nouveau centre que constitue Zaouiet Debbagh.

> Ici, point d'opération de prestige télécommandée, commente Bisson, mais une série d'actions ponctuelles, suivies de près par un excellent administrateur qui est un enfant du pays, intégrant les techniques locales, tout en les améliorant, et accompagnant un mouvement spontané et ancien, celui de la fixation en limite de l'erg des émigrés de retour au pays et qui sont aussi les tout premiers à utiliser des camionnettes (23).

Illustration de la remarque de Robert Montagne : « Les pays qui émigrent sont des pays qui retiennent. »
b) Tarhouzi
Il s'agit d'une variante d'un même processus.
Cette oasis, distante de Timimoun de 200 km, représente, selon Bisson, « l'une des plus étonnantes paysanneries sahariennes ». Ici, les gens sont d'origine berbère, descendants des Zénètes. Le taux d'actif agricole est exceptionnellement élevé : un agriculteur pour huit habitants, en exploitation directe, avec très peu d'inégalités foncières. Différents facteurs expliquent ce succès :
— de bonnes conditions naturelles : la nappe phréatique, de bonne qualité, est à fleur de sol et permet ces cultures en *beurda* où les palmiers puisent directement à la nappe de l'erg. Pour les cultures potagères, les fourrages, les céréales, le puits à balancier suffit ;
— une paysannerie vigoureuse, homogène et disposant d'un réel savoir-faire agricole : ainsi, « les cultivateurs du Tarhouzi savent renforcer le substrat sableux du niveau supérieur des jardins en utilisant comme engrais les cendres de *drinn,* les déjections des animaux domestiques, mais aussi en amendant grâce à l'argile blanche, abondante dans la région ». De plus, on ne trouve pas ici les fortes inégalités foncières et d'accès à l'eau du Touat, par exemple ;
— les migrations de travail ont également joué un rôle positif, mais différemment du Tinerkouk : il s'agit ici de migrations temporaires, de courte durée, vers les plaines viticoles d'Oranie ou les chantiers d'Arzew. On cherche plus un complément de ressources qu'un autre revenu, comme dans le cas précédent ;
— une opportunité commerciale : les tracasseries de l'Administration et l'attrait des devises ont conduit les gros commerçants arabes du Touat à organiser des circuits d'approvisionnement du Niger

---

(23) BISSON, art. cité, pp. 285-286.

Figure n° 67

TINERKOUK ET TARHOUZI, DEUX OASIS DYNAMIQUES
DE L'ERG ORIENTAL

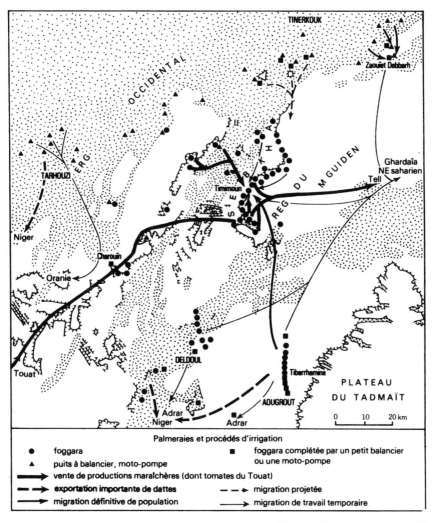

Source : Bisson, art. cité, p. 24.

en dattes sèches. Aussi, au prix d'un coût de transport de 30 DA
le quintal pour sortir les dattes de l'erg, on parvenait à les vendre
720 DA à ces commerçants, qui ramènent divers produits du Niger
ou de la foire annuelle de Tamanrasset (Assihar).

L'irrigant oasien, ou la logique du jardin andalou

Cet exemple de dynamisme agraire dans un écosystème que la crise menace de tous côtés ravive l'attention sur des ressorts oubliés :
— la contrainte démographique et/ou écologique comme stimulant ;
— le rôle essentiel des savoir-faire et des traditions ;
— l'attachement à un terroir, fonction d'un partage équitable de la terre qui évite la prolétarisation de la masse ;
— un sens aigu du calcul économique qui conduit le fellah à saisir toutes les opportunités : du commerce aux chantiers, les occasions de pluriactivité ne manquent pas.

Ce type d'agriculture microfundiaire et très intensive relève de la logique du jardin andalou, telle que la décrivait Ibn Wassiya (*cf.* chap. 2). Cette agriculture d'autosubsistance connaît toutefois une limite importante : lorsque croît le coût des facteurs de production (eau, main-d'œuvre, semences et produits de traitement...), ce type d'agriculture exige des investissements soutenus pour passer à un stade supérieur d'intensification. Parfois, elle coûte plus qu'elle ne rapporte, et n'est maintenue que parce que s'y ajoute une fonction sociale et symbolique : c'est le cas des oasis du M'zab, qu'entretiennent les riches commerçants mozabites, pour qui le jardin de Ghardaïa est un repère identitaire et un élément de cohésion de la communauté diasporique.

Les îlots de dynamisme agraire repérés par Bisson à Tinerkouk et Tarhouzi nous fournissent-ils les caractéristiques d'un type d'agriculture oasienne qui serait à même de survivre à l'affaissement général ? Il faudrait multiplier les observations pour pouvoir trancher. A l'évidence, ici comme à Ghardaïa ou El Goléa, la vigueur de la palmeraie n'est pas dissociable de la vitalité des autres activités possibles : commerce, tourisme, etc. De façon générale, la rentabilité des investissements dans ces zones est trop faible pour attirer les capitaux nécessaires à une relance. Ce ne sont là que des taches vertes dans un ensemble en dégradation accélérée.

Il faudrait d'importants capitaux pour que naissent de nouveaux types d'agriculture saharienne, tels que Dubost les a esquissés (24) : maraîchage intensif à proximité des chantiers et centres urbains, agriculture d'environnement urbain comme à Ghardaïa, agriculture dattière plus intensive. La visite de lieux comme Douz, dans le Sud tunisien, ou l'analyse que Nacib fait de l'évolution récente de Bou Saada (« l'élément nouveau, c'est le regain d'intérêt pour le secteur primaire ») montrent que ces dynamismes existent et que les zones d'oasis peuvent constituer des atouts économiques complémentaires pour les

---

(24) DUBOST (N.), « Écologie, aménagement et développement agricole des oasis algériennes », thèse de géographie, Tours, 1991, 549 p.

régions du Nord (25). Ces sociétés sont porteuses d'un capital de traditions qu'il convient de réhabiliter : l'exemple asiatique est là pour nous rappeler que ce capital-là peut jouer un rôle décisif (26). Mais l'exemple asiatique souligne aussi qu'il faut associer au maximum l'ancien et le nouveau. « Les civilisations qui n'empruntent pas meurent », écrivait Pierre Gourou. Le potentiel de traditions oasiennes ne sera un tremplin que si des progrès technologiques réels (moto-pompes, serres, irrigation localisée, variétés sélectionnées) tirent ces zones lointaines de leur marginalité (27), et donc si l'on y investit à nouveau. Mais qui, aujourd'hui, veut prendre de tels risques, voire aller vivre à Douz ou à M'hamid, ces marges de l'œkoumène ? A défaut d'inventer des modèles nouveaux d'agriculture d'oasis, plus performants, elle ne survivra pas à l'abandon dans lequel elle est largement entrée.

2. Le petit fellah en grand périmètre, ou les exclus de la transition vers une agriculture capitaliste : le projet primeur du Massa (Maroc)

Les fellahs concernés par les aménagements étatiques constituent un second type d'irrigants. Cette irruption d'un grand aménagement bouleverse complètement leurs conditions de vie et de production : la trame hydraulique remodèle le foncier et le choix des cultures. La manière de les conduire comme leur finalité marchande sont complètement transformées. Ce au point que les réactions paysannes sont très diverses, allant du refus à l'utilisation habile des équipements nouveaux. Pour comprendre le comportement de ces producteurs, on prendra l'exemple du périmètre du Massa, dans le Sud marocain, lancé dans les années 1970 et dont le projet primeur (soutenu par la Bird) fit espérer qu'il deviendrait le fleuron de l'agriculture marocaine. Vingt ans après, le bilan est contrasté.

La plaine des Chtouka, un milieu à dominante aride
et ses formes traditionnelles de mise en valeur (28)

---

(25) COTE (M.), *L'espace algérien : les prémices d'un aménagement*, Alger, OPU, 1983, développe ce point de vue pp. 243-250.

(26) *Cf.* ÉTIENNE (G.), *Développement rural en Asie*, Paris, PUF, 1982, 187 p.

(27) Ce qui ne justifie pas pour autant n'importe quelle mutation technologique. L'expérience des nouveaux périmètres à l'albien dans la région de l'oued R'hir et à Ouargla souligne que des précautions techniques et sociales s'imposent. *Cf.* DUBOST (D.), « Contribution à l'amélioration de l'utilisation agricole des eaux chaudes du continental intercalaire dans la cuvette du bas Sahara algérien », doc. ronéoté, INRA, Sidi Mahdi, 1980, 41 p.

(28) *Cf.* BENCHERIFA (A.), « Chtouka et Massa, étude de géographie agraire », thèse, université Mohamed V, Rabat, 1980, 226 p., et POPP (H.), « Bewässerungs-

Le périmètre du Massa a pris son nom de l'oued Massa, qui s'écoule de l'Anti-Atlas et traverse la plaine des Chtouka, sise à ses pieds.

Les caractéristiques principales du milieu physique

Elles sont assez classiques :
— variabilité extrême de l'oued, dont le débit moyen se situe entre 3 et 6 m³/sec, mais dont les irrégularités saisonnières et inter-annuelles sont considérables : en décembre 1957, une crue a atteint 2 550 m³/sec ; le débit moyen annuel a varié de 1 à 25 entre les années 1951-52 et 1955-56 ;
— une pluviométrie voisine des 200 mm, mais des températures moyennes annuelles assez équilibrées et situées autour de 18 °C. Les masses d'air froid venant du nord sont bloquées par la barrière du haut Atlas, ce qui rend rares les gelées. L'ensoleillement est prolongé ; le *chergui* souffle à certaines périodes ;
— les sols, enfin, sont assez pauvres et peu différenciés : très sableux, ils retiennent peu l'eau, dont 10 à 15 % seulement se maintient à la portée des plantes, mais le maraîchage y réussit ;
— les ressources en eau souterraine sont faibles et assez profondes.
Ces conditions physiques arides expliquent que la plaine des Chtouka n'ait guère attiré de colons, comme la plaine du Souss, plus au nord. Dans le Souss, des études hydrogéologiques ayant montré dès les années 1930 la présence d'un aquifère important, on assista à un *boom* de l'irrigation dans les années 1940 : l'arrivée massive de colons et l'introduction du motopompage allaient faire de cette région la principale région agrumicole du Maroc avec le Gharb. En 1956, les Européens y détenaient 28 000 ha aménagés, contre 6 700 en 1950. Cela allait d'ailleurs provoquer de sérieux problèmes de sur-pompage (29). Dans la plaine des Chtouka, le seul aménagement réalisé fut un petit barrage sur le Massa en 1953, pour améliorer l'irrigation dans la zone de Tassila.
Les hommes et la mise en valeur traditionnelle

Sur cette zone peu favorisée par la nature, la population a beaucoup augmenté au cours du XXᵉ siècle. A certains endroits, la densité atteint aujourd'hui 120 habitants au km², ce qui est beaucoup au regard des potentialités. La population du lieu est une vieille paysannerie sédentaire, constituée d'apports berbères venant des tribus montagnardes qui descendaient en période d'indigence économique,

projekt Massa », *Geographische Rundschau*, déc. 1982, n° 12, pp. 545-552, et « Expériences with agricultural development projects in Morocco », *The Maghreb Review*, vol. XII, n° 5-6, déc. 1987, pp. 166-175.
(29) *Cf.* POPP (H.), « Un ''man-made hazard'' : le surpompage dans la vallée du Souss », *RGM*, 1982, n° 6, pp. 35-51.

Figure n° 68

LE PÉRIMÈTRE DU MASSA ENTRE LE SOLEIL DU SUD
ET L'EAU DE L'ATLAS

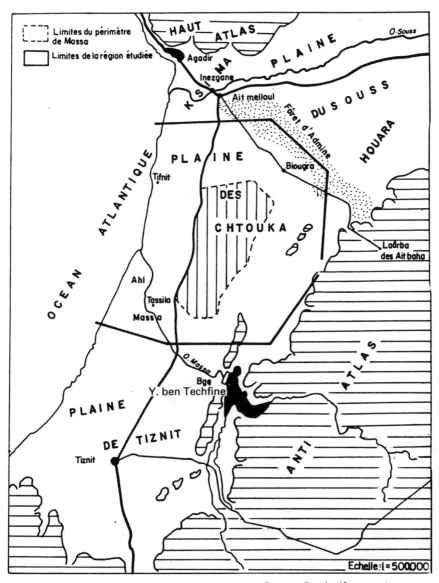

Source : Bencherifa, *op. cit.*, p. 10.

mais aussi d'apports arabes. Les deux principaux groupes sont la con-
fédération des Chtouka et les Ahl Massa. Forte population et dureté

du milieu ont donné naissance à d'importants flux migratoires, le type de mise en valeur traditionnelle n'étant pas assez intensif pour faire vivre sur place toute la population.

Le type de mise en valeur hérité a les caractéristiques suivantes.

On constate la prédominance du *melk* et de fortes inégalités foncières : de 26 à 40 % des foyers du Massa sont sans terre, alors qu'une minorité de gros propriétaires (moins de 5 %) possède le tiers des superfices.

Tableau n° 119

LES STRUCTURES AGRAIRES SUR LE PÉRIMÈTRE

Strate	% d'exploitants	% des terres
– 1 ha	11,21	0,76
1-5 ha	44,40	16,47
5-20 ha	39,68	49,92
+ 20 ha	4,69	32,83

Source : Bencherifa, *op. cit.,* p. 93.

Dans la région du Tassila, on atteint des inégalités extrêmes, 1 % des paysans possédant 25 % des terres. Selon Bencherifa, « tout se passe comme si les régions où l'irrigation est médiocre étaient des régions où domine la grande propriété » (p. 96). L'indivision est extrêmement répandue, pour limiter la tendance au morcellement.

L'enjeu véritable reste l'accès à l'eau : dans la basse vallée du Massa, où l'on peut irriguer à partir de l'oued, l'irrigation se fait par *séguias* et terrasses ; dans le reste de la plaine, il faut puiser dans la nappe souterraine. Le système séculaire était la *naora,* outre tirée par un bœuf ou un âne, chaque puits permettant d'irriguer environ 1 ha. Le relais a été pris par les motopompes à partir des années 1950-60. Bencherifa a chiffré les superficies irriguées de façon traditionnelle avant la création du périmètre à 700 ha environ pour le Massa proprement dit et 4 500 environ pour les Chtouka.

L'observation des caractéristiques de la mise en valeur traditionnelle fait apparaître une discontinuité dans l'utilisation des sols (on a des îlots irrigués au milieu de vastes espaces cultivés de façon extensive ou laissés en jachère) et une complémentarité des terroirs. En fait, la mise en valeur articule toujours trois composantes :

— la majorité de l'espace est occupée par la céréaliculture en sec, avec jachère régulière ;

— les terroirs cultivés en irrigué sont de dimension réduite (souvent moins d'un hectare) ;

— l'élevage extensif est une composante fondamentale du système.

En somme, il n'y a guère de tradition de maraîchage intensif, la dominante étant comme dans le reste du Maghreb une association de la céréaliculture extensive et de l'élevage. L'équilibre relatif que cette société avait trouvé avec les contraintes du milieu allait être bien bouleversé par l'irruption des aménagements voulus par l'État.

Historique et options du projet primeur sur le périmètre du Massa

Un projet coûteux, soutenu par les financeurs internationaux

L'idée de réaliser un barrage sur l'oued Massa est fort ancienne, puisque le protectorat avait déjà fait réaliser des études qui montrèrent que le site idéal était celui de Tankist. En 1951, une étude réalisée par Sogrem (Société des grands équipements marocains) montra que le coût d'aménagement de la zone en périmètre irrigué serait trop élevé, et on s'en tint au barrage du petit Massa. Après l'indépendance, l'idée fut reprise dans le cadre des travaux de l'ONI en 1967, et le Plan quinquennal 1968-72 inscrivit comme prévision d'investissement l'aménagement de 12 000 ha dans le Massa. En fait, avant même que le bureau d'études hollandais Grondmij, puis la Compagnie du bas Rhône-Languedoc n'aient remis leurs conclusions, la décision vint du ministère de l'Agriculture : on allait se lancer dans la réalisation d'un grand périmètre de 18 000 ha irrigués par une technologie des plus modernes, l'aspersion. Le grand projet Massa était en train de naître, avec le soutien financier de la Banque mondiale (30). En 1970 fut créé l'Office de mise en valeur agricole du Souss-Massa (ORMVASM), dont le siège est à Agadir, pour conduire à bien cette réalisation, ainsi que celle du Souss, encore plus étendue (30 000 ha). La décision de réalisation a donc précédé les études de viabilité économique.

Il a été clair, dès le départ, que ce projet serait très coûteux. Les prévisions d'investissements étaient de 177,3 millions de DH, répartis en :
— études et contrôle des travaux : 4,5 millions de DH ;
— remembrement : 5,7 millions de DH ;
— ouvrages principaux : 77,0 millions de DH ;
— réseaux d'irrigation : 72,5 millions de DH ;
— équipements internes : 17,6 millions de DH, soit un total de 177,3 millions de DH (31).

Ce chiffre aurait signifié un investissement de 9 500 DH/ha. En fait, les dépenses se sont élevées à 374,5 millions de DH, soit plus de 20 000 DH/ha (32). Ces « coûts énormes » (Popp) pour l'époque

(30) *Cf.* HONORE (P.), « L'irrigation du périmètre du Massa au Maroc », *La houille blanche*, n° 32, 1977, pp. 161-168.
(31) Chiffres dans MARA, *L'irrigation au Maroc*, avril 1975, p. 80.
(32) POPP, *op. cit.*, p. 187.

s'expliquent par la technologie retenue et l'orientation de la mise en valeur, qui privilégie des cultures à haute valeur ajoutée et destinées à l'exportation. Dès le départ, il était clair aussi que cela exigerait d'importants financements extérieurs : RFA (pour 142,9 millions de DH) et Bird (montant inconnu), le Maroc apportant le complément.

Les composantes du projet

a) Le barrage de Youssef ben Tachfine

Barrage en enrochements et alluvions, haut de 80 m et long de 707 m, il a une capacité théorique totale de 310 hm³ et un volume moyen régularisé de 62 hm³. Outre les équipements classiques (prise d'eau, vidange de fonds...), un grand évacuateur de crue a été construit pour faire face aux fortes irrégularités de l'oued (il doit pouvoir évacuer 3 300 m³/sec). La longueur du seuil déversant (117 m) et la largeur du coursier (25 m) en font un ouvrage considérable. L'eau, devant être utilisée uniquement pour l'irrigation, est relevée à la sortie du barrage par une station de pompage vers le canal principal.

b) Le périmètre

L'option pour l'aspersion fut justifiée principalement par la nature des sols, très sableux : en gravitaire, les pertes auraient été considérables.

La superficie délimitée est de 18 300 ha, prétendument en fonction de l'eau disponible et des besoins théoriques des cultures choisies (dose moyenne à l'hectare retenue : 4 600 m³). La localisation est fonction des sols et de l'habitat.

L'ensemble est découpé en quatre secteurs, chacun devant être doté d'une station de pompage. Ce sont, du sud au nord :
— Le secteur d'Aït Belfaa (2 500 ha) ;
— le secteur d'Oukhrib (4 250 ha) ;
— le secteur de Taoussous (3 750 ha) ;
— le secteur d'Aït Amira (7 850 ha).

Chaque secteur est découpé en unités de cultures, selon le principe du canevas hydraulique défini par l'ONI : une unité de culture est un bloc rectangulaire de 25 ha, long de 660 m et large de 384 m, divisé en 6 soles (110 × 660) qui permettent d'appliquer les principes de la trame B. Deux soles irriguées à partir d'une borne d'irrigation constituent un îlot d'irrigation, soit 8,33 ha. Ce schéma devait être plaqué sur l'ensemble de la zone.

Le remembrement est donc présupposé par ce type d'aménagement.

Le réseau est constitué d'une puissante station de pompage qui alimente le canal principal. Long de 44 km, il doit débiter 8 m³/sec

Figure n° 69

LES QUATRE SECTEURS D'IRRIGATION DU MASSA

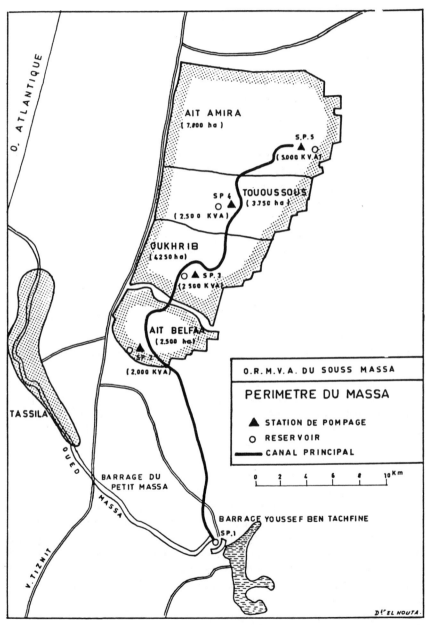

Source : Mara, *L'irrigation au Maroc, op. cit.,* p. 81.

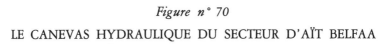

Figure n° 70

LE CANEVAS HYDRAULIQUE DU SECTEUR D'AÏT BELFAA

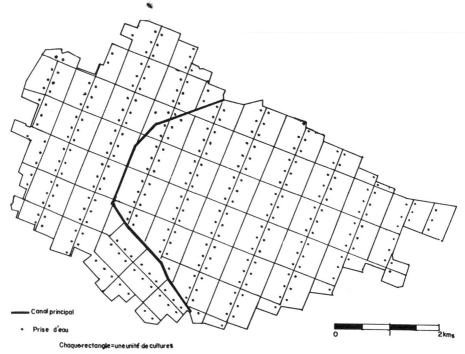

Canal principal

• Prise d'eau

Chaque rectangle = une unité de cultures

0   2 kms

Source : Bencherifa, op. cit., p. 173.

en amont et 6 m³/sec en aval. Il alimente les quatre stations de pompage qui mettent en pression l'eau, qui va alors jusqu'aux bornes d'irrigation par des canaux enterrés. A la parcelle, les rampes latérales, puis des tuyaux souples en Tricoflex permettent d'alimenter les asperseurs, montés sur traîneaux.

c) Une mise en valeur axée sur l'exportation de primeurs

D'emblée, la mise en valeur du périmètre du Massa fut définie dans la perspective d'exportation massive de maraîchage primeur vers l'Europe, et ce pour tirer le meilleur parti des avantages comparatifs prêtés à la région : une main-d'œuvre abondante, un climat favorable parce que dépourvu de gelées, des sols sableux aptes aux cultures maraîchères. Ces atouts se révéleront à l'expérience moins fiables que prévu. C'était surtout faire l'hypothèse que les marchés extérieurs peuvent accepter des tonnages importants : un document du ministère de l'Agriculture écrit en 1975 que le Maroc peut espérer s'adjuger d'ici à 1980 90 % de l'accroissement des importations de primeurs par les pays d'Europe occidentale. Le Massa fournirait, dans cette hypothèse, 70 % des exportations marocaines. Et le document ajoute :

Tableau n° 120

LES PRODUCTIONS ATTENDUES EN RÉGIME DE CROISIÈRE

Cultures	Superficie (en ha)	Production (en t) Exportée	Totale	Produit brut (en DH)
Primeurs	**5 840**	**112 800**	**163 600**	**107 820 000**
dont tomate	2 210	55 200	88 400	49 170 000
oignon	1 300	26 000	32 500	8 450 000
autres (a)	2 330			
Fourrage	1 850			3 300 000
Céréales	10 190		40 700	18 300 000
Cultures vivrières	120			480 000
Total	18 000			129 900 000

(a) Autres : asperge, fraise, aubergine, concombre, haricot vert, melon, poivron.

Source : MARA, p. 83.

La mise en valeur de ce périmètre reposant essentiellement sur la culture de primeurs destinés à l'exportation devra s'adapter à la conjoncture économique au fur et à mesure de son évolution. *Un modèle mathématique a été établi pour permettre cet ajustement permanent* (33).

On croit rêver. Les chiffres retenus sont de plus de 112 000 tonnes exportables par an, les tomates constituant la moitié du tonnage.

Après calculs, la part des fourrages fut augmentée dans les assolements (3 900 ha), pour obtenir davantage de fumier pour les primeurs, dont l'objectif était maintenu à 5 600 ha. Chiffre considérable, au regard des 700 ha de superficies irriguées traditionnelles dans la zone. Bien entendu, comme toujours en pareil cas, des hypothèses de calcul économique ont été faites pour déterminer les revenus attendus par les producteurs, ainsi que les emplois créés. On estimait que le projet créerait 7 500 emplois permanents, ce qui devait tripler la population du périmètre. La CNABRL a élaboré diverses notes en ce sens. Le Mara retint les chiffres de 5 805 DH de valeur ajoutée nette/ha, soit 3 600 DH/ha de VAN diminuée des impôts, de la valeur locative et de la main-d'œuvre. En somme, un exemple parfait de rêve technocratique (34). On y retrouve concentrés tous les

(33) MARA, *op. cit.*, p. 83. C'est nous qui soulignons.
(34) Cela impliquait en outre la création de stations d'emballage, l'embarquement par avion à l'aéroport d'Agadir, le stockage en entrepôt frigorifique, etc., bref, une infrastructure considérable, dont l'OCE devait se charger.

grands noms de l'ingénierie hydro-agricole française (35) et, poussée à l'extrême, une simplification, voire une méconnaissance, des paramètres sociologiques élémentaires. Il faudra vite déchanter.

Des résultats techniques et sociaux décevants

Lancés en 1971, ces gros aménagements permettent la mise en eau et en culture sur trois ans à partir de 1974, dès la réalisation du remembrement.

Le remembrement, une opération « rationnelle » et traumatisante

Compte tenu du canevas hydraulique, il était impensable de garder le parcellaire traditionnel, très morcelé et dispersé. La comparaison d'un secteur avant et après remembrement montre de façon éloquente la transformation radicale que cela a signifié.

Figure n° 71
LE SECTEUR D'AÏT BELFAA AVANT REMEMBREMENT

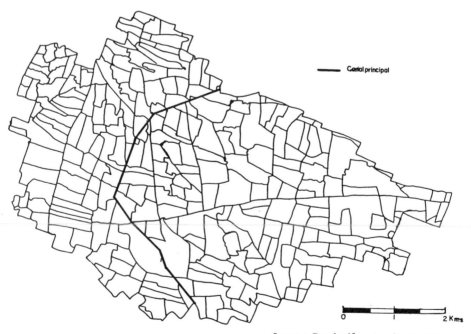

Canal principal

0		1		2 Kms

Source : Bencherifa, *op. cit.*, p. 176.

---

(35) HONORE, art. cité, en donne la liste, p. 161 : Campenon-Bernard, Coyne et Bellier, Spie-Batignolles, Soletanche, Bergeron, CNABRL, etc.

Tableau n° 121

LE REMEMBREMENT DES PARCELLES SUR LE MASSA

(En ha)

	Aït Belfaa	Oukhrib	Taoussous	Aït Amira
Superficie totale remembrée	2 509	4 141	3 789	7 680
Nombre de propriétaires	325	451	374	881
Situation avant remembrement				
Parcelles	735	799	780	1 850
Taille moyenne de l'exploitation	3,6	5,5	5,0	4,0
Situation après remembrement				
Parcelles	478	636	533	1 366
Exploitations	520	550	400	1 280
Taille moyenne de l'exploitation	5,9	8,3	9,6	7,2

Source : Bencherifa, *op. cit.*, p. 175.

Tableau n° 122

LA LENTE TRANSFORMATION DES CULTURES SUR LE MASSA

(En ha)

	Équipé	Tomate	Maraîchage	Céréales	Fourrage	Jachère	
						En ha	%
1974-75	6 050	208	–	1 512	708	3 622	59
1975-76	10 500	192	107	3 422	995	5 784	55
1976-77	18 300	240	187,5	7 911	1 349	8 613	47
1977-78	18 300	105	520	5 350	1 442	10 883	59
1978-79	18 300	147	510	5 325	1 517	10 801	59
1979-80	18 300	227	857	10 639	1 420	5 157	28
1980-81	18 300	488	1 592	11 663	1 586	2 971	16
1981-82	18 300	512	1 543	10 249	1 647	4 349	24

Source : Bencherifa, *op. cit.*, p. 183 : Bazizi-Sabbani, annexes, et nos calculs.

En supprimant la dispersion des parcelles, le remembrement aboutit à en réduire le nombre, puisque l'on passe de 4 164 parcelles à
3 013, de forme géométrique, encadrées par des routes. La taille
moyenne des exploitations augmente sensiblement et passe de 4,5 ha

Figure n° 72

L'UTILISATION DU SOL DANS LE SECTEUR DE TAOUSSOUS
EN 1978-79

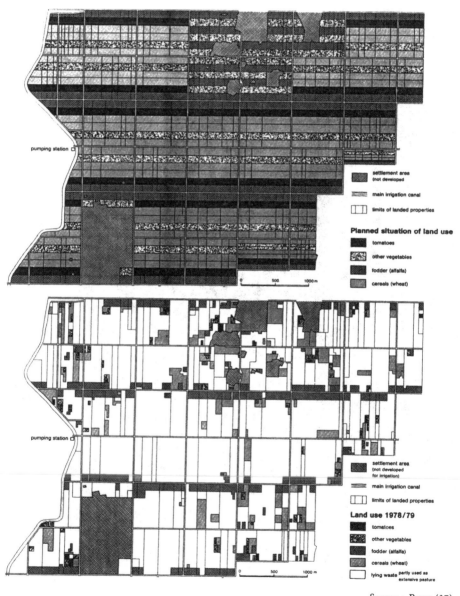

Source : Popp (37).

---

(37) POPP, *Maghreb Review,* n° cité, p. 174.

à 7,75 ha. Les structures agraires ne sont pas modifiées par cette redistribution administrative. Pourtant, le remembrement signifie une redistribution de l'appropriation humaine de la zone :

— il aboutit au mélange dans une unité de culture de paysans venant de *douars* très différents. Sur la coopérative n° 8, par exemple, on a 34 adhérents venant de 12 *douars* différents. Quand on sait la complexité des relations sociales en milieu rural, cela ne va pas sans poser question ;

— pour certains propriétaires, il en résulte un certain éloignement des parcelles, les habitations ne suivant pas les lots irrigués.

Au total, ce remembrement, rationnel dans la nouvelle logique spatiale, est traumatisant sur le plan social. D'où des délaissements ultérieurs de terres, consécutifs à des malentendus entre parents ou voisins. Le processus de concentration foncière ne viendra qu'après, grâce à la valorisation du foncier que signifie l'irrigation.

Les ratés du projet primeur

Quelques années après la mise en eau, Bencherifa écrit : « L'échec du projet Massa fut presque total (36). » De fait, les chiffres des premières années font apparaître la réticence devant le maraîchage et le maintien au fil des ans d'une superficie importante de jachère.

Le maraîchage et surtout la tomate s'implantent mal. Le maintien de la jachère à un niveau très élevé et la prédominance de la céréaliculture soulignent la difficulté de changer aussi radicalement un type de mise valeur. En revanche, la luzerne réussit mieux que prévu, en lien avec l'élevage laitier. D'où une occupation du sol bien différente des prévisions des ingénieurs, du moins jusqu'en 1978, au moment de l'enquête de Popp.

> Plutôt qu'une occupation régulière et rationnelle, on a un mitage, des îlots clairsemés, qui n'obéissent plus à la logique spatiale du projet. Les cultures pratiquées ne sont pas celles qui étaient prévues. Les agriculteurs préfèrent des cultures qui ne sont destinées qu'aux besoins propres ou à la commercialisation locale. Le reste est souvent en friche (38).

Devant cette difficulté, les pouvoirs publics, soucieux de rentabiliser l'équipement coûteux mis en place, autorisent les locations de terres en 1976. L'argument avancé est que cela permettrait d'intéresser à la région des maraîchers dynamiques, venant du Souss, qui a de riches traditions en ce domaine. Le phénomène de location de terres va prendre une grande importance, en raison du bas prix de l'eau (0,80 DH/m³) et de la location de la terre (de 200 à

---

(36) BENCHERIFA, *op. cit.*, p. 181.
(38) POPP, *op. cit.*, p. 200.

750 DH/ha) (39). C'est finalement un cadeau qui est fait à ceux qui ont du capital à investir dans la région : on se précipite, venant du Souss (Aït Melloul, Biougra, Ouled Telma), mais aussi de la zone primeuriste d'El Jadida-Casablanca. Les contrats de location des parcelles équipées sont en général pluriannuels (souvent cinq ou six ans) ; certains vont jusqu'à vingt ans, car ceux qui arrivent optent pour un type de mise en valeur qui associe le maraîchage intensif et les fourrages pour l'élevage laitier. C'est par centaines que les locataires se présentent. Cela explique l'évolution nette de la mise en valeur dès 1979 : le pourcentage de jachère tombe de moitié.

Les Massaouis n'ayant pas les traditions correspondant au modèle de mise en valeur qui leur est assigné, il leur reste la possibilité de s'embaucher chez de nouveaux venus, qui ont le savoir-faire et surtout le capital requis. Ce dynamisme des investisseurs va se manifester aussi hors périmètres, comme le montre une étude récente (40). Les équipements réalisés par l'État ont donc servi, mais pas à ceux qui étaient censés en bénéficier.

Une logique capitaliste très sélective

L'exclusion des petits producteurs
Quelques facteurs de désillusion des attributaires du Massa

Dès que le périmètre entre en fonctionnement, les attributaires de lots vont se trouver en face de situations que bien peu peuvent maîtriser.

a) Des erreurs d'appréciation de l'étude préalable de faisabilité

On constate vite que le gel a été sous-estimé et que le débit moyen de l'oued a été très surévalué : il serait de l'ordre de 2,9 m³, et non de 5,5 m³/sec ! Ce qui revient à dire que le chiffre de 6 500 ha réellement irrigables retenu par l'étude Sogrem de 1951 était le bon.

Autre problème imputable à des études trop sommaires : on a tablé sur un réservoir de main-d'œuvre qui n'existe pas. L'émigration est traditionnelle dans la zone ; elle touche 15 % de la population active masculine entre 16 et 60 ans. D'où un prix de la force de travail beaucoup plus élevé que prévu.

b) Des problèmes conjoncturels de commercialisation des tomates

L'OCE joue un rôle essentiel dans le dispositif prévu : il se charge

---

(39) Chiffres donnés par BAZIZI (M.), SABBANI (M.), « Étude des coûts de production des principales cultures maraîchères dans le périmètre du Massa, secteur des Aït Amara », mémoire d'ingénieur horticole, Agadir, 1983, p. 39.

(40) FRAD (M.-L.), « L'investissement privé dans l'agriculture (cas du Souss-Massa, province d'Agadir) », mémoire de 3ᵉ cycle en agro-économie, INAV Hassan-II, 1988, 2 t., 285 p.

de l'importation des semences sélectionnées et de la tourbe, intervient dans le financement des abris en plastique, collabore avec l'ORMVASM à l'encadrement technique et prend en charge l'écoulement de la production. Les unités de conditionnement de l'OCE n'ayant pas été réalisées dès le départ, il a fallu tout acheminer jusqu'à Agadir, ce qui a entraîné de graves pertes de récolte (sur les 6 000 tonnes livrées la première année, 1 800 seulement ont été exportées). Comme souvent dans ces cas, l'Office prélève sur la valeur de la récolte le remboursement des avances aux producteurs, si bien que ceux-ci n'ont presque rien reçu et ont commencé dès la première année à faire du déficit : jusqu'à 9 200 DH/ha de perte, selon l'enquête de Popp. Ce qui a eu un effet psychologique désastreux. Plus tard, le rétrécissement du marché européen créera d'autres désillusions (41). Les résultats en céréales furent également très faibles, tous les efforts portant sur la tomate. Autre problème conjoncturel : l'effet dévastateur des vents de sable en raison de la non-réalisation des brise-vent.

c) Des problèmes d'ordre économique
plus graves que les aléas conjoncturels

Ils ont hypothéqué la réalisation du projet primeur et contribué à sélectionner les producteurs.

Le financement et le crédit d'abord. Il est clair que, pour se lancer dans le maraîchage intensif, un important capital de départ est requis. La caisse régionale de crédit agricole, dont le siège est à Agadir, doit en principe remplir cette fonction et dispose de guichets sur le périmètre. L'agriculteur peut présenter deux types de demande : une demande de crédit de campagne ou une demande de crédit à moyen terme pour l'équipement (serres, matériel). En principe, il doit apporter lui-même 30 % du capital, la caisse régionale lui assurant alors, à un taux de 10 % l'an :
— des prêts de campagne selon le barème suivant (1983) :
maraîchage sous serre : 12 000 DH/ha maximum,
tomate : 8 000 DH/ha maximum,
autres cultures maraîchères : 3 000 DH/ha maximum,
céréales : 450 DH/ha maximum ;
— des prêts d'équipement à moyen terme (sur dix ans) :
serres, armatures : 70 % du montant,
matériels divers (tracteurs...) : 70 % du montant.
Pour bénéficier de crédits nouveaux, l'agriculteur ne doit pas avoir un endettement supérieur à 200 000 DH. Noter aussi que la banque se rembourse directement sur le compte des producteurs à l'OCE.

---

(41) Les exportations marocaines de tomates primeurs tombent de 160 000 t en 1973 à 61 000 t en 1980. La CEE à douze est autosuffisante en tomate à 99 % et ne laisse au Maroc qu'un léger avantage de calendrier.

Dès les premières campagnes, les producteurs vont largement faire appel au crédit agricole, ou à défaut à la Banque populaire. Mais les montants requis par le type de culture retenu sont énormes.

Bien entendu, beaucoup ne peuvent prétendre à un hectare de maraîchage, mais, quelle que soit la superficie, l'importance des sommes requises pour l'investissement initial quand il s'agit de serres (42) et pour les crédits de campagne est considérable. De tels investissements ne sont pas à la portée de n'importe quel exploitant.

L'insuffisance et la sous-qualification de la main-d'œuvre ont également joué un rôle important. Le projet avait fait trop vite l'hypothèse d'une abondance de main-d'œuvre. Or la région a des traditions d'émigration. D'où la nécessité de faire appel à de la main-d'œuvre saisonnière, qui vient du Haouz, d'Essaouira, de Safi et même de Casablanca. Mais celle-ci se révèle très instable en raison de la pénibilité du travail, de l'inexistence de structures d'accueil (logement précaire), et des faibles niveaux de rémunération. Cette

Tableau n° 123

ÉVALUATION DES CHARGES D'UN HECTARE DE MARAÎCHAGE
(1982-83)

(En DH)

	Tomate d'hiver	Poivron sous serre	Pomme de terre de saison	Carotte plein champ
Location du terrain	408	484	250	259
Travaux mécanisés	752	1 011	295	272
Fumure	9 339	11 051	2 613	578
Semence	4 509	19 283	4 772	385
Brise vents			570	264
Eau d'irrigation	1 193	1 133	561	399
Traitements	4 250	3 780	501	115
Main-d'œuvre	10 772	12 395	1 016	1 609
Transport	1 731	1 969	660	1 301
Frais généraux	1 122	16 231	234	87
Amortissement	687	42 460	283	142
Charges totales	34 753	109 797	12 655	5 411

Source : Bazizi-Sabbani, annexes.

(42) Le coût d'une serre maraîchère se situait en 1978 entre 15 et 18 millions de centimes.

instabilité interdit une réelle élévation de son niveau technique. Or le maraîchage requiert un savoir-faire, des traditions.

Tous ces facteurs associés ont abouti à exclure une part importante des producteurs massaouis de la logique productive voulue pour le périmètre. Tous ceux qui ont une base foncière et financière trop faible, c'est-à-dire la majorité des producteurs du périmètre, vont tenter de résister sur une base semi-intensive, associant céréaliculture, fourrages, élevage et parfois un peu de maraîchage. Une enquête récente a montré que les petites exploitations disposaient de capacités d'investissement trop réduites pour pouvoir suivre le processus induit par la logique dominante.

Investissement à l'hectare par classe de propriété

Investisse- ment/ha (DH)	– 5 ha	5-10 ha	10-20 ha	20-50 ha	+ 50 ha
	18 140	24 765	42 915	35 915	16 975

Source : Frad, p. 90.

Ce sont les exploitations de taille intermédiaire qui répondent le mieux à la logique capitaliste du projet. « Ces exploitations sont les mieux intensifiées de toutes ; elles sont archi-équipées et le capitalisme y est à un stade avancé », conclut Frad, qui voit dans le décalage entre exploitations les prémices d'une dépossession. De fait, la plupart des petits exploitants sont contraints de s'embaucher comme salariés ou saisonniers, au moins à temps partiel. Pour ceux-là, la logique du projet primeur est excluante.

Les équipements et le marché extérieur
Une aubaine pour les capitalistes

A contrario, des capitalistes locaux ou extérieurs à la région vont trouver là l'occasion de tirer grand parti des investissements réalisés par l'État. Ils sont professionnellement organisés et défendent leurs intérêts grâce à l'Association des producteurs d'agrumes du Maroc (Aspam) et l'Association des producteurs de primeurs du Souss (Asprim), sous la coordination du comité technique provincial des primeurs d'Agadir. Ces groupements sont à même de négocier des contrats à l'étranger. Nombreux sont les cas de réussite, comme celle de Mo. BE., citadin d'Agadir, enquêté par Popp et qui s'est porté locataire de 84 ha dès la première campagne. Il y réalise deux productions principales :
— 5,6 ha de poivron sous serre, avec un gérant ;
— de l'élevage laitier, fortement subventionné par l'État.
L'enquête auprès du CMV d'Aït Belfaa met en évidence que ce phénomène de location de terres n'est pas marginal On notera le

très bas prix des locations, tellement bas qu'il ne contraint pas à une intensification maximale. Les plus riches vont s'orienter vers des productions très spéculatives comme la banane et le poivron sous serre, qui exigent une mise de fonds énorme : on atteint en 1987 les 3 600 ha de maraîchage sous abri pour l'ensemble du Souss-Massa. L'élevage laitier moderne va également progresser. Disposant de l'eau à bas prix, ces investisseurs vont réaliser sur place des gains énormes.

Conclusion : le projet primeur du Massa a accéléré la sélection des producteurs et aboutit à une prolétarisation par étapes des plus démunis en terres et en capitaux, qui sont les plus nombreux. Beaucoup d'observations faites au Maghreb conduisent à penser que le cas ici étudié est significatif d'une évolution en cours dans plusieurs grands périmètres irrigués où les aménagements modernes favorisent le développement de rapports de production capitalistes et l'exclusion d'un nombre grandissant de petits producteurs. Néanmoins, d'autres situations, comme les Doukkala, sont différentes.

3. Les petits maraîchers du littoral touristique tunisien
Savoir-faire anciens et marchés nouveaux

Tous les irrigants, même peu dotés en terre et en capital, ne subissent pas le sort des petits fellahs des grands périmètres. Ici et là, on observe des dynamismes étonnants. La région de Sidi Bouzid, en Tunisie centrale, a frappé plus d'un de ce point de vue : à côté de périmètres publics où l'intensification progresse peu, on assiste à un dynamisme et une vigueur étonnants de l'hydraulique paysanne. H. Attia a montré les principaux facteurs de cette évolution : une amélioration relative des prix des produits agricoles induite par l'élargissement de la demande, de nouvelles opportunités techniques (les motopompes et les camionnettes), une mutation profonde de la société rurale, qui se dégage des structures lignagères et favorise l'émergence d'agriculteurs entreprenants (43). Il en résulte un accroissement spectaculaire des productions et du niveau de vie des agriculteurs. Comme le souligne Attia, « cette formidable expansion des cultures irriguées dans cette région de tradition pastorale et céréalière révèle l'extraordinaire possibilité de mutation rapide et efficace de cette société pastorale de tradition nomade présentée généralement comme étant ''résistante'' à l'innovation » (44).

_____

(43) ATTIA (H.), « Hydraulique étatique, hydraulique paysanne, l'exemple de la Tunisie centrale », _Les politiques de l'eau en Afrique_, sous la direction de G. CONAC, Paris, Economica, 1985, pp. 696-703.
(44) ATTIA, art. cité, p. 702.

C'est ce genre de démarche innovante que nous voudrions préciser à travers le maraîcher du littoral ou des périphéries urbaines : disposant souvent de faibles superficies, très réceptif aux innovations techniques, ce producteur sait tirer parti des atouts écologiques et commerciaux dont il dispose : la proximité d'un marché rémunérateur, où le type de produits et le type de clientèle (couches sociales favorisées, complexes touristiques) lui garantissent une sorte de rente de situation, s'il sait réagir assez vite. D'El Jadida, sur la côte marocaine, à Monastir, en Tunisie, en passant par Staoueli et Collo, sur le rivage algérien, on trouve de nombreux irrigants de cette sorte. Nous avons pu en enquêter quelques-uns sur deux petits périmètres maraîchers du sahel de Sousse, en Tunisie.

Teboulba et Bekalta, deux périmètres maraîchers du sahel de Sousse (Tunisie)

Les deux périmètres choisis (530 ha et 363 ha) se trouvent dans la zone du sahel de Sousse, au sud du golfe de Hammamet. Ce sont des zones d'intense activité maraîchère, qui semblent tirer parti de quelques atouts dont dispose la région.

Une tradition maraîchère et arboricole

Sur le plan climatique, on est déjà en zone semi-aride (moins de 300 mm) ; par contraste avec les zones nord de la dorsale, les écoulements des oueds sont ici très épisodiques : aucun oued n'atteint la mer de façon permanente ; en revanche, les oueds Nebhana, Zeroud et Marguellil sont connus pour leurs flots impétueux et les inondations qu'ils provoquent. D'où les nombreux *meskats* que l'on trouve dans l'arrière-pays. L'influence du littoral garantit des températures assez douces. Les habitants de la région côtière ont tiré de cet ensemble de contraintes un système intégré de mise en valeur basé sur une diversité de pratiques culturales : des cultures irriguées limitées aux possibilités de la nappe phréatique, une oléiculture semi-intensive sur les *meskats,* et enfin l'élevage (45). Les villes fortifiées de Sousse et de Mahdia ont des ceintures arboricoles fort anciennes (46). La zone est réputée pour ses produits : ainsi, le *baklouti*, piment de Bekalta, se vend très cher à Tunis, où il est très apprécié.

---

(45) *Cf.* EL AMAMI (SI.), « L'étude des aménagements hydrauliques du type ''meskat'' du sahel de Sousse », *Cahiers du CRGR*, n° 7, août 1977.
(46) PLANHOL (X.DE), *Les fondements géographiques...*, pp. 152-153.

Des aménagements hydrauliques d'envergure

Cette agriculture intensive a fonctionné pendant des siècles à partir de puits à la nappe phréatique. Mais leur surexploitation s'est fait sentir lorsque le motopompage s'est développé dans les années 1950 : lorsqu'on est passée du procédé traditionnel à traction animale, le *dalou,* à la motorisation, la surface irriguée par puits s'est vue multipliée par dix (de 0,3 ha en moyenne à 3 ha en moyenne par puits de surface, selon l'enquête d'El Amami) (47). Cela entraîne le doublement en vingt ans du nombre des puits, mais aussi un fort accroissement des abandons de puits.

Situation des puits du sahel de Sousse en 1980

Nombre total	% motorisés	% en « dalou »	% abandonnés
9 190	18	39	43

D'où l'idée de transférer les eaux de la Tunisie centrale vers les zones côtières : c'est le projet Nebhana, barrage édifié entre 1965 et 1968. Depuis une quinzaine d'années, les périmètres côtiers font donc partie d'un Office de mise en valeur du Nebhana, l'Omivan, au même titre qu'une douzaine d'autres périmètres situés plus en amont et connectés eux aussi au barrage de Nebhana. Cet équipement a modifié la logique productive de la vieille zone maraîchère du sahel de Sousse. Les puits traditionnels sont peu à peu remplacés par des bornes d'irrigation. Tous les problèmes d'eau n'ont pas été réglés pour autant, et, depuis plusieurs campagnes, l'Office rationne la consommation en eau et en vient à interdire certaines cultures, comme le maraîchage d'été de plein champ (48).

Des débouchés rémunérateurs

L'essor urbain et touristique très rapide des environs est un autre facteur de dynamisme de la région. Les villes de Monastir et de Sousse sont devenues des centres importants, dotés de complexes touristiques prestigieux. Monastir, la patrie du Combattant Suprême, Habib Bourguiba, est dotée d'un aéroport international, reçoit des congrès. Cela constitue un marché important, qui a stimulé la production locale, mais c'est aussi une menace pour la zone, qui se voit ainsi disputer l'eau disponible et la force de travail des jeunes.

La petite zone de Teboulba et Bekalta constitue donc un cas

---

(47) EL AMAMI (SI.), « La crise de l'eau en Tunisie », *Le mensuel,* n° 2, juillet 1984, pp. 52-57.

(48) *Cf.* SOUGHIR (R.), *L'enjeu de l'eau à Sousse (Tunisie)...,* 1984.

d'étude très riche : tradition maraîchère, concurrence et convergence agriculture-ville-tourisme, dynamismes privés, mais aussi présence d'une infrastructure aménagée par l'État. Nous la prendrons donc comme exemple type d'une démarche d'intensification que l'on retrouve un peu partout au Maghreb, dans les zones côtières et périurbaines.

En amont, un soutien structurel de l'État
L'Office de mise en valeur du Nebhana (Omivan)

Aussi, avant même que le plan directeur des eaux du centre ne soit élaboré en 1977, avait-on opté, dès 1965, pour un transfert de ressources de la Tunisie centrale vers la côte pour pallier le déficit en eau de la région. Au début de la décennie 1980, celui-ci était évalué à 40 hm³. Il était comblé d'une part par un appel aux hauts bassins de Sbeitla-Djilma et Haffouz, qui approvisionnaient respectivement les zones de Sfax et Sousse, mais surtout par l'utilisation des eaux des grandes plaines d'épandage du Kairouanais, mobilisées dans le barrage du Nebhana.

Le barrage du Nebhana

Le barrage Sidi Messaoud a été construit à partir de 1965 et mis en eau en 1969 pour régulariser l'oued Nebhana et amener l'eau vers le Sahel pour irriguer 5 000 ha.

D'une capacité théorique de 85 hm³, la retenue du Nebhana ne garantit que 15 hm³/an, en raison de l'irrégularité très forte des précipitations : l'apport annuel moyen est de 20 hm³, après déduction des 6,5 hm³ d'évaporation annuelle (49). L'envasement du barrage est considérable, puisqu'on l'a estimé à 50 % en 1982 (12 hm³ de vase sur 25 hm³ d'eau retenus en 1982). Il faut dire que le bassin versant du Nebhana est un des plus dégradés qui soient (sur 86 500 ha, 18 600 sont en catégorie 1 et 2, c'est-à-dire menaçant fortement la retenue), et requiert des aménagements importants (50). Sans intervention, le barrage sera tout à fait envasé en 2012, selon l'étude Pnud-FAO. Un lâcher malheureux d'eaux chargées après une crue en novembre 1986 a conduit au bouchage de la conduite et a alerté sur la gravité de la situation (51).

---

(49) Le déversoir n'a fonctionné que deux fois, en 1969 et 1973. Noter qu'en amont un petit barrage de dérivation sur l'oued Bel Assoued contribue à alimenter le lac artificiel.

(50) *Cf.* HENTATI (A.), « Les problèmes d'aménagement du bassin versant de Nebhana », *RTG*, n° 6, 1980, pp. 113-131 ; et Projet Pnud-FAO TUN 77/007, « L'aménagement anti-érosif du BV du Nebhana », rapport de synthèse, juillet 1980, 17 p.

(51) On notera aussi que l'option pour un aménagement centralisé a des effets néfastes induits par la disparition de petits aménagements sur les pentes : c'est du moins ainsi que l'on explique la crue catastrophique de Sfax en 1985.

Construit dans l'arrière-pays, ce barrage débouche sur une conduite principale en béton de 100 km de long, d'un diamètre de 1 400 mm, puis 1 000 mm., sur laquelle viennent se greffer des branches secondaires desservant douze périmètres répartis sur une distance de 140 km. Équipée de sept brise-charge Neyrpic, cette conduite est commandée par l'aval et permet de desservir à la fois les villes et les périmètres.

L'ensemble a coûté très cher, puisque l'ouvrage est revenu à 1 400 000 DT au prix de 1975, soit 0,2163 DT/m³ stocké ou 0,700 DT le m³ utilisable. Il semble qu'il ait suscité d'âpres controverses dès sa construction. L'explosion touristique et urbaine ne peut qu'amplifier le transfert vers la zone côtière, si l'on en croit les chiffres avancés (52).

Évolution prévue des besoins en eau en Tunisie centrale (en hm³)

	1975	1981	1986	2000
Agriculture	175	209	254	421
Villes	28	39	58	118
Industries	9	25	38	65
Tourisme	3	7	10	16
Total	215	280	360	620

Si l'on admet que la ressource mobilisable est de 520 hm³, on voit que la concurrence entre agriculture et autres secteurs utilisateurs conduit à un point de rupture (53).

Les périmètres irrigables

Le siège de l'Office est à Sousse, mais il a des directions dans les principales villes de la zone (Kairouan, Sousse, Monastir, Mahdia et Sfax). Fait original, l'Omivan gère douze périmètres répartis en trois gros sous-ensembles qui totalisent environ 5 000 ha :

• 4 périmètres dans la zone de Sousse (1 967 ha)

Sidi Bou Ali	957 ha	Kondar (Enfida)	240 ha
Chott Mariem	576 ha	Akouda	194 ha

---

(52) AIACHI (K.), « Affectation des ressources hydrauliques et problèmes de développement de l'agriculture irriguée en Tunisie centrale : les périmètres publics de Nebhana », diplôme de mastère, IAM, Montpellier, 1987, 204 p.

(53) Normes utilisées pour le calcul : 6 700 m³/ha pour l'agriculture, 137 l/hab/j pour l'AEP, de 350 à 500 l/j par lit hôtelier.

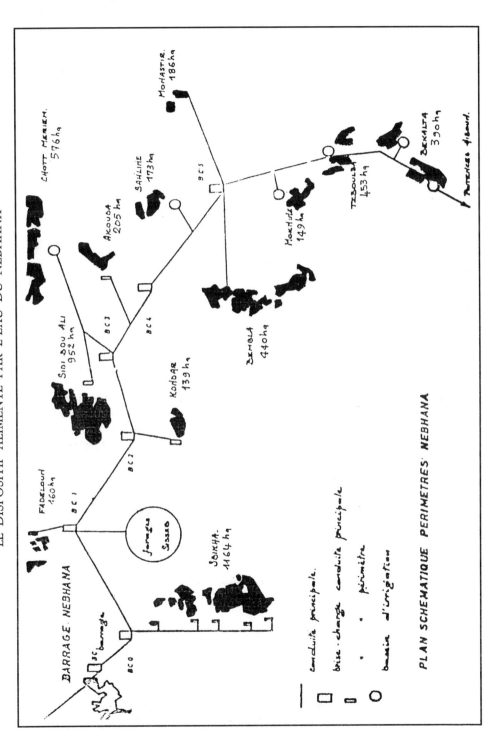

Figure n° 73

LE DISPOSITIF ALIMENTÉ PAR L'EAU DU NEBHANA

Bien que cette zone ait une tradition d'irrigation, le tourisme y exerce une concurrence très vive : la zone de Chott Mariem, par exemple, est menacée par le complexe touristique de Port El Kantaoui.

• 6 périmètres dans la zone de Monastir (1 873 ha)

Sahline	173 ha	Moknine	156 ha
Monastir	200 ha	Teboulba	530 ha
Bembla	451 ha	Bekalta	363 ha

Ces périmètres sont très menacés par l'essor urbain : à Teboulba, on a vu certaines vannes du périmètre désormais insérées dans une rue.

• 2 périmètres sans la zone de Sbikha, en amont (1 324 ha)

Sbikha	1163 ha
Fadeloun	161 ha

Les plus proches du barrage, ce sont les moins menacés, ceux aussi où les exploitations sont les moins morcelées. Très tôt, des piquages non prévus par l'étude initiale ont été réalisés sur la conduite principale. La région va donc continuer à vivre sous le signe du manque d'eau.

Une mise en valeur limitée par le manque d'eau

La petite exploitation (de 0,7 à 1,5 ha) est la plus répandue, sauf dans les deux périmètres du Kairouanais, Sbikha et Fadeloun (10 ha). En effet, une réforme agraire a été réalisée sur la zone, lors de la réalisation du périmètre, déterminant des superficies plancher et plafond : le mode de calcul des unités de production a tenu compte du type de culture pratiquée et de la nature des sols. Des contributions financières étaient prévues, mais ont été rarement recouvrées au vu des pénuries d'eau qui se sont vite manifestées. L'orientation des exploitations est assez tranchée : alors qu'à Sbikha et Fadeloun l'arboriculture fruitière prédomine, dans les périmètres de Sousse et de Monastir, on privilégie le maraîchage de plein champ et sous serre. En 1982-83, les cultures maraîchères occupaient près de 3 000 ha, ce qui est considérable.

Tableau n° 124

LES CULTURES MARAÎCHÈRES SUR LE PÉRIMÈTRE EN 1983

(En ha)

Zone	Saison	Arrière-saison	Primeurs	Total
Sousse	159,17	448,22	923,08	1 530,48
Monastir	2,02	123,60	714,46	850,08
Sbikha	515,55	4,0	12,20	531,75
Total	686,74	575,82	1 649,74	2 912,31

Source : Omivan, Rapport annuel 1983.

Cela n'exclut pas d'importantes zones arboricoles : 1 062 ha d'arboriculture fruitière et 2 568 ha en oléiculture. On retrouve là l'habitude paysanne de diversifier les productions : l'olivier à huile est très anciennement implanté ici. Le calcul du taux d'intensification est assez délicat, car le manque d'eau conduit à ne pas s'en tenir à la superficie officiellement irrigable (5 164 ha). Si l'on s'en tient aux superficies réellement irriguées, on est plus proche de 2 500-3 000 ha, en incluant l'arboriculture.

Tableau n° 125

TAUX DE MISE EN VALEUR DES PPI DE NEBHANA

Culture principale	Maraîchage		Arboriculture	Total
Périmètre	Sousse	Monastir	Sbikha	
Superficie irrigable (1)	1 967	1 873	1 324	5 164
Superficie non rationnée (2)	725	710	800	2 235
Effectivement irriguée (3)	1 530	850	980	3 360
Taux d'utilisation (2)/(1)	36 %	37 %	60 %	43 %
Taux d'intensification (3)/(2)	211 %	119 %	122 %	150 %

Source : Aiachi, *op. cit.*, p. 80.

En somme, les producteurs sont aptes à mettre en valeur, mais leur dynamisme est contrecarré par un déséquilibre croissant entre ressource et besoin en eau. Au cours des campagnes récentes, l'Omivan a dû interdire les fourrages d'été, le melon-pastèque, les légumes de saison et le piment hors serre, pour cause de manque d'eau. On peut donc conclure que le coûteux aménagement du Nebhana n'a pas réglé vraiment le problème de l'eau dans la région ; et cela ne peut aller qu'en s'aggravant dans les années à venir.

En aval, des producteurs entreprenants et performants
Quelques résultats d'enquête à Teboulba et Bekalta

Bien que l'État ne soit pas parvenu à maîtriser le déséquilibre ressource-emploi en eau, que le type d'aménagement choisi a plutôt amplifié, les producteurs ont tenté de s'adapter à l'évolution en cours et fait preuve de réelles capacités d'adaptation.

Des maraîchers compétents et insatisfaits

Juin 1988 : Hedi et Brahim nous reçoivent dans leur serre, en bord de mer. Portant chéchia rouge et sarrau gris du fellah tunisien, ils parlent d'abondance de leur métier.

Ils travaillent des superficies de petite taille (moins de 1 ha), seuls ou en association familiale : deux frères peuvent exploiter des parts égales dans la même serre. Les moins favorisés s'associent avec un propriétaire mieux doté. Ce sont des maraîchers de métier et de tradition. Ils parlent avec précision de la fumure, des maladies, du risque que représente la salinité croissante de leurs anciens puits, où l'eau de mer s'infiltre de plus en plus en raison de la surexploitation de la nappe.

Ils ont bien accepté l'eau du périmètre, mais trouvent que leur tour d'eau n'est pas assez fréquent (tous les 20 jours). Ils s'indignent de la « folie des *muhandissin* » (ingénieurs), qui, malgré leurs connaissances, ont fait exploser la conduite par un lâcher d'eau boueuse du Nebhana après une crue. Résultat : ils sont restés cinq semaines sans eau. Maintenant, l'Office limite les autorisations de cultures maraîchères.

Pourtant, leur production est appréciée, surtout le piment, qui a une bonne réputation. Ils le vendent mieux que la tomate : de 600 à 800 millimes le kilo (contre 150-200 millimes), mais sont tributaires des gros commerçants, qui rassemblent chaque jour les cagettes et les chargent dans de gros camions à destination de Tunis.

Autre plainte : la mauvaise qualité du plastique. « Avant, quand il était importé, il durait quatre ans ; maintenant que deux entreprises tunisiennes ont le monopole de production du film plastique, il dure au maximum un an et demi. »

En somme, des agriculteurs performants qui s'adaptent bien aux évolutions techniques et commerciales, mais que perturbe l'inconséquence de l'infrastructure d'amont et d'aval.

Des gains de productivité

Si l'on sort de Teboulba-Bekalta pour examiner l'évolution globale de la production sur le périmètre, on observe une amélioration des rendements de l'ordre de 45 % entre 1973 et 1983, avec une pointe exceptionnelle en 1976 due à des conditions climatiques particulièrement favorables. Ce qui confirme que l'infrastructure du périmètre n'a pas levé la contrainte climatique. En revanche, les rendements déclinent à partir de 1979 en raison du rationnement de l'eau d'irrigation.

Tableau n° 126

ÉVOLUTION DE LA PRODUCTION ET DES RENDEMENTS MARAÎCHERS

Année	Production (en t)	Indice	Superficie	Indice	Rendement (en t/ha)	Indice
1973	34 773	100,00	2 213	100,00	15,7	100,00
1974	45 601	131,14	2 870	129,69	15,9	101,12
1975	60 081	172,78	3 345	151,15	18,0	114,31
1976	120 604	346,83	3 364	152,01	35,9	228,16
1977	73 602	211,66	3 446	155,72	21,4	135,93
1978	92 154	265,02	3 768	170,27	24,5	155,65
1979	67 616	194,45	2 441	110,30	27,7	176,29
1982	53 390	153,54	2 369	107,05	22,5	143,43
1983	66 540	191,36	2 912	131,59	22,9	145,42

Source : Aiachi, *op. cit.*, p. 80.

La performance tient-elle à une certaine spécialisation ?

Sur les 2 912 ha cultivés en maraîchage au cours de la campagne 1982-83, la pomme de terre occupe 40 % des superficies, bien qu'elle ne contribue qu'à 26 % de la production en volume. La tomate, qui n'occupe que 5,3 % des superficies, réalise près de 14 % du volume produit. Le piment est également performant (la production de piment

Tableau n° 127

STRUCTURE DE LA PRODUCTION MARAÎCHÈRE

(En t et t/ha)

Cultures	Production	%	Superficie	%	Rendement
Pomme de terre	,17 514	26,3	1 166	40,04	15,0
Pastèque	16 825	25,3	613	21,05	27,4
Tomate	9 213	13,8	155	5,32	59,4
Piment	8 103	12,2	300	10,30	27,0
Courgette	4 033	6,1	180	6,18	22,4
Concombre	2 224	3,4	130	4,46	17,1
Melon	1 504	2,3	58	1,99	25,9
Légumes	1 481	2,2	62	2,12	23,9
Divers	5 643	8,4	248	8,51	22,3
Total	66 540	100	2 912	99,97	22,9

Source : Aiachi, *op. cit.*, p. 85.

des gouvernorats de Kairouan, Sousse et Monastir représentait 37 % de la production nationale en 1979-80). Les rendements sont bons pour les melons-pastèques. La comparaison avec les rendements nationaux montre que les maraîchers de la zone sont tout à fait performants quand ils ont l'eau en quantité suffisante : ils font 27 t/ha de piment, contre 7,1 t/ha de moyenne nationale, et 59,4 t/ha de tomate, contre 20 t/ha. Alors, comment comprendre le maintien à un haut niveau de la pomme de terre, puisque le maraîchage primeur est plus rémunérateur ?

Est-ce un manque de capital ? On peut le penser, car cela explique la stagnation des rendements en arboriculture fruitière : les producteurs disent manquer de crédits pour créer et entretenir des vergers. Leur possibilité de diversification est limitée d'autant.

Des niveaux de revenus trop faibles

Selon une étude du Gersar, le revenu moyen par agriculteur était de l'ordre de 960 DT/an ou 80 DT/mois, au début des années 1980, pour une exploitation moyenne de 0,68 ha, soit 1 411 DT/ha. Cela constituait un revenu équivalent au SMIG.

Revenu par exploitation type (en DT de 1982)	% d'exploitations	Revenu pondéré par exploitation	par ha	Nombre d'agriculteurs
991	52	2 146	1 411	3 740
1 964	21			
4 513	27			

Comme toujours, la moyenne cache des disparités fortes : selon l'étude citée, 27 % des exploitations ont un revenu moyen de 4 513 DT, soit 4,5 fois plus que les moins favorisées. Une étude des marges apportées par chaque spéculation permet de montrer que le choix des productions est déterminant.

Variations des marges brutes (en dinars à l'hectare)

Piment primeur :	1 781	Piment :	340
Tomate primeur :	1 648	Pomme de terre primeur :	290
Pomme de terre de saison :	747		

L'analyse du détail des charges permet de comprendre la place importante de la pomme de terre : cette spéculation requiert beaucoup moins de journées de travail à l'hectare que la tomate ou le piment en culture d'été. En revanche, en primeur, ces dernières productions dégagent une marge brute élevée grâce aux rendements importants obtenus. Les maraîchers du sahel de Sousse manifestent là leur sens du calcul économique.

Autre facteur limitant : la main-d'œuvre. L'essor de l'hôtellerie a contribué à créer une pénurie de main-d'œuvre dans l'agriculture, incapable d'offrir des salaires équivalents. Aussi les exploitants sont-ils souvent contraints d'aller chercher au coup par coup de la main-d'œuvre féminine dans les bourgs voisins. Il faut en moyenne 555 journées de travail pour un hectare de maraîchage, contre 100 pour un hectare d'arboriculture fruitière. Au total, malgré le bas niveau des salaires, le poste main-d'œuvre pèse lourd dans la structure des coûts : de l'ordre de 50 % (54). En revanche, l'eau d'irrigation ne dépasse pas 10 % du montant des charges. L'étude du crédit agricole sur la région montre que les montants accordés sont très insuffisants par rapport aux besoins de financement de cultures spéculatives. Résultat : seuls pratiquent ces cultures ceux qui ont déjà des moyens financiers importants.

On arrive donc à la conclusion que ces producteurs, qui ont de réelles capacités techniques, ne trouvent pas un soutien suffisant en amont comme en aval : l'eau arrive trop rarement, le crédit encore plus, et cela contribue à amplifier le manque de bras dans un secteur qui trouve pourtant des débouchés rémunérateurs.

En l'aval de la filière, de bonnes affaires pour les commerçants et les transformateurs

Les unités locales de transformation et de conditionnement sont trop peu nombreuses et mal connectées au marché d'exportation. Cela permet une forte emprise des mandataires et grossistes, qui contrôlent 40 % du marché national. Les producteurs sont donc tributaires des commerçants, qui fournissent les emballages, acheminent leur marchandise et fixent les prix. Une infrastructure de conditionnement et de transformation permettrait de réguler le marché et de réaliser plus de valeur ajoutée (55). A défaut, les fellahs subissent l'emprise classique de l'aval de la filière, où se réalise le plus gros du bénéfice.

Le maraîcher du littoral, ou l'intérêt des marges

A travers ces maraîchers du sahel de Sousse, on rejoint un troisième type d'irrigants : performants, ayant de solides traditions, bien

---

(54) SLIM (R.), « Contribution à la méthodologie de l'analyse des filières agro-alimentaires ; étude de cas : la filière du maraîchage en Tunisie », mémoire, INAT, Tunis, juillet 1982, p. 131.

(55) SOGREAH a ainsi réalisé en janvier 1984 l'étude de faisabilité d'un projet agro-industriel de fruits et légumes à Jendouba, à la demande de la Société d'études et de développement agricole du nord (Sedan) : ce complexe devait traiter 28 000 t de légumes par déshydratation, surgélation et conditionnement (on envisage même la préparation de frites pour les hôtels tunisiens).

intégrés au marché, mais n'en maîtrisant pas les leviers essentiels. Leur vitalité est évidente et tient à plusieurs facteurs.

Ils occupent une situation privilégiée. A la marge d'une sphère marchande intense (celle des classes favorisées des villes et des complexes touristiques), ils peuvent obtenir des prix très supérieurs au niveau moyen. Une étude du début des années 1980 a montré que l'indice des prix à la production des cultures maraîchères et fruitières montait plus vite que celui des autres produits (56). On connaît de multiples exemples de serres qui se sont multipliées au voisinage des hôtels de la côte.

Les traditions de maraîchage sont un atout important, sans être toujours décisif, comme le montre l'exemple de Sidi Bouzid. Néanmoins, il est sûr que les régions de tradition andalouse brillent par leur habileté arboricole et maraîchère (57).

Beaucoup de ces maraîchers ont des superficies assez réduites, inférieures à un hectare. Les détenteurs de capitaux cherchent moins à contrôler la sphère de production que celle de la commercialisation. Transport, conditionnement, exportation, sont les niveaux où se réalise l'essentiel de la marge de la filière, et ils échappent largement au producteur.

La vitalité ne tient pas qu'au surtravail ; il y a aussi la disponibilité d'équipements de base, comme les motopompes (on trouve encore de vieux modèles anglais qui ont quarante ans), les camionnettes (la 404 bâchée a révolutionné les conditions de l'échange). L'achat de serres pose des problèmes de crédit plus difficiles. Une meilleure intensification serait possible si quelques facteurs limitants étaient levés, au premier rang desquels l'eau et le crédit, dont l'insuffisance contribue à freiner ces producteurs entreprenants.

Tout pousse à penser que ces facteurs favorables et ces limites jouent un rôle aussi décisif dans d'autres lieux du Maghreb, où l'on trouve des paysanneries dynamiques (58). Ces irrigants sont des besogneux. A ce prix, parce que bien situés sur les marges de zones prospères, ils peuvent espérer se maintenir. Mais ils se distinguent nettement d'une dernière catégorie : celle des spéculateurs, beaucoup moins nombreux, qui, disposant de capitaux abondants, peuvent réaliser dans l'agriculture irriguée, et sur fond de pénurie chronique, de gros coups commerciaux.

---

(56) Cf. BEN RHOMDANE (M.), « L'État, les paysans et la dépendance », Le mensuel, n° 2, juillet 1984, p. 40.

(57) LOUIS (A.), « Bourgades andalouses de Tunisie, impact culturel sur l'agriculture et l'artisanat », Actes du IIᵉ Congrès international d'étude des cultures de la Méditerranée occidentale, Alger, SNED, 1978, pp. 416-425.

(58) FARDEHEB (A.), MAAMAR (B.), « Signification et portée de la plasticulture en Algérie : éléments d'analyse à partir d'une enquête menée dans la wilaya d'Oran », Oran, Institut de science économique, mai 1985, 35 p. ; CÔTE (M.), « Aïn Oulmène, une paysannerie dynamique », AAG, n° 10, juillet 1970, pp. 80-112.

4. D'Agadir à Tipasa,
les réussites éclatantes d'une poignée de spéculateurs

Ici et là, dans les trois pays du Maghreb, on assiste à des « réussites » spectaculaires dans l'agriculture. Bananiers, plantes d'ornementation, fleurs coupées pour l'exportation, les modalités changent, mais il s'agit d'une même démarche : des détenteurs de capitaux, citadins le plus souvent, trouvent là l'occasion de réaliser des profits substantiels. On cite le cas de tel ou tel qui a récupéré en une campagne l'investissement colossal que constitue l'installation de plusieurs hectares de serres. A la pointe du progrès technique, ces nouveaux investisseurs savent tirer parti de la pénurie, de la spéculation et de créneaux commerciaux originaux. Pourquoi pas ? Là où le bât blesse, c'est que cela renforce l'intérêt pour une agriculture spéculative, qui ne contribue guère à résoudre le déficit alimentaire. Riches commerçants, hauts cadres de l'État et de l'armée, voire enseignants désabusés, ne sont pas les derniers à explorer cette possibilité d'enrichissement rapide.

Deux « success stories »

A Agadir, des capitaux s'investissent dans les cultures spéculatives
    Un auteur relate un cas observé dans la région d'Agadir, cas extrême, mais significatif d'une démarche :

> L'exploitation n° 35 appartient à un grand capitaliste, qui a débuté comme ouvrier agricole chez les colons en 1942, puis avec un grand capitaliste marocain et enfin dans une station d'emballage, avant de louer 2 ha dans la région d'Aït Melloul, grâce auxquels il a démarré son activité maraîchère. A la fin des années 50, il a pris en location 20 ha dans les Chtouka, et au moyen de 15 ha de tomates, il a pu profiter d'une conjoncture climatique qui fut fatale à ses concurrents — destruction de la tomate par le gel — et réaliser une marge bénéficiaire de 50 millions de centimes. Ce fut alors l'occasion du décollage de l'exploitant qui a acheté une terre et s'est spécialisé dans la culture de la fraise. En 1965, il a passé contrat avec l'OCE pour cultiver la fraise sur une douzaine d'ha, et peu à peu jusqu'à une trentaine au début des années 70. Cette percée si rapide d'un capitaliste très concurrent qui a monopolisé la production et l'exportation d'un produit aussi rentable a été mal vue par l'oligarchie autochtone et la bourgeoisie agraire qui ont préparé la chute et la ruine de l'exploitant, en le privant en pleine récolte des fournitures destinées à l'emballage de la production à exporter. En 1972 il a perdu 950 millions de centimes et ses biens immobiliers ont été séquestrés. Il n'a repris son activité agricole que récemment (59).

---

(59) FRAD, *op. cit.*, p. 241.

A Tipaza, des cadres de l'agriculture retournent à la terre
et en tirent un bon parti

Depuis 1989, des serres d'un type nouveau apparaissent sur le
littoral algérois, hautes de 6 à 7 m, disposant d'équipements très
modernes qui assurent la ventilation en été et le chauffage en hiver :
on y cultive des bananiers. L'Algérie n'importe plus de bananes depuis
fort longtemps, économie de devises oblige, et pourtant ce fruit est
très apprécié, et on ne manque jamais d'en rapporter quelques kilos
d'un voyage à l'étranger.

D'où l'idée de quelques investisseurs de se lancer dans une culture qui s'annonçait très rémunératrice. L'exploitation sur laquelle nous
enquêtons entre Alger et Tipaza est une EAC, exploitation agricole
en commun, dernier avatar du secteur agricole socialiste. Elle est gérée
par trois anciens cadres de l'Agriculture, qui ont décidé de se lancer
eux-mêmes dans la production. A côté du maraîchage classique sous
serre (tomates, piments, courgettes...), ces agriculteurs d'un nouveau
type ont décidé de produire de la banane. Avec l'appui financier
et technique des services agricoles, ils ont réalisé voilà deux ans une
première serre bananière de 0,70 ha et s'apprêtent à en réaliser une
seconde de plus de 1 ha, signe que les affaires sont bonnes.

a) L'équipement
    Il comprend :
    — une serre haute de 6 à 7 m, ce qui exige une structure métal-
lique plus solide que dans une serre maraîchère. L'armature est fixée
sur des plots en béton enterrés ;
    — un système de ventilation-chauffage par soufflerie latérale qui
permet de maintenir la température entre 18 et 22 °C. De larges
ouvertures amovibles complètent l'aération en été, par l'air marin ;
    — un système sophistiqué d'irrigation : au sol, du goutte-à-goutte
qui irrigue chaque bananier, et, au sommet, des rampes qui assurent une brume humide sur les feuilles hautes. En fait, les producteurs ont vite préféré le système traditionnel d'irrigation par *séguia*,
qu'ils maîtrisent mieux. Une part de ce matériel d'irrigation a été
importée de Grèce.

b) La culture de la banane
    Le bananier a un cycle de seize mois, entre le début du rejeton
et la maturité du régime. Chaque plant, planté avec un écartement
de 2 m, a au maximum trois rejetons, à des stades divers.
    Il existe ici quatre variétés : williams, pouilleuse, petite naine, grande
naine, qui donnent des fruits de taille variée. Chaque plant donne deux
ou trois régimes de 20 kg par an. Au total, on escompte 600 q/ha.
    Les façons culturales ne semblent pas très complexes : quelques
traitements contre l'araignée rouge, des apports réguliers d'engrais

et d'eau. Le besoin en main-d'œuvre est évalué à quatre ouvriers à l'hectare, soit beaucoup moins que le maraîchage.

c) Bilan technico-économique

L'investissement requis est lourd : de l'ordre de 3 800 000 DA/ha, dont plus de 2 000 000 pour la structure de la serre. Les producteurs ont pu recourir aux prêts de la Banque agricole (BADR). En revanche, la charge de main-d'œuvre pèse peu dans le compte d'exploitation.

Pourtant, la production est très rentable : à raison de de 80 DA le kilo vendu, le produit brut est de 4 800 000 DA/ha. Ce qui laisse aux producteurs une marge brute confortable, au point qu'ils déclarent pouvoir amortir leur installation en deux ans. La preuve, c'est la deuxième serre en construction.

La production est achetée par un gros mandataire de la région qui possède une mûrisserie et une clientèle hôtelière haut de gamme, prête à acheter la banane 160 DA le kilo : c'est le prix pratiqué en mai 1990. Revendue à l'étalage du détaillant, la banane est à 200 DA. Une affaire aussi rentable donne des idées aux voisins : les serres bananières se multiplient dans la *wilaya* de Tipaza.

Pour extrêmes que soient ces *success stories*, elles sont significatives d'une démarche, celle de gens qui ne sont pas toujours des paysans et qui tentent de réaliser des « coups » dans l'agriculture.

Radiographie sommaire

A partir d'une enquête sur une soixantaine d'exploitations de la région du Souss-Massa, situées dans le périmètre, ou dans ses environs, Frad a fait apparaître quelques traits constitutifs de ces réussites.

D'importantes disponibilités en capitaux

Le niveau de l'investissement réalisé dans les exploitations enquêtées à Agadir est colossal : de 2 à 4 millions de DH à l'hectare, soit cent à deux cents fois plus que les exploitations de petite taille.

> L'énormité des capitaux que nécessite l'installation du bananier sous serre laisse entendre que l'investissement dans ce poste n'est que le lot du grand capital agraire et urbain. En effet, les quatre agriculteurs possédant le bananier sous serre appartiennent à la grande bourgeoisie et à l'oligarchie autochtone qui possèdent d'énormes sources financières externes au secteur agricole : l'exploitant du périmètre (n° 8) est un concessionnaire dans la zone et possède plusieurs fermes dans la plaine et de nombreux chalutiers de pêche. Parmi les trois autres du Souss aval, il y a ceux qui sont de grands commerçants à Agadir ou à Inzegane et ceux qui possèdent d'autres fermes à Taroudant ou qui ont effectué d'importants investissements dans l'hôtellerie » (60).

---

(60) FRAD, *op. cit.*, p. 157.

L'équipement requis (le goutte-à-goutte, par exemple) et les budgets de campagne (plants, produits de traitement) représentent des sommes considérables. Les capitaux requis sont tels qu'il faut les puiser ailleurs que dans le secteur agricole.

Des conditions favorables à l'accumulation

Ces spéculateurs ne prennent le risque d'investir dans l'agriculture que parce que certaines conditions favorables sont réunies : un bas prix de l'eau, une fiscalité légère, une législation du travail peu contraignante, un assouplissement des circuits de commercialisation (le fait que l'OCE ait perdu son monopole a suscité des vocations d'exportateur). Il faut y ajouter des autorisations d'importation de matériels, des facilités de paiement en devises, etc. Bref, de bien des manières, l'État, par ce qu'il fait ou ce qu'il laisse faire, favorise l'activité de ces investisseurs d'un type nouveau. Un des attraits essentiels est de pouvoir récupérer très vite sa mise. Au terme de son enquête sur le Massa, Popp estimait le bénéfice réalisé au cours de la campagne à 40 000 ou 50 000 DH par hectare de tomate, ce qui couvre largement l'investissement que constituent l'armature en aluminium des serres et la couverture plastique (61). Il faut également une offre importante de main-d'œuvre.

Une condition « sine qua non » : la pénurie

Enfin, et surtout, ce type de réussite n'est possible que dans une économie de pénurie, avec tous les effets spécifiques que l'on y observe : surstockage, montée des prix sur base de rumeurs, dépenses ostentatoires des couches sociales favorisées. On est largement, ici, dans l'ordre du symbolique. Il n'est que de voir l'avidité avec laquelle les touristes algériens se sont jetés sur les bananes dès que les frontières tunisiennes, puis marocaines leur ont été ouvertes. Bien entendu, il y a quelques variantes : ainsi, les producteurs de fleur coupée ou d'asperge pour l'exportation misent plutôt sur la précocité climatique. Les producteurs d'Agadir ont ainsi passé contrat avec des coopératives primeuristes du Gard, dans le midi de la France, pour les approvisionner en asperge à partir de janvier, ce qui permet d'amorcer le marché avant les premières récoltes espagnoles. Les associations professionnelles marocaines viennent négocier directement à Paris, au ministère de l'Agriculture.

Souvent, les chercheurs ont une lecture négative de ces réussites, qui tiennent beaucoup à la spéculation : peu nombreuses encore, elles ont l'intérêt de montrer que l'on peut investir avec succès dans l'agriculture. En revanche, ces fortunes rapides accréditent dans l'esprit

---

(61) POPP (H.), *Effets socio-géographiques...*

de beaucoup l'idée selon laquelle on peut s'enrichir vite dans l'agriculture, ce qui conduit à des approches qui ne sont pas sans risques, on va le voir.

Un engouement contagieux pour l'agriculture spéculative

C'est la démarche qui paraît souvent à l'œuvre dans ce qu'on appelle en Algérie l'accession à la propriété foncière (APF). Soucieux de préparer l'« après-pétrole », l'État algérien a promulgué en août 1983 une loi selon laquelle « toute personne qui met en valeur des terres non productives en deviendra propriétaire à part entière, à l'instant où il y a production, à condition que ceci intervienne dans un délai de cinq ans ». « A toute personne intéressée de s'organiser, d'investir, de travailler », ajoute la presse algérienne (62).

Après un démarrage timide, on assiste à un véritable engouement : « Au cœur de la rocaille et des paysages dévastés, irradiés de soleil, là où jamais plante n'a poussé, naissent des îlots de verdure porteurs de tant de promesses pour la terre et les hommes. Une fièvre secoue les contrées les plus lointaines de l'immense Sahara », poursuit *Algérie-Actualités*. Plusieurs dizaines de milliers d'hectares vont ainsi être colonisés, au point de contraindre les *wilaya* à prendre des mesures d'accompagnement (contrôle des forages, attribution de crédits). Selon une enquête de 1985, les lots font 3 ha en moyenne, et l'on y trouve des commerçants, des artisans, des enseignants. La production animale s'y développe aussi, en particulier l'élevage de poulets de chair. Nous y avons fait quelques visites.

Visite chez Si Djelloul, sur le flanc du djebel Amour

Au détour d'un virage sur la route qui mène d'Aflou à El Bayadh, nous trouvons l'exploitation de Si Djelloul, céréaliculteur de longue date, mais qui s'est lancé dans le maraîchage depuis que la Sonatrach a foré à 60 m de profondeur sur ce piémont du djebel Amour, qui « abonde en sources » (Brunhes, p. 219). L'aubaine a attiré d'autres exploitants, qui se sont vu attribuer chacun un lot de 5 ha. Les dix bénéficiaires paient les charges d'électricité du forage et s'essaient à des cultures nouvelles : résultats assez bons résultats en pomme de terre, médiocres en arboriculture (la direction de l'Agriculture a distribué des plants, mais il n'y a pas de techniciens) ; en revanche, la culture de la tomate est mal maîtrisée (les plants ne sont pas pincés). Djelloul possède un cheval, mais va s'acheter un tracteur. Il espère obtenir un crédit et fait figure de pionnier. Bon an mal an, l'opération est plutôt bénéfique : elle a permis une diversi-

---

(62) Le texte de la loi est donné dans *Algérie-Actualités*, février 1985.

fication des productions, une amélioration de son revenu. Djelloul est un paysan qui tire parti d'une évolution technique pour accroître la productivité de son travail.

Entre Ouargla et Hassi Messaoud, Kader fait des affaires

Assez différente est la démarche de Kader, rencontré au bord d'une route du Sud algérien : commerçant, il a investi dans un forage en région aride. L'eau, puisée à 150 m, jaillit abondamment, et lui permet de faire pousser un peu de végétation, qui abrite un poulailler. Vu la rareté de l'offre dans une région où les salaires pétroliers assurent de bons débouchés, Kader écoule sa production à des prix très rémunérateurs. Le forage, mal utilisé, laisse partir d'énormes quantités d'eau qui, sous l'effet de la chaleur, laissent des dépôts de sel. A terme, ces sols seront stérilisés. Mais « on ira plus loin », répond Kader, qui, à la différence de Si Djelloul, n'est pas un paysan, mais un entrepreneur habile utilisant de façon minière et intensive une ressource limitée : c'est un nouveau colon.

Deux démarches qui montrent que cet engouement pour la conquête de nouvelles zones peut engendrer le meilleur et le pire. Souvent, la presse commente ces colonisations nouvelles avec enthousiasme. Les spécialistes émettent, déjà, de sérieuses réserves.

Une vision à court terme

N. Marouf fait observer combien ces démarches nouvelles sont loin de la sagesse oasienne traditionnelle. Ainsi, alors que l'oasien se protège de l'agressivité du milieu, ici, on privilégie l'accessibilité (proximité des routes), et on s'expose du même coup aux effets dévastateurs du vent et du sable.

Par ailleurs, les forages ou les motopompes épuisent la ressource, et ne permettent pas une réalimentation suffisante des nappes.

> L'adhérence séculaire de la communauté ksourienne à l'écosystème est à la mesure des proportions qu'elle a adoptées pour son établissement, proportions vérifiées et normalisées par l'environnement lui-même. Or les nouvelles implantations foncières semblent être une surimposition brutale, une sorte de greffe raccrochée à un milieu qui ne pourra que la rejeter à terme (63).

---

(63) MAROUF (N.), « Échelle des terroirs, rationalités paysannes et stratégies alimentaires au Maghreb », Communication au VIIᵉ Colloque international de sociologie rurale, juin 1988, p. 33.

Et Marouf en tire deux conclusions essentielles :

— le nouveau partenaire n'est pas un agriculteur de profession, mais un investisseur n'ayant de rapport avec la terre que marchand ;

— la stratégie implicite de l'État est de promouvoir ce type d'investisseurs, plus au fait du calcul économique, plus crédibles auprès des banques, mais qui ne pensent qu'au court terme. « N'étant pas apte à créer les conditions de sa pérennité dans les lieux où il a choisi de vivre, le nouveau colon décampera en emportant les "meubles", et après avoir réalisé quelques bonnes affaires (64). »

Que l'investissement dans l'agriculture soit parfois le fait de citadins qui ont accumulé dans le commerce les fortunes suffisantes n'est pas un phénomène nouveau. Braudel l'a montré à propos de l'Andalousie, les mouvements de bonification répondent toujours aux urgences des villes, qui, seules, peuvent les financer : « Il faut, pour solder l'équipement de ces bas pays, l'afflux des gros bénéfices assurés par le commerce, le commerce à longue distance (65). » Mais le risque de ces démarches spéculatives qui réussissent vite est de favoriser l'épuisement de ressources rares et d'entretenir le vieux rêve que les États caressent avec une évidente complaisance : celui de pouvoir faire de l'agriculture sans paysans.

Ce tour d'horizon maghrébin révèle un dynamisme foisonnant et inventif : du littoral méditerranéen aux oasis, des vallées du Tell aux périphéries urbaines, des dynamismes existent. Toute typologie a ses limites : en retenant quatre grands types d'irrigants, on a laissé de côté d'autres profils, tout aussi passionnants, comme ce gros propriétaire visité près de Meknès, qui irrigue 330 ha d'arboriculture en goutte-à-goutte, ou tous ces pluriactifs des fonds de vallée de la Soummam. C'est assez, pourtant, pour confirmer que :

— partout, il y a un déclencheur : ici, c'est l'aridité (c'est le cas des oasis), ailleurs, la pression démographique, et toujours, l'opportunité commerciale ;

— les savoir-faire anciens constituent un excellent vecteur. Il suffit, pour s'en convaincre, de pister les Andalous dans les régions arboricoles du cap Bon, où l'on sait, depuis des générations, que le verger est un bon placement. On voit, cependant, des cas d'acquisition fort rapide, comme à Sidi Bouzid, en Tunisie centrale, région de tradition pastorale. Contrairement à une idée reçue, le fellah maghrébin est parfois capable de s'adapter avec rapidité et souplesse quand certaines conditions sont réunies ;

— c'est le troisième facteur essentiel, il faut un environnement global favorable ; des matériels adaptés disponibles sur le marché (motopompes, serres, plants...) ; des prix agricoles encourageants ;

(64) MAROUF, *ibid.*, p. 34.
(65) BRAUDEL, *La méditerranée*, t. I, p. 75.

enfin, le crédit, la vulgarisation, les structures de commercialisation jouent un rôle majeur.

En somme, les lenteurs, voire les refus de l'irrigation moderne, tiennent moins à des causes endogènes au milieu paysan qu'aux conditions globales dans lesquelles il se situe. Cela dit, il ne faut pas idéaliser les connaissances paysannes : trop souvent, des chaînons manquent dans la bonne maîtrise technique d'un itinéraire cultural intensif. Cela invite à affiner deux questions : quels sont donc les ressorts intimes des dynamismes paysans ?, et, enfin, quels rôles doit assumer l'État pour promouvoir cette révolution agricole dont on voit la naissance ici et là ?

11

Le fellah maghrébin,
homme de l'aléa et de l'aubaine

Réflexions sur les résistances
et les stratégies paysannes

La profusion et la variété d'irrigants dont on vient de faire un inventaire sommaire paraît contradictoire avec la réticence fréquente des producteurs face aux programmes d'intensification proposés par les États. Mis à part quelques cas où le projet étatique est adopté massivement (les cultures sucrières au Maroc), le plus souvent, il est rejeté ou dévié de ses finalités. Au mieux, le producteur tirera parti, dans une optique qui lui est propre, des équipements mis en place. Au total, une incompréhension profonde s'installe entre paysans et aménageurs.

Les uns y voient la confirmation du conservatisme et de l'irrationalité paysanne : il faudrait gagner les paysans au progrès malgré eux. L'argument ne résiste pas à l'enquête : on a vu des adaptations d'une rapidité surprenante. Cela dit, l'assimilation de l'irrigation moderne requiert plusieurs générations (1). D'autres y voient une résistance des ruraux à la prolétarisation qu'entraîne l'industrialisation de l'agriculture. L'argument n'est pas dirimant, car on peut trouver de nombreux exemples de producteurs qui ont su tirer un parti favorable des aménagements nouveaux.

Toutes ces explications partielles invitent à comprendre de façon plus intime la logique de reproduction économique et sociale des irri-

---

(1) Cf. BETHEMONT (J.), « Sur les origines de l'agriculture hydraulique », TMO, n° 3, 1982, pp. 7-30. P.-P. Faggi attire l'attention sur le décalage de rythme temporel qui en résulte : « Alors que les stratégies de simple reproduction de la communauté traditionnelle s'enracinaient dans des temps longs et des espaces restreints, c'est à des échelles de temps restreintes et sur de vastes espaces que se situe le projet », FAGGI (P.-P.), « Pour une géographie des grands projets d'irrigation dans les terres sèches des pays sous-développés : les impacts sur le milieu et leurs conséquences », RGL, 1986/1, pp. 7-17.

gants maghrébins (2). N'y aurait-il pas opposition entre une logique de reproduction étatique et une logique paysanne ? La logique paysanne vise la reproduction simple, alors que la logique de l'État est une logique de maximisation. Cela pourrait expliquer la prudence, voire la réticence des irrigants.

1. Entre la négation et l'idéalisation du paysan maghrébin

On ne peut séparer l'analyse qui est faite du paysan maghrébin des conditions de production du discours tenu sur lui. Cela peut peut-être expliquer pourquoi on oscille toujours entre la négation et l'idéalisation. Le plus souvent, le discours des élites et des planificateurs est négatif, voire méprisant : la paysannité est perçue comme état antérieur, lieu de l'irrationalité économique, de la rareté, de l'ignorance et du conservatisme social. Ce n'est d'ailleurs pas propre au Maghreb (3). La pensée marxiste n'a pas été la dernière à abonder en ce sens, ce qui n'est pas un hasard, car ces discours ont été élaborés pour la plupart par les sciences sociales naissantes au moment de la révolution industrielle, à un moment où les paysanneries n'étaient que des réservoirs de main-d'œuvre et des freins au processus révolutionnaire (4).

A l'opposé, une lecture tiers-mondiste contemporaine, inspirée de Frantz Fanon, en vient à idéaliser et à essentialiser le paysan, ce qui ne respecte pas davantage son identité. Il revient peut-être à la sociologie rurale américaine récente (Shanin, Wolf...) et au renouveau de la pensée marxiste (Godelier, Servolin et autres héritiers de Chayanov) d'avoir restauré une lecture positive, mais critique des sociétés paysannes, qui s'intéresse à leur structure et à leur rationalité propre. En tout cas, pour dresser le portrait-robot du fellah maghrébin, que de discours trompeurs à dépasser !

Bédouins et non-paysans : présentation critique d'une thèse radicale

Pour excessive qu'elle soit, la thèse de Xavier de Planhol mérite d'être rappelée, car elle informe encore certaines analyses sur les réa-

---

(2) CAMPAGNE (P.), « État et paysan : la contradiction entre deux systèmes de reproduction », *Économie rurale*, n° 147-148, 1982, pp. 37-44.

(3) F. COLONNA fait remarquer que « dans la plupart des situations historiques comme des aires culturelles, les paysans sont définis négativement », *Savants paysans ; éléments d'histoire sociale sur l'Algérie rurale*, Alger, OPU, 1987, p. 21.

(4) *Cf.* ETIENNE (B.), « La paysannerie dans le discours et la pratique », *Problèmes agraires au Maghreb*, pp. 3-44.

lités agraires du monde musulman. Planhol estime que les transformations agraires en pays d'Islam sont lourdement affectées par le contexte de naissance de cette religion en Arabie (une société bédouine où le rapport sédentaire-nomade est le rapport social essentiel). Loin de favoriser l'agriculture, l'Islam aurait plutôt produit une « bédouinisation généralisée » des régions conquises, source de régresssion d'autant plus grave que les zones concernées étaient écologiquement fragiles (5). L'auteur multiplie les arguments :

— la pression démographique a joué dans le sens d'une pression des nomades sur les sédentaires ; quand le milieu se fragilise, ceux-ci sont de plus en plus pressurés ;

— culturellement, l'Islam aurait privilégié l'essor urbain et relégué le rural et tout ce qui lui est lié. Cela rejaillit sur le plan symbolique : « la charrue déshonore » (6) ;

— ce système foncièrement prédateur se serait enfin bien accommodé du « capitalisme de rente », qui préexistait au Moyen-Orient, et qui permettait à l'État central de pressurer les populations agricoles, particulièrement en zone irriguée, où il y avait un surplus. Dans les zones de culture sèche, l'oppression de la paysannerie se pratiquait également par le biais du métayage et de l'usure (7). Il va sans dire que la précarité du statut des producteurs nuit à l'intensification de la production ;

— enfin, il n'y aurait guère eu d'inventions techniques de la part des Arabes, en particulier au Maghreb : « Dans le domaine de l'irrigation, la presque totalité des techniques, dont le vocabulaire est berbère, leur est antérieure. Seule la *noria,* la roue à manège actionnée par un animal, leur est certainement due, mais elle est précisément fort peu répandue au Sahara, et s'y rencontre exclusivement à sa bordure septentrionale, au Tafilalet, dans le Sud marocain, dans l'oued R'hir, en Tripolitaine. Leur rôle dans l'extension des *foggara...* est très douteux. Il est certain que l'origine des *foggara* est proche-orientale, mais leur développement est sans doute bien antérieur à l'islamisation (8). »

Avec ces arguments, l'auteur explique la « médiocrité », la « sclérose » et même la « malédiction » qui pèsent sur les terres du monde musulman, rajeunissant en quelque sorte la lecture coloniale des « siècles obscurs du Maghreb ».

Cette thèse n'est pas sans failles, tant s'en faut (9).

---

(5) PLANHOL (X. DE), *Les fondements géographiques...,* p. 36.

(6) PLANHOL, *ibid.,* p. 56.

(7) « L'Islam qui n'avait pas de traditions agraires autres que celle de l'indifférence s'est merveilleusement accommodé de ce système et tout d'abord par les règles de la structure foncière et le régime juridique des terres », *Ibid.,* p. 54.

(8) DE PLANHOL, *Ibid.,* p. 187.

(9) Voir la critique vigoureuse de B. ROSENBERGER, « L'Islam et la terre », *RGM,* n° 15, 1969, pp. 153-166, qui dénonce « le préjugé défavorable envers l'Islam et la civilisation musulmane ».

L'histoire des techniques d'irrigation révèle que les apports arabes ont été plus importants que ne le dit Planhol. Les travaux de Glick et de Watson sur la révolution agricole du monde musulman médiéval, puis ceux de Lucie Bolens sur l'apport des agronomes andalous, démontrent de façon éclatante qu'il y a eu un âge d'or de l'innovation qui a bénéficié à l'agriculture (10). Le déclin est ultérieur.

L'accumulation des richesses s'est faite surtout dans les villes, à base de commerce lointain, comme l'a établi M. Lombard. Mais cela eut pour effet de permettre des investissements dans les vergers et les jardins, selon une dynamique complexe que Braudel a présentée : la mise en valeur implique des capitaux accumulés ailleurs, mais, dès que les riches plaines sont mises en valeur, c'est pour l'exportation :

> Toute plaine gagnée à la grande culture devient une puissance économique et humaine, une force... Mais ce n'est point pour elle seule, c'est pour le dehors qu'elle vit, qu'elle doit vivre et produire. Et ceci, condition de sa grandeur, est aussi la cause de sa dépendance et de ses misères (11).

Enfin, l'exploitation de la paysannerie n'est pas une donnée spécifique au monde musulman, même si cela prend un tour dramatique en Méditerranée. Citons encore Braudel :

> Un des drames de la Méditerranée (à part quelques régions neuves qui facilitent l'individualisme agraire), une des raisons de son traditionalisme et de son ankylose est que les pays neufs y restent sous le contrôle des riches. Le but ne saurait être atteint que par un coude-à-coude, un ordre social strict. La plaine appartient au seigneur. Une distance considérable y sépare le riche du pauvre. Le régime seigneurial a trouvé ici des conditions naturelles de survie (12).

Dont acte : le milieu et l'histoire favorisent un ordre social dans lequel les paysans sont pressurés et asservis, sauf rares exceptions. Cela a peu à voir avec la « médiocrité » et la « sclérose » dont parle Planhol (13).

Conclusion : pas de tare congénitale, mais une histoire sociale spécifique. D'ailleurs, les mésaventures paysannes n'étaient pas achevées.

Le passé colonial et la dépaysannisation du Maghreb

Introduisant un ouvrage collectif sur les problèmes agraires au Maghreb, Bruno Etienne écrivait à propos de la paysannerie algé-

---

(10) *Cf.* chapitre 2 et bibliographie finale.
(11) BRAUDEL, *La Méditerranée,* t. I, p. 76.
(12) BRAUDEL, *ibid.,* p. 68.
(13) ROSENBERGER a fait une critique sévère de cette opinion.

rienne : « Elle est une fausse paysannerie ; elle est une surpopulation rurale qui sort de la paysannerie qu'elle n'est jamais devenue (14). » Avec Galissot, Bourdieu, Sari et quelques autres, B. Etienne impute la dépaysannisation algérienne au processus engendré par le capitalisme colonial. Cette thèse, on l'imagine, a été surtout développée à propos de l'Algérie, qui a connu une colonisation de peuplement de plus d'un siècle, aux multiples effets destructurants.

Le processus de destructuration agraire de l'Algérie a été maintes fois analysé (15).

La première dépossession a été celle de la terre (16). Par le jeu d'un arsenal juridique approprié, le législateur colonial a rendues possibles de multiples formes d'appropriation de la terre : domanialisation des biens publics, ou *habous,* en 1830, cantonnement, puis délimitation des terres collectives des tribus en 1851 et 1863 (sénatus-consulte), immatriculation des terres tribales en 1873 (loi Warnier), enfin, séquestre dans des cas de rébellion (après celle de 1871, 446 000 ha furent ainsi récupérés). On sait que ce dispositif allait permettre au colonisateur de disposer de 2 345 666 ha en 1933, soit le tiers de la SAU algérienne, au moment du centenaire de la colonisation. Une appropriation de l'eau a joué de la même façon.

Autre facteur de dépaysannisation, issu du précédent : le dualisme agraire. Même si cette conceptualisation a été discutée depuis, elle indique une réalité : d'un côté des exploitations d'assez grande taille, surmécanisées, produisant pour l'exportation, et de l'autre des exploitations microfundiaires, à main-d'œuvre familiale, pratiquant principalement de la céréaliculture pour l'autoconsommation. Même s'il est fondé de critiquer une séparation trop nette de ces deux secteurs (le « traditionnel » n'est pas homogène ; le « moderne » vit en partie de la reproduction de la force de travail assurée par l'agriculture traditionnelle), il est indéniable qu'une large part de la paysannerie algérienne a été ainsi tenue à l'écart de la révolution agricole qui s'opérait lentement.

La guerre de libération nationale et les opérations militaires coloniales ont aggravé le processus : les analyses sur les regroupements ont bien montré à quel point le « déracinement » qui en résultait était important (17).

Les effets conjugués de ces processus ont été maintes fois présentés : exode rural, perte de dynamisme de ceux qui restaient, faible productivité, etc. L'espace lui-même porte la marque de ce « retour-

---

(14) ETIENNE (B.), *Les problèmes agraires au Maghreb,* p. 39.
(15) *Cf.* BENACHENHOU (A.), *Formation du sous-développement en Algérie...,* 1976, 479 p.
(16) *Cf.* SARI (Dj.), *La dépossession des fellahs,* 1975.
(17) BOURDIEU (P.), SAYAD (A.), *Le déracinement, la crise de l'agriculture traditionnelle en Algérie,* Paris, Éditions de Minuit, 1964, 224 p.

nement », selon l'heureuse formule de Marc Côte (18). Au total, « en Algérie, il n'y a plus de paysans... Il n'existe plus que des candidats à des formes diverses de salariat », conclut René Galissot (19). Par ricochet, cela a produit un certaine idéalisation du paysan précolonial : homme accompli, avec ses qualités foncières de naïveté, mais aussi de simplicité, d'innocence et de droiture. « Homme de l'intention droite » *(niya),* comme le dit Sayad (20).

Dans quelle mesure la Tunisie et le Maroc ont-ils connu des processus analogues ? A l'évidence, l'ampleur de la colonisation agraire a été moindre et ses effets aussi. Les travaux de Lucette Valensi sur l'économie rurale et la vie des campagnes tunisiennes aux XVIIIe et XIXe siècles ou ceux de B. Rosenberger sur le Maroc invitent à ne pas idéaliser la ruralité précoloniale. La fréquence des maladies, en particulier des pestes, une fiscalité dévorante imposée par le bey ou le sultan, le poids des calamités naturelles, grevaient largement le destin des campagnes. Pourtant, même s'il n'y a jamais eu d'âge d'or, il faut admettre que l'aventure coloniale a été un drame et une fracture dans le monde paysan. D'où l'intérêt de chercher, par-delà les ruptures, les facteurs anciens d'identité.

L'« intérieur du Maghreb »
Un retour nécessaire sur les racines et l'identité

Dans son maître livre sur l'Algérie, Marc Côte conteste pour une part la thèse de la destructuration de l'Algérie rurale. Il lui paraît au contraire possible de faire fond à nouveau sur les racines de la société algérienne pour construire le présent. D'où son essai original de formalisation de ce qu'est l'identité algérienne, cet « intérieur du Maghreb » évoqué par Jacques Berque (21). Côte le fait à travers une lecture de l'espace, espace forcé et « retourné » par l'ampleur et la puissance de la greffe coloniale. De sa lecture on retiendra quelques traits pour un portrait-robot du paysan maghrébin.

Dans un pays adossé à la mer, le Maghrébin est avant tout un montagnard

S'appuyant sur un recensement de 1896, Côte s'interroge sur la densité de population, plus forte en montagne qu'en plaine : de 80 à 100 hab/km², voire 150, contre 50, 30, ou même 18 dans les plaines

---

(18) CÔTE, *L'Algérie ou l'espace retourné.*

(19) GALISSOT (R.), « Classes sociales, État et développement en Algérie depuis l'Indépendance », *Cahiers Jussieu,* n° 4, 1978, p. 285.

(20) SAYAD, *op. cit.,* pp. 85 et suiv.

(21) BERQUE (J.), *L'intérieur du Maghreb, XVe-XIXe s.,* Paris, Gallimard, 1978, 546 p.

de l'Est. Renversant l'explication reçue du refoulement colonial, il prétend que le Maghrébin s'installait de préférence dans les montagnes, la plaine n'étant que l'exutoire démographique en période critique. Le peuplement berbère originel est montagnard. Ici, l'homme a su aménager ce milieu difficile (les cultures en terrasses le montrent), si bien que ce mode de vie a perduré, on le voit dans les Aurès, les monts des Ksour et du Hodna, par exemple. Avant de devenir le refuge, la montagne méditerranéenne est « une fabrique d'hommes à usage d'autrui » (Braudel). Si les plaines ne sont que des exutoires, c'est qu'elles sont beaucoup plus insalubres que les reliefs (inondations, moustiques, malaria) et souvent impropres à la culture. En montagne, en revanche, l'air est sain, et les sols sont vite ressuyés. C'est ce que Côte appelle le « privilège montagnard ».

Les constructions politiques maghrébines se sont d'ailleurs édifiées sur ce privilège montagnard. Comment ne pas s'étonner en effet que ces États successifs de la période précoloniale, États éphémères, « qui flambent et s'éteignent comme des torches » (Berque), se soient structurés comme des États intérieurs, tournant le dos à la mer, malgré une façade maritime aussi importante ? Les côtes ont été valorisées surtout par les allogènes qui y établissent des comptoirs ; la prospérité basée sur la course en Méditerranée est restée un phénomène superficiel par rapport à l'ensemble du pays. Il y a donc une permanence du centrage sur l'intérieur, perceptible dans ces royaumes à géométrie variable, toujours à cheval sur le Tell et les hautes plaines. Les capitales sont situées de préférence sur la ligne de contact : Tahert pour les Rostémides, Achir pour les Zirides, Qualaa pour les Hammadites, Tlemcen pour les Abdelwadides. La base spatiale d'épanouissement de ces États naissants a donc été l'intérieur du Maghreb. Ce n'est qu'à partir du XVIᵉ siècle que l'Algérie devient un pays méditerranéen (22). Voilà un premier repère d'identité, qui mériterait d'être vérifié pour des zones du même type comme le haut Atlas marocain.

Mais pourquoi donc choisir l'intérieur, le milieu aride ou semi-aride ? On ne peut le comprendre qu'en identifiant une seconde racine : la logique spécifique de la mise en valeur.

Une appropriation diversifiée de l'espace

Cette logique de l'occupation de l'espace correspondait en fait à une logique d'organisation de la société et de la mise en valeur. L'Algérie précoloniale juxtaposait en effet deux sociétés agraires, basées sur des mises en valeur très différentes, mais complémentaires et articulées.

---

(22) On retrouve d'ailleurs ce centrage sur l'intérieur et sur la communauté dans le type d'habitat qui prévaut : maisons à cour fermée, avec peu d'ouvertures sur l'extérieur.

D'un côté, une société paysanne sédentaire, qui fait de la mise en valeur intensive avec propriété privée du sol (terres *melk*). C'est précisément en montagne que ce type s'est épanoui, avec néanmoins une utilisation de la complémentarité des terroirs (pentes, piémonts et fonds de vallée sont intégrés au finage).

De l'autre, une société agropastorale qui pratique une mise en valeur extensive sur des terres collectives (terres *arch*). Ici, l'attachement au groupe prévaut sur l'attachement à la terre : ce sont des sociétés itinérantes, sur de grands espaces.

Cette dualité société paysanne/société agropastorale serait fort ancienne, et recoupe, en partie, la dualité berbérophone/arabophone. A l'aube de la colonisation, les seconds représentaient en Algérie environ 60 % de la population, selon Boukhobza. En fait, ces deux types de mise en valeur sont éminemment complémentaires, comme le soulignent l'importance et la permanence des échanges entre les montagnes et le Tell. L'*achaba* en est l'exemple le plus accompli.

L'*achaba* est une complémentarité sur la longue distance ; mais des complémentarités plus rapprochées jouent aussi entre étages culturaux, comme le montre la figure suivante. Dans cette mise en valeur, il est clair que c'est l'extensif et la culture sèche qui prévalent, ce qui n'exclut pas ici ou là des mini-aménagements hydrauliques : les techniques sont rudimentaires, comme ces fascines dérivant les oueds. Au total, « l'impression qui prévaut, aujourd'hui encore, face aux paysages agraires algériens, est le caractère rudimentaire de l'emprise humaine : les systèmes extensifs couvrent environ les quatre cinquièmes de l'espace, les ''paradis'' sont toujours à échelle très limitée » (23).

D'une telle lecture de l'espace algérien (peut-on dire maghrébin ? il faudrait élargir l'enquête), on peut conclure qu'il est bien à dominante rurale, et que la ruralité est ici identitaire. Conclusion qui va nettement à l'encontre d'une vision de la paysannerie comme groupe social passif, destructuré. Nous voilà invités, au contraire, à en mieux comprendre le fonctionnement spécifique.

« La terre, les frères et l'argent » : le rôle décisif de la famille élargie

On ne saurait appréhender l'identité rurale maghrébine sans prendre en compte le rôle de la famille élargie et les stratégies familiales qui en résultent (24). Constatant la difficulté à expliquer bien des comportements des ruraux en se fondant sur les explications classiques, Claudine Chaulet s'est intéressée aux stratégies familiales. Elle

---

(23) CÔTE, *op. cité*, p. 52.
(24) CHAULET (Cl.), *La terre, les frères et l'argent*, Alger, OPU, 1987, 3 t., 1198 p.

Figure n° 74

L'« ACHABA », FACTEUR DE COMPLÉMENTARITÉS SPATIALES

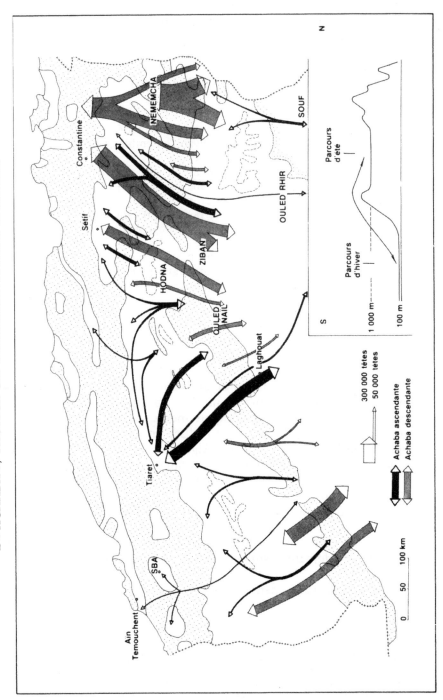

Source : Côte, op. cit., p. 69.

reprend à son compte, mais en en élargissant la portée, des analyses plus anciennes sur l'*âila,* la grande famille des frères solidaires (25).

a) L'unité de base : la grande famille des frères solidaires

Il s'agit d'un modèle aux origines fort anciennes, si l'on en croit les travaux de Germaine Tillion (26). Chaulet en donne la définition suivante :

> C'est le groupe formé par un homme marié, ses fils mariés, leurs épouses et leurs enfants, etc., vivant ensemble, tandis que les filles partent dans le groupe de leur époux.
> Le groupe, fondé sur la parenté en voie masculine, est une unité de production — sur un patrimoine commun — et de consommation.
> C'est aussi un sujet social, qui intervient en tant que tel par l'intermédiaire du chef de famille et possède en tant que tel un « capital symbolique », un nom, un honneur, un pouvoir d'intervention dans la vie sociale.
> Ce groupe organise ses forces pour sa propre reproduction biologique et sociale, et déploie des stratégies pour que cette reproduction biologique soit « élargie ». C'est lui qui est réellement la « cellule de base de la société » ; segment dans un système de parenté agnatique, l'*âila* s'y caractérise par la cohabitation, avec résidence patrilocale, et le pouvoir patriarcal de son chef. Le couple conjugal n'existe qu'en tant qu'il légitime la reproduction biologique, établit la filiation, mais il est constitué par et dans l'*âila,* et fait des enfants pour elle (27).

Ayant admis ce postulat d'organisation de la société, Chaulet se fonde sur un certain nombre d'enquêtes pour mettre en évidence des stratégies familiales dans les comportements économiques des ruraux. Ainsi, dans le cadre d'une étude réalisée en 1970 par le CNESR sur la plaine de Beni Slimane, dans l'Algérie du Nord, l'auteur a analysé les activités d'un échantillon de 76 unités familiales, regroupées en 11 ensembles familiaux. Depuis 1900, ces 11 familles élargies ont évolué de la façon suivante (28) :

— 2 ensembles seulement sont restés centrés sur l'exploitation agricole ;

— 2 ensembles ont évolué vers le salariat agricole, chez le colon, puis dans les domaines autogérés (dits *faca,* déformation de « biens vacants ») ;

— 3 sont engagés dans le travail salarié non agricole extérieur à la région ;

---

(25) *Cf.* DESCLOITRES (R.), DEBZI (L.), « Systèmes de parenté et structures familiales en Algérie », *AAN,* 1963, pp. 23-59.

(26) TILLION (G.), *Le harem et les cousins,* Paris, Seuil, 1966, 218 p.

(27) CHAULET, *op. cit.,* pp. 205-206.

(28) Une présentation en tableau en est donnée par l'auteur, pp. 737-738.

— 3 se sont lancés dans des activités commerciales (commerces d'œufs, de poules) ;

— 1 ensemble qui regroupe 12 unités familiales combine les différentes activités, ce qui donne une idée de la diversification possible des stratégies familiales à l'intérieur d'une même famille élargie, ainsi que des inégalités de réussite, qui sont très grandes dans le cas évoqué.

b) Des stratégies familiales complexes et performantes

L'examen détaillé de ces différentes histoires familiales amène à la découverte surprenante que le taux d'activité extra-agricole est nettement plus faible chez les paysans pauvres que chez les paysans aisés, ce qui va à l'encontre du schéma classique de la prolétarisation des petits fellahs. On découvre, au contraire, que plus une famille élargie dispose d'une base foncière importante, plus son taux d'activité externe est important. L'emploi extérieur n'est pas nécessairement un signe de prolétarisation ; il révèle l'existence de stratégies de diversification des sources de revenus dans les grandes familles. En fait, la grande famille représente de multiples avantages :

— le risque de morcellement de la terre est, pour une part, conjuré ;

— les dépenses de consommation courante (habitat, nourriture...) sont minimisées parce qu'assurées par le pot commun ;

— la capacité à faire des investissements symboliques importants permet d'accroître son poids social : célébrations nombreuses et fastueuses de mariages, de retours du *hadj ;*

— la base économique du groupe se trouve renforcée par la capacité à insérer des membres dans des types variés d'activités.

L'échantillon étudié par Cl. Chaulet est intéressant dans la mesure où il porte sur une région qui a été très marquée par la colonisation. Or, l'évolution de ces groupes familiaux sur soixante-dix ans montre que l'*âila* a été un moyen de refaire surface : passé le moment de l'écrasement (dépossession foncière initiale), le groupe a placé les siens à des endroits clés : « La *âila*, après avoir été compromise par la réduction de sa base agraire, puis s'être maintenue comme condition de survie dans le contexte de la complémentarité nécessaire entre exploitation agricole pauvre et travail saisonnier extérieur, offre maintenant un instrument de promotion à ceux qui la consacrent à la constitution d'un capital », écrit Chaulet (29). Mais cette capacité suppose que l'on joue le jeu de la grande famille, avec tout ce que cela suppose de cohésion interne et de visibilité sociale.

D'où l'apparent paradoxe : les plus entreprenants, au sens capitaliste, sont souvent ceux qui sont restés les plus proches des traditions et ont gardé le plus de capacité à mettre en œuvre le modèle familial.

---

(29) CHAULET, *ibid.*, p. 750.

C'est ainsi que les « entrepreneurs » les plus proches du modèle capitaliste dans leur rationalité, et les plus « modernes » dans leurs techniques, sont souvent aussi les plus respectueux des traditions, ceux qui mettent le plus soigneusement en scène leur hommage aux normes du groupe local, leurs alliances et leur piété. [...] Inversement, les « pauvres », les exclus, les vaincus dans la compétition pour s'installer aux bonnes places du nouveau système socio-économique, ce sont d'abord ceux qui s'y présentent isolés, et sont de ce fait en majorité condamnés aux travaux non qualifiés et irréguliers sur place, ou aux bidonvilles de l'Algérois (30).

Bien entendu, il faut éviter une interprétation trop systématique : on est souvent à mi-chemin entre une juxtaposition de stratégies individuelles et une stratégie familiale cohérente. Cela indique tout de même des processus en cours dans une société en remaniement, processus mis en œuvre à des degrés divers par les familles selon leur niveau de cohésion ou de désagrégation. Il faut ajouter que les lieux investis changent : on cherche plus aujourd'hui des places dans l'Administration, les circuits commerciaux de distribution, etc., mais les réseaux continuent à fonctionner. On s'en rend compte lors d'événements familiaux comme des célébrations de quarantième jour, qui rassemblent parents et alliés et permettent de rencontrer autour du couscous rituel tous les personnages clés d'une région, qui se reconnaissent « cousins ». Cela n'est pas antinomique de l'auto-exploitation paysanne repérée par Chayanov, mais souligne combien on est loin dans l'intérieur du Maghreb d'une paysannerie amorphe, atone et indifférenciée.

On a déjà là quelques clefs pour comprendre certaines attitudes face à l'intensification.

Gestion collective ou gestion individualiste de l'eau ? La contribution de Geertz

Cette idée que les comportements sont régis selon des stratégies familiales ne doit pas faire oublier qu'on est au Maghreb dans des sociétés segmentaires, et donc que la solidarité ne va pas de soi au-delà des limites du groupe élargi. N'est-ce pas ce que souligne Clifford Geertz dans sa comparaison très suggestive entre l'irrigation à Bali, en Indonésie, et celle de Sefrou, dans le moyen Atlas (31) ? Dans les deux cas, on est en présence de systèmes d'irrigation traditionnels, fort anciens. Mais, alors qu'à Bali, pays à climat tropical où il y a beaucoup d'eau, la population a une approche hautement

---

(30) CHAULET, *ibid.*, pp. 757 et 750.
(31) GEERTZ (Cl.), *Bali, L'interprétation d'une culture*, Paris, Gallimard, 1983, pp. 87 et suiv.

collective de l'irrigation, à Sefrou, région aride où l'eau fait souvent défaut, l'approche paraît à Geertz beaucoup plus individuelle. Aurait-on là une explication de certaines réticences face aux grands aménagements hydrauliques où le fellah se coule de fort mauvaise grâce dans une discipline globale ?

Le « subak » balinais, archétype d'une irrigation collective

L'élément de base du système balinais d'irrigation est le *subak,* sorte de village humide où se déroulent les travaux des champs, par opposition au village sec, où les gens habitent. En termes spatiaux, le *subak* comprend toutes les terrasses à riz irriguées à partir d'une seule canalisation d'eau majeure. On est membre d'un *subak* si l'on y a des terres, indépendamment de tout autre élément d'organisation sociale (caste, résidence...). Les eaux qui descendent par canaux dans la vallée sont réparties en autant d'utilisateurs, selon des règles et des procédures précises et complexes, qui font d'un *subak* une unité à la fois physique, technologique, sociale et même religieuse.

L'organisation sociale de l'ensemble est en effet fonction d'un certain nombre de contraintes physiques et techniques : les différents moments de travaux (plantation, ouverture et fermeture des vannes, récolte) sont dictés par la logique technique de l'ensemble, sans pour autant que le *subak* soit une ferme collective. Le paysan est son propre maître, mais dans un ensemble très structuré, avec un chef de *subak,* un conseil, une bureaucratie (qui prélève les impôts que suppose l'entretien de cet ensemble, donne les amendes aux contrevenants...). Les prêtres sont intégrés à ce fonctionnement, car la distribution de l'eau est ritualisée : un culte est rendu à la déesse du riz, et des cérémonies spécifiques dans des temples différenciés ont lieu au moment des différents travaux agricoles.

On a ainsi un ordre des rites correspondant à l'ordre des opérations de la culture du riz :

1. ouverture de l'eau ;	6. début du bourgeonnement des tiges ;
2. ouverture des terrasses ;	7. jaunissement ;
3. plantation ;	8. moisson ;
4. purification de l'eau ;	9. engrangement.
5. nourriture des dieux ;	

Mais tout cela est échelonné, de façon qu'au long de la pente et de l'écoulement de l'eau il y ait succession, et non simultanéité, des opérations. En d'autres termes, la progression que traduit le cycle cérémoniel est aussi dessinée sur le sol, inscrite dans l'espace. Cela a pour effet de stabiliser la demande d'eau, et d'éviter des moments d'excès et des moments de pénurie. Cela dit, cet ordre est un ordre local (32).

---

(32) « En dépit des théories contraires du despotisme hydraulique, le contrôle de l'eau à Bali est une affaire complètement locale, intensément démocratique », estime Geertz, *ibid.,* p. 69.

On croirait voir décrit le fonctionnement harmonieux d'un péri-mètre moderne en gravitaire, cas fort rare. L'exemple est asiatique, il est vrai, avec tout ce que cela implique comme capital de tradi-tions d'irrigation et de travaux collectifs (33).

Les « séguias » du moyen Atlas, témoins de la primauté du droit des individus (34)

Au Maroc, en revanche, tout fonctionne sur un principe de pro-priété individuelle de l'eau. Celle-ci est pourtant rare et très sollici-tée : la zone étudiée se trouve au pied du moyen Atlas ; il s'agit de bandes de terre de superficie restreinte, mais irriguées très inten-sivement à partir de sources. Contrairement à Bali, la distribution de l'eau n'est pas fonction des contraintes du réseau d'irrigation. C'est le contraire : le souci de fournir l'eau, selon des tours d'eau, à tous les ayants droit, a conduit à élaborer un réseau de canaux parfois très enchevêtrés. Le droit des individus sur l'eau étant reconnu comme absolu, sans pour autant qu'il y ait une structure politique supérieure qui contrôle le système d'irrigation, il faut raffiner la gestion sociale de la rareté. Tours d'eau savants, procédures d'arbitrage, expérience des aiguadiers, sont autant de nécessités du système. Alors que les Balinais ont une véritable passion pour l'organisation en groupe, les irrigants de Sefrou organisent tout, selon Geertz, en termes d'affron-tements individuels.

Même s'il ne convient pas de généraliser les conclusions de Geertz à tout le Maghreb (les écosystèmes sont si différents), son analyse a le mérite de nous permettre de mieux situer le fonctionnement des stratégies familiales pointées par Chaulet. Ces stratégies existent bien, mais dans un cadre de société segmentaire, et ne jouent donc pas au niveau de la société globale. C'est dire qu'ici la rareté de l'eau est gérée en termes d'affrontements plus que de cohésion. Cela est vrai même lorsque les revendications sur la terre ou sur l'eau se parent de légitimations tribales ; Berque l'a montré dans un article resté fameux, l'*asabiya,* ou patriotisme tribal de la tribu nord-africaine, relève plus de l'idéal type que du modèle historiquement réalisé (35).

Ces quelques réflexions sur les contours identitaires du paysan maghrébin mériteraient d'être affinées. Elles suffisent, en tout cas, pour réfuter les simplismes ambiants, et doivent nous permettre de mieux comprendre les comportements déployés par les ruraux, en par-

---

(33) *Cf.* MAURER (J.-L.), *Modernisation agricole, développement économique et changement social ; le riz, la terre et l'homme à Java,* Paris, PUF, 1985, p.

(34) Description détaillée du réseau et de son fonctionnement dans GEERTZ (Cl.), ROSEN (L.), *Meaning and Order in Moroccan Society,* Cambridge, 1979, pp. 113-122 (« Irrigation in the oasis of Sefrou and the lower Aggai river »).

(35) BERQUE (J.), « Qu'est-ce qu'une ''tribu'' nord-africaine ? », *Hommage à Lucien Febvre. Éventail de l'Histoire vivante,* Paris, 1953, pp. 261-271.

ticulier face aux politiques hydrauliques mises en œuvre par les États. Des enquêtes de terrain récentes sont venues confirmer la thèse avancée par Schultz au cours des années 1960, qui contestait le prétendu illo- gisme des ruraux (36). Comme on va le voir, leurs comportements, fussent-ils déviants par rapport au modèle dominant, ne sont pas exempts de rationalité.

2. L'aléa et l'aubaine : l'optimum et non le maximum
Aspects des stratégies paysannes au Maghreb

Ayant admis que les comportements des agriculteurs, pour para- doxaux qu'ils paraissent, peuvent relever de véritables stratégies, sou- vent complexes, ayant une rationalité propre, il faut en analyser le contenu. Avant de présenter quelques résultats d'enquête, émettons une hypothèse.

« Que recherchent les paysans ? », se demande P. Campagne, qui fournit une indication globale sur le contenu de ces stratégies :

> Historiquement, dans la plupart des sociétés rurales, l'objectif prio- ritaire a toujours été d'assurer au moins la reproduction simple... Il fallait avant tout tenter de survivre pour ne pas disparaître. Il semble bien que dans la plupart des sociétés rurales la reproduction de la force de travail reste l'objectif prioritaire (37).

Cette priorité signifie concrètement :

> — un choix en faveur de la recherche de sécurité plutôt que de la prise de risque ;
> — un accent sur la satisfaction des besoins fondamentaux plutôt que sur les revenus monétaires, dans la mesure où la maximisation de ces derniers ne va pas nécessairement aboutir à une meilleure satis- faction des besoins ;
> — un certain type de choix d'utilisation du surplus quand il y en a : thésaurisation, ou consommation sociale, mais toujours pour renforcer la sécurité du système (38).

En somme, le comportement paysan maghrébin est moins orienté vers la maximisation de la production que vers une plus grande sécu- rité de la reproduction du groupe social dans son ensemble. Pour

---

(36) *Cf.* SCHULTZ (T.-W.), *Transforming Traditional Agriculture*, Yale Univer- sity Press, 1964.
(37) CAMPAGNE, art. cité, p. 40.
(38) CAMPAGNE, *ibid.*

cela, il déploie des stratégies de lutte contre les différents aléas qu'il subit, l'aléa climatique et l'aléa politique essentiellement, et manifeste ainsi une aptitude à gérer le risque de façon assez performante.

L'aléa climatique, donnée fondamentale de l'agriculture maghrébine

L'aléa climatique est une donnée de base du climat méditerranéen, que la mémoire paysanne a intégrée de façon intime.

Aléa climatique et irrégularité

Ce sont des notions qui ne se recouvrent pas.

L'aléa est imprévisible et prend la forme de périodes de sécheresse, comme on l'a observé au cours des années 1980 : le Maroc, malgré sa façade atlantique, a subi cinq années sèches consécutives de 1980 à 1985, avec des intensités variables selon les régions, puis a connu des années mieux arrosées et des récoltes céréalières exceptionnelles. L'Algérie et la Tunisie ont également connu plusieurs années sèches, mais sans subir la série de cinq ans qui a gravement frappé le Maroc. De même, la succession de bonnes années et d'années sèches est tout à fait aléatoire.

En revanche, il y a des « irrégularités régulières » : à côté des sécheresses exceptionnelles, il y a, de toute façon, une saison sèche qui dure au minimum de trois à cinq mois, plus de six mois dans certains cas. Pendant cette période, les précipitations sont nulles et le vent brûlant du sud n'est pas rare. Quand interviennent les précipitations, elles relèvent de perturbations atlantiques ou méditerranéennes, ce qui explique qu'il n'y a pas coïncidence entre les bonnes années au Maroc et dans les deux autres pays. Quoi qu'il en soit, le nombre de jours de précipitations est restreint : de soixante à soixante-dix jours en moyenne, à peine trente quand on se rapproche du désert. La méthode d'Emberger a l'avantage de montrer comment la combinaison des températures et des précipitations détermine des étages bioclimatiques assez distincts.

L'aridité marque donc la région de son emprise, au moins une partie de l'année, même dans les régions humides, où la moyenne annuelle des précipitations paraît élevée : « La sécheresse est une menace constante », écrit Maurer, qui rappelle que les causes en sont bien connues :

> Situé aux marges du domaine tempéré méditerranéen largement ouvert sur le Sahara, le Maghreb est rattaché pendant l'été au domaine subtropical où règnent les hautes pressions responsables du plus grand désert chaud du monde... Ce qui a pour effet de limiter les effets humides des masses d'eau de l'Atlantique et de la Méditerranée à la frange littorale pendant une bonne partie de l'année (39).

---

(39) MAURER (G.), in Le Maghreb, hommes et espaces, p. 22.

Mais l'aléa est un facteur de risque supplémentaire.

Vers une « histoire régressive » du climat maghrébin

La gravité de la sécheresse marocaine récente a stimulé une relance des travaux sur l'aléa climatique, lors d'une conférence internationale suscitée par le roi Hassan II (40).

Les chercheurs soulignent la nécessité de disposer de séries météorologiques longues, ce qui suppose des stations assez nombreuses et un suivi des relevés. Par ailleurs, la notion même d'année normale est floue, et il est difficile de modéliser les périodicités qui semblent se dégager de l'observation statistique (41).

On peut également s'en remettre à la mémoire populaire et aux écrits anciens, comme l'« Istiksa » d'Annaciri et « Nashr el Matani », de B. Taïb el Kadiri, pour faire une « histoire régressive du climat », selon le mot de Marc Bloch, et dans le fil des travaux de Leroy-Ladurie pour l'Occident médiéval (42). Rosenberger et Triki ont fait en ce sens un travail remarquable pour le Maroc des XVIe-XVIIe siècles en analysant les causes de ce qu'ils appellent les « crises de subsistances » (43). Pour les grandes pénuries comme celles de 1521-22, puis 1557-58, le problème climatique est toujours le plus cité par les historiens, mais il est amplifié par une épidémie de peste. Le résultat fut la mort d'un tiers à la moitié de la population, une émigration massive vers l'étranger, en particulier le Portugal, et un déséquilibre démographique consécutif à la vente des plus jeunes comme esclaves. « L'effondrement économique du Maroc était alors inéluctable. » L'impact est aussi fonction de la capacité de l'État à réagir : or, au XVIe siècle, jusqu'à la montée des Saadiens, l'État watasside était faible. Au XVIIe, en revanche, Moulay Ismail, dont le règne (1672-1727) a connu cinq grandes sécheresses, a su et pu organiser une contre-offensive par une politique de prix et de redistribution des stocks. En somme, la sécheresse est une donnée bien intégrée par la société : c'est ainsi que Abdellah Ibn Mohamed Ibn Abi Bakr el Buchwari

---

(40) Quelques résultats de ces recherches ont été rapportés lors de la conférence d'Agadir de novembre 1985 : ROYAUME DU MAROC, *Sécheresse, gestion des eaux et production alimentaire, Actes de la conférence d'Agadir, 21-24 novembre 1985,* Mohammedia, Imprimerie Fedala, 1988, 362 p. Voir aussi LAHLOU (A.), « Analyse de la sécheresse ayant sévi au Maroc de 1980 à 1985, cas des apports d'eau au barrage Sidi Mohamed ben Abdellah », *HTE,* n° 65, déc. 1986, pp. 31-40.

(41) Communication BEN ARAFA (S.), LE GOFF (Y.) à la conférence d'Agadir, *ibid.,* pp. 37-53. Importante bibliographie. Voir aussi la communication de NICHOLSON (S.-E.), WIGLEY (T.-M.-L.) au Conseil supérieur de l'eau en 1984 : « Drought in Morocco ».

(42) Cités par NACIRI (M.), « Calamités naturelles et fatalité historique », *ibid.,* p. 84.

(43) ROSENBERGER (B.), TRIKI (H.), « Famines et épidémies au Maroc aux XVIe-XVIIe siècles », *Hespéris-Tamuda,* Rabat, 1973, pp. 109-175, et 1974, pp. 5-103.

élevait au rang de devoir sacré le fait de constituer des réserves familiales pour temps de disette.

Des techniques plus récentes ont été mises en œuvre au Maroc, sur l'initiative du roi, comme la dendrochronologie, technique d'origine américaine, développée par le Professeur Charles-W. Stockton, de l'université de Tucson, en Arizona (44). L'originalité des travaux de ce dernier mérite qu'on s'y arrête : ils ont consisté à analyser les anneaux des arbres *(tree-rings)* prélevés au col du Zad et à Tounfit pour reconstituer les variations de climat au Maroc sur une période de mille ans, aussi loin que l'on pouvait remonter. Ces recherches ont fait apparaître pour les deux zones étudiées les phénomènes suivants (45) :

Périodicité des sécheresses au col du Zad (Maroc)

Périodes de sécheresse	Nombre d'occurrences	Années d'intervalle
1 an	89	11,0
2 ans	35	28,5
3 ans	9	113,7
4 ans	6	182,0
5 ans	4	303,3
6 ans	3	455,0

Outre la datation des périodes de sécheresse, la dendrochronologie permet d'obtenir des indications statistiques sur les fréquences et les cycles.

Ces recherches montrent que la longue sécheresse récente de cinq ans (1979-84) ne se retrouve qu'en 1069-74 et 1626-32. Une sécheresse aussi longue ne surviendrait que tous les 455 ans environ, alors qu'une sécheresse de deux années consécutives se produit environ quatre fois par siècle. Bien entendu, sécheresse signifie ici plus qu'un léger déficit hydrique. Ces conclusions sont à manier avec précaution, ne serait-ce qu'en raison des variations régionales : le Maroc est loin de connaître une situation climatique homogène. Il n'en reste pas moins que ces travaux enrichissent nos connaissances d'un phénomène que connaissent aussi les pays voisins (46).

---

(44) D'autres méthodes plus classiques existent, comme la datation des périodes humides à partir de sédiments alluviaux.

(45) STOCKTON ET ASSOCIÉS, « Reconstruction à long terme de la sécheresse au Maroc, rapport dactylographié », Tucson, déc. 1975, 71 p. Résumé dans *Actes de la conférence d'Agadir*, pp. 21-35.

(46) Pour ce qui est de la Tunisie et de l'Algérie, on ne dispose guère d'histoires régressives du climat ; en revanche, on a des travaux savants sur des périodes données, comme la fin de l'époque romaine, qui aurait été marquée en Ifrikya par une péjoration du climat. (Sinon, comment comprendre des ensembles comme El Djem ou Timgad, sans zones fertiles aux environs ?)

Lucette Valensi donne des éléments précieux pour les XVIIIᵉ-XIXᵉ siècles, *cf. Fellahs tunisiens...*

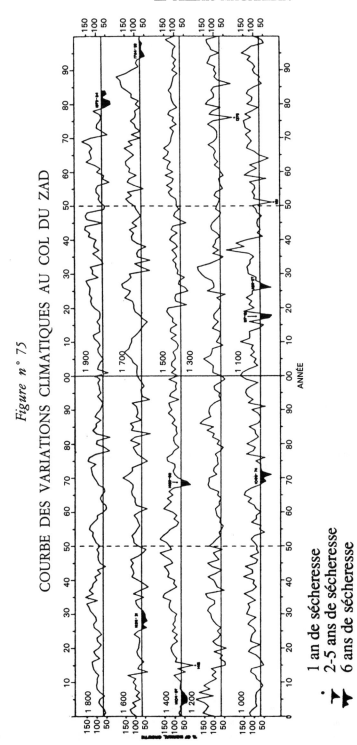

Figure n° 75

COURBE DES VARIATIONS CLIMATIQUES AU COL DU ZAD

• 1 an de sécheresse
▼ 2-5 ans de sécheresse
▲ 6 ans de sécheresse

Source : Stockton, art. cité, p. 32.

En somme, on dispose aujourd'hui de connaissances plus précises sur l'aléa climatique, qui permettent de mieux comprendre pourquoi les ruraux ont développé à ce point des stratégies de lutte contre l'aléa (47).

Les stratégies de lutte contre l'aléa climatique (48)

On l'a évoqué plus haut, l'incident climatique prend d'autant plus d'importance que la société est fragilisée et incapable de s'organiser pour faire face. Or, l'histoire sociale montre que les fellahs comme les États maghrébins ont déployé au cours des siècles de véritables stratégies de lutte contre l'aléa climatique. Stratégies multiples, inscrites dans la mémoire collective des sociétés. Même si cela n'est pas codifié, « la rationalité paysanne incorpore l'aléatoire comme paramètre essentiel de sa pratique », conclut N. Marouf (49). Il revient à Paul Pascon d'avoir développé des recherches sur les comportements des producteurs en situation aléatoire (50). Ces travaux ont débouché sur une typologie des réponses des producteurs (51).

La diversification des activités
L'homme de l'aléa est un « homme de l'aubaine »

L'activité du petit fellah frappe par sa diversité : un peu de céréales, des cultures maraîchères, de l'élevage ovin, un temps non négli-

---

Étudiant l'Algérie sous Napoléon III, A. REY-GOLDZEIGUER signale qu'« aux dires des Arabes, il fallait remonter au-delà de trois siècles pour trouver une telle catastrophe climatique : Les pluies sporadiques d'automne n'ont fait que bétonner la surface où les belles promesses de récolte de la plaine de Sétif sont anéanties. Puis le retard de la saison humide fait coïncider humidité et froid et transforme l'Algérie en un bourbier inutile, bientôt gelé. La neige recouvre bientôt les hauts plateaux et le Tell, surprend les troupeaux et les hommes qui meurent de froid. Au moment de la fonte, les inondations empêchent les travaux du printemps 1868. » *Le royaume arabe*, p. 442.

(47) On laisse de côté le débat sur le déterminisme géographique. Naciri estime assez justement que les causes sont plurielles.

(48) On ne traite ici que des stratégies paysannes, les mesures étatiques étant d'un autre ordre. A titre d'exemple récent, le plan Orsec-sécheresse adopté en Algérie en octobre 1989.

(49) MAROUF (N.), « Échelle des terroirs, rationalités paysannes et stratégies alimentaires au Maghreb », communication au VIIᵉ Colloque international de sociologie rurale, Bologne, juin 1988, pp. 3-4.

(50) Cela a fait l'objet d'un programme de recherche en 1977-82, le projet Chaouia : cf. BENATYA (D.), PASCON (P.), ZAGHDOUNI (L.), *L'agriculture en situation aléatoire, projet Chaouia 1977-82*, Rabat, INAV, 1983, 165 p.

(51) PASCON (P.), « Étude du comportement technique et des décisions socio-économiques des chefs d'exploitation en situation aléatoire ; zone aride et semi-aride ; exploitations familiales », *Le Maroc agricole*, n° 122, février 1980, pp. 9-15.

geable consacré chaque semaine au *souk*, etc. Un regard extérieur tendra à ne voir là que du « bricolage », cette organisation de l'activité productive étant à mille lieues des spécialisations encouragées par l'économie rurale moderne. En réalité, en situation aléatoire, le paysan doit savoir tout faire et faire un peu de tout. La non-spécialisation est délibérée, car aucune activité n'apporte un rendement assuré : d'où la vieille prudence paysanne qui consiste à ne pas « mettre tous ses œufs dans le même panier ». Pascon ajoute :

> Spécialiste en tout de techniques basses, l'homme de l'aléa est un homme de l'aubaine, des occasions, des opérations spéculatives... L'optimum est représenté par des actions courtes ayant certes des effets partiels mais qui n'engagent pas trop la disponibilité à venir (52).

Cela permet de comprendre la place que prennent :

— l'arboriculture : c'est une culture rustique, qui tire parti des piémonts et des pentes, qui minimise les risques, car l'investissement est réparti sur une longue période. C'est aussi une façon de capitaliser des gains ; comme le mouton pour le nomade, l'arboriculture est la banque du fellah sédentaire (c'est très net chez les Andalous) ;

— l'élevage du mouton : Claudine Chaulet a écrit des pages très suggestives sur la permanence du blé et du mouton dans l'agriculture maghrébine (53). Alors que les technocrates ne voient dans le mouton qu'un dévastateur et une charge, les fellahs y trouvent une opportunité d'utiliser les sous-produits des céréales (chaumes), de capitaliser des gains, d'avoir des réserves monnayables en cas de difficulté, de célébrer des fêtes (retours de pèlerinage, décès, etc.). D'où l'échec des planificateurs contemporains dans leurs tentatives d'éradiquer l'élevage ovin même des domaines spécialisés en cultures industrielles ;

— la pratique du *souk* constitue également un élément important de la vie économique et sociale. Dans son étude sur les *souks* marocains, Troin estime que le temps moyen de présence au *souk* se situe pour un paysan entre 48 et 75 jours par an, soit de 1 à 1,5 jour par semaine (54). C'est considérable, surtout si on rapporte ce temps aux quantités produites et au surplus disponible. Mais le *souk* est une autre façon de saisir des occasions au vol. L'homme de l'aléa est aussi l'homme de l'aubaine.

La non-spécialisation relève donc non d'une incompétence technique, mais d'une stratégie de minimisation des risques par la concentration sur des actions courtes. Les travaux sur la pluriactivité se

---

(52) PASCON, art. cité, p. 10.

(53) CHAULET (Cl.), « Le blé et le mouton : pour une recherche sur les techniques agricoles méditerranéennes », *Sociologia ruralis*, XX/3, 1980, pp. 181-194.

(54) TROIN (J.-F.), *Les souks marocains,* Aix-en-Provence, Édisud, 1975, pp. 41-42.

sont beaucoup développés récemment (55). Cette pluriactivité est loin de constituer un phénomène marginal, comme l'a montré A. Gana (56) : ses enquêtes révèlent en effet qu'en 1961-62 49 % des agriculteurs tunisiens consacraient une part importante de leur temps à une autre activité et qu'en 1987 la pluriactivité concernait encore 40 % des agriculteurs, surtout les petits exploitants, dans les régions de culture en sec, qui demandent peu de journées de travail, et dans les périphéries urbaines, où les occasions de travail sont nombreuses. Cette persistance souligne que c'est un moyen important d'amélioration des revenus. Ce serait donc une erreur d'analyse de ne voir là qu'un signe de prolétarisation.

La polyfonctionnalité des produits, ou la recherche de l'optimum

Le choix des cultures est fonction de leur réussite technique possible, mais aussi des usages éventuels, avec cependant une hiérarchie dans ces usages. L'agriculteur va donc viser l'optimum, et non le maximum : ainsi, il privilégie l'orge, qui est traditionnellement la céréale principale, et cela pour différentes raisons :
— l'orge a un cycle court qui convient aux zones sèches ; cela permet aussi de semer autre chose tout de suite après ;
— le grain peut être consommé à la fois par les hommes et les animaux ;
— en cas d'année sèche, elle peut être pâturée en vert ;
— enfin, sa paille est très prisée (57).
Donc, au lieu de chercher à tirer un parti maximal des variétés ou des races à haut rendement, le fellah opte pour les productions qui lui garantissent une couverture de ses besoins de base. La diversification des mets est un signe de différenciation sociale (58).
Il y a donc, dans l'esprit du fellah, évaluation constante de l'évolution du contexte climatique et économique, et capacité à modifier l'itinéraire technique d'une production (une céréale prévue pour le

---

(55) Cf. CIHEAM-IAM, « Réseau agricultures familiales comparées (RAFAC) », Séminaire sur les systèmes de production familiaux, Montpellier, janvier 1984, 398 p.
(56) GANA (A.), « Pluriactivité des agriculteurs et reproduction sociale dans les campagnes tunisiennes », Annales de l'Institut national de la recherche agronomique de Tunisie, vol. LX, fasc. 7, 1987, 44 p.
(57) « Sans aller jusqu'à affirmer que le grain est un sous-produit de la paille, il a été observé que les pratiques agricoles qui assuraient plus de grains avec moins de paille (variétés à paille courte) étaient rejetées bien que la masse de matière sèche totale était plus élevée », PASCON, art. cité, p. 10.
(58) ROSENBERGER (B.), « Cultures complémentaires et nourritures de substitution au Maroc, XVᵉ-XVIIIᵉ s. », Annales ESC, n° 35, Paris, 1980, pp. 477-503. « Dans les montagnes, le blé est rare. Le pain devient foncé, pétri d'orge, de millet, de sorgho et de bien d'autres farines appelées en renfort. Il cède la place souvent à diverses galettes, à des bouillies parfois très grossières. La viande est rare. L'été il y a du lait. Les fruits et les herbes sauvages combattent la faim » (p. 493).

grain est récoltée en vert, ou pâturée). « La polyfonctionnalité des productions empêche de tirer un parti maximum des variétés ou des races à haut rendement, mais permet au producteur d'assurer l'optimum de ses besoins. Vouloir faire disparaître cette polyfonctionnalité et orienter les producteurs vers des spécialisations hautement productives n'est possible qu'avec un échange généralisé très fluide et la substitution d'instances capables de jouer correctement les mêmes rôles », en conclut Pascon (59). Cette polyfonctionnalité des produits va de pair avec une gestion complémentaire des terroirs.

La complémentarité des terroirs

Le choix de cultures décrit plus haut implique une certaine gestion des terroirs.

Chez les sédentaires, on observe une utilisation de terroirs complémentaires, selon un schéma à trois composantes observé, par exemple, par Bencherifa dans le Souss :
— un terroir irrigué, régulièrement cultivé, mais de taille réduite ;
— un terroir à céréaliculture sèche, mais à jachère prédominante ;
— des terrains de parcours pour un élevage de base.

Bien entendu, cela se pratique plus facilement dans un contexte de famille élargie, en raison de la base foncière étendue dont on dispose et du nombre de bras disponibles.

Chez les nomades, la complémentarité est encore plus indispensable, mais joue sur des échelles qui varient :
— on observe des déplacements à courte distance qui permettent de tirer parti de milieux géographiques variés, mais en un temps très court (un jour ou deux, pour faire paître un troupeau de chevreaux, par exemple) ;
— les déplacements moyens et longs qui constituent l'*achaba* sont saisonniers, et représentent de véritables changements d'activité : à côté de l'élevage, qui reste l'activité principale, la cueillette des dattes ou le moissonnage peuvent représenter des temps de travaux très importants.

Ce qui est remarquable, c'est le découpage des finages que cela implique : une tribu, pour exercer les différentes activités qui lui sont nécessaires, devra pouvoir passer d'une zone de céréaliculture à une zone de cultures irriguées, le tout avec toujours de l'élevage itinérant. Cela explique le découpage en laniéré des territoires tribaux.

En fait, cette organisation spatiale des communautés rurales a été grandement mise à mal par les évolutions modernes, qui ont aggravé les effets destructurants des lois foncières coloniales comme le sénatus-consulte. Côte considère même que cette complémentarité spatiale a été « globalement balayée » par l'évolution récente des structures agraires.

---

(59) Pascon, *Étude du comportement...*, p. 10.

Figure n° 76

LA COMPLÉMENTARITÉ LOCALE DES TERROIRS

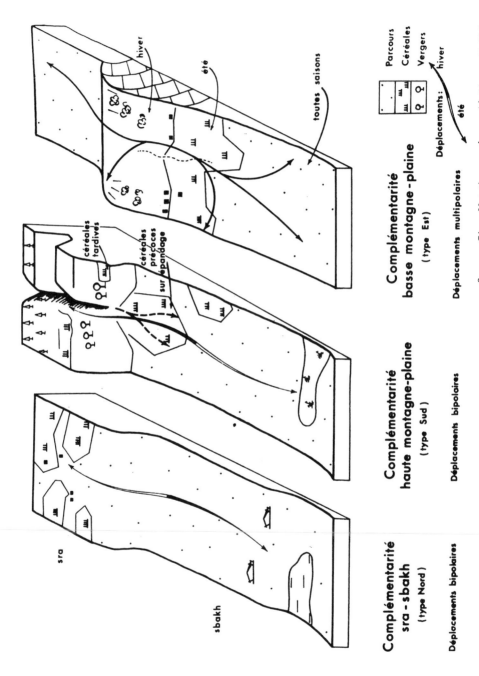

Complémentarité
sra - sbakh
(type Nord)

Déplacements bipolaires

Complémentarité
haute montagne-plaine
(type Sud)

Déplacements bipolaires

Complémentarité
basse montagne-plaine
(type Est)

Déplacements multipolaires

Source : Côte, *Mutations rurales en Algérie*, p. 53 (60).

Le stockage prévisionnel

C'est un autre élément essentiel des techniques ancestrales de survie, profondément remis en cause lui aussi. On en trouve des vestiges importants dans une région comme le haut Atlas marocain, sous forme de greniers collectifs fortifiés, mais il en existe des traces dans l'ensemble du Maghreb. En effet, le stockage a donné lieu à des systèmes d'ensilage assez variés et surtout gérés socialement de façons diverses.

Ce sont souvent des silos cachés dans le sol, et dissimulés au regard ; d'où leur nom de *matmora,* comme dans la plaine de la Chaouia. C'est le système le plus courant en région de plaine. Ces silos sont parfois repérables par leur margelle.

Là où il y a des reliefs, ce sont soit des greniers falaises, accessibles par une passerelle amovible, soit des greniers forteresses, situés au sommet d'un village (les *kasba* du Sud marocain) ou dans un *qsar* fortifié.

Marouf a bien expliqué que le type et le niveau de stockage dépendent du niveau de risque que l'on veut couvrir et de l'échelle temporelle correspondante. Un stockage léger peut être individuel ; mais, dès qu'il s'agit de stocker des quantités importantes, en prévision d'un aléa climatique, mais aussi d'une menace éventuelle des allogènes, une pratique collective s'impose, dans la mesure où il faut songer à protéger les silos. Ces magasins servent aussi à préserver ce que l'État a prélevé : c'est le cas des magasins du bey de Constantine alimentés par l'*achour* (impôt sur la récolte) (61). Ils ont donc des fonctions multiples et des formes qui varient avec le milieu et la structuration sociale.

Les historiens ont ainsi recensé dans les trois pays maghrébins des vestiges qui prennent sens si on leur donne cette fonction de lutte contre l'aléa.

a) Au Maroc

Robert Montagne avait attiré l'attention sur les magasins forteresses de l'Anti-Atlas, comme l'*agadir* des Ikounka (62). Des relevés plus systématiques ont été réalisés (63). On appelle ces magasins

(61) *Cf.* NOUSCHI (A.), *Enquête sur le niveau de vie des populations rurales constantinoises, de la conquête jusqu'en 1919 ; essai d'histoire économique et sociale,* Paris, PUF, 1961, 767 p.

(62) MONTAGNE (R.), « Un magasin collectif de l'Anti-Atlas, l'agadir des Ikounka », *Hesperis,* Paris, Larose, 1929, 266 p. Voir aussi LEFEBURE (C.), « Réserves céréalières et société : l'ensilage chez les Marocains », *Les techniques de conservation des grains à long terme,* Paris, CNRS, 3 vol., fasc. 1, 1985. Dans le même numéro, l'article de ROSENBERGER (B.), « Réserves de grains et pouvoir dans le Maroc précolonial ».

(63) JACQUES-MEUNIE (D.), *Greniers et citadelles au Maroc, Publications de l'Institut des hautes études marocaines,* 1951, 2 vol., 249 et 109 p.

igherm ou *tighremt* chez les pasteurs de l'Atlas central, et *agadir* au pays des sédentaires du Souss, où ils sont particulièrement perfectionnés :

> Ce sont des vastes magasins constitués par la réunion de plusieurs centaines de petites chambres construites sur trois, quatre ou cinq étages, sur un plan qui diffère d'un canton à l'autre. Chaque foyer possède une ou deux chambres construites par un ancêtre, cofondateur de l'institution, ou achetées au cours des temps. L'ensemble forme, grâce au rempart, à la citerne, aux tours de guet, une véritable forteresse à l'intérieur de laquelle les habitants du canton ou des villages peuvent soutenir un long siège.

Ces magasins forteresses sont régis par des codes de droit coutumier rédigés en arabe, puisque le berbère ne s'écrit pratiquement pas, et qui datent de plusieurs siècles. Ce sont des recueils de deux cents à trois cents articles, de vrais livres, conservés avec un religieux respect. Ils s'ingénient à prévoir toutes les difficultés qui peuvent se présenter en raison des responsabilités respectives des usagers ; ils frappent de sanctions élevées les fauteurs de désordre, les voleurs, règlementent la responsabilité collective... Ces codes sont, semble-t-il, les monuments juridiques les plus parfaits que les Berbères aient réussi à édifier par leurs propres moyens (64).

b) En Algérie (65)

Des traditions de conservation alimentaire sont attestées en de nombreux endroits, et les historiens montrent que les réserves ont joué leur rôle au moment des disettes (66).

Dans l'Est du pays, on peut encore voir les vestiges de certaines *kalaa* ou *guelaa,* comme celle des Beni Hammad. Constructions fortifiées, parfois splendides, ces magasins regroupaient les vivres d'un village, voire d'une région. En principe, chaque village avait la sienne. Selon l'enquête menée par Côte, sur les nombreuses *guelaas* des Aurès, il n'en reste plus aujourd'hui que quelques-unes intactes (67).

Marouf, quant à lui, fait état des traditions de conservation à Tlemcen, qui portent sur les grains, l'huile, les conserves de tomates, d'olives et de poivrons, ou celle de viande séchée *(khlî),* le tout emballé dans des amphores appropriées en terre cuite.

---

(64) MONTAGNE (R.), *Regards sur le Maroc,* Paris, CHEAM, pp. 60-61.

(65) *Cf.* BERNARD (A.), *Enquête sur l'habitation rurale des Indigènes de l'Algérie,* Alger, 1921, pp. 48 et suiv., sur les stocks et les greniers.

(66) REY-GOLDZEIGUER (A.) évoque la période où le père du bachaga de Frenda avait pu rester deux ans sans labourer parce qu'il avait 1 000 silos pleins de grains, *op. cit.,* p. 444.

(67) CÔTE (M.), *L'Algérie ou l'espace retourné,* Paris, Flammarion, 1988, p. 59.

Ces traditions ont traversé la deuxième guerre mondiale. Il n'est pas exclu d'y voir l'obsession séculaire d'une population se remémorant encore le siège de Tlemcen par les Banu Marin, qui a duré quarante ans (XIIIᵉ s.) (68).

Ce qui est resté dans la mémoire populaire sous forme de dictons : « Si tu passes devant une *matmora,* détourne ton regard de peur que l'étranger ne la découvre. »

c) En Tunisie

On trouve ce même type de réserves, ici appelées *ghorfa* et obéissant aux mêmes usages. Refus de la spécialisation, recherche d'une polyfonctionnalité des productions, utilisation fine de la complémentarité des terroirs, pratique du stockage prévisionnel (69) : autant d'indices qui témoignent de l'inscription dans la mémoire populaire de la nécessité d'une lutte contre l'aléa climatique, qui toujours menace. La part du milieu est ici décisive dans la manière dont les hommes gèrent leurs terroirs. Comment ne pas voir que cela va radicalement à l'encontre des pratiques d'intensification moderne, qui, au contraire spécialisent, et misent sur les cycles courts ?

Mais il est un autre risque profondément ancré dans la mémoire, l'aléa politique, qui inspire lui aussi la prudence.

La lutte contre l'aléa politique

Il n'est pas du ressort de cette étude d'analyser les modalités traditionnelles d'oppression de la paysannerie. Il reste que les abus du prince sont une constante historique de toutes ces sociétés, et contribuent à expliquer des attitudes de méfiance face aux suggestions du pouvoir d'aujourd'hui. Car, pour le fellah, l'office d'irrigation, c'est encore le *maghzen,* le pouvoir central *(houkouma).* Or, la mémoire populaire sait que les chefferies sont prédatrices et qu'il faut, sinon s'opposer, du moins ruser.

Nombreuses sont les études d'histoire économique et sociale à l'appui de ce point de vue, du Djerid tunisien au Haouz marocain. Pascon a décrit par le menu l'emprise des chefs glaoua sur les ruraux. G. Bedoucha-Albergoni souligne de son côté, à propos des oasis du Sud tunisien, que « le Pouvoir se manifeste dans l'histoire et la conscience villageoise de façon brutale, sous les traits de l'exaction et de la répression » (70). Malgré l'éloignement des communautés oasien-

(68) MAROUF (N.), art. cité, p. 6.
(69) DESPOIS (J.), « Les greniers fortifiés en Afrique du Nord », *Cahiers de Tunisie,* 1953, pp. 36-60.
(70) BEDOUCHA-ALBERGONI (G.), *L'eau, l'amie du puissant,* p. 190.

nes, le pouvoir ne se fait jamais vraiment oublier : il se ménage des relais locaux dans les notables et les tribus, qu'il charge de prélever l'impôt et qu'il autorise à en profiter au passage. Il intervient tout juste lorsque ceux-ci « dépassent des normes communément admises ». Et lorsque l'impôt ne rentre pas, des expéditions répressives sont organisées, ou alors des réformes du système fiscal qui n'ont pour but que d'améliorer le rendement de l'impôt.

> En 1878, tous les oasiens d'el-Jemna revendiquent l'exemption d'impôts accordée à leur *zaouia* et refusent de les payer : ordre est donné par Tunis de réduire l'opposition par la force. Les premiers cavaliers sont accueillis par une vive fusillade. Le *'amel* donne alors l'ordre aux troupes de Gafsa et de Tozeur de se rendre au Nefzawa. Après plusieurs combats, el-Jemna est pillée et en partie détruite (71).

Il est clair que le privilège montagnard évoqué plus haut est en lien étroit avec cette « obstination à s'opposer » (Bedoucha-Albergoni) des communautés rurales. Aujourd'hui encore, l'enquête auprès du petit fellah laisse entendre, à mots couverts, une méfiance qui n'est pas sans fondements envers les représentants du pouvoir central.

Formes contemporaines des stratégies paysannes

Comment vérifier que ces stratégies paysannes séculaires sont encore à l'œuvre ?

De sérieux obstacles épistémologiques

Tout d'abord, les catégories statistiques dominantes sont tout à fait inappropriées pour appréhender ce type de calcul (72). En effet, les cadres comptables de l'économie classique sont inadéquats pour saisir des démarches complexes, tout en nuances, qui visent l'optimum de satisfaction des besoins et non le maximum de profit monétaire, et comparent cette satisfaction avec les efforts nécessaires pour l'obtenir (la pénibilité est fort peu prise en compte dans l'économie classique). Aussi, à défaut de disposer des catégories d'appréhension adéquates, on conclut au primitivisme, à la paresse et à la non-rentabilité.

De surcroît, trop peu d'enquêtes se sont penchées sur les stratégies complexes que les petits paysans mettent en œuvre. Ce n'est pas par hasard : on ne dispose guère de catégories pertinentes pour en appréhender les spécificités. Comment juger, par exemple, du type

---

(71) BEDOUCHA-ALBERGONI, *ibid.*, p. 204.
(72) PASCON (P.), « Considérations préliminaires sur l'économie des exploitations agricoles familiales », *RJPEM,* n° 3, déc. 1977, pp. 75-95.

de calcul qui conduit certaines paysanneries à émigrer en partie « pour pouvoir rester », l'émigration étant une manière de conjurer un déséquilibre momentané (73) ? Pascon a tenté de conceptualiser ces questions pour permettre un type d'enquêtes nouvelles sur les conduites paysannes en situation aléatoire (74).

De la Chaouia au cap Bon, des agriculteurs inventifs

Les enquêtes réalisées en ce sens soulignent que la recherche d'un accroissement de productivité de la terre (par irrigation, par exemple) est loin d'être la voie unique. D'abord en raison d'un calcul de pénibilité et de temps de travail requis, mais aussi parce que d'autres stratégies existent.

En Chaouia, par exemple, zone au climat éminemment aléatoire, on observe que, face aux contraintes climatiques, les exploitants agricoles ont mis au point un système de réponses variées en fonction des types de sol dont ils disposent (75). L'enquête porte sur la campagne 1980-81, c'est-à-dire en plein dans la période de sécheresse. Les exploitants pratiquent tantôt des rotations sur les sols, tantôt des successions selon le type de sols dont il s'agit (*jded, tirs* et *aloua, harch*), mais jouent aussi sur le choix des cultures et sur les itinéraires techniques. Pour les trois céréales principales, l'enquête a fait apparaître 83 itinéraires techniques possibles, en fonction de l'évolution momentanée des contraintes. Et l'analyse de l'échantillon montre que plus la taille de l'exploitation augmente, plus les choix techniques ont tendance à se simplifier. En d'autres termes, à contrainte maximale, inventivité maximale.

Une étude récente de la combinaison des activités par les maraîchers des périmètres publics irrigués du cap Bon, en Tunisie, conduit à des observations analogues (76). Sur la base d'un échantillon de 63 exploitations de taille variable, M. Gara estime démontrer « combien est mal fondée l'opinion qui dit que les agriculteurs n'ont pas de "rationalité", ne font pas de gestion ou ignorent même la notion de gestion ». En fait, il montre qu'il y a plusieurs rationalités, mais que chaque exploitant a une stratégie et combine pour cela moyens matériels et immatériels. Dans le cas étudié, on peut repérer quatre modes de gestion :

---

(73) *Cf.* Projet Remplod, « Partir pour rester », *Le Maroc agricole*, n° 103, mars 1978, p. 27.

(74) Comparant l'évolution de la consommation d'une famille et celle de la force de travail disponible, il montre qu'il y a des périodes où les deux courbes s'écartent notablement. *Cf.* graphe dans *RJPEM*, p. 88.

(75) *Cf.* BENATYA, PASCON, ZAGHDOUNI, *L'agriculture en situation aléatoire*, p. 52.

(76) GARA (M.), « Modes de gestion et rationalités des maraîchers dans les PPI du cap Bon », *Annales de l'INRAT*, Tunis, vol. LVIII, fasc. 1, 1985, 52 p.

— le premier mode a pour objectif la satisfaction des besoins alimentaires de la famille de l'exploitant : c'est l'économie de subsistance ;

— à l'opposé, les plus intégrés au marché cherchent à maximiser leur gain monétaire ;

— entre ces extrêmes, on a une combinaison des objectifs d'autoconsommation et de commercialisation.

Cela confirme la large palette sur laquelle jouent les producteurs, et explique que la proposition d'intensification qui leur est faite par l'office de mise en valeur est loin de constituer pour eux la seule issue. Bien entendu, cela suppose une capacité au calcul économique, que des travaux ont soulignée (77). Cela n'exclut pas de graves carences techniques, et des erreurs de choix de culture (78).

Ce chapitre voulait tirer au clair un paradoxe : comment se fait-il que les grands programmes hydro-agricoles élaborés par les États suscitent aussi peu l'adhésion de paysans qui démontrent par ailleurs leur aptitude à faire de l'agriculture irriguée ? Pour répondre, il faut d'abord faire justice d'une thèse souvent reprise, selon laquelle les sociétés maghrébines seraient foncièrement bédouines, plus aptes à l'accumulation rentière dans les villes qu'au progrès agricole. Thèse que l'on retrouve chez les aménageurs, pour qui l'obstacle des mentalités condamne toute transformation radicale de l'agriculture traditionnelle. Il faut s'astreindre à un retour sur l'« intérieur du Maghreb » et ses racines pour en tirer la conviction que le Maghrébin est avant tout un rural.

Cette identité paysanne se déploie dans des stratégies que nous avons tenté d'élucider et qui manifestent une rationalité. Un de ses éléments essentiels est une prise en compte permanente du risque

---

(77) HAMDI (E.), « Rationalité des agriculteurs dans la consommation d'eau d'irrigation, cas du périmètre de Medjez el Bab », Mémoire, INAT, Tunis, 1988, 110 p. Hamdi a enquêté auprès d'un groupe d'irrigants de la Medjerdah pour voir comment leur comportement varie en fonction du coût des facteurs, en particulier l'eau d'irrigation. Les résultats de l'étude montrent la capacité des fellahs à faire du calcul économique en surutilisant le facteur à bas prix, l'eau, et ce au détriment des autres facteurs, plus coûteux, mais indispensables pour améliorer les rendements, les engrais en particulier. Contrairement à une idée reçue, il y a surutilisation de l'eau par rapport à l'optimisation de la combinaison des différents facteurs.

(78) Rien ne serait plus fâcheux que d'élaborer un portrait idéal. L'enquête auprès de paysans récemment lancés dans l'irrigation sur les flancs du djebel Amour nous a montré la coexistence permanente de la créativité et d'un manque de technicité. On observe à la fois une capacité de bricolage considérable (tuyaux de fortune, moto-pompes installées avec ingéniosité, etc.) et, en même temps, des carences techniques importantes (les doses d'irrigation sont mal appréciées, et souvent excessives ; les cultures sont menées approximativement : tomates non pincées, engrais inadéquats...).

et de l'aléa : aléa climatique et aléa politique. Cela a engendré des stratégies d'occupation de l'espace, de répartition de l'investissement humain au sein de la famille élargie, qui visent à garantir non le maximum de productivité, mais l'optimum de satisfaction des besoins.

Il y a donc autre chose à comprendre qu'une incapacité congénitale dans les refus de certaines innovations techniques comme les grands périmètres. L'histoire des sociétés rurales montre que l'innovation technique est le plus souvent une modalité nouvelle de prélèvement du surplus. Dans le Maghreb d'aujourd'hui aussi, les gains en productivité que permettent les choix techniques nouveaux dans le domaine de l'irrigation permettent une accumulation accrue dans bien d'autres sphères que celle du monde rural. Faut-il, dès lors, s'étonner de ce que Marc Bloch appelait la « merveilleuse routine paysanne » ?

12

Les politiques de l'eau
entre les séductions de la technologie
et les rigueurs de l'ajustement structurel

Au terme de ce tour d'horizon des politiques hydrauliques, il n'est pas sans intérêt de voir sur quoi se concentre aujourd'hui l'attention des décideurs nationaux et internationaux. Va-t-on vers des changements importants d'orientation, attribuant, par exemple, une place privilégiée à la petite et moyenne hydraulique et qui nous donneraient peut-être l'occasion d'assister à un recul important de l'intervention étatique dans le secteur hydraulique au profit d'organisations d'irrigants ? Deux thèmes majeurs focalisent l'attention.

Le premier est l'innovation technologique.

Dans les pays développés, l'heure est à la rationalisation de l'utilisation de l'eau : l'ère du goutte-à-goutte est déjà remplacée par celle des capteurs et palpeurs, qui mesurent les besoins hygrométriques du sol et de la plante et déclenchent les automatismes d'irrigation. Tel ou tel élément très sophistiqué, comme la régulation dynamique des réseaux, est en train de franchir la Méditerranée, et les techniques d'irrigation en zone aride, venues d'Arizona ou du Colorado, fascinent beaucoup (irrigation saharienne, arrosage par pivots) ; les opérations spectaculaires se multiplient, abondamment médiatisées. Comme si la technique offrait la possibilité d'une « nouvelle frontière » après les résultats mitigés des coûteuses politiques hydrauliques des trente dernières années.

L'ajustement structurel est l'autre thème à l'ordre du jour. Les difficultés financières contraignent les États à accepter des programmes d'ajustement structurel élaborés par le FMI et la Banque mondiale. Les conséquences en sont déjà perceptibles en Tunisie et au Maroc. L'Algérie risque bien de devoir s'y soumettre à son tour. Dans quelle mesure le retrait de l'État qui en résulte permettra-t-il un retour des acteurs décentralisés que sont les organisations paysannes ? Telle sera notre interrogation ultime.

1. Les mirages de l'agriculture saharienne
Technologie et « nouvelle frontière »

Le ministre algérien de l'Agriculture annonçait en 1988 « l'auto-suffisance du Sud et des excédents » comme un des objectifs de sa politique agricole. Faisant part de premiers résultats d'expérimentation dans des *wilayate* sahariennes comme Adrar et Ouargla, le ministre assurait à *El Moudjahid* :

> Il y a de l'eau pour un certain nombre d'années puisque dans la région de Biskra, selon une étude, l'irrigation de 100 000 ha portera sur 20 000 ans. Même si l'eau est fossile et se renouvelle petit à petit, il y a des quantités d'eaux importantes qui peuvent être exploitées pour une longue durée.

Au moment où les superficies irriguées du Nord régressaient, on annonçait des merveilles dans le domaine de l'agriculture saharienne :

> En exploitant rationnellement les conditions agro-climatiques, il n'y a pas de doute que nous renverserons la vapeur : alimenter les régions du Nord du pays grâce au surplus de production des régions sahariennes.

Loin d'être seulement un thème du discours politique, cette notion du Sahara comme « nouvelle frontière » va devenir un des axes importants des politiques hydrauliques, à une période où le niveau de dépendance alimentaire prend des proportions dramatiques. Les Algériens confient aux Américains la réalisation d'une ferme expérimentale de 2 000 ha à Gassi Touil ; les Tunisiens se lancent dans la création *ex nihilo* de 2 500 ha de nouvelles palmeraies dans le Sud, à Regim Maatoug ; les Marocains misent sur l'irrigation par pivot d'un million d'hectares de céréales en zone aléatoire. Comme si une fuite en avant technologique pouvait permettre de conjurer les résultats mitigés obtenus par vingt ans de politique hydro-agricole dans le Nord.

Mise au point sur les ressources en eau souterraine

Des chiffres fabuleux vont être avancés, donnant à penser que les réserves en eau profondes sont illimitées. Selon les hydrogéologues, les réserves totales des deux grands aquifères profonds du Sahara septentrional représentent un volume de l'ordre de 60 000 km³. Mais, ajoutent-ils, « cette évaluation n'a cependant pas de signification pratique puisqu'un dénoyage de réservoirs captifs profonds n'est pas concevable » (1). Quand on sait par ailleurs que cette eau jaillit à 60 °C, avec une teneur en sel de 5 à 7 g/l, et que son exhaure est assez onéreuse, on est enclin à faire un point précis sur cette ressource avant d'élaborer toute hypothèse de mise en valeur.

On présentera surtout ici les ressources du Sahara septentrional, qui sont de loin les plus importantes, même si le Maroc dispose lui aussi de substantielles ressources souterraines : au total 5 km³/an seraient mobilisables par captages de toutes sortes, provenant pour une part d'aquifères fermés et profonds, mais surtout d'abondantes infiltrations, que favorisent les reliefs de ce pays (Rif, Atlas...) (2). Ambroggi avance le chiffre de 1 000 km² de réserves en eau souterraine, « surtout dans la zone plus aride », tout en reconnaissant qu'elles n'ont pas encore fait l'objet d'une vraie évaluation (3).

La structure globale des aquifères du Sahara septentrional

Elle est connue grâce à une étude approfondie faite sous l'égide de l'Unesco en 1970, le projet REG 100 : Étude des ressources en eau du Sahara septentrional (Eress), étude actualisée par le Pnud (projet RAB 80/011) (4). De plus, les travaux des hydrogéologues ne manquent pas sur cette ressource peu commune (5). Les aquifères en question relèvent d'un bassin sédimentaire très vaste : limité au nord par l'Atlas saharien, de la frontière marocaine au golfe de Gabès, à l'ouest par la vallée de l'oued Saoura, au sud par la bordure des plateaux de terrains anciens du Sahara central du Tademaït et du Tinrhert, et à l'est par la Méditerranée, il couvre une superficie de 780 000 km² et constitue un sorte de cuvette à fond plat. Sa structure géologique est caractérisée par trois grandes formations perméables, auxquelles correspondent trois grands réservoirs aquifères.

---

(1) CASTANY (G.), « Bassin sédimentaire du Sahara septentrional (Algérie, Tunisie). Aquifères du Continental intercalaire et du Complexe terminal », *Bulletin du BRGM*, 1982/2, p. 147.

(2) ANAFID, *Séminaire sur les ressources en eau*, Rabat, 13-14 juin 1980, p. II, 28.

(3) AMBROGGI (R.), « Eau et développement. Conférence à l'Académie du royaume du Maroc », mars 1985.

(4) COLLECTIF, *Étude des ressources en eau du Sahara septentrional, Algérie, Tunisie, rapport final REG 100*, Paris, Unesco, 1972, 7 volumes, et PNUD, *Actualisation de l'étude des ressources en eau du Sahara septentrional, rapport final*, 1983, 490 p.

(5) *Cf.* l'article déjà cité de CASTANY, ainsi que FORKASIEWICZ (J.), MARGAT (J.), « L'exploitation des réserves d'eau souterraine en zones semi-aride et aride », *IVᵉ Conférence internationale sur la planification et la gestion des eaux*, Marseille, mai 1982, vol. I, Éditions Cefigre, 1982, p. 701, et PALLAS (Ph.), « Les ressources en eau du Sahara septentrional », *Nature et ressources*, Paris, Unesco, VIII, n° 3, pp. 10-18.

Formations	Réservoir aquifère
Complexe terminal (CT) sablo-gréseux du crétacé supérieur au miocène	Aquifère multicouche du CT à nappe libre ou localement captive
Continental intercalaire (CI) sablo-gréseux et argilo-sableux du crétacé inférieur principalement, pouvant comprendre à la base des couches du jurassique et du trias	Aquifère multicouche du CI, à nappe captive ou localement libre, étendu dans tout le bassin
Série complexe de la jeffara (au N-E, dans le Sud tunisien : région de Gabès et Djerba). CI plus argileux effondré à une grande profondeur sous le golfe de Gabès	Aquifère de la Jeffara : prolongement local du CT et, en partie, du continental intercalaire

Figure n° 77

COUPE SCHÉMATIQUE
DU BASSIN HYDROGÉOLOGIQUE DU SAHARA SEPTENTRIONAL

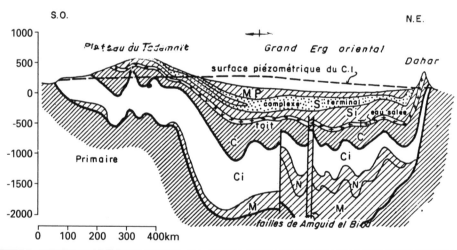

Source : Castany, art. cité, p. 130.

Remarque importante : ces niveaux communiquent entre eux, pour une part du moins. Ainsi, des fractures dans le toit de la nappe la plus profonde, celle du continental intercalaire (CI), laissent s'échapper des quantités d'eau importantes vers la nappe du continental terminal (CT). De même, la nappe de la Jeffara est affectée par l'évolution du continental terminal. Cela sera d'une extrême importance pour leur utilisation. On dispose sur chacun de ces aquifères de renseignements assez poussés.

Le système aquifère du continental intercalaire (CI)

C'est lui qui alimente les très anciennes *foggaras* du Gourara et du Tademaït et les chotts Djerid et Fedjadj du Sud tunisien. Mais on l'a surtout découvert à l'occasion des forages profonds réalisés dans les années 1950 pour le pétrole. De là allait naître une tentative d'exploitation hydraulique d'un type nouveau, les forages à l'albien (6).

Le réservoir s'étend sur 600 000 km² et son épaisseur utile varie de 125 m sur les bords à plus de 1 000 m au centre. Il est constitué de dépôts continentaux sablo-gréseux et sablo-argileux, recouverts par un toit imperméable qui fait de cet aquifère une nappe captive, avec des fuites locales. Ce toit est à une profondeur maximale sous les chotts (2 000 m) et diminue au centre (1 000 m), à l'ouest (580 m) et à l'est (250 m). C'est dire que le continental intercalaire est atteignable à des profondeurs considérables.

Il s'agit d'eaux chaudes (de 57 à 66 °C), dont la minéralisation est généralement importante, mais variable : de 0,5 à 1 g/l sous le grand erg occidental, zone d'alimentation, à plus de 5, voire 7 g/l dans la partie centrale (Tidikelt et Ouargla).

Ces variations tiennent à l'hydrodynamique du système : il est alimenté par des infiltrations d'eaux de ruissellement à sa périphérie et par transfert de l'aquifère à nappe libre du grand erg occidental. Le total des apports a été estimé à 8,5 m³/sec, soit 270 hm³/an (simulations réalisées en 1956 et 1970). Quant aux flux sortants, ils sont passés, selon les mêmes études, de 8,5 m³/sec en 1956 à 11,1 m³/sec en 1970, soit environ 350 hm³/an. Il s'agit de l'exutoire souterrain vers le golfe de Gabès, des fuites vers la nappe supérieure et des forages profonds. On peut conclure à une déstockage progressif, que l'on évaluait en 1970 à 2,6 m³/sec, soit 80 hm³/an. Cela avait déjà pour effet une baisse des niveaux piézométriques supérieure à 25 m à Ouargla et dans l'oued R'hir.

L'exploitation de cet aquifère est aussi ancienne que les *foggaras* (débit total estimé à 3,7 m³/sec), mais les forages artésiens qui ont débuté au XIXᵉ s. dans l'oued R'hir et la région de Zarzis et qui ont fortement augmenté avec les recherches pétrolières des années 1950-60 ont accru les prélèvements. De 1956 à 1970, le débit soustrait par forage profond est ainsi passé de 0,3 à 3,0 m³/sec. Ce qui ferait un prélèvement total de 9,3 m³/sec.

---

(6) DUBOST (D.), « Contribution à l'amélioration de l'utilisation agricole des eaux chaudes du Continental intercalaire dans la cuvette du bas Sahara algérien », *INRA,* Sidi Mahdi, 1980, 39 p.

Figure n° 78

LOCALISATION DES DEUX COMPLEXES AQUIFÈRES SAHARIENS

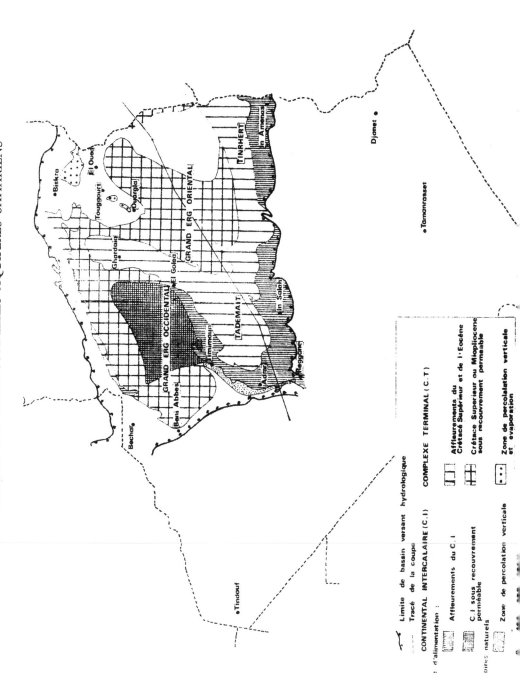

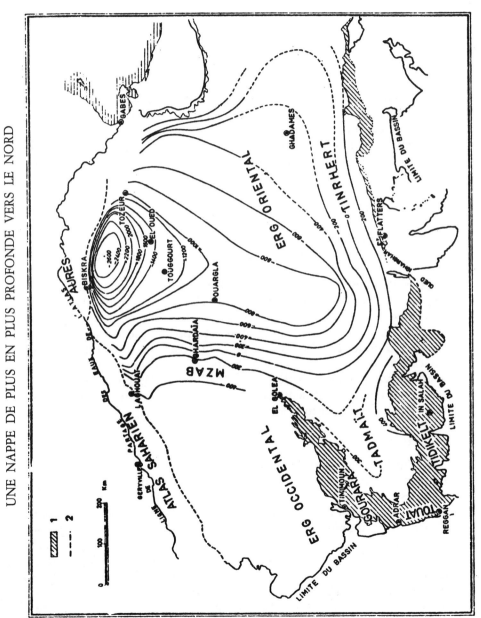

Figure n° 79

UNE NAPPE DE PLUS EN PLUS PROFONDE VERS LE NORD

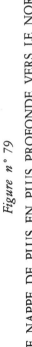

1

2

0 100 200 Km

Source : Cornet, *Introduction à l'hydrologie saharienne*, 1964, p. 36.

Le système aquifère du continental terminal (CT)

Couvrant environ 350 000 km², il est constitué de deux couches aquifères principales : les sables du miopliocène et le réservoir carbonaté du sénonien et de l'éocène inférieur. On atteint cet aquifère à partir des argiles sableuses du miopliocène, à des profondeurs de l'ordre de 200 m.

L'étude hydrogéologique a permis de calculer la puissance du réservoir total : elle est en moyenne de 50-100 m pour le miopliocène, mais augmente fortement vers le sud (400 m), et surtout vers le nord (600 m sous le chott Melrhir) et l'est (700-900 m au Djerid). Le sénonien et l'éocène atteignent des valeurs du même ordre.

L'étude hydrodynamique montre une alimentation par des infiltrations d'eaux de ruissellement à la périphérie du bassin hydrogéologique : au total, les apports sont estimés à 18,3 m³/sec. Les flux sortants sont constitués par les grandes cuvettes d'évaporation que sont les chotts, par les sources et enfin par les forages, soit 18,5 m³/sec en 1956, et 21,5 m³/sec en 1970. Ici aussi, il y a un déstockage de l'ordre de 3 m³/sec, soit 100 hm³/an.

Il s'agit, en revanche, d'une eau froide, moins minéralisée, qui se renouvelle.

Ces deux aquifères au potentiel considérable connaissent donc depuis 1970 un déstockage croissant. D'où les recommandations de suivi rigoureux du rapport de 1972. De fait, les observations réalisées ont incité à la prudence, car il est apparu que « les nappes les moins profondes (CT et Jeffara) peuvent avoir des variations de leurs caractéristiques hydrogéologiques beaucoup plus sensibles que ce qui a été prévu par les premiers modèles Eress » (7). On a observé en particulier des accroissements rapides de la salinité et des baisses importantes de niveau piézométrique.

Projections d'exploitation

L'étude Eress a servi de base à l'élaboration de scénarios de développement des zones sahariennes. On prévoyait alors que la population des deux zones concernées passerait de 887 000 habitants en 1970 à 2,2 millions en l'an 2000. Quant aux superficies irriguées, une fourchette fut élaborée situant les hectares nouveaux entre 35 000 et 57 000 ha.

S'ajoutant au comblement des déficits en eau pour les surfaces déjà irriguées, cela signifierait une demande supplémentaire allant de 38,2 à 56,2 m³/sec et une demande totale située entre 62 et 80 m³/sec en l'an 2000, contre 23,8 m³/sec fournis en 1970. La satis-

(7) MAMOU (A.), « Ressources hydrogéologiques et développement agricole dans le Sud tunisien », *Enjeux sahariens*, Paris, Éditions du CNRS, 1981, p. 273.

Tableau n° 128

HYPOTHÈSES D'ÉVOLUTION DES DEMANDES EN EAU AU SAHARA A L'HORIZON 2000

État en 1970			Hypo-thèses	Hectares nouveaux	Demande nouvelle (en m3/sec)	Demande supplé-mentaire (en m³/sec)	Exploita-tion 2000 (en m³/sec)
Prélevé (en m³/sec)	Irrigué (en ha	Déficit (en m³/sec)					
Algérie	28 890	7,1	Haute	45 000	36	43,1	58,2
15,1			Basse	27 000	21,5	28,6	43,7
Tunisie	15 520	3,9	Haute	12 092	9,2	13,1	21,9
8,8			Basse	7 490	5,7	9,6	18,4
Total	45 410	11,0	Haute	57 092	45,2	56,2	80,1
23,9			Basse	34 490	27,2	38,2	62,1

Source : Castany, art. cité, p. 145.

faction de cette demande future tient donc à trois types de contraintes :

— les contraintes physiques des aquifères (rabattement des nappes) imposent de limiter le pompage si l'on veut conserver le jaillissement ;

— les contraintes techniques de production : pour exhaurer 80 m³/sec, il faudrait 135 forages artésiens et 2 612 forages pompés nouveaux ;

— les contraintes économiques : le coût de production du mètre cube passerait de 5 à 8 DA constants en Algérie.

Ce qui amène le rapport Eress à définir une conception spécifique de ce qui est exploitable dans ce contexte original :

Le débit correspondant à une valeur et un accroissement dans le temps, admissibles, des investissements et des coûts de fonctionnement... « Admissibles » signifie que ce sont les gouvernements eux-mêmes qui, en fixant la limite des deux paramètres économiques, investissement et coût de l'eau, déterminent les ressources exploitables (8).

On est loin de la conception minière qui continue à prévaloir dans l'opinion et les propos ministériels. Cela n'a pas empêché les projets mirobolants de fleurir.

_____

(8) ERESS, 1972, IV, p. 23.

Le Sahara, nouvel Arizona
Présentation de l'étude Hydrotechnic Corporation

C'est en 1974 que Sonatrach, la compagnie pétrolière algérienne, passa contrat avec le bureau d'études américain Hydrotechnic Corporation pour étudier trois projets pilotes de 1 000 ha dans les régions de Hassi Messaoud, Gassi Touil et In Amenas (9). S'appuyant sur des données climatiques « remarquablement analogues à celles de l'Arizona central où d'importantes superficies désertiques ont été mises en irrigation » (S 2) et sur l'existence des eaux inventoriées par Eress, le rapport conclut à l'existence de 165 000 ha potentiellement irrigables dans les trois régions choisies et propose de commencer par la mise en place de trois fermes pilotes afin d'expérimenter le type de mise en valeur envisagé.

Une mise en valeur à haute valeur ajoutée

Le mieux est de reprendre les termes mêmes du rapport S 6 :

> La faiblesse du marché local, l'éloignement des aires de projet du marché national au Nord, et le coût élevé de l'eau d'irrigation ont nécessairement orienté l'étude du développement agricole vers les spéculations et produits à forte valeur ajoutée. Ceux-ci comprennent les cultures fourragères en vue de l'élevage ovin, les cultures industrielles comme la betterave à sucre et les oléagineux, les fruits et les légumes susceptibles d'alimenter les agro-industries, et l'élevage. Étant donné la faible disponibilité en main-d'œuvre, les réseaux d'irrigation doivent être totalement automatisés et les opérations agricoles fortement mécanisées compte tenu de la technologie actuelle.

À partir de ces principes, des schémas de mise en valeur sont élaborés pour les trois régions du projet, et l'on préconise de mettre en place, après une phase d'expérimentation, un total de 35 000 ha irrigués (12 000 ha à Hassi Messaoud, 20 000 ha à Gassi Touil et 3 000 ha à In Amenas). Le tout se faisant en unités agricoles de 1 000 ha, réparties sur 20 parcelles. Pour éviter l'interférence entre les puits, un espacement des unités est recommandé. On prévoit aussi de mélanger les eaux chaudes du CI avec les eaux froides du CT afin d'obtenir une température acceptable par les plantes. Dessableurs et conduites enterrées en fibres de verre pour alimenter les pivots sont préconisés.

---

(9) HYDROTECHNIC CORPORATION, *Mise en valeur des régions sahariennes, rapport de synthèse*, janvier 1977. Il y aurait beaucoup à dire sur l'intervention récurrente des sociétés pétrolières dans ce type de projet ; c'est loin d'être un cas unique, comme le montre la lecture de *Total informations*.

Les objectifs de production et leurs implications

A titre d'exemple, voici les prévisions retenues pour la région de Gassi Touil :

Cultures :

Luzerne :	2 000 ha/an	Arachides :	6 000 ha/an
Carthame :	6 000 ha/an	Millet :	6 000 ha/an
Blé et orge :	4 000 ha/an	Pâturages :	2 000 ha/an
Betterave sucrière :	6 000 ha/an		
Total :	32 000 ha/an		

Besoins en eau : 475 hm³/an, soit environ	15 000 m³/ha/an
Production de sucre de betterave :	26 780 t/an
Production de tourteaux oléagineux :	12 600 t/an
Population ovine :	252 300 têtes
Production totale de carcasses :	4 280 t/an

Sous produits : peaux, laine et abats.

Il est prévu de surcroît des excédents fourragers vendables aux autres zones, dont la vocation sera différente. Ainsi, des cultures fruitières et légumières sont prévues dans la région d'In Amenas (plus de 6 000 ha) avec transformation agro-industrielle sur place.

Des estimations de besoins en main-d'œuvre et en matériels sont faites par zone, avec comme principe de maximiser la mécanisation et de minimiser la main-d'œuvre : au total, 3 653 emplois ; 600 tracteurs, 260 camions, 75 moissonneuses-batteuses, etc.

Investissements à prévoir et hypothèses de rendement futur

Le bureau d'études propose un chiffrage global des investissements à prévoir ainsi que les coûts d'exploitation sur dix ans (en milliers de DA) :
— Hassi Messaoud : 479 292, soit 39 940 DA/ha et 1,54 DA/m³ ;
— Gassi Touil : 849 220, soit 42 460 DA/ha et 1,77 DA/m³ ;
— In Amenas : 193 998, soit 64 665 DA/ha et 3,40 DA/m³.

L'équipement de production de l'eau constitue le poste le plus coûteux : de 18 000 à 24 000 DA/ha selon la zone, le coût des réseaux allant de 10 000 à 20 000 DA/ha. Ce qui revient à un coût prévisible par ferme de 1 000 ha se situant entre 40 et 65 millions de DA, uniquement pour les aménagements hydro-agricoles. A cela devait s'ajouter une usine d'engrais (production escomptée : plus de 7 000 t/an d'azote et de phosphate), et surtout les unités agro-industrielles (abattoirs et frigoriques : 25 millions de DA ; huileries : 40 millions de DA ; sucreries : 140 millions de DA ; conserveries : 25 millions de DA).

Le revenu annuel escompté sur quinze ans est estimé à 329 millions de DA, ce qui permet d'espérer un taux de rendement interne moyen de 3 %.

Vers un premier stade : des périmètres pilotes

Hydrotechnic préconise de commencer par réaliser un périmètre pilote par région (Fort-Lallemand, Gassi Touil et Ohanet), avec pour chacun un profil d'activités correspondant aux orientations spécifiques de sa région, mais avec une même série d'objectifs (la recherche et l'expérimentation dans la production de l'eau, les méthodes d'irrigation, les façons culturales, l'élevage et la gestion), ainsi qu'une formation des gestionnaires et techniciens. L'investissement à prévoir pour ces périmètres pilotes de 1 000 ha chacun va de 40 à 60 millions de DA environ. Leur mise en route est prévue pour 1977, et l'on escompte une autonomie financière dès 1980.

Tout en reconnaissant la nécessité de cerner davantage certains paramètres, en particulier ceux qui ont trait à l'exploitation des eaux souterraines, le bureau d'études considère que « la mise en valeur hydro-agricole du Sahara septentrional pourra atteindre son potentiel de réussite dans un futur très proche (10). » Ce document étonnant fut seulement remarqué par les spécialistes d'agriculture saharienne (11). Le projet qu'il annonçait verrait partiellement le jour dix ans plus tard. Entre-temps, Libyens et Saoudiens allaient faire de l'expérimentation à grande échelle.

Du Sarir (Libye) au Wadi el Dawasir (Arabie Saoudite) : L'irrigation par pivots dans le désert

« Le projet agricole du Sarir constitue l'une des plus grandes tentatives contemporaines pour l'utilisation des ressources en eau souterraines pour la mise en valeur agricole des sols sableux désertiques, dans un objectif de contribution à l'autosuffisance alimentaire de la Libye (12). » Ainsi s'exprime le premier directeur de ce projet peu banal.

---

(10) HYDROTECHNIC, document cité, p. S 20.

(11) Nous avons attiré l'attention sur ses conclusions lors d'une table ronde du CRESM à Aix-en-Provence, en novembre 1981. *Cf.* PÉRENNÈS (J.-J.), « Le devenir de l'agriculture saharienne : nature et enjeux de quelques projets récents de mise en valeur », *Enjeux sahariens,* pp. 253-265. Nous y écrivions, p. 262 : « Ce projet n'a pas encore vu le jour ; cela ne signifie pas qu'il soit abandonné, comme le montre ce qui se passe plus à l'est dans le désert libyen. » Les faits ont confirmé cette supposition.

(12) LE GOUPIL (J.-C.), *Un type moderne d'irrigation, l'irrigation par pivots dans le cadre du projet agricole Sarir (Libye),* Paris, Irat-Satec, 1982, p. 2.

De l'eau fossile au blé du désert : les grandes lignes du projet

Il s'agit de mettre en valeur de 40 000 à 50 000 ha, en plein désert du Sud libyen, à 600 km au sud de Benghazi, à partir de 500 forages à deux aquifères souterrains, du type de ceux inventoriés par l'étude Eress dans le Sahara septentrional. Ici, le miocène est atteint à des profondeurs allant de 150 à 300 m. Une hypothèse de 75 m³/sec est admise comme débit de pompage pour chaque puits, et l'on escompte cinquante ans de réserves. A l'aide d'une pompe immergée à 100 m de profondeur, chaque puits doit pouvoir irriguer 80 ha en hiver. Pour éviter des interférences entre puits, les 242 forages projetés prévus pour la première phase sont prévus sur huit lignes (cinq pour le projet Sud et trois pour le projet Nord). Le projet Sud est pris en charge par les Libyens à partir de 1975, et le projet Nord est confié en février 1979 à une société française spécialisée dans les aménagements agricoles outre-mer, la Satec (Société d'aide technique et de coopération), qui va jouer le rôle d'ensemblier.

De fait, la Satec allait intervenir de façon massive : matériels importants, ingénieurs, et même jeunes paysans français ravis de prendre leur part dans la manne pétrolière. Le contrat signé portait sur l'équipement total de 6 500 ha et la gestion de 108 puits (8 600 ha), pour une période de trois ans, ainsi que la formation d'ingénieurs et techniciens libyens susceptibles d'assurer la relève. En échange, la Satec s'engageait à obtenir un rendement de 36 q/ha de blé dès la troisième année. D'où l'expression employée alors de « contrat blé en main » (13). Outre les céréales, la culture du sorgho était prévue ainsi qu'un suivi agro-technique de l'expérience par une équipe de cinq ingénieurs de l'Irat (Intitut de recherches agronomiques tropicales). La mise en œuvre d'un projet aussi grandiose constitua un défi technologique et organisationnel peu commun.

Un outil majeur : le pivot central d'irrigation

Le centre pivot, technique d'origine américaine, allait devenir l'outil majeur du projet Sarir. Le pivot est un système mobile d'irrigation par aspersion.

Au centre, l'arrivée d'eau, l'armoire de commande électrique, quelques équipements comme les dessableurs et les bacs de fertilisants, le tout fixé sur une aire bétonnée. A partir de ce pivot central, une canalisation supportée à intervalles réguliers de 45 m par des tours motrices conduit l'eau sur une longueur de 521 m, soit 11 portées. Ces portées sont rigidifiées par une armature métallique ; chaque tour est équipée d'un motoréducteur qui entraîne les deux roues par un jeu de cardans. Pour éviter la corrosion, le tube trans-

---

(13) *Actuel-Développement*, juin 1981, pp. 33-48, et *Le monde*, 13 sept. 1981, p. IX.

porteur est en aluminium et la poutraison en acier galvanisé. Le temps de rotation complète du pivot est de dix-huit heures, au minimum, chaque tour se déclenchant successivement grâce à un contrôle automatique d'alignement, qui assure une interruption générale en cas de patinage ou d'embourbement d'une des portées. L'eau est diffusée par des *sprinklers,* des buses, et des canons d'arrosage aux extrémités. Sa hauteur de 3,5 m permet aux engins de travaux de passer dessous.

Bien entendu, ce système, simple dans son principe, suppose des finesses de détail pour fonctionner correctement : joints flexibles, protection thermique des moteurs, dispositifs de sécurité, etc.

Un projet agricole géré de façon industrielle

La sophistication des matériels et l'ampleur du projet ont requis une gestion très moderne. Exploiter 81 forages (6 480 ha au total) signifiait gérer une ferme étalée sur une superficie de 30 × 20 km. D'où la mise en place du dispositif suivant.

Une unité pilote se charge de recueillir les données climatiques (température, humidité, évaporation, etc.) de façon à calculer l'ETP. Une sonde à neutrons mesure par ailleurs les consommations en eau des plantes et les caractéristiques hydrodynamiques des sols. Ils s'agit en effet de sols sableux, à forte percolation. Les vents *ghibli* sont une contrainte importante au printemps. Toutes ces informations permettent de déterminer une pluviométrie journalière, traduite par chaque chef d'exploitation en temps et vitesse d'arrosage des pivots.

Les unités d'exploitation sont reliées par radio au bureau central de l'irrigation, où est visualisé le fonctionnement de chacun des 81 pivots en temps réel. Sur place, les agents d'irrigation se chargent de l'affichage du programme, de la mise en route du pivot et de la pompe à engrais et à oligo-éléments (le sol, dépourvu de matière organique, n'est qu'un support auquel il faut tout fournir) ; ils se chargent aussi de la surveillance et des réparations, si nécessaire avec l'appui de matériels plus lourds (camions-plateaux avec grue pour intervention sur les rampes). Le matériel, de fabrication américaine (Valmont), a été adapté aux conditions d'utilisation par la Satec.

Au total, le projet mobilise au départ 61 cadres expatriés, 55 ouvriers qualifiés français, 105 ouvriers locaux et une équipe d'ingénieurs de l'Irat chargée du suivi expérimental. Tout cela suppose un support logistique important : un avion, une base vie de 400 personnes, des silos de stockage, des hangars de matériel agricole, etc.

Performances agro-techniques

Les premiers semis réalisés en décembre 1979 permettent une première récolte à partir de 27 forages en mai 1980. Mais c'est la cam-

Figure n° 80

UN PIVOT CENTRAL D'IRRIGATION AU SAHARA

Photo : J.-J. Pérennès.

pagne 1980-81 qui constitue le premier résultat en vraie grandeur : 8 560 ha de blé (décembre à mai) et 5 350 ha de sorgho (culture d'été préférée finalement à la luzerne par les Libyens, qui manquaient de moyens de stockage) permettent d'atteindre des rendements respectifs de 34 et 28 q/ha. De quoi autoriser la Satec à écrire dès l'été 1981 : « Le sacré pari, dont parlait en 1979 une revue économique, est en voie d'être gagné (14). »

Quelles furent les performances agronomiques après 1981 ?

Bilan économique

On dispose d'un certain nombre d'informations qui permettent d'apprécier le niveau de l'investissement requis et les prix de revient des denrées produites.

a) Coût de l'investissement à l'hectare

Selon les chiffres de la Satec, la première tranche de 6 480 ha au Sarir a impliqué les investissements suivants (en F de 1980) :

---

(14) *Actuel-Développement*, n° cité, p. 46.

— achat et installation de 81 pivots : 53 000 000 F ;
— achat et installation de 83 pompes immergées : 51 000 000 F, soit un investissement total de 104 millions de F, pour le seul équipement, ce qui revient à 16 000 F/ha, au prix de 1980. Mais, pour être opérationnel, le projet implique bien d'autres investissements : base vie, silos, station de recherche, installation de brise-vent, etc., ce qui signifie un investissement total de 45 800 F/ha.

b) Bilan d'exploitation

En ne prenant en compte que les charges directes sans s'intéresser à l'amortissement des équipements, on obtient :

CHARGES ANNUELLES D'EXPLOITATION

• fertilisation :	1 107 000 LD	• pièces détachées :	750 000 LD
• oligo-éléments :	406 000 LD	• assurance :	150 000 LD
• produits de traitement :	190 000 LD	• frais généraux :	180 000 LD
• main-d'œuvre locale :	900 000 LD	• recherche agronomique :	50 000 LD
• carburant, lubrifiant :	350 000 LD	• électricité :	337 000 LD
• semences :	160 500 LD		
		soit un total annuel de :	4 580 000 LD

RECETTES ANNUELLES

• vente de grain :	2 773 000 LD	(3,6 t/ha et 90 LD/t)
• vente de paille :	763 000 LD	(2,7 t/ha et 33 LD/t)
• vente du sorgho grain :	1 540 000 LD	(3,2 t/ha et 90 LD/t)
	soit une recette totale de :	5 076 000 LD

BILAN D'EXPLOITATION

• avec *management* par la Satec (− 1 650 000 LD)	=	− 1 154 500 LD
• avec *management* par les Libyens (− 411 000 LD)	= +	84 500 LD

Le bilan proposé par la Satec tendrait donc à prouver que le projet peut dégager une marge brute positive, une fois géré par la Libye. Dans cette optique, l'amortissement de l'investissement initial relève d'un engagement financier à fonds perdus de l'État.

c) Prix de revient de la tonne de céréale

Pour situer ce que ces coûts signifient au niveau de la tonne de céréales produite, la Satec donne les chiffres suivants :

- la tonne de céréale produite au Sarir :   1 900 F/Satec
- la tonne de céréale produite au Sarir :   1 500 F/Libyens
- prix d'achat de la tonne de céréales
sur le marché français :   1 200 F départ France
- prix de la tonne de céréale
sur le marché mondial :   1 000 F départ États-Unis

En supposant le maintien de bonnes performances agronomiques, le prix à payer pour la sécurité alimentaire serait donc équivalent à un surcoût de 50 % la tonne de céréale sur le marché mondial, aux chiffres de 1980. En fait, c'est bien davantage.

Le parallèle saoudien

L'Arabie Saoudite s'est lancée dans une opération du même type, dont les résultats actuels impressionnent la presse internationale (15) et maghrébine (16). Il y a de quoi : le survol par avion donne à voir le spectacle splendide de plus de 3 000 pastilles irriguées par pivot, l'Arabie Saoudite est exportatrice nette de céréales depuis plusieurs années, écoulant plus de 2 millions de t à destination des pays du Golfe.

Ce résultat est le fruit d'un engagement audacieux de l'État saoudien, qui a entrepris de développer l'agriculture en zone aride, surtout depuis le Plan quinquennal 1980-85. Cheikh Abderahmane Bin Abdelaziz al Cheikh, ministre de l'Agriculture depuis 1975, précise d'emblée : « Notre production céréalière n'est pas conditionnée par des facteurs purement économiques. Les considérations politiques, la nécessité d'assurer notre autosuffisance alimentaire priment (17). » D'où une énorme mobilisation des ressources financières du pays, et aussi des institutions : le ministère de l'Agriculture et de l'Eau (MAW), la Saudi Arabian Agricultural Bank (SAAB), la Grain Silos and Flour Mills Organisation, etc.

L'effort de l'État a d'abord porté sur des investissements d'infrastructure : construction de 84 barrages parfois importants, comme celui

---

(15) *Cf.* GOWERS (A.), « Saudi Arabia : self-sufficiency targets are being reached sooner than expected ; farm policies yield a rich harvest », *Financial Times*, 24 avril 1984, et MAC DERMOTT (A.), « Subsidies are being reduced », *Financial Times*, 22 avril 1985 ; HEUZE (R.), « Les nénuphars de Wadi-el-Dawasir », *Le monde*, 3 juin 1986, p. 40 ; FILLOUX (F.), « Essences d'Arabies ; qu'il sera vert le désert », *Libération*, 8 décembre 1986 ; SALAME (K.), « Et fleurissent les déserts d'Arabie », *Arabies*, n° 10, octobre 1987, pp. 46-49.

(16) *Algérie-Actualité* du 9 mai 1990 fait état de 2 400 000 t de céréales exportées par l'Arabie Saoudite en 1989. Tout en remarquant que cela a signifié une subvention de près de 600 $ la tonne, l'auteur laisse transparaître une certaine admiration.

(17) Cité par HEUZE (B.), « Le spectaculaire essor de l'agriculture en Arabie Saoudite : spécificité d'une expérience », *Problèmes économiques*, n° 1995, octobre 1986, p. 18.

de Wadi Najrane (85 hm³ régularisés) ; mise en exploitation des nappes souterraines ; installation d'unités de recyclage des eaux usées ; réalisation de routes pour desservir les trois grandes régions agricoles du pays : Hail, à 800 km au nord de Ryad, Wadi el Dawasir au sud, à l'orée du désert Rubb el Khali, et Harad, à l'est de la capitale. Des consortiums ont ensuite été créés pour la mise en valeur : l'État apporte 20 % du capital, et concède des avantages notables aux investisseurs qui mettent le reste. D'énormes consortiums sont nés ainsi, comme Nadec (National Agriculture Development Company), qui exploite 38 000 ha de céréales et de fourrages, dont 18 700 ha irrigués par pivot dans la région de Wadi el Dawasir. Les grandes familles du royaume ont également investi dans l'agriculture : ainsi, le prince Abdul al Fayçal, fils du roi Fayçal, a créé un *ranch* de 15 000 vaches laitières de race frisonne, As Saafy, où l'on trouve les techniques les plus sophistiquées et des rendements impressionnants. Ailleurs, c'est la production de volailles.

La performance technique est indiscutable : des rendements céréaliers de l'ordre de 60 q/ha, voire de 80 à 85 q/ha chez Hadco (Hail Agriculture Development Company), une production qui passe en dix ans de moins de 100 000 t à plus de 3 millions de t. Le pays a atteint ses objectifs, mais le prix de revient de la tonne de céréale se situe entre 800 et 900 $, alors que la tonne importée coûte environ 200 $ (18). L'autosuffisance en céréale signifie donc de 600 à 700 $ de subvention par tonne. Des incertitudes existent aussi sur le renouvellement des nappes souterraines. A l'évidence, la spectaculaire expérience saoudienne n'a été possible qu'en raison de l'abondance des pétrodollars, mais c'est un modèle difficilement exportable. Pourtant, d'autres pays moins bien dotés ont voulu l'imiter.

1987-1990 : *la ferme expérimentale de Gassi Touil (Algérie)*

150 km après Hassi Messaoud, un premier panneau signale à gauche de la route qui chemine le long des dunes de Gassi Touil la « Ferme expérimentale de Fedjet el Baguel ». L'Algérie s'est, elle aussi, lancée dans l'agriculture par pivot en zone désertique.

Faire verdir le désert : des études aux réalisations

Après avoir dormi plusieurs années, l'étude Hydrotechnic a refait surface dans les années 1980, lorsque, à la faveur d'une visite aux États-Unis du président Chadli et de son ministre de l'Agriculture,

---

(18) NOWSHIRVANI (V.), « The yellow brick road ; self sufficiency or self enrichment in Saudi Agriculture ? », *MERIP Middle East Report,* 17 (2), avril 1987, pp. 7-13.

Kasdi Merbah, l'Algérie se décide à passer contrat avec la Western Agri Management SA (Wami), société basée à Fort Collins (Colorado) et spécialisée dans la production en zone aride. Signé en décembre 1985 entre Wami et l'OAIC (Office algérien interprofessionnel des céréales), le contrat prévoit la mise en valeur de 2 000 ha à Gassi Touil, à partir de dix forages au continental intercalaire. La société américaine doit se charger des forages, de l'installation des pivots et des infrastructures nécessaires, et s'engage à gérer les six premiers mois de mise en culture : le tout sur dix-huit mois. Montant du contrat : 17,5 millions de $ et 39 millions de DA pour la réalisation des forages ; 7,5 millions de $ et 23 millions de DA pour l'équipement des deux fermes.

Dès 1986, la prospection démarre, et amène à conclure que l'on peut utiliser aussi la nappe du miopliocène, moins profonde (de l'ordre de 250 m), et surtout moins salée. D'où une révision du contrat en août 1988, car cela implique des équipements différents : pompes et groupes électrogènes. Se basant sur le module de 1 000 ha défini par l'étude d'Hydrotechnic, Wami se lance dans la réalisation de deux fermes distinctes d'environ 30 km : l'une à Gassi Touil, près du site pétrolier, la seconde à Fedjet el Baguel. Au total, grâce à deux sondes qui resteront sur le projet, 9 forages sont réalisés à l'albien, à 1 200 m de profondeur environ. L'eau sort à 57 °C environ, et sa salinité varie de 2,9 à 6,3 g/l selon les forages. En revanche, la pression se situe autour de 13 bars, au lieu des 20 prévus. Le miopliocène surprend lui aussi, mais en positif : contrairement aux craintes de l'ANRH, le débit atteint 194 l/sec, et la salinité n'est que de 2,5 g/l. Mais, ici, il faut pomper. Bilan des forages :

— Fedjet el Baguel : 5 forages albiens et 5 au miopliocène (débit : 1 000 l/sec) ;

— Gassi Touil : 4 forages albiens et 3 au miopliocène (débit : 900 l/sec).

Il y a assez d'eau pour se lancer dans la mise en valeur des 2 000 ha. Une fois les sols planés, des pivots Valmont sont montés. La protection intérieure des tuyaux ne résiste pas à la corrosion des eaux albiennes ; il faut les remplacer par des tuyaux en fibre de verre, traités aux ultraviolets. Au total, 40 pivots sont installés, chacun arrosant 52 ha. Les 8 forages au miopliocène sont équipés chacun d'une pompe et d'un groupe électrogène. Tout le matériel (tracteurs, semoirs couplés, moissonneuses-batteuses, camion-grue de réparation des pivots) est importé des États-Unis. Les tailles impressionnent, comme le confort (climatisation des engins). Quatre grands silos à céréales sont installés dans chaque ferme. A Gassi Touil, une base vie aux normes américaines est installée. La formation sur place du personnel algérien est complétée par un stage chez Case International, à Paris. L'équipement en place, la production de blé peut commencer.

Des « promesses vertes (19) » aux premières récoltes

La première campagne (1987-88), assurée par les Américains, ne porte que sur 884 ha, car tous les pivots ne sont pas opérationnels, compte tenu du problème de salinité. Il faut attendre la troisième campagne, 1989-90, pour que l'on approche des 2 000 ha mis en valeur. Les semis sont réalisés entre le 15 novembre et le 15 décembre, après préparation du lit de semence et épandage d'engrais. Il faut que la récolte soit venue à terme avant les fortes chaleurs de fin mai pour éviter l'échaudage. En fait, quatre mois et demi suffisent au blé en cette région, à condition que l'irrigation soit suffisante. Aussi les pivots tournent-ils en continu pendant les deux premières semaines, puis on donne 9 mm/j et l'on arrête les irrigations dix jours avant la récolte. La plante aura reçu au total entre 800 et 1 000 mm. Le sol n'est ici qu'un support sableux, dépourvu de matière organique. D'où la nécessité absolue de fournir à la plante les oligo-éléments (fer, manganèse, cuivre...) nécessaires à sa croissance. Les engrais azotés et phosphatés sont mélangés à l'eau, dans des bacs installés au centre des pivots.

La transition entre l'équipe américaine et ses successeurs algériens s'est bien faite en apparence, les nationaux voulant à l'évidence relever un défi : faire aussi bien que les Américains. Aussi règne-t-il sur place une ambiance à l'image des chantiers pétroliers : pas de personnel pléthorique (15 personnes pour 1 000 ha, y compris le gardien et le cuisinier), pas d'horaire quand le travail l'exige (on moissonne jusqu'à 2 h du matin s'il le faut ; on travaille le jour de l'Aïd). Des primes aidant, le résultat est là : les rendements de la troisième campagne vont de 30 à plus de 60 q/ha pour le blé tendre. Tout dépend de la qualité de l'eau. Toutes céréales confondues, le projet atteint en ce printemps 1990 un rendement moyen de 40 q/ha, soit 4 fois la moyenne nationale. De quoi faire oublier le prix de revient. Pour le moment, on ne réalise que la campagne céréales, les autres mois hors forte chaleur sont consacrés à l'entretien et la réparation d'un matériel qui, neuf, subit encore peu de pannes. Le voisinage d'ateliers très performants de réparation pétrolière à Hassi Messaoud rend d'énormes services : on peut y usiner en catastrophe des pièces délicates. Les ingénieurs et techniciens qui dirigent le projet sont réticents devant l'introduction trop rapide du sorgho d'été. Pourtant, on ne peut éviter la question de la rentabilité.

Des coûts de production exorbitants

Un calcul économique est déjà possible à partir d'un état des investissements réalisés et des performances atteintes.

---

(19) Titre choisi par le quotidien algérien pour présenter les premiers pivots sahariens, *El Moudjahid,* 3 mars 1987, p. 4.

a) L'investissement à l'hectare

— Coût du forage : 49 000 DA/ha TTC, dont 29 000 DA en équivalent devises.

— Coût des équipements : 30 000 DA TTC, dont 19 000 DA en équivalent devises.

— Soit un coût global de 79 000 DA/ha, dont 48 000 DA en équivalent devises.

Ces chiffres sont calculés sur la base d'un amortissement des équipements sur quinze ans. Il est encore prématuré de dire combien de temps tiendront les pivots dans les conditions sahariennes. Ce montant à l'hectare est très élevé eu égard au fait qu'il s'agit de produire des céréales. L'équipement d'un hectare de canne à sucre dans le Gharb ou le Loukkos ne coûte pas plus cher. Aux États-Unis, on admet comme raisonnable un investissement de 2 000 $ par hectare de pivot, soit 8 fois moins qu'à Gassi Touil, en dollars courants.

b) La marge brute

Une marge brute positive est néanmoins possible, si l'on en croit les gestionnaires, à partir d'un rendement moyen de 36 q/ha.

Tableau n° 129

CALCUL DE LA MARGE BRUTE DES CÉRÉALES SUR PIVOT A GASSI TOUIL

(En DA TTC)

Rendement	Charges	Produit	Marge
30 q/ha	13 600 DA	11 400 DA	- 2 200 DA
40 q/ha	13 600 DA	15 200 DA	– 1 600 DA
50 q/ha	13 600 DA	19 000 DA	+ 5 400 DA

Source : Ferme pilote de Gassi Touil.

Ces prix sont établis sur la base d'un prix de vente moyen de 380 DA le quintal de céréales (on pourrait aussi vendre la paille), tarif d'incitation pratiqué en Algérie et très supérieur au cours mondial. Le coût d'approche des intrants et celui du transport de la récolte sont très élevés en raison de l'éloignement du projet par rapport à l'Algérie du Nord (800 km environ).

La limite économique est donc très forte : l'investissement est très élevé et interdit à l'Algérie de recourir à cette solution à grande échelle, comme l'Arabie Saoudite. Par ailleurs, une marge brute positive n'est possible que dans des conditions optimales de fonctionnement : matériel neuf et en bon état, sols encore peu salés par les eaux de l'albien. A vrai dire, la finalité première d'un tel projet, c'est l'expérimentation, et cela semble être trop négligé par les autorités algériennes, qui ne visitent le projet que le temps d'un film pour la télévision. Le suivi des nappes, la mesure des conséquences pédologiques de l'irrigation à l'eau salée, l'analyse des comportements des différentes variétés (blés américains et blés locaux comme l'*anza*) ne sont guère assurés.

On peut craindre que le projet de Gassi Touil ne serve qu'à faire illusion (20). Certes, en Algérie aussi on peut produire du blé dans le désert. Mais, contrairement à l'Arabie Saoudite, ce pays n'a pas les moyens financiers de se lancer dans cette formule à grande échelle. Pour le moment, l'opération a donc plutôt une fonction de diversion. Il n'en reste pas moins que l'irrigation par pivot risque bien de connaître une forte extension au Maghreb. Ainsi, après avoir testé la formule en haute Chaouia, dans la province de Settat, dès 1982, les Marocains ont décidé de se lancer dans l'irrigation de complément des céréales grâce aux pivots, sur des superficies importantes. Un des principaux fabricants américains a trouvé l'appui scientifique d'un professeur de l'Utah State University, Jack Keller (21). En 1984, Keller situait l'investissement autour de 1 500 $/ha, pour une installation au Moyen-Orient, c'est-à-dire très au-dessous d'un équipement en gravitaire. Il en conclut :

> A *modern high-tech irrigation technique is not only feasible but a preferable method of irrigation in a variety of circumstances in third world countries for both recently commercialized agriculture and traditionnal agriculture* (22).

Vu du terrain, c'est moins évident.

Regim Maatoug (Tunisie) et Abadla (Algérie)
Deux projets de périmètres irrigués en milieu saharien

Regim Maatoug, 2 500 ha de palmeraies en projet
dans le Sud tunisien

Bénéficiant de ressources en eau souterraine comme l'Algérie, la Tunisie a elle aussi élaboré de nombreux projets de mise en valeur

---

(20) D'autres pivots ont été installés en Algérie, mais il s'agit seulement de petits projets. Ainsi, l'OAIC en a implanté à Ouargla (Aïn Zekkar) et Adrar, mais avec des résultats agronomiques médiocres. L'entreprise algérienne Anabib en fabrique désormais en association avec le constructeur autrichien Bauer. Un industriel privé de Blida, Irrisah, s'est également lancé dans la fabrication de pivots. Certains privés ont néanmoins assez bien réussi une intensification en zone saharienne avec cette technique, mais leur rentabilité tient à la rente de situation dont ils bénéficient.

(21) KELLER (J.), « Taking advantage of modern irrigation in developing countries », communication au XIIᵉ Congrès de l'ICID, Fort Collins, mai 1984, 21 p.

(22) KELLER, document cité, p. 21.

des régions du Sud. Dès 1976, un Plan directeur des eaux du Sud (PDES) est réalisé qui souligne qu'aux 18 600 ha déjà irrigués en palmeraies anciennes (Djerid, Nefzaoua, Gabès, Djerba-Zarzis) on peut espérer ajouter 11 300 ha nouveaux (23). Mais, pour cela, il faudrait faire passer la ressource en eau de 8 930 l/sec à 18 500 l/sec. Un programme global est élaboré incluant la réhabilitation des oasis anciennes, la création de périmètres nouveaux et l'alimentation en eau des complexes côtiers et de la ville industrielle de Gabès. Dès cette époque, la perspective de recourir au dessalement de l'eau de mer est envisagée pour Gabès. De plus, une réflexion sur l'utilisation des eaux chaudes de l'albien est menée qui aboutit à préconiser des solutions pour le refroidissement et la dissolution des sels.

Un des aboutissements de cette étude prospective est le projet Regim Maatoug : création de 2 500 ha de palmeraies nouvelles irriguées à partir de 30 forages et de trois villages abritant 1 400 familles attributaires de lots. Située dans la délégation d'El Faouar, à 130 km de Kebili, la zone ne totalise que 700 personnes en 1984, au moment où l'on décide de confier sa mise en valeur à l'armée, en lien avec un comité technique spécialisé dépendant de l'administration du Génie rural. Cet organe d'exécution dispose comme base d'une étude réalisée par un bureau italien (Bonifica), et comme source de financement d'une ligne de crédit CEE. Au total, 50 millions de DT sont débloqués pour réaliser :

— une route asphaltée de 70 km Faouar — Regim Maatoug — Matrouha ;

— sept grands forages profonds ;

— des logements pour les attributaires ;

— et surtout, la création de sept grandes oasis entre Regim Maatoug et Matrouha.

Il est prématuré de se prononcer sur les résultats d'une opération de ce type, mais il est clair que les difficultés à surmonter sont considérables : écologiques, sociologiques, agronomiques, sans parler du coût financier.

Abadla, à l'heure des bilans douloureux

Le périmètre d'Abadla, dans le Sud algérien (à 100 km de Béchar), fournit un point de comparaison (24). Le projet d'irriguer 7 400 ha

---

(23) SOGREAH-SOTUETEC, *Étude d'un schéma directeur pour l'exploitation des ressources en eau et en sol du Sud tunisien*, février 1976.

(24) Parmi les bilans réalisées sur Abadla, on peut relever : REBOUL (Cl.), *Contraintes agronomiques d'un habitat rural : le périmètre irrigable d'Abadla*, Paris, INRA, 1979, 44 p. ; REBOUL (Cl.), « Le lent apprentissage de l'autogestion agricole, les coopératives de production d'Abadla », *Revue Tiers-Monde*, n° 88, déc. 1981, pp. 809-834. PÉRENNÈS (J.-J.), *Note de synthèse sur la périmètre d'Abadla*, INA El Harrach, département génie rural, 1983, 19 p.

date de 1965, avec la construction du barrage de Djorf Torba, qui régularise les eaux de l'oued Guir (100 hm³ régularisables). C'est une société américaine, la MKIC, qui remporte le contrat clé en main, d'un montant de 38 millions de $, contrat qui prévoit la livraison pour 1975 d'un périmètre irrigué en gravitaire. De multiples contraintes étant sous-estimées (éloignement, aridité, manque de main-d'œuvre...), les Américains ne parviennent pas à respecter les échéances. L'armée algérienne, puis des entreprises nationales (SNREAH, DNC) se relaient sur un projet qui ne démarre véritablement qu'en 1979, sur 5 400 ha. Les premières années sont consacrées à la bonification des terres. Puis les cinq zones du périmètre, comprenant chacune trois secteurs, sont censées mettre en œuvre un assolement triennal complexe : céréales, maraîchage, cultures industrielles et fourrage destiné à de l'élevage bovin intensif. Au total, 130 coopératives regroupant 4 000 attributaires devaient gérer cette réalisation futuriste en plein désert (25). Même les villages agricoles (l'un est dû à Ricardo Bofill) semblaient annoncer le miracle.

Les missions successives sur Abadla entre 1982 et 1985 nous ont hélas montré l'ampleur de l'échec :

— tout d'abord, le désintérêt des nomades reguibat et chaamba, amenés là depuis Tindouf et Saïda. Alors que la population locale doui menia maîtrisait bien la culture traditionnelle de décrue sur les berges de l'oued Guir, les pasteurs importés ne se feront jamais au système de production intensif qui leur est proposé ;

— trop de problèmes techniques et organisationnels ne sont pas dominés : ensablement des canaux, mal protégés par les brise-vent, manque de suivi technique, confusion des tutelles administratives.

Les aléas climatiques du début de la décennie 1980 ont consommé le naufrage d'un périmètre d'inspiration plus politique qu'économique, et qui revient à une agriculture extensive, voire à la jachère (26).

Bien entendu, les mobiles premiers de ces deux projets ne sont pas économiques : à Regim Maatoug, il s'agit de contenir l'exode qui vide le Sud tunisien de sa population. C'est en somme un investissement à caractère social, dont on espère des retombées productives, dans le cadre d'un aménagement intégré (27). Quant au projet d'Abadla, imaginé depuis longtemps (dès l'OCRS, en 1956), il est devenu réalité en raison de préoccupations stratégiques : occuper une frontière contestée par le Maroc.

---

(25) L'hebdomadaire *Révolution africaine* ne prédisait-il pas la « reddition du désert » en avril 1979 ?

(26) Lors d'une enquête réalisée en mars 1985, l'Office d'aménagement et de mise en valeur d'Abadla nous annonce réduire le plan de culture à 1 700 ha, dont 1 300 de céréales et 400 de maraîchage.

(27) *Cf.* les projets élaborés pour la Tunisie présaharienne par le Cogedrat et le DSA-Cirad.

Tous ces projets témoignent d'une fascination pour les technologies avancées dont on attend une solution miracle au déficit alimentaire. Ils reflètent aussi le poids des marchands de tuyaux et des intérêts au plus haut niveau qui pèsent dans d'aussi coûteuses décisions.

2. Le retour douloureux au réel
Ajustement structurel et réforme des politiques d'irrigation au Maroc

A côté de ces essais d'innovation technologique, qui ne portent pas encore sur des superficies très importantes, les réformes en cours dans le cadre des politiques d'ajustement structurel pèsent d'un tout autre poids. Surtout, elles se situent au cœur même d'une question décisive : quelle doit être la place respective de l'État et des paysans dans le développement agricole ?

Dans les années 1980, les trois pays du Maghreb sont entrés dans des difficultés financières considérables. Celles-ci tiennent à des facteurs exogènes, comme la forte érosion des recettes d'exportation (hydrocarbures et phosphates), mais aussi à des causes internes : coût excessif d'un secteur public très lourd, déficit budgétaire croissant (explosion des dépenses à caractère social, comme le soutien aux denrées de première nécessité), déséquilibre croissant des balances des paiements (28). Maroc et Tunisie ont dû passer par les conditions du FMI pour obtenir des rallonges financières, et ont donc mis en œuvre des programmes d'ajustement structurel (PAS). L'Algérie cherche par tous les moyens à éviter une telle solution, mais rencontre de grosses difficultés de financement.

C'est au Maroc que les conséquences sur le secteur irrigué sont les plus importantes. Aussi s'en tiendra-t-on à ce pays dans l'analyse qui suit, en faisant l'hypothèse que les évolutions qui en résultent sont indicatives pour l'avenir des pays voisins.

Le Maroc à l'heure de l'ajustement structurel

Pendant les années 1970, le Maroc a connu une croissance économique globale importante (de l'ordre de 7,5 %/an), bénéficiant du renchérissement des phosphates, qui passent de 14 à 40 $/t entre

---

(28) Pour une approche des problèmes financiers du Maghreb, *cf.* GAZZO (Y.), « Le monde arabe face à la crise de l'endettement : le cas des pays du Maghreb », *Maghreb-Machrek*, n° 114, oct.-déc. 1986, pp. 30-43, et « Les économies arabes face à la crise : la tentation libérale », *ibidem*, n° 120, juin 1988, pp. 58-67. ROE (A.), ROY (J.), SENGUPTA (J.-S.), *Economic Adjustment in Algeria, Egypt, Jordan, Morocco, Pakistan, Tunisia and Turkey*, Washington, Banque mondiale, 1989, 81 p.

1970 et 1975, et d'un réel dynamisme de secteurs productifs comme l'industrie, le BTP et le tourisme. D'où ce taux de croissance relativement élevé. Dès 1975, cet élan est brisé par la mévente des phosphates, le poids des importations énergétiques et la montée des dépenses militaires. Cinq années consécutives de sécheresse vont conduire le pays à un point de rupture.

On constate tout d'abord un grave déficit de la balance des paiements (en millions de $) :

	1980	1982
Exportations de biens et services	3 273	2 969
Importations de biens et services	5 247	5 198
Solde	− 1 974	− 2 229

Par ailleurs, l'endettement extérieur atteint un niveau excessif. La dette passe de 9,6 milliards de dollars en 1980 à 20,9 milliards en 1987. Deux ratios expriment la lourdeur de cette dette pour l'économie : entre 1978 et 1986, le pourcentage de la dette totale sur les exportations annuelles passe de 214,2 % à 368,4 %, et le poids de la dette par rapport au PNB passe de 47,4 % à 123,9 % (29). En 1986, le service de la dette atteint les 2 milliards de $, soit 41 % de la valeur des exportations.

Le recours au FMI et à la Banque mondiale (30)

Dès 1982, le Maroc est contraint de faire appel au FMI pour obtenir :

— un premier, puis un second programme *stand-by* (200 millions de $ lui sont accordés pour la période septembre 1983-février 1985 et 230 millions de $ pour la période décembre 1985-mars 1988) ;

— des rééchelonnements de dette auprès des Clubs de Paris et de Londres (1 350 et 630 millions de $ dans un premier temps).

Des mesures draconiennes s'imposant, selon le FMI, la Banque mondiale intervient dès 1983 pour proposer, comme elle l'a fait ailleurs, des prêts d'ajustement sectoriels (31).

Le premier arsenal de mesures préconisées est dans la droite ligne de la doctrine classique de la Banque et du FMI :

---

(29) Cf. BANQUE MONDIALE, *World Debt Tables 1989-90, External Debt of Developping Countries,* Washington, 1990, p. 258.

(30) Présentation dans SALAH (N.), « La ré-allocation des ressources », *Géopolitique africaine,* octobre 1987, pp. 33-50, et discussion dans un colloque organisé par l'association des économistes marocains : *La crise de l'endettement du Tiers-Monde,* Casablanca, Les Éditions maghrébines, 1988, 541 p.

(31) Cf. rapport de la mission de 1982 dirigée par Bela BELASSA, *Morocco, Industrial Incentives and Export Promotion,* Washington, Banque mondiale, 1984, 220 p.

— engagement de l'État à améliorer l'efficacité de l'économie (libéralisation du commerce extérieur, qui conduira le Maroc à adhérer au Gatt en 1987, suppression du contrôle des changes et dispositions favorables aux investissements étrangers de façon à attirer les capitaux, incitation aux exportations) ;

— restructuration des finances publiques dans les domaines de la fiscalité et des choix budgétaires, limitation de la masse salariale, accroissements des tarifs des services publics, dévaluation du dirham, coupes dans les budgets de fonctionnement, et même parfois d'investissement ;

— réformes des secteurs de l'agriculture, de l'éducation et des entreprises publiques, avec, comme remède principal, la privatisation des entreprises non stratégiques.

Le Maroc opère ces réformes de façon énergique, ce qui lui permettra d'être considéré comme un « bon élève du FMI » : le relèvement du prix des denrées de première nécessité entraînera des émeutes importantes en juin 1981 et juin 1984 (32). Un rapport d'évaluation de la Banque mondiale estime dès 1987 que la situation est assainie, bien que le poids de la dette reste préoccupant (33). De fait, le solde des paiements courants passe d'un déficit de plus de 2 milliards de $ en 1982 à moins de 1 milliard en 1984 et 1985, 300 millions en 1986, pour devenir positif en 1987 et 1988. Comme souvent, la rigueur budgétaire a non seulement un coût social élevé, mais aussi des effets négatifs sur l'investissement productif, d'autant plus que les capitaux arrivent moins vite qu'on ne l'espérait. En avril 1990, le Maroc obtient un autre ballon d'oxygène sous forme de nouveaux rééchelonnements de sa dette, devenant ainsi le cinquième pays bénéficiaire du plan Brady.

C'est dans le cadre de ces réformes globales de l'économie que le Maroc s'est lancé dans une série de réformes sectorielles.

La réorganisation des entreprises publiques

Elle a été présentée par le roi lui-même comme une pièce essentielle du dispositif. Par le double jeu de la marocanisation et de la filialisation, le secteur public a pris une importance considérable : 17 % du PIB, 27 % des salaires versés, 20 % du total des investissements. Il représente environ 675 entreprises, dont 175 ont un statut d'économie mixte. En 1988, les transferts nets de l'État vers ce secteur représentent 10 % des dépenses budgétaires, mais l'examen des secteurs concernés montre une forte concentration autour d'activités souvent dévolues à l'État : transport ferroviaire, alimentation en

(32) Cf. LEVEAU (R.), « Stabilité du pouvoir monarchique et financement de la dette », Maghreb-Machrek, n° 118, oct.-déc. 1987, pp. 5-15.

(33) BANQUE MONDIALE, Morocco ; Issues for a Medium Term Structural Adjustment Program, Washington, janvier 1987.

eau et en électricité, financement de l'économie (34). Bien que toutes ne soient pas déficitaires, elles deviennent parfois le bouc émissaire, comme pour mieux justifier une privatisation qui est dans l'air du temps (35). L'économiste marocain Habib el Malki souligne qu'il est peu probable que le secteur privé prenne vraiment en charge des activités qui ne relèvent pas d'un cycle court (immobilier, commerce), surtout dans une économie où l'environnement institutionnel (crédit, fiscalité...) est encore peu établi.

La Banque a donc proposé une démarche évolutive : après une série d'audits des entreprises concernées, un prêt pour la restructuration des entreprises publiques (Prep) a été négocié en 1987, afin de mettre en place des contrats de plan dans six entreprises essentielles comme l'Office national d'électricité et l'Office national de l'eau potable (36). Mais certaines iront jusqu'à la privatisation, qui pourrait même affecter le puissant Office chérifien d'exportation, dont on sait le rôle dans les exportations de produits agricoles. Il est trop tôt pour en mesurer les conséquences.

Le programme d'ajustement structurel du secteur agricole

Ce plan, appelé Pasamt (Plan d'ajustement du secteur agricole à moyen terme), a été élaboré par la Bird et le gouvernement marocain à partir de 1984, avec cinq objectifs :
— restructurer le programme public d'investissement dans l'agriculture et accroître le financement du secteur privé en augmentant les prêts accordés par le crédit agricole ;
— modifier la structure des prix et des incitations ;
— restreindre et restructurer les services d'appui à l'agriculture fournis par l'État ;
— développer la capacité de planification et d'analyse de la politique agricole ;
— améliorer la productivité des terres et protéger les ressources naturelles.

Sur cette base, deux prêts à l'ajustement du secteur agricole (Pasa I et Pasa II) ont déjà été consentis par la Banque mondiale, en 1985 et 1988, pour des périodes de cinq ans. On y retrouve bien entendu toute la panoplie habituelle des réformes préconisées par la Banque mondiale : déréglementation progressive du secteur sucrier et oléicole, suppression des subventions aux intrants, suppression des restrictions

---

(34) *Cf.* BENLAHCEN-TLEMCANI (M.), « Les risques de la privatisation du secteur public au Maroc », *Économie et humanisme,* n° 313, juin 1990, pp. 63-69.

(35) ZIADY (H.), « Le mouvement de privatisation dans les pays du Maghreb », *Problèmes économiques,* n° 2086, 10 août 1988, pp. 28-32.

(36) Premier bilan sommaire dans NELLIS (J.), *Les contrats de plan et leur rôle dans l'amélioration de la performance des entreprises publiques,* Washington, Banque mondiale, 1989, p. 63.

quantitatives à l'importation de céréales, etc., toutes mesures qui sont dans le droit fil de la doctrine libre-échangiste (37). C'est dans ce cadre global que se situent les réformes préconisées pour la grande irrigation, appelées Pagi par les experts (programme d'amélioration de la grande irrigation). A ce jour, deux Pagi ont commencé à modifier profondément le fonctionnement de l'hydraulique marocaine.

Présentation et analyse du contenu des programmes d'amélioration de la grande irrigation (Pagi I et II)

Avant les remèdes, le diagnostic

Un premier diagnostic général de l'agriculture irriguée avait été fait en 1982 par un expert de la Banque, K. Cleaver (38). Ce rapport faisait ressortir plusieurs points :
— fortement soutenus par l'État, les périmètres d'irrigation marocains connaissent d'importants problèmes de gestion, qui se traduisent par un taux d'intensification *(cropping intensity)* insuffisant, bien que supérieur aux taux d'Algérie et de Tunisie ;
— l'investissement à l'hectare est jugé excessif ;
— le faible taux de couverture des charges d'irrigation, dû à la fois à un prix de l'eau trop faible et à un recouvrement insuffisant. Résultat : gaspillage de l'eau par les producteurs et déficit chronique des offices, qui ne récupèrent que de 30 à 75 % des coûts d'opération et de maintenance ;
— les offices ont des activités trop dispersées : au lieu de se concentrer sur leur mission centrale, qui est de fournir l'eau et de gérer le réseau, ils s'occupent de multiples tâches, comme la mécanisation, le crédit, la livraison des intrants.

Au terme de ce diagnostic sommaire, l'expert de la Banque préconisait déjà une série de remèdes que l'on retrouve aujourd'hui :
— la priorité est de développer et de rationaliser le potentiel existant plutôt que d'étendre trop vite les superficies irrigables. Rationaliser signifiant entre autres mieux gérer, mieux répartir la terre ; cette insistance sur la réforme agraire ne sera guère reprise ;
— instaurer une taxe foncière sur les terres irrigables pour décourager les absentéistes de manière à les amener soit à intensifier, soit à vendre ;

---

(37) Une analyse des composantes et des fruits de cette politique est faite pour l'Afrique noire par DURUFLÉ (G.), *L'ajustement structurel en Afrique*, Paris, Karthala, 1988, 205 p.

(38) CLEAVER (K.), *The Agricultural Development Expérience of Algeria, Morocco and Tunisia. A Comparison of Strategies for Growth*, Washington, World Bank, 1982, 66 p.

— encourager les cultures à haute valeur ajoutée et peu consommatrices d'eau ;

— sélectionner davantage les projets en excluant ceux qui sont trop coûteux ;

— donner une autonomie financière aux offices, ce qui implique de cesser à terme de financer leur déficit par le budget de l'État.

On observera plus loin que les mesures effectivement proposées par les Pagi opèrent une certaine sélection dans ce programme général esquissé par Cleaver. Parallèment à ce diagnostic, la Banque entreprenait dès 1983 de revoir les choix et priorités des investissements en matière d'irrigation, et le Maroc fut le pays retenu pour tester la méthodologie d'évaluation (39). C'est dire avec quelle précision les experts se sont penchés sur la situation de l'irrigation dans ce pays, qu'ils connaissent très bien.

Les réformes du secteur irrigué préconisées par le Pagi (40)

Le Pagi I est un prêt d'un montant de 46 millions de $, destiné à réaliser un certain nombre de réformes, dont les principales sont ainsi définies :

— réduire le contrôle administratif et financier de l'État sur les ORMVA afin d'accélérer leur autonomie financière ;

— établir un contrat-programme à moyen terme entre l'État et les offices ;

— améliorer l'autonomie financière des ORMVA par la fixation d'un prix de l'eau plus proche du coût réel, et un transfert vers le secteur privé ou coopératif des autres activités qui nuisent à leur équilibre financier ;

— améliorer le taux de recouvrement des charges.

On observera que, dans les priorités, ne sont plus retenues les taxes foncières et les incitations à la réforme agraire que Cleaver jugeait importantes dans son rapport de 1982. Ce n'est pas un oubli. On examinera en détail les réformes que la Banque a entrepris de réaliser et que l'on peut regrouper sous quatre rubriques principales.

a) Autonomie juridique et financière
Une transformation radicale du statut des offices d'irrigation

Tout en prenant acte du rôle décisif joué par les ORMVA marocains dans le succès de la politique d'irrigation, la Banque en souligne la lourdeur administrative : 7 services centraux, de nombreuses

---

(39) WORLD BANK -UNDP, *Options and Investment Priorities in Irrigation Development*. Le rapport sur le Maroc, réalisé par le Gersar, date de juin 1985 (3 volumes). Un travail équivalent sera réalisé sur d'autres pays comme le Pérou et la Thaïlande.

(40) *Cf.* WORLD BANK, *Staff Appraisial Report : Kingdom of Morocco ; Large Scale Irrigation Improvement Project,* Washington, janvier 1986, 73 p. + 14 annexes *(Implementation Volume).*

subdivisions territoriales, 158 centres de mise en valeur (CMV), le tout coiffé par des comités de coordination. Cela signifie un personnel nombreux (10 500 personnes au total pour les 9 ORMVA, soit un employé pour 40 ha irrigués, ou un pour 120 si l'on inclut les zones *bour,* qui relèvent depuis mars 1985 de la compétence des offices). Malgré une politique de compression de personnel menée depuis 1983, et surtout d'élévation du niveau technique (les ingénieurs ne représentent que 5 % des employés), cette lourdeur tient pour l'essentiel à la multiplicité des activités annexes que les ORMVA ont assumées, surtout en lien avec les cultures intégrées : fournitures d'intrants (semences, engrais, produits de traitement), apport de crédits de campagne, réalisation de travaux agricoles (semis, traitements, récoltes), transport, contrôle sanitaire du cheptel, construction des réseaux... Tout cela est source de surcharge administrative et de déficit financier, car ces activités sont rarement facturées au prix coûtant. Résultat, un déficit de fonctionnement voisin de 300 millions de DH, que l'État doit éponger chaque année.

Cela tient au statut des ORMVA, qui sont sous la tutelle absolue du ministère de l'Agriculture, et en particulier de la direction de l'Équipement rural (DER). Il revient à ce service de préparer les lois et règlements, de superviser les études de mise en valeur, d'approuver les budgets des offices ainsi que les programmes de travaux. Les offices ont des plafonds d'autorisation de dépenses qui sont trop bas pour la nature de leurs activités : les directeurs des offices ne peuvent disposer que de 50 000 DH par rubrique budgétaire et par an, et de 200 000 DH pour les marchés de travaux. Au-delà, le visa du contrôleur financier est exigé. Comme le contrôle financier exercé par le ministère des Finances se fait *a priori* et de façon centralisée, cela signifie des délais importants d'autorisation de dépenses (plus de neuf mois s'écoulent entre la présentation du budget à Rabat et son entrée en vigueur). Ce contrôle est caractérisé par une faible flexibilité budgétaire : interdiction de glisser d'une ligne de crédit à l'autre, selon les besoins du moment. D'où la réforme de statut préconisée par le Pagi : donner aux offices une autonomie juridique et financière avec les transformations que cela implique (gérer désormais les offices comme des entreprises).

La Banque recommande donc que les offices disposent des prérogatives d'organismes publics ayant une autonomie de gestion, grâce à une série de mesures :

— des contrats programmes de développement entre l'État et les offices. L'État fixant les objectifs en matière de production, de niveau de productivité, etc., chaque office en gérera lui-même les implications financières, la révision des comptes se faisant *a posteriori ;*

— une modification de la réglementation des marchés, avec relèvement des montants plafonds (100 000 DH pour les bons de commande, 300 000 DH pour les études, 1 500 000 DH pour les travaux), de façon à réserver le visa du contrôleur financier aux seules opérations de grande envergure ;

— l'octroi par l'État de subventions globalisées pour les budgets de fonctionnement et d'équipement ;

— le renforcement et l'amélioration du contrôle *a posteriori* par des procédures et des entreprises spécialisées d'audit.

La mise en œuvre d'une comptabilité de gestion d'entreprise au sein des ORMVA suppose que cessent certaines pratiques actuelles, caractéristiques de la comptabilité publique : obligation de l'ordonnancement, rigueur budgétaire, mais aussi absence de gestion du patrimoine et de la trésorerie, non-responsabilisation en cas de non-recouvrement des produits. Les principes à retenir pour le système de gestion futur comprennent :

— l'introduction d'une gestion prévisionnelle à moyen terme, avec mise en place d'indicateurs de performance ;

— la responsabilisation des directeurs généraux par rapport aux résultats techniques et financiers ;

— la mise en place d'un système souple de contrôle interne et externe des résultats ;

— la rationalisation de la gestion de la trésorerie.

Sur la base de ces principes, une mission d'experts a élaboré les cadres généraux d'une comptabilité de gestion intégrée comprenant une comptabilité générale, une comptabilité analytique d'exploitation et une gestion budgétaire. Une des premières choses à faire est la valorisation des actifs de chaque office selon des critères valables partout. De même, les comptabilités devront être harmonisées. Compte tenu de l'importance du changement que représente le passage à une comptabilité d'entreprise, la Banque préconisait que l'on teste en 1987-88 la formule du contrat pluriannuel sur le périmètre des Doukkala, qui est le mieux géré, un plan général pour tous les offices n'étant élaboré que pour 1989-91.

b) Les contrats programmes d'orientation de la production

Se désengageant de la gestion des offices, l'État ne renonce pas pour autant à un rôle d'orientation de la production. Le Pagi fait des propositions pour associer davantage les producteurs à cette décision, en revanche il reste très elliptique sur les critères permettant à l'État de choisir ses priorités. Les experts disent que la méthode des prix de référence n'est plus la seule grille de sélection. En fait, on ne voit guère l'esquisse de ce qui pourrait être une politique de sécurité alimentaire pour le Maroc.

L'ORIENTATION DE LA PRODUCTION

Le Pagi rappelle qu'elle doit tenir compte du poids très important de la petite exploitation sur les périmètres, pour laquelle il est important de maintenir des assolements où les céréales, base de l'alimentation, et les cultures très rémunératrices (maraîchage, par exemple) aient une place. Au moment de l'expertise, les offices couvraient 403 230 ha, avec une répartition foncière très contrastée.

Tableau n° 130

LA STRUCTURE FONCIÈRE DES ORMVA EN 1984

Catégorie	Superficie (en ha)	%	Agriculteurs	%	Taille moyenne (en ha)
0-5 ha	143 384	38	99 675	84	1,44
5 - 20 ha	130 776	35	17 324	14	7,55
+ 20 ha	98 759	27	2 002	2	49,33
Total	372 919	100	119 001	100	3,13
Collectifs	30 311				
Total	403 230				

Certes, d'un office à l'autre, structures agraires et vocations culturales changent (41). Les enquêtes réalisées sur les Doukkala montrant une tendance au morcellement, il importe d'intégrer cette donnée du microfundisme dans les choix.

LES PROCÉDURES DE CHOIX DES ASSOLEMENTS

Pour chacun des offices, des assolements ont été définis par arrêté ministériel, sur proposition des comités locaux de mise en valeur et en fonction des données climatiques et pédologiques. Le Pagi conseille de ne plus fixer les assolements par arrêté ministériel, et, en revanche, de renforcer la présence de représentants des agriculteurs dans ces comités locaux afin qu'ils puissent peser davantage dans l'évolution des assolements. En outre, on recommande plus de souplesse, car on observe que les agriculteurs découvrent les cultures qui leur sont les plus profitables et qui sont les mieux adaptées à leurs régions (42). On a ainsi relevé la grille suivante des préférences.

UNE POLITIQUE DE PRIX INCITATIFS

C'est un troisième volet dont dispose l'État pour orienter la production, mais le désengagement n'ira pas sans poser des problèmes nouveaux pour les cultures intégrées, car l'office ne pourra plus se

---

(41) C'est surtout dans la Moulouya, le Gharb et le Souss-Massa que la grande propriété pèse le plus lourd. En revanche, dans les Doukkala et le Tadla, la micro-propriété est très présente, avec une forte tendance au morcellement. *Cf.* annexe 2.

(42) De ce point de vue, le contenu du Pagi ne confirme guère les appréhensions d'AKESBI, pour qui la politique menée ne va que dans le sens d'une extraversion croissante, art. cité, *AAN,* 1984, pp. 543-586.

Tableau n° 131

LES PRÉFÉRENCES CULTURALES DES AGRICULTEURS

Périmètre	Choix n° 1	Choix n° 2	Choix n° 3
Doukkala	Betterave à sucre	Maraîchage ou blé	–
Gharb PTI	Canne à sucre	Fourrage	Céréales
Beht	Céréales	Coton ou betterave	Fourrage
Haouz	Céréales	Olivier	Fourrage
Tadla	Céréales	Betterave à sucre	Coton-maraîchage
Loukkos	Maraîchage	Arachide	
Moulouya	Maraîchage	Agrumes	
Ouarzazate	Fourrage	Céréales	
Souss-Massa	Fourrage	Céréales	Maraîchage
Tafilalet	Fourrage	Céréales	

rembourser sur la récolte pour ses prestations. Le Pagi n'annonce pas de révision déchirante des prix au producteur, même si les rapports de la Banque continuent de baser leur analyse économique sur des prix de référence qui sont ceux du marché mondial, soit, en DH constants de 1985 :

Tableau n° 132

PRIX DE RÉFÉRENCE BANQUE MONDIALE
DE QUELQUES GRANDES PRODUCTIONS

(En DH constants 1985 / t)

	Prix financier	Prix économique
Blé tendre	1 615	2 038
Orge	1 364	1 364
Maïs	1 440	1 648
Lait	1 860	2 229
Betterave sucrière	190	262
Canne à sucre	150	220

Les fortes variations de certains prix mondiaux, comme le sucre, et les nombreuses entorses à une fixation du prix par le seul jeu du marché (le cas le plus éclatant étant le marché mondial des céréales) rendent peu significatives les comparaisons de prix auxquelles la Banque se livre pour proposer une politique de prix (43). Le tableau qui

---

(43) TULUY (H.), SALINGER (B.-L.), *Trade, Exchange Rate and Agricultural Pricing Policies in Morocco*, Washington, World Bank, 1990, p. 70.

suit montre que, pour le sucre de betterave, par exemple, le prix pratiqué au Maroc n'est plus supérieur au cours mondial, sauf en période exceptionnelle (1978-79), comme c'était le cas lors du lancement de la production sucrière entre 1966 et 1971. L'ajustement aurait en somme peu d'effets de compression des prix à la production.

Le Pagi souligne qu'il faudra donc recourir à bien d'autres incitations et réformes. Mention est faite de la réforme foncière, au moins pour donner un droit provisoire de propriété à certains paysans qui en sont dépourvus, afin qu'ils puissent accéder au crédit agricole ne fût-ce que pour des crédits de campagne. Malgré un taux d'occupation moyen de 108 % sur les 398 080 ha équipés, des progrès importants sont encore possibles. Hormis les céréales d'hiver et la betterave à sucre, qui dépassent les objectifs à plein développement (122 % et 133 %), on est encore loin de l'objectif pour le coton (42 %), les fourrages (47 %), le maïs (53 %) et le maraîchage (63 %). De plus, des cultures nouvelles sont à développer, comme le soja et le tournesol. Un taux d'occupation de 129 % des superficies équipées est visé sur ces périmètres, et il ne sera atteint que par une négociation plus fine entre les objectifs de l'État et les intérêts des agriculteurs.

Tableau n° 133

ÉVOLUTION DES PRIX PAYÉS AU PRODUCTEUR

Année	Blé tendre	Blé dur	Orge	Sucre de betterave
1970	- 12 %	- 12 %	- 41 %	+ 66 %
1971	+ 2 %	+ 7 %	- 45 %	+ 31 %
1972	- 14 %	- 12 %	- 37 %	- 23 %
1973	- 53 %	- 62 %	- 33 %	- 31 %
1974	- 43 %	- 48 %	- 30 %	-75 %
1975	- 30 %	- 23 %	- 19 %	- 81 %
1976	- 21 %	+ 34 %	+ 16 %	- 81 %
1977	+ 27 %	+ 18 %	- 25 %	- 17 %
1978	+ 15 %	+ 37 %	+ 33 %	+ 80 %
1979	+ 11 %	+ 5 %	- 8 %	+ 125 %
1980	+ 24 %	- 20 %	- 29 %	- 37 %
1981	+ 16 %	+ 4 %	- 14 %	- 70 %
1982	+ 19 %	- 8 %	- 44 %	+ 13 %
1984	- 11 %	- 11 %	- 16 %	+ 14 %

Ratio positif = prix intérieur plus élevé que prix frontière.
Ratio négatif = prix intérieur plus bas que prix d'import.

Source : Tuluy, Salinger, *op. cit.*, p. 70.

c) L'assainissement financier et la question du prix de l'eau

La volonté de désengagement de l'État tient pour une large part à la charge financière que les ORMVA représentent pour son budget.

LE POIDS FINANCIER DES ORMVA POUR L'ÉTAT

Outre des subventions d'équipement qui ont été de 292 millions de DH en 1983 et 396 millions de DH en 1984, l'État a dû couvrir des déficits de fonctionnement avoisinant chaque année les 300 millions de DH, les recettes propres des offices se situant entre 28 et 35 % de leurs dépenses courantes. La grande hydraulique coûte donc entre 600 et 700 millions de DH au budget de l'État. Hormis le périmètre des Doukkala, qui parvient presque à équilibrer son budget de fonctionnement en 1985, tous sont déficitaires, et certains à un très haut niveau, comme le Souss-Massa et le Gharb.

Tableau n° 134

DÉPENSES ET RECETTES DES ORMVA AVANT AJUSTEMENT

(En millions de DH)

ORMVA	1983			1984			Prévu 1985		
	Dépenses courantes	Recettes propres	Subventions d'équilibre	Dépenses courantes	Recettes propres	Subventions d'équilibre	Dépenses courantes	Recettes propres	Subventions d'équilibre
Moulouya	40,7	15,9	24,8	46,7	24,8	21,9	52,7	33,7	19,0
Gharb	74,8	19,9	54,9	75,1	20,3	54,8	75,5	21,2	54,3
Doukkala	63,2	40,4	22,8	70,4	62,9	7,5	75,5	71,4	4,1
Haouz	34,5	0,6	33,9	34,0	1,0	33,0	34,5	2,7	31,8
Tadla	62,0	27,2	34,8	65,7	31,7	34,0	66,3	35,8	30,5
Tafilet	24,9	0,5	24,4	25,2	0,6	24,6	25,5	0,6	24,9
Ouarzazate	19,3	0,6	18,7	19,8	0,7	19,1	20,0	0,8	19,2
Souss-Massa	64,0	6,3	57,7	64,6	6,7	57,9	65,2	7,0	58,2
Loukkos	58,4	11,6	46,8	59,1	12,6	46,5	57,8	18,5	39,3
Consolidation	441,8	123,0	318,8	460,6	161,3	299,3	473,0	191,7	281,3
= %	100 %	28 %	72 %	100 %	35 %	65 %	100 %	40 %	60 %
Subvention reçue			292,2			396,2			395,7
Financement étatique			611,0			695,5			677,0

Source : Pagi, annexe 6, tableau 2.

Le tableau précédent fait cependant apparaître des éléments d'assainissement sur la période récente : une tendance à un plafonnement des dépenses, un accroissement significatif des recettes propres, et donc une légère diminution de la participation de l'État.

LES CAUSES D'UN DÉFICIT CHRONIQUE

Les experts de la Banque ont tenté d'analyser les causes de ce déficit chronique. Ils ont retenu comme facteurs essentiels :

— un faible recouvrement des charges, et en particulier des taxes d'eau ;

— une prolifération des services rendus gratuitement ou à un prix inférieur au coût ;

— la multiplicité des tâches assumées au nom du service public et non rémunérées.

L'introduction d'une gestion d'entreprise et le désengagement des activités marginales présentés plus haut devraient contribuer au redressement financier des ORMVA. C'est ainsi que ceux-ci auront peu à peu à provisionner dans leur budget pour la maintenance des réseaux. Il reste qu'un des éléments décisifs sera une réforme de la tarification et du recouvrement des charges d'eau.

FAIRE PAYER L'EAU : UNE RECOMMANDATION CENTRALE DU PAGI

L'Administration marocaine a décidé, en 1980 et 1984, d'importants relèvements du prix de l'eau d'irrigation, au point de rendre l'eau très coûteuse dans les périmètres qui pratiquent l'aspersion. Le Pagi ne recommande pas d'accroissement de ces tarifs de base, qui, précise-t-il, couvrent la totalité des coûts d'exploitation et de maintenance, sauf pour le pompage, où la hausse des tarifs a continué (44). L'effort devra en revanche porter sur le recouvrement des taxes, qui n'atteint pas les 50 %, en moyenne, au lancement du projet et devrait être porté à 90 % en cinq ans, selon le plan suivant.

On observe des variations importantes dans la situation de départ : contraste entre les Doukkala (100 % de recouvrement) et le Souss-Massa (15 %), bon niveau dans le Loukkos, malgré le prix élevé (c'est un périmètre où l'aspersion prédomine), lente amélioration pour les autres. On peut expliquer ces variations : dans les Doukkala, rien n'est possible sans l'eau, et les agriculteurs, microfundistes le plus souvent, font tout pour l'avoir ; dans le Gharb, en revanche, on a peur de l'eau, qui est ici dévastatrice.

Parmi les mesures préconisées pour améliorer le taux de recouvrement, le Pagi associe un renforcement des procédures et du personnel qualifié, mais aussi le recours à des sanctions, en souhaitant l'appui des gouverneurs de province (c'est loin d'être le cas, car l'eau est un sujet socialement sensible). De surcroît, dégagé de tâches annexes, l'ORMVA devrait être mieux à même de bien remplir cette fonction.

---

(44) En revanche, des procédures de révision régulière sont préconisées.

Tableau n° 135

PERSPECTIVES D'AMÉLIORATION DU TAUX DE RECOUVREMENT DES TAXES D'EAU AU MAROC

(En %)

	Taux atteints				Taux objectifs				Taux finals	
	1981	1982	1983	1984	1985	1986	1987	1988	1989	1994
Moulouya	56	35	51	50	55	60	70	80	90	95
Gharb	23	37	43	40	45	50	60	70	75	80
Doukkala	100	100	100	100	100	100	100	100	100	100
Haouz	92	15	31	50	55	65	75	85	90	90
Tadla	34	43	38	40	55	65	75	85	95	100
Souss-Massa	38	36	152	15	35	45	70	80	85	85
Loukkos	27	68	82	80	85	85	90	90	95	100
Total	37	47	43	47	57	64	75	83	90	93

Source : Pagi.

Associé à un désengagement de tâches mal rémunérées, ce meilleur recouvrement devrait améliorer sensiblement le *cash flow* d'offices dont la situation devrait s'améliorer assez vite, selon les prévisions de la Banque mondiale.

Tableau n° 136

PRÉVISIONS DE CASH FLOW DES ORMVA

(En millions de DH constants 1984)

ORMVA	Réalisé	Prévu sans projet			Prévu avec projet		
	1984	1986	1990	1994	1986	1990	1994
Doukkala	0	6,2	7,3	1,1	12,1	9,2	9,6
Gharb	(37,8)	(37,9)	(10,9)	2,6	(29,4)	(10,3)	15,2
Haouz	(27,1)	(25,2)	(18,1)	(18,2)	(23,1)	(13,6)	(9,7)
Loukkos	(26,4)	(14,6)	(11,6)	(13,2)	(10,4)	(9,5)	(10,6)
Moulouya	(11,9)	2,9	15,7	24,0	7,5	17,5	25,2
Souss-Massa	(37,7)	(35,1)	(16,7)	(1,7)	(30,5)	(1,3)	33,9
Tadla	(22,4)	(12,8)	23,5	31,5	(0,4)	42,8	48,8
Total	(163,3)	(116,5)	(10,8)	23,9	(74,2)	34,8	112,4
( ) = *cash-flow* déficitaire.							

On voit donc que le projet permettrait de dégager un *cash flow* positif à partir de 1990, deux offices seulement restant déficitaires en raison de leur spécificité : difficulté de recouvrement dans le Haouz, où les droits d'eau traditionnels sont très prégnants, et coût trop élevé du pompage dans le Loukkos, impossible à répercuter dans son intégralité sur les agriculteurs. Le Pagi serait bénéfique pour le budget de l'État dès 1991.

d) La réforme annexe du crédit agricole

Désengager l'État n'a de sens que si les producteurs sont eux-mêmes capables d'investir davantage. D'où le projet national de crédit agricole inscrit dans le Pagi II, qui fait l'objet d'un prêt Banque mondiale de 190 millions de $ sur vingt ans. La raison en est simple : la capacité d'épargne et d'endettement de la majorité des agriculteurs marocains est très faible, compte tenu de leur pauvreté. Des chiffres de 1987 indiquent que la Caisse nationale du crédit agricole (CNCA) ne prête qu'à environ 30 % des emprunteurs potentiels. Les structures foncières sont également un obstacle de taille : microfundisme et absence de titres de propriété sur les terres collectives rendent difficile l'accès au crédit.

Or le Maroc possède un secteur financier bien développé, avec 15 banques commerciales, 5 institutions de crédit spécialisé comme la CNCA et 2 caisses d'épargne. Le PAS a déjà contribué à réformer ce secteur pour le rendre plus performant. La CNCA, quant à elle, fournit 90 % des crédits d'investissement à l'agriculture et environ 50 % des crédits à la production. Elle dispose de 46 caisses régionales et 113 caisses locales, sans compter des guichets saisonniers. Les problèmes ne sont pas du côté de l'institution bancaire, qui, perfectible certes, est déjà performante ; en revanche, la capacité d'accès au crédit par tranche d'exploitation fait problème, comme le montrent les chiffres suivants.

Tableau n° 137

CAPACITÉ D'ACCÈS AU CRÉDIT AGRICOLE
PAR CLASSE DE PROPRIÉTÉ

Taille exploitations	Clients potentiels	Clients réels		Pourcentage	
		1977	1987	1977	1987
1 à 7 ha	1 082 800	43 710	168 926	9,1	15,6
7 à 10 ha	133 000	52 630	111 587	39,6	83,9
10 à 15 ha	162 000	68 260	142 236	42,1	87,8
+ 15 ha	90 000	52 200	61 362	57,7	68,2
Total	1 477 800	216 800	484 111	16,3	32,8

Alors que le recours au crédit est d'un niveau élevé pour les moyennes et parfois pour les grosses exploitations, les petites y accèdent fort peu, toute la difficulté étant pour elles de modifier leur capacité d'endettement. On le voit dans la structure des prêts prévus par le projet, malgré une volonté déclarée de privilégier les prêts d'investissement aux petits agriculteurs, ceux-ci sont loin de bénéficier de la meilleure part.

Structure des prêts secondaires du projet Banque mondiale

Petits agriculteurs (450 000 prêts)	289 M $	27 %	du total
Moyens et gros agriculteurs (80 000 prêts)	467 M $	43 %	du total
Agro-industries	30 M $	3 %	du total
Habitat rural (3 000 prêts)	30 M $	3 %	du total
Soutien aux exportateurs privés	30 M $	3 %	du total
Soutien pêche côtière	110 M $	10 %	du total
Prêt à l'artisanat rural	18 M $	2 %	du total
Remembrement des terres	100 M $	10 %	du total

S'il est bien clair que ce sont les entrepreneurs potentiels qui peuvent le mieux valoriser les capitaux, comment faire entrer la tranche des plus démunis dans cette catégorie socio-économique ?

Telles sont les grandes lignes du programme d'ajustement élaboré par la Banque mondiale pour le secteur de l'agriculture irriguée marocaine, et mis en œuvre depuis bientôt cinq ans dans le cadre des Pagi I et II. Malgré une évolution de sa doctrine, la Banque en reste à des remèdes assez classiques, dont les effets sont souvent discutés.

Nouveau partage du pouvoir et coût social
Questions posées par les PAS dans le domaine hydraulique

Les rapports d'experts de la Banque ne cachent pas que l'évolution préconisée ne va pas sans des inconnues importantes.

Tout d'abord, c'est l'équilibre des pouvoirs qui va se trouver modifié, ce qui ne va pas sans risque, comme le souligne une évaluation récente du périmètre des Doukkala. La réussite de l'irrigation sur ce périmètre tient pour beaucoup à l'efficacité de l'approche intégrée de l'ORMVAD. On peut souhaiter que des associations d'irrigants récupèrent une partie des pouvoirs et fonctions de l'Office. Une évaluation récente montre que celles-ci naissent beaucoup plus lentement que prévu.

La même évaluation du projet Doukkala montre que, jusqu'à présent, le succès de l'irrigation sur la zone n'a pas conduit à une amélioration des conditions sociales. N'y a-t-il pas risque qu'une plus grande régulation par les prix et le marché amplifie l'écart entre ceux qui réussissent et les laissés-pour-compte ?

Désengagement de l'État et promotion des associations d'irrigants
Un pari sur l'avenir

Même si les mesures préconisées dans le cadre du PAS sont de nature à améliorer la situation financière des offices, ceux-ci sont appelés à perdre du pouvoir. Leurs missions seront plus restreintes, plus focalisées aussi sur la planification et la gestion des ressources en eau et en sol. Bien des tâches jusqu'ici assumées par eux seront désormais du ressort d'entreprises privées (exemple : la Fertima, pour la diffusion des engrais), ou d'associations d'irrigants. Après une phase de gestion très centralisée, va-t-on assister à une reprise de structures paysannes collectives et décentralisées ? La question est à l'ordre du jour, si l'on en croit les textes juridiques qui s'élaborent au Maghreb, comme les travaux des spécialistes (45).

Des structures de ce type existaient au Maghreb avant et pendant l'époque coloniale, sous forme de syndicats d'irrigants dans des zones comme la Mitidja, le Djerid ou le Haouz (46). La mise en place des offices d'irrigation depuis les indépendances et les transformations du monde rural ont contribué à faire tomber ces structures anciennes en désuétude. Depuis quelque temps cependant, le législateur s'emploie ici ou là à les réhabiliter. C'est le cas en Tunisie, où deux décrets de 1987 précisent le statut des associations d'intérêt collectif (AIC) et des groupements d'intérêt hydraulique (GIH), prévus par le code des eaux de 1975 (47). Ces textes précisent le mode de constitution et de fonctionnement de ces groupements, leurs attributions, leurs droits et devoirs. A terme, certains de ces groupements, qui sont présidés par le gouverneur de province, pourraient se voir attribuer des missions importantes de gestion des équipements, dans un pays qui vient de dissoudre ses offices. On a récemment estimé le nombre d'AIC tunisiennes à 131, auxquelles s'ajoutent quelques associations syndicales plus anciennes dans les oasis, le tout gérant environ 37 807 ha (48).

---

(45) C'est le thème de l'atelier international tenu à Rabat en mai 1990 par l'INSTITUT INTERNATIONAL DE MANAGEMENT DE L'IRRIGATION, « Les stratégies de développement et d'amélioration des périmètres irrigués gérés par les agriculteurs ; expériences du nord de l'Afrique et de l'Afrique de l'Ouest », communications ronéotypées.

(46) Cf. séminaire de Rabat, communication de Habib ESSID sur les anciennes oasis du Djerid.

(47) Décrets 87-1261 et 87-1262 du 27 octobre 1987 et décret 88-150 du 12 janvier 1988, publiés au Journal officiel de la République tunisienne.

(48) Cf. BACCAR (M.), « Associations d'intérêt collectif », Guide de l'eau, Tunisie, 1988, pp. 29-30.

Au Maroc, les organisations traditionnelles d'irrigants, qui étaient également fort nombreuses, relevaient jusqu'au code de investissements agricoles de 1969 d'un statut prévu par un *dahir* de 1924 : les ASAP (associations syndicales agricoles privilégiées). Elles ont fortement décliné au cours des dernières décennies, alors même que se maintenaient parfois assez bien des organisations coutumières. Certains ORMVA ont tenté de se décharger de certaines tâches sur des groupements organisés d'irrigants, mais un statut juridique précis fait défaut. L'Administration l'a donc élaboré, sous forme d'associations d'usagers des eaux agricoles (AUEA), plus souples que les anciennes ASAP, mais le *dahir* attend toujours la signature de Sa Majesté (49). Les pressions des notables ruraux ne seraient pas étrangères à cette lenteur.

L'ajustement structurel en cours au Maroc, et probable, dans l'avenir, pour les offices d'irrigation des pays voisins, pourrait bien aboutir à redonner du pouvoir à des échelons paysans décentralisés. L'histoire de l'irrigation moderne dans les pays développés est celle d'une répartition progressive des tâches entre l'État et une multiplicité d'acteurs, utilisateurs de l'eau. Mais ce passage n'est jamais simple : il pose des questions techniques (50), mais plus encore des questions de pouvoir (51).

Efficacité économique et coût social

Outre les évaluations auxquelles elle procède à la fin de chaque projet, la Banque mondiale réalise régulièrement, par le biais de son département d'Évaluation rétrospective des opérations (OED), des évaluations sectorielles, riches d'enseignements. C'est ainsi que 23 projets d'irrigation dans le monde viennent de faire l'objet d'une évaluation approfondie, avec examen des performances technico-économiques, mais aussi des impacts sociaux. Le cas marocain des Doukkala a fait partie de l'échantillon et donné lieu à un rapport très suggestif, dont on ne dégagera ici que quelques aspects (52).

---

(49) Séminaire de Rabat, communication de Lahcen ZAGHLOUL, « Les principaux aspects juridiques et institutionnels des programmes de développement de la petite et moyenne hydraulique au Maroc », 20 p.

(50) Au séminaire international de Rabat, H. Plusquellec, expert de la Banque mondiale en matière d'irrigation, résume ainsi le problème : « Jusqu'à quel niveau doit descendre le contrôle de l'État dans la gestion d'un grand périmètre et jusqu'à quel niveau peut s'étendre la participation des agriculteurs ? »

(51) Voir l'article déjà cité de Michel MARIE sur l'histoire de l'irrigation dans la région du canal de Provence.

(52) BANQUE MONDIALE, *L'expérience de la Banque Mondiale en matière de développement de l'irrigation*, vol. III : *Maroc (projets Doukkala I et II)*, Washington, juin 1989, 64 p. En amont de ce rapport, ALIOUA (F.), BENATYA (D.), ZAGDOUNI (L.), *L'impact socio-économique des projets d'irrigation, Doukkala I-Doukkala II*, Rabat, INAV Hassan-II, février 1978, 4 vol.

L'irrigation des Doukkala est née d'un projet de 1974 visant à irriguer 30 000 ha par aspersion à partir des eaux de l'Oum er Rbia. Le projet a été mené en deux tranches, Doukkala I et II, qui représentent aujourd'hui 15 820 et 16 400 ha équipés, tranches achevées en 1981 et 1986. La performance de l'office, le fonctionnement très satisfaisant du système d'aspersion mis en place et la forte adhésion des agriculteurs aux systèmes d'intensification proposés font de ce projet une réussite largement reconnue. L'intensité culturale tourne autour de 120 à 130 % selon les zones et catégories d'exploitation. La betterave sucrière, bien dominée techniquement et bien commercialisée, a beaucoup contribué au succès, mais on note aussi le maintien des céréales et des légumes, perçus par les agriculteurs comme un élément de sécurité alimentaire. Seuls le coton et les fourrages n'ont pas atteint les niveaux escomptés.

La première surprise de l'évaluation récente, c'est l'évolution foncière : au départ, il était prévu que la taille minimale des exploitations après remembrement serait de 5 ha. On prévoyait de regrouper les tout petits propriétaires en blocs de 5 ha cultivés collectivement. Or dès la fin du projet, la taille moyenne des exploitations n'était que de 2,2 ha, l'arrivée de l'irrigation dans une zone où la pluviométrie est de 300 mm ayant suscité l'engouement des agriculteurs.

Tableau n° 138

STRUCTURE FONCIÈRE DES DOUKKALA EN 1981

Taille	Exploitations		Superficies		Taille moyenne
0 - 2 ha	5 758	(75 %)	5 109 ha	(32 %)	0,9 ha
2 - 5 ha	1 414	(18 %)	4 738 ha	(30 %)	3,4 ha
5 - 10 ha	417	(5 %)	2 858 ha	(18 %)	6,9 ha
10 - 20 ha	115	(1,5 %)	1 534 ha	(10 %)	13,4 ha
+ 20 ha	50	(0,5 %)	1 583 ha	(10 %)	31,7 ha
Total	7 754	(100 %)	15 400 ha	(100 %)	2,1 ha

Cet engouement initial s'est non seulement maintenu, mais renforcé. L'enquête montre que même les émigrés réclament la parcelle à laquelle ils ont droit dans l'héritage. La tendance au fractionnement s'est donc poursuivie, si l'on en croit les chiffres obtenus sur un échantillon : on est tombé à 1,8-1,9 ha par exploitation. Copropriétés, associations, métayage, se sont répandus, manifestant la capacité sociale à s'adapter aux données nouvelles. Contrairement à la concentration foncière observée ailleurs, le fractionnement, signe d'un intérêt pour l'agriculture irriguée, est une donnée majeure sur les Doukkala.

Figure n° 81

LA PRÉÉMINENCE DE LA MICRO-EXPLOITATION
DANS LES DOUKKALA

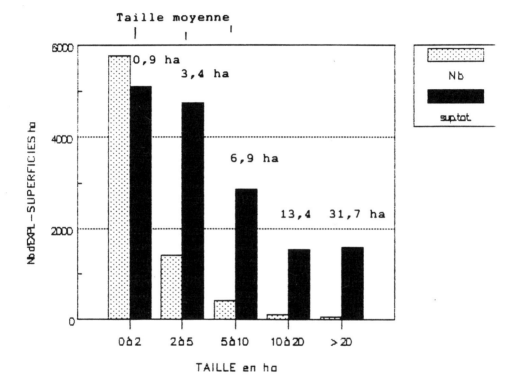

Les revenus nets agricoles sont de 5 à 8 fois plus élevés qu'avant le projet, mais ils restent inférieurs aux estimations de départ, et surtout ils varient nettement avec la taille des exploitations : sur la base d'une famille de 6,7 personnes pour les petites exploitations et 10,2 pour les grandes, l'éventail des revenus va de 135 $/hab pour les exploitations de 0,5 ha à 1 227 $/hab pour les exploitations de plus de 25 ha. Bien que les micro-exploitations aient une rentabilité plus forte (1 735 $/ha pour les moins de 1 ha, contre 500 $/ha pour les plus de 25 ha), les petits agriculteurs des Doukkala (moins de 2 ha) ont encore des revenus inférieurs au seuil de pauvreté, que la Banque mondiale fixe à 222 $ en milieu rural. L'irrigation a été forte créatrice d'emplois : 73 % des hommes âgés de plus de 15 ans travaillent à temps plein sur l'exploitation, et l'intensité du travail des femmes et des filles a aussi beaucoup augmenté, surtout pour des travaux saisonniers, qui mobilisent également de la main-d'œuvre temporaire.

Malgré cette élévation des revenus, il n'y a guère eu de progrès social : la charge accrue de travail sur l'exploitation semble avoir freiné la scolarisation (19 % d'adultes alphabétisés seulement) ; les familles restent très nombreuses, et l'âge du mariage très précoce (12 à 14 ans pour les filles). Le champ réclamant des bras, on n'envoie guère les enfants à l'école. De plus, les familles ont refusé de quitter les *douars* pour les quelques villages équipés en électricité et eau potable, l'élevage du petit bétail y étant impossible. D'où le maintien de conditions de vie très insalubres, et l'importance des maladies liées à l'eau.

Cette évaluation récente d'une opération considérée comme « réussie » nous conduit à deux questions finales.

Faut-il considérer ce coût social comme inévitable en une phase d'accumulation primitive, l'accroissement de la production et l'intensification par l'irrigation ne pouvant, en somme, se faire sans un surtravail et l'acceptation d'une satisfaction différée des besoins ?

Les politiques d'ajustement structurel ne risquent-elles pas de peser surtout sur ces catégories les plus défavorisées, au point d'engendrer des effets pervers sur le plan social et économique ? D'où les correctifs que la Banque mondiale semble vouloir désormais introduire sous le nom de dimension sociale de l'ajustement et qui consistent entre autres à prévoir des soutiens spécifiques pour les catégories les plus défavorisées, afin de les maintenir dans une dynamique de croissance économique (53).

Déçus par les performances de leurs périmètres irrigués, les pays du Maghreb sont assez tentés par des innovations technologiques déjà testées par la Libye et l'Arabie Saoudite. Les études hydrogéologiques ayant montré l'existence d'importantes réserves souterraines au Sahara septentrional, la Tunisie et l'Algérie ont entrepris de réaliser des fermes en plein désert avec l'appui de techniques et de savoir-faire rodés par les Américains dans des zones comme l'Arizona. L'enquête nous a permis d'en vérifier les résultats, mais aussi les limites : des coûts de production exorbitants, une maîtrise technique aléatoire, des risques certains de salinisation et de stérilisation progressive des sols, l'épuisement progressif des nappes. Tous ces problè-

---

(53) *Cf.* les documents récents du département SDA (Social Dimension of Adjustment) : *Structural Adjustment and Poverty : a Conceptual, Empirical and Policy Framework*, Washington, février 1990, 201 p., et *The Social Dimensions of Adjustment in Africa ; a Policy Agenda*, 1990, 24 p.

mes sont largement sous-estimés, par fascination pour la surenchère technologique et parce que les intérêts commerciaux en jeu sont considérables.

L'autre solution miracle du moment, c'est la restructuration de la grande irrigation selon les principes du FMI. Acculés à de graves difficultés financières, Tunisie et Maroc ont dû accepter des programmes d'ajustement structurel. L'Algérie risque bien de suivre le même chemin. Au Maroc, on assiste déjà à un désengagement de l'État des puissants offices d'irrigation, invités à plus d'autonomie financière. Cela implique pour ceux-ci de passer à une gestion d'entreprise et à une vérité des prix. Ira-t-on jusqu'à une promotion d'associations d'irrigants, structure intermédiaire entre l'État et les producteurs ? Il est trop tôt pour le dire. Pour le moment, le désengagement de l'État a un coût social pour les producteurs les moins bien lotis. Mais des enquêtes récentes réalisées sur les Doukkala montrent que ceux-ci s'accrochent à l'irrigation, et que leurs revenus augmentent bien que leurs conditions de vie restent encore précaires. Est-on en présence d'une phase d'accumulation primitive, avec les inégalités qui la caractérisent ?

Conclusion générale

Parti d'une interrogation sur le blocage apparent de l'intensification agricole sur les zones irrigables, nous voici parvenu au terme d'un parcours du Maghreb qui rend cette région plus diverse que nous ne le supposions : que de contrastes entre le Maroc et la Tunisie sur le plan des potentialités en eau ; quelle différence entre l'Algérie et le Maroc quant à la politique hydraulique ! Néanmoins, l'appréhension de l'espace maghrébin dans sa globalité permet de dépasser l'aspect conjoncturel et d'appréhender les ressorts profonds qui orientent les choix des acteurs économiques.

Au Maghreb, la révolution agricole stagne, du fait de l'affrontement de deux logiques. D'un côté, l'État planificateur et aménageur tente d'accroître son emprise sur les zones rurales les plus riches, au moyen d'aménagements qui remodèlent fortement cet espace et bouleversent la vie des ruraux. Le périmètre irrigable apparaît même comme la figure emblématique, idéale, de cette intervention étatique. Comme les tracteurs de Boukharine (1), il est censé amener chez les ruraux la rationalité dans le travail et la modernité dans les esprits. Cette stratégie étatique est servie par l'action des ingénieurs et des techniciens, qui nous sont apparus comme les médiateurs principaux de cette transformation volontariste des campagnes. Aussi, et malgré des évolutions locales importantes, une « très prudente expectative » domine-t-elle chez les ruraux. Elle se traduit par des formes variées, allant de la réticence à entrer dans les systèmes de production intensifs proposés jusqu'à des attitudes de refus et de destruction qui alimentent l'image négative du fellah dominant chez nombre d'aménageurs. A l'analyse, cette « irrationalité paysanne » s'est révélée être une stratégie de résistance, que renforce une mémoire fort ancienne de l'aléa, climatique et politique. Cette opposition n'exclut pas des progrès ponctuels de l'irrigation moderne, mais compromet pour une large part la réalisation de gains de productivité à la hauteur de l'explosion de la demande alimentaire. Des issues sont toutefois possibles : du côté de l'État, par plus de souplesse dans l'organisation sociale et technique des maillages hydrauliques proposés ; du côté des paysans, par une promotion de structures intermédiaires entre le fellah et l'État (les associations d'irrigants en sont une forme possible), qui fassent des premiers de réels acteurs du développement rural.

En détaillant les éléments principaux de cette conclusion générale, nous tenterons d'y associer quelques recommandations applicables.

1. Au départ : un constat de crise et de rupture quasi inévitable de l'équilibre entre hommes et milieu physique à l'horizon 2010

La dépendance alimentaire qui frappe les trois pays a atteint un niveau de réelle gravité. Si l'on fait abstraction des années climatiques exceptionnelles (le Maroc vient de connaître deux années d'autosuffisance céréalière), le Maghreb dépend de l'extérieur pour plus de la moitié de son alimentation, y compris en denrées de base comme les céréales. Cela a des conséquences redoutables, pour le budget de l'État comme pour l'indépendance de ces pays. Loin de s'améliorer, cette situation ne peut que se dégrader à moyen terme. L'intensifi-

---

(1) « La révolution technique et économique étend ses antennes jusque dans les villes. Elle a déjà envoyé 30 000 tracteurs dans les champs et les steppes de notre pays. Et les colonnes de tracteurs, ces troupes combattantes de la révolution technique, ne sont déjà plus des hôtes rares dans les contrées les plus reculées et vraiment barbares de notre Union », BOUKHARINE (N.), *La question paysanne en URSS 1924-29,* Paris, Maspero, 1973, pp. 215-216.

cation de la production agricole est plus urgente que jamais, et requiert une utilisation optimale de la terre et de l'eau.

Les potentialités dont disposent ces pays sont, hélas, limitées, pour la terre agricole comme pour l'eau, ce qui complique dès le départ la question de l'intensification. Les ressources en eau, variables d'un pays à l'autre, sont de plus en plus coûteuses et difficiles à mobiliser. Le potentiel hydraulique global est de 30 km³ pour le Maroc, 19 km³ pour l'Algérie et 4,3 km³ pour la Tunisie. Ce dernier pays souffre d'un forte disparité régionale, l'eau étant située loin des grands centres d'utilisation. Les niveaux actuels de régularisation (respectivement de 30 %, 20 % et 53 % du potentiel global) ne doivent pas faire illusion : il y a encore de la marge, certes, mais les contraintes de mobilisation (accessibilité de la ressource, coût d'exploitation, distance de l'utilisateur) sont telles qu'il sera difficile de satisfaire dans les trente ans à venir des besoins en montée exponentielle. *Il est donc urgent de dire qu'au Maghreb l'eau est un bien de plus en plus rare, et que l'on s'achemine vers un point de rupture dans l'équilibre hommes-ressources en eau, que les études prospectives situent aux alentours de 2010, à l'exception éventuelle du Maroc.*

L'équilibre hommes-ressources en eau est rompu du fait de l'explosion démographique et urbaine. De 50 millions d'habitants en 1984, le Maghreb va passer à 75 millions en l'an 2000 et de 110 à 120 millions en 2025, selon l'hypothèse démographique que l'on retient. Sur la même période de quarante ans, la population urbaine sera passée de 20 à 78 millions. Bien que le Maroc et l'Algérie commencent à suivre le chemin de la Tunisie dans la transition démographique (les taux d'accroissement annuel tombant de 3,1 %/an à 2,5-2,7 %), il ne faut pas en attendre d'effets sensibles sur les trente ans à venir. De surcroît, ces trois pays disposent de peu de terre agricole : comme en Asie, on se retrouve « le dos au mur » (G. Etienne), et donc contraint à une intensification en irrigué sur les meilleures terres, qui représentent pour l'ensemble des trois pays environ 2,5 millions d'ha. Sur le reste, l'aléa climatique prévaut le plus souvent : une irrigation de complément et des techniques d'aridoculture sont nécessaires si l'on veut accroître la production agricole.

Les planificateurs des trois pays ont tenté de chiffrer les besoins en eau urbaine et agricole à l'horizon 2000 et 2025. En Algérie, l'Institut national d'étude des stratégies globales estime que « la satisfaction maximale des besoins en eau potable obère presque totalement le développement des irrigations dès l'an 2000 et obligerait même à réduire les surfaces irriguées en 2025 ». Même si le document s'empresse d'ajouter « qu'il s'agit là d'une hypothèse extrême », il nous semble bien dire, pour la première fois, les difficultés vers lesquelles on s'achemine. La langue de bois semblant céder, il faut hâter la prise de conscience de la rareté de l'eau, pour deux raisons.

La première raison, c'est que, contrairement à ce que laissent croire les hommes politiques et les médias, il n'y a pas pour le moment de ressources alternatives à portée de la main en quantités suffisantes et à des coûts acceptables. Il est exact que le Sahara septentrional recèle de gigantesques ressources fossiles ; mais les caractéristiques chimiques de cette eau comme le coût de son exhaure n'autorisent pas une exploitation à large échelle comme le fait aujourd'hui l'Arabie Saoudite, dont l'expérience en la matière sert souvent de référence. Disons-le tout net : il ne faut pas faire rêver les populations du Maghreb sur des lendemains verdoyants, éclos grâce aux réserves en eau du désert. Dans l'état actuel des techniques, celles-ci constitueront tout au plus un appoint, jamais une solution globale. Il en est de même, pour le moment, du dessalement de l'eau de mer, qui coûte au mètre cube au moins dix fois plus cher que la ressource conventionnelle. Le recyclage des eaux usées offre, en revanche, des perspectives réelles, mais seulement pour l'agriculture. L'heure est donc à la généralisation des transferts, opérations coûteuses qui permettent d'amener les eaux excédentaires de régions parfois éloignées vers les grands centres utilisateurs. La Tunisie a ouvert la voie avec son canal Medjerdah-cap Bon, aujourd'hui prolongé jusqu'à Sfax, désormais alimentée par les eaux du Nord. Algérie et Maroc suivent, et des opérations d'envergure sont en préparation : transfert vers Alger des eaux de l'Isser, transfert vers l'arrière-pays de Casablanca des eaux du Sebou. Pour alimenter les villes en eau potable, il faudra aller chercher l'eau de plus en plus loin, et rendre des arbitrages draconiens à l'endroit des autres utilisateurs que sont l'industrie, l'agriculture, le tourisme. La question de l'eau sera un des grands défis du Maghreb au début du siècle prochain.

La seconde raison d'un réveil urgent est d'ordre social : les sociétés maghrébines ne savent plus, comme par le passé, gérer cette rareté de l'eau. Parcourant la variété des zones de potentialité, on a rencontré ici et là, dans les oasis ou les hautes plaines, des îlots où la parcimonie de la nature avait provoqué non pas un grand raffinement technique, mais une impressionnante sophistication de la gestion sociale de la rareté. Hormis les *foggaras,* importées, il y a des siècles, du plateau iranien, les techniques de l'eau sont restées frustes au Maghreb. Mais plus l'eau était rare, plus elle était l'objet d'une répartition savante. Après Jacques Berque, étudiant le haut Atlas marocain, nous nous sommes émerveillé de l'« éblouissante virtuosité sociale » que nous révélait la répartition de l'eau dans les oasis du Sahara algérien. Or, cet ordre-là est révolu, pulvérisé sous les coups conjugués des mutations coloniales et postcoloniales. Partout au Maghreb prévaut une utilisation minière de l'eau. C'est désormais à l'État de fixer des règles et un prix qui hâtent la prise de conscience que l'eau est un bien rare, précieux et menacé.

Plusieurs propositions découlent de cette première conclusion :

— *il faut encore affiner les bilans prospectifs ressources-emplois, par pays, par bassin versant, par zone de planification hydraulique, selon les cas ;*
— *il est urgent de développer des campagnes d'opinion qui hâtent la prise de conscience de la rareté de l'eau, au lieu de favoriser les rêves sur les réserves souterraines ;*
— *des mesures réglementaires, tarifaires et techniques imaginatives et courageuses sont à prendre pour inciter les usagers à l'économie de l'eau ;*
— *il convient d'imaginer d'autres répartitions de l'eau : l'irrigation de complément des céréales paraît être, à titre d'exemple, une voie prometteuse.*

2. Devant l'urgence de l'intensification, de quel secours peut être l'héritage technique et sociétal du Maghreb ?
De l'absolue nécessité d'associer l'ancien et le nouveau

Des chercheurs maghrébins éminents, comme El Amami et Pascon, ont beaucoup fait pour réhabiliter le patrimoine des sociétés maghrébines dans le domaine hydraulique. Ils en ont réalisé l'inventaire, présenté les caractéristiques techniques et montré le fonctionnement social. Sur leur conseil, nous avons entrepris de revisiter quelques-uns des fleurons de ce patrimoine : *meskats* du sahel de Sousse, *jessour* du Sud tunisien, épandages de crues du Hodna, *foggaras* du Haouz de Marrakech, chevelu des *séguias* de la vallée du Draa. Disons le tout net : le bilan est accablant. Les aménagements sont souvent très dégradés, voire à l'abandon ; leur remise en état et leur entretien régulier représenteraient des coûts financiers que n'autorise pas le produit que l'on peut en attendre : combien de jours/hommes/an pour maintenir opérationnel un *jesser* de Matmata d'où l'on peut tirer au mieux dix quintaux de blé et quelques kilos de dattes ? Plus grave encore, l'ordre sociétal qu'ils supposent est partout périmé : l'entretien des *foggaras* du Touat suppose le servage, et le rajeunissement des aiguadiers du Draa implique que les jeunes Draouis acceptent de renoncer à l'attrait de Ouarzazate ou de Marrakech. Les savoir-faire traditionnels constituent au mieux un héritage, dont on pourra s'inspirer pour nuancer des solutions nouvelles. Il est fallacieux de penser que l'on puisse y revenir, pour y trouver des réponses à la mesure du défi qui s'annonce.
Le Maghreb est donc invité à l'audace technologique dans le domaine de l'eau. Pour mobiliser celle-ci, il faudra encore et tou-

jours des grands barrages, même si les retenues collinaires peuvent être une bonne réponse, complémentaire, à des besoins localisés. Il faudra multiplier les forages, en veillant davantage, il est vrai, à la recharge des nappes. Les transferts vont se multiplier, parfois sur plusieurs centaines de kilomètres. On voit mal comment se passer des grands périmètres, irrigués en gravitaire ou en aspersion, selon les cas, en faisant davantage de place assurément à la moyenne hydraulique. Plutôt que de régresser vers des technologies dites « appropriées » (par qui ?), il conviendra de sophistiquer davantage, afin d'optimiser l'économie d'eau. Goutte-à-goutte, commande par l'aval, capteurs hygrométriques, sont des réponses techniques sérieuses, à ne pas confondre avec d'autres opérations plus douteuses, mais sources de bonnes affaires, comme les centres pivots.

L'emprise qu'exerce encore la théorie de la dépendance sur la pensée économique au Maghreb risque fort de discréditer cette invitation à l'audace technologique. Les arguments ne manquent pas, ni les exemples, pour montrer que les choix techniques récents ont souvent favorisé les intérêts des firmes et des bureaux d'études des pays du Nord. Surfacturation des barrages et des périmètres, taux internes de rentabilité gonflés pour vendre un projet, matériels inadéquats ou périmés : nous avons rencontré trop de situations de ce type pour ne pas être sensible à l'urgence qu'il y a à revoir les conditions et modalités du transfert de technologie. Mais comment dépasser le registre de la protestation et du discours optatif, qui assurent aux intérêts dominants une tranquillité d'autant plus grande que les solutions présentées comme alternatives ne sont guère applicables en vraie grandeur ?

« Les civilisations qui n'empruntent pas meurent », écrit Pierre Gourou. L'urgence est moins de revenir à des solutions révolues que de trouver les moyens d'une appropriation croissante de techniques nouvelles. La diversité des expériences maghrébines est instructive sur ce plan : alors que l'Algérie n'en finit pas de restructurer les organigrammes des administrations de tutelle, au prix d'un retard dramatique dans le domaine de l'hydraulique, le Maroc commence à récolter les fruits d'une continuité exemplaire. Dans ce pays, la maîtrise de l'eau constitue depuis près de trente ans une priorité pour le pouvoir politique, et même un des grands desseins du souverain. L'administration de l'Hydraulique est caractérisée par une stabilité propice à l'acquisition et à la capitalisation d'une expérience (de l'ONI aux ORMVA, l'essentiel a été transmis). Une véritable culture technicienne a grandi à la faveur de cette stabilité : associations d'ingénieurs en hydraulique et mise en valeur, congrès annuels, publications régulières de revues, sont les signes de cette capacité à s'approprier progressivement un savoir-faire souvent venu d'ailleurs, mais de plus en plus discuté et négocié. Il faut pour cela asseoir une véritable administration de service public, à ne pas confondre avec des bureaucraties inefficaces. Les invitations récentes de la Banque mondiale à privatiser certains services annexes sur les grands périmètres devront respecter ce rôle incontournable de l'État.

L'état d'esprit devra changer aussi : les *success stories* asiatiques montrent que l'urgence est de gérer l'ouverture, plutôt que de se replier sur l'endogène (2). La capacité à trier et à filtrer les apports extérieurs va d'ailleurs souvent de pair avec une aptitude à intégrer aux solutions nouvelles des éléments locaux fort anciens. « Faire feu de tout bois », associer l'ancien et le nouveau, ne rien rejeter *a priori* ni de son patrimoine, ni des inventions nouvelles, voilà une tâche difficile dans un Maghreb où le complexe du colonisé suscite ou le mimétisme ou le rejet, rarement un positionnement serein. Les trois pays disposent pourtant d'une élite de qualité, à même de réaliser peu à peu cette appropriation des techniques modernes de l'eau. L'occasion commence à leur être offerte de les transmettre à d'autres pays, d'Afrique subsaharienne en particulier. Il y a de bonnes raisons de penser qu'ils peuvent réussir cette entreprise. A cette mesure, ils seront pour les pays dominants des partenaires mieux à même de négocier et de faire valoir leurs intérêts.

Ici encore, cela induit quelques propositions :

— *poursuivre l'inventaire du patrimoine maghrébin dans le domaine de la maîtrise de l'eau, en dégageant les présupposés sociaux de son fonctionnement, mais en faisant un bilan réaliste de ce qui peut être encore source d'inspiration ;*

— *trier dans les techniques modernes disponibles celles qui répondent le mieux aux problèmes spécifiques du Maghreb : nécessité d'économiser l'eau et de valoriser la main-d'œuvre ;*

— *favoriser l'émergence de capacités nationales d'études et de réalisation, développer les recherches sur les techniques de culture en zone semi-aride, où le potentiel productif est loin d'être valorisé ;*

— *encourager la naissance ou la maturation d'une administration spécialisée, mais non cloisonnée, ainsi qu'une vraie culture technicienne maghrébine, aussi ouverte sur l'extérieur que proche de son patrimoine propre.*

3. L'irrigation, une « affaire d'État »
Du rôle irremplaçable, mais parfois abusif de la puissance publique

Les aménagements hydrauliques mobilisent donc environ la moitié de l'investissement public en agriculture, bien qu'ils concernent

---

(2) JUDET (P.), « Réussites en Asie : modèles en puissance ? », *Économie et humanisme*, n° 313, juin 1990, pp. 42-50.

moins de 10 % de la SAU et de la population active des campagnes. Les périmètres font l'objet d'une organisation administrative (les offices) et technique (trames et réseaux) très poussée. Le choix même des cultures est intégré à une planification d'ensemble. L'irrigation au Maghreb est plus que jamais une « affaire d'État ». Ce fut le cas dès l'époque coloniale, et l'analyse des politiques hydrauliques récentes confirme la difficulté de desserrer cette emprise, qui, trop lourde, empêche une réelle adhésion des producteurs.

Le poids de l'héritage colonial

S'il est un secteur où la colonisation a laissé son empreinte, c'est bien celui des travaux publics, et singulièrement des barrages, que l'État colonial a entrepris de réaliser à partir des années 1920. Les études poussées de la politique hydraulique coloniale dont nous disposons pour les trois pays convergent dans leurs conclusions : tout d'abord, l'option dominante pour les grands barrages réservoirs, qui a abouti à reléguer les autres solutions techniques possibles. La pression du *lobby* BTP métropolitain et le taylorisme triomphant dans ce secteur aux États-Unis expliquent cette préférence pour les grands ouvrages qui va dominer jusqu'à aujourd'hui. Autre conclusion : la mise en valeur ne suit pas, ou suit mal, du fait de la réticence des colons à quitter leur logique extensive, surtout en grande culture. Néanmoins, des percées significatives sont faites pour les agrumes et les primeurs, prémices d'un modèle agro-exportateur basé sur la prise en compte des avantages comparatifs. L'État colonial a donc fortement contribué à faire entrer l'eau dans le circuit de la valeur, sans pour autant mobiliser les producteurs pour en faire un investissement rentable. Une gestion minière de la ressource a prévalu.

Les politiques hydrauliques depuis l'indépendance

Bien qu'elles varient dans leur ampleur d'un pays à l'autre, elles ont des éléments communs : un maintien net de la préférence accordée aux grands ouvrages et aux grands aménagements, un décalage considérable entre extension des réseaux et progrès de l'irrigation, une forte dépendance technologique vis-à-vis des bureaux d'études étrangers et des firmes réalisatrices. Un élément nouveau intervient, de surcroît : une concurrence croissante pour l'eau entre la ville et la campagne, l'industrie et l'agriculture, concurrence que la puissance publique parvient mal à réguler. Autre élément commun : l'extension des périmètres irrigables se traduit par l'emprise croissante de puissants organismes publics, les offices d'irrigation, qui prennent en charge presque toute la filière productive. De la fourniture des intrants et de l'eau à la récolte et à la transformation du produit, rien n'échappe ou presque à l'emprise de l'État. Au point que la Banque mondiale recommande aujourd'hui aux offices du Maroc de s'en tenir à la planification et à la gestion de la ressource hydraulique (fourniture de l'eau, réalisation et entretien des réseaux) et de se dégager auprès d'organismes privés des fonctions liées à la production.

Malgré cette forte implication de l'État, particulièrement massive au Maroc (l'Algérie a pris un retard dont les conséquences sont désormais dramatiques), les politiques hydro-agricoles n'ont guère assuré la sécurité alimentaire : en dehors des agrumes (Maroc et Tunisie), des cultures sucrières (Maroc), des primeurs (Maroc et Tunisie), de l'élevage laitier (Maroc), l'irrigation a trop peu contribué à accroître la productivité des grandes cultures, base de l'alimentation. Le résultat est maigre au regard des efforts consentis.

L'emprise des ingénieurs et de la rationalité technicienne

Le périmètre du Gharb nous offrait l'occasion d'une analyse intéressante. Avec ses 100 000 ha irrigués et l'expérience accumulée, il constitue en quelque sorte la figure emblématique du périmètre maghrébin, ce à quoi tous les politiques et les aménageurs voudraient aboutir. Nous avons montré les étapes, les fruits et les limites de cette entreprise prestigieuse. Mais cela fut surtout l'occasion d'écouter les ingénieurs et les paysans, et de prendre la mesure du décalage entre ce que signifie une telle réalisation pour les uns et les autres.

D'un côté, les aménageurs s'efforcent d'étendre, à grands frais, la « trame rationnelle » sur les secteurs équipés. Ici, le gravitaire domine, ce qui impose un remembrement strict et une discipline des producteurs pour le tour d'eau, les travaux culturaux, la récolte. Pour bénéficier de l'eau, ces producteurs doivent souscrire un contrat de culture, qui leur laisse peu de latitude dans le choix et l'exécution des productions. L'agro-industrie, très présente dans la région, souligne la dimension quasi industrielle de cette agriculture. Les paysans ne manquent pas de réticences face à cette transformation totale de leurs conditions de travail : les collectifs, nombreux dans le Gharb, sont contraints de se couler dans les limites contraignantes du remembrement des parcelles ; tous déplorent le manque de souplesse dans les rotations culturales, et la faible place laissée par le plan de cultures au système ancestral céréales-mouton qu'ils affectionnent ; la montée récente du prix de l'eau et la concentration foncière ont encore accru leur résistance au modèle productif qui leur est imposé.

Il serait abusif de ne voir le rapport aménageurs-paysans qu'à travers le cas du Gharb, car il existe d'autres périmètres où les choix techniques sont plus souples (l'aspersion dans le Loukkos laisse plus de liberté), et où les paysans sont plus participants (c'est le cas des

Doukkala). Néanmoins, cet affrontement est révélateur de l'opposition de deux logiques qui apparaissent autant dans le discours des protagonistes que dans leurs attitudes. Les aménageurs se plaignent volontiers de l'irrationalité des paysans, voire de leur arriération mentale. Les producteurs, quant à eux, mettent en cause le mépris dont ils sont l'objet de la part des techniciens, et du piètre cas qui est fait de leurs conditions de vie misérables.

Un retour sur les théories de la question agraire, de Kautsky à Tepicht, nous a permis de vérifier que c'est là un des vieux débats de la transformation volontariste des campagnes, tentée par tous les pouvoirs politiques. Les élites technocratiques ont toujours manifesté une profonde méfiance vis-à-vis des masses paysannes, que toutes les réformes agraires finissent par mystifier. Comme le *moujik* russe ou le microfundiste latino-américain (3), le fellah maghrébin vit la modernisation qui lui est proposée comme une destruction de son identité propre, et une manière de l'intégrer progressivement à un ordre social qui lui échappera. Un périmètre « idéal » aurait toutes les allures d'un agro-combinat. Le fellah n'est un « héros positif » (Bruno Etienne) que dans le discours politique, dont la fonction idéologique est de tenter d'arracher aux ruraux une adhésion que leur destin quotidien les pousse à refuser.

Notre recherche nous a permis de mettre en évidence le rôle essentiel des ingénieurs et des techniciens dans ce face-à-face. C'est en effet aux *muhandissin* qu'il revient de concevoir, de réaliser et de gérer ces grands ensembles d'agriculture industrielle que sont les périmètres irrigables. Il le font au nom d'une « rationalité de la planche à dessin » (Pascon) qui renforce leur image modernisatrice. Les puissants intérêts économiques qu'ils servent, dans les bureaux d'études et les sociétés de réalisation, confortent leur rôle proprement incontournable. Ainsi évincés de toute pertinence, il ne reste plus aux producteurs que la ruse (sous les parcellaires officiels, que d'arrangements fonciers familiaux) ou l'opposition déclarée, qui ne fait qu'alimenter l'image négative des ruraux chez ceux qui entendent « transformer radicalement les conditions de vie et de travail dans les campagnes » (Charte algérienne de la révolution agraire).

Bien entendu, une telle conclusion mérite des nuances importantes, car tous les irrigants ne sont pas dans ces grands périmètres, et certains s'y intègrent assez bien ; disons que c'est là le modèle dominant. Autre réserve : cela ne doit pas conduire trop vite à recommander un désengagement massif de l'État, qui peut seul réaliser ces vastes aménagements, requis aussi bien par l'urgence de l'intensification que par les contraintes du milieu (lutte contre les inonda-

(3) *Cf.* LE COZ (J.), *Les réformes agraires, de Zapata à Mao Tse Toung,* Paris, 1974, 308 p.

tions, etc.). La question est plutôt de savoir quelle place l'État et ses agents peuvent laisser aux producteurs.

Quelques applications découlent de cette conclusion :

— *sans abandonner son rôle de planificateur et d'aménageur de l'espace, l'État peut veiller à ce que les solutions techniques préconisées soient plus souples et laissent du jeu et de la marge aux producteurs : introduction d'une sole culturale non planifiée, choix de matériels qui favorisent la commande par l'aval (même en gravitaire, on fait des progrès en ce sens) ;*

— *il lui revient, par ailleurs, non de se substituer aux producteurs, mais de veiller à la régulation d'ensemble : contrôle du marché foncier, intervention sur les prix, lois sociales, programmes d'éducation et d'habitat en zones rurales.*

4. De l'avenir des paysans, sujets ou acteurs de la révolution agricole

Avec l'irrigation moderne, que l'urgence actuelle de l'intensification rend inévitable, les campagnes maghrébines sont entrées dans une phase de mutation profonde qui pose la question du devenir des sociétés paysannes. Pour apprécier leur capacité d'adaptation aux impératifs actuels, nous avons tenté, au terme de notre inventaire, une typologie des irrigants ainsi qu'une lecture de leur rapport à l'irrigation moderne.

L'essai de typologie fait apparaître une grande variété d'irrigants, qui sont plus des îlots dynamiques que les témoins de véritables sociétés paysannes (hormis, à notre sens, le Maroc).

Nous avons d'abord rencontré, du haut Chelif au Gharb, le petit ou moyen producteur intégré à un grand périmètre et soumis à ses contraintes techniques. Ici, la question du foncier est déterminante, et l'écart déjà net entre les grands propriétaires et ceux à qui il ne reste plus guère que leur force de travail paraît devoir se creuser encore, à moins d'une intervention publique vigoureuse. Ce serait, selon Braudel, la logique dominante de la mise en valeur des grandes plaines en Méditerranée, où le latifundium et l'asservissement des masses paysannes sont un schéma récurrent.

Mais, il y a aussi le petit maraîcher du littoral, enquêté à Teboulba, Staoueli et Safi : il s'appuie sur un savoir-faire parfois ancien (c'est le cas des Andalous, en Tunisie) pour tirer parti d'un milieu favorable, d'un marché urbain ou touristique rémunérateur, et des équipements d'infrastructure réalisés ou subventionnés par l'État. Fonctionnant en quelque sorte à la marge du système dominant, ce petit irrigant semble promis à un avenir prospère.

Ce n'est pas le cas de l'irrigant oasien, dont le savoir-faire ancestral ne suffit plus à conjurer l'effondrement global de son environnement : dégradation écologique, attrait des salaires urbains et industriels, tout concourt à le marginaliser, si l'on en croit les enquêtes réalisées à Ouargla, à Gabès et dans la vallée du Draa.

Il y a, enfin, les spéculateurs qui, de Safi à Tipaza et Monastir, ont les capitaux pour s'offrir des techniques coûteuses, mais performantes dans des productions à haute valeur ajoutée et à circuit court : fleurs coupées pour l'exportation, fruits rares, produits de contre-saison. Nous avons rencontré, au cours de notre parcours, quelques-unes de ces *success stories* qui témoignent de la possibilité de s'enrichir vite, sans contribuer beaucoup à la sécurité alimentaire.

Cette enquête non exhaustive de la diversité des irrigants maghrébins nous a permis de mieux saisir leurs motivations comme leurs appréhensions.

Tout d'abord, un sentiment exacerbé du risque et de l'aléa. Au Maghreb, la nature est capricieuse et rien n'est jamais acquis en matière agricole. L'étude de l'histoire du climat montre que c'est un donnée fort ancienne. Cela a induit chez les producteurs un sens aigu de la prudence et des stratégies subtiles de lutte contre l'aléa climatique : refus de la spécialisation culturale, occupation de terroirs diversifiés, association de l'agriculture, de l'élevage et du commerce, habitudes de stockage. Homme de l'aléa, le fellah guette l'aubaine, mais répugne à trop risquer. D'où sa réticence devant la spécialisation culturale induite par les assolements modernes.

A l'enquête, le producteur, le plus souvent analphabète, s'est révélé fort expert en calcul économique et en évaluation de la pénibilité des tâches. Il choisit donc l'optimum, et non le maximum. Au bout du compte, il fait preuve d'une réelle rationalité, mais d'une rationalité qui n'est pas celle du modèle dominant. Cela ne signifie pas qu'il soit toujours très performant sur le plan technique.

Enfin, la place croissante de la pluriactivité confirme le rôle essentiel au Maghreb de la famille élargie. Le fellah déploie des stratégies familiales subtiles pour tirer parti au maximum de lieux essentiels de son environnement immédiat : administration locale, services techniques de l'agriculture, commerce, etc. Ici encore, la spécialisation induite par la logique du grand périmètre lui répugne, parce qu'il dispose d'alternatives.

Comment associer ces fellahs au grand défi que constitue la nécessaire révolution agricole ?

Deux voies, au moins, paraissent devoir être explorées.

D'une part, diversifier les choix techniques. A ce jour, la grande hydraulique a absorbé l'essentiel de l'investissement public, au détriment de la petite et de la moyenne hydraulique, qui peuvent mobiliser encore plus de producteurs. Construire aussi des retenues collinaires, développer des industries locales de petit matériel hydraulique, structurer l'environnement d'amont et d'aval de la production (semences, commercialisation), tout cela a été trop délaissé par les pouvoirs publics, mais aiderait grandement les paysans.

D'autre part, promouvoir des corps sociaux intermédiaires, du type de ces associations d'irrigants qui existaient à l'époque coloniale, et pour lesquelles des statuts types existent parfois (c'est le cas en Tunisie). Plus qu'une déconcentration administrative, cette réforme signifierait une réelle décentralisation et un renforcement des sociétés paysannes. Bien entendu, cela profitera d'abord aux notables, mais l'expérience montre que ceux-ci peuvent être aussi des facteurs de réelle transformation du milieu agricole.

De ces orientations, des propositions se dégagent :

— *faire évoluer les choix techniques sur les périmètres dans le sens d'une plus grande souplesse d'utilisation, faire davantage de place à la moyenne hydraulique et développer des industries locales de matériel spécialisé ;*
— *créer et encourager les associations d'irrigants, en veillant à ce qu'elles jouent un rôle d'intermédiaire entre le niveau national et le niveau local ;*
— *promouvoir des lois foncières qui limitent la grande propriété extensive et favorisent la moyenne propriété ;*
— *améliorer les conditions de vie (habitat, santé) et d'emploi (non agricole) dans les campagnes.*

Au terme de ce parcours, qui vérifie assez largement notre hypothèse de recherche, il reste à évaluer les outils théoriques et méthodologiques qui ont été les nôtres.

Pour analyser la crise de l'intensification et le blocage de la révolution agricole au Maghreb, il se confirme que la problématique du despotisme proposée par Wittfogel ne suffit pas pour expliquer les rapports complexes qui se nouent entre État et paysans. Les foyers d'irrigation au Maghreb sont trop dispersés, hétérogènes, et n'ont pas joué un vrai rôle d'accumulation au profit d'un pouvoir central, comme ce fut le cas dans les sociétés hydrauliques étudiées par Wittfogel. Il reste que l'entreprise étatique d'extension des grands périmètres se révèle être, ici aussi, porteuse d'une volonté de contrôle politique des campagnes, et ce quel que soit le régime. En analysant les rapports État-paysans, au-delà des options politiques et économiques, nous aboutissons aux mêmes conclusions que S. Michaïlof, qui attribue l'échec des politiques de développement agricole dans les pays en voie de développement moins à leur option, « progressiste » ou non, qu'à un choix entre un modèle participatif et un modèle technocratique. Alors que le modèle technocratique, productiviste et volontariste, fait preuve d'un « agronomisme naïf », le modèle participatif se caractérise par « une volonté de développement d'organes de conception, de discussion et de décision à la base, dans un contexte de participation démocratique où l'accent est mis en priorité sur la résolution des problèmes locaux » (4). La difficulté de le mettre en œuvre vient du fait qu'ici comme ailleurs il faut décider dans l'urgence.

Il n'en reste pas moins que la mutation que représente le passage à grande échelle à l'agriculture hydraulique ne peut que faire violence aux sociétés rurales. D'où l'intérêt du repérage des facteurs favorables auquel s'est livré Jacques Bethemont : une déstabilisation de l'état antérieur, l'existence de vecteurs, un milieu réceptif et favorable. Au vrai, ces facteurs ne jouent pas ici de façon déterministe : l'explosion démographique est certainement une invitation à intensifier, mais nous sommes dans des espaces qui étaient encore quasi vides il y a un siècle. Ce qui est traditionnel, c'est l'extensif. L'héritage culturel peut jouer, on l'a vu au cap Bon avec les Andalous, mais il n'est pas toujours une condition *sine qua non,* comme le montre l'essor prodigieux de Sidi Bouzid, en Tunisie centrale. Il nous manque encore le recul de quelques générations pour juger ici des vrais déclencheurs de la révolution agricole.

Un mot s'impose sur la méthode choisie dans cette étude : une volonté d'associer au maximum l'approche micro-économique (enquête dans les exploitations, budgets types, etc.) et la vision globale du planificateur. Le passage constant de l'un à l'autre ne va pas sans poser problème : à titre d'exemple, que de précisions seraient encore à apporter sur les évolutions foncières réelles à l'intérieur des lots officiels d'irrigation. On n'a pu que les effleurer en présentant les mutations sur le Gharb. De même, les projections globales font l'objet de modélisations qu'il eût été intéressant d'analyser davantage. En refusant de privilégier une approche au détriment de l'autre, mais en cherchant, au contraire, à les associer, nous avons voulu tenter une lecture qui soit sensible à la fois à la logique macro-économique de l'État et aux motivations si diversifiées des producteurs. D'un côté, l'État, les bailleurs de fonds comme la Banque mondiale, les bureaux d'études, proposent des solutions au nom d'un type de calcul économique, d'une vision du devenir des sociétés ; de l'autre, les producteurs, qui sont eux aussi porteurs d'un projet où le calcul économique, on l'a vu, n'est pas absent, mais est situé parmi d'autres paramètres sociopolitiques. L'enjeu du choix méthodologique était de parvenir à entendre ce qui se dit et s'exprime dans les conduites paysannes, que la logique productiviste dominante contribue à recou-

---

(4) MICHAÏLOF (S.), *Les apprentis sorciers du développement,* Paris, Economica, 1987, p. 79.

vrir. C'est dire tout ce que nous devons aux chemins ouverts en ce sens par Paul Pascon.

Il manque néanmoins un maillon important au raisonnement : une véritable analyse de ce que pourrait être une politique de sécurité alimentaire au Maghreb. On a donné les termes de l'équation : la montée exponentielle de la demande, les fortes contraintes du milieu, la médiocrité actuelle de l'intensification. On a souligné aussi le flou du discours sur l'autosuffisance alimentaire, et les illusions qu'il favorise. Quels objectifs d'auto-approvisionnement se donner pour les cultures jugées stratégiques ? Quel niveau de sécurité en matière de stockage ? Quelle politique commerciale avec les pays excédentaires, surtout ceux, voisins, de la rive nord de la Méditerranée ? Ce sont là autant de questions qu'il serait urgent d'aborder.

Notre sentiment est que la solution ne peut être que méditerranéenne, c'est-à-dire basée sur une juste évaluation des intérêts mutuels. A nos yeux, il n'y a pas d'issue possible sans faire revivre, au nord comme au sud de la Méditerranée, de nouvelles Andalousies (Berque, *Mémoires des deux rives*) qui brillent non seulement par la fertilité de leurs plaines, mais encore par une certaine volonté commune de promouvoir le bien-être de tous.

Le potentiel hydraulique de surface

1. Bilan des ressources superficielles par bassin versant au Maroc

(En hm³)

Zones	Oueds	Volume potentiel	% par rapport au total
Zone méditerranéenne	Kert	0,900	
	Nekkor (y compris Rhis)	0,265	
	Martil	0,568	
	Laou	0,593	
	Autres bassins	0,915	
	Total	2,431	10,9 %
Zone atlantique	Sebou	6,610	
	Oum er Rbia	4,500	
	Loukkos	1,630	
	Bou Regreg	0,662	
	Tensift	1,200	
	Autres bassins	1,880	
	Total	16,482	73,6 %
Zone orientale	Moulouya	1,260	
	Kiss	0,066	
	Isly	0,063	
	Autres bassins	0,035	
	Total	1,424	6,4 %
Zone sud-atlasique orientale	Ziz (y compris Rheris)	0,432	
	Guir	0,240	
	Draa	0,773	
	Autres bassins	0,020	
	Total	1,465	6,6 %
Zone sud-atlasique occidentale	Souss	0,315	
	Massa	0,155	
	Autres bassins	0,088	
	Total	0,558	2,5 %
Zone saharienne		0	
Total du potentiel hydraulique		22 360 hm³	100 %

Source : Direction de l'Hydraulique, 1980.

2. Bilan des potentialités en eau de surface par bassin versant en Algérie

(En hm³)

Bassin versant	Oued	Apport en hm³/an	Total à l'exutoire du bassin versant
Tafna	Isser	106	335
Macta	Mekerra	70	
	El Hammam	190	260
Côtiers oranais			50
	Amont Boughzoul	240	
Chelif	Aval Boughzoul	1 300	1 540
Côtiers algérois	Mazafran	330	
	Harrach	280	
	Sebaou	890	2 850
Isser			520
Soummam	Boussellam	250	
	Sahel	380	700
Côtiers constantinois	Kebir-Est	390	
	Kebir-Ouest	230	
	Saf Saf	180	
	Côtiers Jijel	1 700	3 250
Kebir Rhummel	Rhummel	150	910
Seybouse			450
Medjerdah	Medjerdah	140	
	Mellegue	100	240
Chott Chergui			220
Zahrez	Zahrez Gherbi	50	
	Zahrez Chergui	60	110
Chott Hodna			220
Hauts plateaux constantinois			135
Chott Melhrir	Oued Djeddi	100	
	Sud-Aurès	160	300
Sahara	Sud-Atlas	70	
	Saoura	250	320
Total			12 410

Source : INRH, 1986.

3. Bilan des ressources en eau de surface en Tunisie

(En hm³)

Région	Bassin versant	Potentiel	Mobilisable	Régularisable
Nord	Ichkeul	360	264,8	198,2
	Cap Bon	210	88,4	54,5
	Miliane			
	Extrême nord et côtiers	550	424	310,4
	Medjerdah	1 000	870	761
	Lacs collinaires	24	24	15
	Pompages au fil de l'eau		200	200
Centre	Kairouanais	50	25	15
	Sahel-Nord	65	7	4
	Sahel-Sud	65	0	0
	Tunisie centrale	190	178	117,5
Sud	Chott Garsa	20	0	0
	Djerid	0	0	0
	Barrages de dérivation		15	15
	Jeffara-Nord	40	0	0
	Jeffara-Sud	23	0	0
	Chott Fedjej	23	0	0
	Nefzaoua	9	0	0
	Dahar	25	0	0
Total		2 630	2 102	1 697

Source : DEGTH, 1985.

Structures foncières des ORMVA (Maroc)
dans les années 1980

Office	Strate	Superficie	%	Agriculteurs	%	Taille moyenne
Doukkaka	0-5 ha	27 931	53	19 009	88	1,47
	5-20	18 972	36	2 375	11	8,0
	+ 20	5 997	11	216	1	26,8
	Total	52 700	100	21 600	100	2,44
Gharb	0-5	8 572	18	4 290	52	2,04
	5-20	22 392	46	3 547	44	6,31
	+ 20	17 675	36	351	4	50,3
	Total	48 819	100	8 188	100	5,96
	Autres	27 481				
	Total	76 300				
Haouz	0-5	12 076	42	8 093	83	1,49
	5-20	11 565	40	1 537	16	7,52
	+ 20	5 259	18	108	1	48,8
	Total	28 900	100	9 736	100	2,97
Loukkos	0-5	715	5	453	22	1,49
	5-20	9 251	71	1 518	75	6,09
	+ 20	3 104	24	47	3	66,0
	Total	13 070	100	2 018	100	6,48
	Autres	2 830				
	Total	15 900				

Office	Strate	Superficie	%	Agriculteurs	%	Taille moyenne
Moulouya	0-5	11 723	18	5 850	68	2,00
	5-20	20 479	31	2190	26	9,35
	+ 20	33 098	51	544	6	60,8
	Total	65 300	100	8 584	100	7,6
Ouarzazate	0-5	14 492	66	13 708	92	1,06
	5-20	7 538	34	1 219	8	6,18
	+ 20	-	-	-	-	-
	Total	22 030	100	14 927	100	1,48
Souss-Massa	0-5 ha	7 663	32	2 635	72	2,91
	5-20	7 824	32	792	22	9,88
	+ 20	8 613	36	215	6	40,1
	Total	24 100	100	3 462	100	6,6
Tadla	0-5	41 472	43	21 842	84	1,9
	5-20	2 440	12	488	2	5,0
	+ 20	25 213	26	521	2	8,4
	Total	97 000	100	26 021	100	3,7
Tafilalet	0-5	18 560	88	23 975	98	0,8
	5-20	2 440	12	488	2	5,0
	+ 20	-	-	-	-	-
	Total	21 000	100	24 283	100	0,8
Total GH	0-5	143 384	38	99 675	84	1,4
	5-20	130 776	35	17 324	14	7,5
	+ 20	98 759	27	2 002	2	49,3
		372 919	100	119 001	100	3,1
	Autres	30,311				
	Total	403 311				

Source : Banque mondiale, Pagi, 1984.

ANNEXE 3

Ventilation des superficies irrigables programmées pour 2010 en Algérie

(En ha)

Région de planification	Hectares	Dénomination	Superficie
1. Oranie	57 810	Maghnia	7 200
		Vallée de la Tafna	4 900
		Vallées Oued Sikkak-Isser	5 400
		Mascara	4 100
		Sidi bel Abbès	3 200
		Plateau de Mostaganem	14 910
		Plaine de la Mléta	10 100
		Sig	8 000
2. Chelif-Mina	86 600	Haut Chelif	25 100
		Moyen Chelif	21 600
		Bas Chelif	19 300
		Mina	17 000
		Achaacha	3 600
3. Algérois	141 100	Sahel	17 000
		Mitidja-Ouest	27 200
		Mitidja-Centre	41 800
		Mitidja-Est	21 500
		Vallées Isser-Sebaou	16 000
		Beni Slimane	17 500
4. Soummam	28 100	Vallée de la Soummam	17 500
		Mezloug	10 600
5. Constantinois	37 500	Plaine côtière Jijel	5 000
		Région de Constantine	26 000
		Saf-Saf	5 000
		Plaine de Collo	1 500
6. Annaba	81 500	Kebir-Ouest	19 000
		Seybouse	46 000
		Kebir-Est	16 500
7. Medjerdah-Mellegue	48 100	Guelma-Bouchegouf	13 000

		Ksar Sbahi	1 000
		Tamlouka	4 100
		Chemora Khenchela	30 000
8. Hodna	37 300	Hodna	37 300
9. Zahrez-Sersou	1 200	Sersou	1 200
10. Aurès-Nementchas	5 500	Aurès-Nementchas	5 500
11. Sud-Atlas	2 400	Sud-Atlas	2 400
12. Sahara	300 000	Sahara	300 000
Total	827 100		827 100

Source : MAP, 1987.

Bibliographie

Compte tenu de l'abondance des notes infrapaginales contenues dans le texte, on a limité cette bibliographie aux ouvrages, articles et thèses qui traitent directement du thème de l'eau, de l'aménagement hydraulique et de l'irrigation. De même, on a exclu ici les documents utilisés dans la recherche, mais difficilement accessibles, comme les plans directeurs d'aménagement, les études de faisabilité de périmètres, les synthèses de la Banque mondiale. Pour un suivi statistique de l'évolution de l'irrigation au Maghreb, on se reportera aux sources suivantes :

— MAROC : *Hommes, terres et eau ; Eau et développement ;*
— ALGÉRIE : *Eaux et sols d'Algérie ;*
— TUNISIE : *Enquête périmètres irrigués* (annuel, ministère de l'Agriculture).

Pour faciliter la lecture et l'utilisation de cette bibliographie, on a distingué huit rubriques principales :

1. Problématique générale de l'aménagement hydraulique et de l'irrigation ;
2. La part du milieu : la ressource, les problèmes liés à sa mobilisation, la concurrence entre utilisateurs ;
3. L'héritage technique et sociétal maghrébin autour de l'eau et son devenir actuel ;
4. Les choix hydrauliques de l'époque coloniale ;
5. Les politiques hydrauliques depuis les indépendances ;
6. La mise en valeur agricole : choix techniques, réaction des agriculteurs, gestion des périmètres ;
7. Monographies, études de cas ;
8. Comparaisons internationales.

1. Problématique générale de l'aménagement hydraulique et de l'irrigation

BARTH (H.-K.), (éd.), *Geographie der Bewässerung im Mittelmeerraum ; Annotierte Bibliographie zur Bewässerungslandwirtsachft der Mittelmeerländer*, Paderborner Geographische Studien, 1992.

BELLONCLE (G.), *Participation paysanne et aménagements hydro-agricoles,* Paris, Karthala, 1985, 340 p.

BERGMANN (H.), BOUSSARD (J.-M.), *Guide d'évaluation économique des projets d'irrigation,* Paris, OCDE, 1976, 261 p.

BETHEMONT (J.), *De l'eau et des hommes ; essai géographique sur l'utilisation des eaux continentales*, Paris, Bordas, 1977, 280 p.

BONNAL (C.), *Manuel d'irrigation collective par aspersion*, Paris, OCDE, 1963, 118 p.

BONNIN (J.), *L'eau dans l'Antiquité, l'hydraulique avant notre ère*, Paris, Eyrolles, 1984, 488 p.

BRUNHES (J.), *L'irrigation, ses conditions géographiques, ses modes et son organisation dans la péninsule ibérique et dans l'Afrique du Nord*, Paris, C. Naud, 1902, 580 p.

CLÉMENT (R.), GALAND (A.), *Irrigation par aspersion et réseaux collectifs de distribution sous pression*, Paris, Eyrolles, 1979, 182 p.

CONAC (F.), *Irrigation et développement agricole, l'exemple des pays méditerranéens et danubiens*, Paris, SEDES-CDU, 1978, 291 p.

CONAC (F.), « La maîtrise de l'eau et la croissance de la production agricole dans les pays en voie de développement », *Revue de droit et d'économie du développement du Maroc*, n° 2, 1982, 12 p.

CONAC (G.), SAVONNET-GUYOT (Cl.), CONAC (F.), *Les politiques de l'eau en Afrique, développement agricole et participation paysanne*, Paris, Economica, 1985, 767 p.

DANTAS TEIXEIRA (C.), *L'élaboration d'un grand projet d'irrigation, essai méthodologique*, Montpellier, IAM, juillet 1967, 56 p.

DESJEUX (D.), *L'eau, quels enjeux pour les sociétés rurales ?*, Paris, L'Harmattan, 1985, 220 p.

DURAND-DASTES (F.), *Systèmes d'utilisation de l'eau dans le monde*, Paris, SEDES, 1977, 182 p.

ERHARDT-CASSEGRAIN (A.), MARGAT (J.), *Introduction à l'économie générale de l'eau*, Paris, Masson, 1983, 361 p.

ETIENNE (G.), GOUROU (P.), sous la direction de, *Des labours de Cluny à la révolution verte*, Paris, PUF, 1985, 258 p.

FAGGI (P.), « Pour une géographie des grands projets d'irrigation dans les terres sèches des pays sous-développés », Lyon, *RGL*, 1986/1, pp. 7-17.

FAO, *Consultation sur l'irrigation en Afrique*, Rome, 1987, 221 p.

FUKUDA (H.), *Irrigation in the World, Comparative Developments*, Tokyo, University of Tokyo Press, 1976, 329 p.

FUNEL (J.-M.), LAUCOIN (G.), *Politiques d'aménagement hydro-agricole*, Paris, PUF, 1981, 212 p.

FURON (R.), *Le problème de l'eau dans le monde*, Paris, Payot, 1963, 313 p.

GAZZANIGA (J.-L.), OURLIAC (J.-P.), *Le droit de l'eau*, Paris, Librairies techniques, 1979, 247 p.

GOLDSMITH (E.), HILDYARD (N.), *The Social and Environmental Effects of Large Dams*, Cornwell, Grande-Bretagne, Waterbridge Ecological Center, 1984, 2 vol., 346 et 376 p.

GOUBERT (J.-P.), *La conquête de l'eau*, Paris, Robert Laffont, 1986, 302 p.

LE COZ (J.), « Espaces méditerranéens et dynamiques agraires », Montpellier, *Options méditerranéennes*, 1990, 393 p.

LERY (J.-F.), *L'agriculture au Maghreb : techniques agricoles et productions méditerranénnes*, Paris, 1982, 338 p.

MAGNIN (J.-G.), CALLENS (M.), « L'eau et les hommes », Tunis, *IBLA*, 20 (78), 1957, pp. 73-88.

MARTHELOT (P.), « Les implications humaines de l'irrigation en Afrique du Nord », *AAN*, 1962, pp. 127-154.

OCDE, *Guide de l'évaluation économique des projets d'irrigation*, Paris, OCDE, 1976, 261 p.

OCDE, *Politiques et instruments de gestion de l'eau*, Paris, OCDE, 1977, 169 p.

POIRÉE (M.), *Irrigation, les réseaux d'irrigation. Théorie, technique et économie des arrosages*, Paris, Eyrolles, 1966, 504 p.

REPARAZ (A. DE), *L'eau et les hommes en Méditerranée*, Paris, Éditions du CNRS, 1987, 315 p.

SCET INTERNATIONAL, *Manuel de gestion des périmètres irrigués*, Paris, Ministère de la Coopération, mars 1977, 272 p.

SCHLIEPHAKE (K.), « Die landliche Wasserversorgung in Nordafrika. Probleme und Zukunft der Landwirtschaftlichen Bewässerung », *Afrika Spectrum*, fév. 1972, pp. 52-80.

SHEARER (M.-N.), « Developing effective extension irrigation programs in third world countries », *XIIIᵉ Congrès ICID*, pp. 1375-1385.

SHERIDAN (D.), *L'irrigation, promesses et dangers ; l'eau contre la faim ?*, Paris, L'Harmattan, 1985, 155 p.

SMITH (N.), *Man and Water*, Charles Scriner's Sons, New York, 1975, 29 p.

SORTINO (E.), *L'eau et le Maghreb. Un aperçu sur le présent, l'héritage et l'avenir*, PNUD, 1988, 165 p.

TROIN (J.-F.), sous la direction de, *Le Maghreb, hommes et espaces*, Paris, Armand Colin, 1985, 360 p.

VAN DER LEUWEN (A.), « Essai de bibliographie de l'eau en Tunisie », *IBLA*, 20 (78), Tunis, 1957, pp. 173-177.

ZIMMERMAN (J.-D.), *Irrigation*, New York, Wiley and Sons, 1966, 516 p.

2. La part du milieu : la ressource, les problèmes liés à sa mobilisation, la concurrence entre utilisateurs

ABID (H.), ZAHAF (H.), « Envasement et dévasement des retenues des barrages en Tunisie », Tunis, *RTE,* n° 38, 1981, pp. 97-103.

AMBROGGI (R.), *Eau et développement, conférence à l'Académie du royaume du Maroc,* Rabat, 1985, 24 p.

BELLOUIN (M.), « Dévasement des barrages en exploitation en Algérie », Tunis, *RTE,* n° 34, 1980, pp. 35-62.

BEN EL KADI (M.), *L'évolution de l'exploitation des ressources hydrauliques au Maroc,* Rabat, Institut agro-vétérinaire Hassan-II, 1976.

BENCHETRIT (M.), *L'érosion actuelle et ses conséquences sur l'aménagement en Algérie,* Paris, PUF, 1972, 216 p.

BOUGHERARA (A.), « L'érosion actuelle dans le Tell algérien ; le cas du bassin versant de l'oued Agrioun », thèse Aix-Marseille II, 1986, 425 p.

BOUTAYEB (N.), « Planification et gestion de l'eau au Maroc », *Actes de la conférence d'Agadir (nov. 1985) : Sécheresse, gestion des eaux et production alimentaire,* pp. 149-165.

CAPOT-REY (R.), *Le Sahara français,* Paris, PUF, 1953, 564 p.

CASTANY (G.), « Bassin sédimentaire du Sahara septentrional (Algérie, Tunisie), aquifères du Continental intercalaire et du Complexe terminal », Paris, *Bulletin du BRGM,* 1982/2, pp. 127-147.

CHAPOUTOT (J.), *L'eau et le tourisme dans la région d'Hammamet-Nabeul,* Nice, Centre de la Méditerranée moderne et contemporaine, 1973, 200 p.

CLAUDE (J.), CHARTIER (R.), *Mesure de l'envasement dans les retenues des barrages en Tunisie,* campagne 1975, Tunis, ORSTOM, 1975, 43 p.

COTE (M.), *L'Algérie ou l'espace retourné,* Paris, Flammarion, 1988, 362 p.

DESPOIS (J.), *Le Hodna (Algérie),* Paris, PUF, 1953, 409 p.

DESPOIS (J.), *La Tunisie orientale, sahel et basse steppe,* Paris, PUF, 1965.

DESPOIS (J.), *L'Afrique du Nord,* Paris, PUF, 1958, 628 p.

DRESCH (J.), *Géographie des zones arides,* Paris, PUF, 1982, 277 p.

DUBIEF (J.), *Le climat du Sahara,* Alger, IRS, 1963.

DUBOST (D.), *Contribution à l'amélioration de l'usage agricole des eaux chaudes du continental intercalaire (albien) dans la cuvette du bas Sahara algérien,* Touggourt, INRA, Sidi Mahdi, 1980, 41 p.

ENNABLI (M.), « Études hydrogéologiques des aquifères du nord-est de la Tunisie pour une gestion intégrée des ressources en eau », doctorat d'État, Nice, 1980.

FLORET (C.), PONTANIER (R.), L'aridité en Tunisie présaharienne, climat, sol, végétation et aménagement, ORSTOM, 1982, 544 p.

FRECAUT (R.), « Eau industrielle et sa part dans les bilans d'utilisation en eau en pays méditerranéen ; l'exemple de l'Algérie orientale », Revue géographique de l'Est, n° 2-3, 1984, pp. 123-132.

GANA (F.), « Ressources-emplois de l'eau en Tunisie, horizon 2000 ; ressource en eau, bilan moyen terme », Tunis, RTE, n° 38, 1981, pp. 66-89.

GISCHLER (Ch.-E.), Water Resources in the Arab Middle East and North Africa, Cambridge, Menas, 1979, 132 p.

GOSSELIN (M.), L'inventaire des ressources hydrauliques de la Tunisie, Paris, Imprimerie nationale, 1952, 141 p.

GOSSELIN (M.), Les eaux souterraines en Tunisie, méthodes de recherche, Tunis, 1931, pp. 584-608.

GRECO (J.), L'érosion, la défense et la restauration des sols, le déboisement en Algérie, Alger, 1966.

HENIA (L.), Les précipitations pluvieuses de la Tunisie tellienne, Tunis, Publications de l'université, 1980, 262 p.

HEUSCH (B.), L'érosion hydraulique au Maroc : son calcul et son contrôle, Rabat, 1970.

HORCHANI (A.), « Le potentiel hydraulique utilisable de la Tunisie », Tunis, RTE, n° 26, 1978, pp. 12-16.

KALLEL (R.), « Les principaux cours d'eau de la Tunisie », Tunis, Ressources en eau de Tunisie, n° 2, 1972, pp. 7-15.

KASSAB (F.), Les très fortes pluies en Tunisie, Tunis, Publications de l'université de Tunis, 1979, 224 p.

MAMOU (A.), « Ressources hydrogéologiques et développement agricole dans le Sud tunisien », Enjeux sahariens, Paris, Éditions du CNRS, 1984, pp. 267-274.

MAMOU (A.), PALLAS (Ph.), « Actualisation des ressources en eau du Sahara septentrional », L'eau et le Maghreb, Rome, PNUD, 1988, pp 43-49.

MARGAT (J.), FORKASIEWICZ (J.), « Les ressources en eau du bassin méditerranéen », Perspectives méditerranéennes, n° 8, 1981, pp. 1-13.

MARGAT (J.), L'exploitation des réserves d'eau souterraine en zones semi-aride et aride, Nice, CEFIGRE, 1982.

MARTIN (J.-E.), (éd.), L'eau et la ville dans les pays du bassin méditerranéen et de la mer Noire, Tours, URBAMA, 1991, 313 p.

MATOUSSI (M.-S.), *Planification des ressources aléatoires ; application à la gestion d'un bassin fluvial tunisien,* Paris, Sirey, 1981, 460 p.

MATOUSSI (M.-S.), « Planification des ressources hydro-agricoles : application au Nord tunisien », Tunis, *RTEG,* n° 1, juin 1984, pp. 117-124.

MEBARKI (A.), *Ressources en eau et aménagement en Algérie : le bassin du Kebir Rhumel,* Alger, OPU, 1984, 302 p.

MEBARKI (A.), « Alimentation en eau potable de la ville de Constantine », Alger, *Eaux et sols d'Algérie,* 1989/3, pp. 27-39.

MUTIN (G.), « Concurrences pour l'utilisation de l'eau dans la région algéroise », Lyon, *TMO,* n° 14, 1987, pp. 175-189.

NEBOIT (R.), *L'homme et l'érosion,* Clermont-Ferrand, Publications universitaires, 1983, 183 p.

NESSON (Cl.), *L'évolution des ressources hydrauliques dans les oasis du Sahara algérien,* Paris, Éditions du CNRS, 1978, pp. 17-91.

PALLAS (P.), « Les ressources en eau du Sahara septentrional », *Nature et ressources,* n° 8, juillet 1972, pp. 10-18.

ROGNON (P.), PLANHOL (X. DE), *Les zones tropicales arides et subtropicales,* Paris, A. Colin, 487 p.

SARI (Dj.), *L'homme et l'érosion dans l'Ouarsenis,* Alger, SNED, 1977, 264 p.

SELTZER (P.), *Le climat de l'Algérie,* Alger, Typo-Litho, 1946, 220 p.

SETHOM (H.), « Les dangers de la priorité absolue aux villes dans la répartition de l'eau disponible en Tunisie », *Colloque Eau potable et croissance urbaine,* Rabat, 1988, 23 p. (Actes à paraître.)

SOGETHA-SOGREAH, *Étude générale des aires d'irrigation et d'assainissement agricole en Algérie,* 1969.

SOGREAH, *Aménagements hydro-agricoles en collines, reconnaissance générale de l'Algérie,* Alger, sept. 1962, 70 p.

SOUGHIR (R.), « L'enjeu de l'eau à Sousse (Tunisie) ; la production sociale d'un déficit », thèse de l'université du Val-de-Marne, 1984.

STOCKTON (C.-W.), « Current research progress toward understanding drought », *Conférence d'Agadir,* 1988, pp. 21-35.

TRABELSI (M.), « La question de l'eau potable dans les petites agglomérations et ses implications sur le développement régional : l'exemple de Siliana », Tunis, *RTSS,* n° 53, 1978, pp. 141-170.

UNESCO, *Étude des ressources en eau du Sahara septentrional (Algérie, Tunisie). Rapport sur les résultats du projet REG 100,* Alger, 1972, 78 p.

VAN DER LEEDEN (F.), Water Resources in the World, Selected Statistics, New-York, Water Information Center, 1975, 568 p.

XXX, « Séminaire international d'experts sur le dévasement des retenues », Tunis, *RTE,* n° 33, 1980, pp. 37-69.

3. L'héritage technique et sociétal maghrébin autour de l'eau et son devenir actuel

ABAAB (A.), « La marginalisation des techniques de petite hydraulique familiale, cas des Souanis à Ben Gardane », thèse Paris VII, 1981, 263 p.

AMEUR (M.), *Le statut juridique de l'eau et l'irrigation au Maroc ; confrontation des ordres juridiques moderne et traditionnel,* Rabat, Faculté des sciences juridiques, économiques et sociales, avril 1982, 210 p.

BAHRI (A.), EL AMAMI (Sl.), *Le rôle des ouvrages hydrauliques traditionnels dans l'équilibre régional,* Tunis, CRGR, 1983, 6 p.

BARADEZ (J.), *Fossatum Africae ; recherches aériennes sur l'organisation des confins sahariens à l'époque romaine,* Paris, Arts et métiers graphiques, 1949.

BAZZANA (A.), GUICHARD (P.), MONTMESSIN (Y.), « L'hydraulique agricole d'El Andalus : donnés textuelles et archéologiques », Lyon, *TMO,* n° 14, 1987, pp. 57-76.

BAZZANA (A.), GUICHARD (P.), « Irrigation et société dans l'Espagne orientale au Moyen Age », Lyon, *TMO,* n° 2, 1981, pp. 115-140.

BEDOUCHA-ALBERGONI (G.), « Système hydraulique et société dans une oasis tunisienne », *Études rurales,* n° 62, 1976, pp. 39-72.

BEDOUCHA-ALBERGONI (G.), « L'eau, l'amie du puissant », *une communauté oasienne du Sud tunisien,* Paris, Éditions des archives contemporaines, 1987, 427 p.

BEN KHELIL (K.), *Technique de construction des meskats du sahel de Sousse,* Tunis, CRGR, 1983, 13 p.

BENSIDOUN (S.), « Contrôle de l'eau et communautés agraires en Islam », Paris, *Cahiers de l'ISEA,* série V, n° 6, 1963, pp. 125-145.

BERQUE (J.), *Structures sociales du Haut-Atlas,* Paris, PUF, 1955, 470 p.

BERQUE (J.), « Hydraulique et historicité », *De l'Euphrate à l'Atlas,* Paris, Sindbad, 1978, pp. 243-273.

BERTHIER (P.), *Les anciennes sucreries au Maroc et leurs réseaux hydrauliques,* Rabat, 1969, 2 t., 348 p.

BIREBENT (J.), *Aquae Romanae : recherches d'hydraulique romaine dans l'Est algérien,* Alger, Service des antiquités de l'Algérie, 1964, 523 p.

BOLENS (L.), « L'eau et l'irrigation d'après les traités d'agronomie andalous au Moyen Age (XIᵉ-XIIᵉ s.) », *Options méditerranéennes,* n° 16, déc 1972, pp. 69-72.

BOLENS (L.), *Les méthodes culturales au Moyen Age d'après les traités d'agronomie andalous : traditions et techniques,* Genève, 1974, 266 p.

BRUNO (H.), *Contribution à l'étude du régime des eaux en droit musulman,* Paris, A. Rousseau, 1913, 109 p.

CAPONERA (D.), *Le droit des eaux dans les pays musulmans,* Rome, FAO, 1973, 182 p., 223 p. et 312 p.

CARBONERO (M.-A.), « Technologie hydraulique et système de distribution de l'eau à El Andalus », Aix-en-Provence, *ROMM,* n° 45, 1987, pp. 133-141.

CARTON (L.), « Étude sur les travaux hydrauliques des Romains en Tunisie », *Revue tunisienne,* 1896-97, pp. 281-292, 373-386, 530-564, et pp. 27-85.

COIGNET (J.), « L'hydraulique agricole à l'époque romaine », *Revue tunisienne,* 1912, pp. 231-242.

COLIN (G.-S.), « Les origines de la noria de Fès », *Hesperis,* 1933.

COLIN (G.-S.), « La noria marocaine et les machines hydrauliques dans le monde arabe », *Hesperis,* 1932, pp. 29-49.

EL AMAMI (Sl.), « Le discrédit des technologies indigènes ; histoire de l'hydraulique agricole en Tunisie », *Actuel-Développement,* n° 17, 1977, 5 p.

EL AMAMI (Sl.), « L'étude des aménagements hydrauliques du type-meskat du sahel de Sousse », Tunis, *Cahiers du CRGR,* n° 7, août 1977.

EL AMAMI (Sl.), *Les aménagements hydrauliques traditionnels en Tunisie,* Tunis, CRGR, 1984, 68 p.

ENNAJI (M.), « Canne à sucre et industrie sucrière au Maroc du XIXᵉ siècle », Rabat, *RJEPM,* n° 18, 1985, pp. 57-168.

FANTAR (M.), « Le problème de l'eau potable dans le monde phénicien et punique : les citernes », Tunis, *Cahiers de Tunisie,* n° 89-90, 1975, pp. 9-17.

FELIU (E.), *Le régime des eaux dans le sahara constantinois,* Blida, Mauguin, 1896, 104 p.

FRONTIN, *The Stratagemes and the Aqueducts of Roma,* Cambridge, Harvard University Press, 1961, 492 p.

FRONTIN, *Les aqueducs de la ville de Rome,* Paris, Les Belles-Lettres, 1961, 114 p.

GAUKLER (P.), *Enquête sur les installations hydrauliques romaines en Tunisie,* 1901, 1904, 347 et 236 p.

GEERTZ (Cl.), ROSEN (L.), *Meaning and Order in Moroccan Society, Three Essays in Cultural Analysis*, Cambridge, Cambridge University Press, 1979, 519 p.

GLICK (Th.-F.), *Irrigation and Society in Medieval Valencia*, Cambridge, Harvard University Press, 1970, 386 p.

GOBLOT (H.), *Les qanats : une technique d'acquisition de l'eau*, Paris, Mouton, 1979, 236 p.

GOBLOT (H.), « Dans l'ancien Iran, les techniques de l'eau et la grande histoire », Paris, *Annales ESC*, n° 1, janv. 1963.

GRANDGUILLAUME (G.), « Régime économique et structure de pouvoir : le système des foggaras du Touat », *ROMM*, n° 13-14, 1973, pp. 437-459.

GRANDGUILLAUME (G.), « De la coutume à la loi : droit de l'eau et statut des communautés locales dans le Touat précolonial », Aix-en-Provence, *Peuples méditerranéens*, n° 2, mars 1978, pp. 119-133.

GUICHARD (P.), « L'eau dans le monde musulman médiéval », *TMO*, n° 3, 1982, pp. 117-124.

HAMMOUDI (A.), *Substance and Relation : Water Rights and Water Distribution in the Draa Valley*, New-York, State University of New York Press, 1985, pp. 27-57.

HAMMOUDI (A.), « Sainteté, pouvoir et société : Tamgrout aux XVIIᵉ et XVIIIᵉ siècles », Paris, *Annales ESC*, n° 35, 1980, pp. 615-641.

HAMZA (M.), « Approvisionnement en eau de Kairouan à l'époque aghlabide », Tunis, *Bulletin des ressources en eau de Tunisie*, n° 6, 1981, pp. 25-36.

HODGE (A.-T.), « How did Frontinus measure the Quinaria ? », New York, *American Journal of Archeology*, n° 88, 1984, pp. 205-216.

IBN EL AWAM, *Le livre de l'agriculture*, Tunis, Bouslama, 1977, 3 t., 657, 460 et 293 p.

JACQUES MEUNIE (D.), « Greniers et citadelles au Maroc », Rabat, *Publications de l'IHEM*, t. LII, 1951, 249 et 109 p.

JAUBERT DE PASSA (F.-J.), *Recherches sur les arrosages chez les peuples anciens*, Grenoble, Éditions d'aujourd'hui, 1981, 4 vol., 252, 284, 458 et 507 p.

KILANI (M.), « Lignages et identité ethnique dans l'oasis de Gafsa », Tunis, *IBLA*, n° 160, 1987/2, pp. 299-318.

KILANI (M.), « L'influence de l'État dans la transformation du système hydraulique du groupe d'oasis de Gafsa », Genève, *Genève-Afrique*, n° 2, vol. XXIV, 1986, pp. 7-46.

KOBORI (I.), « Le système d'irrigation dans le Sahara central-Tidikelt », University of Tokyo, *Bulletin of Department of Geography*, n° 1, 1969, pp. 1-32.

KOBORI (I.), « Some notes on diffusion of qanats », *Orient*, vol. IX, 1973, pp. 43-66.

KOBORI (I.), « Notes on foggaras in the Algerien Sahara », University of Tokyo, *Bulletin of Department of Geography*, n° 8, 1976, pp. 41-55.

KOBORI (I.), *Qanawat Romani of Taibe Oasis*, University of Tokyo, Department of Geography, 1980, 98 p.

LATHAM (J.-D.), « Towards a study of Andalusian immigration and its place in Tunisia history », Tunis, *Cahiers de Tunisie*, n° 5, 1957, pp. 203-252.

LETOURNEAU (R.), « Documents sur une contestation relative à la répartition de l'eau dans la médina de Fès », *Mélanges William Marçais*, Paris, Maisonneuve et Larose, 1950, pp. 191-203.

LEVEAU (Ph.), PAILLET (J.-L.), *L'alimentation en eau de Caesarea de Maurétanie et l'aqueduc de Cherchell*, Paris, L'Harmattan, 1976, 185 p.

LEVEAU (Ph.), « Aménagements hydrauliques et utilisation de l'eau dans l'agriculture autour de Caesarea de Maurétanie (Cherchell, Algérie) », Lyon, *TMO*, n° 14, 1987, pp. 45-56.

MAROUF (N.), *Lecture de l'espace oasien*, Paris, Sindbad, 1980, 281 p.

MEZZINE (L.), *Le Tafilalet, contribution à l'histoire du Maroc aux XVIIe-XVIIIe siècles*, Rabat, Faculté des lettres et sciences humaines, 1978, 387 p.

MONCHICOURT (Ch.), « Règlements d'irrigation dans le Haut-Tell », Tunis, *Bulletin de la direction de l'Agriculture*, 1911.

MONTAGNE (R.), *Un magasin collectif de l'Anti-Atlas, l'agadir des Ikounka*, Paris, Larose, 1930, 123 p.

NACIRI (M.), « Calamités naturelles et fatalité historique », *Actes de la conférence d'Agadir*, 1988, pp. 83-101.

PASCON (P.), « La propriété des terres et des eaux dans la maison d'Iligh », *HTE*, n° 48, sept. 1982, pp. 67-87.

PASCON (P.), « De l'eau du ciel à l'eau d'État. Psychosociologie de l'irrigation », *HTE*, n° 28, sept. 1978, pp. 3-10.

PASCON (P.), « Théorie générale de la distribution des eaux et de l'occupation des terres dans le Haouz de Marrakech », *RGM*, n° 18, 1970, 17 p.

PASCON (P.), BERQUE (J.), *Structures sociales du Haut-Atlas, Retour aux Seksawa*, Paris, PUF, 1978, 513 p.

PAVIS D'ESCURSAC (H.), « Irrigation et vie paysanne dans l'Afrique du Nord antique », *Ktema*, n° 5, 1980, pp. 177-191.

PENET (J.), *L'hydraulique agricole de la Tunisie méridionale*, Tunis, 1913, 212 p.

PENET (J.), *Les syndicats d'inondation de la plaine de Kairouan*, Tunis, 1908, 35 p.

PENET (J.), « Les irrigations dans la plaine de Gammouda », Tunis, *Bulletin de la direction de l'Agriculture et du Commerce*, 1910, 11 p.

PERROT (Cl.), « Les réseaux d'irrigation romains de l'Est algérien », thèse, Paris IV, 1977, 178 p.

PIGNAUVIN (G.), *L'hydraulique en Tunisie d'après les Romains*, Tunis, 1932, 38 p.

PLANHOL (X. DE), *Les fondements géographiques de l'histoire de l'Islam*, Paris, Flammarion, 1968, 442 p.

ROSEN (L.), « Social identity and points of attachment : approaches to social organization », *Meaning and Order in Moroccan Society*, Cambridge, 1979, pp. 19-122.

ROSENBERGER (B.), « Cultures complémentaires et nourritures de substitution au Maroc (XVᵉ-XVIIIᵉ s.) », Paris, *Annales ESC*, n° 35, 1980, pp. 477-503.

ROSENBERGER (B.), TRIKI (H.), « Famines et épidémies au Maroc aux XVIᵉ-XVIIᵉ siècles », Rabat, *Hesperis Tamuda*, 1973, pp. 109-175, et 1974, pp. 5-103.

SCHIQLER (T.), *Roman and Islamic Water Lifting Wheels*, Copenhague, Odense University Press, 1973, 201 p.

SHAW (B.-D.), « Water and society in the ancient Maghrib : technology, property and development », *Antiquités africaines*, vol. XX, 1984, pp. 121-174.

SOLIGNAC (M.), « Travaux hydrauliques hafsides de Tunis », *Revue africaine*, n° 368-369, 3ᵉ-4ᵉ trim. 1936, pp. 517-580.

TROUSSET (P.), « De la montagne au désert ; limes et maîtrise de l'eau », Aix-en-Provence, *ROMM*, n° 41-42, 1987, pp. 90-115.

WATSON (A.-M.), *Agricultural Innovation in the Early Islamic World : the Diffusion of Crops and Farming Techniques (700-1100)*, Cambridge, Cambridge University Press, 1983, 260 p.

WATSON (A.-M.), « The Arab agricultural revolution and its diffusion, 700-1100 », *The Journal of Economic History*, mars 1974, pp. 8-35.

4. Les choix hydrauliques de l'époque coloniale

ARRUS (R.), *L'eau en Algérie ; de l'impérialisme au développement (1830-1962)*, Alger, OPU, 1985, 388 p.

AYACHE (A.), *Le Maroc, bilan d'une colonisation*, Paris, Éditions sociales, 1956, 368 p.

BAUZIL (R.), « L'hydraulique agricole au Maroc », *BESM*, n° 30, juillet 1946.

BELAL (A.), *L'investissement au Maroc (1912-1964) et ses conséquences en matière de développement*, Casablanca, Éditions maghrébines, 1976.

COIGNET (J.), *L'hydraulique en Tunisie et les grands barrages réservoirs*, Tunis, Guinle et Cie, 1917, 146 p.

COIGNET (J.), « Notice sur la création d'un barrage réservoir à Hamma-Zriba », Tunis, *Revue tunisienne*, 1912, pp. 112-164.

DEMONTES (V.), *L'Algérie économique*, Alger, 1930, t. IV.

FLAMANT (A.), *Tableau des entreprises d'irrigation fonctionnant en Algérie en 1900*, Alger, Imprimerie Giralt, 1900, 72 p.

GELIS (B. DE), « La mise en valeur hydraulique de l'Algérie », *Le développement africain*, IEDA, octobre 1961, 157 p.

GINESTOUS (B.), « Barrages hydrauliques », Tunis, *Revue tunisienne*, 1906, pp. 195-199.

GOSSELIN (M.), *L'hydraulique en Tunisie*, Tunis, Archives de l'Institut Pasteur, 1941, 32 p.

MEYER (M.), *Le régime des eaux dans la Métropole et en Algérie*, Blida, Mauguin, 1953, 131 p.

MOULIAS (D.), *L'eau dans les oasis sahariennes ; organisation hydraulique, régime juridique*, Alger, Carbonnel, 1927, 307 p.

PENET (P.), « La législation hydraulique de la Tunisie », Tunis, *Revue tunisienne*, 1918, pp. 363-377.

PENET (P.), *Avant-projet de Code des Eaux présenté à la Commission de l'Hydraulique instituée par arrêté du 8 juillet 1913*, Tunis, Imprimerie rapide, 1924, 154 p.

PONCET (J.), *La colonisation et l'agriculture européennes en Tunisie depuis 1881*, Paris, Imprimerie nationale, 1961, 700 p.

PREFOL (P.), *Prodige de l'irrigation au Maroc ; le développement exemplaire du Tadla 1936-1985*, Paris, Nouvelles éditions latines, 1986, 266 p.

RICCI (M.), *Du régime des eaux en Algérie*, Paris, A. Rousseau, 1898, 203 p.

RIVET (D.), *Lyautey et l'institution du Protectorat français au Maroc (1912-1925)*, Paris, L'Harmattan, 1988, 3 vol., 267, 297 et 357 p.

SONNIER (A.), *Le régime juridique des eaux au Maroc*, Paris, 1933, 224 p.

SWEARINGEN (W.-D.), « Not a drop of water to the sea : the colonial origins of Morocco's present irrigation programme », *Maghreb Review*, 1984 (9), pp. 26-38.

SWEARINGEN (W.-D.), « In the search of the Granary of Rome : France wheat policy in Morocco 1915-1931 », *International Journal of Middle East Studies*, n° 17, 1985, pp. 347-363.

SWEARINGEN (W.-D.), *Moroccan Mirages : Agrarian Dream and Deceptions 1912-1980*, Princeton, Princeton University Press, 1987, 218 p.

SWEARINGEN (W.-D.), « Terre, politique et pouvoir au Maroc », *ROMM*, n° 45, 3ᵉ trim. 1987, pp. 41-54.

TIXERONT (J.), *L'irrigation en Tunisie*, IIᵉ Congrès de l'ICID, octobre 1953.

TIXERONT (J.), *L'équipement hydraulique de la Tunisie*, Tunis, Imprimerie officielle, 1957, 55 p.

VALENSI (L.), *Fellahs tunisiens ; l'économie rurale et la vie des campagnes aux XVIIIᵉ et XIXᵉ siècles*, Paris-La Haye, Mouton, 1977, 421 p.

YACONO (X.), *La colonisation des plaines du Chelif*, Alger, Imbert, 1955, 2 vol., 444 et 423 p.

YACONO (X.), « Les débuts d'une politique française des barrages en Algérie : la mission Thénard (1845) », *Mélanges Despois*, Paris, 1973, pp. 415-427.

5. Les politiques hydrauliques depuis les indépendances

AKESBI (N.), « De la dépendance alimentaire à la dépendance financière, l'engrenage », *Afrique et développement*, 1985/3, Dakar, pp. 39-61.

AKESBI (N.), « L'État marocain, pris entre les impératifs de la régulation et les exigences de l'extraversion », Paris, *AAN*, 1984, pp. 543-586.

BADUEL (P.-R.), « Politique tunisienne de développement hydro-agricole (1881-1983) », *TMO*, n° 14, 1987, pp. 147-174.

BEDRANI (Sl.), *L'agriculture algérienne depuis 1966 ; étatisation ou privatisation ?*, Alger, OPU, 1981, 414 p.

BELLOUT (A.), « Les stratégies de choix des investissements dans la politique d'équipement hydraulique au Maroc », DESS, Rabat, 1973, 113 p.

BELLOUT (A.), « Marché mondial : sécurité alimentaire et la politique des grands aménagements hydro-agricoles », *RJEPM*, n° 9, 1er semestre 1981, pp. 124-145.

BENHADI (A.), « La politique marocaine des barrages », *AAN*, 1975, pp. 275-289.

BENHLAL (M.), « Politique des barrages et problèmes de la modernisation rurale dans le Gharb », *AAN*, 1975, pp. 261-273.

BOUCHAARA (A.), « Politique des barrages et développement agricole au Maroc », thèse, Lyon, 1984, 308 p.

BOUDERBALA (N.), CHICHE (J.), HERZENNI (A.), PASCON (P.), *La question hydraulique*, t. I : *Petite et moyenne hydraulique au Maroc*, Rabat, 1984, 397 p.

BOUDERBALA (N.), CHRAIBI (M.), PASCON (P.), « La question agraire au Maroc », *BESM*, n° 123-124-125, 1974 et 133-134, 1977, 423 et 222 p.

DARGOUTH (S.), « Problèmes des périmètres publics irrigués en Tunisie », Tunis, *RTG*, n° 2 (1979), 1979, pp. 5-25.

DUBOST (D.), « Écologie, aménagement et développement agricole des oasis algériennes », thèse de géographie, Tours, 1991, 549 p.

EIKENBERG (Ch.), *Sozio-ökonomische Probleme des Tunesischen Wasserwirtschaft*, Hambourg, Institut fur Afrika Kunde, 1982, 119 p.

FONDATION DE L'EAU, *Guide de l'eau, Tunisie*, Tunis, 1988, 130 p.

GROUPE HUIT, *Villes et développement, armature urbaine tunisienne*, livre I : *Bilan géographique et problèmes urbains*, livre II : *Politique économique et organisation du territoire*, Tunis, 1972 à 1974, 636 et 286 p.

HASSAINYA (J.), *Les modalités d'intervention de l'État ; cas des aménagements hydro-agricoles et les politiques d'irrigation au sud de la Méditerranée*, Montpellier, IAM, 1984, 27 p.

HASSAINYA (J.), « L'agriculture irriguée en Tunisie », *Afrique-Agriculture*, n° 79 et n° 80, mars 1982 et avril 1982, pp. 12-17 et 39-43.

HASSAINYA (J.), AKKARI (T.), *Irrigation et développement agricole au Maghreb*, Montpellier, IAM, 1984, 176 p.

HASSAINYA (J.), « Irrigation et développement agricole en Tunisie, la problématique des PPI », thèse d'État, Montpellier, 1989, 417 p.

KASSAB (A.), « L'agriculture tunisienne », Tunis, *RTG*, n° 10-11, 1983, 388 p.

KHYARI (Th.), « Le développement du capitalisme dans l'agriculture marocaine », *RJEPM*, n° 18, 1985, pp. 129-155.

LAMROUS (R.), *L'eau d'alimentation en Algérie*, Alger, OPU, 1980, 48 p.

LONGUENESSE (E.), (éd.), *Bâtisseurs et bureaucrates, ingénieurs et sociétés au Maghreb et au Moyen-Orient,* Lyon, Maison de l'Orient, 1990, 436 p.

MANSOUR (A.), *Le secteur irrigué en Tunisie,* Tunis, Ministère de l'Agriculture, 1980, 26 p.

MARA, *L'irrigation au Maroc ; situations de l'équipement et de la mise en valeur, perspectives de développement,* Rabat, 1975, 114 p.

MOKHTARI (M.), « L'hydraulique agricole en Algérie », Alger, *Algérie verte,* n° 8, 3e trim. 1987, pp. 25-28.

NACIRI (M.), « L'aménagement de l'espace territorial au Maroc ; lieux d'autonomie et centralisation étatique », *États, territoires et terroirs au Maghreb,* Paris, Éditions du CNRS, 1985, pp. 225-242.

OUALALOU (F.), « L'apport étranger et l'agriculture marocaine », *BESM,* n° 122, 1971, pp. 37-63.

PASCON (P.), ENNAJI (M.), *Les paysans sans terre au Maroc,* Casablanca, Éditions Toubkal, 1986, 133 p.

PÉRENNÈS (J.-J.), « La politique hydro-agricole de l'Algérie : données actuelles et principales contraintes », *Maghreb-Machrek,* n° 111, janv. mars 1986, pp. 57-76.

PÉRENNÈS (J.-J.), « La crise des modèles de mise en valeur des périmètres irrigables en Algérie ; le cas du Haut-Chelif », *ROMM,* n° 45, 1987, pp. 94-105.

PÉRENNÈS (J.-J.), « Irrigation et intensification des périmètres irrigables en Algérie », *Les cahiers de la recherche-développement,* n° 14-15, 1987, pp. 150-157.

PÉRENNÈS (J.-J.), « La politique de l'eau en Tunisie », *Maghreb-Machrek,* n° 120, 1988, pp. 23-41.

PÉRENNÈS (J.-J.), « Le Maroc à portée du million d'hectares irrigués. Éléments pour un bilan », *Maghreb-Machrek, n° 137, 1992,* pp. 25-42.

POSTMA (S.-F.), *Rapport sur l'irrigation en Tunisie,* Tunis, Ministère du Plan, 1973, 96 p.

ROSIER (B.), *Les avatars de l'hydraulique en Tunisie : petite et grande hydraulique dans l'espace social kairouanais ou les ruses de l'histoire,* Aix-en-Provence, CEDEC, 1983, pp. 39-65.

SEDDIKI (A.), EL FAIZ (M.), « Essai d'analyse sur le capitalisme périphérique ; cas de l'irrigation au Maroc », thèse, Grenoble II, 1979, 279 p.

ZOUITEN (M.), « Essai sur la maîtrise des eaux à usage agricole », thèse, Grenoble, 1986, 377 p.

6. La mise en valeur agricole : choix techniques, réaction des agriculteurs, gestion des périmètres

Les choix techniques et leurs conséquences

BENZINA (N.), « Changement technique et développement agricole. Étude comparative entre la grande hydraulique et la petite hydraulique traditionnelle et recherche de voies alternatives », thèse, Aix-Marseille, 1985, 275 p.

CATRISSE (B.), « Hydraulique : sociétés et fournisseurs », *Afrique-Agriculture*, n° 109, sept. 1984, pp. 20-43.

CHRAIBI (M.), « Techniques d'irrigation et structures agraires », *BESM*, n° 120-121, janvier-juin 1971, pp. 63-80.

CLEAVER (K.-M.), *The Agricultural Developpement Experience of Algeria, Morocco and Tunisia. A Comparison of Strategies for Growth*, Washington, World Bank, 1982, 66 p.

DESPOIS (J.), « La culture en terrasses en Afrique du Nord », *Annales ESC*, 1956, pp. 42-56.

DUCROCQ (M.), « Un aspect original de l'aménagement hydro-agricole au Maroc : la trame d'irrigation », *Cahiers du CENECA*, 1976.

EL AMAMI (Sl.), « Une nouvelle conception des aménagements hydrauliques en Tunisie », *Impact : Science et société*, n° 1, 1983, pp. 61-68.

EL AMAMI (Sl.), GACHET (J.-P.), GALLALI (T.), « Choix techniques et agriculture maghrébine : le cas de la Tunisie », *Peuples méditerranéens*, n° 8, juillet 1979, pp. 119-152.

FAO, *Petits ouvrages hydrauliques*, Rome, FAO, 1982, 2 vol.

KELLER (J.), « Taking advantage of modern irrigation in developping countries », XIIᵉ Congrès de l'ICID, 1984, 21 p.

LE GOUPIL (J.-C.), *Un type moderne d'irrigation : l'irrigation par pivots dans le cadre du nouveau projet agricole SARIR (Libye)*, Paris, IRAT-SATEC, 1982, 21 p.

MESSAHEL (M.), *L'irrigation au goutte-à-goutte*, Alger, OPU, 1988, 338 p.

NAIGEON (Ch.), « Les techniques françaises en Afrique ; comment les compagnies se sont groupées pour exporter », *Afrique-Agriculture*, n° 72, août 1981, pp. 21-39.

OULED CHERIF (B.), « Les lacs collinaires au Maroc », *HTE*, n° 57, 1984, pp. 59-64.

PASCON (P.), *Le technicien entre les bavures et le bricolage*, Rabat, SMER, 1980, pp. 3-12.

POPP (H.), *Effets sociogéographiques de la politique des barrages au Maroc*, Rabat, 1984, 265 p.

POPP (H.), « Moderne Bewässerungslandwirtschaft in Marokkostaatliche und individuelle Entscheidungen in socialgeographischen Sicht », Erlangen, *Geographischen Arbeiten*, 1989, 265 p.

POPP (H.), « Experiences with agricultural development projects in Morocco », *The Maghreb Review*, vol. XII, n° 5-6, 1987, pp. 166-178.

ROLLAND (L.), *La mécanisation de l'irrigation par aspersion*, Rome, 1980, 465 p.

TAJ (K.), *Choix technologique et système alimentaire : le cas du Maroc*, Paris, L'Harmattan, 1987, 172 p.

VERMEIREN (L.), JABLING (G.-A.), *L'irrigation localisée*, Rome, FAO, 1983, 219 p.

VIDAL (A.), BAQRI (A.), « Télédétection et contrôle de l'irrigation ; perspectives d'avenir », Paris, *Génie rural*, n° 11, nov. 1988, pp. 32-39.

ZAMITI (Kh.), « La division du travail étatique : sociologie d'un barrage », *AAN*, 1983, pp. 377-388.

ZOLTY (A.), « Irrigation : les technologies appropriées », *Marchés tropicaux*, n° 2162, 17 avril 1987, pp. 909-915.

ZOLTY (A.), « Le développement hydro-agricole intégré (Afrique) », *Marchés tropicaux*, n° 2191, 6 nov. 1987, pp. 2955-2961.

Adhésion et refus des agriculteurs

CAMPAGNE (P.), « État et paysans : la contradiction entre deux systèmes de reproduction », *Économie rurale*, n° 147-148, janv.-mars 1982, pp. 37-44.

CHAZELAS (F.), « Les jardins de Tazrouk (Ahaggar, Sahara algérien) ; émergence d'une communauté rurale agricole dans une société de pasteurs nomades », Aix-en-Provence, *Recherches sahariennes*, n° 1, 1979, pp. 101-110.

COTE (M.), « Aïn Oulmène, une paysannerie dynamique », *AAG*, n° 10, juillet 1970, pp. 80-112.

COULEAU (J.), *La paysannerie marocaine*, Paris, Éditions du CNRS, 1968, 294 p.

DRESCH (J.), DUMONT (R.), BERQUE (J.), MARTHELOT (J.), GOUSSAULT (Y.), BEN BARKA (E.-M.), *Réforme agraire au Maghreb, colloque sur les conditions d'une véritable réforme agraire au Maroc*, Paris, Maspero, 1963, 146 p.

FERCHIOU (S.), *Les femmes dans l'agriculture tunisienne*, Aix-en-Provence, Tunis, Édisud-CERES, 1985, 94 p.

GACHET (J.-P.), « L'agriculture, discours et stratégies », *Tunisie au présent : une modernité au-dessus de tout soupçon ?*, sous la dir. de M. Camau, Paris, CNRS, 1987, pp. 181-228.

GANA (A.), « Transformations agraires et intégration économique de l'agriculture en Tunisie de la colonisation à nos jours », thèse, Nanterre, 1981, 256 p.

GANA (A.), « Pluriactivité des agriculteurs et reproduction sociale dans les campagnes tunisiennes », Tunis, *Annales de l'Institut national agronomique*, vol. LX, 1987, 44 p.

GARA (M.), « Modes de gestion et rationalité des maraîchers dans les PPI du cap Bon », Tunis, *Annales de l'INRAT*, 1985/1, 1985, 50 p.

HAMDI (L.), « Rationalité des agriculteurs dans la consommation d'eau d'irrigation, cas du périmètre de Medjez-el-Bab », Tunis, mémoire INAT, 1988, 110 p.

LAHLOU (O.), « Irrigation et développement de la production sucrière », *Revue marocaine de droit et d'économie du développement*, n° 2, 1982, pp. 79-89.

LECOMTE (B.), « Participation paysanne à l'aménagement et techniques de projets », Paris, *Revue Tiers-Monde*, n° 73, 1978, pp. 93-108.

LEVEAU (R.), *Le fellah marocain, défenseur du trône*, Paris, Fondation nationale des sciences politiques, 1976, 279 p.

MEJRI (S.), « Les associations d'intérêt collectif dans les oasis du gouvernorat de Gabès », Tunis, *RTG*, n° 14, 1985, pp. 163-183.

MERNISSI (F.), « Les femmes dans une société rurale dépendante : les femmes et le quotidien dans le Gharb », *Maghreb-Machrek*, n° 98, oct.-déc. 1982, pp. 4-45.

PASCON (P.), « Considérations préliminaires sur l'économie des exploitations agricoles familiales », Rabat, *RJEPM*, n° 3, déc. 1977, pp. 75-85.

PASCON (P.), « Etude du comportement technique et des décisions socio-économiques des chefs d'exploitation en situation aléatoire ; zone aride et semi-aride ; exploitations familiales », *Le Maroc agricole*, n° 122, fév. 1980, pp. 9-15.

SETHOM (H.), « Agriculture intensive et urbanisation accélérée sur le littoral oriental du cap Bon », Tunis, *RTG*, n° 6, 1980, pp. 153-162.

Rentabilité, gestion des périmètres

BEN SALAH (B.), « Essai d'évaluation des effets d'une opération d'irrigation dans un périmètre de la basse vallée de la Medjerdah, étude de cas : périmètre de Mornaguia », mémoire INA, Tunis, juillet 1984, 103 p.

BOTTRAL (A.-F.), *Comparative Study of the Management and Organisation of Irrigation Projects*, Washington, World Bank, 1981, 274 p.

BOUSSARD (J.-M.), « Calculs des effets induits d'un projet d'irrigation », *Xe Congrès de l'ICID*, 1978, pp. 33-117 et pp. 33-142.

BOUSSARD (J.-M.), PETIT (M.), CHASSANY (J.-P.), *Premiers enseignements méthodologiques d'un modèle d'exploitation agricole pour la détermination de l'élasticité de la demande d'eau d'irrigation par rapport aux prix*, Aix-en-Provence, Société du canal de Provence-INRA, 89 p.

BRUN (D.), « A propos du prix de l'eau dans la région d'Alger », mémoire DEA, Grenoble, 1986, 83 p.

CLARK (Colin), *Economics of Irrigation*, Londres, Pergamon Press, 1970, 116 p.

DAMIAN (G.), « Importance du diagnostic préalable à toute action de réhabilitation », *XIIIe Congrès de l'ICID*, 1987, pp. 919-931.

DJEBBARA (M.), « Irrigation et calcul économique », Alger, *Annales de l'INA*, n° spécial, 1987, pp. 133-177.

GUILLAUD (G.), « Modélisation d'un aménagement hydro-agricole régional », Montpellier, *Options méditerranéennes*, n° 2, 1970, pp. 112-116.

LE LANDAIS (F.), « Les effets induits de l'irrigation dans une région du bas Rhône-Languedoc », thèse, Montpellier, 1980, 212 p.

SAGARDOY (J.-A.), BOTRALL (A.), VITTENBOGAARD (G.-O.), *Organisation, exploitation et entretien des périmètres d'irrigation*, Rome, 1987, 219 p.

7. Monographies, études de cas

AIACHI (K.), « Affectation des ressources hydrauliques et problèmes de développement de l'agriculture irriguée en Tunisie centrale : les périmètres publics de Nebhana », mémoire, IAM, Montpellier, 1987, 204 p.

AKKARI (T.), « Caractéristiques et problèmes de développement de l'agriculture irriguée en Tunisie : cas du périmètre public irrigué de la basse vallée de la Medjerdah », mémoire, IAM, Montpellier, 1984, 200 p.

ATTIA (H.), « Étatisation de l'eau dans les oasis du jerid tunisien, lecture d'une dépossession », *États, territoires et terroirs au Maghreb*, CRESM, 1985, pp. 361-375.

ATTIA (H.), « Hydraulique étatique, hydraulique paysanne ; l'exemple de la Tunisie centrale », *Les politiques de l'eau en Afrique*, Paris, Economica, 1985, pp. 697-703.

BACHAOU EL HAMRAOUI (Z.), *Effets du développement de l'irrigation sur l'espace et la société dans le Tadla*, thèse, Toulouse, 1984.

BADUEL (A.-F.), « L'eau comme base d'aménagement du gouvernorat de Gabès (Sud tunisien) », thèse, Paris VII, 1977, 396 p.

BADUEL (A.-F.), BADUEL (P.), « Le pouvoir de l'eau dans le Sud tunisien », *ROMM*, n° 30, 1980, pp. 101-134.

BAGHDALI (L.), « Mise en valeur et restructuration foncière ; le périmètre du Ksob dans la commune de M'sila », Oran, *Cahiers géographiques de l'Ouest*, n° 5-6, 1980, pp. 19-33.

BATAILLON (C.), *Le Souf, étude de géographie humaine*, Alger, 1955, 140 p.

BECHRAOUI (A.), *La vie rurale dans les oasis de Gabès (Tunisie)*, Tunis, Publications de l'université, 1980, 302 p.

BELFQIH (A), « Les transformations récentes de l'espace et de la société rurale dans le Gharb central », thèse, Tours, 1988, 332 p.

BENCHERIFA (A.), *Chtouka et Massa, étude de géographie agraire*, Rabat, Université Mohamed-V, 1980, 226 p.

BERRADY (M.), « L'aménagement hydro-agricole de la plaine du Rharb », *HTE*, n° 60, sept. 1987, pp. 5-31.

BISSON (J.), « L'industrie, la ville, la palmeraie du désert, un quart de siècle d'évolution au Sahara algérien », *Maghreb-Machrek*, n° 99, janvier-mars 1983, pp. 5-29.

BISSON (J.), « Tinerkouk et Tarhouzi (Sahara algérien) : déménagement ou désenclavement de l'erg occidental », *Enjeux sahariens*, Paris, Éditions du CNRS, 1984, pp. 275-292.

BISSON (J.), *Le Gourara, étude de géographie humaine*, Alger, IRS, 1957, 222 p.

BOUALGA (A.), « Timimoun, l'oasis rouge du Gourara », thèse, université René-Descartes, Paris, 1981, 644 p.

BOUBEKRAOUI (M.-H.), « La crise des palmeraies dans le Tafilalet (Sud-Est marocain) », thèse, Toulouse, 1983.

BOUBEKRAOUI (M.-H.), CARCENAC (C.), « Le Tafilalet aujourd'hui ; régression écologique et sociale d'une palmeraie sud marocaine », *Revue géographique des Pyrénées et du Sud-Ouest*, t. LVII, fasc. 3, 1986, pp. 449-463.

CAPOT-REY (G.), « L'eau et le sol à El Goléa », Alger, *Travaux de l'IRS,* 1er-2e sem. 1958, pp. 83-125.

CASTEVERT (Cl.), « Mise au point sur le périmètre irrigable de l'oued Bou Namoussa », *AAG,* juillet 1968, pp. 93-100.

CHARVET (J.-P.), « La plaine des Triffa (Maroc oriental) », thèse, Paris X, 1985, 250 p.

CHERRAD (S.-Éd.), « La plaine de la Bou Namoussa. Irrigation, mise en valeur et organisation de l'espace », thèse, Montpellier, 1979.

DAOUD (M.), « Les processus de l'évolution sociospatiale dans la moyenne vallée du Ziz », thèse, Toulouse, 1984.

DUBOST (D.), « Nouvelles perspectives agricoles au Sahara algérien », Aix-en-Provence, *ROMM,* n° 41-42, 1986, pp. 339-356.

DUCROCQ (M.), PASCON (P.), « La mise en valeur du périmètre de la Tessaout (Haouz de Marrakech) », Rabat, *HTE,* n° 6, 1973, pp. 15-78.

FAURE (R.), « La palmeraie du Tafilalet ; étude d'un secteur d'irrigation traditionnelle au Maroc », thèse, Paris, 1968.

FRAD (M.-L.), « L'investissement privé dans l'agriculture (cas du Souss-Massa, périmètre d'Agadir) », mémoire, IAV Hassan-II, Rabat, 1988, 285 p.

GRANIER (J.-Cl.), « Rente foncière et régulation économique dans le Gourara algérien », *Revue Tiers-Monde,* n° 83, juillet-septembre 1980, pp. 649-663.

HEDDOUCHE (B.), « Dépendance technologique et dépendance alimentaire en Algérie : une contribution à l'étude de la filière sucre de betterave (Haut-Chelif) », magistère, INA, Alger, 1986, 311 p.

HERZENNI (A.), « L'aménagement hydro-agricole de la moyenne Tessaout ; disparités sociales et spatiales », thèse, Paris V, 1986, 405 p.

HERZENNI (A.), « L'Ounein : modes d'utilisation des eaux d'irrigation et rapports sociaux », Rabat, *BESM,* n° spécial P. Pascon. (A paraître.)

HOPKINS (N.-S.), *Testour ou la transformation des campagnes maghrébines,* Tunis-Alger, CERES-OPU, 1983.

JARIR (M.), « Errachidia et l'organisation spatiale de la vallée du Ziz, Exemple d'aménagement hydro-agricole dans le Pré-Sahara marocain », thèse, Tours, 1983, 372 p.

JARIR (M.), « Exemple d'aménagement hydro-agricole de l'État dans le Pré-Sahara marocain : le périmètre du Tafilalet », *TMO,* n° 14, 1987, pp. 191-208.

KASSAB (A.), « L'irrigation dans les plaines de la moyenne Medjerdah », Tunis, *Cahiers de Tunisie,* n° 101-102, 1978, pp. 133-165.

KERBOUT (M.), « Les périmètres irrigués du dir moyen-atlasique septentrional d'Agourai à Al Menzel », thèse, Tours, 1981, 457 p.

KERBOUT (M.), « La mutation des structures agraires dans les périmètres irrigués du dir moyen-atlasique septentrional, aspects et mécanismes », RGM, n° 7, 1983, pp. 89-108.

LADJILI (Kh.), « Hydraulique paysanne, hydraulique étatique : économie de l'agriculture irriguée au cap Bon (Tunisie) », mémoire, Montpellier, 1989, 296 p.

LARAICHI-COUVREUR (F.), « Le Rharb : aspects de l'évolution récente », RGM, n° 1-2, 1986, pp. 53-61.

LE COZ (J.), Le Rharb, fellahs et colons, Rabat, 1964, 2 vol., 1005 p.

LE COZ (J.), Les tribus guich au Maroc ; essai de géographie agraire, thèse complémentaire, Paris, 1964.

MARTIN (M.-C.), « Perspectives de développement en Saoura », Maghreb-Machrek, n° 69, 1975, pp. 51-60.

MOUSSAOUI (A.), « Hydraulique et évolution économique au Gourara », thèse, Nancy, 1985.

NACIB (Y.), Cultures oasiennes ; Bou Saada, essai d'histoire sociale, Alger-Aix, ENAL-Publisud, 1986, 505 p.

NESSON (Cl.), ROUVILLOIS-BRIGOL (M.), Oasis du sahara algérien : les oasis de l'oued R'hir, Ouargla, Tamentit, Paris, IGN, 1973, 110 p.

NESSON (Cl.), Les oasis de l'oued Righ, Paris, IGN, 1973, 31 p.

OUHAJOU (L.), « Espace hydraulique et société. Les systèmes d'irrigation dans la vallée du Draa moyen », thèse, Montpellier, 1986, 331 p.

OULKADI (H.), « Espace hydraulique et développement au Maroc ; les périmètres irrigués de la rive gauche de la basse Moulouya », thèse, Montpellier, 1989, 300 p.

PASCON (P.), Le Haouz de Marrakech, Rabat, IAV, 1977, 693 p.

PASCON (P.), VAN DER WUSTEN (H.), Les Beni-Boufrah. Essai d'écologie sociale d'une vallée rifaine (Maroc), Rabat, 1983, 306 p.

PÉRENNÈS (J.-J.), « Le devenir de l'agriculture saharienne : nature et enjeux de quelques projets récents de mise en valeur », Enjeux sahariens, Paris, Éditions du CNRS, 1986, pp. 253-265.

PÉRENNÈS (J.-J.), Structures agraires et décolonisation, les oasis de l'oued R'hir (Algérie), Paris-Alger, L'Harmattan-OPU, 1979, 372 p.

POPP (H.), « Les périmètres irrigués du Gharb », BESM, n° 138-139, 1978, pp. 157-177.

POPP (H.), « Un ''man-made-hazard'' : le surpompage dans la vallée du Souss. Aspects sociogéographiques d'une exploitation excessive des eaux souterraines », RGM, n° 7, 1983, pp. 35-51.

POPP (H.), « L'agriculture irriguée dans la vallée du Souss (Maroc), formes et conflits d'utilisation de l'eau », *Méditerranée*, n° 4, 1986, pp. 33-47.

POPP (H.), « Bewässerungs-projekt Massa », *Geographische Rundschau*, n° 12, déc. 1982, pp. 545-552.

POPP (H.), « Traditionnelle Bewässerungswirtschaft in der marokkanischen Oase Figuig », Passau, *Nachrichten und Berichten*, février 1988, pp. 24-28.

REBOUL (Cl.), « Le lent apprentissage de l'autogestion, les coopératives de production agricole d'Abadla », *Revue Tiers-Monde*, n° 88, oct.-déc. 1981, pp. 809-834.

REBOUL (Cl.), *Contraintes agronomiques d'un habitat rural ; le périmètre irrigable d'Abadla*, Paris, INRA, 1979, 44 p.

RENUCCI (J.), « Les oasis traditionnelles du Jerid : crise du monde rural ou décollage économique ? », *Cahiers géographiques de Rouen*, n° 8, pp. 29-62.

RENUCCI (J.), BERTRAND (J.-P.), VISSAC (G.), « L'eau et l'agriculture dans le bas Sahara algérien : l'exemple des oasis de l'Oued R'hir, du Souf et des Zibans », *Cahiers géographiques de Rouen*, n° 8, 1977, pp. 3-28.

SAKRAOUI (Dj.-Ed.), « La problématique de l'irrigation ; cas du périmètre de mise en valeur de Annaba (Algérie) », thèse, Montpellier I, 1980.

SALENC (P.), « L'irrigation et la mise en valeur de la plaine des Triffa », *BESM*, n° 70, 1956, pp. 269-284.

SAYAH (Kh.), « Un exemple d'intensification agricole à base d'irrigation ; le cas de la région de Beni-Mellal (Maroc) », thèse, Montpellier, 1984.

SETHOM (H.), « Les fellahs de la presqu'île du cap Bon », thèse, Paris, 1974, 1283 p.

TERRAS (L.), « Agriculture et capitalisme dans le périmètre du Loukkos », DES de science économique, Rabat, 1986, 348 p.

TOUTAIN (G.), « La recherche agronomique et la mise en valeur de la vallée du Draa (sud marocain) », *Enjeux sahariens*, Paris, CNRS, 1984, pp. 293-352.

TOUTAIN (G.), « Origine, évolution et crise de l'agriculture saharienne, la vallée du Draa », thèse, Paris I, 1977, 130 p.

8. Comparaisons internationales

BAKRE (M.), BETHEMONT (J.), COMMERE (R.), VANT (A.), *L'Égypte et le haut barrage d'Assouan, de l'impact à la valorisation*, Saint-Étienne, Presses universitaires, 1980, 191 p.

BETHEMONT (J.), *Le thème de l'eau dans la vallée du Rhône. Essai sur la genèse d'un espace hydraulique*, Saint-Étienne, 1972, 642 p.

BIANQUIS (A.-M.), « Le problème de l'eau à Damas et dans sa Ghouta », Lyon, *RGL*, vol. LII, 1977/1, 1977, pp. 35-53.

BIANQUIS (A.-M.), « Réforme foncière et politique agricole dans la Ghouta de Damas », thèse, Lyon, 1980, 189 p.

BOUSSARD (J.-M.), BRUN (A.), *L'adaptation de l'agriculture à l'irrigation ; étude économétrique des exploitations du bassin de la Laye*, Paris, INRA, 1970, 138 p.

BOUSSARD (J.-M.), PETIT (M.), RICARD (R.), « Problèmes de l'accession à l'irrigation en Provence ; l'utilisation des programmes linéaires pour la recherche des obstacles au développement agricole, *Les grands aménagements régionaux*, 4ᵉ trim. 1965, 13 p.

BOUSSARD (J.-M.), PETIT (M.), *Problèmes de l'accession à l'irrigation : étude économétrique d'une petite région*, Paris, INRA-Société du canal de Provence, 1966, 214 p.

BRAUN (C.), *Teheran, Marrakesh und Madrid. Ihre Wasserversorgung mit Hilfe von qanaten. Eine stadtgeographische Konvergenz auf kulturhistorischer Grundlage*, Bonn, F. Dummlers Verlag, 1974, 133 p.

BUTZER (K.-W.), *Early Hydraulic Civilization in Egypt ; a Study in Cultural Ecology*, Chicago, University of Chicago Press, 1976, 134 p.

CAHEN (Cl.), « Le service de l'irrigation en Iraq au début du XIᵉ siècle », Damas, Institut français de Damas, *Bulletin d'études orientales*, t. XIII, 1949-51, pp. 117-143.

CASIMIR (M.), « La Durance et le Verdon : exemples pluriséculaires de répartition d'une ressource », colloque de Varna.

DELMET (Ch.), « Le système traditionnel d'irrigation chez les Arabes Ga'aliyin Taragma (Soudan) », Paris, Éditions de la Maison des sciences de l'homme, *Techniques et culture*, n° 8, décembre 1986, pp. 69-110.

ELDBLOM (L.), « Structure foncière d'une communauté musulmane, une étude des possibilités du développement économique et social (le cas de l'oasis de Ghadamès, Libye) », *Cahiers de Tunisie*, n° 20, 1972, pp. 179-205.

ELDBLOM (L.), *Land Tenure, Social Organization and Structure, a Comparative Simple Study of the Socio-economic Life in the Three Libyan Oases of Ghat, Mourzouk and Ghadamès*, Uppsala, Scandinavian Institute of African Studies, 1979, 17 p.

ETIENNE (G.), *Progrès agricole et maîtrise de l'eau : le cas du Pakistan*, Paris, PUF, 1967, 187 p.

ETIENNE (G.), *Développement rural en Asie*, Paris, PUF, 1982.

HANNOYER (J.), « Grands projets hydrauliques en Syrie ; la tentation orientale », *Maghreb-Machrek*, n° 109, juillet-sept. 1985, pp. 24-42.

HANNOYER (J.), *Campagnes et pouvoir en Syrie, essai d'histoire socio-économique sur la région de Deir-ez-Zor*, Paris, EHESS, 1982, 361 p.

HERIN (R.), « De la théorie de la *huerta* ; géographie comparée des *huertas* du Sureste espagnol, de Marrakech et de l'oasis d'Ispahan », Lyon, *RGL*, 1977/2, pp. 177-196.

HERIN (R.), *Les huertas de Murcie : les hommes, les terres et l'eau dans l'Espagne aride*, Aix-en-Provence, Édisud, 1980, 223 p.

LAVERGNE (M.), « L'agriculture égyptienne dix ans après l'achèvement du haut barrage d'Assouan », thèse, Paris VII, 1980, 448 p.

MARIE (M.), « Pour une anthropologie des grands ouvrages ; le canal de Provence », Paris, *Les annales de la recherche urbaine*, n° 21, 1984, pp. 5-35.

MATHIEU (P.), « Irrigation, transition économique et stratégies d'acteurs dans la vallée du fleuve Sénégal : une analyse du processus », *Séminaire du COTA*, 1987, pp. 37-56.

METRAL (F.), « État et paysans dans le Ghab en Syrie ; approche locale d'un projet d'État », *Maghreb-Machrek*, n° 109, juillet-septembre 1985, pp. 43-63.

METRAL (F.), « Le droit de l'eau dans le code civil ottoman de 1869 et la notion de domaine public », *TMO*, n° 3, pp. 125-142.

METRAL (F.), « Périmètres irrigués d'État sur l'Euphrate syrien : modes de gestion et politique agricole », *TMO*, n° 14, 1987, pp. 111-145.

REBOUL (Cl.), « Barrages contre le développement ? Contribution à l'étude des projets d'aménagement de la vallée du fleuve Sénégal », *Revue Tiers-Monde*, n° 100, oct.-déc. 1984, pp. 749-760.

WITTFOGEL (K.-A.), *Le despotisme oriental : étude comparative du pouvoir total*, Paris, Éditions de Minuit, 1974, 672 p.

Index des principaux termes arabes utilisés

Achaba — Transhumance entre le piémont saharien et les hautes terres

Amazzal — Aiguadier dans la vallée du Draa (Maroc)

Arch — Statut collectif des terres de tribu

Bour — Zone agricole non irrigable cultivée en sec

Chergui — Vent chaud du sud (Tunisie et Maroc)

Chorfa — Notables de familles d'origine religieuse ou maraboutique

Chott — Pâturage en bord de *sebkha*, ou *sebkha*

Dalou — Puits d'où l'on tire l'eau à l'aide d'une outre en cuir (Tunisie)

Dhess — Sols limono-sableux des bords du Sebou (Maroc)

Erg — Massif dunaire (sahara)

Foggara — Galerie drainante souterraine pour l'irrigation (Algérie)

Habous — Terre ou bien d'une fondation religieuse

Jessour — Levées de terre destinées à retenir l'eau et la terre dans le Sud tunisien

Khammès — Métayer au cinquième

Khandeg — Canal de colature pour drainer les eaux usées dans les palmeraies

Kharrouba — Fraction de la journée d'eau d'une *séguia* (quarante-cinq minutes, dans le Draa)

Khettara — Galerie drainante souterraine pour l'irrigation (Maroc)

Maghzen — Tribu guerrière chargée de contrôler une région ; par extension, la puissance publique

Melk — Statut privé de la terre

Meskat — Impluvium artificiel destiné à récolter l'eau de pluie pour la drainer vers les olivettes en Tunisie centrale

Nouba — Journée d'eau d'une *séguia* ou d'un puits dans une palmeraie

Sebkha — Lac salé temporaire

Séguia — Canal d'irrigation

Sirocco — Vent chaud du Sud algérien

Tabia — Muret destiné à retenir l'eau et la terre sur les pentes

Tartib — Impôt agricole (au Maroc)

Tirs — Sols hydromorphes argileux dans la plaine du Gharb (Maroc)

Zaouia — Sanctuaire populaire autour du tombeau d'un personnage vénéré

Index des principales zones d'irrigation (1)

---

(1) Cette liste n'est pas exhaustive, mais permet de retrouver plus aisément les passages qui traitent des grandes zones irrigables, ainsi que les cartes afférentes (chiffres ci-dessus en caractères gras).

Table des matières

Troisième partie

DE LA NORIA A L'ASPERSEUR :
LES FELLAHS FACE AUX INNOVATIONS TECHNOLOGIQUES
ET A LA REDÉFINITION DU RÔLE DE L'ÉTAT

ÉDITIONS KARTHALA

(extrait du catalogue)

Collection *Méridiens*

Bernard LEHEMBRE, *L'île Maurice.*
Christian RUDEL, *Mexique, des Mayas au pétrole.*
Christian RUDEL, *La République dominicaine.*
J. BURNET et J. GUILVOUT, *La Thaïlande.*
Philippe DAVID, *La Côte-d'Ivoire.*
Marie-Paule DE PINA, *Les îles du Cap-Vert.*
Attilio GAUDIO, *Le Mali.*
Philippe L'HOIRY, *Le Malaŵi.*
Catherine BELVAUDE, *La Mauritanie.*
Alain et Denis RUELLAN, *Le Brésil.*
André LAUDOUZE, *Djibouti.*
Pierre VÉRIN, *Madagascar.*
Antonio RALUY, *La Nouvelle-Calédonie.*
P. MOUREN-LASCAUX, *La Guyane.*
Christian RUDEL, *Le Paraguay.*
Catherine BELVAUDE, *L'Algérie.*
J.-P. LOZATO-GIOTARD, *Le Maroc.*
Michel POUYLLAU, *Le Venezuela.*
Christian RUDEL, *L'Équateur.*
Catherine FOUGÈRE, *La Colombie.*
Noël BALLIF, *Le Congo.*
Yvonne FRANÇOIS, *Le Togo.*
Marc MANGIN, *Les Philippines.*
Robert AARSSE, *L'Indonésie.*

Achevé d'imprimer par Corlet, Imprimeur, S.A.
14110 Condé-sur-Noireau (France)
N° d'Imprimeur : 4220 - Dépôt légal : octobre 1993
Imprimé en C.E.E.